2027

브랜드 만족 1위

7급·승진 **시험대비**

박문각 공무원

기본서/기출문제

7급 헌법 통치구조편

기본서 + 기출문제

정확한 개념과 효율적인 이해 및 암기

중요 이론과 기출문제의 조화

판례 및 개정법령 완벽 반영

정인영 편저

동영상 강의 www.pmg.co.kr

정인영 쎄르파 헌법

★★★★★

7급 II (통치구조)

PREFACE

이 책의 머리말

안녕하세요. 정인영 강사입니다.

경찰, 공무원 등 각종 시험을 위한 통치구조편으로 수험생 여러분을 찾아뵙게 되었습니다. 본서는 기존의 출판과는 달리 총론과 기본권편을 1권으로 출판 후 2권의 형식으로 통치구조편을 이론과 기출문제집의 통합본으로 출간을 하게 되었습니다. 기존의 형식에서 조금은 벗어나 형식으로 출간하게 되어 불편함도 있을 수 있으나 기본적으로 한 권으로 된 형식보다는 필요한 영역을 선택할 수 있어서 좋은 점도 있으리라 봅니다. 작년에 비하여 통치구조는 판례나 기본적으로 개정된 법률을 반영하였으므로 최신 개정판이라고 봅니다. 기본적인 헌법 조문은 개정되지 않았지만 부속법령 등이 개정되어 반영하였습니다. 또한 본 교재는 수험생들의 많은 의견을 반영하여 최근 기출문제를 지문으로 반영하였고 본서를 이용한 수험에 있어서 수험생들이 더욱더 효율적인 학습이 되고 실제 시험장에서 산지식이 될 수 있도록 정리하였습니다. 많은 내용을 담은 헌법재판소 결정례를, 객관식 문제를 위한 핵심적인 내용으로 정리하여 한정된 시간 내에 간단명료하고 타 수험생들보다 정확하고 빠르게 해결할 수 있도록 하였습니다. 따라서 본서를 통하여 여러분의 수험생활이 보다 단축되기를 바랍니다.

본서의 가장 큰 특징은 아래와 같습니다.

첫째, 최신 5개년 헌법재판소 결정례를 시험에 출제 가능한 지문을 정리하였습니다.

출제 가능한 최근 5개년 헌법재판소 결정례를 최대한 빠짐없이 월별로 반영하였습니다. 기본내용 목차로 반영하기에는 헌법재판소 결정례의 취지상 어려움에 따른 결정입니다. 동일한 내용이라도 최근 헌법재판소 결정례의 내용을 객관식 지문에 맞추어 정리 서술한 교재입니다.

둘째, 최신 기출문제를 정리하여 최신헌법재판소 결정례에 따라 서술·보충하였습니다.

수험생들의 요청에 따라 요약 집중교재의 장점을 살리면서도 헌법재판소 결정례뿐만 아니라 중요 대법원 판례나 출제가 예상되는 중요 기출지문으로 출제되었던 내용을 원문을 살리는 방향으로 추가 및 수정 작업하였습니다. 특히 최근 출제된 기출문제의 지문은 반복 출제될 가능성이 크기 때문에 암기가 필수적인바 판례의 주요논거에 대한 이해와 암기를 돕기 위해서 함께 정리하여 수험의 극대화 효과에 만전을 기했습니다.

이상과 같이 본 '통치구조 통합본'의 특징을 간단히 살펴보았습니다. 좀 더 세세한 내용을 더 소개하고 싶으나 가장 큰 특징을 간략히 소개함에 그치고, 마지막으로 본서가 각종 공무원, 승진을 준비하는 모든 수험생 분들에게 합격의 지름길로 이끌어 줄 이정표가 되기를 간절히 바랍니다. 또한 본서가 수험생 여러분이 세운 계획과 합격에 이르는 데 동반자가 되리라 자신합니다. 감사합니다.

2026년 2월

정인영

GUIDE

이 책의 구성

1

정확한 개념과 효율적인 이론 학습을 할 수 있습니다.

제1편 통치구조 이론

CHAPTER 01 통치구조의 이념과 체계

제 1 절 통치구조의 근본이념

1 통치권의 기본권 기속성

1. 개념

기본권 실현을 위한 제도적 장치(수단)로 통치권의 권능행사를 기본권에 기속시키는 제도적 장치마련이 통치구조이론의 과제이다.

2. 현행 헌법상 통치권의 기속 실현

① 권력분립 전제
② 입법작용에 대한 기본권 제한의 한계 명시
③ 행정작용의 내용과 범위를 법률로 정하도록 규정(법치행정)
④ 사법권의 독립
⑤ 헌법쟁송제도(헌법소원제도, 위헌법률심판제도 등)

2 통치권의 민주적 정당성

1. 의의

① 국가기관의 구성과 국가기관의 통치권 행사가 국민의 의사에 근거해야 한다는 원리

2

최신 기출문제를 정리하였고 헌법재판소 결정례에 따라 꼼꼼하게 해설하였습니다.

05 권력분립원칙에 대한 설명으로 옳지 않은 것은? (다툼이 있는 경우 판례에 의함) 15년 국가직 7급

① 방송통신위원회의 「정보통신망 이용촉진 및 정보보호 등에 관한 법률」상 불법정보에 대한 취급거부·정지·제한명령은 행정처분으로서 행정소송을 통한 사법적 사후심사가 보장되어 있고, 그 자체가 법원의 재판이나 고유한 사법작용이 아니므로 사법권을 법원에 둔 권력분립원칙에 위반되지 않는다.
② 역대 헌법은 권력분립제도 및 견제와 균형제도를 규정하여 1948년 헌법에서는 대통령이 국무총리를 임명 후 국회의 승인을 얻어야 했으며, 1952년 헌법에서는 민의원의 국무원불신임권이 인정되었다.
③ 권력분립은 국민주권과 더불어 근대헌법의 기본원리를 구성하지만, 국민주권은 단일하고 불가분하다는 근대국가 시기의 이론에 근거하는 데 반하여 권력분립은 하나의 기관에 권력을 집중시키지 않는 것으로써, 국민주권의 자연스런 귀결이 아니라 자유주의적 조직원리로서 발전된 것이다.
④ 정치적 중립성을 엄격하게 지켜야 할 대법원장을 정치적 사건을 담당하게 될 특별검사 임명에 관여시키는 내용을 담고 있는 국회의 입법은 헌법상 권력분립원칙에 위반된다.

지문분석 정답 ④

① 【O】 방송통신위원회의취급거부·정지·제한명령은 행정처분으로서 행정소송을 통한 사법적 사후심사가 보장되어 있고, 그 자체가 법원의 재판이나 고유한 사법작용이 아니므로 사법권을 법원에 둔 권력분립원칙에 위반되지 아니한다(현재 2014.9.25. 2012헌바325).
② 【O】 역대 헌법은 권력분립제도 및 견제와 균형제도를 규정하여 1948년 헌법에서는 대통령이 국무총리를 임명 후 국회의 승인을 얻어야 했으며, 1952년 헌법에서는 민의원의 국무원불신임권이 인정되었다.
③ 【O】 권력분립은 자유주의적 조직원리 및 중립적·소극적 원리를 그 특징으로 하는 것으로, 권력분립이란 국가의 권력작용을 입법·사법·행정으로 나누는 것을 말하며, 권력분립의 목적은 견제와 균형의 원리를 통한 국민의 기본권 보장에 있다.

3

방대한 양의 조문을 슬림한 분량으로 구성하였으며, 최근 판례까지 완벽 반영하였습니다.

3. 기능

① 국민의 기본권 보호와 헌법보호
② 이론적 근거: 기본권의 직접적 효력성, 국가권력의 기본권 기속성, 헌법의 최고규범성, 사법기관에 대한 불신

4. 요건(청, 공, 기, 보, 권, 변, 기)

(1) 청구인적격

① 자연인, 외국인, 사법인의 헌법소원청구인능력 인정
② 사망한 경우
㉠ 일신전속성이 약해 수계할 수 있는 성질이고 수계자가 있는 경우: 상속인에 의한 헌법소원절차의 수계 가능(헌재 1994.12.29. 90헌바13)
㉡ 수계할 수 없는 성질이거나 수계자가 없는 경우: 심판절차종료선언(헌재 1992.11.12. 90헌마33)
③ 공법인: 원칙적으로 기본권 주체가 될 수 없으므로 헌법소원심판청구는 불가능하다.
④ 단체가 아닌 단체소속의 분과위원회: 독립된 별개의 단체가 아니므로 청구능력 부정

판례

1. **청구인 대학교는 사립학교법 및 고등교육법을 근거로 설립된 교육을 위한 시설에 불과하여, 헌법소원심판을 제기할 청구인능력이 있다고 할 수 없다**(헌재 2016.10.27. 2014헌마1037).
대학·산업대학 또는 전문대학에서 의무기록사 면허에 관한 학문을 전공한 사람에 대해서만 의무기록사 국가시험에 응시할 수 있도록 하고, 사이버대학에서 같은 학문을 전공하는 경우 의무기록사 국가시험에 응시할 수 없도록 한 것은 청구인 대학생의 평등권을 침해하지 않는다.
2. **설사 피청구인의 불법적인 의안처리행위로 헌법의 기본원리가 훼손되었다고 하더라도 그로 인하여 헌법상 보장된 구체적 기본권을 침해당한 바 없는 국회의원인 청구인들에게 헌법소원심판청구가 허용된다고 할 수는 없다**(헌재 1995. 2. 23. 91헌마231).
헌법소원심판과정에서 공권력의 행사 또는 불행사가 위헌인지 여부를 판단함에 있어서 국민주권주의, 법치주의, 적법절차의 원리 등 헌법의 기본원리를 그 기준으로 적용할 수는 있으나, 공권력의 행사 또는

CONTENTS

이 책의 차례

PART 01 통치구조 이론

제1장 통치구조의 이념과 체계 … 8
- 제1절. 통치구조의 근본이념 … 8
- 제2절. 통치구조의 구성원리 … 9
- 제3절. 통치구조에서의 정부형태 … 14

제2장 국회 … 17
- 제1절. 국회의 구성과 조직 … 17
- 제2절. 국회의 운영 … 23
- 제3절. 국회의 권한 … 26
- 제4절. 국회의원의 지위와 권한 … 42

제3장 대통령과 행정부 … 45
- 제1절. 대통령 … 45
- 제2절. 행정부 … 58

제4장 법원 … 67

제5장 헌법재판 … 77

PART 02 통치구조 기출문제

제1장 통치구조의 구성원리 … 120

제2장 정부형태 … 127

제3장 국회 … 129

제4장 대통령과 행정부 … 230

제5장 법원 … 312

제6장 헌법재판소 … 342

✔ 7급·국회직 수험생은 <경찰 · 7급 1> 기본서/기출문제집과 함께 공부하시기 바랍니다.

정인영
쎄르파 헌법

제1장 통치구조의 이념과 체계

제2장 국회

제3장 대통령과 행정부

제4장 법원

제5장 헌법재판

PART 01

통치구조 이론

CHAPTER 01 통치구조의 이념과 체계

제 1 절 통치구조의 근본이념

1 통치권의 기본권 기속성

1. 개념

기본권 실현을 위한 제도적 장치(수단)로 통치권의 권능행사를 기본권에 기속시키는 제도적 장치마련이 통치구조 이론의 과제이다.

2. 현행 헌법상 통치권의 기속 실현

① 권력분립 전제
② 입법작용에 대한 기본권 제한의 한계 명시
③ 행정작용의 내용과 범위를 법률로 정하도록 규정(법치행정)
④ 사법권의 독립
⑤ 헌법쟁송제도(헌법소원제도, 위헌법률심판제도 등)

2 통치권의 민주적 정당성

1. 의의

① 국가기관의 구성과 국가기관의 통치권 행사가 국민의 의사에 근거해야 한다는 원리
② 국가기관의 권능과의 관계: 통치기관의 권능은 민주적 정당성의 크기에 비례

2. 현행 헌법상 민주적 정당성 확보 방안

① 국민투표
② 선거제도: 국민의 의사에 의해 국가기관을 구성하는 제도
③ 국회를 통한 간접적 민주적 정당성 부여: 국회의 국무총리, 헌법재판소의 장, 대법원장, 감사원장과 대법관 임명에 대한 동의권, 국회의 헌법재판소 재판관 3인과 중앙선거관리위원회 위원 3인 선출권
④ 최종적으로 표현의 자유와 청원권 행사

3. 현행 헌법상의 통치권의 민주적 정당성의 문제점

① 국민의 심판권을 박탈한 대통령 5년 단임제
② 대통령선거의 상대적 다수대표제
③ 국무총리가 대통령권한대행 1순위인 것
④ 평등선거에 반하는 국회의원 지역선거구 인구편차

3 통치권 행사의 절차적 정당성

1. 의의

통치기관의 권한남용을 억제하기 위해 일정한 통제절차를 마련하여 그 통치권 행사방법과 과정의 측면에서 그 정당성을 확보해야 한다는 원리

2. 현행 헌법상 통치권의 절차적 정당성 확보방법

(1) 구조적 권력분립에 의한 권력통제

① 입법부, 행정부, 사법부 간의 상호견제
② 대통령, 국회의원, 대법관, 헌법재판관의 임기를 달리하여 권력기반의 독립성 보장

(2) 기능적 권력통제

① 여・야 간의 기능적 권력통제
② 지방자치단체와 중앙정부 간의 기능적 권력통제
③ 헌법재판을 통한 기능적 권력통제
④ 직업공무원제를 통한 관료조직과 정치세력 간의 권력통제
⑤ 독립적 선거관리 조직을 통한 기능적 권력통제

3. 현행 헌법상 통치권의 절차적 정당성의 문제점

① 국무회의의 심의기관화
② 추상적 규범통제의 미채택으로 야당의 여당통제의 유명무실화
③ 헌법에서 대법관 수 미규정으로 사법권 독립 불완전
④ 부서제도의 형식화

제 2 절 통치구조의 구성원리

1 대의제

국민이 대표자를 선출하여 그 대표를 통하여 간접적으로 국가의사나 정책결정에 참여하는 통치구조원리를 말한다. 즉 국가기관 구성권과 정책 결정권이 분리된 제도(치자와 피치자 불일치)를 말한다.

판례

대한민국의 주권은 국민에게 있고, 모든 권력은 국민으로부터 나온다(헌법 제1조 제2항). 그리고 국민은 국회의원 및 대통령 선거(헌법 제41조, 제67조)와 국민투표(헌법 제72조, 제130조 제2항)를 통하여 국가권력을 행사하는데, 그중 선거는 **대의제**를 실현하기 위한 방법이다. 대의제 또는 대의민주주의는 주권자인 국민이 주기적으로 실시되는 선거를 통하여 대표자를 선출하고 그 대표자로 하여금 국민을 대신하여 국가의사를 결정하도록 하는 제도를 말한다. **국가기관 구성권과 국가정책 결정권의 분리를 전제**로 하는 대의민주주의는 국민과 대의기관 사이의 신임에 입각한 자유위임 관계를 그 이념적 기초로 하고 있다. 대의민주주의 본질로 간주되는 자유위임

관계의 요청상 국민에 의하여 선출된 대의기관은 일단 선출된 후에는 임기 동안 국민의 경험적 의사에 구속되지 않고 독자적인 양심과 판단에 따라 국민 전체의 이익, 즉 공공이익을 추구하고 실현하게 된다(헌법 제46조 제2항, 국회법 제114조의2). 따라서 대의기관의 구체적인 정책결정이나 정책수행이 설령 국민의 경험적 의사에 반한다고 하더라도, 다음 선거에서 그 책임과 신임을 물을 때까지는 당연히 국민의 추상적인 동의가 있는 것으로 간주되어 책임정치를 실현할 수 있다(헌재 2016. 5. 26. 2015헌라1).

1. 국민대표의 법적 성질

주권은 대표될 수 없으며 국회의원은 대리인에 불과하다는 대표관계 부인설과 대표관계를 긍정하는 학설로서 법적대표설, 헌법대표설, 정치적 책임만 부담하는 정치적 대표설, 정당대표설, 사회적 대표설 등이 대립한다. 다만 판례는 정확한 견해를 밝히지 않고 있다.

2. 이념적 기초 : 선거를 통한 대표자의 선출

대의제	직접민주주의
추정적 의사 우선	경험적 의사 우선
치자와 피치자 구별	피자 = 피치자
경험적 의사와 추정적 의사는 대립 可	국가기관은 국민의 의사와 다른 독자적 의사를 가질 수 없다.
국민의 의사는 대표될 수 있다.	국민의 의사는 대표될 수 없다.
자유, 무기속 위임 : 면책특권	명령, 기속위임, 국민소환
국가기관구성권과 정책결정권의 분리, 이분법적 사고	국가기관구성권과 정책결정권이 국민에게 구속
Sieyes	Roussean

3. 기능

책임정치의 실현, 엘리트에 의한 전문정치, 제한정치 · 공개정치, 통치기관의 구성원리로써 기능을 한다.

정당기속과 자유위임

	정당기속(정당국가적 민주주의)	자유위임(대의제 민주주의)
위헌정당 해산결정	의원직 상실	의원직 유지
교차투표	불가	가능(국회법 제114조)
국회의원 탈당 시	의원직 상실 : 공직선거법 제192조 제4항(비례대표 국회의원에 국한)	의원직 유지

판례

자유위임은 의회 내에서의 정치의사형성에 정당의 협력을 배척하는 것이 아니며, 의원이 정당과 교섭단체의 지시에 기속하는 것을 배제하는 근거가 되는 것도 아니다(헌재 2003.10.30. 2002헌라1)

현대의 민주주의가 종래의 순수한 대의제 민주주의에서 정당국가적 민주주의 경향으로 변화하고 있음은 주지하는 바와 같다. … 무릇 국회의원의 원내활동을 기본적으로 각자에 맡기는 자유위임은 자유로운 토론과 의사형성을 가능하게 함으로써 당내민주주의를 구현하고 정당의 독재화 또는 과두화를 막아주는 순기능을 갖는다. 그러나 자유위임은 의회 내에서의 정치의사형성에 정당의 협력을 배척하는 것이 아니며, 의원이 정당과 교섭단체의 지시에 기속하는 것을 배제하는 근거가 되는 것도 아니다. 또한 국회의원의 국민대표성을 중시하는 입장에서도 특정 정당에 소속된 국회의원이 정당기속 내지 교섭단체의 결정에 위반하는 정치활동을 한 이유로 제재를 받는 경우, 국회의원 신분을 상실하게 할 수 없으나 정당내부의 사실상의 강제 또는 소속정당으로부터의 제명은 가능하다고 보고 있다.

판례

통합진보당 해산 청구 사건(헌재 2014.12.19. 2013헌다1) **: 인용(해산)**

헌법재판소의 해산결정으로 정당이 해산되는 경우에 그 정당 소속 국회의원이 의원직을 상실하는지에 대하여 명문의 규정은 없으나, 정당해산심판제도의 본질은 민주적 기본질서에 위배되는 정당을 정치적 의사형성과정에서 배제함으로써 국민을 보호하는 데에 있는데 해산정당 소속 국회의원의 의원직을 상실시키지 않는 경우 정당해산결정의 실효성을 확보할 수 없게 되므로, 이러한 정당해산제도의 취지 등에 비추어 볼 때 헌법재판소의 정당해산결정이 있는 경우 그 정당 소속 국회의원의 의원직은 당선 방식을 불문하고 모두 상실되어야 한다.

판례

국회구성권은 헌법상 기본에 해당하지 않는다(헌재 1998.10.29. 96헌마186)

대의제 민주주의하에서 국민의 국회의원 선거권이란 국회의원을 보통·평등·직접·비밀선거에 의하여 국민의 대표자로 선출하는 권리에 그치며, 국민과 국회의원은 명령적 위임관계에 있는 것이 아니라 자유위임관계에 있으므로, 유권자가 설정한 국회의석분포에 국회의원들을 기속시키고자 하는 내용의 국회구성권이라는 기본권은 오늘날 이해되고 있는 대의제도의 본질에 반하는 것이어서 헌법상 인정될 여지가 없다.

4. 현행헌법과 대의제

① 대의제 원칙(헌법 제46조 제2항)

② 직접 민주주의 요소 부분적 도입(헌법 제72조와 제130조)

2 권력분립

권력의 분립은 국가권력의 분할, 분할된 권력들 간의 균형, 분할된 권력에 대한 국가 기능의 배분, 분할된 권력 간의 통제를 그 내용으로 한다. 이러한 국가권력의 분립에 의하여 입법권은 의회에게 부여되고, 행정권은 행정부에, 사법권은 법원에 각각 부여되며, 헌법재판권은 헌법재판소에 부여된다.

1. 고전적 권력분립이론의 전개(기관 중심)

(1) 로크의 2권 분립

① 기능상 4권, 조직상 2권 분립: 국가작용을 입법·집행·동맹·대권으로 4분, 입법은 국회에 귀속, 그 외는 행정부에 귀속

② 입법권 우위

③ 영국의 의원내각제에 영향

(2) 몽테스키외의 3권 분립

① 3권의 균형과 견제: 국가작용을 입법·집행·사법으로 나누고, 입법권은 의회가, 집행권은 1인이, 사법권은 국민에 의해 선출된 비상설의 법원이 행사하도록 함

② 사법권의 소극적 독립: 사법권은 법의 적용작용으로 비정치적 권력

③ 미국 대통령제에 영향을 미침

2. 새로운 모색

(1) 뢰벤슈타인의 동태적 권력분립론

① 기능 중심의 권력분립

㉠ 정책결정: 정치적 공동체의 종류와 기본적 의사를 결정하는 권한, 국회 정부와 국민의 참여

㉡ 정책집행(결정된 정책을 집행하는 기능): 입법부의 입법작용, 행정부의 행정입법과 법적작용, 사법부의 사법작용

㉢ 정책통제: 권력기관이 정책결정과 집행을 상호 간에 통제하는 기능, 정책통제를 가장 중요한 기능으로 봄

② 수평적 권력통제와 수직적 권력통제

<table>
<tr><th colspan="2">수평적 권력통제</th><th>수직적 권력통제</th></tr>
<tr><td>국가기관 간 통제</td><td>행정부·입법부·사법부 간의 권력통제, 정부 및 의회에 대한 국민의 통제</td><td rowspan="2">연방국가의 중앙정부와 지방정부 간의 통제, 이익단체에 의한 통제, 여론에 의한 통제</td></tr>
<tr><td>국가기관 내 통제</td><td>권력기관 내 통제로서 국무회의 심의제도, 부서제도, 양원간의 통제</td></tr>
</table>

③ 분산된 권력과 통제된 권력

분산적 권력	통제된 권력
권력이 여러 권력주체에 분산, 상하양원에 의한 법률제정, 공무원에 대한 상원의 임명동의, 국무위원의 부서, 헌법개정안에 관한 국민투표	권력이 하나의 권력주체의 자주적인 지향에 의해 행사, 의회의 내각불신임권, 내각의 의회해산권, 대통령의 법률안거부권, 위헌법률심사권

⑵ 케기의 포괄적 권력분립론

다원주의입장에서 권력분립과 권력통합을 강조

3. 고전적 권력분립과 현대의 권력분립의 비교

고전적 권력분립	현대적 권력분립
국가권력 제한의 원리	새로운 국가창설 원리
국가전제	국가를 전제 ×
기관중심의 권력통제	기능중심의 권력통제
수평적 권력통제	수평적 + 수직적 권력통제
엄격한 권력분립	권력 간 협조 + 공화 강조
소극적 원리	소극적 원리 + 적극적 원리

4. 현대의 기능적 권력통제제도

① 연방국가제도: 주정부와 중앙정부 간 상호통제
② 지방자치제도: 지방자치단체와 중앙정부 간 상호통제
③ 직업공무원제도: 직업관료와 정치권력 간 상호통제
④ 복수정당제도: 여·야당 간 상호통제
⑤ 헌법재판제도: 헌법재판소의 입법, 행정, 사법권 통제

판례

정부투자기관의 지방의회의원직 겸직제한(현재 1995.5.25. 92헌마67)
행정부의 영향력하에 있는 정부투자기관의 직원이 지방의회에 진출할 수 있도록 하는 것은 권력분립의 원칙에 위배된다. 따라서 정부투자기관의 지방의회의원직 겸직제한은 합헌이다.

판례

1. 진정입법부작위에 관한 헌법재판소의 재판관할권은, 헌법에서 기본권보장을 위해 법령에 명시적인 입법위임을 하였음에도 불구하고 입법자가 이를 이행하지 않고 있는 경우 또는 헌법해석상 특정인에게 구체적인 기본권이 생겨 이를 보장하기 위한 국가의 행위의무 내지 보호의무가 발생하였음이 명백함에도 불구하고 입법자가 전혀 아무런 입법조치를 취하지 않고 있는 경우에 한하여 제한적으로 인정된다(헌재 2006.1.17. 2005헌마1214).
2. 국군포로법 제15조의5 제1항이 국방부장관으로 하여금 등록포로 등의 억류기간 중 행적이나 공헌에 상응하는 예우를 할 수 있도록 하고 있고, 같은 법 제2항이 이에 관한 사항을 대통령령으로 정하도록 하고 있음에도 불구하고 피청구인이 대통령령에 이를 규정하지 아니한 것은 명예권을 침해한다. 다만, 이러한 행정입법부작위가 청구인의 재산권을 침해하는 것은 아니다(헌재 2018.5.31. 2016헌마626).: 위헌확인

제 3 절 통치구조에서의 정부형태

1 의원내각제

의회에서 선출되고 의회에 대하여 책임을 지는 내각중심으로 국정을 운영하는 정치제도이다.

1. 본질적 요소

① 집행부의 이원적 요소: 집행부가 대통령(군주)과 내각으로 구성
② 내각의 성립과 존속이 의회에 의존: 내각은 의회에서 구성(겸직)되므로 의회는 내각에 대해 정치적 책임추궁이 가능하다.
③ 내각불신임권과 의회해산권이 본질적 요소: 불신임제도는 논리필연적이나 의회해산권은 역사적 성격이 강하다.
④ 의원내각제의 각료회의는 필수기관이고 정부의 정책을 결정하는 의결기관이다.

2. 장 · 단점

① 장점: 책임정치 구현, 정치적 대립의 신속한 해결, 정당정치에 유리
② 단점: 정국불안 초래, 의회의 정쟁장소화, 강력한 정치추진에 어려움

3. 우리 헌법상 의원내각제적 요소

① 정부의 법률안 제출권
② 국무총리 임명에 국회의 동의
③ 국무위원 등에 대한 국회 출석 · 답변요구
④ 국회의 대통령 결선투표
⑤ 부서제도

2 대통령제

의회로부터 독립하고 의회에 정치적 책임을 지지 않는 대통령 중심으로 국정운영하는 정치제도이다.

1. 본질적 요소

① 행정부의 국회에 대한 정치적 무책임: 대통령이 국민에게 정치적 책임을 진다.
② 대통령과 의회의 상호 독립성: 의회와 집행부구성원의 겸직 不可
③ 집행부의 일원적 구조
④ 입법부와 집행부의 상호견제와 균형
  ㉠ 대통령: 법률안 거부권
  ㉡ 국회: 입법권의 독점, 국정감사 · 조사, 탄핵소추권
⑤ 대통령제의 국무장관회의는 임의기관이고 대통령에 대한 자문기관에 불과하다.

2. 장 · 단점

① 장점: 정국안정, 의회다수파 견제, 국회의 졸속 입법방지

② 단점: 국회와 정부의 대립 시 조정기관결여, 대통령의 독재화, 정치적 엘리트의 훈련기회가 적음

🗀 미국의 대통령제와 우리나라의 대통령제의 비교

	미국	우리나라
행정부의 법률안 제출권	×	○
부통령제	○	×
대통령의 법률안 보류거부권	○	×
대통령의 법률안 환부거부권	○(10일 이내)	○(15일 이내)
국무회의 성격	자문기관, 임의기관	심의기관, 필수기관

🗀 대통령제와 의원내각제 비교

<table>
<tr><th></th><th>대통령제</th><th>의원내각제</th></tr>
<tr><td>공무원의 정치적 중립성 · 신분보장 필요성</td><td colspan="2"><</td></tr>
<tr><td>의회의 국정통제 강도</td><td colspan="2"><</td></tr>
<tr><td>위원회제도의 의의</td><td colspan="2">></td></tr>
<tr><td>예산과 법률의 불일치 가능성</td><td colspan="2">></td></tr>
<tr><td>탄핵제도의 필요성</td><td colspan="2">></td></tr>
</table>

3 제3의 통치구조형태

1. 이원집정부제

(1) 의의

의원내각제 요소와 대통령제 요소 결합, 위기 시 대통령의 행정권행사허용, 평상시 내각수상이 행정권 담당 · 의회에 책임, 프랑스가 대표적인 이원집정부제 실시 국가이다.

(2) 본질적 요소

① 행정부의 이원적 구조

② 대통령: 직선, 의회가 내각불신임 결의 시 의회해산권 행사 가능

③ 내각: 의회에 책임을 진다

2. 회의정부제

(1) 의의

① 집행부의 성립과 존속이 전적으로 의회에 종속되지만 집행부는 의회해산권이 없는 형태

② 야누스의 머리와 같이 민주주의와 전체주의제제 모두의 성질 겸비(뢰벤슈타인)

③ 루소의 동일성 민주주의에 가장 가까운 정부형태

(2) 본질적 요소

① 권력체제의 일원화: 의회가 모든 국가기관 지배, 의회는 국민에 대해서만 책임
② 집행부: 연방의회가 연방평의회구성원 중에서 선출

🗁 통치구조형태의 비교

	대통령제	의원내각제	이원정부제
민주적 정당성	대통령, 의회 이원화	의회일원화	대통령, 의회 이원화
대통령	직선	간선	직선
국회의 대통령과 내각에 대한 법적 책임추궁	○	○	○
국회의 내각에 대한 정치적 책임추궁, 내각불신임	×	○	○
의회해산제	×	○	○ (내각이 아니라 대통령이 가짐)
내각의 의회에 대한 의존성	성립・존속의 독립성	성립존속의 의존성	성립: 독립, 존속 – 의존
집행부구조	일원적	이원적, 실질적으로는 일원적	이원적, 실질적으로도 이원적
각료와 의원겸임허용	×	○	×

CHAPTER 02

국회

제 1 절 국회의 구성과 조직

1 의회주의

1. 의의

① 국민이 선출한 국회의원이 국가의사결정을 함으로써 의회가 국정을 주도적으로 운영해야 한다는 원리

② 기본원리: 국민대표의 원리, 공개와 토론의 원리, 다수결의 원리, 정권교체의 원리

2. 위기

(1) 원인

① 정당국가화 현상으로 의회주의 약화: 선거의 정당지도자에 대한 신임투표적 성격

② 의회의 비능률적 의사절차

③ 행정국가화 · 사회국가화 경향

④ 국민적 · 사회적 동질성 상실

(2) 극복방안

① 정당의 조직과 정당내부의 민주화

② 위원회 중심의 의사절차

③ 국민투표제와 국민소환제의 도입의 필요성

2 국회의 헌법상 지위

① 단일국가가 연방국가보다 연성헌법의 경우가 경성헌법보다, 의원내각제가 대통령제보다 의회의 권한이 강력하다.

② 국민의 대표기관: 입법기능

③ 국정통제기능

3 국회의 구성

1. 구성원리

(1) 양원제

① 의의

의회가 상・하의원의 합의체로 구성되고 두 합의체가 독립하여 결정한 의사가 일치하는 경우 의회 의사로 간주하는 제도로써 양원은 동시에 개회하고 동시에 폐회한다. 다만 양원은 독립하여 회의를 개최하고 의사진행과 의결도 독자적으로 한다.

② 장점

㉠ 일원이 타원과 정부 간의 충돌을 완화시킴

㉡ 의회다수파의 횡포 견제

㉢ 양원은 조직을 달리하여 단원제에서의 파쟁과 부패를 방지

③ 단점

㉠ 의회의 책임소재 불명

㉡ 상원과 하원의 구성이 동일한 기반일 경우 상원은 무용하고, 상이한 기반에 입각할 때에는 상원이 보수화, 반동화 위험

㉢ 양원의 의견일치 시 상원이 불필요, 불일치 시 국정혼란

(2) 단원제

① 의회가 단일 합의제로 구성되는 의회제도

② 루소: 일반의사론에 입각하여 국민의 의사가 하나이다.

③ 쉬예스는 제2원이 제1원과 의사를 달리하면 그 존재는 유해할 것이고, 양자의 의사가 동일하다면 제2원은 무용지물이므로 단원제를 채택하였다.

(3) 우리나라 헌정사상 양원제

제헌	단원제 채택 및 실시
1차개정~2차개정(1공화국 헌법)	양원제 규정을 두었으나 단원제로 운영하였다.
3차개정~4차개정(2공화국 헌법)	양원제를 실시
5차개정~현행(3공화국 헌법이후)	단원제로 다시 복귀

제2공화국 헌법의 양원제는 민의원은 4년 임기로 지역구에서 선출하였고, 참의원은 6년 임기로 도 단위로 선출하였고 3년마다 2분의 1을 개선하였다.

PART · 01

4 조직

1. 의장과 부의장

(1) 선출

① 무기명투표, 재적과반수득표(국회법 제15조), 임기 2년

② 국회는 의장 1인과 부회장 2인을 선출한다(헌법 제48조).

(2) 겸직제한

법률로 정한 경우를 제외하고 의원 외의 직을 겸할 수 없다(국회법 제20조).

(3) 사임

국회동의를 필요로 한다(국회법 제19조).

(4) 국회의장의 당적

당선 다음날로부터 당적보유 안 된다. 다만 국회의원선거에서 정당추천을 받고자 하는 경우 의원임기 만료일 전 90일부터 당적보유는 가능하다(공직선거법 제192조 제4항 단서).

(5) 국회의장의 권한

① 위원회 출석・발언권(국회법 제11조), 국회사무총장임명권(국회법 제21조)

② 표결권: 본회의에서 ○, 위원회에서 ×

③ 국회의원 사직 허가권: 폐회 중에 한함(국회법 제135조)

④ 국회질서유지권: 국회 안에서의 경호권(국회법 제143조), 국회운영위원회의 동의를 얻어 정부에 경찰관파견요구(국회법 제144조), 국회 안에 현행범이 있는 경우 또는 경찰관은 체포한 후 의장의 지시를 받아야 함. 회의장 안에 있어서는 의원은 현행범일 경우라도 의장의 명령없이 체포되지 않음(국회법 제150조).

	의장	부의장
당적보유	금지	가능
국회의원외직 겸직	금지	금지
상임위원회 위원	금지	가능

2. 위원회

(1) 의의

각 분야에 전문적 식견을 가진 위원들로 위원회가 안건에 대해 예비적으로 심의하여 의회의 전문성과 효율성을 높이기 위한 제도이다.

(2) 종류

① 상임위원회(17개)

국회법 소정의 소관 사무에 관한 상임위원회를 운영하며, 해당 상설 소위원회(정보위원회 포함)를 운영하고 있다.

② 특별위원회

국회의 본회의 의결로 설치하는 특별위원회와 국회법상 설치되는 예산결산, 윤리, 인사청문특별위원회가 있다.

㉠ 예산결산특별위원회(상설)

ⓐ 위원수: 50인 위원으로 구성

ⓑ 임기: 1년

ⓒ 위원장: 본회의 선거

㉡ 윤리특별위원회(비상설, 본회의 의결)

ⓐ 의원자격심사와 징계심사를 위한 소위원회를 둘 수 있다.

ⓑ 윤리심사자문위원회: 8인의 위원으로 구성, 의원은 자문위원이 될 수 없다.

ⓒ 위원장: 호선

ⓓ 위원회 또는 자문위원회의 운영에 관하여 필요한 사항은 위원회 또는 자문위원회의 의결로 정한다.

㉢ 인사청문특별위원회

국회법 제46조의3 제1항 국회는 다음 각 호의 임명동의안 또는 의장이 각 교섭단체 대표의원과 협의하여 제출한 선출안 등을 심사하기 위하여 인사청문특별위원회를 둔다. 다만, 「대통령직 인수에 관한 법률」 제5조 제2항에 따라 대통령당선인이 국무총리 후보자에 대한 인사청문의 실시를 요청하는 경우에 의장은 각 교섭단체 대표의원과 협의하여 그 인사청문을 실시하기 위한 인사청문특별위원회를 둔다.

1. 헌법에 따라 그 임명에 국회의 동의가 필요한 대법원장 · 헌법재판소장 · 국무총리 · 감사원장 및 대법관에 대한 임명동의안
2. 헌법에 따라 국회에서 선출하는 헌법재판소 재판관 및 중앙선거관리위원회 위원에 대한 선출안

제2항 인사청문특별위원회의 구성과 운영에 필요한 사항은 따로 법률로 정한다.

ⓐ 비상설 위원회(인사청문이 있는 경우만), 13인 위원으로 구성, 위원장은 호선

ⓑ 중앙선거관리위원회 위원은 인사청문을 거치나 위원장은 위원 중에서 호선되므로 별도의 인사청문을 거치지 않는다. 국가인권위원회 위원, 감사위원도 인사청문대상자는 아니다.

ⓒ 국회는 임명동의안이 제출된 날부터 20일 이내에 심사 또는 청문을 마쳐야 하며(법 제6조) 위원회는 임명동의안이 회부된 날로부터 15일 이내에 인사청문회를 마쳐야 한다.

ⓓ 청문회 기간은 3일 이내로 한다. 위원회는 인사청문회를 마친 날로부터 3일 이내 보고서를 의장에게 제출한다(법 제9조).

ⓔ 국무총리나 대법원장 임명과 같이 국회동의가 필요한 경우, 20일 이내 인사청문회를 마치지 아니한 경우 의장이 본회의에 부의할 수 있다.

ⓕ 국회동의 또는 선출이 필요 없는 자는 인사청문경과보고서가 20일 이내에 송부되지 않은 경우 대통령은 10일 이내의 범위에서 송부해 줄 것을 요청할 수 있고, 국회가 송부하지 아니한 경우에는 헌법재판소 재판관 등을 임명할 수 있다.

ⓖ 인사청문의 결과는 대통령을 법적으로 구속하지는 않는다.

판례

대통령은 그의 지휘·감독을 받는 행정부 구성원을 임명하고 해임할 권한(헌법 제78조)을 가지고 있으므로, 국가정보원장의 임명행위는 헌법상 대통령의 고유권한으로서 법적으로 국회 인사청문회의 견해를 수용해야 할 의무를 지지는 않는다. 따라서 대통령은 국회 인사청문회의 판정을 수용하지 않음으로써 국회의 권한을 침해하거나 헌법상 권력분립원칙에 위배되는 등 헌법에 위반한 바가 없다. 결국, 대통령이 국회인사청문회의 결정이나 국회의 해임건의를 수용할 것인지의 문제는 대의기관인 국회의 결정을 정치적으로 존중할 것인지의 문제이지 법적인 문제가 아니다(헌재 2004. 5. 14. 2004헌나1).

(3) 상임위원회의 구성

① 의원: 2 이상의 상임위원이 될 수 있다(국회법 제39조 제1항).
② 각 교섭단체 대표의원: 국회운영위원회 위원(제39조 제2항)과 정보위원회 위원이 된다(제48조 제3항).
③ 상임위원 선임: 교섭단체 대표의원의 요청으로 의장이 선임, 교섭단체에 속하지 아니한 경우 의장이 선임
④ 국무총리 또는 국무위원의 직을 겸한 의원은 상임위원을 사임할 수 있다.

(4) 주요 상임위원회의 소관사항

상임위원회의 종류(17개)와 소관사항은 국회법 제37조에 규정

국회운영위원회	국회운영에 관한 사항, 국회법 기타 국회규칙에 관한 사항, 대통령비서실, 국가안보실, 대통령경호실 소관에 속하는 사항, 국가인권위원회 소관에 속하는 사항, 국회입법조사처 소관에 속하는 사항, 국회예산정책처 소관에 속하는 사항, 국회도서관 소관에 속하는 사항, 국회사무처 소관에 속하는 사항
법제사법위원회	탄핵소추에 관한 사항, 법률안·국회규칙안의 체계·형식과 지구의 심사에 관한 사항, 법제처 소관에 속하는 사항, 감사원 소관에 속하는 사항, 법무부 소관에 속하는 사항, 헌법재판소 사무에 관한 사항, 법원·군사법원의 사법행정에 관한 사항
정무위원회	국무조정실, 국무총리비서실 소관에 속하는 사항, 국가보훈부 소관에 속하는 사항, 공정거래위원회 소관에 속하는 사항, 금융감독위원회 소관에 속하는 사항, 국민권익위원회 소관에 속하는 사항
재정경제기획위원회	기획재정부 소관에 속하는 사항, 한국은행 소관에 속하는 사항
행정안전위원회	국민안전처 소관에 속하는 사항, 인사혁신처 소관에 속하는 사항, 행정안전부소관에 속하는 사항, 중앙선거관리위원회 사무에 관한 사항, 지방자치단체에 관한 사항
정보위원회	국가정보원 소관에 속하는 사항, 국가정보원법 제3조 제1항 제5호에 규정된 정보 및 보안업무의 기획·조정 대상부처 소관의 정보예산안과 결산심사에 관한 사항

※ 어느 상임위원회에도 속하지 아니한 사항은 국회운영위원회와 협의하여 의장이 정한다.

🗁 위원회 비교

	임기	위원장선출	위원정수
예산결산특별위원회	1년	본회의 선출	50인
윤리특별위원회	존속시기 동안	위원회에서 선출(호선)	국회규칙
인사청문특별위원회	존속시기 동안	위원회에서 선출(호선)	13인(인사청문회법)
상임위원회(정보위원회제외)	2년	위원회에서 선출(호선)	국회규칙
정보위원회	의원의 임기	위원회에서 선출(호선)	12인(국회법)

(5) **전원위원회**

① 상임위원회 중심제도의 문제점 개선, 의안의 심도 깊은 심사

② 국회위원회의 심사를 거치거나 위원회가 제안한 의안 중 정부조직에 관한 법률안 등 주요의안의 본회의 상정 전이나 상정 후에 재적의원 1/4 이상의 요구가 있는 때에 의원전원으로 구성되는 전원위원회를 개최할 수 있다. 다만, 의장이 각 교섭단체 대표의원의 동의를 얻어 개설하지 아니할 수 있다(국회법 제63조의2 제1항).

③ 전원위원회는 위원회 심사를 거친 후 위원회 안에 대한 수정안 제출 可, 위원회가 제안한 안의 폐기 불가(동조 제2항).

④ 의장이 지명하는 부의장이 위원장이 되고 재적 1/5 출석으로 개회, 재적 1/4 이상 출석과 출석과반수 찬성으로 의결(동조 제3항 · 제4항)

3. 교섭단체

① 20석 이상의 정당은 하나의 교섭단체(교섭단체 구성 정당)를 구성, 다만 20인 이상의 의원은 동일 정당소속일 필요는 없다. 따라서 20인 미만의 의원으로 구성된 정당이 모여 교섭단체를 구성할 수 있으나 교섭단체 구성정당에 대한 국고보조금은 지급을 받을 수 없다.

② 정당과 비교

	교섭단체	정당
구성원	국회의원	정당원
법적성격	국회법상 기관	법인격 없는 사단
대표	교섭단체 대표의원	정당대표
기본권주체성	×	○
권한쟁의청구능력	×	×
양자의 관계	두 개의 정당은 하나의 교섭단체구성 可	하나의 정당은 두 개의 교섭단체구성 不可

③ 헌법은 국회의원들이 교섭단체 대표의원을 정하여 이를 통해 일정한 권한을 행사할 것을 예정하지 않고 있으며, 교섭단체 대표의원이 가지는 국회법상 권한이 국회의원으로서의 권한과 구분되는 독자적인 권한에 해당하는 것도 아니다. 따라서 교섭단체 대표의원은 헌법 제111조 제1항 제4호 및 헌법재판소법 제62조 제1항 제1호의 '국가기관'에 해당한다고 볼 수 없으므로, 권한쟁의심판의 당사자능력이 인정되지 아니한다(헌재 2023. 9. 26. 2020헌라2).

제 2 절 국회의 운영

1 국회의 운영

1. 입법기와 회기제

① 입법기: 국회가 동일 의원들로 구성되는 임기개시일로부터 임기 만료일 또는 국회해산일까지의 시기

② 회기: 입법기 내에서 국회가 실제로 활동하는 기간, 현행헌법은 연간 회기일수 제한규정이 없어 국회의 상설화가 가능하다.

③ 연간 국회운영기본일정: 의장은 국회의 연중 상시운영을 위하여 각 교섭단체대표의원과의 협의를 거쳐 매년 12월 31일까지 다음 연도의 국회운영기본일정(국정감사를 포함한다)을 정하여야 한다. 다만, 국회의원총선거 후 처음 구성되는 국회의 당해연도의 국회운영기본일정은 6월 30일까지 정하여야 한다.

2. 정기회와 임시회

① 정기회: 매년 1회 집회, 회기는 100일 초과할 수 없다(헌법 제47조). 매년 9월 1일 집회한다. 그러나 그 날이 공휴일인 때에는 그 다음날에 집회한다(국회법 제4조).

② 임시회: 대통령(국무회의 심의) 또는 국회재적의원 1/4 이상 집회요구, 2월·4월 및 6월 1일과 8월 16일(31일까지)에 임시회를 집회한다. 다만, 국회의원총선거가 있는 월의 경우에는 그러하지 아니하며, 집회일이 공휴일인 때에는 그 다음날에 집회한다. 30일을 초과할 수 없다.

2 의사절차에 관한 원칙

1. 본회의중심주의와 위원회중심주의

우리나라는 위원회 중심주의를 채택

2. 의사공개의 원칙(헌법 제50조)

(1) 의의

국민주권과 국회의사결정의 민주적 정당성 부여, 위원회에도 적용

> 헌법 제50조 제1항 국회의 회의는 **공개**한다. 다만, **출석의원 과반수의 찬성**이 있거나 **의장이 국가의 안전보장을 위하여 필요하다고 인정할 때**에는 공개하지 아니할 수 있다.
> 제2항 공개하지 아니한 회의내용의 공표에 관하여는 법률이 정하는 바에 의한다.

(2) 예외

① 국가안전보장을 위해 필요한 경우: 본회의 의결 또는 의장이 각 교섭단체대표의원과 협의(국회법 제75조)

② 공개하지 아니한 회의내용은 공표 ×, 본회의 의결 또는 의장의 결정으로 국가안전보장상의 사유 소멸 시 공표 可

③ 정보위원회 회의 비공개(국회법 제54조의2 제1항 본문) 조항은 단순위헌결정으로 공개가 원칙이다.

정보위원회의 특징

	정보위원회	일반상임위원회
회의공개	공개	공개
상설소위원회	없음	둘 수 있다.
폐회 중 월회기	월 1회 이상	월 2회 이상

판례

정보위원회 회의는 공개하지 아니한다고 정하고 있는 국회법 제54조의2 제1항 본문이 의사공개원칙에 위배되어 청구인들의 알 권리를 침해한다(헌재 2022.01.27. 2018헌마1162).

정보위원회의 회의 일체를 비공개 하도록 정함으로써 정보위원회 활동에 대한 국민의 감시와 견제를 사실상 불가능하게 하고 있다. 또한 헌법 제50조 제1항 단서에서 정하고 있는 비공개사유는 각 회의마다 충족되어야 하는 요건으로 입법과정에서 재적의원 과반수의 출석과 출석의원 과반수의 찬성으로 의결되었다는 사실만으로 헌법 제50조 제1항 단서의 '출석위원 과반수의 찬성'이라는 요건이 충족되었다고 볼 수도 없다. 따라서 심판대상조항은 헌법 제50조 제1항에 위배되는 것으로 과잉금지원칙 위배 여부에 대해서는 더 나아가 판단할 필요 없이 청구인들의 알 권리를 침해한다.

④ 윤리심사・징계회의 비공개(국회법 제158조)

⑤ 위원회의 방청허가제(국회법 제55조)

3. 회기계속의 원칙(헌법 제51조)

① 한 회기 내에 처리되지 아니한 안건은 폐기되지 않고 다음 회기에서 계속 심의할 수 있다는 원칙, 한 입법기 내에 적용

② 헌법 제51조 국회에 제출된 법률안 기타의 의안은 회기 중에 의결되지 못한 이유로 폐기되지 아니한다. 다만, 국회의원의 임기가 만료된 때에는 그러하지 아니하다.

※ **회기불계속의 원칙**: 한 회기에서 완료되지 않은 안건은 폐기된다. 전 회기 의사는 다음 회기의사를 구속하지 못함

	회기계속원칙	회기불계속원칙
이념	국회는 한 입법기 내에 동일한 의사를 가짐	국회는 매 회기마다 독립적 의사를 가짐
회기 중에 이송된 법률안 또는 폐회 중 법률안에 대해 이의가 있는 경우	재의요구기간 내 환부거부한다. 그렇지 않으면 법률안 확정	보류거부한다. 재의요구기간 내 서명하지 않으면 법률안 폐기
폐회 중 대통령이 법률안에 대해 이의가 없는 경우	공포	서명・공포

4. 일사부재의(국회법 제92조)

① 일단 부결된 의안은 동일 회기 내에서 다시 발의 · 심의하지 못한다는 원칙

② 위배되지 않는 것

㉠ 의결에 이르기 전에 철회된 발의, 전 회기에 부결된 안건을 다시 발의

㉡ 의결된 의안을 회기 내에 수정발의

㉢ 위원회에서 부결시켰더라도 본회의에서 다시 심의하는 것

5. 다수결의 원칙(헌법 제49조)

① 헌법 제49조 국회는 헌법 또는 법률에 특별한 규정이 없는 한 재적의원 과반수의 출석과 출석의원 과반수의 찬성으로 의결한다. 가부동수인 때에는 부결된 것으로 본다. 공직선거법상 국회의 의원정수는 지역구국회의원(254)과 비례대표국회의원(46)을 합하여 300명으로 한다(공직선거법 제21조 제1항).

② 정족수

정족수	내용
재적 2/3 이상	국회의원**제**명(제64조), **대**통령에 대한 **탄**핵소추 의결(제65조), 헌법**개**정안 국회의결(제130조), **무**자격심사(국회법 제142조)
재적과반수, 출석 2/3 이상	법률안 재의결(제53조)
재적과반수, 출석과반수	일반 의결정족수(제49조)
출석과반수	국회회의 비공개(제50조)
재적과반수	해임건의(제63조), 대통령에 대한 탄핵소추발의(제65조), 일반 탄핵소추의결(제65조), 헌법개정안 발의(제128조), 계엄해제요구(제77조), 의장 · 부의장 선출(국회법 제15조)
재적 1/3 이상	해임건의 발의(제63조), 일반탄핵소추발의(제65조)
재적 1/4 이상	**임**시회 소집요구(제47조), 휴회 중 본회의재개(속개) 요구(국회법 제8조), 국정**조**사 발의, 의원의 **석**방요구 발의(국회법 제28조), **전**원위원회소집요구(국회법 제63조의2)
재적 1/5 이상	위원회 의사정족수(국회법 제54조), 휴회 중의 본회의 재개 요구(국회법 제8조), 호명 · 기명 · 무기명투표의 요구
재적과반수, 최고득표자	국회에서 대통령 선출(제67조)
50인 이상	예산안에 대한 수정동의(국회법 제95조 단서)
30인 이상	위원회에서 **폐**기된 법률안의 본회의 부의(국회법 제87조), 일반의안 **수**정동의(국회법 제95조), 위원회에서 **폐**기된 청원의 본회의 부의(국회법 제125조), 의원의 **자**격심사청구(국회법 제138조)
20인 이상	교섭단체의 성립(국회법 제33조), 의사일정의 변경 발의(국회법 제77조), 국무총리 국무위원, 정부위원에 대한 출석요구 · 발의(국회법 제121조), 긴급현안질문(국회법 제122조의3), 징계요구(국회법 제156조)
10인 이상	회의의 비공개 발의(국회법 제75조), 일반의안 발의(국회법 제79조)

표결방법

1. 표결할 때에는 전자투표에 의한 기록표결로 가부(可否)를 결정한다. 다만, 투표기기의 고장 등 특별한 사정이 있을 때에는 기립표결로, 기립표결이 어려운 의원이 있는 경우에는 의장의 허가를 받아 본인의 의사표시를 할 수 있는 방법에 의한 표결로 가부를 결정할 수 있다. 다만, 중요한 안건으로서 의장의 제의 또는 의원의 동의(動議)로 본회의 의결이 있거나 재적의원 5분의 1 이상의 요구가 있을 때에는 기명투표・호명투표(呼名投票) 또는 무기명투표로 표결한다(국회법 제112조 제1항과 제2항).
2. 국회법상 무기명 투표로 하도록 규정된 것
   ① 대통령으로부터 환부된 법률안의 재의결
   ② 인사에 관한 안건
   ③ 국회에서 하는 각종 선거
   ④ 국무총리 또는 국무위원 해임건의권
   ⑤ 탄핵소추의결
3. 기명투표
   헌법개정안

제 3 절 국회의 권한

1 입법 권한

헌법 제40조 입법권은 국회에 속한다.

① 법률은 국회가 헌법이 정하는 입법절차에 따라 심의・의결하고 대통령이 서명・공포함으로써 효력이 발생하는 법규범

② **법률의 특성**: 민주적 정당성, 명확성, 일반・추상성

1. 처분적 법률

① 개별적・구체적 사항을 규율하는 법률로 개별인법률, 개별사건법률, 한시법이 있다.

② 권력분립원칙과 평등원칙 위반의 헌법상의 문제가 있으므로 원칙적으로 허용되지 않으나, 예외적으로 사회적 약자의 보호 등 처분적 법률을 허용할 합리적인 이유가 있는 경우 허용될 수 있다.

판례

처분적 법률(헌재 1996.2.16. 96헌가2)

개별사건 법률은 원칙적으로 평등원칙에 위배되는 자의적 규정이라는 강한 의심을 불러일으키는 것이지만, 개별법률금지의 원칙은 법률제정에 있어서 입법자가 평등원칙을 준수할 것을 요구하는 것이기 때문에 특정규범이 개별사건법률에 해당한다 하여 곧바로 위헌을 뜻하는 것은 아니며, 이러한 차별적 규율이 합리적인 이유로 정당화될 수 있는 경우에는 합헌적일 수 있다.

2. 법률제정절차

헌법 제52조 국회의원과 정부는 법률안을 제출할 수 있다.

제53조 제1항 국회에서 의결된 법률안은 정부에 이송되어 15일 이내에 대통령이 공포한다.

제2항 법률안에 이의가 있을 때에는 대통령은 제1항의 기간 내에 이의서를 붙여 국회로 환부하고, 그 재의를 요구할 수 있다. 국회의 폐회 중에도 또한 같다.

제3항 대통령은 법률안의 일부에 대하여 또는 법률안을 수정하여 재의를 요구할 수 없다.

제4항 재의의 요구가 있을 때에는 국회는 재의에 붙이고, 재적의원과반수의 출석과 출석의원 3분의 2 이상의 찬성으로 전과 같은 의결을 하면 그 법률안은 법률로서 확정된다.

제5항 대통령이 제1항의 기간 내에 공포나 재의의 요구를 하지 아니한 때에도 그 법률안은 법률로서 확정된다.

제6항 대통령은 제4항과 제5항의 규정에 의하여 확정된 법률을 지체 없이 공포하여야 한다. 제5항에 의하여 법률이 확정된 후 또는 제4항에 의한 확정법률이 정부에 이송된 후 5일 이내에 대통령이 공포하지 아니할 때에는 국회의장이 이를 공포한다.

제7항 법률은 특별한 규정이 없는 한 공포한 날로부터 20일을 경과함으로써 효력을 발생한다.

(1) 법률안 제출

① 정부: 국무회의 심의 要

② 국회의원: 10인의 찬성

③ 상임위원회 소관사항과 관련된 법률안 제출: 국회의원 10인의 찬성 不要, 위원회 의결(국회법 제51조)

④ 특별위원회: 본회의 의결로 특정사항에 대한 법률안의 입안을 위해 특별위원회가 구성된 경우에 한함

(2) 법률안의 심의 · 의결

① 상임위원회 의안 회부: 의장 ⇨ 본회의 보고 ⇨ 소관상임위원회 회부 ⇨ 본회의 회부

② 공청회 · 청문회 개최(국회법 제58조, 제64조, 제65조)

(3) 위원회 축조심사

① 축조심사란 조문을 하나하나 낭독하면서 심사하는 것을 말한다.

② 소위원회는 축조심사생략 不可(국회법 제57조 제7항), 위원회는 의결로 생략 可 그러나 제정법률안 및 전부개정법률안에 대하여는 생략 不可(다만, 청문과 공청회는 생략이 가능한 경우가 있다)

③ 위원회에서 법률안의 심사를 마치거나 입안한 때에는 법제사법위원회에 회부하여 체계 · 자구심사를 거쳐야 한다. 다만 법제사법위원회가 이유 없이 회부된 날부터 120일 이내에 심사를 마치지 아니한 때에는 심사 대상 법률안의 소관 위원회 위원장은 간사와 협의하여 이의가 없는 경우에는 의장에게 해당 법률안의 본회의 부의를 서면으로 요구한다. 다만, 이의가 있는 경우 해당 법률안에 대한 본회의 부의요구 여부를 무기명투표로 표결하되 해당 위원회 재적의원 5분의 3 이상의 찬성으로 의결한다(국회법 제86조).

④ 전문위원의 검토보고를 들은 경우 전문위원의 검토보고서는 특별한 사정이 없는 한 당해 안건의 위원회상정일 48시간 전까지 소속위원에게 배부되어야 한다.

(4) 국회 본회의 의결

헌법 제49조상의 일반의결 정족수인 재적과반수 출석, 출석 과반수 찬성으로 법률안을 확정한다.

(5) 정부이송 · 공포

15일 이내에 대통령이 공포하거나 국회에 이의서를 붙여 환부거부 可, 공포도 환부거부도 하지 아니한 경우 법률은 그대로 확정된다.

(6) 법률안 거부권(대통령의 고유권한)

이의서를 붙여서 15일내 거부해야 한다. 폐회 중에도 可(회기계속원칙), 사유에는 제한이 없으나 일부거부 · 수정거부 不可

(7) 법률안 재의결

재의결의 경우는 재적과반수 출석 출석의원 2/3 이상 찬성으로 법률로 확정한다. 다만 대통령은 재의결에 대한 거부권 행사가 불가능하다.

(8) 대통령의 공포(대통령의 고유권한이 아님)

법률로 확정되면 즉시 공포(만일 5일 이내 공포하지 않을 경우 국회의장이 공포), 관보에 게재함으로써 공포절차를 이행한다. 관보게재일은 인쇄일을 말한다.

(9) 효력발생

법률에 시행시기에 관한 특별한 규정이 있는 경우 그날에 효력이 발생하나, 법률에 별도의 규정이 없는 경우에는 법령 등 공포에 관한 법률에 근거하여 공포한 날로부터 20일 경과, 권리제한 · 의무부과와 관련된 법률은 공포일로부터 30일 지나야 효력이 발생한다.

3. 한계

헌법준수, 국제법의 일반원칙 준수

4. 통제

대통령의 법률안 거부권, 헌재의 위헌법률심판과 헌법소원심판

5. 헌법재판소 위헌결정에 대한 위원회 심사

① 헌법재판소는 종국결정이 법률의 제정 또는 개정과 관련이 있으면 그 결정서 등본을 국회로 송부하여야 한다.
② 의장은 송부된 결정서 등본을 해당 법률의 소관 위원회와 관련위원회에 송부한다.
③ 소관 또는 관련 위원장은 송부된 종국결정을 검토하여 소관 법률의 제정 또는 개정이 필요하다고 판단하는 경우 소위원회에 회부하여 이를 심사하도록 한다.

2 조세에 관한 권한

1. 조세입법권

국가나 지방자치단체 등 공권력의 주체가 재원조달을 목적으로 그 과세권을 발동하여 반대급부 없이 일반국민으로부터 강제적으로 부과 · 징수하는 금액을 조세라 하며, 이에 관하여 국회가 입법으로 정하는 것을 말한다.

2. 조세법률주의

제59조 조세의 종목과 세율은 법률로 정한다.

(1) 의의

조세법률주의의 이념은 과세요건을 법률로 규정하여 국민의 재산권을 보장하고, 과세요건을 명확하게 규정하여 국민생활의 법적 안정성과 예측가능성을 보장하기 위한 것이며, 그 핵심적 내용은 과세요건 법정주의와 과세요건 명확주의이다. 또한 적법절차원칙은 형사절차뿐만 아니라 조세에서도 적법절차 원칙은 적용된다. 그러므로 부과 징수 절차도 법률에 근거를 마련하여야 한다.

판례

오늘날의 법치주의는 국민의 권리·의무에 관한 사항을 법률로써 정해야 한다는 형식적 법치주의에 그치는 것이 아니라 그 법률의 목적과 내용 또한 기본권 보장의 헌법이념에 부합되어야 한다는 실질적 적법절차를 요구하는 법치주의를 의미하며, 헌법 제38조, 제59조가 선언하는 조세법률주의도 이러한 실질적 적법절차가 지배하는 법치주의를 뜻하므로, 비록 과세요건이 법률로 명확히 정해진 것일지라도 그것만으로 충분한 것은 아니고 조세법의 목적이나 내용이 기본권보장의 헌법이념과 이를 뒷받침하는 헌법상 요구되는 제 원칙에 합치되어야 한다(헌재 1995. 7. 21. 92헌바27 등).

(2) 내용

① 과세요건법정주의: 납세의무자, 과세물건, 과세표준, 과세기간, 세율 등의 과세요건과 조세의 부과·징수절차를 국회가 제정한 법률로 규정해야 한다는 원칙(헌재 1989.7.21. 89헌마38)

② 과세요건명확주의: 과세요건의 규정내용이 명확하고 일의적이어야 한다는 원칙

판례

한국방송공사법에 의해 부과·징수되는 수신료는 조세도 아니고 서비스의 대가로서 지불하는 수수료도 아니다. 따라서 수신료는 공영방송사업이라는 특정한 공익사업의 경비조달에 충당하기 위하여 수상기를 소지한 특정집단에 대하여 부과되는 특별부담금에 해당한다. 그러므로 조세법률주의의 적용을 받지 않는다(헌재 1999. 5. 27. 98헌바70).

[1] 당해사건법원이 위헌제청신청 기각이유에서 밝힌 바와 같이 수신료는 공영방송사업이라는 특정한 공익사업의 소요경비를 충당하기 위한 것으로서 일반 재정수입을 목적으로 하는 조세와 다르다. 또, 텔레비전방송을 수신하기 위하여 수상기를 소지한 자에게만 부과되어 공영방송의 시청가능성이 있는 이해관계인에게만 부과된다는 점에서도 일반 국민·주민을 대상으로 하는 조세와 차이가 있다. 그리고 '공사의 텔레비전방송을 수신하는 자'가 아니라 '텔레비전방송을 수신하기 위하여 수상기를 소지한 자'가 부과대상이므로 실제 방송시청 여부와 관계없이 부과된다는 점, 그 금액이 공사의 텔레비전방송의 수신정도와 관계없이 정액으로 정해져 있는 점 등을 감안할 때 이를 공사의 서비스에 대한 대가나 수익자부담금으로 보기도 어렵다. 따라서 수신료는 공영방송사업이라는 특정한 공익사업의 경비조달에 충당하기 위하여 수상기를 소지한 특정집단에 대하여 부과되는 특별부담금에 해당한다고 할 것이다. 이러한 특별부담금은, 부담금의 부과를 통하여 수행하고자 하는 특정한 사회적·경제적 과제에 대하여 조세외적 부담을 지울만큼 특별하고 긴밀한 관계가 있는 특정집단에 국한하여 부과되어야 하고, 이와 같이 부과·징수된 부담금은 그 특정과제의 수행을 위하여 별도로 관리·지출되어야 하며 국가의 일반적 재정수입에 포함시켜 일반적 국가과제를 수행하는데 사용되어서는 아니된다(헌재 1998. 12. 24. 98헌가1, 판례집 10-2, 819, 830-831).

[2] 이 법 제35조는 "텔레비전방송을 수신하기 위하여 텔레비전수상기(이하 "수상기"라 한다)를 소지한 자는 대통령령이 정하는 바에 따라 공사에 그 수상기를 등록하고 텔레비전방송수신료(이하 "수신료"라 한다)를 납부하여야 한다. 다만, 대통령령이 정하는 수상기에 대하여는 그 등록을 면제하거나 수신료의 전부 또는 일부를 감면할 수 있다"고 규정하고 있는바, 수신료는 앞에서 본 바와 같이 조세라고 할 수 없으므로 그 조세임을 전제로 이 법 제35조가 조세법률주의에 위반된다는 청구인의 주장은 타당하지 아니하고, 포괄위임금지원칙에 위반되지 아니하나, 법률유보, 특히 의회유보의 원칙에 위반된다.

판례

조세의 감면에 관한 규정은 조세의 부과·징수의 요건이나 절차와 직접 관련되는 것은 아니지만, 특정인이나 특정계층에 대하여 정당한 이유없이 조세감면의 우대조치를 하는 것은 특정한 납세자군이 조세의 부담을 다른 납세자군의 부담으로 떠맡기는 것에 다름 아니므로 조세감면의 근거 역시 법률로 정하여야만 하는 것이 국민주권주의나 법치주의의 원리에 부응하는 것이다(헌재 1996.6.26. 93헌바2).

판례

수입주류의 과세표준을 규정한 구 주세법 제21조 제2항 중 '수입신고를 하는 때의 가격' 부분 과세요건 명확주의에 위반되지 아니한다(헌재 2016.9.29. 2014헌바114) **: 합헌**

주세법 제21조 제4항 중 수입주류 가격의 계산에 필요한 사항을 대통령령으로 정하도록 한 부분은 과세요건법정주의 및 포괄위임금지원칙에 위배된다고 할 수 없다.

판례

1. 기업의 내부정보를 가진 최대주주등이 주식 등을 특수관계인에게 증여하거나 취득하게 한 후 일정한 기간 내에 상장법인과 합병을 실시하여 상장이익이 발생한 경우, 그 합병에 따른 상장이익에 증여세를 과세하도록 규정한 것은 재산권을 침해하지 않으며, 조세평등주의와 과세요건 명확주의에 위배되지 않는다(헌재 2016.3.31. 2013헌바372).
2. 재화 또는 용역의 공급에 대한 대가를 받기로 약정하여 그 공급에 대한 매출채권이 발생하면 "대가를 받는 경우"에 해당하여 부가가치세 납세의무를 부담하게 되고, 사후에 그 매출채권을 실제로 수령하였는지는 부가가치세 납세의무 성립에 영향을 미치지 못하므로, "대가를 받는 경우"의 의미는 '대가를 실제로 받은 경우' 뿐만 아니라, '대가를 받기로 약정하였으나 실제로는 받지 못한 경우'도 포함하는 것이라고 확정하는 것이 어렵지 않으므로, 과세요건명확주의에 위배되지 않는다(헌재 2016.7.28. 2014헌바423).

③ 소급과세금지원칙: 조세납부의무가 성립한 소득·재산 또는 거래에 대하여 그 성립이후의 새로운 세법에 의하여 소급하여 과세하지 않는다는 원칙

④ 엄격해석원칙: 조세법규의 해석에 유추해석이나 확장해석은 허용되지 않고 엄격히 해석해야 한다는 원칙

⑤ 실질과세의 원칙: 법적형식과 경제적 실질이 상이한 때에는 경제적 실질에 따라 과세한다는 원칙

⑥ 과세요건입증책임: 과세관청이 부담하는 것이 원칙(헌재 1995.7.21. 92헌바402)

(3) 법정주의의 예외

① 조례에 의한 지방세의 세목규정: 지방세법 제3조
② 긴급재정경제처분 및 명령에 의한 조세부과(제76조 제1항)
③ 조약에 의한 세율규정

판례

외국법인의 국내원천소득에 해당하는 부동산관련 주식 등 양도소득의 과세대상에 관하여 소득세법 제94조 제1항 제4호를 인용하고 있는 구 법인세법 조항은 조세법률주의에 위배되지 않는다(헌재 2016.2.25, 2013헌바175).

3. 조세평등주의

헌법 제11조 제1항의 평등의 원칙, 차별금지의 원칙의 조세법적 표현, 조세법의 입법과정이나 집행과정에서 조세정의를 실현하는 원칙, 담세능력에 따른 과세 원칙

판례

조세평등주의는 법 앞의 평등의 원칙을 조세의 부과와 징수과정에서도 구현함으로써 조세정의를 실현하려는 원칙이다(헌재 1990. 9. 3. 89헌가95)
조세의 합형평성원칙은 조세관계법률의 내용이 과세대상자에 상대적으로 공평(상대적 평등)하여야 함을 의미하는 것으로서, 비슷한 상황에는 비슷하게 상이한 상황에는 상이하게 그 상대적 차등에 상응하는 법적 처우를 하도록 하는 비례적·배분적 평등을 의미하여, 본질적으로 불평등한 것을 자의적으로 평등하게 취급하는 내용의 법률의 제정을 불허함을 의미하는 것이다. 조세의 합형평성원칙은 국가가 조세관계법률을 제정함에 있어서만 필요한 것이 아니고, 그 법의 해석 및 집행에 있어서 일관해서 적용되는 부동의 기준이 되며, 법률이 조세의 합형평성의 원칙을 침해하였는지 여부를 판별함에 있어서는 당해 법률의 형식적요건이나 내용외에 그 실질적 내용을 기준으로 그것이 헌법의 기본정신이나 일반원칙에 합치하는지의 여부가 검토되어야 하는 것이다. 조세평등주의는 법 앞의 평등의 원칙을 조세의 부과와 징수과정에서도 구현함으로써 조세정의를 실현하려는 원칙이다. 이러한 조세공평주의의 원칙에 따라 과세는 개인의 경제적 급부능력을 고려한 것이어야 하고, 동일한 담세능력자에 대하여는 원칙적으로 평등한 과세가 있어야 한다. 또 나아가 특정의 납세의무자를 불리하게 차별하는 것이 금지될 뿐만 아니라 합리적 이유 없이 특별한 이익을 주는 것도 허용되지 아니한다. 조세랑 공공경비를 국민에게 강제적으로 배분하는 것으로서 납세의무자 상호간에는 조세의 전가관계가 있으므로 특정인이나 특정계층에 대하여 정당한 이유없이 면세·감세 등의 조세우대조치를 하는 것은 다른 납세자에게 그만큼 과중과세를 하는 결과가 되기 때문이다.

3 예산관련 권한

제54조 제1항 국회는 국가의 예산안을 심의·확정한다.
제2항 정부는 회계연도마다 예산안을 편성하여 회계연도 개시 90일전까지 국회에 제출하고, 국회는 회계연도 개시 30일전까지 이를 의결하여야 한다.

제3항 새로운 회계연도가 개시될 때까지 예산안이 의결되지 못한 때에는 정부는 국회에서 예산안이 의결될 때까지 다음의 목적을 위한 경비는 전년도 예산에 준하여 집행할 수 있다.
1. 헌법이나 법률에 의하여 설치된 기관 또는 시설의 유지·운영
2. 법률상 지출의무의 이행
3. 이미 예산으로 승인된 사업의 계속

第55조 제1항 한 회계연도를 넘어 계속하여 지출할 필요가 있을 때에는 정부는 연한을 정하여 계속비로서 국회의 의결을 얻어야 한다.
제2항 예비비는 총액으로 국회의 의결을 얻어야 한다. 예비비의 지출은 차기국회의 승인을 얻어야 한다.

第56조 정부는 예산에 변경을 가할 필요가 있을 때에는 추가경정예산안을 편성하여 국회에 제출할 수 있다.

第57조 국회는 정부의 동의 없이 정부가 제출한 지출예산 각항의 금액을 증가하거나 새 비목을 설치할 수 없다.

1. 예산

(1) 의의

① 동일 회계연도내 있어서 국가의 세입·세출의 예산준칙을 정한 것으로 국회의 의결로 성립되는 법규범의 일종
② 형식: 법률주의와 비법률주의, 우리나라는 예산비법률주의 채택

(2) 예산과 법률

① 상호불변관계: 성립절차와 규율대상이 다르므로 예산으로써 법률변경 不可 법률로써 예산변경 不可
② 세출예산(상호구속관계): 법률규정과 예산이 모두 있어야 지출 可
③ 세입예산: 영구세주의에 따라 법률에 근거가 있는 한 세입예산을 초과하거나 예산에 계상 안 된 항목도 수납 可

	법률	예산
제출시한	제한 없음	회계연도 개시 90일 전까지
제출권자	국회의원과 정부	정부
형식	입법의 형식	법률과 별개의 국법형식
수정	자유로움(수정 시 30인 동의)	삭감 가능, 증액·신설 不可(수정 시 50인 동의)
거부권	있음	없음
효력발생요건	공포	공포가 효력발생요건 아님(관보에 공고만 하면 됨)
효력발생시기	공포한 날로부터 20일	국회의결 시
시간적 효력	폐지 시까지	당해 회계연도만
장소적 효력	외국공관에서는 효력 불발생	외국공관에서도 효력발생
구속력	국가기관과 국민	국가기관만

⑶ 구성과 종류

① 계속비

완성에 수년도를 요하는 공사나 제조 및 연구개발사업의 경비의 총액과 연부액을 정하여 미리 국회의 의결을 얻은 범위 안에서 수년도에 걸쳐서 지출하는 것, 연한은 5년 이내(국가재정법 제23조)

② 예비비

예측하기 어려운 세출예산의 부족을 충당하기 위하여 예산에 계상되는 비용, 총액으로 국회의결을 얻고 구체적 지출은 차기국회승인 要(헌법 제55조 제2항)

③ 추가경정예산

예산성립 후 발생된 사유에 의하여 예산을 변경할 필요가 있을 때 정부가 추가로 편성·제출하는 예산(헌법 제56조)

④ 준예산(헌법 제54조 제3항)

새로운 회계연도가 개시될 때까지 예산안이 의결되지 못한 때에는 정부는 국회에서 예산안이 의결될 때까지 다음의 목적을 위한 경비는 전년도 예산에 준하여 집행할 수 있다.

1. 헌법이나 법률에 의하여 설치된 기관 또는 시설의 유지·운영
2. 법률상 지출의무의 이행
3. 이미 예산으로 승인된 사업의 계속

⑷ 성립절차

예산안의 제출은 국가재정법 120일 전(헌법상 90일 이전) ⇨ 예산안 심의·수정 ⇨ 국회의결(회계연도 개시 30일 전까지) ⇨ 공고

2. 결산심사권

⑴ 절차

기획재정부장관 ⇨ 국무회의 심의 ⇨ 대통령 승인 ⇨ 감사원 검사 ⇨ 정부 다음 회계연도 개시 120일 전까지 국회에 제출

⑵ 국회의 결산기능 강화

변상·징계조치요구, 국회예산정책처 설립, 기금운용계획안 기금결산회부

3. 기타

① 긴급재정경제처분·명령에 대한 승인권(헌법 제76조 제1항)
② 예비비지출에 대한 차기국회 승인권(헌법 제55조 제2항)
③ 예산외에 국가의 부담이 될 계약체결에 대한 의결권(헌법 제58조)
④ 재정적 부담을 지우는 조약의 체결·비준에 대한 동의권(헌법 제60조)

4 헌법기관 구성 권한

국무총리, 대법원장, 헌법재판소장, 감사원장, 대법관임명에 대한 동의권과 헌법재판소 재판관 3인, 중앙선거관리위원회위원 3인 선출 권한이 있다. 다만, 중앙선거관리위원장은 호선이므로 국회는 관여를 하지 않는다.

5 국정통제 권한

의회가 의회 외의 국가기관들을 감시 · 비판 · 견제할 수 있는 권한

1. 탄핵소추권

> 제65조 제1항 **대통령 · 국무총리 · 국무위원 · 행정각부의 장 · 헌법재판소 재판관 · 법관 · 중앙선거관리위원회 위원 · 감사원장 · 감사위원** 기타 법률이 정한 공무원이 **그 직무집행**에 있어서 **헌법이나 법률을 위배한 때에는 국회는 탄핵의 소추**를 의결할 수 있다.
> 제2항 제1항의 탄핵소추는 **국회재적의원 3분의 1 이상의 발의**가 있어야 하며, 그 **의결은 국회재적의원 과반수의 찬성**이 있어야 한다. 다만, **대통령**에 대한 탄핵소추는 **국회재적의원 과반수의 발의**와 **국회재적의원 3분의 2 이상의 찬성**이 있어야 한다.
> 제3항 탄핵소추의 의결을 받은 자는 **탄핵심판이 있을 때까지 그 권한행사가 정지**된다.
> 제4항 탄핵결정은 공직으로부터 **파면함에 그친다**. 그러나, 이에 의하여 **민사상이나 형사상의 책임이 면제되지는 아니한다**.

(1) 탄핵

일반적인 사법절차에 의하여 징계하기 곤란한 고위공직자나 법관 등 신분이 보장된 공무원이 직무상 중대한 비위를 범한 경우에 의회가 소추하여 처벌 또는 파면하는 제도

(2) 법적성질

현행 헌법 제65조는 헌법수호절차로서 탄핵절차의 기능을 이행하도록 하기 위하여, 탄핵소추의 사유를 '헌법이나 법률에 대한 위배'로 명시함으로써 탄핵절차를 정치적 책임을 묻는 정치적 심판절차가 아니라 법적 책임을 묻는 규범적 심판절차로 규정하였다. 징계절차로서 탄핵이후 형사절차는 별도로 진행할 수 있도록 규정하였다.

(3) 소추기관과 심판기관

① 헌법재판소가 없는 양원제 국가에서는 보통 하원이 소추기관, 상원이 심판기관

② 우리나라는 소추기관은 국회, 심판기관은 헌법재판소

(4) 대상자(헌법)

① 대통령 · 국무총리 · 국무위원 · 행정각부의 장 · 헌법재판소 재판관 · 법관 · 중앙선거관리위원회 위원 · 감사원장 · 감사위원 기타 법률이 정한 공무원: 예시적

② 탄핵대상이 되지 않는 자: 국회의원

(5) 소추사유

① 직무관련성

㉠ 직무행위 외형을 갖춘 행위 포함

㉡ 취임전 행위: 탄핵절차가 개시된 이후 탄핵소추면탈을 위해 임명권자가 그 자를 전직시킨 경우 전직이전행위는 현직 중의 행위로 본다.

판례

1. 대통령 당선 후 취임식까지의 기간에 이루어진 대통령 당선자의 행위는 탄핵소추의 사유가 될 수 없다(헌재 2004.5.14. 2004헌나1).
2. 이 결정의 법정의견은 이 사건 탄핵심판의 소추사유 중 일부는 특정되었다고 볼 수 없고, 다른 일부는 직무집행에 관한 것이 아니어서 탄핵소추사유가 될 수 없으며, 나머지 소추사유인 피청구인이 증인신문 전 증인 면담에 관여한 행위는 헌법 제7조 제1항, 제27조 제1항, 구 검찰청법 제4조 제2항 및 국가공무원법 제56조에 위반된다고 볼 수 없다(헌재 2024. 8. 29. 2023헌나4).

② 헌법이나 법률 위반행위

㉠ 헌법적 관행을 포함하며, 국제조약, 일반적으로 승인된 국제법규, 긴급명령 포함

㉡ 위반한 때: 법의 무지로 인한 위법행위도 포함한다. 그러나 부당한 행위는 제외(해임 사유에는 포함)

(6) 발의 · 의결절차(국회법 제130조)

① 법제사법위원회에 회부하기로 의결한 경우

탄핵소추발의 ⇨ 본회의 보고 ⇨ 법제사법위원회 회부 ⇨ 법제사법위원회 조사 ⇨ 본회의 의결

② 법제사법위원회에 회부하기로 의결하지 아니한 경우

탄핵소추발의 ⇨ 본회의 보고 ⇨ 본회의 보고된 때로부터 24~72시간 내 무기명표결 ⇨ 이 기간 내 표결 없으면 탄핵소추안 폐기

(7) 탄핵소추

① 소추위원: 국회법제사법위원회위원장(국회법 제49조)

② 소추절차: 국회탄핵소추의결 ⇨ 등본송달(정본은 법제사법위원장에게, 등본은 헌법재판소, 피소추자, 그 소속기관의 장에게)

③ 국회가 탄핵소추를 할 경우, 소추사유에 대한 국회의 조사는 임의적 절차이다.

④ 소추효과

㉠ 탄핵소추의결서가 피소추자에게 송달되면 피소추자의 권한행사 정지: 종료시점은 종국결정일

㉡ 임명권자는 피소추자의 사직원접수 · 해임 不可(국회법 제134조 제2항), 파면 可, 이때 헌법재판소는 기각결정해야 함(헌법재판소법 제53조 제2항)

㉢ 국회에게 대통령의 헌법 등 위배행위가 있을 경우에 **탄핵소추의결을 하여야 할 헌법상의 작위의무가 있다거나 청구인에게 탄핵소추의결을 청구할 헌법상 기본권이 있다고 할 수 없으므로, 국회의 탄핵소추의결의 부작위는 헌법소원의 대상이 되는 공권력의 불행사에 해당한다고 할 수 없다**(헌재 1996. 2. 29. 93헌마186).

(8) 탄핵심판결정

① 탄핵결정: 7인 이상 출석, 6인 이상 재판관의 찬성

② 기각결정

③ 탄핵결정의 효과: 파면, 5년간 공직취임금지, 사면 不可(다수설)

판례

헌법재판소법 제53조 제1항의 '탄핵심판청구가 이유 있는 때'란 모든 법위반의 경우가 아니라 단지 공직자의 파면을 정당화할 정도로 중대한 법위반의 경우를 말한다(헌재 2004.5.14. 2004헌나1).

헌법재판소법 제53조 제1항은 헌법 제65조 제1항의 탄핵사유가 인정되는 모든 경우에 자동적으로 파면결정을 하도록 규정하고 있는 것으로 문리적으로 해석할 수 있으나, 이러한 해석에 의하면 피청구인의 법위반행위가 확인되는 경우 법위반의 경중을 가리지 아니하고 헌법재판소가 파면결정을 해야 하는 바, 직무행위로 인한 모든 사소한 법위반을 이유로 파면을 해야 한다면, 이는 피청구인의 책임에 상응하는 헌법적 징벌의 요청, 즉 법익형량의 원칙에 위반된다. 따라서 헌법재판소법 제53조 제1항의 '탄핵심판청구가 이유 있는 때'란 모든 법위반의 경우가 아니라 단지 공직자의 파면을 정당화할 정도로 중대한 법위반의 경우를 말한다.

2. 국정감사 · 조사권

헌법 제61조 제1항 국회는 국정을 감사하거나 특정한 국정사안에 대하여 조사할 수 있으며, 이에 필요한 서류의 제출 또는 증인의 출석과 증언이나 의견의 진술을 요구할 수 있다.

제2항 국정감사 및 조사에 관한 절차 기타 필요한 사항은 법률로 정한다.

국정감사 및 조사에 관한 법률 제2조 제1항 국회는 국정전반에 관하여 소관 상임위원회별로 매년 정기회 집회일 이전에 감사 시작일부터 30일 이내의 기간을 정하여 감사를 실시한다. 다만, 본회의 의결로 정기회 기간 중에 감사를 실시할 수 있다.

제3조 제1항 국회는 재적의원 4분의 1이상의 요구가 있는 때에는 특별위원회 또는 상임위원회로 하여금 국정의 특정사안에 관하여 조사를 시행하게 한다.

(1) 의의

① 국정조사는 헌법상 명문규정 없이도 헌법상 당연한 권한이나 국정감사는 우리나라 헌법상 특유한 제도

② 국회의 입법권, 예산권의 효율적 행사를 위해 인정되는 보조적 권한(보조적 권한설)

	국정감사	국정조사
주체	소관상임위원회	특별위원회, 상임위원회
시기	매년 정기회 집회일 이전에 감사 시작일부터 30일 이내의 기간을 정, 의결로써 정기회 기간 중 可	재적의원 1/4의 요구가 있을 때, 의결로 정함
사안	국정전반	특정사안
공개	공개, 의결로 비공개 可	공개, 의결로 비공개 可
헌법적 수용	제헌헌법, 4공~5공 폐지, 현행헌법에서 부활	5공에서 신설되어 유지

(2) 방법

① 청문회(국회법 제65조)

청문회	증인, 참고인, 감정인 의견 청취, 증거채택	동행명령 (○)	출석강제, 선서 (○)
공청회	전문가 의견 수렴	동행명령 (×)	출석강제, 선서 (×)

② 동행명령: 고발조치만 가능할 뿐 강제구인은 불가능하지만, 다만 위원장이 동행명령장 발부 가능하다(국회에서의 증언·감정 등에 관한 법률 제15조).

③ 고발(동법 제15조): 증인·감정인 등이 불출석의 죄, 국회모욕죄, 위증죄를 범하였다고 인정될 때 가능하다.

④ 서류로 한정되어 있는 국회자료요구 대상에 해당 기관이 보유하고 있는 사진이나 영상물을 포함함(국회법 제128조).

⑤ 국회에서의 증언·서류제출(동법 제4조)

㉠ 국회의 증언, 서류제출 요구 시 국가기밀이라는 이유로 거부할 수 없다.

㉡ 예외적으로 국회가 주무부장관의 소명을 수락한 경우, 국회가 주무부장관의 고명을 수락하지 아니한 경우: 국무총리 성명요구 ⇨ 국무총리성명시 거부할 수 있다.

⑥ 감사원에 대한 감사청구도 할 수 있다.

(3) 범위

① 입법사항: 행정입법이나 조례 등의 위헌·위법성과 타당성, 조약, 대법원, 헌재, 중선위규칙의 위헌·위법여부

② 행정사항: 행정작용에 대한 적법성·타당성

③ 사법사항: 사법행정 사항

④ 국회내부사항: 국회규칙·운영, 의원의 징계와 자격심사 및 체포에 관한 사항

(4) 한계

① 권력분립상의 한계

㉠ 구체적인 행정처분을 하거나 행정처분의 취소를 명할 수 없다.

㉡ 재판계속중인 사건에 대하여 정치적 압력을 가하거나 재판내용에 개입하거나 사법상의 문서제출 요구 不可, 그러나 탄핵소추와 해임건의 같은 정치적 목적과 극정비판의 차원에서 행해지면 허용 可, 재판의 내용이나 소송절차의 당·부당의 감사·조사 不可

② 기본권보장상의 문제: 개인의 사생활을 침해할 목적으로 감사·조사 不可

③ 국가이익상의 한계(동법 제4조)

3. 그 밖의 국정통제권

(1) 대통령의 통치권행사에 대한 국정통제권

긴급명령 등 승인권, 계엄해제요구권, 조약 등 동의권, 일반사면 동의권

(2) 대정부출석요구권

제62조 제1항 국무총리 · 국무위원 또는 정부위원은 국회나 그 위원회에 출석하여 국정처리상황을 보고하거나 의견을 진술하고 질문에 응답할 수 있다.
제2항 국회나 그 위원회의 요구가 있을 때에는 국무총리 · 국무위원 또는 정부위원은 출석 · 답변하여야 하며, 국무총리 또는 국무위원이 출석요구를 받은 때에는 국무위원 또는 정부위원으로 하여금 출석 · 답변하게 할 수 있다.

국회나 위원회 출석 · 발언권에 대한 국무총리 · 국무위원 또는 정부위원은 의무이자 권한이나, 대통령의 경우는 의무는 없으나 권한만 있다.

(3) 질문과 발언

정부에 대한 질문(국회법 제122조, 제122조의2)와 긴급현안질문(국회법 제122조의3)

	긴급현안질문(20인 이상)	정부에 대한 질문
제출	24시간 전까지 의장에게 제출	의장에게 제출, 의장이 48시간 전까지 정부 도달
사안	회기 중 현안이 되고 있는 중요한 사항	국정전반, 국정의 특정분야
질문시간	질문 10분, 보충질문 5분	개의일 오후 2시에 실시, 일문 일답에 의한 질문 20분(답변시간제외)

(4) 국무총리 · 국무위원의 해임건의권

제63조 제1항 국회는 국무총리 또는 국무위원의 해임을 대통령에게 건의할 수 있다.
제2항 제1항의 해임건의는 국회재적의원 3분의 1 이상의 발의에 의하여 국회재적의원 과반수의 찬성이 있어야 한다.

① 의의: 정부가 의회에 정치적 책임을 지는 제도, 정치적 압력수단
② 사유: 헌법에 규정 ×, 직무와 관련 없는 사생활, 도덕적 과오도 可, 탄핵소추사유보다 광범위하고 포괄적
③ 대상: 국무총리와 국무위원(법관 등 ×)을 대상으로 대통령에게 건의
④ 방법과 절차: 개별 또는 일괄적, 본회의에 보고된 때로부터 24~72시간 내에 무기명으로 표결, 표결 없으면 폐기간주(국회법 제112조 제7항)
⑤ 효과: 대통령에 대한 구속력은 없다.

6 청원

(1) 청원서의 제출

국회법 제123조(청원서의 제출) 제1항 국회에 청원을 하려는 자는 의원의 소개를 받거나 국회규칙으로 정하는 기간 동안 국회규칙으로 정하는 일정한 수 이상의 국민의 동의를 받아 청원서를 제출하여야 한다.

제2항 청원은 청원자의 주소·성명(법인인 경우에는 그 명칭과 대표자의 성명을 말한다. 이하 같다)을 적고 서명한 문서(「전자정부법」 제2조 제7호에 따른 전자문서를 포함한다)로 하여야 한다.

제3항 제2항에 따라 전자문서로 제출하는 청원은 본인임을 확인할 수 있는 전자적 방법을 통하여 제출하여야 한다. 이 경우 서명이 대체된 것으로 본다.

제4항 청원이 다음 각 호의 어느 하나에 해당하는 경우에는 이를 접수하지 아니한다.

1. 재판에 간섭하는 내용의 청원
2. 국가기관을 모독하는 내용의 청원
3. 국가기밀에 관한 내용의 청원

국회청원심사규칙 제2조의2(국민동의청원의 제출) 제1항 국민동의청원을 하려는 자는 전자청원시스템에 정해진 서식에 따라 청원의 취지와 이유, 내용을 기재한 청원서를 등록하여야 한다. 이 경우 청원서와 관련한 참고자료를 첨부할 수 있다.

제2항 제1항에 따른 청원서가 등록일부터 30일 이내에 100명 이상의 찬성을 받고 제3조에 따른 불수리사항이 아닌 것으로 결정된 경우 의장은 제3항에 따른 동의절차를 위하여 해당 청원서를 지체 없이 일반인에게 공개한다. 이 경우 의장은 100명 이상의 찬성을 받은 날부터 7일 이내에 제3조에 따른 불수리사항 해당 여부를 판단하여야 한다.

제3항 제2항에 따라 공개된 청원서는 공개된 날부터 30일 이내에 5만 명 이상의 동의를 받은 경우 국민동의청원으로 접수된 것으로 본다.

판례

국회에 청원을 할 때 의원의 소개를 얻어 청원서를 제출하도록 한 국회법 제123조 제1항이 국회에 청원을 하려는 자의 청원권을 침해하지 아니한다(헌재 2006. 6. 29. 2005헌마604).

청원권의 구체적 내용은 입법활동에 의하여 형성되며, 입법형성에는 폭넓은 재량권이 있으므로 입법자는 청원의 내용과 절차는 물론 청원의 심사·처리를 공정하고 효율적으로 행할 수 있게 하는 합리적인 수단을 선택할 수 있는 바, 의회에 대한 청원에 국회의원의 소개를 얻도록 한 것은 청원 심사의 효율성을 확보하기 위한 적절한 수단이다. 또한 청원은 일반의안과 같이 처리되므로 청원서 제출단계부터 의원의 관여가 필요하고, 의원의 소개가 없는 민원의 경우에는 진정으로 접수하여 처리하고 있으며, 청원의 소개의원은 1인으로 족한 점 등을 감안할 때 이 사건 법률조항이 국회에 청원을 하려는 자의 청원권을 침해한다고 볼 수 없다.

(2) 청원심사 및 보고

국회법 제125조(청원 심사·보고 등) 제1항 위원회는 청원 심사를 위하여 청원심사소위원회를 둔다.

제2항 위원장은 폐회 중이거나 그 밖에 필요한 경우 청원을 바로 청원심사소위원회에 회부하여 심사보고하게 할 수 있다.

제3항 청원을 소개한 의원은 소관 위원회 또는 청원심사소위원회의 요구가 있을 때에는 청원의 취지를 설명하여야 한다.

제4항 위원회는 의결로 위원이나 전문위원을 현장이나 관계 기관 등에 파견하여 필요한 사항을 파악하여 보고하게 할 수 있으며, 필요한 경우 청원인·이해관계인 및 학식·경험이 있는 사람으로부터 진술을 들을 수 있다.
제5항 위원회는 청원이 회부된 날부터 90일 이내에 심사 결과를 의장에게 보고하여야 한다. 다만, 특별한 사유로 그 기간 내에 심사를 마치지 못하였을 때에는 위원장은 의장에게 중간보고를 하고 60일의 범위에서 한 차례만 심사기간의 연장을 요구할 수 있다.
제6항 제5항에도 불구하고 장기간 심사를 요하는 청원으로서 같은 항에 따른 기간 내에 심사를 마치지 못하는 특별한 사유가 있는 경우에는 위원회의 의결로 심사기간의 추가연장을 요구할 수 있다.
제7항 위원회에서 본회의에 부의하기로 결정한 청원은 의견서를 첨부하여 의장에게 보고한다.
제8항 위원회에서 본회의에 부의할 필요가 없다고 결정한 청원은 그 처리 결과를 의장에게 보고하고, 의장은 청원인에게 알려야 한다. 다만, 폐회 또는 휴회 기간을 제외한 7일 이내에 의원 30명 이상의 요구가 있을 때에는 이를 본회의에 부의한다.

(3) 정부이송과 처리보고(국회법 제126조)

① 국회가 채택한 청원으로서 정부에서 처리함이 타당하다고 인정되는 청원은 의견서를 첨부하여 정부에 이송한다.
② 정부는 제1항의 청원을 처리하고 그 처리결과를 지체 없이 국회에 보고하여야 한다.

7 국회 자율권

국회가 그밖에 다른 국가기관에 간섭을 받지 않고 헌법과 법률, 의회규칙에 따라 의사와 내부사항을 독자적으로 결정할 수 있는 권한

1. 규칙제정권

헌법과 법률에 저촉되지 않는 범위에서 의사와 내부사항에 대하여 규칙을 제정할 수 있는 권리를 말한다.

제64조 제1항 국회는 **법률**에 저촉되지 아니하는 범위 안에서 의사와 내부규율에 관한 규칙을 제정할 수 있다.

① **효력**: 법률의 하위, 내부사항을 규율하는 규칙은 국회구성원만 구속, 의사에 관한 규칙은 국회법의 시행령으로 명령에 준하여 제3자에 대한 구속력 ○, 제정·개정의결과 동시에 효력발생 → 공포 不要, 국회 내에서만 효력
② **통제**: 의사에 관한 규칙은 법원의 명령·규칙심사의 대상, 헌법소원대상

2. 의원의 신분자율권

헌법 제64조 제2항 국회는 의원의 자격을 심사하며, 의원을 징계할 수 있다.
제3항 의원을 제명하려면 국회재적의원 3분의 2 이상의 찬성이 있어야 한다.
제4항 제2항과 제3항의 처분에 대하여는 법원에 제소할 수 없다.

국회법 제157조 제1항 의장은 다음 각 호에 해당하는 날부터 폐회 또는 휴회기간을 제외한 3일 이내에 윤리특별위원회에 징계(제155조 제7호의2에 해당하여 요구되는 징계는 제외한다)를 회부하여야 한다.
1. 제156조 제1항의 경우 그 사유가 발생한 날 또는 그 징계대상자가 있는 것을 알게 된 날
2. 제156조 제2항의 경우 위원장의 보고를 받은 날
3. 제156조 제5항의 경우 징계요구서를 제출받은 날

제158조 **징계에 관한 회의는 공개하지 아니한다.** 다만, 본회의 또는 위원회의 의결이 있을 때에는 그러하지 아니하다.

제163조 제1항 제155조에 따른 징계의 종류는 다음과 같다.
1. 공개회의에서의 경고
2. 공개회의에서의 사과
3. 30일 이내의 출석정지 (이 경우 출석정지기간에 해당하는 국회의원수당 등에 관한 법률에 따른 수당·입법활동비 및 특별활동비는 그 2분의 1을 감액한다.)
4. 제명

제164조 제163조의 규정에 의한 징계로 제명된 자는 그로 인하여 **궐원된 의원의 보궐선거에 있어서는 후보자가 될 수 없다.**

3. 의원자격심사권(국회법 제138조 내지 제142조)과 의원에 대한 징계권

	자격심사	징계(비공개)
사유	금지된 취임, 임기개시일 후 해지된 권한행사	청렴의무, 이권운동금지, 모욕발언금지 등에 위반
요구정족수	의원 30인	의원20인, 모욕을 당한 의원 20인 요건 불요
정족수	무자격 결정(재적의원 2/3 이상)	경고·사과·출석정지(일반의결정족수), 제명(재적의원 2/3 이상)
출석·변명	허가를 받아 출석 可, 변명 可	출석·변명 可
결정종류	부결, 무자격결정(장래효)	경고, 사과, 30일 이내의 출석정지(이권개입, 겸직시 90일 출석정지, 세비의 1/2삭감), 제명

4. 기타자율권

① 의사자율권, 조직자율권, 질서자율권
② 의원의 원내에서 행한 직무행위와 무관한 행위는 국회의 고발 없이 기소할 수 있으나 직무관련범죄행위에 대해서는 국회의 고발이 있는 경우에만 가능하다.
③ 국회 안에 현행범이 있을 때 경위와 경찰관은 체포 후 의장의 지시를 받는다. 국회의원이 현행범인인 경우 회의장 안에 있어서는 의장의 명령 없이는 체포가 불가하다.

판례

국회는 국민의 대표기관이자 입법기관으로서 의사와 내부규율 등 국회운영에 관한 폭넓은 자율권이 있고, 그 자율권은 권력분립의 원칙이나 국회의 지위와 기능에 비추어 존중되어야 한다. 그러나 법치주의의 원리상 모든 국가기관은 헌법과 법률에 기속되므로 국회의 자율권도 이에 위반되지 않는 범위 내에서 허용되나, 국회의 의사절차나 입법절차에 헌법이나 법률의 규정을 명백히 위반한 흠이 있는 때에는 자율권 또한 부정되어야 한다(헌재 2000.2.24. 99헌라1).

제 4 절 국회의원의 지위와 권한

1 국회의원의 지위

① 국민대표자, 국회구성원, 정당의 대표자로서의 지위 등
② 임기의 개시: 총선거에 의한 전임의원의 임기만료일 다음날로부터 임기개시
③ 자격상실사유: 임기만료, 당선무효판결, 선거법위반 당선자로 100만 원 이상의 벌금형 확정, 퇴직, 사직, 국회제명, 국회의 무자격 결정, 비례대표의 경우 탈당

판례

국회의원의 국민대표성과 정당기속성(헌재 2014.12.19. 2013헌다1)
국회의원은 어느 누구의 지시나 간섭을 받지 않고 국가이익을 우선하여 자신의 양심에 따라 직무를 행하는 국민 전체의 대표자로서 활동을 하는 한편(헌법 제46조 제2항 참조), 현대 정당민주주의의 발전과 더불어 현실적으로 소속 정당의 공천을 받아 소속 정당의 지원이나 배경 아래 당선되고 당원의 한사람으로서 사실상 정치의사 형성에 대한 정당의 규율이나 당론 등에 영향을 받아 정당의 이념을 대변하는 지위도 함께 가지게 되었다.

2 국회의원의 권한

1. 단독행사권한

① 발언·동의권
② 세비수령권

2. 공동행사권한

① 임시집회요구권
② 의안발의권

3 국회의원의 특권

1. 불체포특권

(1) 의의

① 의원특권법에 의해 성립 미연방헌법이 최초로 성문화
② 행정부에 의한 부당한 체포·구금으로부터 자유로운 국회활동 보장

제44조 제1항 국회의원은 현행범인인 경우를 제외하고는 회기 중 국회의 동의없이 체포 또는 구금되지 아니한다.
제2항 국회의원이 회기 전에 체포 또는 구금된 때에는 현행범인이 아닌 한 국회의 요구가 있으면 회기 중 석방된다.

(2) 법적성질

① 국회의원 개인의 특권이자 국회자체의 특권으로서 포기가 불가능하다.
② 회기 중 체포당하지 아니한다는 것(일시적 특권)일 뿐 형사책임이 면제되지는 않는다.
③ 대통령의 불소추특권과 달리 범죄수사, 공소제기는 가능하다. 따라서 불구속 수사, 재판은 가능하다.

(3) 요건

① 국회의원
공직선거법은 후보자등록이 끝난 날부터 개표 종료시까지 선거후보자에게도 인정된다.
② 현행범이 아닐 것
③ 회기 중
㉠ 집회일로부터 폐회일까지, 임시회・정기회불문, 휴회 중도 포함
㉡ 계엄하에서는 회기 중에는 물론 폐회 중에도 불체포특권을 누린다.

(4) 효과

① 회기 중 체포・구금되지 않는다.
② 형사소송법상의 강제처분, 행정상 강제처분으로의 감호조치도 당하지 않음
③ 회기 중이라도 불구속 수사・소추・재판절차는 진행할 수 있다.

(5) 한계(체포가능)

① 현행범인 경우, 국회의 동의가 있는 경우에는 가능하다.
② 회기 중 체포 동의절차(국회법 제26조)
㉠ 관할법원판사는 영장발부 전 체포동의요구서를 정부에 제출하여야 하며, 정부 수리 후 지체 없이 국회에 체포동의를 요청하여야 한다.
㉡ 토론 없이 본회의에 보고된 때부터 24시간 이후 72시간 이내에 표결한다. 다만, 체포동의안이 72시간 이내에 표결되지 아니하는 경우에는 그 이후에 최초로 개의하는 본회의에 상정하여 표결한다. 일반의결정족수, 무기명표결, 체포특권은 의회와 의원의 자유로운 기능 수행을 보장하려는 것이므로 범죄혐의가 명백하더라도 동의여부는 국회의 자유재량에 해당한다.
㉢ 회기 전 구속된 경우 국회석방요구는 현행범이 아닌 경우 석방요구(재적 1/4 이상 요구 시) 있으면 회기 중 석방되나 폐회되면 다시 체포는 가능하다.

2. 면책특권

> 제45조 국회의원은 국회에서 직무상 행한 발언과 표결에 관하여 국회 외에서 책임을 지지 아니한다.

(1) 의의

① 국회의원이 국회에서 행한 발언과 표결에 관하여 국회 외에서 책임을 지지 않는 특권
② 대의민주주의 불가결의 요소
③ 권리장전에서 최초로 명문화, 미연방헌법에서 헌법상 최초로 보장

(2) 법적성격

인적처벌조각사유, 절대적 특권

(3) 요건

① 국회의원

국회의원 본인만의 일신전속적 특권에 해당하므로, 발언의 교사·방조자는 처벌, 지방의회의원이나 국회에서 발언하는 국무총리, 국무위원, 증인, 참고인 등은 면책특권을 누릴 수 없다.

② 국회에서

국회의 본회의나 위원회가 개최되고 있는 모든 장소

③ 직무상 행한 발언과 표결

직무집행과 이에 부수하여 행한 의제에 관한 모든 의사표시: 발의, 토론, 질문, 진술이나 퇴장, 의사진행방해 등은 해당되나 폭력행위는 면책대상에 해당되지 않는다.

판례

본회의에서 발언할 내용의 원고를 사전에 원내기자실에서 기자에게 배포한 행위는 직무상 부수행위로서 면책특권 적용(대판 1992. 91도3317)

국회의원의 면책특권의 대상이 되는 행위는 국회의원이 국회에서 직무상 행한 발언과 표결 그 자체뿐만 아니라 이에 부수하여 일체 불가분적으로 행하여진 행위(부수행위)까지 포함되고, 위 수행위인지 여부는 결국 구체적인 행위의 목적, 장소, 태양 등을 종합하여 개별적으로 판단할 수밖에 없다고 전제한 후 동 사건에 대하여 회의의 공개성, 시간의 근접성, 장소 및 대상의 한정성, 목적의 정당성 등을 종합 고려하여 판단하면 피고인의 이 사건 국회질문원고 사전배포행위는 면책의 대상이 되는 직무부수행위에 해당한다.

(4) 효과

① 국회 외: 국회 내에서는 면책되지 않는다. 따라서 국회법에 따라 징계, 소속정당에서도 징계는 가능하다.

② 책임을 지지 아니한다: 민사상·형사상 책임을 지지 않음. 정치적 책임은 면책되지 않는다.

③ 면책의 영구성: 임기만료 이후에도 적용되는 영원한 면책특권이다.

④ 면책이 적용되는 행위에 대해 공소가 제기된 경우: 공소기각판결(형사소송법 제327조 제2항)

(5) 한계

원외 발표·출간, 국가안전보장 등의 사유로 비공개로 진행한 회의의 회의록 공개

4 국회의원의 의무

1. 헌법상 의무

청렴의무(제46조 제1항)
국가이익우선의무(동제 제2항)
이권불개입의무(동조 제3항)
겸직금지의무(제43조)

2. 국회법상 의무

품위유지의무, 회의출석의무, 질서준수의무, 국정감사·조사에서의 주의의무, 의장의 질서유지에 관한 명령복종의무

CHAPTER 03 대통령과 행정부

제 1 절 대통령

1 헌법상 지위

① 국민의 대표기관으로서의 지위
② 국가원수로서의 지위(감사원, 긴급권한, 사면권등)
③ 집행부의 수반으로서의 지위

2 특권과 의무

1. 형사상의 불소추특권

> 제84조 대통령은 내란 또는 외환의 죄를 범한 경우를 제외하고는 재직 중 형사상의 소추를 받지 아니한다.

① 내란 또는 외환의 죄를 범한 경우를 제외하고: 내란 · 외환의 죄를 범한 경우 재직 중 형사상 소추를 받음
② 재직 중: 재직 후에는 형사상 소추를 받음 ⇨ 영구적 특권이 아니다.
③ 형사상: 재직 중 탄핵소추도 가능하고 민사상 · 행정상 소제기도 가능하다.
④ 소추를 받지 아니 한다: 기소에 그치지 않고 체포 · 구금 · 압수 · 수색 · 검증도 포함(헌재 1995.1.20. 94헌마246)
⑤ 공소제기된 경우 공소기각판결: 형사소송법 제327조 제1호

판례

불소추특권의 의의와 공소시효진행정지의 헌법상 근거(헌재 1995.1.20. 94헌마246)
대통령의 불소추특권에 관한 헌법의 규정이, 대통령이라는 특수한 신분에 따라 일반국민과는 달리 대통령 개인에게 특권을 부여한 것으로 볼 것이 아니라, 단지 국가의 원수로서 외국에 대하여 국가를 대표하는 지위에 있는 대통령이라는 특수한 직책의 원활한 수행을 보장하고, 그 권위를 확보하여 국가의 체면과 권위를 유지하여야 할 실제상의 필요 때문에 대통령으로 재직중인 동안만 형사상 특권을 부여하고 있음에 지나지 않는 것으로 보아야 할 것이므로, 대통령의 형사상 특권은 문언 그대로 재직중 형사상의 소추를 받지 아니하는것에 그칠 뿐, 대통령에게 일반국민과는 다른 그 이상의 형사상 특권을 부여하고 있는 것으로 보아서는 안될 것이다. …헌법이나 형사소송법 등의 법률에 대통령의 재직중 공소시효의 진행이 정지된다고 명백히 규정되어 있지는 않다고 하더라도 위 헌법규정은 바로 공소시효진행의 소극적 사유가 되는 국가의 소추권행사의 법률상 장애사유에 해당하므로, 대통령의 재직중에는 공소시효의 진행이 당연히 정지되는 것으로 보아야 한다.

2. 의무

제69조 대통령은 취임에 즈음하여 다음의 선서를 한다.
"나는 헌법을 준수하고 국가를 보위하며 조국의 평화적 통일과 국민의 자유와 복리의 증진 및 민족문화의 창달에 노력하여 대통령으로서의 직책을 성실히 수행할 것을 국민 앞에 엄숙히 선서합니다."

제66조 제2항 대통령은 국가의 독립·영토의 보전·국가의 계속성과 헌법을 수호할 책무를 진다.
제3항 대통령은 조국의 평화적 통일을 위한 성실한 의무를 진다.
제4항 행정권은 대통령을 수반으로 하는 정부에 속한다.

제83조 대통령은 국무총리·국무위원·행정각부의 장 기타 법률이 정하는 공사의 직을 겸할 수 없다.

판례

헌법 제7조 제1항은 국민주권주의와 대의민주주의를 바탕으로 공무원을 '국민 전체에 대한 봉사자'로 규정하고 공무원의 공익실현의무를 천명하고 있고, 헌법 제69조는 대통령의 공익실현의무를 다시 한 번 강조하고 있다. 대통령은 '국민 전체'에 대한 봉사자이므로 특정 정당, 자신이 속한 계급·종교·지역·사회단체, 자신과 친분 있는 세력의 특수한 이익 등으로부터 독립하여 국민 전체를 위하여 공정하고 균형 있게 업무를 수행할 의무가 있다. 대통령의 공익실현의무는 국가공무원법 제59조, 공직자윤리법 제2조의2 제3항, '부패방지 및 국민권익위원회의 설치와 운영에 관한 법률'(다음부터 '부패방지권익위법'이라 한다) 제2조 제4호 가목, 제7조 등 법률을 통해 구체화되고 있다(헌재 2017. 3. 10. 2016헌나1).

3. 전직 대통령에 대한 예우(제85조)

재직 중 탄핵결정을 받아 퇴임한 경우, 금고이상의 형이 확정된 경우, 형사처벌을 회피할 목적으로 외국정부에 대하여 도피처 또는 보호를 요청한 경우, 대한민국의 국적을 상실한 경우에는 전직 대통령의 예우는 상실된다(전직대통령의 신분과 예우에 관한 법률 제17조).

3 비상적 권한

1. 긴급명령권

제76조 제2항 대통령은 국가의 안위에 관계되는 중대한 교전상태에 있어서 국가를 보위하기 위하여 긴급한 조치가 필요하고 국회의 집회가 불가능한 때에 한하여 법률의 효력을 가지는 명령을 발할 수 있다.
제3항 대통령은 제1항과 제2항의 처분 또는 명령을 한 때에는 지체 없이 국회에 보고하여 그 승인을 얻어야 한다.
제4항 제3항의 승인을 얻지 못한 때에는 그 처분 또는 명령은 그때부터 효력을 상실한다. 이 경우 그 명령에 의하여 개정 또는 폐지되었던 법률은 그 명령이 승인을 얻지 못한 때부터 당연히 효력을 회복한다.
제5항 대통령은 제3항과 제4항의 사유를 지체 없이 공포하여야 한다.

⑴ 의의

통상적인 입법절차로는 대체할 수 없는 국가안위에 관한 비상사태 발생시 이를 극복하기 위해 법률의 효력을 가지는 명령을 발하는 긴급입법제도

⑵ 발동요건

① 상황요건: 국가의 안위에 관계되는 중대한 교전상태
② 목적 요건으로써 국가를 보위하기 위하여: 소극적 목적을 위해서만 발포, 공공복리 실현 목적×
③ 보충적 요건으로써 긴급한 조치가 필요하고 국회의 집회가 불가능할 때에 한하여: 국회개회 · 폐회 · 휴회 중을 불문하고 비상사태로 인하여 그 집회가 사실상 불가능할 때, 극회의원 과반수가 집회에 불응한 경우
④ 절차적 요건: 국무회의심의, 부서

⑶ 내용

① 법률적 효력을 가지는 명령
모든 법률사항에 대한 명령적 규율 可, 기존법률의 개폐, 기본권 제한 可
② 긴급명령으로 할 수 없는 것
㉠ 국회해산
㉡ 기본권에 대한 특별한 조치
㉢ 헌법개정
㉣ 법원과 정부에 관한 특별한 조치

⑷ 통제

① 사전적 통제로 국무회의심의와 부서
② 사후적 통제로 국회에 의한 통제와 위헌법률심판

2. 긴급 제정 · 경제처분 및 명령권

> 제76조 제1항 대통령은 내우 · 외환 · 천재 · 지변 또는 중대한 재정 · 경제상의 위기에 있어서 국가의 안전보장 또는 공공의 안녕질서를 유지하기 위하여 긴급한 조치가 필요하고 국회의 집회를 기다릴 여유가 없을 때에 한하여 최소한으로 필요한 재정 · 경제상의 처분을 하거나 이에 관하여 법률의 효력을 가지는 명령을 발할 수 있다.

⑴ 의의

중대한 재정경제상의 위기에 국가안전보장 또는 공공의 안녕질서를 유지하기 위해 대통령이 행하는 재정경제상의 처분과 명령

⑵ 발동요건

① 상황요건: 내우 · 외환 · 천재 · 지변 또는 중대한 재정 · 경제상 위기
② 목적요건: 국가안전보장과 공공의 안녕질서 유지
③ 긴급요건: 긴급한 조치가 필요하고 국회의 집회를 기다릴 여유가 없을 때(폐회 중 포함)에 한하여

판례

헌법 제76조에 규정된 발동 요건을 충족하는 것이라면, 그 긴급재정경제명령으로 인하여 기본권이 제한되는 경우에도 목적의 정당성, 수단의 적정성, 피해의 최소성, 법익의 균형성이라는 비례원칙이 준수된 것으로 본다(헌재 1996.2.29. 93헌마186).

헌법은 긴급재정경제명령의 발동에 따른 기본권침해를 위기상황의 극복을 위하여 필요한 최소한에 그치도록 그 발동요건과 내용, 한계를 엄격히 규정함으로써 그 남용 또는 악용의 소지를 줄임과 동시에 긴급재정경제명령이 헌법에 합치하는 경우라면 이에 따라 기본권을 침해받는 국민으로서도 특별한 사정이 없는 한 이를 수인할 것을 요구하고 있는 것이다. 즉 긴급재정경제명령이 헌법 제76조 소정의 요건과 한계에 부합하는 것이라면 그 자체로 목적의 정당성, 수단의 적정성, 피해의 최소성, 법익의 균형성이라는 기본권제한의 한계로서의 과잉금지원칙을 준수하는 것이 되는 것이다.

(3) 내용

① 국민의 재정·경제생활영역의 제한

② 긴급재정경제명령은 긴급재정경제처분의 법률적 근거

3. 계엄선포권

제77조 제1항 대통령은 전시·사변 또는 이에 준하는 국가비상사태에 있어서 병력으로써 군사상의 필요에 응하거나 공공의 안녕질서를 유지할 필요가 있을 때에는 법률이 정하는 바에 의하여 계엄을 선포할 수 있다.

제2항 계엄은 비상계엄과 경비계엄으로 한다.

제3항 비상계엄이 선포된 때에는 법률이 정하는 바에 의하여 영장제도, 언론·출판·집회·결사의 자유, 정부나 법원의 권한에 관하여 특별한 조치를 할 수 있다.

제4항 계엄을 선포한 때에는 대통령은 지체 없이 국회에 통고하여야 한다.

제5항 국회가 재적의원 과반수의 찬성으로 계엄의 해제를 요구한 때에는 대통령은 이를 해제하여야 한다.

제110조 제4항 비상계엄하의 군사재판은 군인·군무원의 범죄나 군사에 관한 간첩죄의 경우와 초병·초소·유독음식물공급·포로에 관한 죄중 법률이 정한 경우에 한하여 단심으로 할 수 있다. 다만, 사형을 선고한 경우에는 그러하지 아니하다.

(1) 의의

① 전시·사변 또는 이에 준하는 국가비상사태로 인한 경찰력의 부재를 극복하기 위해 병력을 사용하는 긴급비상조치를 말한다.

② 계엄선포권은 건국헌법이래 줄곧 헌법에 규정되어 왔으며, 현행헌법과 같은 형태의 국가긴급권이 헌법에 규정된 것은 제3공화국(제5차 개정)헌법이다. 제2공화국 헌법은 국무회의 의결로 대통령이 계엄을 선포하였으나, 대통령은 계엄선포거부권도 가지고 있었다.

(2) 발동요건

① 상황요건: 전시·사변 또는 국가비상사태

② 필요요건: 병력으로써

③ 목적요건: 군사상의 필요에 응하거나 공공의 안녕질서 유지를 위한 소극적 목적으로만 사용할 수 있으므로 적극적 목적으로는 사용이 금지된다.

④ 절차요건: 국무회의심의

⑤ 준법요건: 계엄법이 정하는 절차와 방법에 따라

(3) 계엄사령관에 대한 지휘 · 감독

① 대통령 ⇨ 국방부장관 ⇨ 계엄사령관

② 전국을 계엄지역으로 하는 경우와 대통령이 필요하다고 인정하는 경우에는 대통령 ⇨ 계엄사령관

	비상계엄	경비계엄
계엄사령관 관장사항	모든 행정사무, 사법사무	군사에 관한 행정 · 사법사무
상황요건	적과 교전, 행정 · 사법기능수행 현저히 곤란, 군사상 필요	일반행정기관만으론 치안확보할 수 없는 경우
특정한 범죄에 대한 군사재판 단심제	○	×
영장 · 언론 · 출판 · 집회 · 결사의 자유에 대한 특별한 조치	○(영장주의배제 不可, 사후영장 可, 언론 · 출판에 대한 검열 · 허가제 可, 집회에 대한 허가제 可)	×

(4) 계엄의 해제

① 국회의 해제요구

국무회의심의를 거쳐 반드시 해제, 응하지 않으면 대통령에 대한 탄핵사유

② 해제건의

국방부장관과 행정안전부장관이 국무총리를 거쳐 대통령에 해제건의(계엄법 제11조 제3항)

③ 해제의 효과

㉠ 행정 · 사법사무의 복귀, 군사법원재판권 1개월 연장

㉡ 계엄해제 후 가벌성 소멸 부정(대판 1985.5.28. 81도1045)

판례

계엄선포행위에 대한 사법심사(대판 1979.12.7. 79초70)

대통령이 제반의 객관적 상황에 비추어서 그 재량으로 비상계엄을 선포함이 상당하다는 판단하에 이를 선포하였을 경우, 그 행위는 고도의 정치적, 군사적 성격을 띠는 행위라고 할 것이어서, 그 선포의 당 · 부당을 판단할 권한과 같은 것은 헌법상 계엄의 해제 요구권이 있는 국회만이 가지고 있다고 할 것이고, 그 선포가 당연 무효의 경우라면 모르되, 사법기관인 법원이 계엄선포의 요건의 구비 여부나 선포의 당, 부당을 심사하는 것은, 사법권의 내재적인 본질적 한계를 넘어서는 것이다.

4. 헌법 제72조의 국민투표 부의권

대통령의 재량에 해당하며, 부의 여부에 관한 결정은 통치행위성 인정함이 일반적 견해이다.

4 입법에 관한 권한

1. 헌법개정에 관한 권한(제안권, 다만 3공화국 당시는 제외)

2. 법률안 제출권

의원이 재정수반 의안을 발의하는 경우에는 국회예산정책처의 추계서 또는 국회예산정책처에 대한 추계요구서를 제출하도록 하고, 위원회가 재정수반 의안을 제안하는 경우에는 국회예산정책처의 추계서를 제출하도록 하며, 위원회 제안 의안의 경우 긴급한 사유가 있는 경우에는 위원회의 의결로 추계서를 생략할 수 있도록 하였다(국회법 제79조의2).

3. 법률안 거부권

① 지방자치단체장의 재의요구권과 달리 법률안에 대하여만 거부권을 행사할 수 있다.
② 일부거부・수정거부 금지
③ 법률안 거부사유에 관하여는 명문의 규정이 없고, 집행 불가능, 국가이익에 위배, 정부에 대한 부당한 압력을 내용으로 하거나 헌법에 위반될 때 등 폭넓게 인정된다.
④ 대통령의 고유권한에 해당한다. 다만 회기계속의 원칙상 보류거부는 불가능하다.

4. 법률안 공포권

법률안 공포는 15일 내, 재의결 시 5일 내 공포해야한다. 단 재의결된 안을 공포하지 아니하면 국회의장이 공포절차를 이행한다. 그러므로 법률안 거부권과는 달리 법률안 공포권은 대통령의 고유한 권한이 아니다.

5. 행정입법권

> 제75조 대통령은 법률에서 구체적으로 범위를 정하여 위임받은 사항과 법률을 집행하기 위하여 필요한 사항에 관하여 대통령령을 발할 수 있다.

대통령이 제정하는 법규명령과 행정명령으로써 헌법 제95조상의 국무총리, 중앙행정기관 장등이 제정하는 법규명령과 행정명령을 함께 서술하기로 한다.

(1) 법규명령

행정기관이 국민의 권리와 의무에 관한 사항을 규정하는 것으로 대국민적 구속력을 가지는 법규적 명령을 말한다. 법규명령 제정 권한은 헌법에 근거를 둔 경우에 한하여 가능하다.

① 종류

위임명령(법률의 위임・수권을 받은 명령)과 집행명령(법률의 명시적 수권 없이도 직권으로 발할 수 있는 명령)

② 성립・발효절차

㉠ 주체: 정당한 권한을 가진 기관
㉡ 내용: 상위법령에 근거하고 상위법령과 헌법에 저촉되지 않아야 함.

㉢ 절차: 대통령령은 국무회의심의, 국무총리, 관계국무위원이 부서한 전문을 붙여야 함. 다만 총리령과 부령은 국무회의 심의절차는 생략되나 법제처 심사는 한다.

㉣ 공포와 효력의 발생에 관하여는 법률의 절차와 동일하다.

③ 성질

모법에 종속된다. 따라서 법률에 대해 위헌결정이 있는 경우 그에 근거한 법규명령도 함께 효력이 상실된다. 다만 대통령령으로 규정한 내용이 헌법에 위반될 경우라도 그 대통령령의 규정이 위헌으로 되는 것은 별론으로 하고 그로 인하여 정당하고 적법하게 입법권을 위임한 수권법률까지도 위헌으로 되는 것은 아니다.

판례

대통령령이 위헌인 경우 모법 위헌여부(헌재 1996.6.26. 93헌마2)

위임입법의 법리는 헌법의 근본원리인 권력분립주의와 의회주의 내지 법치주의에 바탕을 두는 것이기 때문에 행정부에서 제정된 대통령령에서 대통령령으로 규정한 내용이 헌법에 위반될 경우라도 그 대통령령의 규정이 위헌으로 되는 것은 별론으로 하고 그로 인하여 정당하고 적법하게 입법권을 위임한 수권법률까지도 위헌으로 되는 것은 아니다.

판례

1. 거짓이나 그 밖의 부정한 방법으로 고용안정·직업능력개발 사업의 지원을 받은 자 등에 대하여 지원을 제한하도록 하면서 제한의 범위나 기간 등에 관한 기본적 사항을 법률에 규정하지 아니한 채 대통령령에 포괄적으로 위임한 것은 포괄위임금지원칙에 위반된다(헌재 2016.3.31. 2014헌가2).
2. 각 중앙관서의 장이 경쟁의 공정한 집행 또는 계약의 적정한 이행을 해칠 염려가 있는 자 등에 대하여 2년 이내의 범위에서 대통령령이 정하는 바에 따라 입찰참가자격을 제한하도록 한 것은 법률유보원칙 및 포괄위임금지원칙에 위배되지 않고, 직업의 자유를 침해하지 않으며 평등원칙 및 자기책임원칙에도 위배되지 않는다(헌재 2016.6.30. 2015헌바125).
3. 정비사업의 시공자 선정방법에 관한 구 도시 및 주거환경정비법 제11조 제1항이 경쟁입찰의 실시를 위한 절차 등 세부적 내용을 국토해양부장관이 정하도록 규정한 것은, 법률유보원칙이나 포괄위임금지원칙에 위배되지 않고, 또한 과잉금지원칙에 위배하여 계약의 자유를 침해한다고 볼 수 없다(헌재 2016.3.31. 2014헌바382).
4. 채석단지의 세부지정기준을 대통령령에 위임하도록 한 산지관리법 제29조 제3항이 법률유보원칙, 포괄위임입법금지원칙에 위배되지 아니한다(헌재 2016.3.31. 2015헌바201).
5. 석유 및 석유대체연료의 건전한 유통질서를 해치는 행위로서 대통령령으로 정하는 행위를 금지하고 처벌하는 것은 포괄위임금지원칙에 위반되지 않는다(헌재 2016.4.28. 2015헌바123).
6. 계속거래계약의 소비자에게 일방적 해지권을 부여한 방문판매 등에 관한 법률 조항은 계약의 자유를 침해하지 않으며, 포괄위임금지원칙에 위배되지 않는다(헌재 2016.6.30. 2015헌바371).
7. 입주자대표회의의 구성원인 동별 대표자가 될 수 있는 자격이 반드시 법률로 규율하여야 하는 사항이라고 볼 수 없으므로 아파트 입주자대표회의의 구성에 관한 사항을 대통령령에 위임하도록 한 것은 법률유보원칙에 위반되지 않으며, 입주자대표회의 구성원의 결격사유가 대통령령에 규정될 것이라는 사실을 수범자가 예측할 수 있으므로 아파트 입주자대표회의의 구성에 관한 사항을 대통령령에 위임하도록 한 것은 포괄위임금지원칙에 위반되지 아니한다(헌재 2016.7.28. 2014헌바158).

8. 제1종 특수면허 없이 특수자동차를 운전한 경우 무면허운전죄로 처벌하면서 제1종 특수면허로 운전할 수 있는 차의 종류를 행정안전부령에 위임하고 있는 도로교통법 조항은 포괄위임금지원칙에 위배되지 않는다(헌재 2015.1.29, 2013헌바173).
9. '공상군경'을 '군인이나 경찰・소방 공무원으로서 국가의 수호・안전보장 또는 국민의 생명・재산 보호와 직접적인 관련이 있는 교육훈련 또는 직무수행 중 상이(질병 포함. 이하 같다)를 입은 자'로 정한 것은 평등원칙과 명확성원칙에 위반되지 않고, 그 판단기준과 세부적인 유형 등의 범위를 대통령령에 위임한 것은 포괄위임금지원칙에 위반되지 않는다(헌재 2016.12.29, 2016헌바263).
10. 부당행위계산 부인제도 중 '특수관계에 있는 자의 범위' 및 '그 밖에 부당행위계산에 필요한 사항'을 대통령령으로 정하도록 한 것은 포괄위임금지원칙에 위배되지 않는다(헌재 2017.5.25, 2016헌바269).

④ 위임형식

'법률에서 구체적으로 범위를 정하여'는 개별・구체적 위임을 말한다.

판례

위임입법의 구체성・명확성 유무는 당해 특정조항 하나만이 아니라 관련 법조항 전체를 유기적・체계적으로 종합하여 판단하여야 하고, 그것도 위임된 사항의 성질에 따라 구체적・개별적으로 검토하여야 한다(헌재 2010. 3. 25. 2009헌바130).

[1] 헌법 제75조는 위임입법의 근거 및 그 범위와 한계를 제시하고 있는데, 이는 행정권에 의한 자의적인 법률의 해석과 집행을 방지하고 의회입법의 원칙과 법치주의를 달성하기 위한 것이다. 여기에서 '법률에서 구체적으로 범위를 정하여'라 함은 법률에 이미 대통령령 등 하위법규에 규정될 내용 및 범위의 기본사항이 구체적이고 명확하게 규정되어 있어 누구라도 그 자체로부터 대통령령 등에 규정될 내용의 대강을 예측할 수 있어야 함을 뜻한다. 그런데 위임입법의 구체성・명확성 유무는 당해 특정조항 하나만이 아니라 관련 법조항 전체를 유기적・체계적으로 종합하여 판단하여야 하고, 그것도 위임된 사항의 성질에 따라 구체적・개별적으로 검토하여야 한다.

[2] 개발부담금은 납부의무자에게 금전 급부의무를 부담시키는 것이고, 이 사건 제3법률조항이 정하고 있는 기부채납토지의 가액 산정방법은 개발부담금 산정의 중요한 요소가 된다. 따라서 그에 관한 위임입법에 요구되는 구체성과 명확성의 정도는 조세법규에 대한 위임입법의 경우에 준하여 요건과 범위가 엄격하게 제한적으로 규정되어야 한다.

⑤ 재위임

법률에서 위임받은 사항의 대강을 정하고 하위명령에 재위임은 가능하다. 따라서 위임받은 사항을 전혀 규정하지 않고 하위명령에 재위임하는 것은 법률유보원칙에 반한다.

판례

법률에서 위임받은 사항을 전혀 규정하지 않고 재위임하는 것은 이위임금지(履委任禁止)의 법리에 반할 뿐 아니라 수권법의 내용변경을 초래하는 것이 되고, 부령의 제정・개정절차가 대통령령에 비하여 보다 용이한 점을 고려할 때 재위임에 의한 부령의 경우에도 위임에 의한 대통령령에 가해지는 헌법상의 제한이 당연히 적용되어야 할 것이므로 법률에서 위임받은 사항을 전혀 규정하지 아니하고 그대로 재위임하는 것은 허용되지 않으며 위임받은 사항에 관하여 대강을 정하고 그 중의 특정사항을 범위를 정하여 하위법령에 다시 위임하는 경우에만 재위임이 허용된다(헌재 1996. 2. 29. 94헌마213).

⑥ 한계

포괄위임금지, 헌법이 명시적으로 수권한 법률사항, 처벌법규의 엄격한 위임을 말한다(불가피한 사정, 예측가능, 종류, 상한, 폭).

참고

포괄위임금지원칙

1. 개념

법률에서 이미 대통령령 등 하위법규에 구체적이고도 명확하게 규정되어 있어서 누구라도 당해 법률 그 자체로부터 대통령령등에 규정될 내용에 대강을 예측할 수 있어야 함을 의미한다. 예측가능성유무는 당해 특정조항 하나만을 가지고 판단할 것은 아니고 관련법조항 전체를 유기적・체계적으로 종합・판단하여야 하고 대상법률의 성질에 따라 구체적・개별적으로 검토하여야 한다(헌재 1994.7.29. 93헌가12).

2. 근거

국민주권, 권력분립원칙

3. 심사방법과 구체성의 강도

1) 침해적 사항 위임 시

위임에 의하여 제정된 행정입법이 국민의 기본권을 침해하는 성격이 강할수록 보다 명확한 수권이 요구되며, 침해적 행정입법에 대한 수권의 경우에는 급부적 행정입법에 대한 수권의 경우보다 그 수권이 명확해야 한다.

2) 급부사항 위임 시

급부행정의 영역에서는 기본권침해영역보다는 구체성의 요구가 다소 약화되어도 무방하다고 해석되며, 다양한 사실관계를 규율하거나 사실관계가 수시로 변화될 것이 예상될 때에는 위임의 명확성 요건이 완화된다.

3) 의무의 면제, 자유제한의 해제를 위임할 시 이는 국민에게 이익을 부여하는 수익적 규정에 해당하는 것이어서 이에 대해 요구되는 위임입법의 명확성의 정도는 상대적으로 완화될 수 있다.

4. 포괄위임금지원칙의 적용배제

1) 법률에서 조례에 위임할 때

2) 법률에서 공사가 자율적으로 정할 사항을 공사정관에 위임할 때 이는 자치입법에 해당하는 영역

판례

구 지방세법 중 '분리과세하여야 할 상당한 이유가 있는 것'이라는 부분은 다소 추상적・포괄적이기는 하나 분리과세의 제도적 성격상 분리과세표준에는 매우 다양하고 상이한 요소들이 혼재되어 있어 분리과세대상 토지의 종류나 범위를 적절히 분류할 수 있는 공통적 표지를 발견하기가 어렵고, 또 분리과세의 대상으로 삼을 것인지의 문제는 경제상황의 변천, 토지정책의 향방, 관련법규의 변경 등에 대응하여 탄력적・유동적으로 규율할 필요가 크므로 국회제정법률로 개별적・구체적으로 상세히 규율하는 것은 부적절하다. 그리고 종합토지세를 대체한 토지분 재산세 및 분리과세제도의 취지에 분리과세대상 토지를 예시하고 있는 가목 내지 다목 등 관련 법조항을 종합하여 보면, 대통령령에 위임될 분리과세대상 토지의 대강을 전혀 짐작할 수 없는 것도 아니다. 따라서 이 사건 법률조항은 조세법률주의나 포괄위임입법 금지의 원칙에 위반된다고 보기 어렵다(헌재 2010. 2. 25. 2008헌바34).

판례

요양기관의 지정취소를 보건복지부장관에 위임한 의료보험법 제33조와 구 공무원 및 사립학교교직원 의료보험법 제34조(헌재 1998.5.28. 96헌가1/2001.6.27. 2001헌가30)

의료보험요양기관의 직업수행의 자유를 제한하는 그 지정취소의 경우, 국회는 그 취소의 사유에 관하여 국민들의 정당한 의료보험수급권의 보호・보험재정의 보호 및 의료보험 수급질서의 확립이라는 공공복리 내지 질서유지의 필요와 그 지정취소로 인하여 의료기관 등이 입게 될 불이익 등을 비교형량하여 일반 국민이 그 기준을 대강이라도 예측할 수 있도록 법률로서 명확히 정하여야 하고, 하위 법령에 위임하는 경우에도 그 구체적인 범위를 정하였어야 한다. 그럼에도 불구하고 이 사건 법률조항에서는 그 지정취소 사유의 대강이라도 예측할 수 있게 규정하지 아니한 채 보건복지부장관에게 포괄적으로 백지위임하고 있으므로, 이는 헌법상 위임입법의 한계를 일탈한 것으로서 헌법 제75조 및 제95조에 위반되고, 나아가 우리 헌법상의 기본원리인 권력분립의 원리, 법치주의의 원리, 의회입법의 원칙 등에 위배된다고 할 것이다.

⑵ 행정명령(행정규칙)

행정기관이 헌법상 근거를 요하지 아니하고 그 고유의 권한으로써 일반국민의 권리・의무와 직접 관계없는 비법규사항을 규정하는 것으로 행정조직 내부에서만 효력이 있는 규칙

	국민의 권리・의무	효력	공포	사법심사	헌법적 근거
법규명령	규율 可	국가・일반국민 구속	必要	대상	必要
행정명령 (행정규칙)	규율 不可, 예외적 許容	국가기관만 구속	不要	대상 ×, 예외 인정	不要

⑶ 행정입법권에 대한 통제

① 입법부에 의한 통제

㉠ 법률의 제정・개정, 국정감사・조사, 해임건의, 탄핵소추 등

㉡ 국회에 의한 행정입법 통제

제98조의2(대통령령 등의 제출 등) 제1항 중앙행정기관의 장은 법률에서 위임한 사항이나 법률을 집행하기 위하여 필요한 사항을 규정한 대통령령・총리령・부령・훈령・예규・고시 등이 제정・개정 또는 폐지되었을 때에는 10일 이내에 이를 국회 소관 상임위원회에 제출하여야 한다. 다만, 대통령령의 경우에는 입법예고를 할 때(입법예고를 생략하는 경우에는 법제처장에게 심사를 요청할 때를 말한다)에도 그 입법예고안을 10일 이내에 제출하여야 한다.

제2항 중앙행정기관의 장은 제1항의 기간 이내에 제출하지 못한 경우에는 그 이유를 소관 상임위원회에 통지하여야 한다.

제3항 상임위원회는 위원회 또는 상설소위원회를 정기적으로 개회하여 그 소관 중앙행정기관이 제출한 대통령령・총리령 및 부령(이하 이 조에서 "대통령령등"이라 한다)의 법률 위반 여부 등을 검토하여야 한다.

제4항 상임위원회는 제3항에 따른 검토 결과 대통령령 또는 총리령이 법률의 취지 또는 내용에 합치되지 아니한다고 판단되는 경우에는 검토의 경과와 처리 의견 등을 기재한 검토결과보고서를 의장에게 제출하여야 한다.

> 제5항 의장은 제4항에 따라 제출된 검토결과보고서를 본회의에 보고하고, 국회는 본회의 의결로 이를 처리하고 정부에 송부한다.
> 제6항 정부는 제5항에 따라 송부받은 검토결과에 대한 처리 여부를 검토하고 그 처리결과(송부받은 검토결과에 따르지 못하는 경우 그 사유를 포함한다)를 국회에 제출하여야 한다.
> 제7항 상임위원회는 제3항에 따른 검토 결과 부령이 법률의 취지 또는 내용에 합치되지 아니한다고 판단되는 경우에는 소관 중앙행정기관의 장에게 그 내용을 통보할 수 있다.
> 제8항 제7항에 따라 검토내용을 통보받은 중앙행정기관의 장은 통보받은 내용에 대한 처리 계획과 그 결과를 지체 없이 소관 상임위원회에 보고하여야 한다.

② 행정부 통제

> 정부조직법 제16조 (국무총리의 행정감독권) 제1항 국무총리는 대통령의 명을 받아 각 중앙행정기관의 장을 지휘 · 감독한다.
> 제2항 국무총리는 중앙행정기관의 장의 명령이나 처분이 위법 또는 부당하다고 인정될 경우에는 대통령의 승인을 받아 이를 중지 또는 취소할 수 있다.
>
> 제20조 제1항 국무회의에 상정될 법령안 · 조약안과 총리령안 및 부령안의 심사와 그 밖에 법제에 관한 사무를 전문적으로 관장하기 위하여 국무총리소속으로 법제처를 둔다.

㉠ 행정감독에 의한 통제의 경우 상급행정기관의 훈령권의 행사를 통한 행정입법의 기준과 방향의 제시, 행정입법의 경위 등에 대한 감사, 행정내부에 법규명령안을 심사하는 별도의 기관을 두어 통제하는 방법이 있다. 그러나 감독권에 근거해서 직접 개정 또는 폐지시킬 수는 없다.

㉡ 행정심판법 제59조에 의하면 중앙행정심판위원회는 심판청구를 심리 · 재결할 때에 처분 또는 부작위의 근거가 되는 명령 등(대통령령 · 총리령 · 부령 · 훈령 · 예규 · 고시 · 조례 · 규칙 등을 말한다)이 법령에 근거가 없거나 상위 법령에 위배되거나 국민에게 과도한 부담을 주는 등 크게 불합리하면 관계 행정기관에 그 명령 등의 개정 · 폐지 등 적절한 시정조치를 요청할 수 있다. 또한 제1항에 따른 요청을 받은 관계 행정기관은 정당한 사유가 없으면 이에 따라야 한다.

③ 사법적 통제

> 헌법 제107조 제1항 법률이 헌법에 위반되는 여부가 재판의 전제가 된 경우에는 법원은 헌법재판소에 제청하여 그 심판에 의하여 재판한다.
> 제2항 명령 · 규칙 또는 처분이 헌법이나 법률에 위반되는 여부가 재판의 전제가 된 경우에는 대법원은 이를 최종적으로 심사할 권한을 가진다.

㉠ 구체적 규범통제(법원의 명령 · 규칙심사권)

명령 · 규칙 등 행정입법의 위헌 · 위법 여부가 구체적인 사건에서 재판의 전제가 된 경우에 그 사건의 재판과정에서 심사할 수 있는 제도를 말한다. 추상적 규범통제란 행정입법의 위헌 · 위법 여부를 직접 소송의 대상으로 하여 다툴 수 있는 제도를 말한다. 우리나라는 헌법 제107조에서 재판의 전제성을 요구하여 구체적 규범통제를 하고 있다. 독일은 구체적 규범통제와 추상적 규범통제를 모두 인정한다.

㉡ 법원의 명령 · 규칙심사권

법원이 재판의 대상이 되고 있는 구체적 사건에 적용할 명령 · 규칙의 효력을 심사하여 위헌 · 위법이라고 인정한 명령 · 규칙을 그 사건에 적용할 것을 거부하는 권한(개별적 효력설)을 말한다.

㉢ 명령 · 규칙심사의 대상

ⓐ 명령

심사의 대상은 명령과 규칙이며, 여기서의 명령은 법규명령을 의미한다. 법규명령이면 위임명령과 집행명령을 모두 포함하며, 대통령령 · 총리령 · 부령이 모두 대상이 된다.

ⓑ 행정규칙

명령 · 규칙의 심사 대상이 되는 규칙은 국민에 대하여 일반적 구속력을 가지는 규칙을 의미한다. 따라서 기관내규로서의 성질을 가지는 행정규칙은 대상이 되지 않는 것이 원칙이다. 그러나 행정규칙이 예외적으로 법규로서 인정되는 경우에는 심사의 대상이 된다.

ⓒ 국회규칙, 대법원규칙, 헌법재판소규칙, 중앙선거관리위원회규칙

기관내부에서만 효력을 가지는 경우와 국민에 대하여 일반적 구속력을 가지는 경우로 구분되며, 후자만 심사의 대상이 된다.

ⓓ 조례

조례는 구체적 규범통제의 대상이 될 수 있다. 또한 지방자치법 제107조, 제172조에 근거하여 조례는 효력 발생 전 대법원에서 사전적 규범통제를 할 수 있다.

ⓔ 조약

헌법 제60조 제1항에 의한 국회의 동의를 얻는 조약은 법률의 효력을 가지므로 헌법재판소에서 위헌여부를 심사하나, 명령의 효력을 가지는 일반조약 등의 경우에는 대법원이 최종적으로 심사한다.

5 사법에 관한 권한

1. 위헌정당해산 제소권(헌법 제8조 제4항)

2. 사면권

제79조 제1항 대통령은 법률이 정하는 바에 의하여 사면 · 감형 또는 복권을 명할 수 있다.
제2항 일반사면을 명하려면 국회의 동의를 얻어야 한다.
제3항 사면 · 감형 및 복권에 관한 사항은 법률로 정한다.

형의 선고의 효력 또는 공소권을 상실시키거나 형의 집행을 면제시키는 국가원수의 고유권, 국왕의 은사권에서 유래, 권력분립원칙의 예외에 해당한다.

(1) 내용

	일반사면	특별사면	일반감형	특별감형	복권
대상	죄를 범한 자	형의 선고를 받은 자	형의 선고를 받은 자	형의 선고를 받은 자	형 집행이 종료되거나 형 집행면제된 자 중 자격상실 또는 정지된 자

형식	대통령령	대통령이 命	대통령령	대통령이 命	일반복권(대통령령) 특별복권(대통령이 命)
효과	형의 언도를 받기 전인 자(공소권 소멸) 형의 언도를 받은 자(형의 언도의 효력 상실)	일반적인 경우(형집행면제) 형 집행유예를 받은 자(형의 언도의 효력상실)	형의 변경	일반적인 경우(형의 경감) 형 집행유예를 받은 자(형의 변경)	상실 또는 정지된 자격의 회복
국무회의 심의	○	○	○	○	○
국회 동의	○	×	×	×	×

(2) 한계

① 탄핵에 의해 파면된 자에게는 탄핵결정의 실효성이 상실되므로 더 이상 사면이 불가하다 봄이 일반적인 견해이다.

② 국회는 일반사면에 대해 동의한 경우 대통령이 제안하지 아니한 죄의 종류는 추가하지 못한다.

③ 권력분립원칙상 사법권의 본질적 내용침해는 금지된다.

④ 당리적 차원에서 행사는 가능하지 않다.

(3) 사법심사

견해가 대립하나 대통령의 사면권행사에 대한 사법심사는 사전적인 헌법상의 절차를 적법하게 거친 후에는 不許

판례

특별사면으로 형 선고의 효력이 상실된 유죄의 확정판결이 형사소송법 제420조의 '유죄의 확정판결'에 해당하여 재심청구의 대상이 될 수 있다(대판 2015.5.21. 2011도1932(전합)).

형사소송법 제420조가 유죄의 확정판결에 대하여 선고를 받은 자의 이익을 위하여 재심을 청구할 수 있다고 규정하고 있는 것은 유죄의 확정판결에 중대한 사실인정의 오류가 있는 경우 이를 바로잡아 무고하고 죄 없는 피고인의 인권침해를 구제하기 위한 것인데, 만일 특별사면으로 형 선고의 효력이 상실된 유죄판결이 재심청구의 대상이 될 수 없다고 한다면, 이는 특별사면이 있었다는 사정만으로 재심청구권을 박탈하여 명예를 회복하고 형사보상을 받을 기회 등을 원천적으로 봉쇄하는 것과 다를 바 없어서 재심제도의 취지에 반하게 된다. 따라서 특별사면으로 형 선고의 효력이 상실된 유죄의 확정판결도 형사소송법 제420조의 '유죄의 확정판결'에 해당하여 재심청구의 대상이 될 수 있다.

6 헌법기관구성권과 집행에 관한 권한

1. 헌법기관구성권

대법원장, 대법관, 헌재재판관·중선관위원회 3인, 감사원장, 감사위원 임명권

2. 정부구성권

① 국무총리, 국무위원, 행정각부의 장 임명권

3. 국군통수권

> 제74조 제1항 대통령은 헌법과 법률이 정하는 바에 의하여 국군을 통수한다.
> 제2항 국군의 조직과 편성은 법률로 정한다.

7 재정에 관한 권한

① 예산제출권
② 추가경정예산지출권
③ 국가의 부담이 될 계약을 체결할 권리(제58조)

제 2 절 행정부

1 국무총리

1. 헌법상 지위

대통령 권한 대행자로서의 지위, 대통령의 보좌기관으로서의 지위, 국무회의 부의장으로서의 지위, 집행부의 제2인자로서의 지위를 갖는다.

2. 신분

① 국무총리의 임명

대통령 권한 대행자에 대한 민주적 정당성 부여를 위하여 국회의 동의를 사전에 요구한다.

> 제86조 제1항 국무총리는 국회의 동의를 얻어 대통령이 임명한다.
> 제3항 군인은 현역을 면한 후가 아니면 국무총리로 임명될 수 없다.

② 국무총리 서리

	합헌설	위헌설(다수견해)
국무총리 궐위 시 법적 상태 완비	흠결	완비
국무총리서리 헌법변천	성립	불성립
헌법 제86조 제1항의 국회의 동의	사후적 승인	사전적 동의
국무총리 임명권	대통령의 고유권한, 국회동의는 소극적 거부권	국회와 대통령의 공동임명
직무대행자와 국무총리서리	동일시	구별

③ 국회의원 겸직 可

2. 권한

(1) 대통령의 권한대행

(2) 국무위원 임명제청권

국무총리의 제청에 대통령은 구속되지 않음(비구속설) ⇨ 제청 없이 임명해도 유효

> 제87조 제1항 국무위원은 국무총리의 제청으로 대통령이 임명한다.
> 제2항 국무위원은 국정에 관하여 대통령을 보좌하며, 국무회의의 구성원으로서 국정을 심의한다.

(3) 국무위원 해임건의권

대통령은 이에 법적으로 구속당하지 않음

(4) 국정심의권

(5) 부서권

> 제82조 대통령의 국법상 행위는 문서로써 하며, 이 문서에는 국무총리와 관계 국무위원이 부서한다. 군사에 관한 것도 또한 같다.

① 국무총리와 관계 국무위원회의 분명한 책임소재
② 대통령의 권한행사에 대한 기관 내 권력통제기능
③ 범위: 대통령의 모든 국무행위
④ 부서의 효력: 부서없는 대통령 국법상 행위는 절차상 정당성이 없으므로 무효(무효설), 유효설 대립이 있으나 일단 유효하다고 봄이 일반적이다.

(6) 행정각부의 통할관할권

헌법 제86조 제2항 국무총리는 대통령을 보좌하며, 행정에 관하여 대통령의 명을 받아 행정각부를 통할한다.

정부조직법 제29조(행정각부) 제1항 대통령의 통할하에 다음의 행정각부를 둔다.

1. 재정경제부, 2. 과학기술정보통신부, 3. 교육부, 4. 외교부, 5. 통일부, 6. 법무부, 7. 국방부, 8. 행정안전부, 9. 국가보훈부, 10. 문화체육관광부, 11. 농림축산식품부, 12. 산업통상부, 13. 보건복지, 14. 기후에너지환경부, 15. 고용노동부, 16. 성평등가족부, 17. 국토교통부, 18. 해양수산부, 19. 중소벤처기업부

제2항 행정각부에 장관 1명과 차관 1명을 두되, 장관은 국무위원으로 보하고, 차관은 정무직으로 한다. 다만, 재정경제부・과학기술정보통신부・외교부・문화체육관광부・보건복지부・기후에너지환경부・국토교통부・중소벤처기업부에는 차관 2명을 둔다.

제3항 장관은 소관사무에 관하여 지방행정의 장을 지휘・감독한다.

판례

안기부를 대통령 소속하에 두고 국무총리하에 두지 않도록 한 것은 정부조직원리에도 부합되는 것이다(헌재 1994.4.28. 89헌마221).

우리 나라의 행정권은 헌법상 대통령에게 귀속되고, 국무총리는 단지 대통령의 첫째가는 보좌기관으로서 행정에 관하여 독자적인 권한을 가지지 못하고 대통령의 명을 받아 행정각부를 통할하는 기관으로서의 지위만을 가지며, 행정권 행사에 대한 최후의 결정권자는 대통령이라고 해석하는 것이 타당하다고 할 것이다. 이와 같은 헌법상의 대통령과 국무총리의 지위에 비추어 보면 국무총리의 통할을 받는 행정각부에 모든 행정기관이 포함된다고 볼 수 없다 할 것이다. ….행정각부의 장은 국무위원이어야 하고 부령을 발포할 권한이 있으므로 중앙행정기관이라 할지라도, 법률상 그 기관의 장(長)이 국무위원이 아니라든가 또는 국무위원이라 하더라도 그 소관사무에 관하여 부령을 발할 권한이 없는 경우 그 기관은 행정각부로 볼 수 없다. 그러므로 행정각부는 헌법 제96조의 위임을 받은 정부조직법 제29조에 의하여 설치되는 행정각부만을 의미한다. …대통령직속의 헌법기관이 별도로 규정되어 있다는 이유만을 들어 법률에 의하더라도 헌법에 열거된 헌법기관 이외에는 대통령직속의 행정기관을 설치할 수 없다든가 또는 모든 행정기관은 헌법상 예외적으로 열거된 경우 등 이외에는 반드시 국무총리의 통할을 받아야 한다고는 말한 수 없다 할 것이고 이는 현행 헌법상 대통령중심제의 정부조직원리에도 부합되는 것이라 할 것이다.

(7) 총리령 제정권

제95조 국무총리 또는 행정각부의 장은 소관사무에 관하여 법률이나 대통령령의 위임 또는 직권으로 총리령 또는 부령을 발할 수 있다.

(8) 국회출석・발언권(권한이자 의무, 단 대통령은 권한만)

(9) 독임제 행정관청

2. 국무위원

(1) 임명

국무총리가 제청, 대통령이 임명, 현역을 면한 후가 아니면 국무위원이 될 수 없다(헌법 제87조 제1항・제4항).

(2) 헌법상 지위

대통령보좌, 국무회의 구성원으로 국정심의, 법적으로 대통령의 지시 · 감독을 받지 않는 대등한 지위를 갖는다.

(3) 권한

국무회의 소집요구, 의안제출, 국무회의 출석 · 발언, 부서권, 국회 출석 · 발언

(4) 책임

국회의 요구가 있으면 국회에 출석 · 답변하거나 정부위원으로 하여금 출석 · 답변하게 할 수 있다.

3. 행정각부의 장

(1) 지위

국무위원 중에서 국무총리 제청으로 대통령이 임명하므로 국무위원이 아닌 자는 행정각부의 장이 될 수 없다. 대통령의 지휘 · 감독을 받는다.

> 제94조 행정각부의 장은 국무위원 중에서 국무총리의 제청으로 대통령이 임명한다.
>
> 제95조 국무총리 또는 행정각부의 장은 소관사무에 관하여 법률이나 대통령령의 위임 또는 직권으로 총리령 또는 부령을 발할 수 있다.

(2) 권한

행정관청으로 소관사무의 결정 · 집행, 소속의원의 지휘 · 감독, 부령발프권(헌법 제95조)

4. 국무회의

(1) 헌법상 지위

① 헌법상 필수적인 최고정책심의기관이며, 독립된(대통령 직속 ×) 합의제 보좌기관(기관일 뿐 관청이 아님)의 지위를 갖는다.

② 1공 · 2공화국 헌법하에서 국무원(국무총리가 의장)은 의결기관에 해당한다.

(2) 구성

> 제88조 제1항 국무회의는 정부의 권한에 속하는 중요한 정책을 심의한다.
>
> 제2항 국무회의는 대통령 · 국무총리와 15인 이상 30인 이하의 국무위원으로 구성한다.
>
> 제3항 대통령은 국무회의의 의장이 되고, 국무총리는 부의장이 된다.

(3) 운영

① 국무위원의 소집요구, 대통령은 회의 소집과 주재를 한다.

② 국무회의는 구성원 과반수의 출석으로 개회하고, 출석구성원 2/3 이상의 찬성으로 의결한다.

(4) 심의

① 심의흠결은 절차적 정당성 흠결로 무효(무효설)

② 대통령은 심의결과에 구속되지 않음(비구속설)

③ 대통령령안은 심의사항이지만, 총리령 · 부령안은 심의사항이 아니다.

④ 감사원 사무, 국가정보원 사무 등은 심의사항이 아니다.

제89조 다음 사항은 국무회의의 심의를 거쳐야 한다.
1. 국정의 기본계획과 정부의 일반정책
2. 선전·강화 기타 중요한 대외정책
3. 헌법개정안·국민투표안·조약안·법률안 및 대통령령안
4. 예산안·결산·국유재산처분의 기본계획·국가의 부담이 될 계약 기타 재정에 관한 중요사항
5. 대통령의 긴급명령·긴급재정경제처분 및 명령 또는 계엄과 그 해제
6. 군사에 관한 중요사항
7. 국회의 임시회 집회의 요구
8. 영전수여
9. 사면·감형과 복권
10. 행정각부간의 권한의 획정
11. 정부안의 권한의 위임 또는 배정에 관한 기본계획
12. 국정처리상황의 평가·분석
13. 행정각부의 중요한 정책의 수립과 조정
14. 정당해산의 제소
15. 정부에 제출 또는 회부된 정부의 정책에 관계되는 청원의 심사
16. 검찰총장·합동참모의장·각군참모총장·국립대학교총장·대사 기타 법률이 정한 공무원과 국영기업체관리자의 임명
17. 기타 대통령·국무총리 또는 국무위원이 제출한 사항

⑸ **심의의 효력**

① 심의를 결한 대통령의 권한행사: 무효설(형식적 효력요건을 결한 것으로서 무효임)과 유효설(적법요건이며 효력요건이 아닌 바, 위법하지만 유효함)이 대립하나, 어느 견해에 의하든 직무상의 위헌이므로 탄핵소추사유가 된다.

② 심의결과의 구속력: 대통령은 국무회의 심의결과에 구속되지 않는다는 비구속설(다수설·판례)과 구속된다는 구속설이 대립된다.

⑹ **중앙행정관청의 장의 출석**

국무회의에는 국무위원이 아닌 중앙행정관청의 장(법제처장 등)과 기타 법률이 정하는 공무원(대통령실장·국무총리실장·국가정보원장 등)은 의결권 없이 출석하여 발언할 수 있으며, 소관사무에 관하여 국무총리에게 의안의 제출을 건의할 수 있다.

5. 대통령의 자문기관

제90조 제1항 국정의 중요한 사항에 관한 대통령의 자문에 응하기 위하여 국가원로로 구성되는 국가원로자문회의를 둘 수 있다(둔다 ×)
제2항 국가원로자문회의의 의장은 직전(전직 ×)대통령이 된다. 다만, 직전대통령이 없을 때에는 대통령이 지명한다.
제3항 국가원로자문회의의 조직·직무범위 기타 필요한 사항은 법률로 정한다.

(1) **구성원**: 전직 대통령, 의장·직전 대통령. 헌법상 자문기구 중 현행법상 구성되어 있지 않은 유일한 기구이다.

> 제91조 제1항 **국가안전보장**에 관련되는 대외정책·군사정책과 국내정책의 수립에 관하여 국무회의의 **심의에 앞서** 대통령의 **자문**에 응하기 위하여 국가안전보장회의를 **둔다**(둘 수 있다 ×).
> 제2항 국가안전보장회의는 **대통령이 주재**한다.
> 제3항 국가안전보장회의의 조직·직무범위 기타 필요한 사항은 법률로 정한다.

(2) 헌법상 필수적 자문기관이며, 3공헌법 때부터 규정되었으며, 국무회의의 전심기관이나 국가안전보장회의의 자문을 거치지 아니하고 국무회의에 상정하더라도 효력과 적법성에는 영향이 없다.

> 제92조 제1항 **평화통일정책**의 수립에 관한 대통령의 **자문**에 응하기 위하여 민주평화통일자문회의를 **둘 수 있다**(둔다 ×).
> 제2항 민주평화통일자문회의의 조직·직무범위 기타 필요한 사항은 법률로 정한다.

> 제93조 제1항 **국민경제**의 발전을 위한 중요정책의 수립에 관하여 대통령의 **자문**에 응하기 위하여 국민경제자문회의를 **둘 수 있다**(둔다 ×).
> 제3항 국민경제자문회의의 조직·직무범위 기타 필요한 사항은 법률로 정한다.

(3) 9차개헌에서 신설. 한편 현행법상 구성되어 있는 대통령 자문기구는 국가안전보장회의, 민주평화통일자문회의, 국민경제자문회의, 국가과학기술자문회의(법률상 자문기관임)이며, 현행법상 구성되어 있는 대통령 직속기구는 감사원(다만 직무상 독립), 국가정보원, 중소기업특별위원회(국가인권위원회 ×) 등이 있다.

6. 감사원

(1) 헌법상 지위 및 자격

> 제98조 제1항 감사원은 원장을 포함한 5인 이상 11인 이하의 감사위원으로 구성한다.
> 제2항 원장은 국회의 동의를 얻어 대통령이 임명하고, 그 임기는 4년으르 하며, 1차에 한하여 중임할 수 있다.
> 제3항 감사위원은 원장의 제청으로 대통령이 임명하고, 그 임기는 4년으로 하며, 1차에 한하여 중임할 수 있다.

① 감사원은 헌법상 필수기관으로서 조직(형식)상 국가원수(집행부수반 ×)로서의 대통령에 직속되나, 직무(기능)상 완전독립된 합의제기관으로서의 이중적 지위를 갖는다.

② 감사원장을 포함하여 5인 이상 11인 이하로 구성되며(헌법 제98조 제1항), 현재 감사원장을 포함하여 7인으로 구성되어 있다(감사원법 제3조). 감사원장 사고 시 선임감사위원(연장자 ×)의 순으로 권한을 대행하며, 합의제에 의하여 운영되는 감사업무에 있어서 감사원장과 감사위원은 법적으로 동등하고, 재적위원 과반수의 찬성으로 의결한다.

(2) 연혁

	직무감찰	회계검사
1공화국	감찰위원회(헌법상기관 아님)	심계원(헌법상 기관)
2공화국	감찰위원회(국무총리소속, 헌법상 기관 아님)	심계원(대통령소속, 헌법상 기관)
3공화국 이후	감사원(헌법상 기관)	

(3) 권한

제97조 국가의 세입·세출의 결산, 국가 및 법률이 정한 단체의 회계검사와 행정기관 및 공무원의 직무에 관한 감찰을 하기 위하여 대통령 소속하에 감사원을 둔다.

제99조 감사원은 세입·세출의 결산을 매년 검사하여 대통령과 차년도국회에 그 결과를 보고하여야 한다.

제100조 감사원의 조직·직무범위·감사위원의 자격·감사대상공무원의 범위 기타 필요한 사항은 법률로 정한다.

① 직무감찰(감사원법 제24조)

직무감찰이 제외되는 공무원으로서 국회, 법원 및 헌법재판소 소속 공무원, 소장급 이하의 장교가 지휘하는 전투부대와 중령급 이하의 장교가 지휘하는 부대

② 징계요구

직접 징계할 권한 없음

③ 시정요구권(감사원법 제33조)

④ 개선요구권(감사원법 제34조)

⑤ 고발권: 의무규정(감사원법 제35조)

⑥ 예산확인 및 회계검사

㉠ 필요적 검사사항

국가의 회계, 지방자치단체의 회계, 한국은행의 회계와 국가 또는 지방자치단체가 자본금의 1/2 이상 출자한 법인의 회계, 법률의 규정에 의해 감사원의 회계검사를 받도록 규정된 단체의 회계

㉡ 선택적 검사사항

감사원이 필요하다고 인정한 때 또는 국무총리의 요구가 있는 때, 감사원법 제23조 가호가 정한 기관의 회계

⑦ 결산검사와 보고

기획재정부장관은 세입·세출의 결산을 작성하여 국무회의의 심의와 대통령의 승인을 얻어 감사원에 제출함 ⇨ 감사원은 세입·세출 결산을 검사한 후 대통령과 차년도 국회에 검사결과를 보고하여야 함 ⇨ 차년도 국회는 소관상임위원회·예산결산특별위원회·본회의의 순으로 각 부의하여 의결하며, 결산의 부당성이 인정될 때에는 정부에 정치적 책임과 탄핵소추 등 법적 책임을 추궁할 수 있으나, 이미 행한 지출은 유효하다.

⑧ 변상책임의 판정(감사원법 제31조)

판례

감사원의 변상판정처분에 대해서는 행정소송을 제기할 수 없으나 그 재심판정에 대해서는 행정소송을 제기할 수 있다(대판 1984. 4. 10. 94누91).

⑨ 감사원규칙제정권
헌법상 기관이지만 규칙제정권은 헌법에 근거하지 않고 감사원법(제52조)에 근거하고 있으나, 법규성이 있다.

7. 선거관리위원회

(1) 의의 및 연혁

① 국민투표를 통해 민주적 정당성을 확보하기 위해 헌법에 규정, 헌법상 필수기관으로 합의제 행정관청으로 독립된 기관

② 중앙선거관리위원회(3차 개헌), 각급 선거관리위원회(5차 개헌)를 헌법기관으로 명문화하였다.

(2) 위원의 자격과 구성

제114조 제1항 선거와 국민투표의 공정한 관리 및 **정당에 관한 사무**를 처리하기 위하여 선거관리위원회를 둔다.
제2항 중앙선거관리위원회는 **대통령이 임명하는** 3인, **국회에서 선출하는** 3인과 **대법원장이 지명하는** 3인의 위원으로 구성한다. 위원장은 **위원중에서 호선**한다.
제3항 위원의 임기는 6년으로 한다.
제4항 위원은 정당에 가입하거나 정치에 관여할 수 없다.
제5항 위원은 탄핵 또는 금고 이상의 형의 선고에 의하지 아니하고는 파면되지 아니한다.
제6항 중앙선거관리위원회는 **법령**의 범위 안에서 **선거관리·국민투표관리 또는 정당사무에 관한 규칙**을 제정할 수 있으며, **법률**에 저촉되지 아니하는 범위 안에서 **내부규율에 관한 규칙**을 제정할 수 있다.
제7항 **각급** 선거관리위원회의 조직·직무범위 기타 필요한 사항은 법률로 정한다.

① 헌법재판관은 대통령이 9인 모두에 대하여 형식적 임명권(국회의 동의 ×)을 가지는 데 비하여 중앙선거관리위원회 위원은 대통령이 3인만을 임명(국회의 동의 ×)할 수 있다.

② 중앙선거관리위원회 위원과 그 장에 대하여 국회는 동의권을 갖지 못하며, 위원 3인(인사청문특위 대상자)만을 선출할 수 있다. 반면에 헌법재판소장 임명에 대하여는 동의권을 가지며, 다만 재판관 임명에 대하여는 3인(인사청문특위 대상자)만을 선출할 수 있을 뿐 동의권을 갖지 못한다.

③ 중앙선거관리위원회 위원장에 대하여 대통령은 임명권을 갖지 못하며(국회의 동의 ×), 위원 중에서 호선한다.

④ 위원의 단임·중임·연임에 대한 헌법상의 제한이나 근거규정이 없다(연임 가능하다고 봄). 선거관리위원회는 과반수출석으로 개의하고 출석위원 과반수찬성으로 의결하며, 위원장은 표결권을 가짐과 동시에 가부동수인 경우에 결정권을 갖는다(선거관리위원회법 제10조).

(3) 권한

> **제115조 제1항** 각급 선거관리위원회는 선거인명부의 작성등 선거사무와 국민투표사무에 관하여 관계 행정기관에 필요한 지시를 할 수 있다.
> **제2항** 제1항의 지시를 받은 당해 행정기관은 이에 응하여야 한다.
>
> **제116조 제1항** 선거운동은 각급 선거관리위원회의 관리하에 법률이 정하는 범위 안에서 하되, 균등한 기회가 보장되어야 한다.
> **제3항** 선거에 관한 경비는 법률이 정하는 경우를 제외하고는 정당 또는 후보자에게 부담시킬 수 없다.

① 선거사무・국민투표사무와 관련하여 각급 선관위는 관계 행정기관(정부 ×)에 지시할 수 있으며, 해당기관은 반드시 이에 응해야 하고 이는 권력분립원리에 반하는 것이 아니다.

② 선거운동의 기회균등보장, 선거경비 국가부담원칙(선거공영제 원칙)을 의미한다. 다만, 선거경비는 법률에 의하여 정당 또는 후보자에게 부담시킬 수도 있다. 따라서 현행법은 완전선거공영제(선거비용을 전액 국가가 부담하는 경우)를 실시하지 않고 선거비용의 일부를 정당 또는 후보자에게 부담시키되, 그 상한액을 설정하여 선거비용한도를 공고함으로써 이에 의하여 금권선거 등을 통제・제한하고 있다.

CHAPTER
04 법원

1 사법권

1. 의의

독립적 지위를 가진 기관이 제3자적 입장에서 무엇이 법인가를 판단하고 선언함으로써 법질서를 유지하기 위한 작용(성질설)

> 제101조 제1항 사법권은 법관으로 구성된 법원에 속한다.

2. 범위

민사재판권, 형사재판권, 행정재판권, 특허재판권

3. 한계

(1) 실정법상 한계

① 헌법재판: 헌법재판소의 관할(헌법 제111조)
② 국회의원의 자격심사와 징계(헌법 제64조 제4항)
③ 군사재판(헌법 제110조, 제27조 제2항)
④ 비상계엄하의 군사재판(헌법 제110조 제4항)

(2) 국제법상의 한계(치외법권)

외교특권을 누리는 외국의 원수, 그 가족, 수행원, 외교사절, 정박중인 군함, 승무원 등에는 사법기능이 미치지 아니한다.

판례

외국국가의 사경제적 행위(대판 1998.12.17. 97다39216)
국제관습법에 의하면 국가의 주권적 행위는 다른 국가기관의 재판권으로부터 면제되는 것이 원칙이라 할 것이나, 국가의 사법적 행위까지 다른 국가의 재판권으로부터 면제된다는 것이 오늘날의 국제법이나 국제관례라고 할 수 없다. 따라서 외국 국가의 사경제적 상업활동 등 사법적 행위에 대해서는 우리 법원이 재판권을 행사할 수 있다.

(3) 사법본질적 한계

사건성, 당사자 적격성, 소의 이익, 사건의 성숙성

(4) 통치행위

① 의의

고도의 정치적 의미를 가진 국가행위로서 사법심사의 대상으로 하기 어려운 행위

② 사법심사 여부

㉠ 사법심사 긍정설(통치행위부정설): 모든 국가작용은 사법심사의 대상

㉡ 사법심사 부정설(통치행위긍정설)

ⓐ 내재적 한계설, 자유재량설, 통치행위독자성설

ⓑ 사법부자제설: 통치행위도 법률문제를 포함하고 있는 이상 사법심사의 대상이 되어야 하나 사법부가 정치문제에 개입하지 않는 것이 사법부의 독립이나 국가이익차원에서 바람직하다.

㉢ 대법원

통치행위를 인정, 통치행위에 대한 사법심사를 부정함이 원칙이지만, 비상계엄의 선포나 확대가 국헌문란의 목적을 달성하기 위하여 행하여진 경우에는 법원도 그 자체가 범죄행위에 해당하는지의 여부에 관하여 심사할 수 있다고 하여 한정적 긍정론을 펴고 있다.

㉣ 헌법재판소

ⓐ 대통령의 긴급재정경제명령은 국가긴급권의 일종으로서 고도(高度)의 정치적(政治的) 결단에 의하여 발동되는 행위로써 통치행위개념을 인정하나 그것이 국민의 기본권 침해와 직접 관련되는 경우에는 헌법재판소의 심판대상으로 삼을 수 있다(헌재 1996.2.29. 93헌마186).

ⓑ 이라크파병결정에 대하여는 국가안전보장회의의 자문을 거쳐 결정한 것으로 국무회의심의·의결을 거쳐 국회의 동의를 얻음으로써 헌법과 법률에 따른 절차적 정당성을 확보한 것으로 대통령과 국회의 판단은 존중되어야 하고 헌법재판소가 사법적 기준만으로 이를 심판하는 것은 자제되어야 한다고 판시하여 사법부자제설의 입장을 취한바 있다(헌재 2004. 4. 29. 2003헌마814).

ⓒ 개성공단 전면중단 조치가 고도의 정치적 결단을 요하는 문제이기는 하나, 조치 결과 개성공단 투자기업인 청구인들에게 기본권 제한이 발생하였고, 국민의 기본권 제한과 직접 관련된 공권력의 행사는 고도의 정치적 고려가 필요한 행위라도 헌법과 법률에 따라 결정하고 집행하도록 견제하는 것이 헌법재판소 본연의 임무이므로, 그 한도에서 헌법소원심판의 대상이 될 수 있다(헌재 2022. 1. 27. 2016헌마364).

2 사법권의 독립

1. 의의

공정한 재판을 위하여 사법권을 입법권과 행정권으로부터 분리·독립시키고 법관이 어떠한 권력으로부터도 간섭이나 지시받지 않고 자주·독립적으로 재판하는 것

2. 법원의 독립

① 집행부로부터의 독립: 인사·행정·조직권의 독립

② 입법부로부터의 독립: 조직, 구성의 독립(의원과 법관의 겸직 금지, 처분적 법률의 제정 제한)

③ 법원독립상의 한계: 대통령의 대법원장, 대법관 임명절차에서의 국회동의와 대통령의 임명, 법원조직법·소송법개정안 국회제출권 부정, 집행부에 의한 법원예산제출권, 대통령의 사면권, 국회의 국정감사·조사권, 국회의 법관에 대한 탄핵소추

3. 법관의 인적 독립

법관의 신분상 독립, 법관자격 법정주의, 법관의 신분보장

> 제101조 제3항 법관의 자격은 법률로 정한다.
>
> 제104조 제1항 대법원장은 국회의 동의를 얻어 대통령이 임명한다.
> 제2항 대법관은 대법원장의 제청으로 국회의 동의를 얻어 대통령이 임명한다.
> 제3항 대법원장과 대법관이 아닌 법관은 대법관회의의 동의를 얻어 대법원장이 임명한다.
>
> 제105조 제1항 대법원장의 임기는 6년으로 하며, 중임할 수 없다.
> 제2항 대법관의 임기는 6년으로 하며, 법률이 정하는 바에 의하여 연임할 수 있다.
> 제3항 대법원장과 대법관이 아닌 법관의 임기는 10년으로 하며, 법률이 정하는 바에 의하여 연임할 수 있다.
> 제4항 법관의 정년은 법률로 정한다.
>
> 제106조 제1항 법관은 탄핵 또는 금고 이상의 형의 선고에 의하지 아니하고는 파면되지 아니하며, 징계처분에 의하지 아니하고는 정직·감봉 기타 불리한 처분을 받지 아니한다.
> 제2항 법관이 중대한 심신상의 장해로 직무를 수행할 수 없을 때에는 법률이 정하는 바에 의하여 퇴직하게 할 수 있다.

4. 법관의 물적 독립

(1) 재판상 독립

국가권력이나 외부세력의 영향을 받지 않고 양심과 법에 따라 재판

> 제103조 법관은 헌법과 법률에 의하여 그 양심에 따라 독립하여 심판한다.

(2) 헌법과 법률에 따른 재판

① 헌법과 법률: 성문헌법, 헌법적 관습법 포함

② 위헌의 법령에 구속되지 않음

(3) 양심의 구속

법관으로서의 직업적·법리적·법조적 양심(객관적 양심설) ⇨ 도덕적 양심과 법리적 확신의 충돌 시 법관의 법리적 확신 우선시

(4) 법관의 대외적 간섭으로부터의 독립

① 행정부와 국회로부터의 독립

② 검찰로부터의 독립

③ 사회로부터의 독립

④ 소송당사자로부터의 독립

(5) 법관의 대내적 간섭으로부터의 독립

① 상급자로부터의 독립

② 심급제에 따라 특정한 사건에 대한 상급심의 판결(파기・환송)은 그 사건에 한해 하급심을 기속(법원조직법 제8조)

③ 합의재판에서 법원장으로부터의 독립

3 법원의 조직

1. 종류

(1) 헌법 제101조 제2항

대법원과 각급법원 ⇨ 고등법원은 헌법상 법원이 아님

(2) 법원조직법 제3조

① 대법원, 고등법원, 특허법원, 지방법원, 행정법원, 가사법원, 회생법원

② 지원, 시・군법원: 지방법원에 둔다.

③ 법원의 설치・폐지와 관할구역은 법률로, 등기소 설치・폐지와 관할구역은 대법원규칙으로 정한다.

2. 대법원

(1) 대법관회의

① 의의

헌법상 필수기관이며 대법관으로 구성

② 의결사항(법원조직법 제17조)

㉠ 판사의 임명 및 연임에 대한 동의

㉡ 대법원 규칙의 제정과 개정 등에 관한 사항

㉢ 판례의 수집・간행에 관한 사항

㉣ 예산요구, 예비금 지출과 결산에 관한 사항

㉤ 특히 중요하다고 인정되는 사항으로서 대법원장이 부의한 사항

대법관회의 의결사항이 아닌 것

① 대법원장은 단독으로 법관에 대한 보직결정, 법관을 퇴직시킬 수 있다.

② 법관징계위원회에서 법관을 징계한다.

(2) 전원합의체

① 구성

㉠ 대법관 전원의 2/3 이상으로 구성

㉡ 재판담당

㉢ 가부동수일 경우 대법원장의 결정권 없음

② 부

㉠ 대법관 3인으로 구성

㉡ 일반부: 전원합의체의 심리부담 경감, 효율성 제고

㉢ 특정부: 행정, 조세, 노동, 군사, 특허사건의 전문가인 대법관으로 구성, 전문성 확보

㉣ 부의 권한: 명령·규칙의 헌법이나 법률에의 부합함은 인정할 수 있으나, 명령·규칙이 헌법이나 법률 위반 여부는 대법원 전원합의체에서 인정(판례변경도 전합대상)

(3) 사법정책자문위원회(법원조직법 제25조)

대법원장의 임의적 자문기관

(4) 대법원의 관할

① 명령·규칙의 위헌·위법 최종심사권

② 선거소송재판권: 대통령, 국회의원, 광역 시·도지사의 선거, 광역 비례대표 시·도의원 선거소송과 당선소송의 1심담당

③ 지방자치단체의 장이 제소한 지방의회 재의결에 대한 소송(지방자치법 제107조)

④ 지방자치단체의 장이 제소한 자치사무에 관한 명령이나 처분의 취소 또는 정지에 대한 소송(지방자치법 제169조)

⑤ 지방자치단체의 장이 제소한 직무이행명령권에 대한 소송(지방자치법 제170조)

3. 하급법원

(1) 고등법원

결정에 대한 항고·재판에 대한 항소사건, 구·시·군의 장, 지역구 시·도의원선거, 구·시·군의원 선거소송과 당선소송담당

(2) 특허법원

법원조직법상 법원, 특수법원(법관으로 구성되며 대법원을 최종법원으로)으로 특허사건을 관할사항으로 함

(3) 지방법원

(4) 행정심판과 행정법원

(5) 회생법원

(6) 특별법원

① 의의

법관의 자격이 없는 자에 의해 행해진다는 점에서 예외법원

② 특별법원설치의 허용여부

㉠ 헌법과 법률이 정한 법관이 아닌 자로 구성되는 법원은 헌법 제27조 제1항에 위반되고 대법원이 아닌 법원은 제101조 제2항에 위반된다.

㉡ 따라서 법률로 특별법원을 설치하는 것은 헌법에 위반된다. ⇨ 특별법원은 반드시 헌법상 근거가 있어야 한다.

🗁 특별법원과 특수법원

	특별법원	특수법원
의의	법관의 자격을 가지지 않은 자로 구성되거나, 대법원이 최종심이 아닌 법원	법관의 자격을 가진 자가 재판을 담당하고 상고가 인정되며 특별한 종류의 사건에 한해 재판권을 행사하는 법원
근거법령	반드시 헌법상 근거 要	법률로 설치 可

㉢ 개정 전 군사법원법은 평시에도 심판관 및 관할관 제도를 두고 있었으며, 개정 군사법원법이 제5편 전시 특례 아래 규정하고 있는 심판관과 관할관의 권한들을 평시에도 행사할 수 있도록 하고 있었다. 그러나 2021년 개정 군사법원법은 평시 군사법원과 전시 군사법원을 엄격하게 분리하여, 평시 군사법원의 재판에는 오직 법률가인 군판사들만이 참여할 수 있도록 하되(제22조), 전시 군사법원의 재판에는 군판사 외에 심판관들이 재판관으로서 관여할 수 있도록 하고(제534조의8), 전시에는 전체 재판의 진행사항을 감독하는 관할관(convening authority)으로서 현직 사령관 또는 국방부장관을 두어 그 관할관이 심판관을 지정하거나 형량을 감경하는 등의 재량을 넓게 행사할 수 있도록 규정하였다(제534조의4).

헌법 제110조 제1항 군사재판을 관할하기 위하여 특별법원으로서 군사법원을 둘 수 있다.
제2항 군사법원의 상고심은 대법원에서 관할한다.
제3항 군사법원의 조직·권한 및 재판관의 자격은 법률로 정한다.
제4항 비상계엄하의 군사재판은 군인·군무원의 범죄나 군사에 관한 간첩죄의 경우와 초병·초소·유독음식물공급·포로에 관한 죄중 법률이 정한 경우에 한하여 단심으로 할 수 있다. 다만, 사형을 선고한 경우에는 그러하지 아니하다.

군사법원법 제22조(군사법원의 재판관) 제1항 군사법원에서는 군판사 3명을 재판관으로 한다.
제2항 제1항에도 불구하고 약식절차에서는 군판사 1명을 재판관으로 한다.

제23조(군판사의 임명 및 소속) 제1항 군판사는 군판사인사위원회의 심의를 거치고 군사법원운영위원회의 동의를 받아 국방부장관이 임명한다.
제2항 군판사의 소속은 국방부로 한다.

제24조(군판사의 임용자격) 제1항 군사법원장은 군법무관으로서 15년 이상 복무한 영관급 이상의 장교 중에서 임명한다.
제2항 군판사는 군법무관으로서 10년 이상 복무한 영관급 이상의 장교 중에서 임명한다. 이 경우 「군인사법」 제33조에 따른 임시계급을 포함한다.

4 법원의 권한

1. 위헌법률심판제청권(헌법재판소편에서 상설)

> 제107조 제1항 법률이 헌법에 위반되는 여부가 재판의 전제가 된 경우에는 법원은 헌법재판소에 제청하여 그 심판에 의하여 재판한다.

2. 명령 · 규칙심사권

> 제107조 제2항 명령 · 규칙 또는 처분이 헌법이나 법률에 위반되는 여부가 재판의 전제가 된 경우에는 대법원은 이를 최종적으로 심사할 권한을 가진다.

위헌 · 위법인 명령 · 규칙의 적용을 배제(개별적 효력설)하여 법질서의 통일성을 기하고 국민의 기본권을 보장하기 위한 제도이다.

(1) 주체

① 모든 법원: 대법원을 포함한 각급법원과 군사법원

② 헌법재판소: 명령 · 규칙이 헌법상 기본권을 직접 침해한 경우 헌법재판소는 명령 · 규칙을 헌법소원의 대상으로 할 수 있다.

판례

법무사법 시행규칙(헌재 1990.10.15. 89헌마178)

헌법 제107조 제2항이 규정한 명령 · 규칙에 대한 대법원의 최종심사권이란 구체적인 소송사건에서 명령 · 규칙의 위헌여부가 재판의 전제가 되었을 경우 법률의 경우와는 달리 헌법재판소에 제청할 것 없이 대법원이 최종적으로 심사할 수 있다는 의미이며, 명령 · 규칙 그 자체에 의하여 직접 기본권이 침해되었음을 이유로 하여 헌법소원을 청구하는 것은 위 헌법규정과는 아무런 상관이 없는 문제이다.

(2) 내용

명령 · 규칙이 헌법, 법률에 위반되는지가 재판의 전제가 되어야 한다.

(3) 기준

헌법, 헌법적 관습법, 법률, 국회의 비준을 받은 조약, 긴급명령, 긴급재정 · 경제명령

(4) 대상

① 법규명령(위임 · 집행명령불문)

② 명령의 효력을 가지는 조약

③ 법규명령으로서 규칙과 조례

(5) 심사범위

① 합헌성 · 합법성 통제

② 형식적 효력, 실질적 효력 통제

⑹ **방법과 절차**

구체적 규범통제만 가능하므로 명령 · 규칙이 헌법이나 법률에 위반되는지 여부가 구체적 사건해결을 위한 재판의 전제가 되어야 한다.

⑺ **심사 · 결정**

전원합의체, 대법관 전원의 2/3출석, 출석과반수 찬성

⑻ **헌법 · 법률에 위반된 명령 · 규칙의 효력**

당해 사건에 한하여 적용을 거부한다(개별적 효력설: 법원은 다른 사건에서는 동 명령을 적용할 수 있다).

3. 대법원규칙 제정권

헌법에 근거한 법규명령으로서 사법부의 자주성과 독립성 보장을 위한 규칙을 제정할 수 있다.

> 제108조 대법원은 법률에 저촉되지 아니하는 범위 안에서 소송에 관한 절차, 법원의 내부규율과 사무처리에 관한 규칙을 제정할 수 있다.

판례

1. 컴퓨터용디스크 등에 증거조사방식에 관하여 필요한 사항을 대법원규칙으로 정하도록 한 형사소송법 제292조의3은 포괄위임금지원칙에 위반되지 아니한다(헌재 2016.6.30, 2013헌바27).
2. 소송을 대리한 변호사에게 당사자가 지급하였거나 지급할 보수는 대법원규칙이 정하는 금액의 범위 안에서 소송비용으로 인정한다고 규정한 민사소송법 제109조 제1항은 패소한 당사자의 재판청구권을 침해한다고 할 수 없다(헌재 2016.6.30, 2013헌바370).

5 사법절차 · 운영

1. 의의

사법절차상에서 사법적 과오를 최대한 줄이기 위해 재판의 심급제도, 재판의 공개, 법정질서유지장치 등을 헌법에 규정

2. 심급절차

⑴ **의의**

① 헌법상 필수적
② 모든 재판이 3심제이어야 하는 것은 아니다.

⑵ **3심제에 대한 예외**

① 2심제: 특허재판, 구 · 시 · 군 의원 · 장의 선거소송
② 단심제: 대통령, 국회의원 시 · 도지사 선거소송, 비례대표 시 · 도의원 선거소송, 비상계엄하의 군사재판, 지방자치법상의 기관쟁의

판례

모든 사건에 대하여 대법원을 구성하는 법관에 의한 균등한 재판을 받을 권리를 의미한다거나 또는 상고심재판을 받을 권리를 의미하는 것이라 할 수 없다(헌재 1995.1.20. 90헌바1).

헌법과 법률이 정한 법관에 의하여 법률에 의한 재판을 받을 권리는 사건의 경중을 가리지 않고 모든 사건에 대하여 대법원을 구성하는 법관에 의한 균등한 재판을 받을 권리를 의미한다거나 또는 상고심재판을 받을 권리를 의미하는 것이라 할 수 없다.

3. 재판공개제도

제109조 재판의 심리와 판결은 공개한다. 다만, 심리는 국가의 안전보장 또는 안녕질서를 방해하거나 선량한 풍속을 해할 염려가 있을 때에는 법원의 결정으로 공개하지 아니할 수 있다.

(1) 의의

재판의 심리와 판결이 일반인의 공개방청이 허용된 공개법정에서 행하여지는 것으로 재판의 공정성을 확보하고 당사자의 인권보장을 위한 제도

(2) 내용

① 사건과 관련 없는 일반인에게도 방청허용

② 재판에 대한 보도의 자유는 있으나 법정질서유지를 위해 녹화·촬영·중계방송을 허가로 하는 것 허용(법원 조직법 제58조)

③ 공개원칙이 적용되지 않는 것: 공판준비절차, 소송법상결정 또는 명령, 재판의 합의, 가사비송절차, 비송사건절차

판례

가사비송 조항이 상속재산분할에 관한 사건을 가사비송사건으로 규정하였다고 하여도 이것이 입법재량의 한계를 일탈하여 상속재산분할에 관한 사건을 제기하고자 하는 자의 공정한 재판을 받을 권리를 침해한다고 볼 수 없다(헌재 2017.4.27. 2015헌바24).

(3) 예외적 심리 비공개

① 공개여부는 법원의 재량

② 국가의 안전보장, 안녕질서의 방해, 선량한 풍속을 해할 염려의 판단은 객관성이 요구되므로 기속재량에 속하고 엄격한 해석을 요한다.

③ 소송당사자의 이익을 위하여도 비공개 可

④ 상대적 비공개: 판결은 반드시 공개해야 하므로 비공개로 한 재판드 판결은 공개

(4) 위법한 비공개재판의 효과

① 당연무효 ×

② 절대적 상고 이유

4. 법정질서유지권

(1) 의의

① 법정에서 질서를 유지하고 심판을 방해하는 행위를 배제 또는 제지하기 위해 법원이 가지는 권력작용
② 소송내용과 무관
③ 재판공개는 법정의 질서유지와 상호보완관계

(2) 내용

① 입정금지
② 퇴정명령
③ 녹화 등의 금지
④ 감치, 과태료 부과: 감치결정은 사법행정상의 질서벌이므로 검사의 기소 없이 이루어지고 감치기간 중 삭발을 하거나 노역장에 유치할 수 없다.

판례

형사소송에서 법원의 녹취허가(헌재 1995.12.28. 91헌마112)
비록 형사소송규칙 제40조가 공판정에서의 녹취에 대하여 법원의 허가를 받도록 하였더라도 결코 법원이 자의적으로 녹취를 금지하거나 제한할 수 있도록 허용하는 취지는 아니다. 다시말하면, 위 규칙 제40조는 합리적인 이익형량에 따라 녹취를 제한할 수 있는 기속적 재량을 의미하는 것으로서, 녹취를 하지 아니할 특별한 사유가 없는 한 이를 원칙적으로 허용하여야 하는 것으로 풀이함이 상당하다 할 것이므로, 녹취허부에 관한 구체적인 기준을 설정하지 않았다는 이유만으로 위 조항이 법률이나 헌법에 위반된다고 단정할 수는 없다.

(3) 한계

① 개정 중이거나 이에 밀착한 전후시간
② 법정과 법관이 직무를 수행하는 장소에서만
③ 소송관계인과 법정 내에 있는 자에게만 행사

CHAPTER 05

헌법재판

1 헌법재판제도

1. 이념적 기초

헌법의 최고규범성, 헌법의 성문성과 경성, 기본권의 직접적 효력성, 헌법개념의 포괄성

2. 법적 성격

① 사법작용설, 정치작용설, 입법작용설, 제4의 국가작용설

② 우리나라 : 사법작용과 정치작용의 성질을 함께 가지는 정치적 사법작용(다수설)

3. 기능

헌법보호, 국민의 자유와 권리보호, 권력통제, 정치세력 간 타협촉진

4. 헌법재판제도의 유형

(1) 헌법재판소형

일반법원으로부터 독립된 헌법재판소가 헌법재판을 담당하는 유형, 독일, 우리나라

(2) 일반법원형

일반법원이 헌법재판을 담당하는 유형, 미국, 일본

(3) 특수기관형

① 헌법재판소도 일반법원도 아닌 특수한 기관이 헌법재판을 담당하는 유형

② 프랑스의 헌법평의회

5. 우리나라 헌법재판제도의 연혁

<table>
<tr><th></th><th>1공화국</th><th>2공화국</th><th>3공화국</th><th>4공화국</th><th>5공화국</th><th>6공화국</th></tr>
<tr><td>위헌법률
심판</td><td>헌법위원회</td><td>헌법재판소
(추상적 ·
구체적
규범통제)</td><td>일반법원,
대법원</td><td rowspan="3">헌법위원회</td><td rowspan="3">헌법위원회</td><td rowspan="3">헌법재판소</td></tr>
<tr><td>탄핵심판</td><td>탄핵재판소</td><td>○</td><td>탄핵심판
위원회</td></tr>
<tr><td>위헌정당
심판</td><td>×</td><td>○</td><td>대법원</td></tr>
</table>

권한쟁의 심판	×	○ (국가기관간만)	×	×	×	헌법재판소
헌법소원	×	×	×	×	×	
기타		대통령, 대법원장, 대법관 선거소송 (단, 실제구성이 안됨)		대법원의 불송부결정권		대법원의 불송부결정권 불인정

2 헌법재판소

1. 지위

헌법보장기관, 기본권보장기관, 최종적인 헌법재판기관, 권력통제기관

2. 구성

(1) 재판관, 헌법재판소장

신분보장, 정치적 중립

> **헌법 제111조 제2항** 헌법재판소는 법관의 자격을 가진 9인의 재판관으로 구성하며, 재판관은 대통령이 임명한다.
> **제3항** 제2항의 재판관중 3인은 국회에서 선출하는 자를, 3인은 대법원장이 지명하는 자를 임명한다.
> **제4항** 헌법재판소의 장은 국회의 동의를 얻어 재판관 중에서 대통령이 임명한다.

(2) 재판관회의

> **헌법재판소법 제16조(재판관회의) 제1항** 재판관회의는 재판관 전원으로 구성하며, 헌법재판소장이 의장이 된다.
> **제2항** 재판관회의는 재판관 전원의 3분의 2를 초과하는 인원의 출석과 출석인원 과반수의 찬성으로 의결한다.

① 헌법재판소규칙의 제정과 개정에 관한 사항
② 입법의견의 제출에 관한 사항
③ 예산요구 · 예산지출과 결산에 관한 사항
④ 사무처장의 임면제청과 헌법연구관 및 3급 이상 공무원의 임면에 관한 사항
⑤ 특히 중요하다고 인정되는 사항으로서 헌법재판소장이 부의하는 사항(헌법재판소법 제16조 제3항)

(3) 사무처

사무처장은 헌법재판소장을 대신하여 의회에 출석 · 발언할 수 있다.

3 심판절차 · 운영

1. 재판부

(1) 전원재판부

재판관 전원으로 구성

(2) 지정재판부

① 재판관 3인으로 구성

② 헌법재판소법 제68조(제1항, 제2항)의 헌법소원심판의 사전심사 담당

③ 대법원의 3인으로 구성되는 부와는 달리 소송요건만을 심사, 3인 전원합의에 의한 각하 결정을 하되 모두의 합의가 안 될 경우 전원재판부에서 결정한다. 또한 헌법소원심판의 청구 후 30일이 지날 때까지 각하결정이 없는 때에는 심판에 회부하는 결정(이하 "심판회부결정"이라 한다)이 있는 것으로 본다(헌법재판소법 제72조 제6항).

(3) 재판관의 제척 · 기피 · 회피제도(헌법재판소법 제24조)

판례

당사자로 하여금 동일한 사건에서 2명 이상의 재판관을 기피할 수 없도록 규정한 헌법재판소법 제24조 제4항은 공정한 헌법재판을 받을 권리를 침해하지 아니한다(헌재 2016.11.24. 2015헌마902).

(4) 재판관의 자격

헌법재판소법 제5조(재판관의 자격) 제1항 재판관은 다음 각 호의 어느 하나에 해당하는 직(職)에 15년 이상 있던 40세 이상인 사람 중에서 임명한다. 다만, 다음 각 호 중 둘 이상의 직에 있던 사람의 재직기간은 합산한다.

1. 판사, 검사, 변호사
2. 변호사 자격이 있는 사람으로서 국가기관, 국영·공영 기업체, 「공공기관의 운영에 관한 법률」 제4조에 따른 공공기관 또는 그 밖의 법인에서 법률에 관한 사무에 종사한 사람
3. 변호사 자격이 있는 사람으로서 공인된 대학의 법률학 조교수 이상의 직에 있던 사람

제2항 다음 각 호의 어느 하나에 해당하는 사람은 재판관으로 임명할 수 없다.

1. 다른 법령에 따라 공무원으로 임용하지 못하는 사람
2. 금고 이상의 형을 선고받은 사람
3. 탄핵에 의하여 파면된 후 5년이 지나지 아니한 사람
4. 「정당법」 제22조에 따른 정당의 당원 또는 당원의 신분을 상실한 날부터 3년이 경과되지 아니한 사람
5. 「공직선거법」 제2조에 따른 선거에 후보자(예비후보자를 포함한다)로 등록한 날부터 5년이 경과되지 아니한 사람
6. 「공직선거법」 제2조에 따른 대통령선거에서 후보자의 당선을 위하여 자문이나 고문의 역할을 한 날부터 3년이 경과되지 아니한 사람

제3항 제2항 제6호에 따른 자문이나 고문의 역할을 한 사람의 구체적인 범위는 헌법재판소규칙으로 정한다.

2. 대리인(법 제25조)

① 정부가 당사자인 때: 법무부장관
② 당사자가 국가기관 또는 지방자치단체인 경우: 변호사를 대리인으로 선임 可
③ 당사자가 사인인 경우: 변호사 강제주의원칙, 당사자가 변호사의 자격이 있으면 대리인을 선임하지 않아도 됨

3. 정족수

① 헌법 제113조
법률의 위헌결정, 탄핵결정, 정당해산의 결정, 헌법소원의 인용결정 시 재판관 6인 이상의 찬성
② 헌법재판소법 제23조
㉠ 심리정족수: 재판관 7인 이상의 출석으로 사건심리
㉡ 일반의결정족수: 종국심리에 관여한 재판관 과반수 찬성
㉢ 특별의결정족수: 법률의 위헌결정, 탄핵결정, 정당해산결정(헌법상 근거), 헌법소원의 인용결정, 종전에 판시한 헌법 또는 법률의 해석적용에 관한 의견을 변경하는 경우 6인 이상의 찬성(법률상 근거)

4. 심판청구의 방식

① 심판사항별로 정하여진 청구서를 헌법재판소에 제출
② 위헌법률심판에 있어서는 법원의 제청서
③ 탄핵심판에 있어서는 국회의 소추의결서 정본으로 갈음(헌법재판소법 제26조)

5. 송달(헌법재판소법 제27조)

6. 심판의 공개(헌법재판소 제34조)

① 심판의 변론과 결정선고: 공개
② 서면심리와 평의: 비공개
③ 헌법재판소법 제34조 제1항에 의하면 헌법재판소 평의는 공개하지 아니하도록 되어 있다. 그러므로 개별재판관의 의견을 결정문에 표시하기 위해서는 이와 같은 평의의 비밀에 대해 예외를 인정하는 특별규정이 있어야만 가능한데, 탄핵심판에 관해서는 평의의 비밀에 대한 예외를 인정하는 법률규정이 없다. 그러나 헌법재판소법의 개정으로 탄핵심판의 경우에도 반대의견을 가진 재판관은 의견을 표시하여야 한다(헌재 2004.5.14. 2004헌나1).

7. 종국결정

① 재판부가 심리를 마친 때 종국결정을 한다.
② 심판에 관여한 재판관은 결정서에 의견을 표시하여야 한다(헌법재판소법 제36조).

8. 심판기간

사건을 접수한 날로부터 180일 이내에 종국결정을 선고하여야 한다(헌법재판소법 제38조).: 훈시규정

9. 타법령의 준용

① 원칙: 민사소송에 관한 법령규정 준용

② 탄핵심판: 형사소송에 관한 법령규정 준용 ⇨ 민사소송에 관한 법령규정 준용

③ 권한쟁의 심판, 헌법소원심판: 행정소송법 준용 ⇨ 민사소송에 관한 법령규정 준용

10. 가처분

(1) 의의

본안결정의 실효성확보를 위해 잠정적으로 임시의 지위를 정하는 것을 주된 내용으로 하는 가구제제도

(2) 허용여부

헌법재판소법 제57조(가처분) 헌법재판소는 정당해산심판의 청구를 받은 때에는 직권 또는 청구인의 신청에 의하여 종국결정의 선고 시까지 피청구인의 활동을 정지하는 결정을 할 수 있다.

제65조(가처분) 헌법재판소가 권한쟁의심판의 청구를 받았을 때에는 직권 또는 청구인의 신청에 의하여 종국결정의 선고 시까지 심판 대상이 된 피청구인의 처분의 효력을 정지하는 결정을 할 수 있다.

헌법재판소법은 권한쟁의와 정당해산심판에만 규정, 하지만 예시규정으로 봄이 일반적이다. 헌법재판소는 헌법재판소법 제68조 제1항(제2항 ×)상의 헌법소원에서 가처분을 인정한 판례가 있다.

판례

1. **사법시험 1차 4회 응시제한 헌법소원 절차에서 가처분신청을 인용한 경우**(헌재 2000.12.8. 2000헌사471)
   헌법재판소법은 정당해산심판과 권한쟁의심판에 관해서만 가처분에 관한 규정을 두고 있을 뿐, 다른 헌법재판절차에 있어서도 가차분이 허용되는가에 관하여는 명문의 규정을 두고 있지 않다. 그러나 위 두 심판절차 이외에 같은 법 제68조 제1항 헌법소원심판절차에 있어서도 가처분의 필요성은 있을 수 있고, 달리 가처분을 허용하지 아니할 상당한 이유를 찾아볼 수 없으므로 위 헌법소원심판청구사건에서도 가처분이 허용된다고 할 것이다.

2. **재판관 7명 이상의 출석으로 사건을 심리한다고 규정한 헌법재판소법 제23조 제1항 중 재판관이 임기만료로 퇴직하여 재판관의 공석 상태가 된 경우에 적용되는 부분의 효력을 본안 사건의 종국결정 선고 시까지 정지할 것**(헌재 2024. 10. 14. 2024헌사1250)
   가처분을 인용하더라도 이는 의결정족수가 아니라 심리정족수에 대한 것에 불과하므로, 공석인 재판관이 임명되기를 기다려 결정을 할 수도 있다. 다만 보다 신속한 결정을 위하여 후임 재판관이 임명되기 전에 쟁점을 정리하고 증거조사를 하는 등 사건을 성숙시킬 필요가 있다. 그런데 가처분신청을 기각하면, 그 후 본안심판의 종국결정에서 청구가 인용되더라도 이러한 절차를 제때에 진행하지 못하여 신청인의 신속한 재판을 받을 권리 등 기본권은 이미 침해된 이후이므로 이를 회복하기는 매우 어렵다. 결국 이 사건에서 가처분을 인용한 뒤 종국결정에서 청구가 기각되었을 때 발생하게 될 불이익보다 가처분을 기각한 뒤 청구가 인용되었을 때 발생하게 될 불이익이 더 크다.
   다만 이 사건에서는 재판관이 임기만료로 퇴직하여 재판관의 공석 상태가 된 경우가 문제되는 것이고 신청인이 실질적으로 다투고자 하는 바도 이와 같으므로 헌법재판소법 제23조 제1항 중 재판관이 임기만료로 퇴직하여 재판관의 공석 상태가 된 경우에 적용되는 부분에 한하여 그 효력을 정지함이 상당하다.

(3) 적법성요건

① 변호사 강제주의 적용
② 신청 또는 직권
③ 권리보호이익
④ **본안심판이 헌법재판에 계속 중일 것**: 가처분의 실효성확보를 위해 본안심판 계속 전이라도 신청 可

(4) 실체적 요건

① **패소가능성**: 본안심판이 명백히 부적법하거나 명백히 이유 없는 경우 가처분을 명할 수 없다.
② **가처분의 필요성**: 가처분신청을 인용할 경우 후에 본안심판이 기각되었을 때 발생하게 될 불이익과, 가처분신청을 기각할 경우, 후에 본안심판이 인용되었을 때 발생하게 될 불이익을 형량하여 그 불이익이 적은 쪽을 선택하여야 한다.

(5) 가처분심판

① **구두변론 여부**: 구두변론을 규정한 헌법재판소법 제30조 제1항은 가처분절차에 적용되지 않아 구두변론 없이 할 수 있다.
② **결정정족수**: 재판관 7인 이상 출석, 종국심리관여 재판관 과반수의 찬성
③ 인용결정한 경우 이유를 밝혀 공보에 게재

판례

효력정지 가처분 신청(헌재 2002.4.25. 2002헌사129)
법령의 위헌확인을 청구하는 헌법소원심판에서 가처분은 위헌이라고 다투어지는 법령의 효력을 그대로 유지시킬 경우 회복하기 어려운 손해가 발생할 우려가 있어 가처분에 의하여 임시로 그 법령의 효력을 정지시키지 아니하면 안될 필요가 있을 때 허용되고, 다만 현재 시행되고 있는 법령의 효력을 정지시키는 것일 때에는 그 효력의 정지로 인하여 파급적으로 발생되는 효과가 클 수 있으므로 비록 일반적인 보전의 필요성이 인정된다고 하더라고 공공복리에 중대한 영향을 미칠 우려가 있을 때에는 인용되어서는 안 될 것이다.

11. 평결방법

① **쟁점별 평결방식**: 적법요건이나 본안에 해당되는 문제들을 개별적 쟁점별로 표결하는 방식
② **주문별 평결방식**: 적법요건이나 본안에 해당되는 문제들을 전제적으로 표결하여 결정주문을 도출해내는 방식
③ 우리 헌법재판소는 주문별 평결방식을 유지, 독일헌법재판소는 쟁점별 평결방식 채택

	심리방식	청구인	피청구인	변호사 강제주의	지정재판 사전심리	가처분
위헌법률	원칙(서면심리) 예외(구두변론)	법원	×	×	×	규정 없음
법률소원	원칙(서면심리) 예외(구두변론)	위헌제청신청인	×	○	○	규정 없음
헌법소원	원칙(서면심리) 예외(구두변론)	기본권 주체	반드시 기재하여야 하는 것은 아니다(판례).	○	○	규정 없으나 판례(제68조 제1항) 인정
권한쟁의	구두변론	심판을 청구한 국가기관, 지방자치단체	제소된 국가기관, 지방자치단체	×	×	규정 있음
탄핵	구두변론	국회 법제사법위원장	대통령, 국무총리 등 탄핵소추대상자	○	×	규정 없음
정당해산	구두변론	정부	해당정당	×	×	규정 있음

12. 헌법재판소결정의 효력

① 확정력(불가변력, 불가쟁력, 기판력)

② 기속력

③ 법규적 효력

	헌법재판소법 명시적 규정	결정유형	객관적 범위	주관적 범위
기판력	일사부재리원칙 규정	합헌결정, 위헌결정, 변형결정	주문	소송당사자 : 헌법재판소
기속력	있음(제47조, 제67조, 제75조)	위헌 · 변형결정	주문, 중요이유(학설대립)	국가기관, 공공단체
법규적 효력	×	위헌결정	주문	일반국민

13. 재심허부

(1) 원칙

헌법재판소의 결정에 대하여는 법적 안정성이 구체적 타당성보다 훨씬 크므로 그 성질상 재심 不許(헌재 1992. 6. 26. 90헌마1)

(2) 예외

① 재판부의 구성이 위법한 경우 등 중대하고 명백한 위법이 있는 경으 재심 허용 可

② 판단유탈이 재심사유가 되는지 여부에 관하여 초기 판례는 이를 부정했으나 판례를 변경하여 재심사유로 인정(헌재 2001.9.27. 2001헌아3)

③ 재심대상이 아님에도 재심을 결정한 경우
④ 위헌정당강제해산절차

판례

통합진보당 해산(재심)(헌재 2016.5.26. 2015헌아20) : **각하**
정당해산심판절차에서는 재심을 허용하지 아니함으로써 얻을 수 있는 법적 안정성의 이익보다 재심을 허용함으로써 얻을 수 있는 구체적 타당성의 이익이 더 크므로 재심을 허용하여야 한다.

(3) 판단기준

심판절차의 종류에 따라 개별적 판단(헌재 1995.1.20. 93헌아1)

4 위헌법률심판

1. 의의

헌법재판기관이 법률이 헌법에 위반되는지 여부를 심사하여 헌법에 위반되는 것으로 인정되는 경우 그 법률의 효력을 상실하게 하거나 그 적용을 거부하는 것

2. 유형

① **사전예방적 규범통제**: 법률이 공포되기 전에 헌법재판기관이 법률의 합헌성여부를 판단하는 유형
② **추상적 규범통제**: 구체적 소송사건과는 관계없이 법률 그 자체의 위헌여부를 추상적으로 심사하여 위헌으로 판단되는 법률의 효력을 상실케 하는 유형
③ **구체적 규범통제**: 법률이 헌법에 위반되는지 여부가 재판의 전제가 되는 경우 법원의 제청으로 헌법재판소가 위헌여부를 심사하는 유형

3. 요건

헌법 제107조 제1항 법률이 헌법에 위반되는 여부가 재판의 전제가 된 경우에는 법원은 헌법재판소에 제청하여 그 심판에 의하여 재판한다.
헌법재판소법 제41조 제1항 법률이 헌법에 위반되는 여부가 재판의 전제가 된 때에는 당해사건을 담당하는 법원(군사법원을 포함한다.)은 직권 또는 당사자의 신청에 의한 결정으로 헌법재판소에 위헌여부의 심판을 제청한다.

(1) 재판

판결, 결정, 명령 등 형식여하와 본안에 관한 재판이거나 소송절차에 대한 재판이거나를 불문하여, 심급을 종국적으로 종결시키는 종국재판뿐만 아니라 중간재판도 포함하는 법원의 판단행위(영장발부여부의 재판, 소송절차, 구속기간갱신결정 등도 포함)

판례

1. 재판이라 함은 판결, 결정, 명령 등 형식여하와 본안에 관한 재판이거나 소송절차에 관한 재판이거나를 불문하며, 심급을 종국적으로 종결시키는 종국재판뿐 아니라 중간재판도 포함되므로 법원이 행하는 증거채부결정도 그 자체가 법원의 의사결정으로서 헌법 제107조 제1항과 헌법재판소법 제41조 제1항 및 제68조 제2항에 규정된 재판에 해당된다고 할 것이다(헌재 1996. 12. 26. 94헌바1).
2. 형사소송법 제201조에 의한 지방법원판사의 영장발부여부에 관한 재판도 포함된다(헌재 1993. 3. 11. 90헌가70).

(2) 재판의 전제성

① 내용(계, 적, 다)

㉠ 구체적인 사건이 법원에 **계**속중일 것

㉡ 위헌여부가 문제되는 법률이 당해 소송사건의 재판과 관련하여 **적**용될 것

㉢ 그 법률의 위헌여부에 따라 당해사건을 담당한 법원이 **다**른 내용의 재판을 하게 하는 경우

ⓐ 재판의 결론이나 주문이 달라지는 경우

ⓑ 재판의 결론을 이끌어내는 이유를 달리하는 경우

ⓒ 재판의 내용과 효력에 관한 법률적 의미가 전혀 달라지는 경우

② 판단

㉠ 시점: 재판의 전제성은 법률의 위헌여부심판제청 시뿐 아니라 심판 시에도 갖추어야 한다.

㉡ 심리 중 재판의 전제성이 소멸된 경우

원칙적으로 각하결정을 한다. 다만, **예외적으로** 헌법질서 수호·유지차원에서 그 해명이 중대한 의미를 가지는 경우에는 본안판단이 가능하다.

㉢ 심사

재판의 전제성에 대한 제청법원의 견해를 존중하는 것이 원칙이다. 다만, 재판의 전제와 관련된 제청법원의 법률적 견해가 유지될 수 없는 것으로 보이면 헌법재판소가 최종적으로 조사 할 수 있다.

㉣ 수혜의 대상에서 제외된 자가 수혜대상에서 제외시키고 있는 법률의 위헌여부에 대해 위헌소원을 청구하거나 법원이 위헌제청한 경우 재판의 전제성 인정 可

㉤ 법원이 당해사건을 각하해야 할 사건인 경우 재판의 전제성 부정

판례

1. 재판의 전제성은 심판을 제청할 때뿐만 아니라 심판을 진행하는 도중에도 갖추어져야 함이 원칙이다(헌재 1993. 12. 23. 93헌가2).
2. 심판도중에 재판의 전제성이 소멸된 경우라도 헌법질서 수호·유지 차원에서 그 해명이 헌법적으로 중대한 의미를 가지는 경우에는 본안판단을 할 수 있다(헌재 1993. 12. 23. 93헌가2).
3. 재판의 내용과 효력에 관한 법률적 의미가 전혀 달라지는 경우를 말한다(헌재 1993. 5. 13. 92헌가10).
4. 재판의 전제성은 그 법률이 헌법에 위반되는지의 여부에 따라 당해 사건을 담당하는 법원이 다른 판단을 할 수밖에 없는 경우, 즉 판결주문이 달라질 경우여야만 한다(대판 1997. 2. 11. 96부7).
5. 심판대상 법률조항이 당해사건 재판에 직접 적용되지는 않더라도 그 위헌 여부에 따라 재판에 직접 적용되는 하위 규범의 의미가 달라짐으로써 재판에 영향을 미치는 경우 등에는 간접 적용되는 법률규정으로 보아 재판의 전제성을 인정할 수 있고, 특히 실제 재판의 전제가 되는 것은 시행령 등의 하위

규범이지만 그 하위규범의 근거가 되는 위임조항이 위헌으로 선언되는 경우 그 하위규범도 역시 적용할 수 없게 되기 때문에 그 한도에서는 재판의 전제성이 있다고 할 수 있는바(헌재 1996. 8. 29. 95헌바36; 헌재 1996. 12. 26. 94헌바1; 헌재 2003. 7. 24. 2002헌바51참조) 이 사건의 경우, 이 사건 법률조항이 직접적으로 당해사건에 적용되지 않더라도 그 하위규범인 이 사건 고시가 당해사건의 재판의 전제성이 인정된다면 이 사건 법률조항이 간접적으로 적용되는 것으로 보아 재판의 전제성을 인정할 수 있을 것이다(헌재 2008. 4. 24. 2005헌바92).

(3) 법원의 위헌법률심판 제청

헌법재판소법 제41조 제1항 법률이 헌법에 위반되는 여부가 재판의 전제가 된 때에는 당해사건을 담당하는 법원(군사법원을 포함한다.)은 직권 또는 당사자의 신청에 의한 결정으로 헌법재판소에 위헌여부의 심판을 제청한다.

제4항 위헌여부심판의 제청에 관한 결정에 대하여는 항고할 수 없다.

제5항 대법원 외의 법원이 제1항의 제청을 할 때에는 대법원을 거쳐야 한다.

① 주체: 개개의 소송사건에 관하여 재판권을 행사하는 소송상 의미의 법원

② 법원의 합헌결정권 유무: 긍정설, 부정설

판례

1. **위헌법률심판제청**(헌재 1993.12.23. 93헌가2)

   헌법 제107조 제1항과 헌법재판소법 제41조(위헌여부심판의 제청), 제43조(제청서의 기재사항) 등의 취지는, 법원의 문제되는 법률조항이 담당법관 스스로의 법적 견해에 의하여 단순한 의심을 넘어선 합리적 위헌의 의심이 있으면 위헌여부심판을 제청하라는 취지이지, 법원이 법률이 헌법에 위배되었다는 점에 관하여 합리적으로 의심의 여지가 없을 만큼 명백한 경우에만 위헌심판제청을 할 수 있다는 의미는 아니다.

2. **한정위헌결정의 의미 및 헌법재판소법 제41조 제1항에 따라 한정위헌을 구하는 심판제청이 허용되지 않는다**(대판 2018. 3. 20.자 2017즈기10).

   헌법재판소의 결정이 주문에서 헌법소원의 대상인 법률이나 법률조항의 전부 또는 일부에 대하여 위헌결정을 선고함으로써 그 효력을 상실시켜 법률이나 법률조항의 전부 또는 일부가 폐지되는 것과 같은 결과를 가져오는 것이 아니라, 그에 대하여 특정의 해석기준을 제시하면서 그러한 해석에 한하여 위헌임을 선언하는 이른바 한정위헌결정의 경우에는 헌법재판소의 결정에 불구하고 법률이나 법률조항은 그 문언이 전혀 달라지지 않은 채 효력을 상실하지 않고 존속하게 되므로, 이러한 한정위헌결정은 유효하게 존속하는 법률이나 법률조항의 의미·내용과 그 적용 범위에 관한 해석기준을 제시하는 법률해석이라고 할 수 있다. 헌법재판소법 제41조 제1항에 따른 법률의 위헌 여부 심판제청은 법원이 국회가 제정한 '법률'이 위헌인지 여부의 심판을 헌법재판소에 제청하는 것이지 그 법률의 의미를 풀이한 '법률해석'이 위헌인지 여부의 심판을 제청하는 것이 아니다. 따라서 한정위헌을 구하는 심판제청은 허용될 수 없다(대판 2001. 4. 27. 95재다14, 대판 2013. 3. 28. 2012재두299 판결 참조).

③ **절차**: 직권 또는 당사자의 제청신청에 따른 법원의 결정 ⇨ 위헌제청신청에 대한 법원의 기각 또는 각하결정 ⇨ 대법원 경유(형식적 절차) ⇨ 법원의 위헌제청철회시: 심판절차 종료선언

④ **효과**: 재판의 정지(헌법재판소법 제42조 제1항)

⑤ 일사부재리의 원칙(헌법재판소법 제38조)

(4) 대상

① 법률: 시행되어 효력이 발생한 법률, 간접적용되는 법률, 폐지된 법률(원칙 ×, 예외적으로 당해소송 사건에 적용할 수 있어 재판의 전제가 되는 경우 ○)

② 조약: 법률과 같은 효력을 지닌 조약

③ 긴급명령, 긴급재정경제명령

참고

심판대상이 아닌 것

① 헌법조항

② 명령·규칙, 명령·규칙과 같은 효력을 지닌 조약

③ 조례

④ 제청당시 시행되지 않았고 결정당시 폐지된 법률

⑤ 진정입법부작위

⑥ 이미 위헌결정이 있었던 법률조항

⑦ 관습법(대법원의 견해)

판례

헌법 제111조 제1항 제1호 및 헌법재판소법 제41조 제1항에서 규정하는 위헌심사의 대상이 되는 법률은 국회의 의결을 거친 이른바 형식적 의미의 법률을 의미하고 (헌재 1995. 12. 28. 95헌바3 결정 등 참조), 또한 민사에 관한 관습법은 법원에 의하여 발견되고 성문의 법률에 반하지 아니하는 경우에 한하여 보충적인 법원이 되는 것에 불과하여(민법 제1조) 관습법이 헌법에 위반되는 경우 법원이 그 관습법의 효력을 부인할 수 있으므로 (대판 2003. 7. 24. 2001다48781(전합)), 결국 관습법은 헌법재판소의 위헌법률심판의 대상이 아니라 할 것이다(대판 2009. 5. 28. 2007카기134).

4. 심판대상확정

헌법재판소법 제45조 헌법재판소는 제청된 법률 또는 법률조항의 위헌여부만을 결정한다. 다만, 법률조항의 위헌결정으로 인하여 당해 법률 전부를 시행할 수 없다고 인정될 때에는 그 전부에 대하여 위헌의 결정을 할 수 있다.

(1) 원칙

제청법원에 의하여 위헌제청된 법률 또는 법률조항만

(2) 심판대상 적용확장

① 합헌으로 남아 있는 나머지 법률조항만으로는 법적으로 독립된 의미를 가지지 못하거나, 위헌인 법률조항이 나머지 법률조항과 극히 밀접한 관계에 있어서 전체적 종합적으로 양자가 분리될 수 없는 일체를 형성하고 있는 경우: 위헌인 법률조항만을 위헌선언하게 되어 전체규정의 의미와 정당성이 상실되는 때(헌재 1999.9.16. 99헌가1).

② **병렬적으로 나열되어 있고 동일한 심사척도가 적용되는 경우**: 병렬적으로 적용대상이 규정되어 있는 경우라도 그 내용이 서로 밀접한 관련이 있어 같은 심사척도가 적용될 위헌심사대상인 경우 그 내용을 분리하여 따로 판단하는 것은 적절하지 않다(헌재 1996.11.28. 96헌가13).

③ **소송경제상의 이유가 있는 경우**: 법원이 제청하지 아니한 법률조항을 심판대상으로 할 수 있다(헌재 2000.8.31. 97헌가12).

판례

병행규범 (헌재 1990.9.3. 89헌가95)

동일한 법률 또는 동조의 법률이 다른 규정(소위 병행규범)이 마찬가지의 이유로 역시 헌법에 위배되는 경우에는 그 규정에 대하여도 헌법재판소가 심사의 대상범위를 넓혀 동일사건에서 일괄하여 헌법위반의 결정을 할 수 있다고 할 것인가에 관하여, 헌법 제111조 제1항 제1호와 헌법재판소법 제41조 제1항, 제45조 본문이 법률의 위헌여부심판에 있어서 구체적 규범통제절차를 채택하고 있으므로, 관련성이 있는 다른 법률과 동시에 해결되어야 한다는 주장도 이론상으로는 비록 경청할 가치가 있고 또 장차 그러한 방향으로 법률이 개정될 수도 있다고 할 것이나, 현행법제하에서는 이에 관한 명문규정이 없어 일괄처리할 수 없다.

5. 심사

(1) 심사기준

① 헌법: 전문, 본문, 부칙 포함

② 관습헌법: 헌법적 관습이나 관행, 관례

③ 헌법상 원칙: 헌법상 명문규정, 각 명문규정들에 대한 종합적 검토 및 구체적인 논증 등을 통하여 도출될 수 있는 헌법원칙(헌재 2003.12.18. 2002헌마593).

(2) 심사의 관점

제청법원이나 제청신청인이 주장하는 법적 관점에서만이 아니라 심판대상규범의 법적 효과를 고려하여 모든 헌법적 관점에서 심사

(3) 한계

입법형성권 존중, 합목적성 심사제한, 기능적 한계

6. 결정

(1) 합헌결정

심판대상이 된 법률 또는 법률조항의 위헌성여부를 심사한 결과 아무런 헌법위반 사실을 발견・확인할 수 없는 경우 내리는 결정유형

(2) 위헌결정

헌법재판소 재판관 6인 이상의 찬성을 얻어 심판대상이 된 법률조항에 대하여 위헌성을 확인하는 결정유형, 양적일부위헌결정도 위헌결정의 일종

(3) 변형결정

① 의의

심판대상인 법률의 위헌성이 인정됨에도 불구하고 헌법합치적 해석의 필요 또는 입법자의 형성권에 대한 존중, 법적 공백으로 인한 혼란의 방지 등을 이유로 법률에 대한 단순위헌선언을 피하고 그 한정된 의미영역 또는 적용영역이 위헌임을 선언하거나 법률이 헌법에 합치하지 않음을 선언하는 등 다양한 유형의 결정을 한다. 이는 합헌적 법률해석의 법리와 전부부정결정권은 일부부정결정권을 포함한다는 논리에 근거하고 있다.

② 종류

㉠ 한정합헌결정

해석에 따라 위헌이 또는 부분을 포함하고 있는 법률에 있어 헌법정신에 합치되도록 그 법률에 한정・축소해석하여 위헌적인 요소를 소극적으로 배제하는 결정

㉡ 한정위헌결정

다의적으로 해석이 가능하여 위헌의 소지가 있는 법률에 있어 위헌의 소지가 있는 해석을 적극적으로 배제하는 결정

판례

한정합헌결정과 한정위헌결정(헌재 1992.2.25. 89헌가104)

합헌적 해석의 방법으로서 한정위헌과 한정합헌 결정방법은 서로 표리관계에 있는 것이어서 실제적으로는 차이가 있는 것이 아니다. 합헌적인 한정축소해석은 위헌적인 해석가능성과 그에 따른 법적용을 소극적으로 배제한 것이고 적용범위 축소에 의한 한정적 위헌선언은 위헌적인 법적용 영역과 그에 상응하는 해석가능성을 적극적으로 배제한다는 뜻에서 차이가 있을 뿐, 본질적으로는 다 같은 부분위헌결정이다.

㉢ 질적일부위헌

위헌의 대상이 된 법조항은 그대로 둔 채 법조항의 적용 예에 대해서만 위헌을 선언하는 결정유형으로 현재는 거의 사용을 하지 않는 결정 유형이다.

㉣ 헌법불합치결정

ⓐ 의의: 심판대상이 된 법률이 위헌성이 있다고 인정되는 경우 위헌결정을 내림으로써 발생될 법률의 공백을 막아 법적 안정성을 유지시키고자 하는 목적에서 법률의 효력을 일정기간 지속시키는 결정유형

ⓑ 사유: 입법자의 의사존중, 법적 안정성, 신뢰보호, 법의 공백으로 인한 충격과 혼란방지, 입법형식의 잘못, 개정을 위한 시간적 필요성, 법률의 잠정적 적용, 단순위헌결정으로 더 심각한 헌법위반의 문제가 발생하는 경우, 수혜적 법률인 경우 등

ⓒ 법률이 평등원칙 위반인 경우: 위헌적 상태를 제거할 여러가지 선택가능성이 있고, 그 선택의 문제는 입법자에게 맡겨진 것으로 가급적 헌법불합치 결정을 하여 입법형성의 자유를 존중

ⓓ 법률이 자유권 침해인 경우: 원칙적으로 법률의 효력을 상실시키는 위헌결정을 하여야 하나 예외적으로 위헌적 상태를 제거할 여러 가지 가능성이 있을 경우 헌법불합치결정 可

㉤ 입법촉구: 아직 합헌이나 위헌이 될 위험성이 있는 법률조항에 대해 법률의 개정이나 보완 등 입법을 촉구하는 결정

③ 변형결정의 기속력(한정위헌 · 합헌)

	대법원	헌법재판소
변형결정의 기속력	부정	인정
결정의 효과로서 법률문언변화유무와 기속력의 상관관계	인정	부정
헌재법 제47조 제1항 기속력이 인정되는 결정	제한적 열거	예시

판례

헌법재판소법 제47조 제1항에서 규정한 '법률의 위헌결정'은 국회가 제정한 '법률'이 헌법에 위반된다는 이유로 그 효력을 상실시키는 결정만을 가리키고, 단순히 특정한 '법률해석'이 헌법에 위반된다는 의견을 표명한 결정은 '법률'의 위헌 여부에 관한 결정이 아닐 뿐만 아니라 그 결정에 의하여 법률의 효력을 상실시키지도 못하므로 이에 해당하지 아니함이 명백하다. 따라서 헌법재판소가 '법률'이 헌법에 위반된다고 선언하여 그 효력을 상실시키지 아니한 채 단지 특정한 '법률해석'이 헌법에 위반된다고 표명한 의견은 그 권한 범위를 뚜렷이 넘어선 것으로서 그 방식이나 형태가 무엇이든지 간에 법원과 그 밖의 국가기관 등을 기속할 수 없다. 또한 그 의견이 확정판결에서 제시된 법률해석에 대한 것이라 하더라도 법률이 위헌으로 결정된 경우에 해당하지 아니하여 법률의 효력을 상실시키지 못하는 이상 헌법재판소법 제47조 제3항에서 규정한 재심사유가 존재한다고 할 수 없다. 헌법재판소가 법률의 해석기준을 제시함으로써 구체적 사건의 재판에 관여하는 것은 독일 등 일부 외국의 입법례에서처럼 헌법재판소가 헌법상 규정된 사법권의 일부로서 그 권한을 행사함으로써 사실상 사법부의 일원이 되어 있는 헌법구조에서는 가능할 수 있다. 그러나 우리 헌법은 사법권은 대법원을 최고법원으로 한 법원에 속한다고 명백하게 선언하고 있고, 헌법재판소는 사법권을 행사하는 법원의 일부가 아님이 분명한 이상, 법률의 합헌적 해석기준을 들어 재판에 관여하는 것은 헌법 및 그에 기초한 법률체계와 맞지 않는 것이고 그런 의견이 제시되었더라도 이는 법원을 구속할 수 없다(대판 2013. 3. 28. 2012).

④ 헌법불합치결정의 효력

㉠ 잠정적 적용을 허용하지 않은 경우

ⓐ 행정부와 사법부에 대한 효력

- 원칙적으로 그들에게 계류된 절차를 개선입법이 있을 때까지 중지
- 입법자가 법을 개정한 경우 개정된 법률을 소급적용하여 절차진행, 개정법률의 소급적용은 불합치결정에 내재하는 본질적 요소

ⓑ 입법부에 대한 효력: 입법부는 헌법에 부합되도록 법률을 제 · 개정해야 함

㉡ 잠정적 적용 허용한 경우

ⓐ 행정부와 사법부에 대한 효력: 헌법불합치결정된 법률을 적용하여 재판하거나 행정처분이 가능하다. 따라서 형벌규정 이외의 예외적 소급효가 미치지 않는다.

ⓑ 입법부에 대한 효력: 헌법불합치결정에 따라 헌법에 부합토록 법률을 제 · 개정하여야 함

판례

구 소득세법 제60조를 적용하였다고 하더라도 그 세액이 동일하게 되어 결과적으로 그로 말미암아 기본권이 침해되었다고 할 수는 없다(헌재 1999.10.21. 96헌마61).

양도한 토지에 대한 양도소득세부과 처분취소사건에서 구 소득세법 제60조를 적용하여 그 부과처분의 적법여부를 판단한 것은 위 헌법불합치결정의 기속력에 어긋나기는 하나 양자는 기준시기에 의하여 양도차익을 산정하는 방법이 동일하므로, 가사 법원이 개정 소득세법 제99조를 적용하여야 할 사건에서 구 소득세법 제60조를 적용하였다고 하더라도 그 세액이 동일하게 되어 결과적으로 그로 말미암아 기본권이 침해되었다고 할 수는 없다고 할 것이다. 따라서 그 어느 것이나 예외적으로 헌법소원의 대상이 되는 재판, 즉 위헌으로 결정한 법령을 적용함으로써 국민의 기본권을 침해한 재판에 해당하지 아니하여 헌법소원심판의 대상이 될 수 없다고 할 것이다.

(4) 결정방법

위헌결정에는 재판관 6인 이상의 찬성 要, 위헌적 요소가 있는 법률에 대한 결정(위헌결정, 변형결정)들 간에 하나의 결정이 6인이 안 되고 이러한 유형의 합이 6인 이상일 때 가장 위헌성이 약한 결정을 한다.

7. 위헌결정의 효력

(1) 기속력

헌법재판소법 제47조 제1항 법률의 위헌결정은 법원과 그 밖의 국가기관 및 지방자치단체를 기속(羈束)한다.

(2) 효력발생시기

① 원칙 장래효
② 예외적으로 형벌법규에 관한 위헌결정은 소급효

(3) 형벌에 관한 법률에 대한 위헌결정의 효력

헌법재판소법 제47조 제2항 위헌으로 결정된 법률 또는 법률의 조항은 그 결정이 있는 날부터 효력을 상실한다.
제3항 제2항에도 불구하고 형벌에 관한 법률 또는 법률의 조항은 소급하여 그 효력을 상실한다. 다만, 해당 법률 또는 법률의 조항에 대하여 종전에 합헌으로 결정한 사건이 있는 경우에는 그 결정이 있는 날의 다음 날로 소급하여 효력을 상실한다.
제4항 제3항의 경우에 위헌으로 결정된 법률 또는 법률의 조항에 근거한 유죄의 확정판결에 대하여는 재심을 청구할 수 있다.
제5항 제4항의 재심에 대하여는 「형사소송법」을 준용한다.

① 형벌에 관한 법률 또는 법률조항의 의미
실체법을 의미, 따라서 절차법으로서 형사소송법은 포함되지 않는다.
② 형벌조항에 대한 위헌결정의 효력
㉠ 확정판결에도 소급효가 미치며 확정판결을 받은 자는 재심청구를 할 수 있다.
㉡ 위헌결정으로 인하여 유죄판결이 무죄가 되는 것은 아니고 유죄판결의 집행을 정지시킨다거나 진행 중인 형의 집행을 금지시키는 것은 아니다.
③ 형벌조항 이외의 위헌결정의 소급효는 후설한다.

판례

1. **헌법재판소에 의하여 위헌으로 선고된 법률 또는 법률의 조항이 제정 당시로 소급하여 효력을 상실하는가, 아니면 장래에 향하여 효력을 상실하는가의 문제는 특단의 사정이 없는 한 헌법적합성의 문제라기 보다는 입법자가 법적 안정성과 개인의 권리구제 등 제반이익을 비교형량하여 가면서 결정할 입법정책의 문제이다**(헌재 2000.6.29. 99헌바66)

   우리의 입법자는 헌법재판소법 제47조 제2항 본문의 규정을 통하여 형벌법규를 제외하고는 법적 안정성을 더 높이 평가하는 방안을 선택하였는데, 이와 같은 입법은 구체적 타당성이나 평등의 원칙이 완벽하게 실현되지 않는다고 하더라도 헌법상 법치주의 원칙의 파생인 법적 안정성 내지 신뢰보호의 원칙에 의하여 정당화된다. 다만, 헌법재판소는 효력이 다양할 수밖에 없는 위헌결정의 특수성 때문에 예외적으로 부분적인 소급효를 인정하고 있다.

2. **종전에 합헌으로 결정한 사건이 있는 형벌조항에 대하여 위헌결정이 선고된 경우 그 합헌결정이 있는 날의 다음 날로 소급하여 효력을 상실하도록 한 헌법재판소법 제47조 제3항 단서는 평등원칙에 위반되지 아니한다**(헌재 2016. 4. 28. 2015헌바216).

   [1] 헌법재판소가 당대의 법 감정과 시대상황을 고려하여 합헌이라는 유권적 확인을 하였다면, 그러한 사실 자체에 대하여 법적 의미를 부여하고 그것을 존중할 필요가 있다. 헌법재판소가 특정 형벌법규에 대하여 과거에 합헌결정을 하였다는 것은, 적어도 그 당시에는 당해 행위를 처벌할 필요성에 대한 사회구성원의 합의가 유효하다는 것을 확인한 것이므로, 합헌결정이 있었던 시점 이전까지로 위헌결정의 소급효를 인정할 근거가 없다.

   [2] 해당 형벌조항이 성립될 당시에는 합헌적인 내용이었다고 하더라도 시대 상황이 변하게 되면 더 이상 효력을 유지하기 어렵거나 새로운 내용으로 변경되지 않으면 안 되는 경우가 발생할 수 있다. 그런데 합헌으로 평가되던 법률이 사후에 시대적 정의의 요청을 담아내지 못하게 되었다고 하여 그동안의 효력을 전부 부인해 버린다면, 법집행의 지속성과 안정성이 깨지고 국가형벌권에 대한 신뢰가 무너져 버릴 우려가 있다. 그러므로 심판대상조항은 현재의 상황에서는 위헌이더라도 과거의 어느 시점에서 합헌결정이 있었던 형벌조항에 대하여는 위헌결정의 소급효를 제한함으로써 그동안 쌓아 온 규범에 대한 사회적인 신뢰와 법적 안정성을 확보하는 것이 중요하다는 입법자의 결단에 따라 위헌결정의 소급효를 제한한 것이므로, 이러한 소급효 제한이 불합리하다고 보기는 어렵다.

3. **결정주문을 뒷받침하는 결정이유에 대하여 적어도 위헌결정의 정족수인 재판관 6인 이상의 찬성이 있어야 할 것이다**(헌재 2008. 10. 30. 2006헌마1098 · 1116 · 1117, 병합)

   결정이유에까지 기속력을 인정할지 여부 등에 대하여는 신중하게 접근할 필요가 있을 것이나 설령 결정이유에까지 기속력을 인정한다고 하더라도, 이 사건의 경우 위헌결정 이유 중 비맹제외기준이 과잉금지원칙에 위반한다는 점에 대하여 기속력을 인정할 수 있으려면, 결정주문을 뒷받침하는 결정이유에 대하여 적어도 위헌결정의 정족수인 재판관 6인 이상의 찬성이 있어야 할 것이고(헌법 제113조 제1항 및 헌법재판소법 제23조 제2항 참조), 이에 미달할 경우에는 결정이유에 대하여 기속력을 인정할 여지가 없다고 할 것인바, 앞서 본 바와 같이 2003헌마715등 사건의 경우 재판관 7인의 의견으로 주문에서 비맹제외기준이 헌법에 위반된다는 결정을 선고하였으나, 그 이유를 보면 비맹제외기준이 법률유보원칙에 위반한다는 의견과 과잉금지원칙에 위반한다는 의견으로 나뉘면서 비맹제외기준이 과잉금지원칙에 위반한다는 점과 관련하여서는 재판관 5인만이 찬성하였을 뿐이므로 위 과잉금지원칙 위반의 점에 대하여 기속력이 인정될 여지가 없다고 할 것이다.

(4) 위헌결정의 범위(헌법재판소법 제45조)

① 법률전부에 대한 위헌결정: 반국가행위자의 처벌에 관한 특별조치법(헌재 1996.1.25. 95헌가5), 택지소유상한에관한법률(헌재 1999.4.29. 94헌바37)

② 법률전부에 대한 헌법불합치결정: 토지초과이득세법(헌재 1994.7.29. 92헌바49)

형벌조항 이외의 위헌결정의 소급효

1. 위헌결정의 소급효를 제한할 사유: 법치국가에서 도출되는 법적안정성과 신뢰보호

2. 위헌결정의 소급효를 인정해야 할 사유: 권리구제, 평등, 정의

3. 형벌조항 이외의 위헌결정의 소급효 인정여부

(1) 실정법

헌법에 규정 없고 헌법재판소법 제47조 제2항 제3항은 장래효를 원칙으로 하고 예외적 형법규정에 대한 소급효를 인정하고 있다. 다만 일반법률조항의 경우 아무런 규정이 없기 때문에 학설과 판례의 견해를 살펴보자.

(2) 헌법재판소 판례

① 일반법률조항에 대한 위헌결정의 효력: 원칙 장래효, 예외적으로 소급효가 인정된다고 봄

② 소급효가 인정되는 사유와 사건

㉠ 구체적 규범통제의 실효성: 위헌결정의 계기가 된 당해사건에 위헌결정의 소급효를 인정하지 않으면 구체적 규범통제의 실효성이 확보되지 않게 되므로 당해사건에 위헌결정의 소급효가 인정된다.

㉡ 소송경제 이유: 위헌제청과정에 있거나 위헌제청중인 사건, 위헌제청은 하지 아니하였으나 위헌결정당시 재판계속중인 사건에도 위헌결정의 소급효가 인정된다.

㉢ 권리구제의 평등: 위의 사건들은 당사자의 권리구제를 위해서도 위헌결정의 소급효를 인정할 필요가 있다. 그 외에도 위헌결정의 소급효를 인정할 경우 권리구제의 타당성은 현저하나 법적 안정성, 신뢰보호의 침해는 미미한 경우에도 위헌결정의 소급효를 인정하는 것이 헌법재판소법 제47조의 근본취지에 반하지 않는다.

(3) 대법원 판례의 소급효 인정

당해사건, 위헌제청과정에 있거나 위헌제청중인 사건, 위헌제청은 하지 아니하였으나 위헌결정당시 재판계속중인 사건, 위헌결정에 있은 후에 제소된 일반사건에도 구체적 비교교량을 통하여 소급효를 인정할 수 있다.

판례

헌법재판소의 위헌결정의 효력이 미치는 범위 및 법적 안정성의 유지나 당사자의 신뢰보호를 위하여 불가피한 경우 위헌결정의 소급효를 제한할 수 있다(대판 2017. 3. 9. 2015다233982).

[1] 헌법재판소의 위헌결정의 효력은 위헌제청을 한 '당해사건', 위헌결정이 있기 전에 이와 동종의 위헌 여부에 관하여 헌법재판소에 위헌여부심판제청을 하였거나 법원에 위헌여부심판제청신청을 한 '동종사건'과 따로 위헌제청신청은 아니하였지만 당해 법률 또는 법률 조항이 재판의 전제가 되어 법원에 계속 중인 '병행사건'뿐만 아니라, 위헌결정 이후 같은 이유로 제소된 '일반사건'에도 미친다. 하지만 위헌결정의 효력이 미치는 범위가 무한정일 수는 없고, 다른 법리에 의하여 그 소급효를 제한하는 것까지 부정되는 것은 아니며, 법적 안정성의 유지나 당사자의 신뢰보호를 위하여 불가피한 경우에 위헌결정의 소급효를 제한하는 것은 오히려 법치주의의 원칙상 요청된다.

[2] 사립학교교직원 연금법 제42조 제1항에 따라 사립학교 교직원에 준용되는 '재직 중의 사유로 금고 이상의 형을 받은 경우' 퇴직급여 등의 지급을 제한하는 구 공무원연금법(2009. 12. 31. 법률 제9905호로 개정되기 전의 것, 이하 같다) 제64조 제1항 제1호에 대하여 2008. 12. 31.을 시한으로 입법자가 개정할 때까지 효력을 지속한다는 취지의 헌법불합치결정이 내려졌으나 위 시한까지 개정되지 않은 상황에서 사립학교 교원 甲이 재직 중 고의범으로 집행유예의 형을 받고 퇴직하자, 사립학교 교직원연금공단(이하 '공단'이라 한다)이 甲에게 퇴직수당과 퇴직일시금을 지급하였고, 2009. 12. 31. 위 조항이 '직무와 관련이 없는 과실로 인한 경우' 등에는 퇴직급여 등의 지급 제한에서 제외한다는 내용으로 개정되면서 부칙 제1조 단서로 '제64조의 개정 규정은 2009. 1. 1.부터 적용한다'고 규정하자, 공단이 甲에 대하여 이미 지급한 돈의 일부를 환수하였는데, 그 후 위 부칙 제1조 단서 중 제64조의 개정 규정에 관한 부분이 소급입법금지의 원칙에 반한다는 이유로 위헌결정을 받자, 甲이 공단을 상대로 환수금 상당의 부당이득반환을 구한 사안에서, 헌법재판소는 구 공무원연금법 제64조 제1항 제1호에 대하여 지급제한 자체가 위헌이라고 판단한 것이 아니라 '공무원의 신분이나 직무상 의무와 관련이 없는 범죄, 특히 과실범의 경우에도 퇴직급여 등을 제한하는 것은 공무원범죄를 예방하고 공무원이 재직 중 성실히 근무하도록 유도하는 입법 목적을 달성하는 데 적합한 수단이라고 볼 수 없다'는 이유로 헌법불합치결정을 하면서 2008. 12. 31.까지는 효력이 유지된다고 하였던 점, 구 공무원연금법의 효력이 지속될 때까지는 공무원 등이 재직 중의 사유로 금고 이상의 형을 받은 때 퇴직급여 등의 일부를 감액하여 지급하는 것이 일반적으로 받아들여졌던 점, 헌법불합치결정의 취지를 반영한 개정 공무원연금법에서도 직무와 관련이 없는 과실로 인한 경우 및 소속 상관의 정당한 직무상의 명령에 따르다가 과실로 인한 경우를 제외하고는 재직 중의 사유로 금고 이상의 형을 받은 경우 여전히 퇴직급여 등의 지급을 제한하고 있는데, 甲은 재직 중 고의범으로 유죄판결이 확정된 점 등을 종합하면, 일반사건에 대해서까지 위헌결정의 소급효를 인정함으로써 보호되는 甲의 권리구제라는 구체적 타당성 등의 요청이 이미 형성된 법률관계에 관한 법적 안정성의 유지와 당사자의 신뢰보호의 요청보다 현저히 우월하다고 단정하기 어렵다고 한 사례.

판례

1. 헌법재판소의 위헌결정의 효력은 위헌제청을 한 당해 사건, 위헌결정이 있기 전에 이와 동종의 위헌 여부에 관하여 헌법재판소에 위헌여부심판제청을 하였거나 법원에 위헌여부심판제청신청을 한 경우의 당해 사건과 따로 위헌제청신청은 아니하였지만 당해 법률 또는 법률 조항이 재판의 전제가 되어 법원에 계속 중인 사건뿐만 아니라 위헌결정 이후에 위와 같은 이유로 제소된 일반사건에도 미친다고 할 것이나, 위헌결정의 효력은 그 미치는 범위가 무한정일 수는 없고, 법원이 위헌으로 결정된 법률 또는 법률의 조항을 적용하지는 않더라도 다른 법리에 의하여 그 소급효를 제한하는 것까지 부정되는 것은 아니라 할 것이며, 법적 안정성의 유지나 당사자의 신뢰보호를 위하여 불가피한 경우에 위헌결정의 소급효를 제한하는 것은 오히려 법치주의의 원칙상 요청되는 바라 할 것이다(대판 1994. 10. 25. 93다42740).
2. 이 사건 위헌결정 이후 제소된 일반사건인 이 사건에 대하여 위헌결정의 소급효를 인정할 경우 그로 인하여 보호되는 원고의 권리구제라는 구체적 타당성 등의 요청에 비하여 종래의 법령에 의하여 형성된 공무원의 신분관계에 관한 법적 안정성과 신뢰보호의 요청이 현저하게 우월하므로 이 사건 위헌결정의 소급효는 제한되어 이 사건에는 미치지 아니한다고 할 것이다(대판 2006.06.09. 2004두9272).
3. 이미 취소소송의 제기기간을 경과하여 확정력이 발생한 행정처분에는 위헌결정의 소급효가 미치지 않는다(대판 1994.10.28. 92누9463).
4. 위헌결정 이전에는 헌법재판소의 위헌결정 이전에 당해 법령이 위헌인지는 명백하지 않기 때문에 중대한 하자이지만 명백하지는 않으므로 무효가 될 수 없다는 입장이다. 그러나 이런 경우라도 위헌결정의 기속력으로 인하여 집행력이 부여되지 않는다(대판 2002.08.23. 2001두2959).
5. 일반적으로 시행령이 헌법이나 법률에 위반된다는 사정은 그 시행령의 규정을 위헌 또는 위법하여 무효라고 선언한 대법원의 판결이 선고되지 아니한 상태에서는 이러한 시행령에 근거한 행정처분의 하자는 취소사유에 해당할 뿐 무효사유가 되지 아니한다(대판 2007.6.14. 2004두619).

5 헌법소원심판

헌법 제111조 제1항 헌법재판소는 다음 사항을 관장한다.
5. 법률이 정하는 헌법소원에 관한 심판

헌법재판소법 제68조 제1항 공권력의 행사 또는 불행사로 인하여 헌법상 보장된 기본권을 침해받은 자는 법원의 재판을 제외하고는 헌법재판소에 헌법소원심판을 청구할 수 있다. 다만, 다른 법률에 구제절차가 있는 경우에는 그 절차를 모두 거친 후에 청구할 수 있다.
제2항 제41조 제1항에 따른 법률의 위헌 여부 심판의 제청신청이 기각된 때에는 그 신청을 한 당사자는 헌법재판소에 헌법소원심판을 청구할 수 있다. 이 경우 그 당사자는 당해 사건의 소송절차에서 동일한 사유를 이유로 다시 위헌 여부 심판의 제청을 신청할 수 없다.

1. 의의

공권력의 행사 또는 불행사로 인하여 헌법상 보장된 기본권이 침해된 경우 헌법재판소에 재판을 청구하여 그 침해의 원인이 된 공권력의 행사를 취소하거나 그 불행사가 위헌임을 확인받는 제도이다.

2. 종류

① 권리구제형 헌법소원(헌법재판소법 제68조 제1항)

② 위헌법률심사형 헌법소원(헌법재판소법 제68조 제2항)

3. 기능

① 국민의 기본권 보호와 헌법보호

② 이론적 근거: 기본권의 직접적 효력성, 국가권력의 기본권 기속성, 헌법의 최고규범성, 사법기관에 대한 불신

4. 요건(청, 공, 기, 보, 권, 변, 기)

(1) 청구인적격

① 자연인, 외국인, 사법인의 헌법소원청구인능력 인정

② 사망한 경우

㉠ 일신전속성이 약해 수계할 수 있는 성질이고 수계자가 있는 경우: 상속인에 의한 헌법소원절차의 수계 가능(헌재 1994.12.29. 90헌바13)

㉡ 수계할 수 없는 성질이거나 수계자가 없는 경우: 심판절차종료선언(헌재 1992.11.12. 90헌마33)

③ 공법인: 원칙적으로 기본권 주체가 될 수 없으므로 헌법소원심판청구는 불가능하다.

④ 단체가 아닌 단체소속의 분과위원회: 독립된 별개의 단체가 아니므로 청구능력 부정

판례

1. **청구인 대학교는 사립학교법 및 고등교육법을 근거로 설립된 교육을 위한 시설에 불과하여, 헌법소원심판을 제기할 청구인능력이 있다고 할 수 없다**(헌재 2016.10.27. 2014헌마1037).
   대학·산업대학 또는 전문대학에서 의무기록사 면허에 관한 학문을 전공한 사람에 대해서만 의무기록사 국가시험에 응시할 수 있도록 하고, 사이버대학에서 같은 학문을 전공하는 경우 의무기록사 국가시험에 응시할 수 없도록 한 것은 청구인 대학생의 평등권을 침해하지 않는다.

2. **설사 피청구인의 불법적인 의안처리행위로 헌법의 기본원리가 훼손되었다고 하더라도 그로 인하여 헌법상 보장된 구체적 기본권을 침해당한 바 없는 국회의원인 청구인들에게 헌법소원심판청구가 허용된다고 할 수는 없다**(헌재 1995. 2. 23. 91헌마231).
   헌법소원심판과정에서 공권력의 행사 또는 불행사가 위헌인지 여부를 판단함에 있어서 국민주권주의, 법치주의, 적법절차의 원리 등 헌법의 기본원리를 그 기준으로 적용할 수는 있으나, 공권력의 행사 또는 불행사로 헌법의 기본원리가 훼손되었다고 하여 그 점만으로 국민의 기본권이 직접 현실적으로 침해된 것이라고 할 수는 없고 또한 공권력 행사가 헌법의 기본원리에 위반된다는 주장만으로 헌법상 보장된 기본권의 주체가 아닌 자가 헌법소원을 청구할 수도 없는 것이므로, 설사 피청구인의 불법적인 의안처리행위로 헌법의 기본원리가 훼손되었다고 하더라도 그로 인하여 헌법상 보장된 구체적 기본권을 침해당한 바 없는 국회의원인 청구인들에게 헌법소원심판청구가 허용된다고 할 수는 없다.

(2) 공권력 행사 · 불행사

① 국민의 권리와 의무에 직접적인 영향을 주는 공권력 행사

② 공권력 행사의 주체: 국가기관, 지방자치단체, 공법상 영조물, 공영방송사, 대통령 선거방송토론위원회

③ 외국기관, 국제기구의 공권력작용은 헌법소원의 대상이 아니다.

판례

서울교육대학교(헌재 2001.9.27. 2000헌마260)

국립대학교인 서울교육대학교는 특정한 국가목적에 제공된 인적·물적 종합시설로서 공법상의 영조물이므로, 피청구인은 공권력행사의 주체가 될 수 있다. 그리고 청구인이 신청한 대상행위는 공법상의 영조물인 "서울교육대학교 운동장 사용허가"이므로 이를 거부한 이 사건 금지결정은 공권력행사라고 볼 것이다. 그러나, 이 사건 금지결정으로 인하여 청구인이 서울교육대학교 운동장에서 체육행사를 위한 축구연습을 하지 못했다는 것만 가지고는 청구인의 권리의무관계에 영향을 미치거나 법적 지위에 변동을 초래한 공권력행사라고는 볼 수 없다고 할 것이다.

판례

1. 시험 실시기관의 출제 및 채점행위는 응시자들이 개별적으로 받은 점수를 산출하는 과정에 불과하여 그 자체로는 응시자들의 권리의무에 영향을 미치지 아니하는 공권력 작용의 준비행위 또는 부수적 행위에 해당하므로 헌법소원 심판청구의 대상이 되는 헌법재판소법 제68조 제1항 소정의 공권력의 행사에 해당한다고 보기 어렵다(헌재 2016.2.25, 2014헌마338).
2. 개표 행위는 선거일의 지정, 선거인명부의 작성, 후보자 등록, 투·개표 관리, 당선인 결정 등 여러 행위를 포괄하는 집합적 행위인 선거관리라는 일련의 과정에서 하나의 행위에 불과한 것이어서, 그 자체로는 국민의 권리의무에 영향을 미치지 아니하는 공권력 작용의 준비행위 또는 부수적 행위이다. 따라서 개표 행위는 투표 결과를 집계하기 위한 단순한 사실행위에 불과하여 그 자체 헌법소원심판의 대상이 되는 공권력행사에 해당한다고 볼 수 없다(헌재 2016.3.31, 2015헌마1056).
3. 국가 등이 반드시 책임준비금을 고려하여 예산을 편성하여야 한다거나, 예산의 일부를 반드시 책임준비금으로 적립해야 한다고 볼 수 없으므로 책임준비금 적립부작위는 헌법소원의 대상이 되는 공권력의 불행사라고 볼 수 없다(헌재 2016.6.30, 2015헌마296).
4. 예산편성 행위는 국무회의의 심의, 대통령의 승인 및 국회의 예산안 심의·확정을 위한 전 단계의 행위로서 국가기관 간의 내부적 행위에 불과하고, 국민에 대하여 직접적인 법률효과를 발생시키는 행위라고 볼 수 없으므로 헌법소원의 대상이 되는 '공권력의 행사'에 해당하지 않는다(헌재 2017.5.25, 2016헌마383).

   비교판례 국회의원의 심의·표결권은 국회의 대내적인 관계에서 행사되고 침해될 수 있을 뿐 다른 국가기관과의 대외적인 관계에서는 침해될 수 없는 것이므로, 대통령 등 국회 이외의 국가기관과의 사이에서는 권한침해의 직접적인 법적 효과를 발생시키지 아니한다. 따라서 피청구인 대통령이 조약 체결·비준에 대한 국회의 동의를 요구하지 않았다고 하더라도 국회의원인 청구인들의 심의·표결권이 침해될 가능성은 없다(헌재 2015. 11. 26. 2013헌라3).
5. 방송통신심의위원회가 방송사업자에 대하여 한 의견제시는 헌법소원의 대상이 되는 공권력의 행사에 해당하지 않고, 그 근거가 된 법률조항은 기본권 침해의 직접성이 인정되지 않는다(헌재 2018.4.26., 2016헌마46).

6. 피청구인 중앙선거관리위원회가 2020. 1. 13. '비례○○당'의 명칭은 정당법 제41조 제3항에 위반되어 정당의 명칭으로 사용할 수 없다고 결정·공표한 행위(이하 '이 사건 결정·공표'라 한다)가 헌법소원의 대상이 되는 '공권력의 행사'에 해당하지 않는다(헌재 2021. 3. 25. 2020헌마94).

④ 입법작용

㉠ 법률(법령소원)

ⓐ 시행중인 법률

ⓑ **공포 후 시행 전 법률**: 현재 시점에서 기본권침해에 대해 충분한 예측가능성이 있는 경우

ⓒ **의결 후 공포 전 법률**: 법률안이 공포·시행되었고 그 법률로 인한 기본권침해의 주장이 있는 경우(헌재 2001.11.29. 99헌마494)

ⓓ **폐지된 법률**: 폐지된 법률로 인해 기본권 침해가 계속되는 경우(헌재 1989.12.18. 89헌마32)

㉡ 입법부작위

ⓐ 권력분립원칙과 민주주의원칙에 따라 입법형성의 자유를 보장을 위해 헌법에 명시적인 위임이 있는 경우와 헌법규정의 해석상 헌법적 입법의무가 있는 경우에만 헌법소원의 대상이 됨

ⓑ 헌법재판소

– 진정입법부작위

헌법에서 기본권보장을 위해 법령에 명시적으로 입법위임을 하였음에도 입법자가 이를 이행하고 있지 않고 있는 경우, 또는 헌법해석상 특정인의 기본권을 보호하기 위한 국가의 입법의무가 발생하였음이 명백함에도 불구하고 입법자가 전혀 아무런 입법조치를 취하지 않고 있는 경우에 한하여 그 입법부작위를 헌법소원의 대상으로 한다.

– 부진정입법부작위

입법부작위를 대상으로 한 헌법소원청구는 부적법하고 제정되어 있는 법령에 대하여 적극적으로 헌법소원심판을 청구할 수 있다고 한다.

판례

1. 진정입법부작위와 부진정입법부작위 구별(헌재 1996.10.31. 94헌마108)

넓은 의미의 입법부작위에는 헌법상 입법의무가 있는 어떤 사항에 관하여 전혀 입법을 하지 아니함으로써 입법행위의 흠결이 있는 경우(즉, 입법권의 불행사)와 입법자가 어떤 사항에 관하여 입법은 하였으나 그 입법의 내용·범위·절차 등이 당해 사항을 불완전·불충분 또는 불공정하게 규율함으로써 입법행위에 결함이 있는 경우(즉, 결함있는 입법권의 행사)가 있는데, 일반적으로 전자를 진정입법부작위, 후자를 부진정입법부작위라고 부르고 있다.

2. 입법부작위 위헌확인(헌재 1994.12.29. 89헌마21)

조선미국육군사령부군정청법령 제75호 조선철도의 통일을 폐지한 조선철도의 통일폐지법률이 시행되기 전에 같은 군정청법령 제2조에 의하여 수용된 조선철도주식회사, 경남철도주식회사 및 경춘철도주식회사 재산의 재산관계권리자로서 같은 법령 제3조에 따라 같은 군정청 운수부장에게 보상청구서면을 제출하여 위 수용으로 인한 손실보상금을 지급하는 절차에 관한 법률을 제정하지 아니하는 입법부작위는 위헌임을 확인한다.

㉢ 명령 · 규칙 · 조례

집행행위를 기다리지 아니하고 그 자체에 의하여 직접 국민의 기본권이 침해된 경우 헌법소원의 대상이 된다.

㉣ 조약

판례

대한민국과 일본국간의 어업에 관한 협정비준 등 위헌확인 사건(헌재 2001.3.21. 99헌마139)

이 사건 한일어업협정은 우리나라 정부가 일본 정부와의 사이에서 어업에 관해 체결 · 공포한 조약으로서 헌법 제6조 제1항에 의하여 국내법과 같은 효력을 가지므로 그 체결행위는 고권적 행위로서 공권력행사에 해당한다. 헌법 제6조 제1항은 "헌법에 의하여 체결 · 공포된 조약과 일반적으로 승인된 국제법규는 국내법과 같은 효력을 가진다."고 규정하고 있는 바, 이 사건 협정은 우리나라와 일본 간의 어업에 관해 헌법에 의하여 체결 · 공포된 조약으로서 국내적으로 법률과 같은 효력을 가진다. 따라서 헌법재판소법 제68조 제1항의 공권력행사에 해당한다.

⑤ 행정작용

㉠ 통치행위

국민의 기본권 침해와 직접 관련되는 경우 헌법소원의 대상(긴급재정경제명령, 신행정수도의 건설을위한특별조치법위헌확인)이 된다.

㉡ 행정처분

행정처분은 행정소송의 대상이 되고 헌법소원의 보충성으로 인하여 행정소송을 통한 권리구제절차를 거치지 아니하면 헌법소원을 제기할 수 없고 법원의 재판은 헌법소원의 대상에서 제외되므로 사실상 대부분의 행정처분은 헌법소원에서 제외된다. 따라서 법원이 처분성을 부인하거나 소의 이익을 부정한 것과 검사의 불기소 처분, 행정부작위가 헌법소원이 허용된다.

㉢ 원행정처분

국민이 행정소송 등 법원의 권리구제절차를 적법하게 경료하여 법원의 확정판결을 통하여 그 합법성이 확정되어 법원에의 소송을 통하여 더 이상 그로 인한 권리침해를 다툴 수 없게 된 행정처분

🗁 원행정처분의 헌법소원대상여부

	긍정설	부정설	헌법재판소판례
헌법재판소법 제68조 제1항의 법원의 재판제외	재판은 제외하고 있으나 원행정처분은 제외하고 있지 않다.	법원재판제외에는 원행정처분제외를 당연히 포함한다.	행정처분을 심판대상으로 삼았던 법원의 재판이 헌법소원의 대상이 되어 취소되는 경우에 한해서는 원행정처분은 헌법소원의 대상이 된다(헌재 1998.5.28. 91헌마98).
법원의 확정판결의 기판력	법원의 기판력은 헌법재판소를 구속하는 것이 아니다.	원행정처분을 헌법소원의 대상으로 하는 것은 확정판결의 기판력에 어긋난다.	
헌법 제107조 제2항	일반사법권행사에 있어 대법원 최종심사권을 규정하고 있으나 헌법재판권행사에 있어 대법원의 최종적 심사권을 규정한 것은 아니다.	대법원이 최종적으로 처분심사권을 가지므로 원행정처분은 헌법소원의 대상이 될 수 없다.	

헌법 제101조 제1항 · 제2항	헌법재판권과 일반사법권은 차원을 달리하므로 구별되어야 한다. 헌법소원제도는 헌법재판제도이므로 일반사법권 내에 존재하는 제4심이 아니다.	원행정처분을 헌법소원의 대상으로 하는 것은 제4심이 되고 이는 대법원을 최고법원으로 규정하고 있는 헌법 제101조 제2항에 반한다.	

㉣ 행정부작위

공권력의 주체에게 헌법에서 유래하는 작위의무가 특별히 구체적으로 규정되어 이에 의거하여 기본권의 주체가 행정행위를 청구할 수 있음에도 공권력의 주체가 그 의무를 해태하는 경우에 행정권력의 부작위에 대한 헌법소원을 허용한다.

㉤ 권력적 사실행위

헌법소원의 대상이 된다.

판례

국제그룹해체관련 재무부장관의 제일은행에 대한 관련지시(헌재 1993.7.29. 89헌마31)

재무부장관이 제일은행장에 대하여 한 국제그룹의 해체준비착수지시와 언론발표지시는 상급관청의 하급관청에 대한 지시가 아님은 물론 동 은행에 대한 임의적 협력을 기대하여 행하는 비권력적 권고·조언 등의 단순한 행정지도로서의 한계를 넘어선 것이고 이와 같은 공권력의 개입은 주거래 은행으로 하여금 공권력에 순응하여 제3자인수식의 국제그룹해체라는 결과를 사실상 실현시키는 행위라고 할 것으로 이와 같은 유형의 행위는 형식적으로는 사법인인 주거래은행의 행위였다는 점에서 행정행위는 될 수 없더라도 그 실질이 공권력의 힘으로 재벌기업의 해체라는 사태변동을 일으키는 경우인 점에서 일종의 권력적 사실행위로서 헌법소원의 대상이 되는 공권력의 행사에 해당한다.

㉥ 행정계획안

원칙적으로 대외적 효력이 없으므로 헌법소원의 대상 ×, 법령의 뒷받침에 의하여 그대로 실시될 것이 분명한 행정계획안은 사실상 규범력이 인정되므로 헌법소원의 대상 ○

판례

서울대학교 입시요강인 행정계획안(헌재 1992.10.1. 92헌마68)

이러한 사실상의 준비행위나 사전안내라도 그 내용이 국민의 기본권에 직접 영향을 끼치는 내용이고 앞으로 법령의 뒷받침에 의하여 그대로 실시될 것이 틀림없을 것으로 예상될 수 있는 것일 때에는 그로 인하여 직접적으로 기본권 침해를 받게 되는 사람에게는 사실상의 규범작용으로 인한 위험성이 이미 발생하였다고 보아야 할 것이므로, 헌법소원의 대상이 되는 헌법재판소법 제68조 제1항 소정의 공권력의 행사에 해당된다고 할 것이다.

㉦ 공고

ⓐ 법령에 규정된 내용을 그대로 공고: 헌법소원의 대상 ×

ⓑ 법령에 규정되어 있지 않은 내용을 추가로 공고: 헌법소원의 대상 ○

⑥ 사법작용

㉠ 법원의 재판

ⓐ 원칙: 헌법재판소법 제68조 제1항에 의하여 헌법소원의 대상 ×

ⓑ 예외: 헌법재판소가 위헌으로 결정한 법률을 적용하여 기본권을 침해한 재판은 헌법소원의 대상 ○

㉡ 사법행정작용과 처분
소정의 불복절차를 거친 후 헌법소원제기 가능

헌법재판소가 헌법소원의 대상으로 인정하지 않는 경우 청원에 대한 회신, 국가기관 내부행위·행정규칙, 국가기관의 사법상 행위, 비권력적 행위, 작위의무 없는 공권력의 불행사, 법원과 헌법재판소의 재판, 헌법조문, 조직법, 위헌결정이 있기 전에 선고된 대법원 판결, 대통령 신임투표를 국민투표에 붙이는 행위 위헌확인

판례

구치소장에게는 '수용자에게 적절한 치료 등 의료조치를 제공할 의무'가 있을 뿐, 반드시 수용자가 원하는 특정한 의약품을 제공하여야 할 의무가 법령에 구체화되어 있다고 볼 수 없으므로, 피청구인인 구치소장이 청구인 수용자에게 특정 의약품을 지급해주지 않은 행위는 헌법에서 유래하는 작위의무가 없는 행정청의 단순한 부작위에 대한 헌법소원으로서 부적법하다(헌재 2016.11.24, 2015헌마11).

(3) 기본권 침해

헌법에 의해 직접 보장된 개인의 주관적 공권은 헌법의 기본원리 혹은 헌법상 보장된 제도의 본질이 훼손된 점만으로 바로 국민의 기본권이 직접 현실적으로 침해된 것이라고 할 수는 없다(헌재 1995.2.23. 90헌마125).

① 자기관련성

㉠ 특정 공권력 행사로 인한 기본권 침해 시 헌법소원심판의 본안심판을 받을 자격

㉡ 제3자

ⓐ 원칙: 자기관련성 부정

ⓑ 예외: 공권력의 작용으로 기본권을 직접·법적으로, 침해받을 경우 자기관련성 인정

㉢ 단체: 소속구성원의 기본권 침해를 이유로 헌법소원제기 불가

판례

1. 고등학생과 그 학부모, 교사 및 교원인 청구인들은 교육을 받을 권리, 자녀교육권, 직업수행의 자유 등 기본권을 침해한다고 주장하는데, 교육감을 선출하는 방식에 관한 규정으로서 지방교육자치제도를 보장하는 하나의 방편으로 교육감 선출에 주민의 직접 참여를 규정할 뿐, 그 자체로써 위 청구인들에게 어떠한 의무의 부과, 권리 또는 법적 지위의 박탈이라는 불이익을 초래하고 있다고 보기 어렵기 때문에 위 청구인들의 교육을 받을 권리, 자녀교육권, 직업수행의 자유 등을 침해할 가능성이 있다거나 기본권침해의 자기관련성이 있다고 보기 어렵다(헌재 2015.11.26, 2014헌마662).
2. 의사인력확보수준에 따라 입원료 차등제를 규정하면서 입원료 가산기준이 되는 전문의 수에 산부인과 전문의를 제외하고 있는 보건복지가족부 고시 조항의 직접적인 수범자는 요양병원이고, 산부인과 전문의인 청구인들은 이 사건 고시조항의 직접적인 수범자가 아니며 단순히 간접적, 사실적, 경제적 이해관계만 있을 뿐이고 직접적이고 법적으로 관련되었다고 볼 수 없으므로, 기본권침해의 자기관련성을 인정할 수 없다(헌재 2016.3.31, 2013헌마386).

3. 전문대학의 간호조무 관련 학과 졸업자를 간호조무사 국가시험 응시자격 대상에서 제외하고 있는 의료법 제80조 제1항에 대한 전문대학을 설립·운영하는 학교법인과 일반 고등학교에 재학 중인 학생들인 청구인들의 심판청구는 기본권침해의 자기관련성 요건을 갖추지 못하여 부적법하다(헌재 2016.10.27, 2016헌마262).

자기관련성을 인정한 사례	자기관련성을 부인한 사례
주주, 위증으로 인한 불이익한 재판을 받게 되는 당사자, 사고로 인한 피해자 사망 시 피해자의 부모, 공정거래위원회의 고발권 불행사로 인한 피해자, 공권력이 대물적으로 행사된 경우, 어업관련종사자	고발인, 선거인도 아니고 입후보도 하지 아니한 청구인, 주주 아닌 주식회사의 대표이사, 접견교통권을 침해받았다고 주장하는 변호인, 신문의 애독자, 백화점셔틀버스를 이용해 온 소비자

② 직접성

㉠ 기본권 침해는 그 침해를 야기한 공권력행사 그 자체로 인해 바로 청구인에게 발생되는 침해이어야 한다. 심판대상인 공권력작용 외에 다른 공권력작용이 매개되어야만 기본권 침해가 발생한다면 직접성이 인정되지 않음

㉡ 직접성 요건완화(예외)

ⓐ 집행행위를 대상으로 하는 구제절차가 없거나 권리구제의 기대가능성이 없는 경우

ⓑ 형벌조항과 같이 법령의 집행행위를 기다렸다가 그 집행행위에 대한 권리구제절차를 밟을 것을 국민에게 요구할 수 없는 경우

ⓒ 법령이 일의적이고 명백해서 집행기관이 재량의 여지없이 그 법령에 따라 일정한 집행행위를 해야 하는 경우

판례

대법원의 법무사법시행규칙(헌재 1990.10.15, 89헌마178)

법무사시험의 실시여부를 법원행정처장의 자유재량에 위임한 법무사법시행규칙은 별도의 집행행위를 기다리지 않고 직접 기본권을 침해하여 헌법소원심판의 대상이 될 수 있다.

판례

도서관장의 일반인에 대학도서관 도서 대출 및 열람실 이용 승인거부 회신에 따라 비로소 도서관 이용이 제한된 것이므로 대학구성원이 아닌 사람에 대하여 대학도서관의 관장이 승인 또는 허가하는 경우에 도서 대출을 하거나 열람실을 이용할 수 있도록 규정한 도서관규정은 기본권 침해의 직접성이 인정되지 아니하므로 이에 대한 헌법소원심판청구는 부적법하다(헌재 2016.11.24, 2014헌마977).

③ 현재성

㉠ 헌법소원청구인의 기본권이 현재 침해되고 있어야 한다.

㉡ 헌법재판소는 이를 완화하여 근접한 기본권 침해 또는 예견되는 기본권 침해 시 현재성 인정

판례

기본권제한의 가능성이 구체적으로 현출된 단계에서 헌법소원이 허용된다고 본 사례(헌재 2001.3.21. 99헌마150)

청구인에 대한 증권거래법위반죄의 유죄판결이 미확정의 상태에 있어 기본권의 제한이 아직 현실화된 것은 아니지만 형사재판절차가 현재 계속 중에 있어 기본권제한의 가능성이 구체적으로 현출된 단계에 있는 이 사건과 같은 경우에는 신속한 기본권구제를 위하여 현재 기본권이 침해되고 있는 경우와 마찬가지로 헌법소원이 허용된다고 할 것이다.

(4) **보충성**

① 헌법소원은 최종적인 권리구제수단이므로 다른 법률이 정한 구제절차를 모두 거친 뒤에도 구제되지 않은 경우에만 헌법소원을 청구할 수 있다는 원칙

② 다른 법률의 구제절차는 적법하게 거쳐야 함

③ 손해배상, 손실보상은 사전권리구제절차 ×, 청원절차는 다른 법률의 구제절차 ×

④ 보충성의 예외(불, 가, 착)

㉠ 사전구제절차가 없거나 권리구제절차가 허용되는지 여부가 객관적으로 **불**확실한 경우

㉡ 사전구제절차가 있더라도 권리구제의 **가**능성이 없는 경우

㉢ 청구인의 불이익으로 돌릴 수 없는 정당한 이유가 있는 **착**오로 사전구제절차를 밟지 않은 경우

⑤ 보충성원칙 흠결의 하자치유: 헌법재판소는 헌법소원심판청구 당시에 보충성원칙을 지키지 않았다 하더라도 헌법재판계속 중 다른 권리 구제절차를 완료한 경우 그 보충성 요건 흠결의 하자가 치유된다고 본다(헌재 1991.4.1. 90헌마194).

보충성원칙이 적용된 사례	보충성으 예외가 적용된 사례
법관에 대한 전보명령, 건설부장관의 개발제한구역 지정행위, 확정된 형사소송기록에 대한 등사신청거부처분, 대법원의 확립된 판례에 의해 패소할 것으로 예상되는 경우, 교도소장의 수형자 서신발송의뢰거부행위	법령소원, 실행이 완료된 진압명령, 교도소장의 미결수용자의 서신에 대한 검열행위, 고소하지 아니한 형사피해자의 검사의 불기소처분에 대한 헌법소원심판, 신체과잉수색행위, 변호사의 수사기록열람등사청구에 대한 거부처분

(5) **권리보호이익**

① 헌법소원은 국민의 침해된 기본권을 구제하는 제도이므로 권리보호이익이 있는 경우라야 제기할 수 있다. 권리보호이익이 소멸 또는 제거된 경우 원칙적으로 심판청구는 부적법 각하가 된다.

② 예외: 청구인의 주관적 권리구제에 별 도움이 안 되는 경우라도 침해행위가 앞으로도 반복될 위험이 있거나 당해 분쟁의 해결이 헌법질서의 수호·유지를 위하여 긴요한 사항이어서 헌법적으로 그 해명이 중대한 의미를 지니고 있는 경우에는 권리보호이익이 인정된다.

판례

1. 헌법은 명시적으로 선거구를 입법할 의무를 국회에게 부여하였고, 국회는 이러한 입법의무를 상당한 기간을 넘어 정당한 사유 없이 이행하지 아니함으로써 헌법상 입법의무의 이행을 지체하였으나, 이후 국회가 선거구를 획정함으로써 획정된 선거구에서 국회의원후보자로 출마하거나 선거권자로서 투표하고자 하였던 청구인들의 주관적 목적이 달성되었으므로, 헌법불합치결정에서 정한 입법개선시한이 경과한 후에도 선거구를 획정하지 아니한 입법부작위의 위헌확인을 구하는 심판청구는 권리보호의 이익이 없어 부적법하다(헌재 2016.4.28, 2015헌마1177).
2. 2013. 11.경 세 차례에 걸쳐 밀양 송전탑 건설공사 현장 인근에서 피청구인 경찰청장이 청구인들의 통행을 제지한 행위에 대한 헌법소원심판청구는, 통행제지행위가 이미 종료하여 권리보호이익이 없으며, 통행제지 당시의 제반 사정을 종합할 때 규범적 평가를 동일시할 수 있는 공권력 행사의 반복가능성이나 헌법적 해명의 필요성도 인정되지 않으므로 부적법하다(헌재 2016.5.26, 2013헌마879).

권리보호이익이 인정된 사례	권리보호이익이 부정된 사례
변호인의 피의자 접견 시 수사관이 참석하여 변호인의 조력을 받을 권리침해, 심판도중 청구인이 사망하였으나 헌법소원을 인용하면 재심을 청구할 수 있는 경우, 사법시험 일요일 시행, 수형자 서신검열	헌법소원심판 중에 헌법소원심판의 대상인 법률이 개정되어 기본권침해가 종료된 경우, 헌법재판소가 이미 위헌적인 법률조항에 대해 헌법불합치결정을 하면서 입법자의 법률개정시한을 정하고 그때까지는 잠정적용을 명한 경우 별건의 헌법소원심판청구에서 동일한 법률조항의 위헌확인을 구하는 부분

(6) 변호사강제

국선변호인 신청가능

(7) 기간

① 도달주의

> **헌법재판소법 제69조 제1항** 제68조 제1항에 따른 헌법소원의 심판은 그 사유가 있음을 안 날부터 90일 이내에, 그 사유가 있는 날부터 1년 이내에 청구하여야 한다. 다만, 다른 법률에 따른 구제절차를 거친 헌법소원의 심판은 그 최종결정을 통지받은 날부터 30일 이내에 청구하여야 한다.

② 법령소원의 경우

㉠ 원칙: 그 법령이 제정·시행됨과 동시에 기본권 침해. 법령의 시행을 알게 된 날부터 90일, 법령이 시행된 날부터 1년

㉡ 법률이 시행된 뒤에 비로소 그 법률에 해당하는 사유발생 시: 그 사유가 발생하였음을 안 날로부터 90일, 그 사유가 발생한 날부터 1년

③ 상황성숙이론과 청구기간의 기산점: 초기판례는 청구기간에도 상황성숙이론을 적용 ⇨ 상황성숙이론과 청구기간의 기산점을 분리하는 방향으로 판례변경, 따라서 상황성숙이론은 청구기간이 아니라 기본권의 현재 침해성 여부에 관한 논의에서 적용되는 이론에 해당한다.

판례

청구기간은 기본권의 침해가 확실히 예상되는 때로부터 기산할 것이 아니라 당해 법률이 청구인의 기본권을 명백히 구체적으로 현실침해한 때부터 청구기간을 기산한다(헌재 1996.3.28. 93헌마198).

④ 법률의 시행에 유예기간을 둔 경우 유예기간과 상관없이 법률시행 시점이 청구기간의 기산점이 된다(헌재 1996.3.28. 93헌마198).

판례

법령 적용의 유예기간이 있는 경우 기본권 제한이 발생한 시기를 유예기간경과 후가 아닌 법 시행일로 본다(헌재 2013. 11. 28. 2011헌마372)

청구인들의 경우 비록 이 사건 법률조항 및 시행령조항 시행일인 2010. 4. 23.부터 1년 이내에는 종래와 같이 변형어구를 계속 사용, 적재할 수 있다 하더라도, 시행일로부터 1년 이후인 2011. 4. 23.부터는 변형어구를 사용, 적재할 수 없고 사용, 적재할 경우 처벌된다는 기본권 제한 내지 법적 강제는 이 사건 법률조항 및 시행령조항이 시행된 2010. 4. 23.에 이미 구체적이고 현실적으로 발생하였다고 봄이 타당하므로 이때를 이 사건 법률조항 및 시행령조항에 대한 헌법소원심판 청구기간의 기산점으로 보아야 한다.

⑤ 요건의 완화: 청구기간이 도과하더라도 그 도과에 정당한 사유가 있는 경우에는 심판청구가 적법, 정당한 사유라 함은 청구기간 도과의 원인 등 여러 가지 사정을 종합하여 지연된 심판청구를 허용하는 것이 사회통념상으로 보아 상당한 경우를 뜻한다(헌재 1993. 7. 29. 78헌마31).

5. 청구절차

① 심판청구형식

헌법재판소법 제71조 제1항 제68조 제1항에 따른 헌법소원의 심판청구서에는 다음 각 호의 사항을 적어야 한다.

1. 청구인 및 대리인의 표시
2. 침해된 권리
3. 침해의 원인이 되는 공권력의 행사 또는 불행사
4. 청구 이유
5. 그 밖에 필요한 사항

② 국선대리인 제도(헌법재판소법 제70조)

③ 국가심판비용부담원칙과 공탁금(헌법재판소법 제37조)

6. 심판절차

(1) 서면심리의 원칙(헌법재판소법 제30조 제2항)

(2) 지정재판부의 사전심사

① 구성

재판관 3인

② 적용되는 심판

헌법재판소법 제68조 제1항 · 제2항의 헌법소원

③ 결정유형

㉠ 각하: 재판관 3인 모두 찬성

㉡ 심판회부결정: 각하결정이 나오지 않는 한 심판회부결정을 한다. 헌법소원심판 청구 후 30일 경과할 때까지 각하결정이 없는 때 심판회부결정간주

㉢ 지정재판부는 본안판단 不可

(3) 전원재판부의 심판

① 기준

형식적 · 실질적 의미의 헌법

② 내용

기본권침해의 직접성 · 현재성 · 자기관련성과 공권력에 의한 기본권 침해여부

③ 결정

㉠ 각하

ⓐ 헌법소원심판의 대상이 되지 못하거나 청구요건을 갖추지 못하여 청구가 부적법한 경우에 내리는 결정

ⓑ 사유

- 헌법소원의 대상성이 인정되지 않는 경우
- 기본권 침해의 자기관련성, 직접성, 현재성이 없는 경우, 보충성요건을 충족하지 못한 경우
- 청구기간을 도과한 경우, 권리보호이익이 없는 경우, 변호사의 선임이 없는 경우

㉡ 청구기각

본안에 대한 결정으로 청구가 이유 없을 때 내리는 결정

㉢ 인용

ⓐ 공권력의 행사 또는 불행사로 청구인의 기본권이 침해되었음을 인정하는 결정유형, 재판관 6인 이상의 찬성을 요한다.

ⓑ 내용

> **헌법재판소법 제75조 제2항** 제68조 제1항에 따른 헌법소원을 인용할 때에는 인용결정서의 주문에 침해된 기본권과 침해의 원인이 된 공권력의 행사 또는 불행사를 특정하여야 한다.
> **제3항** 제2항의 경우에 헌법재판소는 기본권 침해의 원인이 된 공권력의 행사를 취소하거나 그 불행사가 위헌임을 확인할 수 있다.
> **제5항** 제2항의 경우에 헌법재판소는 공권력의 행사 또는 불행사가 위헌인 법률 또는 법률의 조항에 기인한 것이라고 인정될 때에는 인용결정에서 해당 법률 또는 법률의 조항이 위헌임을 선고할 수 있다.

ⓒ 효과

> **헌법재판소법 제75조 제1항** 헌법소원의 인용결정은 모든 국가기관과 지방자치단체를 기속한다.
> **제4항** 헌법재판소가 공권력의 불행사에 대한 헌법소원을 인용하는 결정을 한 때에는 피청구인은 결정 취지에 따라 새로운 처분을 하여야 한다.

㉣ 심판절차 종료선언
청구인의 사망으로 헌법소원심판을 수계할 자가 없는 경우, 청구인이 헌법소원심판청구를 취하한 경우 당해 헌법소원심판은 종료되었다고 선언하는 결정유형

6 헌법재판소법 제68조 제2항의 헌법소원

1. 법적 성격

본질상 위헌법률심판(다수설)

2. 청구요건

(1) 청구권자

① 위헌제청신청, 위헌제청신청이 기각된 자
② 공법인 ○(지방자치단체 기관소송의 소송당사자로써 지방의회도 가능)
③ 민사소송법상 보조참가인

(2) 재판의 전제성

① 내용
㉠ 구체적인 사건이 법원에 계속 중일 것
㉡ 위헌여부가 문제되는 법률이 당해 소송사건의 재판과 관련하여 적용될 것
㉢ 그 법률의 위헌여부에 따라 당해사건을 담당한 법원이 다른 내용의 재판을 하게 하는 경우
ⓐ 재판의 결론이나 주문이 달라지는 경우
ⓑ 재판의 결론을 이끌어내는 이유를 달리하는 경우
ⓒ 재판의 내용과 효력에 관한 법률적 의미가 달라지는 경우

② 판단
㉠ 시점: 위헌법률심판절차와는 달리 재판의 전제성은 법률의 위헌여부심판 제청신청 시에만 갖추었다면 충분하다고 본다.
㉡ 심리 중 재판의 전제성이 소멸된 경우
ⓐ 원칙: 각하결정
ⓑ 예외: 헌법질서 수호·유지차원에서 그 해명이 중대한 의미를 가지는 경우 본안판단 可
㉢ 심사
ⓐ 재판의 전제성에 대한 제청법원의 견해를 존중하는 것이 원칙
ⓑ 재판의 전제와 관련된 제청법원의 법률적 견해가 유지될 수 없는 것으로 보이면 헌법재판소가 직권으로 조사를 할 수 있다.
㉣ 수혜의 대상에서 제외된 자가 수혜대상에서 제외시키고 있는 법률의 위헌여부에 대해 위헌소원을 청구하거나 법원이 위헌제청한 경우 재판의 전제성은 인정된다.
㉤ 법원이 당해사건을 각하해야 할 사건인 경우 재판의 전제성은 부정한다.

판례

승소한 경우 재판의 전제성(헌재 2000.7.20. 99헌바61)

이 사건에서처럼 당해소송에서 승소한 당사자인 청구인은 재심을 청구할 수 없고, 당해사건에서 청구인에게 유리한 판결이 확정된 마당에 이 법률조항에 대하여 헌법재판소가 위헌결정을 한다 하더라도 당해사건에서 재판의 결론이나 주문에 영향을 미치는 것도 아니므로, 결국 이 사건은 재판의 전제성이 부정되는 부적합한 청구가 된다고 할 것이다.

판례

재판의 전제성이라든가 헌법소원의 적법성의 유무에 관한 재판은 종국심리에 관여한 재판관 과반수의 찬성으로 족한 것이다(헌재 1994. 6. 30. 92헌바23).

(3) 제청신청과 기각

기각 결정과 재판의 전제성을 결여한 각하 결정을 포함한다. 재판의 전제성 여부의 판단은 최종적으로 헌법재판소의 권한에 해당한다.

판례

1. 법원으로부터의 위헌심판의 제청을 받은 헌법재판소는 법률이 재판의 전제가 되는 요건을 갖추고 있는지의 여부를 심판함에 있어서는 제청법원의 견해를 존중하는 것이 원칙이다. 그러나 제청법원의 법률적 견해가 유지될 수 없는 것으로 보이면 헌법재판소가 직권으로 조사할 수도 있는 것이다. 조사결과 법원의 전제성에 관한 법률적 견해가 명백히 유지될 수 없을 때에만 헌법재판소가 그 제청을 부적법하다하여 각하할 수 있다(헌재 1999. 9. 16. 98헌가6).
2. 간접적용되는 법률조항이라 하더라도 그 위헌여부에 따라 법원이 다른 내용의 재판을 하게 되는 경우에는 재판의 전제성이 인정된다(헌재 2000. 1. 27. 99헌바23).
3. 위헌법률심판제청을 신청하지 않은 법률조항에 대한 헌법재판소법 제68조 제2항 헌법소원심판청구는 부적법하다(헌재 2017.4.27. 2015헌바24).

(4) 심판대상

법원에 위헌법률심판제청신청을 했다가 기각 당한 그 법률 또는 법률조항, 법률과 동일한 효력이 있는 조약, 긴급명령, 긴급재정·경제명령, 예외적 폐지된 법률, 관습법 등

판례

1. 비록 형식적 의미의 법률은 아니지만 실질적으로는 법률과 같은 효력을 가지므로 관습법도 헌법소원심판의 대상이 되고, 단지 형식적 의미의 법률이 아니라는 이유로 그 예외가 될 수는 없다(헌재 2016. 4. 28. 2013헌바396).
2. 특수형태근로종사자의 지위, 노무제공의 방법, 성격 및 사업주에 대한 경제적 종속의 정도는 매우 다양하여, 이들에게 근로기준법이 그대로 적용될 수 없다. 특수형태근로종사자는 이들의 특성을 고려한 별도의 특별법에 의한 보호가 필요한 영역이다. 따라서 이 사건 심판청구는 성질상 근로기준법이 전면적으로 적용되지 못하는 특수형태근로종사자의 노무조건·환경 등에 대하여 근로기준법과 동일한 정도의 보호를 내용으로 하는 새로운 입법을 하여 달라는 것에 다름 아니어서, 실질적으로 진정입법부작위를 다투는 것에 해당하고, 헌법재판소법 제68조 제2항에 의한 헌법소원에서 진정입법부작위를 다투는 것은 그 자체로 허용되지 않으므로 부적법하다(헌재 2016.11.24. 2015헌바413).

3. 이 사건 행정관습법은 형벌의 구성요건을 정하고 그에 상응하는 형벌의 종류와 범위를 규정하는 처벌의 근거 조항이 아니라 청구인의 조업구역을 확인하는 고려요소에 불과하므로, 이 사건 행정관습법은 당해 사건에서 적용되는 법률이라고 보기 어렵다. 당해 사건의 법원이 이 사건 행정관습법을 고려했다 하더라도, 이는 당해 사건에 적용되는 처벌규정인 수산업법 조항의 해석과 적용에 관한 사항이고, 이를 다투는 것은 결국 재판의 당부를 다투는 것과 다르지 않다. 따라서 이 사건 행정관습법은 당해 사건에서 직접적으로 적용되는 법률이 아니고, 설사 당해 사건에서 고려되는 측면이 있다 하더라도 이는 당해 사건의 법원이 행한 재판작용에 포함되므로 이에 대한 심판청구는 부적법하다(헌재 2016.12.29. 2013헌바436).

판례

한정위헌을 구하는 위헌소원청구의 적법성(헌재 2001. 9. 27. 2000헌바20)

헌법재판소법 제68조 제2항이 '법률의 위헌여부심판의 제청신청이 기각된 때에는'이라고 규정함으로써 심판의 대상을 법률에 한정하고 있으므로, 일반적으로 법률조항 자체의 위헌판단을 구하는 것이 아니라 법률조항을 "…는 것으로 해석하는 한 위헌"이라는 판단을 구하는 청구는 헌법재판소법 제68조 제2항에 의한 청구로 적절치 아니하다. … 법률조항이 불명확하여 이를 다투는 등 법률조항 자체의 위헌성에 관한 청구로 이해되는 경우에는 한정위헌의 판단을 구하는 심판청구도 헌법재판소법 제68조 제2항에 의한 헌법소원으로 보아 적법한 것으로 받아들이고 있다. … 하나는 법규정 자체의 불확정성을 다투는 것으로 보는 경우이다. … 다른 하나는 소위 법원의 해석에 의하여 구체화된 심판대상 규정의 위헌성문제가 있는 것으로 볼만큼 일정한 사례군이 상당기간에 걸쳐 형성, 집적된 경우로서 …여기에 해당된다.

(5) 청구기간

위헌법률심판의 제청신청을 기각하는 결정을 통지받은 날부터 30일 이내(헌법재판소법 제69조 제2항)

(6) 심판절차 및 효과

청구의 효과: 재판 절차는 정지하지 않음.

3. 효력

① 위헌으로 결정된 법률의 효력이 일반적으로 소멸됨

② 재심청구

헌법재판소법 제75조 제7항 제68조 제2항에 따른 헌법소원이 인용된 경우에 해당 헌법소원과 관련된 소송사건이 이미 확정된 때에는 당사자는 재심을 청구할 수 있다.

제8항 제7항에 따른 재심에서 형사사건에 대하여는 「형사소송법」을 준용하고, 그 외의 사건에 대하여는 「민사소송법」을 준용한다.

🗁 제68조 제1항·제2항의 헌법소원의 비교

	제68조 제1항 헌법소원	제68조 제2항 헌법소원
본질	권리구제, 예외적 규범통제	규범통제
기본권침해 전제	○	×
청구인	기본권주체	기본권주체가 아닌 공법인도 可
대상	공권력행사·불행사	법률
청구기간	90일, 1년	제청신청 기각 통지받은 날부터 30일
결정유형	각하, 기각, 인용(위헌·변형결정)	각하, 합헌, 위헌, 변형결정

🗁 제68조 제2항의 헌법소원과 위헌법률심판의 비교

	제68조 제2항 헌법소원	제41조 제1항 위헌법률심판
형식	헌법소원	위헌법률심판
청구권자, 제청	당사자	법원
청구의 효과	재판진행 ⇨ 재심	재판중지
심판대상	제청신청 ⇨ 기각당한 법률	법률
지정재판부 사전심사	○	×
변호사 강제주의	○	×

7 권한쟁의심판

헌법 제111조 제1항 헌법재판소는 다음 사항을 관장한다.
4. 국가기관 상호간, 국가기관과 지방자치단체간 및 지방자치단체 상호간의 권한쟁의에 관한 심판

1. 의의

국가기관 사이나 국가기관과 지방자치단체, 또는 지방자치단체 사이에 권한의 존부 또는 범위에 관하여 다툼이 발생한 경우에 헌법재판소가 이를 심판, 각 기관에게 주어진 권한보호, 객관적 권한질서를 유지하는 것을 목적으로 하는 헌법쟁송제도를 말한다.

2. 요건

(1) 청구요건

① 당사자능력(헌법재판소법 제62조)

㉠ 국가기관 간 권한쟁의 심판: 그 국가기관이 헌법에 의해 설치되고, 헌법과 법률에 의하여 독자적인 권한을 부여받고, 국가기관 상호 간의 권한쟁의를 해결할 수 있는 적당한 기관이나 방법이 없는 경우 당사자능력 인정

㉡ 헌법재판소는 권한쟁의심판의 재판기관이므로 당사자능력이 없다(헌재 1995. 2. 23. 90헌라1).
㉢ 국회의원과 국회의장에 대하여는 판례를 변경하여 당사자능력 인정
㉣ 독자적인 권한을 부여받고 있는 국회상임위원회는 권한쟁의 당사자능력을 인정하지만, 국회의원 내 교섭단체는 법률상 국가기관에 해당하므로 권한쟁의 당사자능력을 부정한다.

판례

1. 경상남도 교육감이 경상남도를 상대로 학교급식에 관한 감사권한을 침해당하였다며 제기한 권한쟁의심판 사건(헌재 2016. 6. 30. 2014헌라1)

교육감은 해당 지방자치단체의 교육·학예에 관한 집행기관일 뿐 독립한 권리주체로 볼 수 없으므로, 교육감이 해당 지방자치단체를 상대로 제기한 심판청구는 헌법재판소가 관장하는 지방자치단체 상호간의 권한쟁의심판청구로 볼 수 없어 부적법하다.

2. 소위원회 위원장은 헌법 제111조 제1항 제4호 및 헌법재판소법 제62조 제1항 제1호의 '국가기관'에 해당한다고 볼 수 없으므로, 권한쟁의심판에서의 청구인능력이 인정되지 않는다(헌재 2020.05.27. 2019헌라4). **: 각하**

헌법 제62조는 '국회의 위원회'(이하 '위원회'라 한다)를 명시하고 있으나 '국회의 소위원회'(이하 '소위원회'라 한다)는 명시하지 않고 있는 점, 국회법 제57조는 위원회로 하여금 소위원회를 둘 수 있도록 하고, 소위원회의 활동을 위원회가 의결로 정하는 범위로 한정하고 있으므로, 소위원회는 위원회의 의결에 따라 그 설치·폐지 및 권한이 결정될 뿐인 위원회의 부분기관에 불과한 점 등을 종합하면, 소위원회 및 그 위원장은 헌법에 의하여 설치된 국가기관에 해당한다고 볼 수 없다. 소위원회 위원장이 그 소위원회를 설치한 위원회의 위원장과의 관계에서 어떠한 법률상 권한을 가진다고 보기도 어렵다. 또한, 위원회와 그 부분기관인 소위원회 사이의 쟁의 또는 위원회 위원장과 소속 소위원회 위원장과의 쟁의가 발생하더라도 이는 위원회에서 해결될 수 있으므로, 이러한 쟁의를 해결할 적당한 기관이나 방법이 없다고 할 수 없다.

② 청구적격
㉠ 제3자 소송담당은 명문의 규정이 없는 한 허용하지 않는다.
㉡ 일반적으로 권리관계 주체 이외의 제3자가 자신의 고유한 법적 이익이 있는 경우 당사자 적격을 갖는 경우

판례

국회의 구성원인 국회의원이 국회를 위하여 국회의 권한침해를 주장하는 권한쟁의심판을 청구할 수 없으며, 또한 권한쟁의심판에 있어서 이른바 '제3자 소송담당'이 허용되지 아니한다(헌재 2007. 7. 26. 2005헌라8).

국회의 의사가 다수결에 의하여 결정되었음에도 다수결의 결과에 반대하는 소수의 국회의원에게 권한쟁의심판을 청구할 수 있게 하는 것은 다수결의 원리와 의회주의의 본질에 어긋날 뿐만 아니라, 국가기관이 기관 내부에서 민주적인 방법으로 토론과 대화에 의하여 기관의 의사를 결정하려는 노력 대신 모든 문제를 사법적 수단에 의해 해결하려는 방향으로 남용될 우려도 있으므로, 국가기관의 부분 기관이 자신의 이름으로 소속기관의 권한을 주장할 수 있는 '제3자 소송담당'을 명시적으로 허용하는 법률의 규정이 없는 현행법 체계하에서는 국회의 구성원인 국회의원이 국회의 조약에 대한 체결·비준 동의권의 침해를 주장하는 권한쟁의심판을 청구할 수 없다.

③ 청구기간

부작위는 계속되는 한 기간의 제한이 없다.

헌법재판소법 제63조 제1항 권한쟁의의 심판은 그 사유가 있음을 안 날부터 60일 이내에, 그 사유가 있은 날부터 180일 이내에 청구하여야 한다.

제2항 제1항의 기간은 불변기간으로 한다.

④ 심판대상

피청구인의 처분 또는 부작위

헌법재판소법 제61조 제1항 국가기관 상호간, 국가기관과 지방자치단체 간 및 지방자치단체 상호간에 권한의 유무 또는 범위에 관하여 다툼이 있을 때에는 해당 국가기관 또는 지방자치단체는 헌법재판소에 권한쟁의심판을 청구할 수 있다.

제2항 제1항의 심판청구는 피청구인의 처분 또는 부작위(不作爲)가 헌법 또는 법률에 의하여 부여받은 청구인의 권한을 침해하였거나 침해할 현저한 위험이 있는 경우에만 할 수 있다.

판례

1. **국회의 법률제정행위가 권한쟁의심판의 대상이 될 수 있는 처분에 해당하는지 여부**(헌재 2006. 5. 26. 2005헌라4)

   헌법재판소법 제61조 제2항에 따라 권한쟁의심판을 청구하려면 피청구인의 처분 또는 부작위가 존재하여야 한다. 여기서의 처분은 입법행위와 같은 법률의 제정과 관련된 권한의 존부 및 행사상의 다툼, 행정처분은 물론 행정입법과 같은 모든 행정작용 그리고 법원의 재판 및 사법행정작용 등을 포함하는 넓은 의미의 공권력 처분을 의미하는 것으로 보아야 할 것이므로, 법률에 대한 권한쟁의심판도 허용된다고 봄이 일반적이나 다만, 법률 그 자체가 아니라 법률제정행위를 그 심판대상으로 하여야 할 것이다.

2. **국회의장의 표결결과 선포 부작위**(헌재 1998. 7. 14. 98헌라3)

   국회의장은 표결이 적법하게 진행되어 정상적으로 종료된 경우 개표절차를 진행하여 표결결과를 선포할 의무가 있으나 여야간의 대립으로 표결절차가 중단된 경우 국회의장은 표결결과를 발표해야 할 헌법이나 법률상 의무를 지지 아니하므로 이러한 경우 국회의장의 표결결과 선포부작위는 권한쟁의 심판의 대상이 되지 않는다.

판례

법률의 제·개정 행위를 다투는 권한쟁의심판의 경우에는 국회가 피청구인적격을 가지므로, 청구인 국회의원들이 국회의장 및 기재위 위원장에 대하여 제기한 국회법(선진화법) 개정행위에 대한 심판청구는 피청구인적격이 없는 자를 상대로 한 청구로서 부적법하다(헌재 2016. 5. 26, 2015헌라1).

판례

1. **쟁송해역을 둘러 싼 도서의 존재, 행정권한 행사 연혁, 주민들의 생업과 편익, 관련 행정구역의 관할 변경, 지리상의 자연적 조건 등을 종합적으로 고려하여 남해군과 통영시의 해상경계를 획정하였다** (헌재 2024. 8. 29. 2022헌라1).

   '지방자치단체의 구역은 주민·자치권과 함께 지방자치단체의 구성요소이며 그 자치권이 미치는 관할구역의 범위에는 육지는 물론 바다도 포함되므로 공유수면에 대해서도 지방자치단체의 자치권한이 존재하는바, 지방자치단체의 공유수면 관할구역 경계에 관한 명시적 법령상 규정이 존재하지 않는다면 불문법상 경계에 따라야 하고, 이마저도 존재하지 않는다면 헌법재판소가 형평의 원칙에 따라 합리적이고 공평하게 해상경계선을 획정할 수밖에 없다'라고 판시하였다(헌재 2019. 4. 11. 2016헌라8등 참조).

2. **지방자치단체의 의결기관인 지방의회와 지방자치단체의 집행기관인 지방자치단체장 간의 내부적 분쟁은 헌법재판소법에 의하여 헌법재판소가 관장하는 지방자치단체 상호간의 권한쟁의심판의 범위에 속하지 아니하고, 달리 헌법재판소법 제62조 제1항 제1호의 국가기관 상호간의 권한쟁의심판이나 같은 법 제62조 제1항 2호의 국가기관과 지방자치단체 상호간의 권한쟁의심판에 해당한다고 볼 수도 없다**(헌재 2010. 4. 29. 2009헌라11; 헌재 2016. 6. 30. 2014헌라1).

   헌법 제111조 제1항 제4호는 지방자치단체 상호간의 권한쟁의에 관한 심판을 헌법재판소가 관장하도록 규정하고 있고, 헌법재판소법 제62조 제1항 제3호는 이를 구체화하여 헌법재판소가 관장하는 지방자치단체 상호간의 권한쟁의심판을 ① 특별시·광역시·도 또는 특별자치도 상호간의 권한쟁의심판, ② 시·군 또는 자치구 상호간의 권한쟁의심판, ③ 특별시·광역시·도 또는 특별자치도와 시·군 또는 자치구간의 권한쟁의심판 등으로 규정하고 있다. 이처럼 헌법재판소가 담당하는 지방자치단체 상호간의 권한쟁의심판의 종류는 헌법 및 법률에 의하여 명확하게 규정되어 있는바, 지방자치단체 '상호간'의 권한쟁의심판에서 말하는 '상호간'이란 '서로 상이한 권리주체간'을 의미한다.

⑤ 권한의 침해 또는 현저한 침해위험의 가능성

㉠ 헌법 또는 법률이 부여한 권한의 법적 존재 가능성 및 그 침해의 가능성 판단

㉡ 주관적 권리 불포함, 기관위임사무 ×

판례

행정안전부장관이 국민안전처와 인사혁신처를 세종시 이전대상기관에 포함하는 내용의 고시를 발령한 행위에 대하여 국회의원들이 국회의 입법권이나 국회의원의 법률안 심의·표결권 침해를 주장하는 것은 청구인적격이나 권한침해가능성이 없어 부적법하다(헌재 2016. 4. 28. 2015헌라5).

국회의원의 심의·표결권은 국회의 대내적인 관계에서 행사되고 침해될 수 있을 뿐 다른 국가기관과의 대외적인 관계에서는 침해될 수 없는 것이므로, 국회의원들 상호간 또는 국회의원과 국회의장 사이와 같이 국회 내부적으로만 직접적인 법적 연관성을 발생시킬 수 있을 뿐이고 대통령 등 국회 이외의 국가기관과 사이에서는 권한침해의 직접적인 법적 효과를 발생시키지 아니한다. 따라서 피청구인인 대통령이 국회의 동의 없이 조약을 체결·비준하였다 하더라도 국회의원인 청구인들의 심의·표결권이 침해될 가능성은 없다.

(2) 심리절차

① 구두변론
② 가처분
③ 준용: 행정소송법 ⇨ 민사소송에 관한 법령의 규정 준용

(3) 결정

① 유형: 각하, 인용, 기각결정, 7인 이상 심리참여, 인용결정은 종국심리에 참여한 재판관 과반수의 찬성
② 내용: 권한의 존부와 범위는 필요적 판단, 처분취소나 부작위무효확인은 재량적 판단
③ 효력: 인용결정 · 기각결정 모두 기속력을 가진다.

판례

국회의원인 청구인이, 국회의장인 피청구인이 청구인에 대한 30일의 출석정지 징계안이 가결되었음을 선포한 행위로 인하여 청구인의 국회의원으로서의 권한이 침해되었다고 주장하며 한 권한쟁의심판청구의 심판절차가 청구인의 제21대 국회의원 임기만료로 종료되었다는 선언을 하였다. [심판절차종료선언](헌재 2024. 6. 27. 2022헌라3).

판례

성남시와 경기도 간의 권한쟁의심판(헌재 1999. 7. 22. 98헌라4)
도시계획의 지정처분은 성남시의 권한이다. 피청구인인 경기도는 사건 외 갑의 신청에 따라 지정처분을 명하는 행정심판 이행재결을 하였고, 청구인에게 시정을 명하였으나 청구인이 그 기간내에 이행하지 아니하여 지정처분을 하였다고 주장하나 경기도 행정심판의 인용재결의 주문은 골프연습장에 관한 법 뿐이고 이 사건 골프연습장 진입도로에 관한 판단은 포함되어 있지 아니하다. 따라서 청구인인 성남시는 이 사건 진입도로에 관한 지정처분을 할 의무가 없었고, 피청구인이 이 사건 진입도로에 대하여 청구인의 불이행을 이유로 지정처분을 한 것은 행정심판인용재결의 범위를 넘어 청구인의 권한을 침해한 것이라고 하지 않을 수 없으므로 이 사건 지정처분은 무효임을 확인한다.

판례

국회의장의 국회의원, 상임위원 사 · 보임행위(헌재 2002. 2. 30. 2002헌라1)
국회의장인 피청구인이 국회의원인 청구인을 그 의사에 반하여 국회보건복지위원회에서 사임시키고 환경노동위원회로 보임한 행위는 청구인의 상임위원신분의 변경을 가져온 것으로 권한쟁의심판의 대상이 되는 처분이라 할 것이다. … 사 · 보임행위는 법률의 근거 하에 국회관행상 빈번하게 행해지고 있고 그 과정에서 당해위원의 의사에 반하는 사 · 보임이 이루어지는 경우도 얼마든지 예상할 수 있으므로 청구인에게 뿐만 아니라 일반적으로도 다시 반복될 수 있는 사안이어서 헌법적 해명의 필요성이 있으므로 이 사건은 심판의 이익이 있다. …요컨대 피청구인의 이 사건 사 · 보임행위는 청구인이 소속된 정당내부의 사실상 강제에 터잡아 교섭단체대표의원이 상임위원회 사 · 보임요청을 하고 이에 따라 이른바 의사정리권한의 일환으로 이를 받아들인 것으로서, 그 절차과정에 헌법이나 법률의 규정을 명백하게 위반하여 재량권의 한계를 현저히 벗어나 청구인의 권한을 침해한 것으로는 볼 수 없다고 할 것이다.

PART · 01

국가기관 정리

1. 구성

	선출 · 임명	임기	정년	연인 · 중인	구성원 수
대통령	국민에 의한 선출 최고득표자가 2인 이상인 경우 국회 선출	5년	제한 없음	중임금지	
대법원장	인사청문특별위 ⇨ 국회동의 ⇨ 대통령임명	6년	70세	중임금지	
대법관	대법원장제청 ⇨ 인사청문특별위 ⇨ 국회동의 ⇨ 대통령임명	6년	70세	연임가능	헌법에 규정 ×, 법원조직법에 대법원장 포함 14인
일반법관	대법관회의 동의: 대법원장임명	10년	65세	연임가능	
헌법재판소장	인사청문특별위 ⇨ 국회동의 ⇨ 재판관 중에서 대통령임명	6년	70세	연임가능	
헌법재판소 재판관	3인: 소관인사청문회: 대통령임명 3인: 소관인사청문회: 대법원장지면 3인: 인사청문특별위: 국회선출	6년	70세	연임가능	헌법: 헌법재판소장 포함 9인
중앙선거관리위원회 위원장	중앙선거관리위원회위원 중 호선		규정 ×	연임제한 규정없음	
중앙선거관리위원회 위원	3인: 소관인사청문회: 대통령임명 3인: 소관인사청문회: 대법원장지명 3인: 인사청문특별위: 국회선출	6년	규정 ×	연임제한 규정없음	헌법: 위원장 포함 9인
감사원장	인사청문특별위 ⇨ 국회동의 ⇨ 대통령임명	4년	70세	1차에 한해 중임가능	
감사위원	감사원장제청 ⇨ 대통령임명	4년	65세	1차에 한해 중임가능	헌법: 5~10인 감사원법: 감사원장 포함 7인
국가인권위원회 위원장	소관인사청문회: 위원 중 대통령임명	3년	규정 ×	1차에 한해 연임가능	
국가인권위원회 위원	4인: 국회선출 ⇨ 대통령임명 4인: 대통령임명 3인: 대법원장지명 ⇨ 대통령임명	3년	규정 ×	1차에 한해 연임	국가인권위원회법: 11인

2. 의사정족수와 의결정족수

국무 회의	대법관 회의	중앙선거관리위원회 회의	감사원 회의	헌법재판소 재판관회의
구성원 과반수출석, 출석 2/3	대법관 전원의 2/3 출석, 출석과반수, 의장의 표결권과 가부동수일 때 결정권 있다.	재적과반수출석, 출석과반수, 위원장의 표결권과 가부동수인 때 결정권 있다.	재적과반수	2/3 초과 출석, 출석과반수

3. 권한대행 · 직무대행

(1) **대통령 권한대행**: 국무총리 ⇨ 재정경제부장관 ⇨ 과학기술정보통신부 ⇨ 교육부장관

(2) **국무회의 의장 직무대행**: 부의장인 국무총리 ⇨ 정부조직법상 국무위원 순서

(3) **국무총리 직무대행**: 재정경제부장관 ⇨ 과학기술정보통신부 ⇨ 대통령이 지명하는 국무위원 ⇨ 지명이 없는 경우 정부조직법상 국무위원 순서

(4) **대법원장 권한대행**: 선임대법관

(5) **헌법재판소장 권한대행**: 헌법재판소규칙이 정하는 순서
① 1월 미만 사고인 경우: 선임재판관
② 1월 이상 사고와 궐위인 경우 재판관회의에서 선출

(6) **국회의장 직무대리의 경우**: 의장이 지정하는 국회부의장
① 의장이 심신상실 등으로 지정할 수 없는 경우: 다수 교섭단체 소속의 부의장
② 최초의장 선출: 최다선의원, 최다선의원이 2인 이상인 경우 연장자
③ 최초 임시회 집회공고(개원 후 7일)와 의장 · 부의장이 선출되지 못한 경우 임시회 공고의 직무대행: 사무총장
④ 의장 · 부의장 모두 사고일 경우(궐위 시): 임시의장

(7) **중앙선거관리위원회 위원장 직무대행**: 상임위원 또는 부위원장

(8) **국가인권위원회 위원장 직무대행**: 위원장이 지명한 상임위원

(9) **지방자치단체장의 권한대행, 직무대리자**: 부단체장

4. 파면 · 면직사유

헌법재판소 재판관	헌법 파면사유: 탄핵결정, 금고 이상의 형
중앙선거관리위원회 위원	헌법 파면사유: 탄핵결정, 금고 이상의 형
법관	헌법 파면사유: 탄핵결정, 금고 이상의 형 헌법 퇴직사유: 중대한 심신상의 장애로 직무를 수행할 수 없을 때
감사위원	감사원법 면직사유: 탄핵결정, 금고 이상의 형, 장기심신쇠약으로 직무를 수행할 수 없게 된 때
국가인권위원회 위원	국가인권위원회법 파면사유: 금고이상의 형

Self 필기노트

정인영
쎄르파 헌법

제1장 통치구조의 구성원리

제2장 정부형태

제3장 국회

제4장 대통령과 행정부

제5장 법원

제6장 헌법재판소

PART 02

통치구조 기출문제

CHAPTER 01

통치구조의 구성원리

01 **다음 중 통치기구의 구성원리에 관한 기술로 옳은 것은?**

① 대의제는 동일성의 원리의 요청에 부합하며, 국민의 의사와 국가의 의사가 항상 일치한다는 것을 전제로 하는 통치원리이다.

② 현대 대의제의 위기를 극복하는 방안의 하나로 국민의 직접입법제를 전면적으로 도입하는 것은 허용되지 아니한다.

③ 위헌정당해산결정으로 해산정당소속의원은 의원의 신분을 상실하지 않는다고 봄이 헌법재판소 견해이다.

④ 권력분립의 원리에 충실하려면 입법부작위에 관한 헌법재판소의 관할권이 폭넓게 인정되어야 한다.

⑤ 우리 헌법은 권력분립주의에 입각하여 국회로 하여금 국민의 권리와 의무에 관한 모든 사항을 법률의 형식으로 규정하도록 하고 있다.

지문분석 **정답 ②**

① **[X]** 동일성 민주주의하에서 국민은 일반의사를 국가기관인 대표자에게 명령하고 의회는 이에 기속된다. 대표자는 국민의 명령에 따라 이를 법률로 제정하고 국민투표를 통해 확정된다. 대표자가 명령에 따르지 않을 때에는 임기도중이라도 국민소환을 통해 법적인 추궁을 받게 된다. 따라서 법률은 일반의사의 표현이다. 또한 국가기관은 독자적인 의사를 가질 수 없고 대리인에 불과하다(국민의 의사는 대표될 수 없다). 국민은 자기의사인 일반의사에 의해 지배되므로 자기의 의사에 의한 지배이고 치자와 피치자는 동일하다. 따라서 민주주의는 국민의 자기통치이고 자기통치를 위해 통치구조에 있어서 모든 국민이 균등하게 참여할 수 있어야 한다. 동일성 민주주의와 대의제 민주주의는 충돌하므로 대의제 민주주의에 대해 우호적 입장은 아니나 대의제와 의회제의 필요성과 중요성을 인정하여 두 가지 정치적 형성원리를 조화시키려 한다.

② **[O]** 현대국가들은 국민적 경험의사도 최대한 반영하기 위해 직접민주제적 요소를 보충적으로 채택하는 경향을 보이고 있다. 현대의 직접민주제적 요소로서는 행정부에 의한 의회해산제도, 법률안의 국민발안, 헌법개정안에 대한 국민투표제도, 대통령 직접선거제도, 대의기관의 국민소환제도가 있다. 그러나 직접민주제적 요소의 전면적 도입에는 여론조작 등 독재의 수단이 될 수 있는 문제점 등의 한계가 있다. 따라서 현행 헌법 제52조 '국회의원과 정부는 법률안을 제출할 수 있다'라고 규정함으로써 국민은 입법제안권이 없다.

③ **[X]** 해산되는 위헌정당 소속 국회의원이 의원직을 유지한다면 위헌적인 정치이념을 정치적 의사 형성과정에서 대변하고 이를 실현하려는 활동을 허용함으로써 실질적으로는 그 정당이 계속 존속하는 것과 마찬가지의 결과를 가져오므로, 해산 정당 소속 국회의원의 의원직을 상실시키지 않는 것은 결국 정당해산제도가 가지는 헌법 수호 기능이나 방어적 민주주의 이념과 원리에 어긋나고 정당해산결정의 실효성을 확보할 수 없게 된다. 이와 같이 헌법재판소의 해산결정으로 해산되는 정당 소속 국회의원의 의원직 상실은 위헌정당해산 제도의 본질로부터 인정되는 기본적 효력이다(헌재 2014 12. 19. 2013헌다1).

④ **[X]** 진정입법부작위에 관한 헌법재판소의 재판관할권은, 헌법에서 기본권보장을 위해 법령에 명시적인 입법위임을 하였음에도 불구하고 입법자가 이를 이행하지 않고 있는 경우 또는 헌법해석상 특정인에게 구체적인 기본권이 생겨 이를 보장하기 위한 국가의 행위의무 내지 보호의무가 발생하였음이 명백함에도 불구하고 입법자가 전혀 아무런 입법조치를 취하지 않고 있는 경우에 한하여 제한적으로 인정된다(헌재 2006.1.17. 2005헌마1214). 따라서 권력분립의 원칙상 의회에 의한 입법권은 존중되어야 하므로 헌법재판소의 진정입법부작위의 관할권은 넓게 인정할 수 없다.

⑤ 【X】 입법은 행정입법인 대통령령에 위임될 수밖에 없는 불가피한 사정이 있고 그 위임에 있어서도 구체성과 명확성이 다소 완화되어도 무방한 것으로 보여질 뿐 아니라, 위와 같이 필요경비의 의미가 분명한 이상 그 계산에 관하여 필요한 사항을 법률에 정하지 않고 하위법규에 위임하였다 하더라도 이는 기술적인 사항이나 세부적인 사항으로서 납세의무자인 국민이 그 대강을 쉽게 예측할 수 있는 경우라고 할 것이므로, 이 사건 법률조항은 조세법률주의나 포괄위임입법금지의 원칙에 위반된다고 보기 어렵다(헌재 2002.6.27. 2000헌바68).

02 다음 중 대의제 원리에 대한 설명으로 옳지 않은 것은? (다툼이 있는 경우 헌법재판소 판례에 의함)

16년 국회 9급

① 국회의원은 정당의 대표가 아니라 국민 전체의 대표이기 때문에 당선 당시의 당적을 이탈·변경하더라도 국회의원의 직을 상실하지 않는다.
② 국회의원선거에서 유권자의 의사에 의하여 설정된 국회의 정당 간 의석분포가 존속될 것이라는 내용의 '국회구성권'은 헌법상 인정되지 않는다.
③ 정당이 민주적 기본질서에 위배하여 해산되는 경우에는 해당 정당에 소속된 국회의원의 신분이 상실된다.
④ 소속 정당의 의사를 따르지 않는 국회의원에 대해서 국회의원의 신분에 변동을 가하지 않으면서 본인의 의사에 반하여 소속 상임위원회를 변경하는 조치는 국회의원의 권한을 침해하는 것은 아니다.
⑤ 대의제 원리가 적용되는 민주주의에서 국민투표와 같은 직접민주주의적 요소는 헌법이 규정하는 경우에 한하여 예외적으로 적용되며, 따라서 대통령의 신임을 국민투표를 통하여 묻는 것은 헌법이 명시하지 않았기 때문에 허용되지 않는다.

지문분석 **정답 ①**

① 【X】 비례대표국회의원 또는 비례대표지방의회의원이 소속정당의 합당·해산 또는 제명 외의 사유로 당적을 이탈·변경하거나 2 이상의 당적을 가지고 있는 때에는 「국회법」 제136조(퇴직) 또는 「지방자치법」 제78조(의원의 퇴직)의 규정에 불구하고 퇴직된다(공직선거법 제192조 제4항).
② 【O】 대의제 민주주의하에서 국민의 국회의원 선거권이란 국회의원을 보통·평등·직접·비밀선거에 의하여 국민의 대표자로 선출하는 권리에 그치며, 국민과 국회의원은 명령적 위임관계에 있는 것이 아니라 자유위임관계에 있으므로, 유권자가 설정한 국회의석분포에 국회의원들을 기속시키고자 하는 내용의 "국회구성권"이라는 기본권은 오늘날 이해되고 있는 대의제도의 본질에 반하는 것이어서 헌법상 인정될 여지가 없다(헌재 1998.10.29. 96헌마186).
③ 【O】 정당해산심판제도의 본질은 민주적 기본질서에 위배되는 정당을 정치적 의사형성과정에서 배제함으로써 국민을 보호하는 데에 있는데 해산정당 소속 국회의원의 의원직을 상실시키지 않는 경우 정당해산결정의 실효성을 확보할 수 없게 되므로, 이러한 정당해산제도의 취지 등에 비추어 볼 때 헌법재판소의 정당해산결정이 있는 경우 그 정당 소속 국회의원의 의원직은 당선 방식을 불문하고 모두 상실되어야 한다(헌재 2014.12.19. 2013헌다1).

④ 【O】 국회의장인 피청구인이 국회의원인 청구인을 그 의사에 반하여 국회 보건복지위원회에서 사임시키고 환경노동위원회로 보임한 행위는 청구인이 소속된 정당내부의 사실상 강제에 터 잡아 교섭단체대표의원이 상임위원회 사·보임 요청을 하고 이에 따라 이른바 의사정리권한의 일환으로 이를 받아들인 것으로서, 그 절차·과정에 헌법이나 법률의 규정을 명백하게 위반하여 재량권의 한계를 현저히 벗어나 청구인의 권한을 침해한 것으로는 볼 수 없다고 할 것이다(헌재 2003.10.30, 2002헌라1).

⑤ 【O】 국민투표는 직접민주주의를 실현하기 위한 수단으로서 '사안에 대한 결정' 즉, 특정한 국가정책이나 법안을 그 대상으로 한다. 따라서 국민투표의 본질상 '대표자에 대한 신임'은 국민투표의 대상이 될 수 없으며, 우리 헌법에서 대표자의 선출과 그에 대한 신임은 단지 선거의 형태로써 이루어져야 한다. 대통령이 자신에 대한 재신임을 국민투표의 형태로 묻고자 하는 것은 헌법 제72조에 의하여 부여받은 국민투표부의권을 위헌적으로 행사하는 경우에 해당하는 것으로, 국민투표제도를 자신의 정치적 입지를 강화하기 위한 정치적 도구로 남용해서는 안 된다는 헌법적 의무를 위반한 것이다(헌재 2004.5.14, 2004헌나1).

03 **권력분립원칙에 관한 설명 중 옳지 않은 것은?** (다툼이 있는 경우 헌법재판소 판례에 의함)

① 행정기능을 담당하는 국가기관이 동시에 입법권을 행사하는 것은 권력분립원칙에 반한다고 볼 수 있으나, 외부적인 효력을 갖는 법률관계 형성은 원칙적으로 국회의 기능범위에 속하지만 행정기관이 국회의 입법에 의하여 내려진 근본적인 결정을 행정적으로 구체화하기 위하여 필요한 범위 내에서 행정입법권을 갖는다고 보는 것이 기능분립으로 이해되는 권력분립원칙에 오히려 충실할 수 있다.

② 권력분립원칙은 인적인 측면에서도 입법과 행정의 분리를 요청하는바, 만일 농업협동조합장이 그대로 지방의회에 진출하여 소속 협동조합의 이익을 위하여 지방의회에서 부당하게 영향력을 행사한다면 권력분립의 원칙에 배치되게 되므로 농업협동조합장의 지방의회의원 입후보 제한이나 겸직금지는 불가피한 것이다.

③ 과세관청이 기존에는 존재하였으나 실효되어 더 이상 존재한다고 볼 수 없는 법률조항을 여전히 유효한 것으로 해석·적용한다면, 이는 법률해석의 한계를 벗어나 법률의 부존재로 말미암아 과세의 근거가 될 수 없는 것을 법률해석을 통하여 창설하는 일종의 입법행위로서 헌법상 권력분립원칙에 반한다.

④ 국가의 보호의무를 입법자가 어떻게 실현하여야 할 것인가 하는 문제는 원칙적으로 권력분립과 민주주의 원칙에 따라 국민에 의해 직접 민주적 정당성을 부여받은 입법자의 책임 범위에 속하므로, 헌법재판소는 단지 제한적으로만 입법자에 의한 보호의무의 이행을 심사할 수 있다.

지문분석 **정답 ②**

① 【O】 국가기능의 변화 속에서 개인의 권리의무와 관련된 모든 생활관계에 대하여 국회입법을 요청하는 것은 현실적이지 못할 뿐만 아니라 국회의 과중한 부담이 된다. 또한 국회는 민주적 정당성이 있기는 하지만 적어도 제도적으로 보면 전문성을 가지고 있는 집단이 아니라는 점, 국회입법은 여전히 법적 대응을 요청하는 주변환경의 변화에 탄력적이지 못하며 경직되어 있다는 점 등에서 기능적합적이지도 못하다. 따라서 기술 및 학문적 발전을 입법에 반영하는데 국회입법이 아닌 보다 탄력적인 규율형식을 통하여 보충될 필요가 있다. 행정기능을 담당하는 국가기관이 동시에 입법권을 행사하는 것은 권력분립의 원칙에 반한다고 보여질 수 있으나, 외부적인 효력을 갖는 법률관계에 대한 형성은 원칙적으로 국회의 기능범위에 속하지만 행정기관이 국회의 입법에 의하여 내려진 근본적인 결정을 행정적으로 구체화하기 위하여 필요한 범위 내에서 행정입법권을 갖는다고 보는 것이 기능분립으로 이해되는 권력분립의 원칙에 오히려 충실할 수 있다(헌재 2004.10.28. 99헌바91).

② 【X】 조합장에 대해 선거직 공무원의 겸직을 각 그 조합법에서는 일반규정으로 허용하면서, 지방의회의원선거법과 지방자치법에서는 특별규정으로 선거직 공무원의 대표적인 것이라고 할 지방의회의원 겸직을 막아 그 정치적 자유를 저약할 이유가 어디에 있는지 쉽사리 찾기 어렵다. 또 농업협동조합 등의 조합장은 정당법상 정당의 당원이 될 수 있다(정당법 제17조 참조). 이 점에서 국민전체에 대한 봉사자로서 정치적 중립성을 유지하여야 하고(헌법 제7조) 정당의 당원이 되어 정치 참여하는 것이 허용 안되는 공무원과는 법적지위가 다르다. 그러므로 공무원에 대해 지방의회의원의 입후보 제한 및 겸직금지가 요청된다고 해서 곧바로 농업협동조합 등의 조합장의 경우에도 같은 요구를 할 수는 없는 것이다. 생각건대 권력분립의 원리는 인적인 측면에서도 입법과 행정의 분리를 요청한다. 만일 행정공무원이 지방입법기관에서라도 입법에 참여한다면 권력분립의 원칙에 배치되게 된다. 이와 같이 권력분립의 원칙을 준수할 필요성 때문에 공무원의 경우는 지방의회의원의 입후보 제한이나 겸직금지가 필요하며 또 그것이 당연하다고 할 것이나, 어느 특정 계층의 자조적 협동체의 임원에 그치는 조합장에게 같은 필요가 있다고는 할 수 없을 것이다. 나아가 살피건대 겸직금지의 필요성은 이해가 서로 상충될 관계에 있는 단체의 구성원 상호간에 있어서는 분명히 있다. 그러나 농업협동조합 등과 지방자치단체와는 반드시 그 이해가 충돌될 이른바 경합관계에 있는 것이 아니며, 주민복리의 증진이라는 목적상의 합치로 때로는 상조관계일 수도 있는 것이다. 물론 농업협동조합 등의 조합장이 그대로 지방의회에 진출하여 소속 협동조합의 이익을 위하여 지방의회에서 부당하게 영향력 행사를 하는 때도 없지 않을 것이나 그것이 염려된다면, 그 때를 대비하여 특정의 관련의제에 토론 및 의결관여를 시키지 않는 배제입법의 정도이면 족한 것이지, 이처럼 농업협도조합 등의 조합장의 참정권 자체를 제약하는 입법으로까지 비약시킬 일은 아니다. 이것은 최소한의 제한이 못된다(1991.3.11. 90헌마28)

③ 【O】 형벌조항이나 조세법의 해석에 있어서는 헌법상의 죄형법정주의, 조세법률주의의 원칙상 엄격하게 법문을 해석하여야 하고 합리적인 이유 없이 확장해석하거나 유추해석할 수는 없는바, '유효한' 법률조항의 불명확한 의미를 논리적 · 체계적 해석을 통해 합리적으로 보충하는 데에서 더 나아가, 해석을 통하여 전혀 새로운 법률상의 근거를 만들어 내거나, 기존에는 존재하였으나 실효되어 더 이상 존재한다고 볼 수 없는 법률조항을 여전히 '유효한' 것으로 해석한다면, 이는 법률해석의 한계를 벗어나 '법률의 부존재'로 말미암아 형벌의 부과나 과세의 근거가 될 수 없는 것을 법률해석을 통하여 창설해 내는 일종의 '입법행위'로서 헌법상의 권력분립원칙, 죄형법정주의, 조세법률주의의 원칙에 반한다(헌재 2012.5.31. 2009헌바123).

④ 【O】 국가의 보호의무를 입법자가 어떻게 실현하여야 할 것인가 하는 문제는 원칙적으로 권력분립의 원칙과 민주주의원칙에 따라 국민에 의해 직접 민주적 정당성을 부여받고 자신의 결정에 대해 정치적 책임을 지는 입법자의 책임범위에 속하므로, 헌법재판소는 단지 제한적으로만 입법자에 의한 보호의무의 이행을 심사할 수 있다. 그러므로 헌법재판소는 권력분립의 관점에서 소위 '과소보호금지원칙'을, 즉 국가가 국민의 법익보호를 위하여 적어도 적절하고 효율적인 최소한의 보호조치를 취했는가를 기준으로 심사하게 된다(1997.1.16. 90헌마110).

04 다음 중 대의제도에 대한 설명으로 옳지 않은 것은? (견해의 대립이 있으면 판례에 의함)

① 대다수 국민들이 법률안을 반대하고 있음에도 여야 간 합의나 협상을 무시한 채 국회의장이 이를 본회의에 직권상정하였다면 헌법재판소는 여야 간의 정치적 합의와 여론과 국가기관의 의사가 일치하는지 여부에 대하여 대의민주주의 원리의 관점에 입각하여 그 절차적 하자가 헌법에 위반되는지를 심사할 수 있다.

② 대의민주주의가 국가의사를 국민이 직접 결정하지 않고 대표자를 선출하여 그로 하여금 결정하게 하는 민주국가의 의사결정제도이고, 그것이 제대로 기능하기 위해서는 국민의 대표자가 특수이익이나 부분의사에 지배되지 않고 국민의 전체이익과 일반의사에 합치되도록 권한을 행사하여야 함은 물론이나, 그러한 의미의 대의민주주의가 바르게 작동되었는지 여부에 대한 판단은 궁극적으로 주권자인 국민의 몫일 뿐이고, 여야 간의 정치적 합의를 국회법적으로 의미 있거나 법적 구속력 있는 것으로 볼 수 없는 이상, 헌법재판소가 여론과 국가기관의 의사 일치 여부에 주목하여 국가기관의 적법한 행위를 대의민주주의 원리의 위배 여부라는 관점에서 심사할 수는 없다.

③ 정국의 안정을 위해 여당이 국회의석의 과반수를 차지하여야 한다는 주장이 있는데, 우리 현실에서 국회 안에서 이성적인 토론을 통한 대화와 타협의 문화가 없기 때문에 여당이 다수당이 되지 않으면 원만한 정국운영이 어렵다는 점에서 일응 타당성이 있다고 볼 것이나, 대통령제는 원래 국회와 대통령이 독립된 구성과 운영을 통하여 상호 견제하고 균형을 이룬다는 원리에 입각하고 있으므로 국회 다수당이 반드시 여당이어야 한다는 결론이 나오는 것도 아니고, 대통령제가 국회와 대통령의 엄격한 독립원칙에 서 있다면 오히려 야당이 국회의 다수당을 차지하고 있는 상황이 그 반대의 경우보다는 더 대통령제의 원형에 가깝다고 할 수도 있으므로 반드시 타당성이 있는 주장이라고 보기 힘들다.

④ 대표자는 이러한 권한을 헌법에 합당하게 행사하여 전체국민의 이익을 실현하는 정책을 결정하고 이에 대해서 차기선거에서 심판을 받을 뿐이고, 국회의원이나 대통령이 그를 대표로 선출한 국민의 의사에 반대되는 정책결정을 할지라도 국민에게 법적 책임은 지지 아니한다.

지문분석 **정답 ①**

① 【X】, ② 【O】 청구인들은, 대다수 국민들이 이 사건 각 법률안을 반대하고 있음에도 여야 간 합의나 협상을 무시한 채 국회의장이 이를 본회의에 직권상정하여 강행처리한 것은 적법절차의 원칙이나 대의민주주의 원리에 반한다고 주장한다. 살피건대, 대의민주주의가 국가의사를 국민이 직접 결정하지 않고 대표자를 선출하여 그로 하여금 결정하게 하는 민주국가의 의사결정제도이고, 그것이 제대로 기능하기 위해서는 국민의 대표자가 특수이익이나 부분의사에 지배되지 않고 국민의 전체이익과 일반의사에 합치되도록 권한을 행사하여야 함은 물론이나, 그러한 의미의 대의민주주의가 바르게 작동되었는지 여부에 대한 판단은 궁극적으로 주권자인 국민의 몫일 뿐이고, 여야 간의 정치적 합의를 국회법적으로 의미 있거나 법적 구속력 있는 것으로 볼 수 없는 이상, 헌법재판소가 여론과 국가기관의 의사 일치 여부에 주목하여 국가기관의 적법한 행위를 대의민주주의 원리의 위배 여부라는 관점에서 심사할 수는 없다. 따라서 위 주장을 받아들이지 않는다(헌재 2009.10.29. 2009헌라8 · 9 · 10(병합). 국회의원과 국회의장 등 간의 권한쟁의)

05 권력분립원칙에 대한 설명으로 옳지 않은 것은? (다툼이 있는 경우 판례에 의함) 15년 국가직 7급

① 방송통신위원회의 「정보통신망 이용촉진 및 정보보호 등에 관한 법률」상 불법정보에 대한 취급거부 · 정지 · 제한명령은 행정처분으로서 행정소송을 통한 사법적 사후심사가 보장되어 있고, 그 자체가 법원의 재판이나 고유한 사법작용이 아니므로 사법권을 법원에 둔 권력분립원칙에 위반되지 않는다.

② 역대 헌법은 권력분립제도 및 견제와 균형제도를 규정하여 1948년 헌법에서는 대통령이 국무총리를 임명 후 국회의 승인을 얻어야 했으며, 1952년 헌법에서는 민의원의 국무원불신임권이 인정되었다.

③ 권력분립은 국민주권과 더불어 근대헌법의 기본원리를 구성하지만, 국민주권은 단일하고 불가분하다는 근대국가 시기의 이론에 근거하는 데 반하여 권력분립은 하나의 기관에 권력을 집중시키지 않는 것으로써, 국민주권의 자연스런 귀결이 아니라 자유주의적 조직원리로서 발전된 것이다.

④ 정치적 중립성을 엄격하게 지켜야 할 대법원장을 정치적 사건을 담당하게 될 특별검사 임명에 관여시키는 내용을 담고 있는 국회의 입법은 헌법상 권력분립원칙에 위반된다.

지문분석 **정답 ④**

① 【O】 방송통신위원회의취급거부 · 정지 · 제한명령은 행정처분으로서 행정소송을 통한 사법적 사후심사가 보장되어 있고, 그 자체가 법원의 재판이나 고유한 사법작용이 아니므로 사법권을 법원에 둔 권력분립원칙에 위반되지 아니한다(헌재 2014.9.25, 2012헌바325).

② 【O】 역대 헌법은 권력분립제도 및 견제와 균형제도를 규정하여 1948년 헌법에서는 대통령이 국무총리를 임명 후 국회의 승인을 얻어야 했으며, 1952년 헌법에서는 민의원의 국무원불신임권이 인정되었다.

③ 【O】 권력분립은 자유주의적 조직원리 및 중립적 · 소극적 원리를 그 특징으로 하는 것으로, 권력분립이란 국가의 권력작용을 입법 · 사법 · 행정으로 나누는 것을 말하며, 권력분립의 목적은 견제와 균형의 원리를 통한 국민의 기본권 보장에 있다.

④ 【X】 정치적 중립성을 엄격하게 지켜야 할 대법원장의 지위에 비추어 볼 때 정치적 사건을 담당하게 될 특별검사의 임명에 대법원장을 관여시키는 것이 과연 바람직한 것인지에 대하여 논란이 있을 수 있으나, 그렇다고 국회의 이러한 정치적 · 정책적 판단이 헌법상 권력분립원칙에 어긋난다거나 입법재량의 범위에 속하지 않는다고는 할 수 없다(헌재 2008.1.10, 2007헌마1468).

06 권력분립원칙에 관한 설명으로 가장 적절하지 않은 것은? (다툼이 있는 경우 판례에 의함)

① 우리 헌법에서 권력분립원칙은 권력의 분할뿐만 아니라 권력간의 상호작용과 통제의 원리로 형성되어 있으므로 '국가기관 상호 간의 통제 및 협력과 공조'는 권력분립원칙에 대한 예외가 되는 것이 아니라 헌법상 권력분립원칙을 구성하는 하나의 요소가 된다.

② 권력분립의 원리는 인적인 측면에서도 입법과 행정의 분리를 요청하고, 만일 행정공무원이 지방입법기관에서라도 입법에 참여한다면 권력분립의 원칙에 배치되므로 공무원의 경우는 지방의회의원의 입후보제한이나 겸직금지가 필요하다.

③ 정치적·행정적 수요에 발맞추어 위임입법을 허용하되 그와 함께 권력분립의 원리를 구현하기 위하여나 법치주의의 원리를 수호하기 위하여 위임입법에 대한 통제도 필요하다.

④ 권력분립원칙에서는 국가권력 간의 엄격한 절연이 요구되므로 헌법상의 국가기관 상호 간에 기능을 분담하는 것은 권력분립의 원칙에 반하는 것으로 보는 것이 타당한바, 대통령이 국무총리·대법원장·헌법재판소장을 임명할 때 국회의 동의를 얻도록 하고, 헌법재판소와 중앙선거관리위원회의 구성에 대통령·국회·대법원장이 공동으로 관여하도록 하는 것은 권력분립의 원칙에 반하는 것으로 보아야 한다.

지문분석 **정답 ④**

① 【O】 우리 헌법에서 권력분립원칙은 권력의 분할뿐만 아니라 권력간의 상호작용과 통제의 원리로 형성되어 국가기관 상호간의 통제 및 협력과 공조는 권력분립원칙에 대한 예외가 아니라 헌법상 권력분립원칙을 구성하는 하나의 요소가 된 것이다(헌재 2021. 1. 28. 2020헌마264 등).

② 【O】 권력분립의 원리는 인적 측면에서도 입법과 행정의 분리를 요청하고, 만일 행정공무원이 지방입법기관에서라도 입법에 참여하면 권력분립의 원칙에 배치되게 되는 것으로, 공무원의 경우는 지방의회의원의 입후보제한이나 겸직금지가 필요하다(헌재 1991. 3. 11. 90헌마28).

③ 【O】 위임입법의 양적 증대와 질적 고도화라고 하는 정치수요의 현대적 변용에 대한 제도적 대응이 불가피하다고 하더라도, 권력분립이라는 헌법상의 기본원리와의 조정 또한 불가피하다. 따라서 위와 같은 정치적·행정적 수요에 발맞추어 위임입법을 허용하되 그와 함께 권력분립의 원리를 구현하기 위하여나 법치주의의 원리를 수호하기 위하여 위임입법에 대한 통제도 필요하다(헌재 1998. 5. 28. 96헌가1).

④ 【X】 헌법상 권력분립의 원칙이란 국가권력의 기계적 분립과 엄격한 절연을 의미하는 것이 아니라, 권력 상호간의 견제와 균형을 통한 국가권력의 통제를 의미하는 것이다. 따라서 특정한 국가기관을 구성함에 있어 입법부, 행정부, 사법부가 그 권한을 나누어 가지거나 기능적인 분담을 하는 것은 권력분립의 원칙에 반하는 것이 아니라 권력분립의 원칙을 실현하는 것으로 볼 수 있다. 이러한 원리에 따라 우리 헌법은 대통령이 국무총리, 대법원장, 헌법재판소장을 임명할 때에 국회의 동의를 얻도록 하고 있고, 헌법재판소와 중앙선거관리위원회의 구성에 대통령, 국회 및 대법원장이 공동으로 관여하도록 하고 있는 것이다(헌재 2008. 1. 10. 2007헌마1468).

CHAPTER 02

정부형태

01 정부형태에 대한 설명으로 옳지 않은 것은? 20년 국가직 7급

① 대통령제는 대통령의 임기를 보장하기 때문에 행정부의 안정성을 유지할 수 있는 장점이 있지만, 대통령과 국회가 충돌할 때 이를 조정할 수 있는 제도적 장치의 구비가 상대적으로 미흡하다.

② 대통령제에서는 국민이 대통령과 의회의 의원을 각각 선출하므로, 국가권력에게 민주적 정당성을 부여하는 방식이 이원화되어 있다.

③ 의원내각제에서 일반적으로 국민의 대표기관인 의회는 행정부불신임권으로 행정부를 견제하고 행정부는 의회해산권으로 이에 대응한다.

④ 우리 헌정사에서 1960년 6월 개정헌법은 의원내각제를 채택한 헌법으로서, 국가의 원수이며 의례상 국가를 대표하는 대통령이 민의원해산권을 행사하도록 규정하였다.

지문분석 **정답 ④**

① 【O】 대통령제를 취하는 경우 대통령의 임기가 고정되어 임기 동안 행정부가 안정된다. 이는 국가정책의 계속성과 강력한 정책집행의 원동력이 된다. 다만, 대통령이 방대한 권력을 가지면서 임기 중 의회에 대하여 책임을 지지 않으므로 의회와 정부의 공화와 협력이 잘 이루어지지 않을 경우 이를 조정하기 어려워 오히려 정국의 불안정을 초래할 수 있다.

② 【O】 대통령제에서는 국민이 대통령과 의회의 의원을 각각 따로 선출하여 행정부와 입법부를 각각 구성하므로 국가권력에게 민주적 정당성을 부여하는 방식이 이원화되어 있다. 대통령제에서 국가권력에 대한 민주적 정당성 부여체계는 '국민 ⇨ 대통령'과 '국민 ⇨ 의회'라는 서로 분리된 구조를 가지고 있다. 따라서 대통령제에서는 대통령과 의회가 구성과 활동에서 각각 민주적 정당성을 가진 국민대표기관으로서 상호독립되어 있다.

③ 【O】 의회에 대한 내각의 정치적 책임(불신임)은 의원내각제의 본질적인 요소이다. 내각이 지는 정치적 책임은 연대책임을 원칙으로 한다. 따라서 의회의 불신임이 있을 때 내각은 총사퇴하여야 한다. 내각의 의회해산권은 행정부와 입법부 간의 분쟁해결수단의 기능을 하며, 정부의 안정성을 의회로부터 보호해 주는 역할을 담당하기도 한다.

④ 【X】 제2공화국 헌법은 권력구조에 있어서 고전적 의원내각제원리에 입각하면서 국회는 양원제를 채택하고 있다. 의결기관인 국무원을 두었고 국무총리가 국무원의 의장이었으며, 국무원(정부)은 민의원 해산권을 가지고 있었다.

> **제3차 개정헌법(1960년) 제71조** 국무원은 민의원에서 국무원에 대한 불신임결의안을 가결한 때에는 10일이내에 민의원해산을 결의하지 않는 한 총사직하여야 한다.
>
> **제72조** 좌의 사항은 국무회의의 의결을 경하여야 한다.
>
> 13. 민의원해산과 국무원총사직에 관한 사항

02 정부형태에 관한 다음 설명 중 옳은 것은?

① 대통령제하의 대통령은 직선제이므로 책임정치를 실현할 수 있으나 의원내각제하에서는 책임정치의 구현이 곤란하다.

② 대통령제에서는 권력분립으로 독재의 위험이 적으나 의원내각제에서는 내각과 의회의 공화관계로 독재화의 가능성이 있다.

③ 대통령제에서는 대통령의 중재적 기능을 통해 행정부와 입법부의 대립이 신속히 해결될 수 있으나 의원내각제에 있어서는 그 해결이 곤란하다.

④ 대통령제는 정국의 안정으로 정책수행의 계속성을 유지할 수 있으나 의원내각제는 정국의 안정이 동요되기 쉽다.

지문분석 **정답 ④**

① 【X】 의원내각제가 오히려 책임정치의 구현을 장점으로 삼고 있다.
② 【X】 대통령제가 오히려 독재의 위험이 있다.
③ 【X】 의원내각제에 해당되는 이야기이다.

03 정부형태에 대한 설명으로 가장 옳지 않은 것은? 17년 서울시 7급

① 정부형태는 권력분립원리의 조직적·구조적 실현형태를 말하는 것으로, 특히 협의로는 입법부와 행정부의 관계를 중심으로 살펴본 것이다.

② 고전적 의원내각제의 병폐인 정국 불안정을 해소하고자 의원내각제 합리화의 방안으로 독일은 연방의회 재적의원 과반수의 찬성으로 차기 수상을 선임하지 아니하고는 내각을 불신임할 수 없는 제도를 도입하고 있다.

③ 대통령제에서는 경성형 권력분립, 즉 대통령과 의회에 대한 상호독립성으로 말미암아 통상적으로 의회의 정부불신임권과 집행부의 의회해산권이 존재하지 않는다.

④ 프랑스에서는 의원내각제 합리화의 방안으로 이원정부제를 운영하고 있는데, 대통령제의 요소로서 국민의 보통선거에 의한 대통령 직선제를 도입하고 있기 때문에 의회의 정부불신임권은 인정되지 않는다.

지문분석 **정답 ④**

④ 【X】 프랑스는 하원이 정부에 대한 불신임결의안을 행사할 수 있다.

CHAPTER 03

국회

01 헌정사에 대한 설명으로 옳지 않은 것은?

① 제헌헌법(1948년)은 국회는 단원제로 하고 헌법재판기관으로 헌법위원회와 탄핵재판소를 두었다.
② 제3차 개정헌법(1960년)은 국회는 양원제로 하고 헌법재판기관으로 헌법재판소를 두었다.
③ 제5차 개정헌법(1962년)은 국회의원선거에서 정당 추천을 필수적으로 요구하고, 국회의원이 임기 중 소속정당을 이탈한 경우 의원자격을 상실시켰다.
④ 제7차 개정헌법(1972년)은 대통령에게 국회해산권과 국회의원 3분의 1의 선출권을 부여하였다.
⑤ 제8차 개정헌법(1980년)은 적정임금의 보장규정과 국회의 국정조사권을 신설하였다.

지문분석 **정답 ④**

① 【O】 제헌헌법은 국회는 단원제였고, 1차 개정 헌법에서 양원제로 개정되었다. 헌법위원회가 위헌법률심사권을 행사하였고, 탄핵심판은 탄핵재판소를 따로 두어 관장하게 하였다.
② 【O】 의원내각제 정부형태를 규정하고 있는 제3차 개정헌법에서는 양원제를 채택하였으며, 헌법재판소를 최초 규정하였다.
③ 【O】 강력한 정당국가적 조항 규정 (당적변경의원 및 해산정당의원의 의원직 상실, 무소속의 국회의원, 대통령 출마금지)
④ 【X】 제7차 개헌에서는 대통령의 국회해산권을 인정하였으나, 국회의원 3분의 1의 선출권을 부여받은 것은 통일주체국민회의이다. 제7차 개헌에서 국회는 국민의 선거에 의하여 선출된 의원과 통일주체국민회의가 선거하는 의원으로 구성되었다.
⑤ 【O】 제8차 개정헌법은 국회에 관하여 국정조사권 신설, 정당보조금 지급

02 국회의 구성과 조직에 대한 설명으로 가장 옳은 것은? 18년 서울시 7급

① 의장과 부의장은 국회에서 무기명투표로 선거하되 재적의원 과반수의 출석과 출석의원 과반수의 득표로 당선된다.
② 정당에 소속된 국회의원이 국회부의장으로 당선되더라도 그 직에 있는 동안 당적을 가질 수 있다.
③ 상임위원회 위원장은 당해 상임위원회 회의에서 선거하되 재적의원 과반수의 출석과 출석의원 다수의 득표로 당선된다.
④ 상임위원회 위원은 교섭단체소속의원수의 비율에 의하여 각 의원의 요청으로 국회의장이 선임 및 개선한다.

지문분석 **정답 ②**

① **【X】 국회법 제15조(의장 · 부의장의 선거)** ① 의장과 부의장은 국회에서 무기명투표로 선거하고 재적의원 과반수의 득표로 당선된다.
② **【O】 국회법 제20조의2(의장의 당적 보유 금지)** ① 의원이 의장으로 당선된 때에는 당선된 다음 날부터 의장으로 재직하는 동안은 당적을 가질 수 없다. 다만, 국회의원 총선거에서 「공직선거법」 제47조에 따른 정당추천후보자로 추천을 받으려는 경우에는 의원 임기만료일 90일 전부터 당적을 가질 수 있다.
③ **【X】 국회법 제41조(상임위원장)** ② 상임위원장은 제48조 제1항부터 제3항까지에 따라 선임된 해당 상임위원 중에서 임시의장 선거의 예에 준하여 본회의에서 선거한다.
제17조(임시의장 선거) 임시의장은 무기명투표로 선거하고 재적의원 과반수의 출석과 출석의원 다수득표자를 당선자로 한다.
④ **【X】 국회법 제48조(위원의 선임 및 개선)** ① 상임위원은 교섭단체 소속 의원 수의 비율에 따라 각 교섭단체 대표의원의 요청으로 의장이 선임하거나 개선한다. 이 경우 각 교섭단체 대표의원은 국회의원 총선거 후 첫 임시회의 집회일부터 2일 이내에 의장에게 상임위원 선임을 요청하여야 하고, 처음 선임된 상임위원의 임기가 만료되는 경우에는 그 임기만료일 3일 전까지 의장에게 상임위원 선임을 요청하여야 하며, 이 기한까지 요청이 없을 때에는 의장이 상임위원을 선임할 수 있다.

03 **국회의장과 부의장에 대한 설명으로 옳은 것은?** 20년 지방직 7급

① 임시의장은 무기명투표로 선거하고 재적의원 과반수의 출석과 출석의원 다수득표자를 당선자로 한다.
② 국회의원 총선거 후 처음 선출된 의장과 부의장의 임기는 의원의 임기 개시 후 2년이 되는 날까지로 하며, 보궐선거로 당선된 의장 또는 부의장의 임기는 선출된 날로부터 2년으로 한다.
③ 의장은 국회를 대표하고 의사를 정리하며, 질서를 유지하고 사무를 감독한다. 의장은 위원회에 출석하여 발언할 수 있고, 표결에 참가할 수 있다.
④ 의장이 심신상실 등 부득이한 사유로 의사표시를 할 수 없게 되어 직무대리자를 지정할 수 없는 때에는 나이가 많은 부의장의 순으로 의장의 직무를 대행한다.

지문분석 **정답 ①**

① **【O】 국회법 제17조(임시의장 선거)** 임시의장은 무기명투표로 선거하고 재적의원 과반수의 출석과 출석의원 다수득표자를 당선자로 한다.
② **【X】 국회법 제9조(의장 · 부의장의 임기)** ① 의장과 부의장의 임기는 2년으로 한다. 다만, 국회의원 총선거 후 처음 선출된 의장과 부의장의 임기는 그 선출된 날부터 개시하여 의원의 임기 개시 후 2년이 되는 날까지로 한다.
② 보궐선거로 당선된 의장 또는 부의장의 임기는 전임자 임기의 남은 기간으로 한다.
③ **【X】 국회법 제10조(의장의 직무)** 의장은 국회를 대표하고 의사를 정리하며, 질서를 유지하고 사무를 감독한다.
제11조(의장의 위원회 출석과 발언) 의장은 위원회에 출석하여 발언할 수 있다. 다만, 표결에는 참가할 수 없다.
④ **【X】 국회법 제12조(부의장의 의장 직무대리)** ② 의장이 심신상실 등 부득이한 사유로 의사표시를 할 수 없게 되어 직무대리자를 지정할 수 없을 때에는 소속 의원 수가 많은 교섭단체 소속 부의장의 순으로 의장의 직무를 대행한다.

04 국회의 교섭단체에 관한 설명 중 옳은 것(○)과 옳지 않은 것(×)을 바르게 표시한 것은? (다툼이 있는 경우 헌법재판소 판례에 의함) 13 사시

ㄱ. 국회에 20인 이상의 소속의원을 가진 정당은 하나의 교섭단체가 되고, 각 소속의원 20인 미만인 2개 이상의 정당이 연합하여 따로 교섭단체를 구성하는 것은 허용되지 않는다.
ㄴ. 교섭단체정책연구위원제도는 교섭단체의 구성원인 국회의원들이 전문성을 가진 외부 인력의 조력을 받게 하는 제도적 장치로서, 정책연구위원은 별정직 공무원의 신분을 가진다.
ㄷ. 상임위원회의 위원은 교섭단체소속의원수의 비율에 의하여 각 교섭단체대표의원의 요청으로 의장이 선임 및 개선(改選)한다.
ㄹ. 교섭단체는 국회 내의 직무상 활동과 관련하여 헌법소원심판을 청구할 수 있다.
ㅁ. 교섭단체는 정당국가 하에서 소속의원이 자유롭게 의견개진을 할 수 있게 하여 무기속 자유위임을 강화한다.

① ㄱ(×), ㄴ(×), ㄷ(○), ㄹ(×), ㅁ(○)
② ㄱ(○), ㄴ(○), ㄷ(×), ㄹ(○), ㅁ(×)
③ ㄱ(×), ㄴ(○), ㄷ(○), ㄹ(○), ㅁ(○)
④ ㄱ(×), ㄴ(○), ㄷ(○), ㄹ(×), ㅁ(×)
⑤ ㄱ(○), ㄴ(×), ㄷ(×), ㄹ(○), ㅁ(○)

지문분석 **정답 ④**

ㄱ **【X】 국회법 제33조 (교섭단체)** 제1항 국회에 20인 이상의 소속의원을 가진 정당은 하나의 교섭단체가 된다. 다만, 다른 교섭단체에 속하지 아니하는 20인 이상의 의원으로 따로 교섭단체를 구성할 수 있다.

ㄴ **【O】 국회법 제34조 (교섭단체정책연구위원)** 제1항 교섭단체소속의원의 입법활동을 보좌하기 위하여 교섭단체에 정책연구위원을 둔다. 제2항 정책연구위원은 당해 교섭단체 대표의원의 제청에 따라 의장이 임면한다. 제3항 정책연구위원은 별정직공무원으로 하고, 그 인원 · 자격 · 임면절차 · 직급 등에 필요한 사항은 국회규칙으로 정한다.

ㄷ **【O】 국회법 제48조 (위원의 선임 및 개선)** 제1항 상임위원은 교섭단체 소속 의원수의 비율에 따라 각 교섭단체 대표의원의 요청으로 의장이 선임 및 개선한다. 이 경우 각 교섭단체 대표의원은 국회의원 총선거 후 첫 임시회의 집회일부터 2일 이내에 그리고 국회의원 총선거 후 처음 선임된 상임위원의 임기가 만료되는 때에는 그 임기만료일 3일 전까지 의장에게 상임위원 선임을 요청하여야 하고, 이 기한까지 요청이 없을 때에는 의장이 상임위원을 선임할 수 있다.

ㄹ **【X】** 교섭단체는 기본권의 주체가 아니므로 헌법소원심판을 청구할 수 없다.

ㅁ **【X】** 오늘날 교섭단체가 정당국가에서 의원의 정당기속을 강화하는 하나의 수단으로 기능할 뿐만 아니라 정당소속 의원들의 원내 행동통일을 기함으로써 정당의 정책을 의안심의에서 최대한으로 반영하기 위한 기능도 갖는다는 점에 비추어 볼 때, 국회의장이 국회의 의사(議事)를 원활히 운영하기 위하여 상임위원회의 구성원인 위원의 선임 및 개선에 있어 교섭단체대표의원과 협의하고 그의 "요청"에 응하는 것은 국회운영에 있어 본질적인 요소라고 아니할 수 없다(헌재 2003.10.30. 2002헌라1).

05 국회의 구성과 조직 및 운영에 대한 설명으로 옳은 것은? (다툼이 있는 경우 판례에 의함)

17년 국가직 7급

① 의장이 사고가 있을 때에는 의장이 지정하는 부의장이 그 직무를 대리하고, 의장이 심신상실 등 부득이한 사유로 의사 표시를 할 수 없게 되어 직무대리자를 지정할 수 없는 때에는 연장자인 부의장의 순으로 의장의 직무를 대행한다.

② 의원 10인 이상의 연서에 의한 동의로 본회의의 의결이 있거나 의장이 각 교섭단체대표의원과 협의하여 필요하다고 인정할 때에는 의장은 회기 전체 의사일정의 일부를 변경하거나 당일 의사일정의 안건 추가 및 순서 변경을 할 수 있다.

③ 국회는 의결로 기간을 정하여 휴회할 수 있으나, 휴회 중이라도 대통령의 요구가 있을 때, 의장이 긴급한 필요가 있다고 인정할 때 또는 재적의원 4분의 1 이상의 요구가 있을 때에는 회의를 재개한다.

④ 법안에 대한 투표가 종료된 결과 재적의원 과반수의 출석이라는 의결정족수에 미달된 경우에는 법안에 대한 국회의 의결이 유효하게 성립되었다고 할 수 없으므로, 국회의장이 법안에 대한 재표결을 실시하여 그 결과에 따라 법안의 가결을 선포한 것은 일사부재의의 원칙에 위배되지 않는다.

지문분석 **정답 ③**

① 【X】 국회의장이 심신상실 등 부득이한 사유로 의사표시를 할 수 없게 되어 직무대리자를 지정할 수 없을 때에는 소속 의원수가 많은 교섭단체 소속 부의장의 순으로 의장의 직무를 대행한다(국회법 제12조 제2항).

② 【X】 의원 20인 이상의 연서에 의한 동의로 본회의의 의결이 있거나 의장이 각 교섭단체 대표의원과 협의하여 필요하다고 인정할 때에는 의장은 회기 전체 의사일정의 일부를 변경하거나 당일 의사일정의 안건 추가 및 순서 변경을 할 수 있다. 이 경우 의원의 동의에는 이유서를 첨부하여야 하며, 그 동의에 대하여는 토론을 하지 아니하고 표결한다(국회법 제77조).

③ 【O】 국회법 제8조

④ 【X】 방송법 수정안에 대한 1차 투표가 종료되어 재적의원 과반수의 출석에 미달되었음이 확인된 이상, 방송법 수정안에 대한 국회의 의사는 부결로 확정되었다고 보아야 하므로, 피청구인이 이를 무시하고 재표결을 실시하여 그 표결 결과에 따라 방송법안의 가결을 선포한 행위는 일사부재의 원칙(국회법 제92조)에 위배하여 청구인들의 표결권을 침해한 것이다(헌재 2009.10.29, 2009헌라8).

06 국회의 헌법기관구성에 관한 권한으로 가장 옳지 않은 것은? 19년 서울시 7급

① 대통령 선거에 있어서 최고득표자가 2인 이상인 때에는 국회의 재적의원 과반수가 출석한 공개회의에서 다수표를 얻은 자를 당선자로 한다.

② 감사원장은 국회의 동의를 받아 대통령이 임명하나, 감사위원은 국회의 동의 없이 감사원장의 제청으로 대통령이 임명한다.

③ 국회는 헌법에 따라 그 임명에 국회의 동의를 요하는 대법원장・헌법재판소장・국무총리・감사원장 및 대법관에 대한 임명동의안을 심사하기 위하여 인사청문특별위원회를 둔다.

④ 대통령이 임명하는 국민권익위원회 위원장 후보자, 한국은행 총재 후보자 등에 대한 인사청문 요청이 있는 경우 각 소관상임위원회의 인사청문을 거쳐야 한다.

지문분석 **정답 ④**

① **【O】 헌법 제67조** ② 제1항의 선거에 있어서 최고득표자가 2인 이상인 때에는 국회의 재적의원 과반수가 출석한 공개회의에서 다수표를 얻은 자를 당선자로 한다.

② **【O】 헌법 제98조** ② 원장은 국회의 동의를 얻어 대통령이 임명하고, 그 임기는 4년으로 하며, 1차에 한하여 중임할 수 있다.

③ 감사위원은 원장의 제청으로 대통령이 임명하고, 그 임기는 4년으로 하며, 1차에 한하여 중임할 수 있다.

③ **【O】 국회법 제46조의3(인사청문특별위원회)** ① 국회는 다음 각 호의 임명동의안 또는 의장이 각 교섭단체 대표의원과 협의하여 제출한 선출안 등을 심사하기 위하여 인사청문특별위원회를 둔다. 다만, 「대통령직 인수에 관한 법률」 제5조 제2항에 따라 대통령당선인이 국무총리 후보자에 대한 인사청문의 실시를 요청하는 경우에 의장은 각 교섭단체 대표의원과 협의하여 그 인사청문을 실시하기 위한 인사청문특별위원회를 둔다.

1. 헌법에 따라 그 임명에 국회의 동의가 필요한 대법원장・헌법재판소장・국무총리・감사원장 및 대법관에 대한 임명동의안

④ **【X】 국회법 제65조의2(인사청문회)** ② 상임위원회는 다른 법률에 따라 다음 각 호의 어느 하나에 해당하는 공직후보자에 대한 인사청문 요청이 있는 경우 인사청문을 실시하기 위하여 각각 인사청문회를 연다.

1. 대통령이 임명하는 헌법재판소 재판관, 중앙선거관리위원회 위원, 국무위원, 방송통신위원회 위원장, 국가정보원장, 공정거래위원회 위원장, 금융위원회 위원장, 국가인권위원회 위원장, 국세청장, 검찰총장, 경찰청장, 합동참모의장, 한국은행 총재, 특별감찰관 또는 한국방송공사 사장의 후보자

07 국회의 권한에 대한 설명으로 가장 옳지 않은 것은? 18년 서울시 7급

① 국무총리나 국무위원에 대한 해임건의는 위헌이나 위법행위가 아닌 정치적 책임을 묻기 위해서도 할 수 있고, 국회재적의원 3분의 1 이상의 발의에 의하여 국회재적의원 과반수의 찬성이 있어야 한다.

② 탄핵소추를 의결하기 전에 조사여부는 국회의 재량이므로 국회가 탄핵소추 사유에 대하여 별도의 조사를 하지 않아도 헌법이나 법률에 위반되지 않고, 탄핵소추의결도 개별 사유별로 하지 않고 전체를 하나의 안건으로 표결할 수 있다.

③ 대통령이 일반사면을 명하려면 국회의 동의를 거쳐야 하고, 특별사면은 법무부장관이 사면심사위원회의 심사를 거쳐 대통령에게 상신하여야 한다.

④ 본회의는 그 의결로 국무총리, 국무위원, 정부위원, 대법원장, 헌법재판소장, 중앙선거관리위원회 위원장, 감사원장 등의 출석을 요구할 수 있으며, 그 발의는 의원 20인 이상이 이유를 명시한 서면으로 하여야 한다.

지문분석 **정답 ④**

① 【O】 직무집행상 위헌·위법이 있는 경우뿐만 아니라, 정책의 수립이나 집행에 있어서 중대한 과오를 범한 경우, 집무집행에 있어서의 능력부족, 부하직원의 과오나 범법행위에 대하여 정치적 책임을 추궁하는 경우, 국무회의 구성원으로서의 정치적 책임 등을 널리 포함한다(성낙인, 헌법학, p.510).
헌법 제63조 ② 제1항의 해임건의는 국회재적의원 3분의 1 이상의 발의에 의하여 국회재적의원 과반수의 찬성이 있어야 한다.

② 【O】 국회의 의사절차에 헌법이나 법률을 명백히 위반한 흠이 있는 경우가 아니면 국회 의사절차의 자율권은 권력분립의 원칙상 존중되어야 하고, 국회법 제130조 제1항은 탄핵소추의 발의가 있을 때 그 사유 등에 대한 조사 여부를 국회의 재량으로 규정하고 있으므로, 국회가 탄핵소추사유에 대하여 별도의 조사를 하지 않았다거나 국정조사결과나 특별검사의 수사결과를 기다리지 않고 탄핵소추안을 의결하였다고 하여 그 의결이 헌법이나 법률을 위반한 것이라고 볼 수 없다. (중략) 대통령이 헌법이나 법률을 위배한 사실이 여러 가지일 때 그중 한 가지 사실만으로도 충분히 파면 결정을 받을 수 있다고 판단되면 그 한 가지 사유만으로 탄핵소추안을 발의할 수도 있고, 여러 가지 소추사유를 종합할 때 파면할 만하다고 판단되면 여러 가지 소추사유를 함께 묶어 하나의 탄핵소추안으로 발의할 수도 있다. 이 사건과 같이 국회 재적의원 과반수에 해당하는 171명의 의원이 여러 개 탄핵사유가 포함된 하나의 탄핵소추안을 마련한 다음 이를 발의하고 안건 수정 없이 그대로 본회의에 상정된 경우에는 그 탄핵소추안에 대하여 찬반 표결을 하게 된다(헌재 2017. 3. 10. 2016헌나1).

③ 【O】 **헌법 제79조** ② 일반사면을 명하려면 국회의 동의를 얻어야 한다.
사면법 제10조(특별사면 등의 상신) ① 법무부장관은 대통령에게 특별사면, 특정한 자에 대한 감형 및 복권을 상신한다.
② 법무부장관은 제1항에 따라 특별사면, 특정한 자에 대한 감형 및 복권을 상신할 때에는 제10조의2에 따른 사면심사위원회의 심사를 거쳐야 한다.

④ 【X】 **국회법 제121조(국무위원 등의 출석 요구)** ① 본회의는 의결로 국무총리, 국무위원 또는 정부위원의 출석을 요구할 수 있다. 이 경우 그 발의는 의원 20명 이상이 이유를 구체적으로 밝힌 서면으로 하여야 한다.
⑤ 본회의나 위원회는 특정한 사안에 대하여 질문하기 위하여 대법원장, 헌법재판소장, 중앙선거관리위원회 위원장, 감사원장 또는 그 대리인의 출석을 요구할 수 있다. 이 경우 위원장은 의장에게 그 사실을 보고하여야 한다.

08 국회의 의사운영에 대한 설명으로 옳지 않은 것은? 18년 지방직 7급

① 위원회에서 본회의에 부의할 필요가 없다고 결정된 의안은 본회의에 부의하지 아니하나, 위원회의 결정이 본회의에 보고된 날부터 폐회 또는 휴회 중의 기간을 제외한 7일 이내에 의원 30명 이상의 요구가 있을 때에는 그 의안을 본회의에 부의하여야 한다.

② 위원회에서의 번안동의(飜案動議)는 위원의 동의(動議)로 그 안을 갖춘 서면으로 제출하되, 재적위원 과반수의 출석과 출석위원 3분의 2 이상의 찬성으로 의결하지만, 본회의에서 의제가 된 후에는 번안할 수 없다.

③ 본회의에서 부결된 안건은 같은 회기 중에 다시 발의하거나 제출할 수 없으나, 회기를 달리하여 이를 제출하는 것은 허용된다.

④ 국회 본회의는 공개하나, 의장의 제의 또는 의원 10명 이상의 연서에 의한 동의(動議)로 본회의 의결이 있는 경우 공개하지 아니할 수 있으며 그 제의나 동의에 대하여 토론을 거쳐 표결한다.

지문분석 **정답 ④**

① 【O】 **제87조(위원회에서 폐기된 의안)** ① 위원회에서 본회의에 부의할 필요가 없다고 결정된 의안은 본회의에 부의하지 아니한다. 다만, 위원회의 결정이 본회의에 보고된 날부터 폐회 또는 휴회 중의 기간을 제외한 7일 이내에 의원 30명 이상의 요구가 있을 때에는 그 의안을 본회의에 부의하여야 한다.
② 제1항 단서의 요구가 없을 때에는 그 의안은 폐기된다.

② 【O】 **제91조(번안)** ① 본회의에서의 번안동의(飜案動議)는 의안을 발의한 의원이 그 의안을 발의할 때의 발의의원 및 찬성의원 3분의 2 이상의 동의(同意)로, 정부 또는 위원회가 제출한 의안은 소관위원회의 의결로 각각 그 안을 갖춘 서면으로 제출하되, 재적의원 과반수의 출석과 출석의원 3분의 2이상의 찬성으로 의결한다. 다만, 의안이 정부에 이송된 후에는 번안할 수 없다.
② 위원회에서의 번안동의는 위원의 동의(動議)로 그 안을 갖춘 서면으로 제출하되, 재적위원 과반수의 출석과 출석위원 3분의 2이상의 찬성으로 의결한다. 다만, 본회의에서 의제가 된 후에는 번안할 수 없다.

③ 【O】 **제92조(일사부재의)** 부결된 안건은 같은 회기중에 다시 발의하거나 제출할 수 없다.

④ 【X】 **제75조(회의의 공개)** ① 본회의는 공개한다. 다만, 의장의 제의 또는 의원 10명 이상의 연서에 의한 동의(動議)로 본회의 의결이 있거나 의장이 각 교섭단체 대표의원과 협의하여 국가의 안전보장을 위하여 필요하다고 인정할 때에는 공개하지 아니할 수 있다.
② 제1항 단서에 따른 제의나 동의에 대해서는 토론을 하지 아니하고 표결한다.

09 국회의 권한에 대한 내용으로 옳은 것(○)과 옳지 않은 것(×)을 바르게 조합한 것은? (다툼이 있는 경우 판례에 의함) 16년 국가직 7급

ㄱ. 국회의원 10인 이상의 찬성으로 회기 중 현안이 되고 있는 중요한 사항을 대상으로 정부에 대하여 질문할 것을 의장에게 요구할 수 있다.
ㄴ. 국채를 모집하거나 예산 외에 국가의 부담이 될 계약을 체결하려 할 때에는 정부는 미리 국회의 의결을 얻어야 한다.
ㄷ. 국회는 재적의원 4분의 1이상의 요구가 있는 때에는 특별위원회 또는 상임위원회로 하여금 국정의 특정사안에 관하여 조사를 시행하게 한다.
ㄹ. 대통령의 탄핵소추사유는 헌법이나 법률을 위반한 때로 제한되고, 정치적 무능력이나 정책결정상의 잘못 등 직책수행의 성실성 여부는 그 자체로서 소추 사유가 되지 않는다.
ㅁ. 국회 재적의원 3분의 1이상의 발의와 국회 재적의원 과반수의 찬성이 있으면 국회는 국무총리나 국무위원의 해임을 대통령에게 건의할 수 있지만, 그 해임건의는 대통령에게 법적 구속력이 없다.

	ㄱ	ㄴ	ㄷ	ㄹ	ㅁ
①	○	○	×	○	○
②	×	○	○	○	○
③	×	○	○	○	×
④	○	×	×	×	○

지문분석 **정답 ②**

㉠ 【X】 국회의원은 20인 이상의 찬성으로 회기 중 현안이 되고 있는 중요한 사항을 대상으로 정부에 대하여 질문을 할 것을 의장에게 요구할 수 있다(국회법 제122조의3 제1항).
㉡ 【O】 헌법 제58조
㉢ 【O】 국정감사 및 조사에 관한 법률 제3조 제1항
㉣ 【O】 정치적 무능력이나 정책결정상의 잘못 등 직책수행의 성실성여부는 그 자체로서 소추사유가 될 수 없어, 탄핵심판절차의 판단대상이 되지 아니한다(헌재 2004.5.14, 2004헌나1).
㉤ 【O】 헌법 제63조에 따라 국회 재적의원 3분의 1 이상의 발의와 국회 재적의원 과반수의 찬성이 있으면 국회는 국무총리나 국무위원의 해임을 대통령에게 건의할 수 있지만, 그 해임건의는 대통령에게 법적 구속력이 없다.

10 국회의 구성 및 조직에 대한 설명으로 옳은 것은? 18년 국가직 7급

① 현행 「국회법」상 예산결산특별위원회와 윤리특별위원회는 활동기간을 정하여 구성되지 아니하므로 상설로 운영된다.

② 국회의장과 부의장은 정치적 중립의무를 지므로, 국회의원은 의장 또는 부의장으로 당선된 다음 날부터 그 직에 있는 동안 당적을 가질 수 없다.

③ 교섭단체는 정당소속 의원들의 원내 행동통일을 통하여 정당의 정책을 의안심의에 최대한 반영하는 기능을 갖는 단체로서 「국회법」상 동일한 정치적 신념을 가진 정당소속 의원들로 구성할 수 있으므로 무소속 의원 20인으로 하나의 교섭단체를 구성할 수는 없다.

④ 상임위원은 교섭단체 소속 의원 수의 비율에 따라 각 교섭단체 대표의원의 요청으로 의장이 선임하거나 개선하고, 어느 교섭단체에도 속하지 아니하는 의원의 상임위원 선임은 의장이 한다.

지문분석 **정답 ④**

① **【X】 제45조(예산결산특별위원회)** ① 예산안, 기금운용계획안 및 결산(세입세출 결산과 기금결산을 말한다. 이하 같다)을 심사하기 위하여 예산결산특별위원회를 둔다.
② 예산결산특별위원회의 위원 수는 50명으로 한다. 이 경우 의장은 교섭단체 소속 의원 수의 비율과 상임위원회 위원 수의 비율에 따라 각 교섭단체 대표의원의 요청으로 위원을 선임한다.
③ 예산결산특별위원회 위원의 임기는 1년으로 한다. 다만, 국회의원 총선거 후 처음 선임된 위원의 임기는 선임된 날부터 개시하여 의원의 임기 개시 후 1년이 되는 날까지로 하며, 보임되거나 개선된 위원의 임기는 전임자 임기의 남은 기간으로 한다.
④ 예산결산특별위원회의 위원장은 예산결산특별위원회의 위원 중에서 임시의장 선거의 예에 준하여 본회의에서 선거한다.
⑤ 예산결산특별위원회에 대해서는 제44조 제2항 및 제3항을 적용하지 아니한다.
⑥ 예산결산특별위원회위원장의 선거 및 임기등과 위원의 선임에 관하여는 제41조 제3항부터 제5항까지, 제48조 제1항 후단 및 제2항을 준용한다.
제46조(윤리특별위원회) ① 의원의 자격심사·징계에 관한 사항을 심사하기 위하여 윤리특별위원회를 둔다.
② 윤리특별위원회는 위원장 1명을 포함한 15명의 위원으로 구성한다.
③ 윤리특별위원회는 의원의 징계에 관한 사항을 심사하기 전에 제46조의2에 따른 윤리심사자문위원회의 의견을 청취하여야 한다. 이 경우 윤리특별위원회는 윤리심사자문위원회의 의견을 존중하여야 한다.
④ 윤리특별위원회에 대해서는 제44조 제2항 및 제3항을 적용하지 아니한다.
⑤ 윤리특별위원회 위원의 임기와 위원장의 임기 및 선거 등에 관하여는 제40조 제1항 및 제2항, 제41조 제2항부터 제5항까지의 규정을 준용한다.
⑥ 윤리특별위원회의 구성과 운영에 관하여 이 법에서 정한 사항 외에 필요한 사항은 국회규칙으로 정한다.

② **【X】 제20조의2(의장의 당적 보유 금지)** ① 의원이 의장으로 당선된 때에는 당선된 다음 날부터 의장으로 재직하는 동안은 당적(黨籍)을 가질 수 없다. 다만, 국회의원 총선거에서 「공직선거법」 제47조에 따른 정당추천 후보자로 추천을 받으려는 경우에는 의원 임기만료일 90일 전부터 당적을 가질 수 있다.
② 제1항 본문에 따라 당적을 이탈한 의장의 임기가 만료된 때에는 당적을 이탈할 당시의 소속정당으로 복귀한다.

③ **【X】 제33조(교섭단체)** ① 국회에 20명 이상의 소속 의원을 가진 정당은 하나의 교섭단체가 된다. 다만, 다른 교섭단체에 속하지 아니하는 20명 이상의 의원으로 따로 교섭단체를 구성할 수 있다.

④ **【O】 제48조(위원의 선임 및 개선)** ① 상임위원은 교섭단체 소속 의원 수의 비율에 따라 각 교섭단체 대표의원의 요청으로 의장이 선임하거나 개선한다. 이 경우 각 교섭단체대표 의원은 국회의원 총선거 후 첫 임시회의 집회일부터 2일 이내에 의장에게 상임위원선임을 요청하여야 하고, 처음 선임된 상임위원의 임기가 만료되는 경우에는 그 임기만료일 3일 전까지 의장에게 상임위원 선임을 요청하여야 하며, 이 기한까지 요청이 없을 때에는 의장이 상임위원을 선임 할 수 있다.
② 어느 교섭단체에도 속하지 아니하는 의원의 상임위원 선임은 의장이 한다.

11 **국회의 인사권 등에 관한 다음 설명 중 가장 옳지 않은 것은?** (다툼이 있는 경우 헌법재판소 결정에 의함) 16년 법원 9급

① 국회가 선출하여 임명된 헌법재판관 중 공석이 발생하였다 하더라도 국회가 공석인 헌법재판관의 후임자를 선출하여야 할 구체적 작위의무를 부담한다고 볼 수는 없다.

② 국회는 대통령, 국무총리, 국무위원, 행정각부의 장이 그 직무집행에 있어서 헌법이나 법률을 위배한 때에는 탄핵의 소추를 의결할 수 있다.

③ 국회 인사청문위원회가 국가정보원장에 대하여 부적격판정을 하였더라도 대통령이 이를 수용해야 할 법적 의무는 없다.

④ 국회는 헌법재판소 재판관 3인 및 중앙선거관리위원회 위원 3인에 대한 선출권을 보유한다.

지문분석 **정답 ①**

① 【X】 헌법 제27조, 제111조 제2항 및 제3항의 해석상, 국회가 선출하여 임명된 재판관 중 공석이 발생한 경우, 국회는 공정한 헌법재판을 받을 권리의 보장을 위하여 공석인 재판관의 후임자를 선출하여야 할 구체적 작위의무를 부담한다고 할 것이다(헌재 2014.4.24, 2012헌마2).

② 【O】 대통령 · 국무총리 · 국무위원 · 행정각부의 장 · 헌법재판소 재판관 · 법관 · 중앙선거관리위원회 위원 · 감사원장 · 감사위원 기타 법률이 정한 공무원이 그 직무집행에 있어서 헌법이나 법률을 위배한 때에는 국회는 탄핵의 소추를 의결할 수 있다(헌법 제65조 제1항).

③ 【O】 대통령은 그의 지휘 · 감독을 받는 행정부 구성원을 임명하고 해임할 권한(헌법 제78조)을 가지고 있으므로, 국가정보원장의 임명행위는 헌법상 대통령의 고유권한으로서 법적으로 국회 인사청문회의 견해를 수용해야 할 의무를 지지는 않는다(헌재 2004.5.14, 2004헌나1).

④ 【O】 헌법 제111조 제3항 및 제114조 제2항

12 **다음 설명 중 옳은 것은?** (다툼이 있는 경우 판례에 의함)

① 국회 상임위원회 위원장이 조약비준동의안을 심의함에 있어서 야당 소속 상임위원회 위원들의 출입을 봉쇄한 상태에서 상임위원회 전체회의를 개의하여 안건을 상정하고 소위원회로 안건심사를 회부한 행위는 야당 소속 상임위원회 위원들의 조약비준동의안에 대한 심의권을 침해한 것으로 무효이다.

② 헌법 제41조 제1항의 "국회는 국민의 보통 · 평등 · 직접 · 비밀선거에 의하여 선출된 국회의원으로 구성한다."라는 규정은 단순히 국회의원을 국민의 직접선거에 의하여 선출한다는 의미를 넘어 국민의 직접선거에 의하여 무소속을 포함한 국회의 정당 간의 의석분포를 결정하는 권리까지 포함한다.

③ 대기업으로부터 이른바 떡값 명목의 금품을 수수하였다는 검사들의 실명이 게재된 보도자료를 국회의원이 작성하여 국회 법제사법위원회 개의 당일 국회의원회관에서 기자들에게 배포한 행위는 면책특권의 대상이 된다.

④ 국회의원이 보유한 직무관련성 있는 주식의 매각 또는 백지신탁을 명하고 있는 구 공직자윤리법 조항은 과잉금지원칙에 위반되어 국회의원의 재산권을 침해하는 것이다.

지문분석 **정답 ③**

① 【X】 **i) 국회 상임위원회 위원장이 위원회 전체회의 개의 직전부터 회의가 종료될 때까지 회의장 출입문을 폐쇄하여 회의의 주체인 소수당 소속 상임위원회 위원들의 출입을 봉쇄한 상태에서 상임위원회 전체회의를 개의하여 안건을 상정한 행위 및 소위원회로 안건심사를 회부한 행위가 회의에 참석하지 못한 소수당 소속 상임위원회위원들의 조약비준동의안에 대한 심의권을 침해한 것인지 여부**에 관하여 헌법재판소는 헌법에 의하여 부여받은 이 사건 동의안의 심의권을 침해당하였다 하여 적극적으로 판단하였으며, **ii) 위 안건 상정ㆍ소위원회 회부행위가 무효인지 여부**와 관련하여서는 재판관 6인이 기각의견을 제시하여 소극적으로 판단하였다.

i) 부분의 헌법재판소 결정(헌재 2010.12.28. 2008헌라7) — 이 사건 한미 FTA 비준동의안은 헌법 제60조 제1항의 국회의 동의를 필요로 하는 조약에 해당하므로 소수당 소속 외통위 위원인 청구인들 각자에게 이 사건 동의안에 대한 심의ㆍ표결권이 인정되며, 상임위원회 위원장의 질서유지권은 상임위원회에서 위원들을 폭력으로부터 보호하고 안건이 원활하게 토의되게 하기 위하여 발동되는 것이므로, 위와 같은 목적을 위하여 행사되어야 하는 한계를 지닌다. 외통위 위원장인 피청구인이 이 사건 당일 개의 무렵부터 회의 종료시까지 외통위 회의장 출입문의 폐쇄상태를 유지함으로써 회의의 주체인 소수당 소속 외통위 위원들의 회의장 출석을 봉쇄한 것은 '상임위원회 회의의 원활한 진행'이라는 질서유지권의 인정목적에 정면 배치되는 것으로서 질서유지권 행사의 한계를 벗어난 행위이므로, 이를 정당화할 만한 특별한 사정이 있었다는 점에 대한 입증책임이 피청구인에게 부과된다 할 것인데, 이 사건에 나타난 사정을 종합하더라도 이를 정당화할 만한 불가피한 사정이 있었다고 보기 어렵다. 그러므로 피청구인이 청구인들의 출입을 봉쇄한 상태에서 이 사건 회의를 개의하여 한미 FTA비준동의안을 상정한 행위 및 위 동의안을 법안심사 소위원회에 심사회부한 행위는 헌법 제49조 의 다수결의 원리, 헌법 제50조 제1항의 의사공개의 원칙과 이를 구체적으로 구현하는 국회법 제54조, 제75조 제1항에 반하는 위헌, 위법한 행위라 할 것이고, 그 결과 청구인들은 이 사건 동의안 심의과정(대체토론)에 참여하지 못하게 됨으로써, 이 사건 상정ㆍ회부행위로 인하여 헌법에 의하여 부여받은 이 사건 동의안의 심의권을 침해당하였다 할 것이다.

ii) 부분의 헌법재판소 결정(헌재 2010.12.28. 2008헌라7) — ① 3인의 기각의견: 이 사건 상정ㆍ회부행위는, … 의안 심의권의 한 내용을 이루는 대체토론권을 침해한 잘못이 있고, 그러한 절차상의 하자는 결코 가볍다고 할 수 없다. 그러나 … 행정소송에서의 사정판결의 법리를 유추 적용하여 처분의 취소나 무효확인을 하지 아니함으로써 처분의 효력을 유지하도록 할 수도 있다. 따라서, 비록 이 사건 상정ㆍ회부행위가 청구인들의 이 사건 동의안 심의권을 침해하는 중대한 하자를 지니고 있지만, 이 사건 상정ㆍ회부행위에 존재하는 하자가 본회의 심사에서 치유될 가능성 등을 감안하여, 이 부분 청구는 기각함이 상당하다. ② 1인의 기각의견: … 헌법재판소법 제66조 제2항 전문에 의한 취소나 무효확인까지 나아가 국회의 정치적 과정에 적극 개입하는 것은 합당하지 않다. … 나아가, … 이 사건 상정ㆍ회부 행위는 초기단계 내지 중간단계에 해당하여, 피청구인을 포함한 국회는 본회의에서 심의ㆍ표결 과정에서 다양한 절차와 방법으로 청구인들의 심의권을 보장함으로써 이 사건 상정ㆍ회부 행위의 하자를 사후적으로 치유할 수 있으므로, 이 부분 청구는 기각함이 상당하다. ③ 1인의 기각의견: 입법절차의 하자를 다투는 권한쟁의심판과 마찬가지로 국회의 자율권을 존중하는 의미에서 헌법재판소는 원칙적으로 처분의 권한 침해만을 확인하고, 권한 침해로 인하여 야기된 위헌ㆍ위법 상태의 시정은 피청구인에게 맡겨두는 것이 바람직하다. ④ 1인의 기각의견: 이 사건 처분과 같은 입법관련 행위는 국회의 헌법상 지위(민의를 대표하는 국가최고기관)와 청구인용 정족수(헌법소원인용 정족수는 재판관 9인의 2/3인 6인이고, 권한쟁의심판 인용정족수는 의결정족수의 과반수에 지나지 아니함)의 헌법적 의미를 고려할 때, 헌법재판소가 권한쟁의 심판절차로써 무효선언 내지 취소로까지 나아갈 수 있는 성질의 것이 아니고, 그렇게 나아가야 할 타당성도 없다.

② 【X】 대의제 민주주의하에서 국민의 국회의원 선거권이란 국회의원을 보통ㆍ평등ㆍ직접ㆍ비밀선거에 의하여 국민의 대표자로 선출하는 권리에 그치며, 국민과 국회의원은 명령적 위임관계에 있는 것이 아니라 자유위임관계에 있으므로, 유권자가 설정한 국회의석분포에 국회의원들을 기속시키고자 하는 내용의 "국회구성권"이라는 기본권은 오늘날 이해되고 있는 대의제도의 본질에 반하는 것이어서 헌법상 인정될 여지가 없고, 청구인들 주장과 같은 대통령에 의한 여야 의석분포의 인위적 조작행위로 국민주권주의라든지 복수정당제도가 훼손될 수 있는지의 여부는 별론으로 하고 그로 인하여 바로 헌법상 보장된 청구인들의 구체적 기본권이 침해당하는 것은 아니다(1998.10.29. 96헌마186).

③ 【O】 [1] 헌법 제45조는 "국회의원은 국회에서 직무상 행한 발언과 표결에 관하여 국회 외에서 책임을 지지 아니한다"고 규정하여 국회의원의 면책특권을 인정하고 있다. 그 취지는 국회의원이 국민의 대표자로서 국회 내에서 자유롭게 발언하고 표결할 수 있도록 보장함으로써 국회가 입법 및 국정통제 등 헌법에 의하여 부여된 권한을 적정하게 행사하고 그 기능을 원활하게 수행할 수 있도록 보장하는 데에 있다. 따라서 면책특권의 대상이 되는

행위는 국회의 직무수행에 필수적인 국회의원의 국회 내에서의 직무상 발언과 표결이라는 의사표현행위 자체에 만 국한되지 아니하고 이에 통상적으로 부수하여 행하여지는 행위까지 포함하며, 그와 같은 부수행위인지 여부는 구체적인 행위의 목적·장소·태양 등을 종합하여 개별적으로 판단하여야 한다.

[2] 국회의원인 피고인이, 구 국가안전기획부 내 정보수집팀이 대기업 고위관계자와 중앙일간지 사주 간의 사적 대화를 불법 녹음한 자료를 입수한 후 그 대화 내용과, 전직 검찰간부인 피해자가 위 대기업으로부터 이른바 떡값 명목의 금품을 수수하였다는 내용이 게재된 보도자료를 작성하여 국회 법제사법위원회 개의 당일 국회 의원회관에서 기자들에게 배포한 사안에서, 피고인이 국회 법제사법위원회에서 발언할 내용이 담긴 위 보도자료를 사전에 배포한 행위는 국회의원 면책특권의 대상이 되는 직무부수행위에 해당하므로, 피고인에 대한 허위사실적시 명예훼손 및 통신비밀보호법 위반의 점에 대한 공소를 기각하여야 한다(대판 2011.5.13. 2009도14442).

④ **[X]** 이 사건 법률조항은 국회의원으로 하여금 직무관련성이 인정되는 주식을 매각 또는 백지신탁하도록 하여 그 직무와 보유주식 간의 이해충돌을 원천적으로 방지하고 있는바, 헌법상 국회의원의 국가이익 우선의무, 지위남용 금지의무 조항 등에 비추어 볼 때 이는 정당한 입법목적을 달성하기 위한 적절한 수단이다. 나아가 이 사건 법률조항은 국회의원이 보유한 모든 주식에 대해 적용되는 것이 아니라 직무관련성이 인정되는 금 3천만 원 이상의 주식에 대하여 적용되어 그 적용범위를 목적달성에 필요한 범위 내로 최소화하고 있는 점, 당사자에 대한 사후적 제재수단인 형사처벌이나 부당이득환수, 또는 보다 완화된 사전적 이해충돌회피수단이라 할 수 있는 직무회피나 단순보관신탁만으로는 이 사건 법률조항과 같은 수준의 입법목적 달성효과를 가져올 수 있을지 단정할 수 없다는 점에 비추어 최소침해성원칙에 반한다고 볼 수 없고, 국회의원의 공정한 직무수행에 대한 국민의 신뢰확보는 가히 돈으로 환산할 수 없는 가치를 지니는 점 등을 고려해 볼 때, 이 사건 법률조항으로 인한 사익의 침해가 그로 인해 확보되는 공익보다 반드시 크다고는 볼 수 없으므로 법익균형성원칙 역시 준수하고 있다. 따라서 이 사건 법률조항은 당해사건 원고의 재산권을 침해하지 아니한다(헌재 2012.8.23. 2010헌가65).

13 국회의 위원회에 관한 설명 중 옳은 것(○)과 옳지 않은 것(×)을 올바르게 조합한 것은? 17년 변호사 변형

㉠ 국회의장은 어느 상임위원회에도 속하지 아니하는 사항은 국회운영위원회와 협의하여 소관 상임위원회를 정한다.
㉡ 윤리특별위원회는 위원장 1명을 포함한 15명의 위원으로 구성되고, 위원회 임기는 1년이며 예산결산특별위원회와는 달리 상설특별위원회의 성격을 가진다.
㉢ 정보위원회는 그 소관사항을 분담·심사하기 위하여 상설소위원회를 둘 수 있다.
㉣ 국정감사 또는 조사를 행하는 위원회는 위원회의 의결로 필요한 경우 2인 이상의 위원으로 별도의 소위원회나 반을 구성하여 감사 또는 조사를 시행하게 할 수 있다.
㉤ 예산결산특별위원회의 위원수는 50인으로 하며, 예산결산특별위원회의 위원의 임기는 1년이나 보임 또는 개선된 위원의 임기는 전임자의 잔임기간으로 한다.

① ㉠(×), ㉡(×), ㉢(○), ㉣(○), ㉤(○)
② ㉠(○), ㉡(×), ㉢(○), ㉣(○), ㉤(○)
③ ㉠(○), ㉡(○), ㉢(×), ㉣(×), ㉤(×)
④ ㉠(○), ㉡(×), ㉢(×), ㉣(○), ㉤(○)
⑤ ㉠(×), ㉡(○), ㉢(×), ㉣(○), ㉤(×)

PART · 02

지문분석 **정답 ②**

㉠ 【O】 국회의장은 어느 상임위원회에도 속하지 아니하는 사항은 국회운영위원회와 협의하여 소관 상임위원회를 정한다(국회법 제37조 제2항).
㉡ 【X】 윤리특별위원회는 위원장 1명을 포함한 15명의 위원으로 구성한다. 윤리 특별위원회와 예산결산특별위원회는 상설특별위원회이다. 윤리특별위원회 위원의 임기는 2년이다.
㉢ 【O】 상임위원회는 소관 법률안의 심사를 분담하는 둘 이상의 소위원회를 둘 수 있다(국회법 제57조 제2항).
㉣ 【O】 감사 또는 조사를 행하는 위원회는 위원회의 의결로 필요한 경우 2인이상의 위원으로 별도의 소위원회나 반을 구성하여 감사 또는 조사를 시행하게 할 수 있다(국정감사 및 조사에 관한 법률 제5조 제1항).
㉤ 【O】 예산결산특별위원회의 위원수는 50인으로 한다. 예산결산특별위원회의 위원의 임기는 1년으로 한다. 다만, 국회의원총선거후 처음 선임된 위원의 임기는 그 선임된 날부터 개시하여 의원의 임기개시후 1년이 되는 날까지로 하며, 보임 또는 개선된 위원의 임기는 전임자의 잔임기간으로 한다(국회법 제45조 제2·3항).

14 **국회 상임위원회의 종류와 소관 사항이 옳게 짝지어지지 않은 것은?** 19년 서울시 7급

① 국회운영위원회 – 국가인권위원회 소관에 속하는 사항
② 법제사법위원회 – 감사원 소관에 속하는 사항
③ 기획재정위원회 – 금융위원회 소관에 속하는 사항
④ 행정안전위원회 – 중앙선거관리위원회 사무에 관한 사항

지문분석 **정답 ③**

국회법 제37조(상임위원회와 그 소관) 제1항 상임위원회의 종류와 소관 사항은 다음과 같다.

1. ① 【O】 국회운영위원회
   아. 국가인권위원회소관에 속하는 사항
2. ② 【O】 법제사법위원회
   다. 감사원소관에 속하는 사항
3. ③ 【X】 정무위원회
   라. 금융위원회소관에 속하는 사항
9. ④ 【O】 행정안전위원회
   다. 중앙선거관리위원회사무에 관한 사항

15 **국회에 관한 설명 중 옳은 것은?** (다툼이 있는 경우 헌법재판소 판례에 의함)

① 국회의원의 법률안에 대한 심의·표결권의 침해 여부가 다투어진 권한쟁의심판의 경우에는 국회의원의 객관적 권한을 보호함으로써 헌법적 가치질서를 수호·유지하기 위한 쟁송으로서 공익적 성격이 강하다고 할 것이므로, 이미 제기한 권한쟁의심판청구의 취하를 허용하지 않는 것이 타당하다.

② 국회의원 172석을 보유한 A정당 소속의원 10명과 교섭단체를 구성하지 못한 B정당 소속의원 15명이 모여서 새로운 교섭단체를 구성할 수 없다.

③ 국회법에 의하면 국회의원이 국회의장으로 당선된 때에는 당선된 다음 날부터 그 직에 있는 동안은 당적을 가질 수 없으므로, 비례대표국회의원은 국회의장으로 선출될 수 없다.

④ 국회의장이 국회의원을 상임위원회 위원으로 사·보임하는 행위는, 국민의 대표자로 구성된 국회가 그 자율권에 근거하여 내부적으로 회의체기관을 구성·조직하는 기관 내부의 행위에 불과한 것이므로 권한쟁의심판의 대상이 되는 처분이라고 볼 수 없다.

지문분석 **정답 ②**

① 【X】 비록 권한쟁의심판이 개인의 주관적 권리구제를 목적으로 삼는 것이 아니라 헌법적 가치질서를 보호하는 객관적 기능을 수행하는 것이고, 특히 국회의원의 법률안에 대한 심의·표결권의 침해 여부가 다투어진 이 사건 권한쟁의심판의 경우에는 국회의원의 객관적 권한을 보호함으로써 헌법적 가치질서를 수호·유지하기 위한 쟁송으로서 공익적 성격이 강하다고는 할 것이다. 그렇지만 법률안에 대한 심의·표결권 자체의 행사 여부가 국회의원 스스로의 판단에 맡겨져 있는 사항일 뿐만 아니라, 그러한 심의·표결권이 침해당한 경우에 권한쟁의심판을 청구할 것인지 여부 또한 국회의원의 판단에 맡겨져 있어서 심판청구의 자유가 인정되고 있는 만큼, 위에서 본 권한쟁의심판의 공익적 성격만을 이유로 이미 제기한 심판청구를 스스로의 의사에 기하여 자유롭게 철회할 수 있는 심판청구의 취하를 배제하는 것은 타당하지 않다(헌재 2001.6.28. 2000헌라1).

② 【O】「국회에 20인 이상의 소속의원을 가진 정당은 하나의 교섭단체가 된다. 그러나 다른 교섭단체에 속하지 아니하는 20인 이상의 의원으로 따로 교섭단체를 구성할 수 있다.」(국회법 제33조 제1항) ☞ 따라서 교섭단체는 하나의 정당에 하나만 존재를 원칙으로 함으로 교섭단체를 구성하지 못하는 정당이 모여 하나의 교섭단체를 만들 수 있을 뿐이다. 즉 국회의원 172석을 보유한 A정당은 하나의 교섭단체를 이미 구성하므로 교섭단체를 구성하지 못한 B정당과 따로 교섭단체를 구성할 수 없다.

	교섭단체	정당
대 표	교섭단체 대표의원	정당대표
구성원	국회의원	정당원
법적성격	국회법상 기관	법인격 없는 사단
기본권주체 / 헌법소원청구능력	×	○
양자의 관계	두 개의 정당은 하나의 교섭단체를 구성할 수 있다. 한 교섭단체 의원은 동일정당 소속일 필요 없다.	하나의 정당은 두 개의 교섭단체를 구성할 수 없다.

③ 【X】 자유위임하의 국회의원의 지위는 그 의원직을 얻은 방법 즉 비례대표로 얻었는가, 지역구로 얻었는가에 의하여 차이가 없으므로 비례대표국회의원이든 지역구에서 선출된 국회의원이든 국회의원으로서의 권리와 의무는 동일하다. 따라서 비례대표국회의원도 국회의장에 선출될 수 있다. 현행법상 이를 제한하는 규정은 없다. 의장으로 선출된 두 당적보유금지규정만 있을 뿐이다. 다만 공직선거법 제192조 제4항 단서가 간접적인 근거규정이 될 것이다.

국회법 제20조의2(의장의 당적보유금지) 제1항 의원이 의장으로 당선된 때에는 당선된 다음 날부터 그 직에 있는 동안은 당적을 가질 수 없다. 다만, 국회의원 총선거에 있어서 「공직선거법」 제47조의 규정에 의한 정당추천 후보자로 추천을 받고자 하는 경우에는 의원 임기만료일 전 90일부터 당적을 가질 수 있다.

제2항 제1항 본문의 규정에 의하여 당적을 이탈한 의장이 그 임기를 만료한 때에는 당적을 이탈할 당시의 소속 정당으로 복귀한다.

공직선거법 제192조 제4항(피선거권상실로 인한 당선무효 등) 비례대표국회의원 또는 비례대표지방의회의원이 소속정당의 합당·해산 또는 제명외의 사유로 당적을 이탈·변경하거나 2 이상의 당적을 가지고 있는 때에는 「국회법」 제136조(退職) 또는 「지방자치법」 제78조(의원의 퇴직)의 규정에 불구하고 퇴직된다. 다만, 비례대표국회의원이 국회의장으로 당선되어 「국회법」 규정에 의하여 당적을 이탈한 경우에는 그러하지 아니하다.

④ 【X】 한나라당 교섭단체대표의원이 요청한 같은 한나라당 의원으로서 국회 보건복지위원회 소속이던 청구인과 환경노동위원회 소속이던 ○○○의원을 서로 맞바꾸는 내용의 상임위원회 위원 사·보임 요청서에 결재를 하였고, 이는 국회법 제48조 제1항에 규정된 바와 같이 교섭단체대표의원의 요청에 따른 상임위원 개선행위이다. 이와 같은 피청구인의 개선행위에 따라 청구인은 같은 날부터 보건복지위원회에서 사임되고, 위 ○○○의원이 동 위원회에 보임되었다. 따라서, 청구인의 상임위원 신분의 변경을 가져온 피청구인의 이 사건 사·보임행위는 권한쟁의심판의 대상이 되는 처분이라고 할 것이다(헌재 2003.10.30. 2002헌라1).

16 국회의 위원회에 대한 설명으로 옳지 않은 것은?

① 위원회의 국가에 대한 독립성과 정부에 대한 통제력을 기준으로 하여 영국형의 '약한 위원회'와 프랑스형의 '강한 위원회'제도로 분류되는 바, 입법부와 행정부가 의존성의 원리에 의해서 규율되는 의원내각제국가에서는 양부의 창구적 역할을 하는 교통로가 현실적으로 필요하기 때문에 대통령제국가보다도 영국식 의원내각제국가에서 위원회를 설치할 필요성이 더 크다고 볼 수 있다.

② 현행법은 헌법에 규정은 없으나 국회법에서 상임위원회중심주의와 본회의의결주의를 채택하여 상임위원회에서 법안을 심의하여 본회의에 심사보고를 한 후에 가부투표를 하는 본회의결정중심주의를 채택하고 있다. 이것은 프랑스식의 강한위원회 모델이라 할 수 있고, 미국의 위원회 제도도 이와 비슷하다.

③ 현행 국회법상으로는 이와 같이 "복수상임위원회" 제도를 채택하고 있으나, 실제로는 회의운영이나 회의장시설 문제 등으로 인해 운영위원회와 정보위원회 및 여성가족위원회를 제외하고는 복수상임위원회 제도는 실시되지 않고 있다.

④ 국회운영위원회와 정보위원회를 제외한 상임위원회는 폐회 중 최소한 월 2회 정례적으로 개회한다. 그러나 위원회는 국회운영위원회를 제외하고는 본회의의 의결이 있거나 의장이 필요하다고 인정하여 각 교섭단체대표의원과 협의한 경우를 제외하고는 본회의 중에는 개회할 수 없다.

지문분석 **정답 ①**

① 【X】 위원회의 국가에 대한 독립성과 정부에 대한 통제력을 기준으로 하여 영국형의 '약한 위원회'와 프랑스형의 '강한 위원회' 제도로 분류되는 바, 입법부와 행정부가 독립성의 원리에 의해서 규율되는 미국식 대통령제국가에서는 양부의 창구적 역할을 하는 교통로가 현실적으로 필요하기 때문에 내각책임제 국가보다도 미국식 대통령제 국가에서 위원회를 설치할 필요성이 더 크다고 볼 수 있다.

② 【O】 성낙인, 795면

④ 【O】 국회운영위원회를 제외한 상임위원회는 폐회 중 최소한 월 2회 정례적으로 개회한다(다만, 정보위원회는 최소한 월 1회로 한다, 국회법 제53조 제1항). 그러나 위원회는 국회운영위원회를 제외하고는 본회의의 의결이 있거나 의장이 필요하다고 인정하여 각 교섭단체대표의원과 협의한 경우를 제외하고는 본회의 중에는 개회할 수 없다(국회법 제56조).

17 **국회의 위원회제도에 대한 설명으로 옳은 것을 〈보기〉에서 모두 고르면?** (다툼이 있는 경우 헌법재판소의 판례에 의함) 17년 국회직 8급

보기

㉠ 본회의에서 복잡하고 기술적인 사항을 심의하기에 적합하지 않아 의사진행의 전문성과 효율성을 높이기 위한 제도이다.

㉡ 위원회에서는 의원이 아닌 자는 위원장의 허가를 받아 방청할 수 있다.

㉢ 윤리특별위원회와 예산결산특별위원회는 「국회법」이 명시한 특별위원회인 반면에, 인사청문특별위원회는 본회의의 의결로 청문사안이 있을 때 일시적으로 설치하는 비상설위원회이다.

㉣ 교섭단체대표의원의 요청에 따른 국회의장의 상임위원 개선행위는 그 요청이 위헌이나 위법이 아닌 한 해당 국회의원의 법률안의 심의·표결권의 침해로 볼 수 없다.

① ㉢, ㉣
② ㉠, ㉡, ㉢
③ ㉠, ㉡, ㉣
④ ㉡, ㉢, ㉣
⑤ ㉠, ㉡, ㉢, ㉣

지문분석 **정답 ③**

옳은 것은 ㉠㉡㉣이다.

㉠ 【O】 위원회제도는 본회의의 신속성을 확보할 수 있고, 국회의원들의 전문성을 활용할 수 있다.

㉡ 【O】 국회법 제55조 제1항

㉢ 【X】 인사청문특별위원회는 국회법에 명시된 비상설특별위원회로서, 인사청문특별위원회는 임명동의안등(국회법 제65조의2 제2항의 규정에 의하여 다른 법률에서 국회의 인사청문을 거치도록 한 공직후보자에 대한 인사청문요청안을 제외한다)이 국회에 제출된 때에 구성된 것으로 본다. 인사청문특별위원회는 임명동의안등이 본회의에서 의결될 때 또는 인사청문경과가 본회의에 보고 될 때까지 존속한다(인사청문회법 제3조 제1·6항).

㉣ 【O】 국회의장인 피청구인은 국회법 제48조 제1항에 규정된 바에 따라 국회의원인 청구인이 소속된 한나라당 "교섭단체대표의원의 요청"을 서면으로 받고 이 사건 사·보임행위를 한 것으로서 하등 헌법이나 법률에 위반되는 행위를 한 바가 없다. 요컨대, 피청구인의 이 사건 사·보임행위는 청구인이 소속된 정당내부의 사실상 강제에 터 잡아 교섭단체대표의원이 상임위원회 사·보임 요청을 하고 이에 따라 이른바 의사정리권한의 일환으로 이를 받아들인 것으로서, 그 절차·과정에 헌법이나 법률의 규정을 명백하게 위반하여 재량권의 한계를 현저히 벗어나 청구인의 법률안 심의·표결 권한을 침해한 것으로는 볼 수 없다고 할 것이다(헌재 2003.10.30, 2002헌라1).

18 **국회의 인사청문회에 관한 설명으로 가장 옳지 않은 것은?** (다툼이 있을 경우에는 헌법재판소 판례에 의함)

① 국회법에 근거를 두고 있는 인사청문특별위원회의 위원정수는 13인이며, 그 위원은 교섭단체 등의 의원수의 비율에 의하여 각 교섭단체대표의원의 요청으로 국회의장이 선임 및 개선한다.

② 대통령이 각각 임명하는 헌법재판소 재판관·중앙선거관리위원회 위원·국무위원·방송통신위원회 위원장·국가정보원장·공정거래위원회 위원장·금융위원회 위원장·국가인권위원회 위원장·국세청장·검찰총장·경찰청장·합동참모의장 또는 한국은행 총재의 후보자의 인사청문회는 각 소관상임위원회에서 연다.

③ 중앙선거관리위원회 위원은 모두 소관상임위원회의 인사청문을 거치지만, 그 위원 중에서 호선하는 중앙선거관리위원장은 인사청문특별위원회의 인사청문 대상이 되지 않는다.

④ 상임위원회가 구성되기 전에 공직후보자에 대한 인사청문 요청이 있는 경우에는 특별위원회에서 인사청문을 실시할 수 있다.

지문분석 **정답 ③**

① **【O】** 국회는 헌법에 의하여 그 임명에 국회의 동의를 요하는 대법원장·헌법재판소장·국무총리·감사원장 및 대법관과 국회에서 선출하는 헌법재판소 재판관 및 중앙선거관리위원회 위원에 대한 임명동의안 또는 의장이 각 교섭단체대표의원과 협의하여 제출한 선출안등을 심사하기 위하여 인사청문특별위원회를 둔다. 다만, 대통령직인수에관한법률 제5조 제2항의 규정에 의하여 대통령당선인이 국무총리후보자에 대한 인사청문의 실시를 요청하는 경우에 의장은 각 교섭단체대표의원과 협의하여 그 인사청문을 실시하기 위한 인사청문특별위원회를 둔다(국회법 제46조의3). 인사청문특별위원회의 위원정수는 13인으로 한다. 인사청문특별위원회는 위원장 1인과 각 교섭단체별로 간사 1인을 호선하고 본회의에 보고한다(인사청문회법 제3조 제2항, 제5항).

② **【O】 국회법 제65조의2(인사청문회) 제1항** 제46조의3의 규정에 의한 심사 또는 인사청문을 위하여 인사에 관한 청문회(이하 "인사청문회"라 한다)를 연다.

제2항 상임위원회는 다른 법률에 따라 다음 각 호의 어느 하나에 해당하는 공직후보자에 대한 인사청문 요청이 있는 경우 인사청문을 실시하기 위하여 각각 인사청문회를 연다.

1. 대통령이 임명하는 헌법재판소 재판관·중앙선거관리위원회 위원·국무위원·방송미디어통신위원회 위원장·국가정보원장·공정거래위원회 위원장·금융위원회 위원장·국가인권위원회 위원장, 고위공직자범죄수사처장, 국세청장, 검찰총장, 경찰청장, 합동참모의장, 한국은행 총재, 특별감찰관, 한국방송공사 사장 또는 방송미디어통신심의위원회 위원장의 후보자
2. 대통령당선인이 「대통령직인수에 관한 법률」 제5조 제1항에 따라 지명하는 국무위원후보자
3. 대법원장이 각각 지명하는 헌법재판소 재판관 또는 중앙선거관리위원회 위원의 후보자

제3항 상임위원회가 구성되기 전(국회의원총선거 후 또는 상임위원장의 임기만료 후에 제41조 제2항에 따라 상임위원장이 선출되기 전을 말한다)에 제2항 각 호의 어느 하나에 해당하는 공직후보자에 대한 인사청문 요청이 있는 경우에는 제44조 제1항에 따라 구성되는 특별위원회에서 인사청문을 실시할 수 있다. 이 경우 특별위원회의 설치·구성은 의장이 각 교섭단체대표의원과 협의하여 제의하며, 위원의 선임에 관하여는 제48조 제4항을 적용하지 아니하고 「인사청문회법」 제3조 제3항 및 제4항을 준용한다.

제4항 제3항에 따라 실시한 인사청문은 소관 상임위원회의 인사청문회로 본다.

제5항 헌법재판소 재판관 후보자가 헌법재판소장 후보자를 겸하는 경우 제2항 제1호의 규정에 불구하고 제1항의 규정에 따른 인사청문특별위원회의 인사청문회를 연다. 이 경우 제2항의 규정에 따른 소관상임위원회의 인사청문회를 겸하는 것으로 본다.

제6항 인사청문회의 절차 및 운영등에 관하여 필요한 사항은 따로 법률로 정한다.

③ **【X】** 국회에서 선출하는 중앙선거관리위원회 위원은 인사청문특별위원회에서 한다. 중앙선거관리위원회 위원장은 위원 중에서 호선한다.

④ 【O】 상임위원회가 구성되기 전(국회의원총선거 후 또는 상임위원장의 임기만료 후에 제41조 제2항에 따라 상임위원장이 선출되기 전을 말한다)에 제2항 각 호의 어느 하나에 해당하는 공직후보자에 대한 인사청문 요청이 있는 경우에는 제44조 제1항에 따라 구성되는 특별위원회에서 인사청문을 실시할 수 있다. 이 경우 특별위원회의 설치·구성은 의장이 각 교섭단체대표의원과 협의하여 제의하며, 위원의 선임에 관하여는 제48조 제4항을 적용하지 아니하고 「인사청문회법」 제3조 제3항 및 제4항을 준용한다(국회법 제65조의2 제3항). 제3항에 따라 실시한 인사청문은 소관 상임위원회의 인사청문회로 본다.

19 다음 중 국회 위원회의 권한에 대한 설명으로 옳은 것은? 16년 국회 9급 변형

① 상임위원회는 위원회 또는 상설소위원회를 정기적으로 개회하여 그 소관 중앙행정기관이 제출한 부령에 대하여 법률에의 위반여부 등을 검토하여 당해 부령이 법률의 취지 또는 내용에 합치되지 아니하다고 판단되는 경우 소관 중앙행정기관의 장에게 그 내용을 통보할 수 있다.

② 위원회는 중요한 안건 또는 전문지식을 요하는 안건을 심사하기 위하여 그 의결 또는 재적위원 4분의 1 이상의 요구로 공청회를 열고 이해관계자 또는 학식·경험이 있는 자 등으로 부터 의견을 들을 수 있다.

③ 정보위원회는 그 소관사항을 분담·심사하기 위하여 상설소위원회를 둘 수 없다.

④ 상임위원회는 총리령, 부령이 법률의 취지 또는 내용에 합치되지 않는다고 판단한 경우에는 소관 행정기관의 장에게 수정·변경을 요구할 수 있다.

⑤ 위원회는 소관 현안, 중요한 안건의 심사와 국정감사 및 국정조사에 필요한 경우 증인·감정인·참고인으로부터 증언·진술의 청취와 증거의 채택을 위하여 그 의결로 청문회를 열 수 있다.

지문분석 **정답 ①**

① 【O】 국회법 제98조의2 제3항

② 【X】 위원회(소위원회를 포함한다. 이하 이 조에서 같다)는 중요한 안건 또는 전문지식을 요하는 안건을 심사하기 위하여 그 의결 또는 재적위원 3분의 1이상의 요구로 공청회를 열고 이해관계자 또는 학식·경험이 있는 자등으로부터 의견을 들을 수 있다. 다만, 제정법률안 및 전부개정법률안의 경우에는 제58조 제6항의 규정에 의한다(국회법 제64조 제1항).

③ 【X】 상임위원회는 그 소관사항을 분담·심사하기 위하여 상설소위원회를 둘 수 있다(국회법 제57조 제2항).

④ 【X】 상임위원회는 위원회 또는 상설소위원회를 정기적으로 개회하여 그 소관중앙행정기관이 제출한 대통령령·총리령 및 부령(이하 이 조에서 "대통령령등"이라 한다)에 대하여 법률에의 위반여부 등을 검토하여 당해 대통령령 등이 법률의 취지 또는 내용에 합치되지 아니하다고 판단되는 경우에는 소관 중앙행정기관의 장에게 그 내용을 통보할 수 있다. 이 경우 중앙행정기관의 장은 통보받은 내용에 대한 처리 계획과 그 결과를 지체 없이 소관상임위원회에 보고하여야 한다(국회법 제98조의2 제3항).

⑤ 【X】 소관 현안은 위원회의 청문회 대상이 아니다. 위원회(소위원회를 포함한다)는 중요한 안건의 심사와 국정감사 및 국정조사에 필요한 경우 증인·감정인·참고인으로부터 증언·진술의 청취와 증거의 채택을 위하여 그 의결로 청문회를 열 수 있다(국회법 제65조 제1항).

20 국회의 위원회에 대한 설명으로 옳은 것은? 25년 국가직 7급

① 「국회법」에 따르면 상임위원회에서 법률안의 심사를 마치거나 입안을 하였을 때에는 법제사법위원회에 회부하여 체계와 자구에 대한 심사를 거쳐야 하는데, 이 경우 법제사법위원회 위원장은 간사와의 협의를 통해 제안자의 취지 설명과 토론을 생략할 수 없다.

② 「국회법」상 국회의장이 위원회 간사와 합의하는 경우, 국회의장은 법제사법위원회에 회부하는 안건 또는 회부된 안건에 대하여 심사기간을 지정할 수 있으며, 이 경우 위원회가 이유 없이 지정된 심사기간 내에 심사를 마치지 아니하였을 때에는 국회의장은 중간보고를 들은 후 해당 안건을 다른 위원회에 회부할 수 없으나 3일 이내에 본회의에 부의할 수 있다.

③ 「국회법」 제86조 제3항의 '이유'의 유무는 법제사법위원회가 '법제사법위원회의 책임 없는 불가피한 사유로 그 기간을 준수하지 못하였는지 여부'를 기준으로 완화된 판단을 할 수 있다.

④ 법제사법위원회가 체계·자구 심사권한을 초과하는 심사를 하면서 60일의 기간을 도과하였다면 이러한 심사지연은 그 자체로 이유가 없다.

지문분석 **정답 ④**

① **【X】 국회법 제86조(체계 · 자구의 심사)** ① 위원회에서 법률안의 심사를 마치거나 입안을 하였을 때에는 법제사법위원회에 회부하여 체계와 자구에 대한 심사를 거쳐야 한다. 이 경우 법제사법위원회 위원장은 간사와 협의하여 심사에서 제안자의 취지 설명과 토론을 생략할 수 있다.

② **【X】 국회법 제85조(심사기간)** ① 의장은 다음 각 호의 어느 하나에 해당하는 경우에는 위원회에 회부하는 안건 또는 회부된 안건에 대하여 심사기간을 지정할 수 있다. 이 경우 제1호 또는 제2호에 해당할 때에는 의장이 각 교섭단체 대표의원과 협의하여 해당 호와 관련된 안건에 대해서만 심사기간을 지정할 수 있다.

1. 천재지변의 경우
2. 전시·사변 또는 이에 준하는 국가비상사태의 경우
3. 의장이 각 교섭단체 대표의원과 합의하는 경우

② 제1항의 경우 위원회가 이유 없이 지정된 심사기간 내에 심사를 마치지 아니하였을 때에는 의장은 중간보고를 들은 후 다른 위원회에 회부하거나 바로 본회의에 부의할 수 있다.

③ **【X】** 국회가 국회법 제86조 제3항 및 제4항이 정하고 있는 절차를 준수하여 법률안을 본회의에 부의하기로 결정하였다면, 여기에 헌법적 원칙이 현저히 훼손되었다는 등의 특별한 사정이 없는 한, 국회 이외의 기관이 그 판단에 개입하는 것은 가급적 자제함이 바람직하다. 또한, '이유 없이' 유무에 대하여 실체적으로 판단한다고 하더라도, 국회법 제86조 제3항의 입법취지를 고려할 때 '이유'의 유무는 법사위가 '법사위의 책임 없는 불가피한 사유로 그 기간을 준수하지 못하였는지 여부'를 기준으로 엄격하게 판단하여야 한다(헌재 2023. 10. 26. 2023헌라2).

④ **【O】** 법사위는 방송법 등 일부개정법률안에 대해서는 체계·자구 심사권한을 벗어나는 내용에 대한 정책적 심사를 하면서 60일의 심사기간을 도과한 것으로 보이고, 달리 국회 내의 사정에 비추어 법사위가 심사절차를 진행하는 것이 현저히 곤란하거나 심사기간 내에 심사를 마치는 것이 물리적으로 불가능하였다고 볼만한 사정도 인정되지 아니하므로, 국회법 제86조 제3항의 '이유 없이'를 실체적으로 판단하더라도 법사위의 심사지연에는 여전히 이유가 없다. 따라서 피청구인 과방위 위원장의 이 사건 본회의 부의 요구행위는 청구인들의 법률안 심의·표결권을 침해하지 아니한다(헌재 2023. 10. 26. 2023헌라2).

21 국회의 운영과 관련된 설명으로 잘못된 것은?

① 국회 입법활동의 활성화와 효율화를 이루기 위하여 교섭단체에 한하여 정책연구위원을 배정하는 것은 입법재량의 범위 내로서 그 차별에 합리적인 이유가 있다.

② 국회의 회의공개 원칙은 절대적인 것이 아니므로, 출석의원 과반수의 찬성이 있거나 의장이 국가의 안전보장을 위하여 필요하다고 인정할 때에는 공개하지 아니할 수 있다.

③ 회기계속의 원칙은 하나의 입법기 내에서만 효력이 있으므로 국회의원의 임기가 만료된 경우에는 회기가 계속되지 않는다. 따라서 국회의원의 국회에 제출된 법률안은 국회의원의 임기가 만료되는 때에는 자동으로 폐기되며, 차기 국회에 다시 제출되어야 심의・의결할 수 있다.

④ 헌법 제49조가 규정한 일반의결정족수인 '재적의원 과반수의 출석'과 '출석의원의 과반수의 찬성'은 의결을 위한 출석정족수와 찬성정족수를 병렬적으로 규정하고 있으므로 만약 국회의 표결결과 '재적의원 과반수 출석'에 미달되었음이 확인되었다면 의결을 위한 출석정족수를 충족하지 못하였으므로 표결자체가 성립되지 못한 것으로서 표결불성립에 해당하는 것이지 '부결'에 해당하는 것은 아니다.

지문분석 **정답 ④**

① 【O】 국회 입법활동의 활성화와 효율화를 이루기 위하여는 우선적으로 교섭단체의 전문성을 제고시켜야 하며, 교섭단체가 필요로 하는 전문인력을 공무원 신분인 정책연구위원으로 임용하여 그 소속의원들의 입법활동을 보좌하도록 할 필요성이 발생하므로 교섭단체에 한하여 정책연구위원을 배정하는 것은 입법재량의 범위 내로서 그 차별에 합리적인 이유가 있다 할 것이다(헌재 2008.3.27. 2004헌마654).

② 【O】 회의 회의공개 원칙은 절대적인 것이 아니므로, 출석의원 과반수의 찬성이 있거나 의장이 국가의 안전보장을 위하여 필요하다고 인정할 때에는 공개하지 아니할 수 있다(헌법 제50조 제1항). 국회법에서는 "의장의 제의 또는 의원 10인 이상의 연서에 의한 동의로 본회의의 의결이 있거나 의장이 각 교섭단체대표의원과 협의하여 국가의 안전보장을 위하여 필요하다고 인정할 때에는 공개하지 아니할 수 있다. 회의의 비공개 제의나 동의에 대하여는 토론을 하지 아니하고 표결한다"고 규정하고 있다(제75조 제1・2항)

④ 【X】 헌법 제49조 및 국회법 제109조는, 일부 다른 입법례(독일, 일본 등은 의결을 위한 출석정족수와 찬성을 위한 정족수를 단계적으로 규정하고 있음)와는 달리, 의결정족수에 관하여 의결을 위한 출석정족수와 찬성정족수를 병렬적으로 규정하고 있다. 나아가 '재적의원 과반수의 출석'과 '출석의원의 과반수의 찬성'이라는 규정의 성격이나 흠결의 효력을 별도로 구분하여 규정하고 있지도 아니하다. 따라서 표결이 종료되어 '재적의원 과반수의 출석'에 미달하였다는 결과가 확인된 이상, '출석의원 과반수의 찬성'에 미달한 경우와 마찬가지로 국회의 의사는 부결로 확정되었다고 보아야 한다.[11사시] 결국 방송법안에 대한 1차 투표가 종료되어 재적의원 과반수의 출석에 미달되었음이 확인된 이상, 방송법안에 대한 국회의 의사는 부결로 확정되었다고 보아야 하므로, 피청구인이 국회의 방송법안에 대한 확정된 부결의사를 무시하고 재표결을 실시하여 그 표결결과에 따라 방송법안의 가결을 선포한 것은 일사부재의 원칙에 위배하여 청구인들의 표결권을 침해한 것이다(헌재 2009.10.29. 2009헌라8・9・10 병합).

22 국회의 운영에 대한 설명으로 옳지 않은 것은? 20년 국가직 7급

① 의원이 다른 의원의 자격에 대하여 이의가 있을 때에는 30명 이상의 연서로 의장에게 자격심사를 청구할 수 있으며, 의원이 체포 또는 구금된 의원의 석방 요구를 발의할 때에는 재적의원 4분의 1 이상의 연서(連書)로 그 이유를 첨부한 요구서를 의장에게 제출하여야 한다.
② 발언한 의원은 회의록이 배부된 날의 다음 날 오후 5시까지 회의록에 적힌 자구의 정정을 의장에게 요구할 수 있으나, 발언의 취지를 변경할 수 없다.
③ 의장이 산회를 선포한 당일에는 다시 개의할 수 없으나, 내우외환, 천재지변 또는 중대한 재정·경제상의 위기, 국가의 안위에 관계되는 중대한 교전 상태나 전시·사변 또는 이에 준하는 국가비상사태의 경우에는 의장이 교섭단체 대표의원과 합의 없이도 회의를 다시 개의할 수 있다.
④ 의장이 토론에 참가할 때에는 의장석에서 물러나야 하며, 그 안건에 대한 표결이 끝날 때까지 의장석으로 돌아갈 수 없다.

지문분석 **정답 ③**

① **【O】 국회법 제138조(자격심사의 청구)** 의원이 다른 의원의 자격에 대하여 이의가 있을 때에는 30명 이상의 연서자격심사를 청구할 수 있다.
제28조(석방요구의 절차) 의원이 체포 또는 구금된 의원의 (連書)로 그 이유를 첨부한 요구서를 의장에게 제출로 의장에게 석방 요구를 발의 할 때에는 재적의원 4분의 1 이상의 연서하여야 한다.
② **【O】 국회법 제117조(자구의 정정과 이의의 결정)** ① 발언한 의원은 회의록이 배부된 날의 다음 날 오후 5시까지 회의록에 적힌 자구의 정정을 의장에게 요구할 수 있다. 다만, 발언의 취지를 변경할 수 없다.
③ **【X】 국회법 제74조(산회)** ① 의사일정에 올린 안건의 의사가 끝났을 때에는 의장은 산회를 선포한다.
② 산회를 선포한 당일에는 회의를 다시 개의할 수 없다. 다만, 내우외환, 천재지변 또는 중대한 재정·경제상의 위기, 국가의 안위에 관계되는 중대한 교전 상태나 전시·사변 또는 이에 준하는 국가비상사태로서 의장이 각 교섭단체 대표의원과 합의한 경우에는 그러하지 아니하다.
④ **【O】 국회법 제107조(의장의 토론참가)** 의장이 토론에 참가할 때에는 의장석에서 물러나야 하며, 그 안건에 대한 표결이 끝날 때까지 의장석으로 돌아갈 수 없다.

23 국회의 운영에 대한 설명으로 옳지 않은 것은? 20년 지방직 7급

① 본회의는 오후 2시(토요일은 오전 10시)에 개의하지만, 의장은 각 상임위원회 위원장과 협의하여 그 개의 시를 변경할 수 있다.
② 국회는 휴회 중이라도 대통령의 요구가 있을 때, 의장이 긴급한 필요가 있다고 인정할 때 또는 재적의원 4분의 1 이상의 요구가 있는 때에는 국회의 회의를 재개한다.
③ 정부가 본회의 또는 위원회에서 의제가 된 정부제출의 의안을 수정 또는 철회할 때에는 본회의 또는 위원회의 동의를 얻어야 한다.
④ 정부는 부득이한 경우를 제외하고는 매년 1월 31일까지 해당 연도에 제출할 법률안에 관한 계획을 국회에 통지하여야 한다.

지문분석 **정답 ①**

① 【X】 국회법 제72조(개의) 본회의는 오후 2시(토요일은 오전 10시)에 개의한다. 다만, 의장은 각 교섭단체 대표의원과 협의하여 그 개의시(開議時)를 변경할 수 있다.
② 【O】 **국회법 제8조(휴회)** ② 국회는 휴회 중이라도 대통령의 요구가 있을 때, 의장이 긴급한 필요가 있다고 인정할 때 또는 재적의원 4분의 1 이상의 요구가 있을 때에는 국회의 회의(이하 "본회의"라 한다)를 재개한다.
③ 【O】 **국회법 제90조(의안 · 동의의 철회)** ③ 정부가 본회의 또는 위원회에서 의제가 된 정부제출 의안을 수정하거나 철회할 때에는 본회의 또는 위원회의 동의를 받아야 한다.
④ 【O】 **국회법 제5조의3(법률안 제출계획의 통지)** ① 정부는 부득이한 경우를 제외하고는 매년 1월 31일까지 해당 연도에 제출할 법률안에 관한 계획을 국회에 통지하여야 한다.

24 국회의 운영원리 및 입법절차에 대한 설명으로 옳은 것은? (다툼이 있는 경우 판례에 의함)

21년 국가직 7급

① 국회의 위임 의결이 없더라도 국회의장은 국회에서 의결된 법률안의 조문이나 자구 · 숫자, 법률안의 체계나 형식 등의 정비가 필요한 경우 의결된 내용이나 취지를 변경하지 않는 범위 안에서 이를 정리할 수 있다고 봄이 상당하고, 이렇듯 국회의장이 국회의 위임 없이 법률안을 정리하더라도 그러한 정리가 국회에서 의결된 법률안의 실질적 내용에 변경을 초래하는 것이 아닌 한 헌법이나 「국회법」상의 입법절차에 위반된다고 볼 수 없다.
② 의사공개의 원칙은 방청 및 보도의 자유와 회의록의 공표를 그 내용으로 하지만 출석의원 3분의 1 이상의 찬성이 있거나 의장이 국가의 안전보장을 위하여 필요하다고 인정할 때에는 공개하지 아니한다.
③ 일반정족수는 다수결의 원리를 실현하는 국회의 의결방식으로서 헌법상의 원칙에 해당한다.
④ 일사부재의의 원칙은 의회에서 일단 부결된 의안은 동일회기 중에 다시 발의하거나 심의하지 못한다는 원칙을 말하는데, 현행 헌법은 일사부재의의 원칙을 명시적으로 규정하고 있다.

지문분석 **정답 ①**

① 【O】 국회의 위임 의결이 없더라도 국회의장은 국회에서 의결된 법률안의 조문이나 자구 · 숫자, 법률안의 체계나 형식 등의 정비가 필요한 경우 의결된 내용이나 취지를 변경하지 않는 범위 안에서 이를 정리할 수 있다고 봄이 상당하고, 이렇듯 국회의장이 국회의 위임 없이 법률안을 정리하더라도 그러한 정리가 국회에서 의결된 법률안의 실질적 내용에 변경을 초래하는 것이 아닌 한 헌법이나 국회법상의 입법절차에 위반된다고 볼 수 없다(헌재 2009. 6. 25. 2007헌마451).
② 【X】 의사공개의 원칙은 방청 및 보도의 자유와 회의록의 공표를 그 내용으로 하는데, 다만, 의사공개의 원칙은 절대적인 것이 아니므로, 출석의원 과반수의 찬성이 있거나 의장이 국가의 안전보장을 위하여 필요하다고 인정할 때에는 공개하지 아니할 수 있다(헌재 2000. 6. 29. 98헌마443 등).
헌법 제50조 ① 국회의 회의는 공개한다. 다만, 출석의원 과반수의 찬성이 있거나 의장이 국가의 안전보장을 위하여 필요하다고 인정할 때에는 공개하지 아니할 수 있다.
③ 【X】 일반정족수는 다수결원리를 실현하는 국회의 의결방식 중 하나에 불과하고, 그 자체가 헌법상의 원칙이나 원리라고 볼 수는 없다.나아가 국회가 자신의 의사절차에 관한 제도를 스스로 입안하면서 가중다수결과 일반다수결 중 어느 것을 선택할 것인지는 국회의 자율영역에 속한다고 보아야 한다(헌재 2016. 5. 26. 2015헌라1).
④ 【X】 **국회법 제92조(일사부재의)** 부결된 안건은 같은 회기 중에 다시 발의하거나 제출할 수 없다.

25 **국회의 의사공개원칙에 대한 설명으로 옳지 않은 것은?** (다툼이 있는 경우 판례에 의함)

22년 지방직 7급

① 국민은 헌법상 보장된 알권리의 한 내용으로서 국회에 대하여 입법과정의 공개를 요구할 권리를 가지며, 국회의 의사에 대하여는 직접적인 이해관계 유무와 상관없이 일반적 정보공개청구권을 가진다고 할 수 있다.

② 본회의는 공개하며, 의장의 제의 또는 의원 10명 이상의 연서에 의한 동의(動議)로 본회의 의결이 있거나 의장이 각 교섭단체 대표의원과 협의하여 국가의 안전보장을 위하여 필요하다고 인정할 때에는 공개하지 아니할 수 있다.

③ 헌법은 국회 회의의 공개 여부에 관하여 회의 구성원의 자율적 판단을 허용하고 있으므로, 소위원회 회의의 공개여부 또한 소위원회 또는 소위원회가 속한 위원회에서 여러 가지 사정을 종합하여 합리적으로 결정할 수 있다 할 것이다.

④ 국회 정보위원회의 모든 회의는 실질적으로 국가기밀에 관한 사항과 직·간접적으로 관련되어 있으므로 국가안전보장을 위하여 회의 일체를 비공개로 하더라도 정보취득의 제한을 이유로 알권리에 대한 침해로 볼 수는 없다.

지문분석 **정답 ④**

① 【O】 우리 헌법은 제50조 제1항 본문에서 "국회의 회의는 공개한다"라고 하여 국회 의사공개의 원칙을 천명하고 있다. 이는 방청 및 보도의 자유와 회의록의 공개 등을 그 내용으로 한다. 이 같은 헌법규정의 취지를 고려하면, 국민은 헌법상 보장된 알권리의 한 내용으로서 국회에 대하여 입법과정의 공개를 요구할 권리를 가지며, 국회의 의사에 대하여는 직접적인 이해관계 유무와 상관없이 일반적 정보공개청구권을 가진다고 할 수 있다(헌재 2009. 9. 24. 2007헌바17).

② 【O】 **국회법 제75조(회의의 공개)** ① 본회의는 공개한다. 다만, 의장의 제의 또는 의원 10명 이상의 연서에 의한 동의(動議)로 본회의 의결이 있거나 의장이 각 교섭단체 대표의원과 협의하여 국가의 안전보장을 위하여 필요하다고 인정할 때에는 공개하지 아니할 수 있다.

③ 【O】 소위원회의 회의도 가능한 한 국민에게 공개하는 것이 바람직하나, 전문성과 효율성을 위한 제도인 소위원회 회의를 공개할 경우 우려되는 부정적 측면도 외면할 수 없고, 헌법은 국회회의의 공개여부에 관하여 회의 구성원의 자율적 판단을 허용하고 있으므로, 소위원회 회의의 공개여부 또한 소위원회 또는 소위원회가 속한 위원회에서 여러 가지 사정을 종합하여 합리적으로 결정할 수 있다할 것인바, 이 사건 소위원회 방청불허행위를 헌법이 설정한 국회 의사자율권의 범위를 벗어난 위헌적인 공권력의 행사라고 할 수 없다(헌재 2000. 6. 29. 98헌마443 등).

④ 【X】 심판대상조항은 정보위원회의 회의 일체를 비공개 하도록 정함으로써 정보위원회 활동에 대한 국민의 감시와 견제를 사실상 불가능하게 하고 있다. 또한 헌법 제50조 제1항 단서에서 정하고 있는 비공개사유는 각 회의마다 충족되어야 하는 요건으로 입법과정에서 재적의원 과반수의 출석과 출석의원 과반수의 찬성으로 의결되었다는 사실만으로 헌법 제50조 제1항 단서의 '출석위원 과반수의 찬성'이라는 요건이 충족되었다고 볼 수도 없다. 따라서 심판대상조항은 헌법 제50조 제1항에 위배되는 것으로 과잉금지원칙 위배 여부에 대해서는 더 나아가 판단할 필요 없이 청구인들의 알 권리를 침해한다(헌재 2022. 1. 27. 2018헌마1162).

26 **국회의 운영 및 의사절차에 대한 설명으로 옳지 않은 것만을 〈보기〉에서 모두 고르면?**

보기

㉠ 헌법은 출석의원 과반수의 찬성으로 국회의 회의를 공개하지 않을 수 있음을 명시하고 있는데, 이때 '출석의원 과반수의 찬성'은 각 회의마다 충족되어야 하는 요건으로 이를 달리 해석할 여지는 없다.
㉡ 의안이 본회의에 보고되었다면 의제가 되기 전이라도 의안을 발의한 국회의원이 이를 일방적으로 철회할 수 없고, 재적의원 과반수의 출석과 출석의원 과반수의 찬성에 의한 본회의의 동의를 받아야 한다.
㉢ 국회의장은 안건이 어느 상임위원회의 소관에 속하는지 명백하지 아니할 때에는 국회운영위원회와 협의하여 상임위원회에 회부하되, 협의가 이루어지지 아니할 때에는 국회의장이 소관 상임위원회를 결정한다.
㉣ 본회의는 안건을 심의할 때 그 안건을 심사한 위원장의 심사보고를 듣고 질의·토론을 거쳐 표결하지만, 위원회의 심사를 거친 안건에 대해서는 의결로 질의와 토론을 모두 생략하거나 그 중 하나를 생략할 수 있다.
㉤ 위원회에서 심사를 마치고 회부된 법률안에 대하여 법제사법위원회가 이유 없이 회부된 날부터 60일 이내에 심사를 마치지 아니하였을 때에는 심사대상 법률안의 소관 위원회 위원장은 간사와 협의 없이 국회의장에게 그 법률안의 본회의 부의를 요구할 수 있다.

① ㉠, ㉢　　② ㉠, ㉤
③ ㉡, ㉣　　④ ㉡, ㉤

지문분석 **정답 ④**

㉠ 【O】 '출석의원 과반수의 찬성' 또는 '위원장의 국가안전보장을 위해 필요하다는 결정'은 각 회의마다 충족되어야 하는 요건으로 이를 달리 해석할 여지는 없으며, 입법과정에서 재적의원 과반수의 출석과 출석의원 과반수의 찬성으로 의결되었다는 사실만으로 헌법 제50조 제1항 단서의 '출석의원 과반수의 찬성'이라는 요건이 충족되었다고 보는 것은 헌법 제50조 제1항을 장식에 불과한 것으로 만드는 해석이다. … 심판대상조항은 헌법 제50조 제1항에 위배되는 것으로 과잉금지원칙 위배 여부에 대해서는 더 나아가 판단할 필요 없이 청구인들의 알 권리를 침해한다(헌재 2022. 1. 27. 2018헌마1162 등).

㉡ 【X】 국회법 제90조는 제1항에서 국회의원이 그가 발의한 의안을 철회할 수 있다고 정하면서, 제2항에서 '본회의에서 의제가 된 의안'을 철회할 때에는 본회의의 동의를 받아야 한다고 정하고 있다. '의제'는 의결 여부와 관계없이 당일의 회의에서 논의의 대상이 되는 안건의 제목으로, 의사일정에 기재된 의안이 당일 회의에 상정되어 실제 논의의 대상이 되는 때에 의안이 의제로 성립된다. 따라서 국회법 제90조 제2항의 '본회의에서 의제가 된 의안' 은 '국회법 등이 정하고 있는 형식적 요건을 갖추어 국회에 제출된 의안 중 의사일정에 기재되고 당일 본회의에 상정되어 논의의 대상이 되는 안건'을 의미한다고 할 것이다. 의안을 발의한 의원은 의안이 본회의에서 의제가 되기 전까지는 철회의 요구만으로 이를 철회할 수 있으나, 의안이 본회의에 상정되어 의제로 성립된 이후에는 이를 일방적으로 철회할 수 없고, 재적의원 과반수의 출석과 출석의원 과반수의 찬성에 의한 본회의의 동의를 받아야 한다(헌재 2024. 3. 28. 2023헌라9).

㉢ 【O】 **국회법 제81조(상임위원회 회부)** ② 의장은 안건이 어느 상임위원회의 소관에 속하는지 명백하지 아니할 때에는 국회운영위원회와 협의하여 상임위원회에 회부하되, 협의가 이루어지지 아니할 때에는 의장이 소관 상임위원회를 결정한다.

㉣ 【O】 **국회법 제93조(안건심의)** 본회의는 안건을 심의할 때 그 안건을 심사한 위원장의 심사보고를 듣고 질의·토론을 거쳐 표결한다. 다만, 위원회의 심사를 거치지 아니한 안건에 대해서는 제안자가 그 취지를 설명하여야 하고, 위원회의 심사를 거친 안건에 대해서는 의결로 질의와 토론을 모두 생략하거나 그 중 하나를 생략할 수 있다.

ⓜ 【X】 **국회법 제86조(체계 · 자구의 심사)** ① 위원회에서 법률안의 심사를 마치거나 입안을 하였을 때에는 법제사법위원회에 회부하여 체계와 자구에 대한 심사를 거쳐야 한다. 이 경우 법제사법위원회 위원장은 간사와 협의하여 심사에서 제안자의 취지 설명과 토론을 생략할 수 있다.
③ 법제사법위원회가 제1항에 따라 회부된 법률안에 대하여 이유 없이 회부된 날부터 60일 이내에 심사를 마치지 아니하였을 때에는 심사대상 법률안의 소관 위원회 위원장은 간사와 협의하여 이의가 없는 경우에는 의장에게 그 법률안의 본회의 부의를 서면으로 요구한다. 다만, 이의가 있는 경우에는 그 법률안에 대한 본회의 부의 요구 여부를 무기명투표로 표결하되, 해당 위원회 재적위원 5분의 3 이상의 찬성으로 의결한다.

27 다음 중 국회의 의사절차원칙에 대한 설명으로 옳지 않은 것은? (다툼이 있는 경우 헌법재판소 판례에 의함) 16년 국회 9급

① 국회에 제출된 법률안 기타의 의안은 회기 중에 의결되지 못한 이유로 폐기되지 아니한다는 회기계속의 원칙은 의원의 임기만료 시에는 예외가 인정된다.
② 위원회에서 본회의에 부의할 필요가 없다고 결정된 의안을 본회의에서 다시 심의하더라도 이는 동일 사안의 재의가 아니다.
③ 가부동수가 된 안건을 같은 회기 중 다시 발의하는 것은 일사부재의 원칙에 위배된다.
④ 법률안에 대한 본회의의 표결이 종료되어 재적의원 과반수의 출석에 미달되었음이 확인된 경우에는, 출석의원 과반수의 찬성에 미달한 경우와 마찬가지로 국회의 의사는 부결로 확정되었다고 보아야 한다.
⑤ 의사공개의 원칙은 본회의에만 적용되고 위원회에는 적용되지 않는다.

지문분석 **정답 ⑤**

① 【O】 국회에 제출된 법률안 기타의 의안은 회기중에 의결되지 못한 이유로 폐기되지 아니한다. 다만, 국회의원의 임기가 만료된 때에는 그러하지 아니하다(헌법 제51조).
② 【O】 위원회에서 본회의에 부의할 필요가 없다고 결정된 의안을 본회의에서 다시 심의하더라도 일사부재의 원칙에 위배되지 않는다.
③ 【O】 가부동수인 때에는 부결된 것으로 보며, 부결된 안건은 같은 회기중에 다시 발의 또는 제출하지 못한다.
④ 【O】 전자투표에 의한 표결의 경우 국회의장의 투표종료선언에 의하여 투표 결과가 집계됨으로써 안건에 대한 표결 절차는 실질적으로 종료되므로, 투표의 집계 결과 출석의원 과반수의 찬성에 미달한 경우는 물론 재적의원 과반수의 출석에 미달한 경우에도 국회의 의사는 부결로 확정되었다고 볼 수밖에 없다(헌재 2009.10.29, 2009헌라8).
⑤ 【X】 헌법 제50조 제1항이 천명하고 있는 의사공개의 원칙은 위원회의 회의에도 당연히 적용되는 것으로 보아야 한다(헌재 2000.6.29, 98헌마443).

28 국회의 의사절차에 관한 원칙에 대한 설명으로 옳은 것을 〈보기〉에서 모두 고르면? (다툼이 있는 경우 헌법재판소 판례에 의함) 16년 국회 8급

보기

㉠ "위원회에서 의원이 아닌 자는 위원장의 허가를 받아 방청할 수 있다."는 「국회법」 제55조 제1항은 위원회의 비공개원칙을 전제로 한 것이므로, 위원회의 위원장은 그 재량으로 방청불허 결정을 할 수 있다.
㉡ 일사부재의원칙은 부결된 안건이 같은 회기 중에 다시 발의 또는 제출되지 못하게 하는 원칙으로 헌법상 명시되어 있다.
㉢ 우리 헌법은 회기계속의 원칙을 정하고 있기 때문에 국회에 제출된 의안은 회기 중 의결되지 못한 이유로 폐기되지 아니한다. 다만, 국회의원의 임기가 만료된 때에는 그러하지 아니하다.
㉣ 국회의 운영에 관하여 회기제를 채택하고 있더라도, 국회의 상설화는 가능하다.
㉤ 중요한 안건으로서 재적의원 5분의 1 이상의 요구가 있는 때에는 기명·호명 또는 무기명투표로 표결하지만, 대통령으로부터 환부된 법률안은 기명투표로 표결한다.
㉥ 단순한 행정적 회의를 제외하고 국회의 헌법적 기능과 관련된 모든 회의는 본회의든 위원회 회의든 원칙적으로 국민에게 공개되어야 한다.

① ㉠㉢㉤
② ㉠㉣㉥
③ ㉡㉢㉥
④ ㉢㉣㉤
⑤ ㉢㉣㉥

지문분석 **정답 ⑤**

㉠ 【X】 국회법 제55조 제1항은 위원회의 공개원칙을 전제로 한 것이지, 비공개를 원칙으로 하여 위원장의 자의에 따라 공개여부를 결정케 한 것이 아닌바, 위원장이라고 하여 아무런 제한없이 임의로 방청불허 결정을 할 수 있는 것이 아니라, 회의장의 장소적 제약으로 불가피한 경우, 회의의 원활한 진행을 위하여 필요한 경우 등 결국 회의의 질서유지를 위하여 필요한 경우에 한하여 방청을 불허할 수 있는 것으로 제한적으로 풀이된다(헌재 2000.6.29, 98헌마443).
㉡ 【X】 일사부재의 원칙은 헌법이 아닌 국회법 제92조에 규정되어 있다.
㉢ 【O】 국회에 제출된 법률안 기타의 의안은 회기중에 의결되지 못한 이유로 폐기되지 아니한다. 다만, 국회의원의 임기가 만료된 때에는 그러하지 아니하다(헌법 제51조).
㉣ 【O】 짝수달의 2.4.6월은 임시회를 상설화하고 있으며, 임시회는 수시로 30일을 초과하지 않는 범위내에서 가능하다.
㉤ 【X】 대통령으로부터 환부된 법률안은 무기명투표로 표결한다(국회법 제112조 제5항).
㉥ 【O】 헌법 제50조 제1항은 "국회의 회의는 공개한다"라고 하여 의사공개의 원칙을 규정하고 있는바, 이는 단순한 행정적 회의를 제외하고 국회의 헌법적 기능과 관련된 모든 회의는 원칙적으로 국민에게 공개되어야 함을 천명한 것으로서, 의사공개원칙의 헌법적 의미, 오늘날 국회기능의 중점이 본회의에서 위원회로 옮겨져 위원회중심주의로 운영되고 있는 점, 국회법 제75조 제1항 및 제71조의 규정내용에 비추어 본회의든 위원회의 회의든 국회의 회의는 원칙적으로 공개되어야 하고, 원하는 모든 국민은 원칙적으로 그 회의를 방청할 수 있다(헌재 2000.6.29, 98헌마443).

29 국회의 운영 및 의사원칙에 대한 설명으로 옳은 것은? 25년 국가직 7급

① 국회가 「국회법」이 정하고 있는 절차를 준수하여 법률안을 본회의에 부의하기로 결정하였다면, 여기에 헌법적 원칙이 현저히 훼손되었다는 등의 특별한 사정이 없는 한, 국회 이외의 기관이 그 판단에 개입하는 것은 가급적 자제함이 바람직하다.

② 국회의사공개원칙 및 국민의 알 권리는 민주주의의 핵심적 가치 내지 우월적 지위에 있는 권리이므로 소위원회의 의결로 회의를 비공개로 하고 그로써 회의 내용의 공개를 거부할 수 있도록 한 것은 헌법상 국회 회의의 공개원칙에 위반되고, 국민의 알 권리를 침해한다.

③ 「국회법」 제54조의 의사정족수, 의결정족수에 관한 규정은 국회 상임위원회의 모든 구성원에게 토론의 기회가 보장되지 않더라도 출석의 기회가 보장된 상태에서 단순히 형식적으로 의사정족수, 의결정족수를 충족하는 것으로 해석되어야 한다.

④ 예산결산특별위원회 계수조정소위원회가 그 업무의 성격과 종전의 관행에 따라 회의를 비공개하기로 하여 방청을 불허한 것은 국회의 의사자율권의 범위를 벗어난 위헌적인 공권력의 행사이다.

지문분석 **정답 ①**

① 【O】 국회법의 취지와 국회법 제86조 제3항 및 제4항의 내용을 종합하면, 국회법은 법사위의 심사지연에 이유가 있는지 여부를 둘러싸고 소관 위원회 내부 또는 소관 위원회와 법사위 사이에 이견이 발생한 경우, 일차적으로 소관 위원회 내에서 간사와의 협의 또는 의결절차를 통해 해결하도록 하고, 그 판단의 당부가 다시 국회의장과 교섭단체 대표의원과의 합의 또는 본회의에서의 표결이라는 국회 내의 절차를 통해 판단되도록 정하고 있다고 봄이 타당하다. 따라서 국회가 국회법 제86조 제3항 및 제4항이 정하고 있는 절차를 준수하여 법률안을 본회의에 부의하기로 결정하였다면, 여기에 헌법적 원칙이 현저히 훼손되었다는 등의 특별한 사정이 없는 한, 국회 이외의 기관이 그 판단에 개입하는 것은 가급적 자제함이 바람직하다(헌재 2023. 10. 26. 2023헌라2).

② 【X】 헌법 제50조 제1항 본문에서 천명하고 있는 국회 의사공개의 원칙이 소위원회의 회의에 적용되는 것과 마찬가지로, 출석의원 과반수의 찬성이 있거나 의장이 국가의 안전보장을 위하여 필요하다고 인정할 때에는 국회 회의를 공개하지 아니할 수 있다고 규정한 동항 단서 역시 소위원회의 회의에 적용된다. 국회법 제57조 제5항 단서는 헌법 제50조 제1항 단서가 국회의사공개원칙에 대한 예외로서의 비공개 요건을 규정한 내용을 소위원회 회의에 관하여 그대로 이어받아 규정한 것에 불과하므로, 헌법 제50조 제1항에 위반하여 국회 회의에 대한 국민의 알 권리를 침해하는 것이라거나 과잉금지의 원칙을 위배하는 위헌적인 규정이라 할 수 없다(헌재 2009. 9. 24. 2007헌바17).

③ 【X】 "위원회는 재적의원 5분의 1 이상의 출석으로 개회하고, 재적위원 과반수의 출석과 출석위원 과반수의 찬성으로 의결한다."라고 규정한 국회법 제54조의 규정은 단순히 형식적으로 국회의 의사에 있어 의사정족수, 의결에 있어 의결정족수를 충족할 것만을 요구하는 것이 아니라, 실질적으로 모든 위원회의 구성원에게 출석의 기회가 보장된 상태에서 자유로운 토론의 기회가 부여되는 것을 전제조건으로 하는 의사정족수 또는 의결정족수의 충족을 요하는 것으로 해석되어야 할 것이다(헌재 2010. 12. 28. 2008헌라7 등).

④ 【X】 예산결산특별위원회의 계수조정소위원회는 예산의 각 장·관·항의 조정과 예산액 등의 수치를 종합적으로 조정·정리하는 소위원회로서, 예산심의에 관하여 이해관계를 가질 수밖에 없는 많은 국가기관과 당사자들에게 계수조정 과정을 공개하기는 곤란하다는 점과, 계수조정소위원회를 비공개로 진행하는 것이 국회의 확립된 관행이라는 점을 들어 방청을 불허한 것이고, 한편 절차적으로도 계수조정소위원회를 비공개로 함에 관하여는 예산결산특별위원회 위원들의 실질적인 합의 내지 찬성이 있었다고 볼 수 있으므로, 이 사건 소위원회 방청불허행위를 헌법이 설정한 국회 의사자율권의 범위를 벗어난 위헌적인 공권력의 행사라고 할 수 없다(헌재 2000. 6. 29. 98헌마443 등).

30 국회의 의사에 대한 설명으로 가장 옳지 않은 것은? (다툼이 있는 경우 헌법재판소 판례에 의함)

17년 서울시 7급

① 「헌법」 제50조 제1항의 취지를 고려하면, 국민은 헌법상 보장된 알권리의 한 내용으로서 국회에 대하여 입법과정의 공개를 요구할 권리를 가지나, 국회의 의사에 대하여는 직접적인 이해관계 유무와 상관없이 일반적 정보공개청구권을 가지는 것은 아니다.

② '「국회법」 제57조 제5항 본문에서 소위원회의 회의는 공개한다.'라고 규정한 것은 「헌법」 제50조 제1항 본문에서 천명한 국회 의사공개의 원칙을 확인한 것에 불과하다.

③ 국회의 입법과 관련하여 일부 국회의원들의 권한이 침해되었다 하더라도 그것이 다수결의 원칙(「헌법」 제49조)과 회의공개의 원칙(「헌법」 제50조)과 같은 입법절차에 관한 헌법의 규정을 명백히 위반한 흠에 해당하는 것이 아니라면 그 법률안의 가결 선포행위를 곧바로 무효로 볼 것은 아니다.

④ 국회는 헌법 또는 법률에 특별한 규정이 없는 한 재적의원 과반수의 출석과 출석의원 과반수의 찬성으로 의결한다.

지문분석 **정답 ①**

① 【X】 국민은 헌법상 보장된 알권리의 한 내용으로서 국회에 대하여 입법과정의 공개를 요구할 권리를 가지며, 국회의 의사에 대하여는 직접적인 이해관계 유무와 상관없이 일반적 정보공개청구권을 가진다고 할 수 있다(헌재 2009.9.24, 2007헌바17).

② 【O】 오늘날 국회기능의 중점이 본회의에서 위원회로 이동하여 위원회 중심으로 운영되고 있고, 법안 등의 의안에 대한 실질적인 심의가 위원회에서 이루어지고 있는 현실에서, 헌법 제50조 제1항 본문이 천명한 국회 의사공개의 원칙은 위원회의 회의에도 적용되며, 소위원회의 회의에도 당연히 적용되는 것으로 보아야 한다. 따라서 국회법 제57조 제5항 본문에서 "소위원회의 회의는 공개한다"라고 규정한 것은 헌법 제50조 제1항 본문에서 천명한 국회 의사공개의 원칙을 확인한 것에 불과하다 할 것이다(헌재 2009.9.24, 2007헌바17.

③ 【O】 국회의 입법과 관련하여 일부 국회의원들의 권한이 침해되었다 하더라도 그것이 다수결의 원칙(헌법 제49조)과 회의공개의 원칙(헌법 제50조)과 같은 입법절차에 관한 헌법의 규정을 명백히 위반한 흠에 해당하는 것이 아니라면 그 법률안의 가결 선포행위를 곧바로 무효로 볼 것은 아니다(헌재 2011.8.30, 2009헌라7).

④ 【O】 헌법 제49조

31 국회의 운영과 의사원칙에 대한 설명으로 옳지 않은 것은? (다툼이 있는 경우 헌법재판소의 판례에 의함) 17년 국회직 8급

① 의사공개원칙은 방청의 자유, 보도의 자유, 의사록의 공표·배도의 자유를 내용으로 한다.
② 국회는 한 번 부결된 안건은 같은 회기 중에 다시 발의 또는 제출하지 못한다. 그러나 동일 의안이더라도 새로이 발생한 사유로 재차 심의할 수 있다.
③ 국회의장권한대행은 의장으로서 의사진행의 원활을 기하기 위하여 의사진행발언 및 산회 선포 등의 권한을 가진다.
④ 국회의원의 임기가 만료되어 새로운 국회가 구성되는 경우에는 예외적으로 회기불계속의 원칙을 적용한다.
⑤ 국회의장과 위원장은 국회안에서 경호권을 행한다.

지문분석 **정답 ⑤**

① 【O】 의사공개의 원칙은 방청 및 보도의 자유와 회의록의 공표를 그 내용으로 하는데, 다만, 의사공개의 원칙은 절대적인 것이 아니므로, 출석의원 과반수의 찬성이 있거나 의장이 국가의 안전보장을 위하여 필요하다고 인정할 때에는 공개하지 아니할 수 있다(헌재 2000.6.29. 98헌마443).
② 【O】 일사부재의 원칙에 대한 예외로는, 동일의안이라 할지라도 같은 회기에 새로운 사유에 기인한 경우, 의안의 철회가 있는 경우, 사정변경이 있는 경우 등을 들 수 있다.
④ 【O】 헌법 제51조
⑤ 【X】 회기중 국회의 질서를 유지하기 위하여 국회의장은 국회안에서 경호권을 행한다(국회법 제143조). 위원장은 경호권이 없다.

32 국회의 의사원칙에 대한 설명으로 옳지 않은 것은? 17년 5급 공채

① 국회의 회의는 공개한다. 다만, 출석의원 4분의 1 이상의 찬성이 있거나 의장이 국가의 안전보장을 위하여 필요하다고 인정할 때에는 공개하지 아니할 수 있다.
② 국회는 헌법 또는 법률에 특별한 규정이 없는 한 재적의원 과반수의 출석과 출석의원 과반수의 찬성으로 의결한다. 가부동수인 때에는 부결된 것으로 본다.
③ 국회에 제출된 법률안은 회기 중에 의결되지 못한 이유로 폐기되지 아니한다. 다만, 국회의원의 임기가 만료된 때에는 그러하지 아니하다.
④ 법률안에 대한 대통령의 재의의 요구가 있을 때에는 국회는 재의에 붙이고, 재적의원 과반수의 출석과 출석의원 3분의 2 이상의 찬성으로 전과 같은 의결을 하면 그 법률안은 법률로서 확정된다.

지문분석 **정답 ①**

① 【X】 국회의 회의는 공개한다. 다만, 출석의원 과반수의 찬성이 있거나 의장이 국가의 안전보장을 위하여 필요하다고 인정할 때에는 공개하지 아니할 수 있다(헌법 제50조 제1항).
② 【O】 헌법 제49조
③ 【O】 헌법 제51조
④ 【O】 헌법 제53조 제4항

33 **국회의 의사운영에 대한 설명으로 옳지 않은 것은?** 18년 지방직 7급

① 위원회에서 본회의에 부의할 필요가 없다고 결정된 의안은 본회의에 부의하지 아니하나, 위원회의 결정이 본회의에 보고된 날부터 폐회 또는 휴회 중의 기간을 제외한 7일 이내에 의원 30명 이상의 요구가 있을 때에는 그 의안을 본회의에 부의하여야 한다.

② 위원회에서의 번안동의(飜案動議)는 위원의 동의(動議)로 그 안을 갖춘 서면으로 제출하되, 재적위원 과반수의 출석과 출석위원 3분의 2 이상의 찬성으로 의결하지만, 본회의에서 의제가 된 후에는 번안할 수 없다.

③ 본회의에서 부결된 안건은 같은 회기 중에 다시 발의하거나 제출할 수 없으나, 회기를 달리하여 이를 제출하는 것은 허용된다.

④ 국회 본회의는 공개하나, 의장의 제의 또는 의원 10명 이상의 연서에 의한 동의(動議)로 본회의 의결이 있는 경우 공개하지 아니할 수 있으며 그 제의나 동의에 대하여 토론을 거쳐 표결한다.

지문분석 **정답 ④**

① **【O】 제87조(위원회에서 폐기된 의안)** ① 위원회에서 본회의에 부의할 필요가 없다고 결정된 의안은 본회의에 부의하지 아니한다. 다만, 위원회의 결정이 본회의에 보고된 날부터 폐회 또는 휴회 중의 기간을 제외한 7일 이내에 의원 30명 이상의 요구가 있을 때에는 그 의안을 본회의에 부의하여야 한다.
② 제1항 단서의 요구가 없을 때에는 그 의안은 폐기된다.

② **【O】 제91조(번안)** ① 본회의에서의 번안동의(飜案動議)는 의안을 발의한 의원이 그 의안을 발의할 때의 발의의원 및 찬성의원 3분의 2 이상의 동의(同意)로, 정부 또는 위원회가 제출한 의안은 소관 위원회의 의결로 각각 그 안을 갖춘 서면으로 제출하되, 재적의원 과반수의 출석과 출석의원 3분의 2 이상의 찬성으로 의결한다. 다만, 의안이 정부에 이송된 후에는 번안할 수 없다.
② 위원회에서의 번안동의는 위원의 동의(動議)로 그 안을 갖춘 서면으로 제출하되, 재적위원 과반수의 출석과 출석위원 3분의 2 이상의 찬성으로 의결한다. 다만, 본회의에서 의제가 된 후에는 번안할 수 없다.

③ **【O】 제92조(일사부재의)** 부결된 안건은 같은 회기 중에 다시 발의하거나 제출할 수 없다.

④ **【X】 제75조(회의의 공개)** ① 본회의는 공개한다. 다만, 의장의 제의 또는 의원 10명 이상의 연서에 의한 동의(動議)로 본회의 의결이 있거나 의장이 각 교섭단체 대표의원과 협의하여 국가의 안전보장을 위하여 필요하다고 인정할 때에는 공개하지 아니할 수 있다.
② 제1항 단서에 따른 제의나 동의에 대해서는 토론을 하지 아니하고 표결한다.

34 **국회의 의사절차 및 입법절차에 대한 설명으로 옳지 않은 것은?** 23년 지방직 7급

① 자유위임원칙은 헌법이 추구하는 가치를 보장하고 실현하기 위한 통치구조의 구성원리 중 하나이므로, 다른 헌법적 이익에 언제나 우선하는 것은 아니고, 국회의 기능 수행을 위해서 필요한 범위 내에서 제한될 수 있다.

② 일사부재의원칙을 경직되게 적용하는 경우에는 국정운영이 왜곡되고 다수에 의해 악용되어 다수의 횡포를 합리화하는 수단으로 전락할 수도 있으므로, 일사부재의원칙은 신중한 적용이 요청된다.

③ 국회의원이 국회 내에서 행하는 질의권 · 토론권 및 표결권 등은 입법권 등 공권력을 행사하는 국가기관인 국회의 구성원의 지위에 있는 국회의원 개인에게 헌법이 보장하는 권리, 즉 기본권으로 인정된 것이라고 할 수 있다.

④ 국회 본회의에서 수정동의를 지나치게 넓은 범위에서 인정할 경우, 국회가 의안 심의에 관한 국회운영의 원리로 채택하고 있는 위원회 중심주의를 저해할 우려가 있다.

지문분석 **정답 ③**

① 【O】 통치구조의 구성원리는 자기목적적인 것이 아니라 국민의 기본권과 헌법이 추구하는 가치를 보장하고 실현하기 위한 수단의 성격을 가지는 것이다. 따라서 자유위임원칙 역시 무제한적으로 보장되는 것은 아니며, 국회의 기능을 수행하기 위해서 필요한 범위 내에서 불가피하게 제한될 수밖에 없는 것이다(헌재 2020. 5. 27. 2019헌라1).

② 【O】 국회법 제92조는 "부결된 안건은 같은 회기 중에 다시 발의 또는 제출하지 못한다."고 규정하여 일사부재의 원칙을 선언하고 있다. 만일 같은 회기 중에 동일 안건을 몇 번이고 회의에 부의하게 된다면 특정 사안에 대한 국회의 의사가 확정되지 못한 채 표류하게 되므로, 일사부재의원칙은 국회의 의사의 단일화, 회의의 능률적인 운영 및 소수파에 의한 의사방해 방지 등을 위하여 중요한 의의를 가진다. 그런데 일사부재의원칙을 경직되게 적용하는 경우에는 국정운영이 왜곡되고 다수에 의해 악용되어 다수의 횡포를 합리화하는 수단으로 전락할 수도 있으므로, 일사부재의원칙은 신중한 적용이 요청된다고 할 것이다(헌재 2009. 10. 29. 2009헌라8 등).

③ 【X】 국회의원이 국회 내에서 행하는 질의권 · 토론권 및 표결권 등은 입법권 등 공권력을 행사하는 국가기관의 구성원의 지위에 있는 국회의원에게 부여된 권한이지 국회의원 개인에게 헌법이 보장하는 권리 즉 기본권으로 인정된 것이라고 할 수 없으므로, 설사 국회의장의 불법적인 의안처리행위로 헌법의 기본원리가 훼손되었다고 하더라도 그로 인하여 헌법상 보장된 구체적 기본권)을 침해당한 바 없는 국회의원인 청구인들에게 헌법소원심판청구가 허용된다고 할 수 없다(헌재 1995. 2. 23. 90헌마125).

④ 【O】 국회법 제95조가 본회의에서 수정동의를 제출할 수 있도록 한 취지는 일정한 범위 내에서 국회의원이 본회의에 상정된 의안에 대한 수정의 의사를 위원회의 심사절차를 거치지 아니하고 곧바로 본회의의 심의과정에서 표시할 수 있도록 허용함으로써 의안 심의의 효율성을 제고하기 위한 것이다. 그런데 수정동의를 지나치게 넓은 범위에서 인정할 경우 위원회의 심사 대상이 되지 않았던 의안이 바로 본회의에 상정됨으로써 국회가 의안 심의에 관한 국회운영의 원리로 채택하고 있는 위원회 중심주의를 저해할 우려가 있는바, 앞서 살펴본 입법경과를 종합하여 보면, 국회법 제95조 제5항은 원안에 대한 위원회의 심사절차에서 심사가 이루어질 여지가 없는 경우에는 수정동의의 제출을 제한함으로써 위원회 중심주의를 공고히 하려는 데에 그 입법취지가 있다고 할 것이다(헌재 2020. 5. 27. 2019헌라6 등).

35 국회에 대한 설명으로 옳지 않은 것은? 23년 지방직 7급

① 「국회법」상 안건조정위원회의 활동기한 90일은 국회 소수세력의 안건처리 지연을 통한 의사 저지 수단을 제도적으로 보장한 것으로서 90일을 초과할 수 없고, 그 축소도 안건조정위원회를 구성할 때 안건조정위원회의 위원장과 간사가 합의한 경우에만 가능하므로, 안건조정위원회의 활동기한이 만료되기 전 안건조정위원회가 안건에 대한 조정 심사를 마쳐서 조정안을 의결하여 안건조정위원회 위원장이 그 조정안의 가결을 선포한 것은 「국회법」 위반이다.

② 국회의 예비금은 사무총장이 관리하되, 국회운영위원회의 동의와 국회의장의 승인을 받아 지출한다. 다만, 폐회 중일 때에는 국회의장의 승인을 받아 지출하고 다음 회기 초에 국회운영위원회에 보고한다.

③ 국가기관의 부분 기관이 자신의 이름으로 소속기관의 권한을 주장할 수 있는 '제3자 소송담당'을 명시적으로 허용하는 법률의 규정이 없는 현행법 체계하에서는 국회의 구성원인 국회의원이 국회의 조약에 대한 체결·비준 동의권의 침해를 주장하는 권한쟁의심판을 청구할 수 없다.

④ 헌법은 국회회의의 공개 여부에 관하여 회의 구성원의 자율적 판단을 허용하고 있으므로, 소위원회 회의의 공개 여부 또한 소위원회 또는 소위원회가 속한 위원회에서 여러 가지 사정을 종합하여 합리적으로 결정할 수 있다.

지문분석 **정답 ①**

① 【X】 국회법상 안건조정위원회의 활동기한은 그 활동할 수 있는 기간의 상한을 의미한다고 보는 것이 타당하고, 안건조정위원회의 활동기한이 만료되기 전이라고 하더라도 안건조정위원회가 안건에 대한 조정 심사를 마치면 조정안을 의결할 수 있다. 이 사건에서 국회법상 90일 또는 신속처리대상안건의 심사기간과 같은 안건조정위원회의 활동기한이 도래하지 않았음에도 피청구인 조정위원장이 이 사건 조정안의 가결을 선포하였다는 사정만으로 국회법을 위반하였다고 볼 수는 없다(헌재 2020. 5. 27. 2019헌라5).

② 【O】 **국회법 제23조(국회의 예산)** ④ 국회의 예비금은 사무총장이 관리하되, 국회운영위원회의 동의와 의장의 승인을 받아 지출한다. 다만, 폐회 중일 때에는 의장의 승인을 받아 지출하고 다음 회기 초에 국회운영위원회에 보고한다.

③ 【O】 국가기관의 부분 기관이 자신의 이름으로 소속기관의 권한을 주장할 수 있는 '제3자 소송담당'을 명시적으로 허용하는 법률의 규정이 없는 현행법 체계하에서는 국회의 구성원인 국회의원이 국회의 조약에 대한 체결·비준 동의권의 침해를 주장하는 권한쟁의심판을 청구할 수 없다(헌재 2007. 7. 26. 2005헌라8).

④ 【O】 소위원회의 회의도 가능한 한 국민에게 공개하는 것이 바람직하나, 전문성과 효율성을 위한 제도인 소위원회의 회의를 공개할 경우 우려되는 부정적 측면도 외면할 수 없고, 헌법은 국회회의의 공개여부에 관하여 회의 구성원의 자율적 판단을 허용하고 있으므로, 소위원회 회의의 공개여부 또한 소위원회 또는 소위원회가 속한 위원회에서 여러 가지 사정을 종합하여 합리적으로 결정할 수 있다 할 것인바, 이 사건 소위원회 방청불허행위를 헌법이 설정한 국회 의사자율권의 범위를 벗어난 위헌적인 공권력의 행사라고 할 수 없다(헌재 2000. 6. 29. 98헌마443 등).

36 국회의 의결정족수에 대한 설명으로 옳은 것은? 16년 서울시 7급

① 국무위원 해임건의 의결과 헌법재판소 재판관에 대한 탄핵 소추 의결을 위한 정족수는 동일하다.
② 헌법개정안 발의에 있어서는 재적의원 3분의 1 이상의 찬성을 얻어야 한다.
③ 국정조사요구와 국회의원의 제명처분의 의결을 위한 정족수는 동일하다.
④ 회기 중 국회의원의 체포동의는 재적의원 과반수의 찬성을 얻어야 한다.

지문분석 **정답 ①**

① 【O】 국무위원 해임건의는 국회재적의원 3분의 1이상의 발의에 의하여 국회재적의원 과반수의 찬성이 있어야 한다(헌법 제63조 제2항). 헌법재판소 재판관에 대한 탄핵소추는 국회재적의원 3분의 1이상의 발의가 있어야 하며, 그 의결은 국회재적의원 과반수의 찬성이 있어야 한다(헌법 제65조 제2항).
② 【X】 헌법개정은 국회재적의원 과반수 또는 대통령의 발의로 제안된다(헌법 제128조 제1항).
③ 【X】 의원을 제명하려면 국회재적의원 3분의 2이상의 찬성이 있어야 한다(헌법 제64조 제3항). 국정조사는 재적의원 4분의 1이상의 요구가 있는 때에 시행한다(국정감사 및 조사에 관한 법률 제3조 제1항).
④ 【X】 회기 중 국회의원의 체포동의에 대한 의결정족수는 명문의 규정이 없기 때문에 헌법 49조에 따라 재적의원 과반수의 출석과 출석의원 과반수의 찬성으로 의결한다.

37 헌법상 국회의 특별정족수에 대한 설명으로 옳지 않은 것은? 17년 5급 공채

① 헌법재판소 재판관에 대한 탄핵소추는 국회재적의원 3분의 1 이상의 발의와 재적의원 과반수의 찬성이 있어야 한다.
② 국무총리 해임건의는 국회재적의원 과반수의 발의와 재적의원 3분의 2 이상의 찬성이 있어야 한다.
③ 국회의원을 제명하려면 국회재적의원 3분의 2 이상의 찬성이 있어야 한다.
④ 헌법개정안에 대한 국회의 의결은 재적의원 3분의 2 이상의 찬성을 얻어야 한다.

지문분석 **정답 ②**

① 【O】 국무총리 · 국무위원 · 행정각부의 장 · 헌법재판소 재판관 · 법관 · 중앙선거관리위원회 위원 · 감사원장 · 감사위원 기타 법률이 정한 공무원에 대한 탄핵소추는 국회재적의원 3분의 1이상의 발의가 있어야 하며, 그 의결은 국회재적의원 과반수의 찬성이 있어야 한다(헌법 제65조 제2항).
② 【X】 국무총리 또는 국무위원에 대한 해임건의는 국회재적의원 3분의 1이상의 발의에 의하여 국회재적의원 과반수의 찬성이 있어야 한다(헌법 제63조 제2항).
③ 【O】 헌법 제64조 제3항
④ 【O】 헌법 제130조 제1항

38 **헌법상 정족수가 같은 것으로만 묶은 것은?** 21년 국가직 7급

① 국무총리·국무위원 해임 건의 발의, 법관에 대한 탄핵소추 발의, 국회임시회 소집 요구
② 국회의원 제명, 대통령에 대한 탄핵소추 의결, 법률안 재의결
③ 계엄해제 요구, 법관에 대한 탄핵소추 의결, 헌법개정안 의결
④ 헌법개정안 발의, 국무총리·국무위원 해임 건의 의결, 대통령에 대한 탄핵소추 발의

지문분석 **정답 ④**

① **【X】 헌법 제63조** ② 제1항의 해임건의는 국회재적의원 3분의 1 이상의 발의에 의하여 국회재적의원 과반수의 찬성이 있어야 한다.
제65조 ② 제1항의 탄핵소추는 국회재적의원 3분의 1 이상의 발의가 있어야 하며, 그 의결은 국회재적의원 과반수의 찬성이 있어야 한다. 다만, 대통령에 대한 탄핵소추는 국회재적의원 과반수의 발의와 국회재적의원 3분의 2 이상의 찬성이 있어야 한다.
제47조 ① 국회의 정기회는 법률이 정하는 바에 의하여 매년 1회 집회되며, 국회의 임시회는 대통령 또는 국회재적의원 4분의 1 이상의 요구에 의하여 집회된다.
② **【X】 헌법 제64조** ③ 의원을 제명하려면 국회재적의원 3분의 2 이상의 찬성이 있어야 한다.
제65조 ② 제1항의 탄핵소추는 국회재적의원 3분의 1 이상의 발의가 있어야 하며, 그 의결은 국회재적의원 과반수의 찬성이 있어야 한다. 다만, 대통령에 대한 탄핵소추는 국회재적의원 과반수의 발의와 국회재적의원 3분의 2 이상의 찬성이 있어야 한다.
제53조 ④ 재의의 요구가 있을 때에는 국회는 재의에 붙이고, 재적의원 과반수의 출석과 출석의원 3분의 2 이상의 찬성으로 전과 같은 의결을 하면 그 법률안은 법률로서 확정된다.
③ **【X】 헌법 제77조** ⑤ 국회가 재적의원 과반수의 찬성으로 계엄의 해제를 요구한 때에는 대통령은 이를 해제하여야 한다.
제65조 ② 제1항의 탄핵소추는 국회재적의원 3분의 1 이상의 발의가 있어야 하며, 그 의결은 국회재적의원 과반수의 찬성이 있어야 한다. 다만, 대통령에 대한 탄핵소추는 국회재적의원 과반수의 발의와 국회재적의원 3분의 2 이상의 찬성이 있어야 한다.
제130조 ① 국회는 헌법개정안이 공고된 날로부터 60일 이내에 의결하여야 하며, 국회의 의결은 재적의원 3분의 2 이상의 찬성을 얻어야 한다.
④ **【O】 헌법 제128조** ① 헌법개정은 국회재적의원 과반수 또는 대통령의 발의로 제안된다.
제63조 ② 제1항의 해임건의는 국회재적의원 3분의 1 이상의 발의에 의하여 국회재적의원 과반수의 찬성이 있어야 한다.
제65조 ② 제1항의 탄핵소추는 국회재적의원 3분의 1 이상의 발의가 있어야 하며, 그 의결은 국회재적의원 과반수의 찬성이 있어야 한다. 다만, 대통령에 대한 탄핵소추는 국회재적의원 과반수의 발의와 국회재적의원 3분의 2 이상의 찬성이 있어야 한다.

39 **국회와 관련된 정족수가 다른 것으로 연결된 것은?** 21년 지방직 7급

① 계엄의 해제 요구 – 헌법개정안 발의
② 국회의 임시회 집회 요구 – 국무위원의 해임건의 발의
③ 국무총리의 해임건의 의결 – 법관에 대한 탄핵소추 의결
④ 국회의원의 제명 의결 – 대통령에 대한 탄핵소추 의결

지문분석 **정답 ②**

① **【O】 헌법 제77조** ⑤ 국회가 재적의원 과반수의 찬성으로 계엄의 해제를 요구한 때에는 대통령은 이를 해제하여야 한다.
헌법 제128조 ① 헌법개정은 국회재적의원 과반수 또는 대통령의 발의로 제안된다.

② **【X】 헌법 제47조** ① 국회의 정기회는 법률이 정하는 바에 의하여 매년 1회 집회되며, 국회의 임시회는 대통령 또는 국회재적의원 4분의 1 이상의 요구에 의하여 집회된다.
헌법 제65조 ① 대통령·국무총리·국무위원·행정각부의 장·헌법재판소 저판관·법관·중앙선거관리위원회 위원·감사원장·감사위원 기타 법률이 정한 공무원이 그 직무집행에 있어서 헌법이나 법률을 위배한 때에는 국회는 탄핵의 소추를 의결할 수 있다.
② 제1항의 탄핵소추는 국회재적의원 3분의 1 이상의 발의가 있어야 하며, 그 의결은 국회재적의원 과반수의 찬성이 있어야 한다.

③ **【O】 헌법 제65조** ① 대통령·국무총리·국무위원·행정각부의 장·헌법재판소 재판관·법관·중앙선거관리위원회 위원·감사원장·감사위원 기타 법률이 정한 공무원이 그 직무집행어 있어서 헌법이나 법률을 위배한 때에는 국회는 탄핵의 소추를 의결할 수 있다.
② 제1항의 탄핵소추는 국회재적의원 3분의 1 이상의 발의가 있어야 하며, 그 의결은 국회재적의원 과반수의 찬성이 있어야 한다.

④ **【O】 헌법 제64조** ③ 의원을 제명하려면 국회재적의원 3분의 2 이상의 찬성이 있어야 한다.
헌법 제65조 ② 제1항의 탄핵소추는 국회재적의원 3분의 1 이상의 발의가 있어야 하며, 그 의결은 국회재적의원 과반수의 찬성이 있어야 한다. 다만, 대통령에 대한 탄핵소추는 국회재적의원 과반수의 발의와 국회재적의원 3분의 2 이상의 찬성이 있어야 한다.

40 **국회의원에 대한 설명으로 옳은 것만을 모두 고르면?** (다툼이 있는 경우 판례에 의함) 21년 지방직 7급

ㄱ. 국회의원의 의안에 대한 심의·표결권은 국회의원 개인의 전속적 권한이므로, 국회의원의 개별적인 의사에 따라 포기할 수 있다.
ㄴ. 국회의원이 체포 또는 구금된 국회의원의 석방 요구를 발의할 때에는 재적의원 4분의 1 이상의 연서(連書)로 그 이유를 첨부한 요구서를 의장에게 제출하여야 한다.
ㄷ. 국회의원은 국무총리 또는 국무위원직 외의 다른 직을 겸할 수 없으나, 다른 법률에서 국회의원이 임명·위촉되도록 정한 직은 겸할 수 있다.
ㄹ. 국회의원은 그 직무 외에 영리를 목적으로 하는 업무에 종사할 수 없으나, 다만 국회의원 본인 소유의 토지·건물 등의 재산을 활용한 임대업 등 영리업무를 하는 경우로서 국회의원 직무수행에 지장이 없는 경우에는 그러하지 아니하다.

① ㄱ, ㄴ　　② ㄴ, ㄷ　　③ ㄷ, ㄹ　　④ ㄴ, ㄷ, ㄹ

지문분석 **정답 ④**

ㄱ. 【X】 국회의원의 법률안 심의·표결권은 국민에 의하여 선출된 국가기관으로서 국회의원이 그 본질적 임무인 입법에 관한 직무를 수행하기 위하여 보유하는 권한으로서의 성격을 갖고 있으므로 국회의원의 개별적인 의사에 따라 포기할 수 있는 것은 아니다(헌재 2009. 10. 29. 2009헌라8).
ㄴ. 【O】 **국회법 제28조(석방 요구의 절차)** 의원이 체포 또는 구금된 의원의 석방 요구를 발의할 때에는 재적의원 4분의 1 이상의 연서(連書)로 그 이유를 첨부한 요구서를 의장에게 제출하여야 한다.
ㄷ. 【O】 **국회법 제29조(겸직 금지)** ① 의원은 국무총리 또는 국무위원 직 외의 다른 직을 겸할 수 없다. 다만, 다음 각 호의 어느 하나에 해당하는 경우에는 그러하지 아니하다.
2. 다른 법률에서 의원이 임명·위촉되도록 정한 직
ㄹ. 【O】 **국회법 제29조의2(영리업무 종사 금지)** ① 의원은 그 직무 외에 영리를 목적으로 하는 업무에 종사할 수 없다. 다만, 의원 본인 소유의 토지·건물 등의 재산을 활용한 임대업 등 영리업무를 하는 경우로서 의원 직무수행에 지장이 없는 경우에는 그러하지 아니하다.

41 국회의 입법절차 및 의사절차에 대한 설명으로 옳지 않은 것은? (다툼이 있는 경우 판례에 의함)

21년 지방직 7급 변형

① 「국회법」에 따른 국회의장의 직권상정권한은 국회의 수장이 국회의 비상적인 헌법적 장애상태를 회복하기 위하여 가지는 권한으로 국회의장의 의사정리권에 속하고, 의안심사에 관하여 위원회중심주의를 채택하고 있는 우리 국회에서는 비상적·예외적 의사절차에 해당한다.
② 국회의 회의는 국회의 활동을 주권자인 국민이 알 수 있도록 하는 데 필요하지만, 정보위원회는 다른 상임위원회의 회의와 달리 비공개하여야 한다.
③ 국회의장이 국회의 위임 없이 법률안을 정리하더라도 그러한 정리가 국회에서 의결된 법률안의 실질적 내용에 변경을 초래하는 것이 아닌 한 헌법이나 「국회법」상의 입법절차에 위반된다고 볼 수 없다.
④ 본회의는 안건을 심의할 때 그 안건을 심사한 위원장의 심사보고를 듣고 질의·토론을 거쳐 표결하나, 다만 위원회의 심사를 거치지 아니한 안건에 대해서는 제안자가 그 취지를 설명하여야 하고, 위원회의 심사를 거친 안건에 대해서는 의결로 질의와 토론을 모두 생략하거나 그중 하나를 생략할 수 있다.

지문분석 **정답 ②**

① 【O】 국회법 제85조 제1항의 직권상정권한은 국회의 수장이 국회의 비상적인 헌법적 장애상태를 회복하기 위하여 가지는 권한으로 국회의장의 의사정리권에 속하고, 의안 심사에 관하여 위원회 중심주의를 채택하고 있는 우리 국회에서는 비상적·예외적 의사절차에 해당한다(헌재 2016.5.26, 2015헌라1).
② 【X】 헌법 제50조 제1항은 본문에서 국회의 회의를 공개한다는 원칙을 규정하면서, 단서에서 '출석의원 과반수의 찬성이 있거나 의장이 국가의 안전보장을 위하여 필요하다고 인정할 때'에는 이를 공개하지 아니할 수 있다는 예외를 두고 있다. 이러한 헌법 제50조 제1항의 구조에 비추어 볼 때, 헌법상 의사공개원칙은 모든 국회의 회의를 항상 공개하여야 하는 것은 아니나 이를 공개하지 아니할 경우에는 헌법에서 정하고 있는 일정한 요건을 갖추어야 함을 의미한다. 또한 헌법 제50조 제1항 단서가 정하고 있는 회의의 비공개를 위한 절차나 사유는 그 문언이 매우 구체적이어서, 이에 대한 예외는 엄격하게 인정되어야 한다. 이러한 점에 비추어 보면 헌법 제50조 제1항

으로부터 일체의 공개를 불허하는 절대적인 비공개가 허용된다고 볼 수는 없는바, 특정한 내용의 국회의 회의나 특정 위원회의 회의를 일률적으로 비공개한다고 정하면서 공개의 여지를 차단하는 것은 헌법 제50조 제1항에 부합하지 아니한다(헌재 2022. 1. 27. 2018헌마1162등).

③ 【O】 국회의 위임 의결이 없더라도 국회의장은 국회에서 의결된 법률안의 조문이나 자구 · 숫자, 법률안의 체계나 형식 등의 정비가 필요한 경우 의결된 내용이나 취지를 변경하지 않는 범위 안에서 이를 정리할 수 있다고 봄이 상당하고, 이렇듯 국회의장이 국회의 위임 없이 법률안을 정리하더라도 그러한 정리가 국회에서 의결된 법률안의 실질적 내용에 변경을 초래하는 것이 아닌 한 헌법이나 국회법상의 입법절차에 위반된다고 볼 수 없다(헌재 2009.6.25. 2007헌마451).

④ 【O】 **국회법 제93조(안건 심의)** 본회의는 안건을 심의할 때 그 안건을 심사한 위원장의 심사보고를 듣고 질의 · 토론을 거쳐 표결한다. 다만, 위원회의 심사를 거치지 아니한 안건에 대해서는 제안자가 그 취지를 설명하여야 하고, 위원회의 심사를 거친 안건에 대해서는 의결로 질의와 토론을 모두 생략하거나 그중 하나를 생략할 수 있다.

42 **현행 「국회법」에서 허용하지 않는 행동을 〈보기〉에서 모두 고르면?** (주어진 조건 내지 상황 외에 다른 것은 고려하지 않음) 16년 국회 8급

보기

㉠ 국회의장 갑(甲)은 어느 교섭단체에도 속하지 아니하는 의원을 상임위원으로 선임하였다.
㉡ 국회의장 갑(甲)은 어느 상임위원회에도 속하지 아니하는 사항에 대하여 국회운영위원회와 협의 없이 단독으로 소관 상임위원회를 정하였다.
㉢ 국회의원 을(乙)은 연석회의에서 의견교환 후 표결을 하였다.
㉣ 국회의원 병(丙)은 예산 또는 기금상의 조치를 수반하는 의안을 발의하면서 그 의안의 시행에 수반될 것으로 예상되는 비용에 대한 국회예산정책처의 추계서와 국회예산정책처에 대한 추계요구서를 제출하지 않았다.
㉤ 국회의장 갑(甲)은 본회의 중 출석의원이 재적의원의 5분의 1에 미치지 못하자 산회를 선포하였다.

① ㉠㉣ ② ㉡㉤ ③ ㉠㉡㉢
④ ㉡㉢㉣ ⑤ ㉢㉣㉤

지문분석 **정답 ④**

㉠ 【O】 어느 교섭단체에도 속하지 아니하는 의원의 상임위원선임은 의장이 이를 행한다(국회법 제48조 제2항).
㉡ 【X】 의장은 어느 상임위원회에도 속하지 아니하는 사항은 국회운영위원회와 협의하여 소관 상임위원회를 정한다(국회법 제37조 제2항).
㉢ 【X】 소관위원회는 다른 위원회와 협의하여 연석회의를 열고 의견을 교환할 수 있다. 그러나 표결은 할 수 없다(국회법 제63조 제1항).
㉣ 【X】 의원이 예산 또는 기금상의 조치를 수반하는 의안을 발의하는 경우에는 그 의안의 시행에 수반될 것으로 예상되는 비용에 대한 국회예산정책처의 추계서 또는 국회예산정책처에 대한 추계요구서를 아울러 제출하여야 한다. 다만, 국회예산정책처에 대한 비용추계요구서를 제출한 경우에는 제58조 제1항에 따른 위원회의 심사 전에 국회예산정책처의 비용추계서를 제출하여야 한다(국회법 제79조의2 제1항).
㉤ 【O】 본회의는 재적의원 5분의 1이상의 출석으로 개의한다. 회의중 위의 정족수에 달하지 못할 때에는 의장은 회의의 중지 또는 산회를 선포한다. 다만, 의장은 교섭단체대표의원이 의사정족수의 충족을 요청하는 경우외에는 효율적인 의사진행을 위하여 회의를 계속할 수 있다(국회법 제73조).

43 국회의원의 질문권에 대한 다음 설명 중 가장 옳지 않은 것은?

① 국회법은 대정부질문에서 토론식질문을 활성화하기 위하여 일문일답식 질문제도를 명시하고 있다.

② 질문을 하고자 하는 의원은 미리 질문의 요지를 기재한 질문요지서를 구체적으로 작성하여 의장에게 제출하여야하며, 의장은 늦어도 질문시간 48시간 전까지 질문요지서가 정부에 도달되도록 송부하여야 한다.

③ 의원은 30인 이상의 찬성으로 회기 중 현안이 되고 있는 중요한 사항을 대상으로 정부에 대하여 질문(긴급현안질문)을 할 것을 의장에게 요구할 수 있다.

④ 긴급현안질문시간은 총 120분으로 하되, 의장은 각 교섭단체대표의원과 협의하여 이를 연장할 수 있으며, 긴급현안질문을 할 때의 의원의 질문은 10분을 초과할 수 없되, 보충질문은 5분을 초과할 수 없다.

지문분석 **정답 ③**

① 【O】 대정부질문은 일문일답의 방식으로 하되, 의원의 질문시간은 20분을 초과할 수 없다. 이 경우 질문시간에는 답변시간이 포함되지 아니한다(국회법 제122조의2 제2항).

② 【O】 질문을 하고자 하는 의원은 미리 질문의 요지를 기재한 질문요지서를 구체적으로 작성하여 의장에게 제출하여야 하며, 의장은 늦어도 질문시간 48시간 전까지 질문요지서가 정부에 도달되도록 송부하여야 한다(국회법 제122조의2 제7항).

③ 【X】 의원은 20인 이상의 찬성으로 회기중 현안이 되고 있는 중요한 사항을 대상으로 정부에 대하여 질문(이하 이 조에서 "긴급현안질문"이라 한다)을 할 것을 의장에게 요구할 수 있다(국회법 제122조의3 제1항).

④ 【O】 긴급현안질문시간은 총 120분으로 한다. 다만, 의장은 각 교섭단체대표의원과 협의하여 이를 연장할 수 있다(국회법 제122조의3 제5항). 긴급현안질문을 할 때의 의원의 질문은 10분을 초과할 수 없다. 다만, 보충질문은 5분을 초과할 수 없다(국회법 제122조의3 제6항).

44 국회의 회의, 권한 등에 관한 다음 설명 중 가장 옳지 않은 것은? (다툼이 있는 경우 헌법재판소 결정에 의함) 16년 법원 9급

① 국회의 정기회는 법률이 정하는 바에 의하여 매년 1회 집회되며, 국회의 임시회는 대통령 또는 국회재적의원 4분의 1 이상의 요구에 의하여 집회된다.

② 국회에 제출된 법률안 기타의 의안은 회기중에 의결되지 못한 이유로 폐기되지 않으나, 국회의원의 임기가 만료된 때에는 폐기된다.

③ 국회에서 의결된 법률안은 정부에 이송되어 15일 이내에 대통령이 공포하되, 법률안에 이의가 있을 때에는 대통령은 위 기간내에 이의서를 붙여 국회로 환부하고 재의를 요구할 수 있다. 이 경우 대통령은 법률안의 일부에 대하여 또는 법률안을 수정하여 재의를 요구할 수 있다.

④ 대통령의 재의의 요구가 있을 때에는 국회는 재의에 붙이고, 여기서 재적의원 과반수의 출석과 출석의원 3분의 2 이상의 찬성으로 전과 같은 의결을 하면 그 법률안은 법률로서 확정된다.

지문분석 **정답 ③**

① 【O】 국회의 정기회는 법률이 정하는 바에 의하여 매년 1회 집회되며, 국회의 임시회는 대통령 또는 국회재적의원 4분의 1이상의 요구에 의하여 집회된다(헌법 제47조 제1항).
② 【O】 국회에 제출된 법률안 기타의 의안은 회기중에 의결되지 못한 이유로 폐기되지 아니한다. 다만, 국회의원의 임기가 만료된 때에는 그러하지 아니하다(헌법 제51조).
③ 【X】 대통령은 법률안의 일부에 대하여 또는 법률안을 수정하여 재의를 요구할 수 없다(헌법 제53조 제3항).
④ 【O】 대통령의 재의의 요구가 있을 때에는 국회는 재의에 부치고, 재적의원 과반수의 출석과 출석의원 3분의 2이상의 찬성으로 전과 같은 의결을 하면 그 법률안은 법률로서 확정된다(헌법 제53조 제4항).

45 국회 및 입법과 관련하여 헌법재판소 판례의 입장과 다른 것은?

① 지방자치단체의 폐치·분합에 관한 것은 지방자치단체의 자치행정권 중 지역고권의 보장문제이나, 대상지역 주민들은 그로 인하여 인간다운 생활공간에서 살 권리, 평등권, 정당한 청문권, 선거권, 공무담임권 등을 침해받게 될 수도 있다는 점에서 기본권과도 관련이 있어 헌법소원심판의 대상이 될 수 있다.
② 유신헌법 제53조에 근거를 두고 발동된 긴급조치는 그에 정해진 요건과 한계를 준수해야 한다는 점에서 헌법과 동일한 효력을 갖는 것은 아니고, 표현의 자유 등 국민의 기본권을 직접적으로 제한하는 내용을 포함하고 있어 법률보다 하위에 있는 것이라고 보기도 어렵다. 결국 위 긴급조치는 최소한 법률과 동일한 효력을 가지는 것으로 보아야 하기 때문에 그 위헌 여부 심사권한은 헌법재판소에 전속한다.
③ 국회의장, 부의장, 국회의원, 국회의 위원회, 원내교섭단체 등도 독립된 헌법기관으로 권한쟁의심판의 당사자능력을 가질 수 있다. 따라서 국회의원이 국회의장의 직무를 대리하여 법률안 가결선포행위를 한 국회부의장을 상대로 자신의 법률안 심의·표결권의 침해를 이유로 권한쟁의심판을 청구한 것은 적법한 것이다.
④ 정부가 법률안을 제출하였다 하더라도 그것이 법률로 성립되기 위해서는 국회의 많은 절차를 거쳐야 하고, 법률안을 받아들일지 여부는 전적으로 헌법상 입법권을 독점하고 있는 의회의 권한이므로 정부가 법률안을 제출하는 행위는 입법을 위한 하나의 사전 준비행위에 불과하다 할 것이어서 권한쟁의심판의 독자적 대상이 되지 못한다.

지문분석 **정답 ③**

① 【O】 지방자치단체의 폐치·분합에 관한 것은 지방자치단체의 자치행정권 중 지역고권의 보장문제이나, 대상지역 주민들은 그로 인하여 인간다운 생활공간에서 살 권리, 평등권, 정당한 청문권, 거주이전의 자유, 선거권 공무담임권, 인간다운 생활을 할 권리, 사회보장·사회복지수급권및 환경권등을 침해받게 될 수도 있다는 점에서 기본권과도 관련이 있어 헌법소원의 대상이 될 수 있다(1994.12.29. 94헌마201).

② 【O】 이 사건 긴급조치들은 유신헌법 제53조에 근거한 것으로서 그에 정해진 요건과 한계를 준수해야 한다는 점에서 헌법과 동일한 효력을 갖는 것으로 보기는 어렵지만, 표현의 자유 등 기본권을 제한하고, 형벌로 처벌하는 규정을 두고 있으며, 영장주의나 법원의 권한에 대한 특별한 규정 등을 두고 있는 점에 비추어 보면, 이 사건 긴급조치들은 최소한 법률과 동일한 효력을 가지는 것으로 보아야 하므로, 그 위헌 여부 심사권한은 헌법재판소에 전속한다』(헌재 2013.3.21. 2010헌바132)

③ 【X】 권한쟁의심판에서는 처분 또는 부작위를 야기한 기관으로서 법적 책임을 지는 기관만이 피청구인적격을 가지므로, 이 사건 심판은 의안의 상정・가결선포 등의 권한을 갖는 국회의장을 상대로 제기되어야 한다. 국회부의장은 국회의장의 직무를 대리하여 법률안을 가결선포할 수 있을 뿐(국회법 제12조 제1항), 법률안 가결선포행위에 따른 법적 책임을 지는 주체가 될 수 없으므로, 국회부의장에 대한 이 사건 심판청구는 피청구인 적격이 인정되지 아니한 자를 상대로 제기되어 부적법하다(헌재 2009.10.29. 2009헌라8).

④ 【O】 헌법재판소법 제61조 제2항에 따라 권한쟁의심판을 청구하려면 피청구인의 처분 또는 부작위가 존재하여야 하고, 여기서 "처분"이란 법적 중요성을 지닌 것에 한하므로, 청구인의 법적 지위에 구체적으로 영향을 미칠 가능성이 없는 행위는 "처분"이라 할 수 없어 이를 대상으로 하는 권한쟁의심판청구는 허용되지 않는다. 정부가 법률안을 제출하였다 하더라도 그것이 법률로 성립되기 위해서는 국회의 많은 절차를 거쳐야 하고, 법률안을 받아들일지 여부는 전적으로 헌법상 입법권을 독점하고 있는 의회의 권한이다. 따라서 정부가 법률안을 제출하는 행위는 입법을 위한 하나의 사전 준비행위에 불과하고, 권한쟁의심판의 독자적 대상이 되기 위한 법적 중요성을 지닌 행위로 볼 수 없다(헌재 2005.12.22. 2004헌라3).

46 **처분적 법률에 관한 설명 중 옳지 않은 것은?** (다툼이 있는 경우 헌법재판소 판례에 의함)

① 특정한 시기에 발생한 헌정질서파괴행위에 대하여 공소시효의 진행을 정지시키는 법률 규정은 다른 유사한 상황의 불특정다수의 사건에 적용될 가능성을 배제하고 오로지 특정사건에 관련된 헌정질서파괴범만을 그 대상으로 하고 있다. 따라서 이러한 법률은 특별법 제정당시 이미 적용의 인적범위가 확정되거나 확정될 수 있는 내용의 것이므로 개별사건법률이다.

② 세무대학설치의 법적 근거로 제정된 기존의 세무대학설치법을 폐지하는 세무대학설치법폐지법률은 세무대학을 폐교하는 법적 효과를 발생하는 것이므로, 세무대학과 그 폐지만을 규율목적으로 삼는 처분적 법률에 해당한다.

③ 상법상의 주식회사에 불과한 연합뉴스사를 국가기간뉴스통신사로 지정하고, 정부가 위탁하는 공익업무와 관련하여 정부의 예산으로 재정지원을 할 수 있는 법적 근거를 두고 있는 법률은, 특정인에 대해서만 적용되는 개인대상법률로서 처분적 법률에 해당한다.

④ 이른바 행복도시 예정지역을 충청남도 연기군 및 공주시의 지역 중에서 지정한다고 규정한 「신행정수도 후속대책을 위한 연기・공주지역 행정중심복합도시건설을 위한 특별법」은, '연기・공주'라는 특정지역에 거주하는 주민이면서 특정범위의 국민들에 대하여만 특별한 희생을 강요하므로 처분적 법률에 해당한다.

지문분석 **정답 ④**

① 【O】 특별법 제2조는 제1항에서 "1979년 12월 12일과 1980년 5월 18일을 전후하여 발생한…… 헌정질서파괴행위에 대하여…… 공소시효의 진행이 정지된 것으로 본다."라고 규정함으로써, 특별법이 이른바 12 · 12 사건과 5 · 18 사건에만 적용됨을 명백히 밝히고 있으므로 다른 유사한 상황의 불특정다수의 사건에 적용될 가능성을 배제하고 오로지 위 두 사건에 관련된 헌정질서파괴범만을 그 대상으로 하고 있어 특별법 제정당시 이미 적용의 인적범위가 확정되거나 확정될 수 있는 내용의 것이므로 개별사건법률임을 부인할 수는 없다(1996.2.16. 96헌가2).

② 【O】 이 사건 폐지법은 세무대학설치의 법적 근거로 제정된 기존의 세무대학설치법을 폐지함으로써 세무대학을 폐교하는 법적 효과를 발생하는 것이므로, 동법은 세무대학과 그 폐지만을 규율목적으로 삼는 처분법률의 형식을 띤다. 그러나 이와 같은 처분법률의 형식은 폐지대상인 세무대학설치법 자체가 이미 처분법률에 해당하는 것이므로, 이를 폐지하는 법률도 당연히 그에 상응하여 처분법률의 형식을 띨 수밖에 없는 필연적 현상이다. 한편 어떤 법률이 개별사건법률 또는 처분법률의 성격을 띠고 있다고 해서 그것만으로 헌법에 위반되는 것은 아니다. 따라서 아래에서 보는 바와 같이 정부의 조직 및 기능 조정을 위해 세무대학을 폐지해야 할 합리적 이유가 있는 것이므로 이 사건 폐지법은 그 처분법률의 성격에도 불구하고 헌법적으로 정당하다 할 것이다(헌재 2001.2.22. 99헌마613).

③ 【O】 헌법은 처분적 법률로서 개인대상법률 또는 개별사건법률의 정의를 따로 두고 있지 않음은 물론, 처분적 법률의 제정을 금하는 명문의 규정도 두고 있지 않은바, 특정규범이 개인대상 또는 개별사건 법률에 해당한다고 하여 그것만으로 바로 헌법에 위반되는 것은 아니다. 따라서 연합뉴스사를 위한 심판대상조항의 차별적 규율이 합리적인 이유로 정당화되는 경우에는 이러한 처분적 법률도 허용된다(헌재 2005.6.30. 2003헌마841).

④ 【X】 청구인들은, 이 법률조항은 '연기 · 공주'라는 특정지역에 거주하는 주민이면서 특정범위의 국민인 청구인들에 대하여만 특별한 희생을 강요하는 처분적 법률이며, '연기 · 공주지역'의 주민들을 다른 지역의 주민들에 비하여 합리적인 근거 없이 차별적 대우를 하는 것으로서 평등권을 침해한다고 주장한다. 우선, 이 법률조항은 이 사건 처분을 매개로 하여 집행된다는 점에서 처분적 법률이라고 할 수 없으므로, 이 부분 주장은 더 나아가 살필 것 없이 이유 없다(헌재 2009.2.26. 2007헌바41).

47 **국회의 입법절차에 대한 설명으로 옳은 것은?** 20년 국가직 7급

① 위원회는 일부개정법률안의 경우 의안이 그 위원회에 회부된 날부터 20일이 경과되지 아니한 때는 이를 상정할 수 없다.

② 위원회에 회부된 안건을 신속처리대상안건으로 지정하고자 하는 경우 의원은 재적의원 과반수가 서명한 신속처리안건지정동의를 의장에게 제출하여야 하고 의장은 지체없이 신속처리안건지정동의를 기명투표로 표결하되 재적의원 5분의 3 이상의 찬성으로 의결한다.

③ 제정법률안과 전부개정법률안에 대해서 위원회 의결로 축조심사를 생략할 수 있으나, 공청회 또는 청문회는 생략할 수 없다.

④ 의원은 무제한토론을 실시하는 안건에 대하여 재적의원 3분의 1 이상의 서명으로 무제한토론의 종결동의(終結動議)를 의장에게 제출할 수 있다.

지문분석 **정답 ④**

① 【X】 **국회법 제59조(의안의 상정시기)** 위원회는 의안(예산안, 기금운용계획안 및 임대형 민자사업 한도액안은 제외한다. 이하 이 조에서 같다)이 위원회에 회부된 날부터 다음 각 호의 구분에 따른 기간이 지나지 아니하였을 때에는 그 의안을 상정할 수 없다. 다만, 긴급하고 불가피한 사유로 위원회의 의결이 있는 경우에는 그러하지 아니하다.

1. 일부개정법률안 : 15일
2. 제정법률안, 전부개정법률안 및 폐지법률안 : 20일
3. 체계·자구 심사를 위하여 법제사법위원회에 회부된 법률안 : 5일
4. 법률안 외의 의안 : 20일

② 【X】 **국회법 제85조의2(안건의 신속 처리)** ① 위원회에 회부된 안건(체계·자구 심사를 위하여 법제사법위원회에 회부된 안건을 포함한다)을 제2항에 따른 신속처리대상안건으로 지정하려는 경우 의원은 재적의원 과반수가 서명한 신속처리대상안건 지정요구 동의(動議)(이하 이 조에서 "신속처리안건 지정동의"라 한다)를 의장에게 제출하고, 안건의 소관 위원회 소속 위원은 소관 위원회 재적위원 과반수가 서명한 신속처리안건 지정동의를 소관 위원회 위원장에게 제출하여야 한다. 이 경우 의장 또는 안건의 소관 위원회 위원장은 지체 없이 신속처리안건 지정동의를 무기명투표로 표결하되, 재적의원 5분의 3 이상 또는 안건의 소관 위원회 재적위원 5분의 3 이상의 찬성으로 의결한다.

③ 【X】 제정법률안과 전부개정법률안에 대해서 위원회 의결로 축조심사를 생략할 수 없으나, 공청회 또는 청문회는 생략할 수 있다.

국회법 제58조(위원회의 심사) ⑤ 제1항에 따른 축조심사는 위원회의 의결로 생략할 수 있다. 다만, 제정법률안과 전부개정법률안에 대해서는 그러하지 아니하다.

⑥ 위원회는 제정법률안과 전부개정법률안에 대해서는 공청회 또는 청문회를 개최하여야 한다. 다만, 위원회의 의결로 이를 생략할 수 있다.

④ 【O】 **국회법 제106조의2(무제한토론의 실시 등)** ⑤ 의원은 무제한토론을 실시하는 안건에 대하여 재적의원 3분의 1 이상의 서명으로 무제한토론의 종결동의(終結動議)를 의장에게 제출할 수 있다.

⑥ 제5항에 따른 무제한토론의 종결동의는 동의가 제출된 때부터 24시간이 지난 후에 무기명투표로 표결하되 재적의원 5분의 3 이상의 찬성으로 의결한다. 이 경우 무제한토론의 종결동의에 대해서는 토론을 하지 아니하고 표결한다.

48 국회의 입법절차 상의 문제와 관련된 다음 기술 중 옳지 않은 것은? (다툼이 있으면 판례에 의함)

① 본회의의 위임 의결이 없다 하더라도 국회의장은 본회의에서 의결된 법률안의 체계나 형식 등을 정비할 필요가 있는 경우 의결된 법률안의 내용이나 취지를 변경하지 않는 범위 안에서 이를 정리할 수 있다.

② 국회의장이 여야 합의의 내용과 다르게 일부 의원들이 방위사업청 신설을 내용으로 하는 의안을 복수차관제와 일부청의 차관급 격상을 내용으로 하는 정부조직법 개정안의 수정안으로 보고 처리한 것은 국회법 제95조상의 수정의 개념을 아무리 폭넓게 인정한다 하더라도 원안과의 동일성을 상실할 정도에 이르는 것이므로 이는 명백히 법률에 위반되는 의안처리에 해당한다.

③ 국회법상 수정동의는 원안인 법률안과 떨어져서 독립하여 존재하지 못하고, 의제가 된 원안에 부수하는 동의이기 때문에 원안과 동시에 의제가 되는 것이다. 따라서 원안과는 별도로 수정동의에 관하여는 위원회의 심사절차를 거칠 필요가 없으며, 심사기간이 문제될 여지도 없다.

④ 국회법상 수정안의 범위에 대한 어떠한 제한도 규정되어 있지 않은 점과 국회법 규정에 따른 문언의 의미상 수정이란 원안에 대하여 다른 의사를 가하는 것으로 새로 추가, 삭제, 또는 변경하는 것을 모두 포함하는 개념이라는 점에 비추어, 어떠한 의안으로 인하여 원안이 본래의 취지를 잃고 전혀 다른 의미로 변경되는 정도에까지 이르지 않는다면 이를 국회법상의 수정안에 해당하는 것으로 보아 의안을 처리할 수 있는 것으로 볼 수 있다.

지문분석 **정답 ②**

① 【O】 헌재 2009.6.25. 2007헌마451

② 【X】 국회법 제95조상의 수정의 개념을 폭넓게 보는 해석이 가능하다면 국회의장이 복수차관제와 일부청의 차관급 격상을 내용으로 하는 정부조직법 개정안에 대한 수정안인 방위사업청 신설을 내용으로 하는 의안을 적법한 수정안에 해당하는 것으로 보고 의안을 처리하였다 하더라도 이를 명백히 법률에 위반된다고 할 수는 없다. 게다가 국회속기록에 의하면 피청구인(국회의장)은 국회의 의사절차가 명문의 규정이 없는 경우 과거의 관례에 따르게 되어 있는 점을 전제로 국회사무처로부터 제17대 국회에서 2005.6.29.까지의 수정안 12개 중 10개가 원안에 포함되어 있지 않은 새로운 사항을 규정한 것이라는 자료를 보고받고 이에 근거하여 이 사건 수정안을 표결처리하였고, 당해 국회사무처의 보고자료에서 언급한 의안을 살펴보면 실제르 이와 같이 새로운 사항을 규정한 의안들이 아무런 문제없이 수정안으로 처리되어왔음을 확인할 수 있다. 따라서 피청구인이 아무런 근거 없이 일방적으로 국회법을 해석하여 수정안의 범위에 대한 입장을 정한 것으로 볼 수도 없다(헌재 2006.2.23. 2005헌라6).

③ 【O】 국회법상 수정동의는 원안인 법률안과 떨어져서 독립하여 존재하지 돗하고, 의제가 된 원안에 부수하는 동의이기 때문에 원안과 동시에 의제가 되는 것이다. 따라서 원안과는 별도로 수정동의에 관하여는 위원회의 심사절차를 거칠 필요가 없으며, 심사기간이 문제될 여지도 없다. 따라서 뒤에서 보는 바와 같이 이 사건 금융지주회사법 수정안이 국회법상 수정동의에 해당하는 이상{4−바−(3) 참조} 위 수정안의 본회의 상정 역시 국회법에 반하지 않는다(헌재 2009.10.29. .2009헌라8 · 9 · 10(병합). **국회의원과 국회의장 등 간의 권한쟁의)**

④ 【O】 국회법상 수정안의 범위에 대한 어떠한 제한도 규정되어 있지 않은 점과 국회법 규정에 따른 문언의 의미상 수정이란 원안에 대하여 다른 의사를 가하는 것으로 새로 추가, 삭제, 또는 변경하는 것을 모두 포함하는 개념이라는 점에 비추어, 어떠한 의안으로 인하여 원안이 본래의 취지를 잃고 전혀 다른 의미로 변경되는 정도에까지 이르지 않는다면 이를 국회법상의 수정안에 해당하는 것으로 보아 의안을 처리할 수 있는 것으로 볼 수 있다. 물론 이미 이루어진 것의 잘못된 점을 바로잡는다는 수정의 사전적 의미를 감안하여 원안의 목적 또는 성격을 변경하지 않는 범위 내에서 고치는 것을 전제로 하고 수정안은 원안과 동일성이 인정되는 범위 내에서만 인정될 수 있다는 해석도 가능하기는 하다. 그러나 원안의 목적과 성격을 보는 관점에 따라서는 동일성의 인정범위가 달라질 수 있고 또한 너무 좁게 해석하면 국회법 규정에 따른 수정의 의미를 상실할 수도 있다(헌재 2006.2.23. 2005헌라6).

49 국회 입법절차와 관련된 설명으로 타당하지 않은 것은?

① 외교통상통일위원회 위원장이 외통위 회의장의 출입문을 폐쇄한 후 한나라당 소속 위원만 출석한 상태에서 회의를 개의하여 '한미 FTA 비준동의안'을 외통위에 상정한 행위 및 이 동의안을 법안심사소위원회로 회부한 행위는 다수결원칙에 위배된다.

② 상임위원회가 법률안 및 조약안 등을 처리하는 것은 국회 입법절차의 일환으로 행해지는 것이므로 상임위원회의 의사절차에 하자가 있음을 이유로 소수의원들이 자신들의 상임위원회에서의 심의·표결권 침해를 이유로 한 권한쟁의심판을 청구하는 경우 전체회의가 원만히 이루어지도록 질서유지조치를 취할 구체적 작위의무가 있고 의안처리에 최종적인 책임을 지는 국회의장을 상대로 권한쟁의심판을 청구하여야 한다.

③ 국회부의장이 국회의장의 권한을 대행하여 법률안을 처리한 경우 국회부의장은 국회의장의 직무를 대리하여 법률안을 가결선포할 수 있을 뿐이고 법률안 가결선포행위에 따른 법적 책임을 지는 주체가 될 수 없으므로 그 법률안 처리절차에 하자가 있음을 다투는 국회의원은 국회의장을 상대로 권한쟁의심판을 청구할 수 있다.

④ 우리 헌법은 개별사건법률에 대한 정의를 하고 있지 않음은 물론 개별사건법률의 입법을 금하는 명문의 규정도 없으므로 개별사건법률금지의 원칙은 헌법상의 평등원칙에 근거하고 있는 것으로 풀이된다.

지문분석 **정답 ②**

① 【O】 의회민주주의원리는 국가의 정책결정에 참여할 권한을 국민의 대표기관인 의회에 유보하는 것에 그치지 않고 나아가 의사결정과정의 민주적 정당성까지 요구한다. … 의회민주주의의 기본원리의 하나인 다수결의 원리는 의사형성과정에서 소수파에게 토론에 참가하여 다수파의 견해를 비판하고 반대의견을 밝힐 수 있는 기회를 보장하여 다수파와 소수파가 공개적이고 합리적인 토론을 거쳐 다수의 의사로 결정한다는 데 그 정당성의 근거가 있는 것이다. 따라서 입법과정에서 소수파에게 출석할 기회조차 주지 않고 토론과정을 거치지 아니한 채 다수파만으로 단독 처리하는 것은 다수결의 원리에 의한 의사결정이라고 볼 수 없다. 이 사건에서 위법한 질서유지권의 행사로 청구인들에게 회의장 출입이 원천 봉쇄된 상태에서 이 사건 회의를 개의하여 이루어진 이 사건 상정·회부행위는, 비록 의사정족수가 충족된 상태에서 이루어진 것이라 하더라도, 다수결의 원리를 규정한 헌법 제49조 혹은 다수결의 원리를 포함하는 상위 원리인 의회민주주의 원리에 위배되고, 피청구인이 회의장의 출입문을 폐쇄하고 내부에 책상 등으로 바리케이드를 설치하게 함으로써 외통위 위원인 소수당 국회의원의 출입까지 불가능하게 한 상태에서 이 사건 회의를 개의하여 이 사건 상정·회부행위를 하였는바, 이는 의사공개의 원칙에 위배된다 하겠다. 따라서 청구인들은 피청구인의 위헌·위법한 이 사건 상정·회부행위로 인하여 헌법에 의하여 부여받은 이 사건 동의안의 심의권을 침해당하였다 할 것이다(헌재 2010.12.28. 2008헌라7).

② 【X】 국회 상임위원회가 그 소관에 속하는 의안, 청원 등을 심사하는 권한은 법률상 부여된 위원회의 고유한 권한이므로, 국회의장에 대한 이 사건 심판청구는 피청구인적격이 없는 자를 상대로 한 청구로서 부적법하다. 한편 이 사건 당일 국회의장에게 국회 외교통상통일위원회(이하 '외통위'라 한다) 전체회의가 원만히 이루어지도록 질서유지조치를 취할 구체적 작위의무가 있었다고 보기 어려우므로, 이를 전제로 한 국회의장에 대한 이 사건 심판청구는 피청구인적격이 인정되지 아니하여 부적법하다(헌재 2010.12.28. 2008헌라7).

③ 【O】 권한쟁의심판에서는 처분 또는 부작위를 야기한 기관으로서 법적 책임을 지는 기관만이 피청구인적격을 가지므로, 이 사건 권한쟁의심판은 의안의 상정·가결선포 등의 권한을 갖는 피청구인 국회의장을 상대로 제기되어야 한다. 피청구인 국회부의장은 국회의장의 직무를 대리하여 법률안을 가결선포할 수 있을 뿐(국회법 제12조 제1항), 법률안 가결선포행위에 따른 법적 책임을 지는 주체가 될 수 없으므로, 피청구인 국회부의장에 대한 이 사건 심판청구는 피청구인 적격이 인정되지 아니한 자를 상대로 제기되어 부적법하다(헌재 2009.10.29. 2009헌라8·9·10 병합).

④ 【O】 헌재 1996.2.16. 96헌가2·96헌바7·96헌바13 병합

50 **다음 중 국회의 입법과정에 대한 설명으로 옳지 않은 것은?** 16년 국회 9급

① 국회의 위원회도 그 소관에 속하는 사항에 대해서는 법률안을 제출할 수 있다.
② 정부가 예산 또는 기금상의 조치가 수반되는 법률안을 제출하는 경우에는 재원조달방안을 비용추계서로 갈음하여 제출할 수 있다.
③ 국회의장은 법률안이 제출되면 이를 의원에게 배부하고 본회의에 보고하며 소관 상임위원회에 회부한다.
④ 위원회의 위원장은 간사와 협의하여 회부된 법률안(체계·자구 심사를 위해 법제사법위원회에 회부된 법률안은 제외한다)에 대하여 원칙적으로 입법예고하여야 한다.
⑤ 위원회의 심사를 거친 안건에 대해서는 본회의의 의결로 질의와 토론 또는 그 중의 하나를 생략할 수 있다.

지문분석 **정답 ②**

① 【O】 위원회는 그 소관에 속하는 사항에 관하여 법률안 기타 의안을제출할 수 있다(국회법 제51조 제1항).
② 【X】 정부가 예산 또는 기금상의 조치를 수반하는 의안을 제출하는 경우에는 그 의안의 시행에 수반될 것으로 예상되는 비용에 대한 추계서와 이에 상응하는 재원조달방안에 관한 자료를 의안에 첨부하여야 한다(국회법 제79조의2 제3항).
③ 【O】 의장은 의안이 발의 또는 제출된 때에는 이를 인쇄하거나 전산망에 입력하는 방법으로 의원에게 배부하고 본회의에 보고하며, 소관상임위원회에 회부하여 그 심사가 끝난 후 본회의에 부의한다. 다만, 폐회 또는 휴회등으로 본회의에 보고할 수 없을 때에는 이를 생략하고 회부할 수 있다(국회법 제81조 제1항).
④ 【O】 위원장은 간사와 협의하여 회부된 법률안(체계·자구심사를 위하여 법제사법위원회에 회부된 법률안은 제외한다)에 대하여 그 입법 취지와 주요 내용 등을 국회공보 또는 국회 인터넷 홈페이지 등에 게재하는 방법 등으로 입법예고하여야 한다. 다만, 입법이 긴급을 요하는 경우, 입법내용의 성질 또는 그 밖의 사유로 입법예고를 할 필요가 없거나 곤란하다고 판단되는 경우 중 어느 하나에 해당하는 경우에는 위원장이 간사와 협의하여 입법예고를 하지 아니할 수 있다(국회법 제82조의2 제1항).
⑤ 【O】 본회의는 안건을 심의함에 있어서 그 안건을 심사한 위원장의 심사보고를 듣고 질의·토론을 거쳐 표결한다. 다만, 위원회의 심사를 거치지 아니한 안건에 대하여는 제안자가 그 취지를 설명하여야 하고, 위원회의 심사를 거친 안건에 대하여는 의결로 질의와 토론 또는 그중의 하나를 생략할 수 있다(국회법 제93조).

51 국회의원의 심의 · 표결권에 대한 설명으로 옳지 않은 것은? (다툼이 있는 경우 판례에 의함)

16년 지방직 7급

① 국회의원의 심의 · 표결권은 국회의 대내적인 관계에서 행사되고 침해될 수 있을 뿐이고 다른 국가기관과의 대외적인 관계에서는 침해될 수 없다.

② 국회의원의 심의 · 표결권은 성질상 일신전속적인 것으로 당사자가 사망한 경우 승계되거나 상속될 수 없어 그에 관련된 권한쟁의심판절차 또한 수계될 수 없으므로, 권한쟁의심판청구는 청구인의 사망과 동시에 그 심판절차가 종료된다.

③ 국회부의장이 국회의장의 직무를 대리하여 법률안 가결선포행위를 한 경우, 국회의원은 심의 · 표결권이 침해되었다는 이유로 국회부의장을 상대로 권한쟁의심판을 청구할 수 있다.

④ 국회 본회의는 위원장의 보고를 받은 후 필요하다고 인정할 때에는 그 의결로 다시 그 안건을 같은 위원회 또는 다른 위원회에 회부할 수 있다.

지문분석 **정답 ③**

③ 【X】 권한쟁의심판에서는 처분 또는 부작위를 야기한 기관으로서 법적 책임을 지는 기관만이 피청구인적격을 가지므로, 이 사건 심판은 의안의 상정 · 가결선포 등의 권한을 갖는 국회의장을 상대로 제기되어야 한다. 국회부의장은 국회의장의 직무를 대리하여 법률안을 가결선포할 수 있을 뿐(국회법 제12조 제1항), 법률안 가결선포행위에 따른 법적 책임을 지는 주체가 될 수 없으므로, 국회의원이 국회의장의 직무를 대리하여 법률안 가결선포행위를 한 국회부의장을 상대로 위 가결선포행위가 자신의 법률안 심의 · 표결권을 침해하였음을 주장하는 권한쟁의심판청구는 피청구인 적격이 인정되지 아니한 자를 상대로 제기되어 부적법하다(헌재 2009.10.29, 2009헌라8).

52 국회의 법률제정과정에 대한 설명으로 옳은 것을 〈보기〉에서 모두 고르면? (다툼이 있는 경우 헌법재판소 판례에 의함) 16년 국회 8급

보기

㉠ 대통령이 정부에 이송되어온 법률안을 15일 이내에 공포도 하지 아니하고 재의의 요구도 하지 않음으로써 확정된 법률이나 국회의 재의결로 확정된 법률이 정부에 이송된 후 5일 이내에 공포되지 아니하면, 법률은 공포일 다음날부터 곧바로 효력을 발생한다.

㉡ 정부는 부득이한 경우를 제외하고는 매년 1월 31일까지 당해연도에 제출할 법률안에 관한 계획을 통지하여야 하며, 계획이 변경된 경우에는 분기별로 주요사항을 국회에 통지하여야 한다.

㉢ 헌법재판소는 법률안의 가결선포행위의 효력은 입법절차상 헌법규정을 명백히 위반한 하자가 있었는지에 따라 결정되어야 할 것이고, 입법절차에 관한 법률에 대한 경미한 위반이 있다고 하여 무효라고 할 수는 없다고 하였다.

㉣ 법률안에 이의가 있을 때에는 대통령은 15일 이내에 이의서를 붙여 국회로 환부하고, 그 재의를 요구할 수 있다. 국회가 폐회 중이면 국회에 환부하는 기간인 15일은 차기 국회 개회일까지 정지된다.

㉤ 국회에서 의결된 법률안의 조문이나 자구 · 숫자, 법률안의 체계나 형식 등의 정비가 필요한 경우 국회의장은 의결된 내용이나 취지를 변경하지 않는 범위 내에서 이를 정리할 수 있다.

① ㉠㉢㉣ ② ㉡㉢㉤ ③ ㉢㉣㉤ ④ ㉠㉡㉢㉤ ⑤ ㉡㉢㉣㉤

지문분석 **정답 ②**

옳은 것은 ㉡㉢㉤이다.

㉠ 【X】 대통령이 정부에 이송되어온 법률안을 15일 이내에 공포도 하지 아니하고 재의의 요구도 하지 않음으로써 확정된 법률이나 국회의 재의결로 확정된 법률이 정부에 이송된 후 5일 이내에 공포하지 아니할 때에는 국회의 장이 이를 공포한다(헌법 제53조 제6항).

㉡ 【O】 정부는 부득이한 경우를 제외하고는 매년 1월 31일까지 당해연도에 제출할 법률안에 관한 계획을 국회에 통지하여야 한다. 그 계획을 변경한 때에는 분기별로 주요사항을 국회에 통지하여야 한다(국회법 제5조의3).

㉢ 【O】 국회의 입법과 관련하여 일부 국회의원들의 권한이 침해되었다 하더라드 그것이 입법절차에 관한 헌법의 규정을 명백히 위반한 흠에 해당하는 것이 아니라면 그 법률안의 가결 선포행위를 곧바로 무효로 볼 것은 아니라 할 것이다. 헌법은 국회의 의사절차에 관한 기본원칙으로 제49조에서 '다수결의 원칙'을, 제50조에서 '회의공개의 원칙'을 선언하고 있으므로, 결국 법률안의 가결 선포행위의 효력은 입법절차상 위 헌법규정을 명백히 위반한 하자가 있었는지에 따라 결정된다 할 것이다(헌재 2011.8.30, 2009헌라7).

㉣ 【X】 국회가 폐회 중이더라도 대통령의 법률안 재의요구기간이 정지되지 않는다. 폐회 중에도 대통령은 법률안에 이의가 있을 때에는 법률안이 정부에 이송된 후 15일 이내에 이의서를 붙여 국회로 환부하고, 그 재의를 요구할 수 있다(헌법 제53조 제2항).

㉤ 【O】 국회의 위임 의결이 없더라도 국회의장은 국회에서 의결된 법률안의 조문이나 자구 · 숫자, 법률안의 체계나 형식 등의 정비가 필요한 경우 의결된 내용이나 취지를 변경하지 않는 범위 안에서 이를 정리할 수 있다고 봄이 상당하고, 이렇듯 국회의장이 국회의 위임 없이 법률안을 정리하더라도 그러한 정리가 국회에서 의결된 법률안의 실질적 내용에 변경을 초래하는 것이 아닌 한 헌법이나 국회법상의 입법절차에 위반된다고 볼 수 없다(헌재 2009.6.25, 2007헌마451).

53 국회의 입법절차에 대한 설명으로 옳지 않은 것은? 17년 국가직 하반기 7급

① 의장은 각 교섭단체대표의원과 합의하는 경우에는 위원회에 회부하는 안건 또는 회부된 안건에 대하여 심사기간을 지정할 수 있지만, 위원회가 이유 없이 그 기간 내에 심사를 마치지 아니한 때에는, 의장은 중간보고를 들은 후 다른 위원회에 회부하거나 바로 본회의에 부의할 수 있다.

② 위원회에 회부된 안건을 신속처리대상안건으로 지정하고자 하는 경우, 안건의 소관 위원회 소속 위원은 소관 위원회 재적위원 과반수가 서명한 신속처리안건지정동의를 소관 위원회 위원장에게 제출해야 하고, 위원장은 신속처리안건지정 동의를 무기명투표로 표결하되 안건의 소관 위원회 재적위원 5분의 3 이상의 찬성으로 의결한다.

③ 위원회는 안건을 심사함에 있어서 먼저 그 취지의 설명과 전문위원의 검토보고를 듣고, 대체토론과 축조심사 및 찬반 토론을 거쳐 표결한다.

④ 본회의에 부의된 안건에 대하여 시간의 제한을 받지 아니하는 토론을 하려는 경우, 의원은 재적의원 3분의 1 이상이 서명한 요구서를 의장에게 제출하여 무제한 트론을 실시할 수 있고, 무제한 토론의 종결동의는 동의가 제출된 때부터 24시간이 경과한 후에 재적의원 과반수 찬성으로 의결한다.

지문분석 **정답 ④**

④ 【X】 의원이 본회의에 부의된 안건에 대하여 이 법의 다른 규정에도 불구하고 시간의 제한을 받지 아니하는 토론을 하려는 경우 재적의원 3분의 1 이상이 서명한 요구서를 의장에게 제출하여야 한다. 이 경우 의장은 해당 안건에 대하여 무제한 토론을 실시하여야 한다(국회법 제106조의2 제1항). 무제한 토론의 종결동의는 동의가 제출된 때부터 24시간이 경과한 후에 무기명투표로 표결하되 재적의원 5분의 3 이상의 찬성으로 의결한다. 이 경우 무제한 토론의 종결동의에 대하여는 토론을 하지 아니하고 표결한다(국회법 제106조의2 제6항).

54 **법률 제정과정에 관한 설명 중 옳지 않은 것은?** (다툼이 있는 경우 판례에 의함) 17년 변호사

① 정부가 예산 또는 기금상의 조치를 수반하는 법률안을 제출하는 경우에는 그 법률안의 시행에 수반될 것으로 예상되는 비용에 대한 추계서와 이에 상응하는 재원조달방안에 관한 자료를 법률안에 첨부하여야 한다.

② 대통령이 거부한 법률안에 대하여 국회가 재의결하여 확정된 법률이 정부에 이송된 후라면 국회의장이 당연히 공포권을 갖는다.

③ 법률의 입법절차가 헌법이나 「국회법」에 위반된다고 하더라도 그러한 사유만으로는 그 법률로 인하여 국민의 기본권이 현재, 직접적으로 침해받는다고 볼 수 없으므로 「헌법재판소법」 제68조 제1항의 헌법소원심판을 청구할 수 없다.

④ 대통령의 법률안 제출행위는 국가기관간의 내부적 행위에 불과하고 국민에 대하여 직접적인 법률효과를 발생시키는 행위가 아니므로 「헌법재판소법」 제68조 제1항의 헌법소원심판의 대상이 되는 공권력의 행사에 해당되지 않는다.

⑤ 국회에 제출된 법률안은 회기 중에 의결되지 못한 이유로 폐기되지 아니하나, 국회의원의 임기가 만료된 때에는 그러하지 아니하다.

지문분석 **정답 ②**

① 【O】 정부가 예산 또는 기금상의 조치를 수반하는 의안을 제출하는 경우에는 그 의안의 시행에 수반될 것으로 예상되는 비용에 대한 추계서와 이에 상응하는 재원조달방안에 관한 자료를 의안에 첨부하여야 한다(국회법 제79조의2 제3항).

② 【X】 대통령이 거부한 법률안에 대하여 국회가 재의결하여 확정된 법률이 정부에 이송된 후 5일 이내에 대통령이 공포하지 아니할 때에는 국회의장이 이를 공포한다(헌법 제53조 제6항).

③ 【O】 법률의 입법절차가 헌법이나 국회법에 위반된다고 하더라도 그러한 사유만으로는 그 법률로 인하여 국민의 기본권이 현재, 직접적으로 침해받는다고 볼 수 없으므로 헌법소원심판을 청구할 수 없다(헌재 1998.8.27, 97헌마8).

④ 【O】 대통령의 법률안 제출행위는 국가기관간의 내부적 행위에 불과하고 국민에 대하여 직접적인 법률효과를 발생시키는 행위가 아니므로 헌법재판소법 제68조에서 말하는 공권력의 행사에 해당되지 않는다(헌재 1994.8.31, 92헌마174).

⑤ 【O】 국회에 제출된 법률안 기타의 의안은 회기중에 의결되지 못한 이유로 폐기되지 아니한다. 다만, 국회의원의 임기가 만료된 때에는 그러하지 아니하다(헌법 제51조).

55 국회 입법권과 관련된 설명으로 옳지 않은 것은?

① 의원 또는 위원회가 예산 또는 기금상의 조치를 수반하는 의안을 발의 또는 제안하는 경우에는 그 의안의 시행에 수반될 것으로 예상되는 비용에 대한 추계서를 아울러 제출하여야 한다.

② 정부가 법률안을 제출하는 경우 국무회의의 심의를 거쳐 대통령이 서명하고, 국무총리와 관계 국무위원이 부서하여 제출한다. 정부는 매년 3월 31일까지 당해 연도에 제출할 법률안에 관한 계획을 국회에 통지하여야 한다.

③ 정부가 예산 또는 기금상의 조치를 수반하는 의안을 제출하는 경우에는 그 의안의 시행에 수반될 것으로 예상되는 비용에 대한 추계서와 이에 상응하는 재원조달방안에 관한 자료를 의안에 첨부하여야 한다. 다만, 의장이 각 교섭단체대표의원과 합의를 하는 경우에는 그러하지 아니하다.

④ 의장은 위원회에 회부하는 안건 또는 회부된 안건에 대하여 심사기간을 지정할 수 있다. 이 경우 의장은 각 교섭단체대표의원과 협의하여야 한다. 위원회가 이유없이 그 기간내에 심사를 마치지 아니한 때에는 의장은 중간보고를 들은 후 다른 위원회에 회부하거나 바로 본회의에 부의할 수 있다.

지문분석 **정답 ②**

① 【O】 의원 또는 위원회가 예산 또는 기금상의 조치를 수반하는 의안을 발의 또는 제안하는 경우에는 그 의안의 시행에 수반될 것으로 예상되는 비용에 대한 추계서를 아울러 제출하여야 한다(국회법 제79조의2 제1항).

② 【X】 정부가 법률안을 제출하는 경우 국무회의의 심의를 거쳐 대통령이 서명하고, 국무총리와 관계 국무위원이 부서하여 제출한다. 정부는 매년 1월 31일까지 당해 연도에 제출할 법률안에 관한 계획을 국회에 통지하여야 한다(국회법 제5조의3).

③ 【O】 정부가 예산 또는 기금상의 조치를 수반하는 의안을 제출하는 경우에는 그 의안의 시행에 수반될 것으로 예상되는 비용에 대한 추계서와 이에 상응하는 재원조달방안에 관한 자료를 의안에 첨부하여야 한다(국회법 제79조의2 제3항). 다만, 의장이 각 교섭단체대표의원과 합의를 하는 경우에는 그러하지 아니하다.

④ 【O】 국회법 제85조 제1 · 2항

56 국회의 법률제정절차와 관련된 설명으로 옳지 않은 것은?

① 본회의는 안건을 심의함에 있어서 그 안건을 심사한 위원장의 심사보고를 듣고 질의·토론을 거쳐 표결한다. 위원회의 심사를 거친 안건이라 할지라도 질의와 토론 모두를 생략할 수는 없으며, 위원회의 심사를 거치지 아니한 안건에 대하여는 제안자가 그 취지를 설명하여야 한다.
② 법률안에 대한 수정동의는 의원 30인 이상의 찬성을 요한다. 우리나라는 예산과 법률을 별개의 형식으로 규율하고 있으므로 예산상 조치를 수반하는 법률안에 대한 수정동의도 의원 30인 이상의 찬성으로 한다.
③ 국회법 제93조는 위원회의 심의를 거치지 아니한 안건에 대해서는 제안자가 그 취지를 설명하도록 하고 있으나, 그 취지설명의 방식에는 제한이 없으므로 제안자가 발언석에서 구두설명을 하지 않더라도 서면이나 컴퓨터 단말기에 의한 설명 등으로 이를 대체할 수 있다.
④ 국회의장으로서는 위원회 심사를 거치지 아니한 안건에 있어서는 질의·토론신청이 없었던 경우라면, "질의·토론신청이 없으므로 질의·토론을 생략하겠다."고 말하고 표결절차에 나아갈 수는 있다 할 것이지만, 질의·토론신청이 있었는지 여부를 확인하거나 이를 언급도 하지 아니한 채 질의·토론을 생략하고 곧바로 표결처리에 나아가는 의사진행은 국회의원에게 부여된 질의·토론의 기회를 원천적으로 봉쇄하는 것과 다름없어 정당화될 수 없다.

지문분석 **정답 ①**

① 【X】 본회의는 안건을 심의함에 있어서 그 안건을 심사한 위원장의 심사보고를 듣고 질의·토론을 거쳐 표결한다. 다만, 위원회의 심사를 거치지 아니한 안건에 대하여는 제안자가 그 취지를 설명하여야 하고, 위원회의 심사를 거친 안건에 대하여는 의결로 질의와 토론 또는 그 중의 하나를 생략할 수 있다(국회법 제93조).
② 【O】 법률안에 대한 수정동의는 의원 30인 이상의 찬성(예산안에 대한 수정동의는 50인)을 요한다. 우리나라는 예산과 법률을 별개의 형식으로 규율하고 있으므로 예산상 조치를 수반하는 법률안에 대한 수정동의도 의원 30인 이상의 찬성으로 한다
③,④ 【O】 헌재 2009.10.29. 2009헌라8·9·10 병합

57 헌법상 법률제정 절차에 대한 설명으로 옳지 않은 것은? 17년 5급 공채

① 국회에서 의결된 법률안은 정부에 이송되어 15일 이내에 대통령이 공포한다.
② 법률안에 이의가 있을 때에는 대통령은 법률안이 정부로 이송된 후 15일 이내에 이의서를 붙여 국회로 환부하고 그 재의를 요구할 수 있다.
③ 대통령은 법률안의 일부에 대하여 또는 법률안을 수정하여 재의를 요구할 수 없다.
④ 국회에서 확정된 법률이 정부에 이송된 후 5일 이내에 대통령이 공포하지 아니할 때에는 국무총리가 이를 공포한다.

지문분석 **정답 ④**

① 【O】 헌법 제53조 제1항
② 【O】 헌법 제53조 제2항
③ 【O】 헌법 제53조 제3항
④ 【X】 확정법률이 정부에 이송된 후 5일 이내에 대통령이 공포하지 아니할 때에는 국회의장이 이를 공포한다(헌법 제53조 제6항).

58 국회의 입법권에 대한 설명으로 가장 옳지 않은 것은? 16년 서울시 7급

① 입법행위는 일종의 법률행위이므로 행위의 속성상 행위 자체는 한번에 끝나는 것이고, 그러한 입법행위의 결과인 권리침해상태가 계속될 수 있을 뿐이라고 보아야 한다.
② 입법자가 뇌물죄에 대하여 가중처벌을 규정하고 그 법정 형을 살인죄보다 무겁게 하여, 작량감경을 하여도 집행 유예를 선고할 수 없도록 규정하였다면 이는 법관의 양형 결정권을 침해하는 것이다.
③ 국회의원은 국민의 선거에 의하여 선출된 헌법상의 국가 기관으로서 그 개개인이 법률안 제출권, 법률안 심의·표결권 등 여러 가지 독자적인 권한을 부여받고 있다.
④ 헌법재판소에 따르면 국가보위입법회의에서 제정된 법률의 내용이 현행 헌법에 저촉된다고 하여 이를 다투는 것은 별론으로 하고 그 제정절차에 하자가 있음을 이유로 하여 이를 다툴 수는 없다.

지문분석 **정답 ②**

① 【O】 법규정립행위(입법행위)는 그것이 국회입법이든 행정입법이든 막론하고 일종의 법률행위이므로, 그 행위의 속성상 행위자체는 한번에 끝나는 것이고, 그러한 입법행위의 결과인 권리침해상태가 계속될 수 있을 뿐이라고 보아야 한다(헌재 1992.6.26. 91헌마25).
② 【X】 입법자가 법정형 책정에 관한 여러 가지 요소의 종합적 고려에 따라 법률 그 자체로 법관에 의한 양형재량의 범위를 좁혀 놓았다고 하더라도 그것이 당해 범죄의 보호법익과 죄질에 비추어 범죄와 형벌간의 비례의 원칙상 수긍할 수 있는 정도의 합리성이 있다면 이러한 법률을 위헌이라고 할 수 없다. 뇌물죄에 대하여 가중처벌을 규정하고 그 법정 형을 살인죄보다 무겁게 한 법률조항이 작량감경을 하더라도 별도의 법률상 감경사유가 없는 한 집행유예의 선고를 할 수 없도록 그 법정형의 하한을 높여 놓았다 하여 곧 그것이 법관의 양형결정권을 침해하였다거나 법관독립의 원칙에 위배된다고 할 수 없고 나아가 법관에 의한 재판을 받을 권리를 침해하는 것이라고도 할 수 없다(헌재 1995.4.20. 93헌바40).
③ 【O】 국회의원은 헌법 제41조 제1항에 따라 국민의 선거에 의하여 선출된 헌법상의 국가기관으로서 헌법과 법률에 의하여 법률안 제출권, 법률안 심의·표결권 등 여러 가지 독자적인 권한을 부여받고 있다(헌재 1997.7.16. 96헌라2).
④ 【O】 구 헌법 부칙 제6조 제1항·제3항, 현행 헌법 부칙 제5조에 의하면 국가보위입법회의에서 제정된 법률의 내용은 별론으로 하되 현행 헌법하에서도 제정절차에 위헌적 하자가 있음을 다툴 수는 없다고 보아야 할 것이므로, 개정전 국가보안법 제9조 제2항이 국가보위입법회의에서 제정되었다는 이유만으로 헌법에 위반된다고 할 수 없다(헌재 1992.4.14. 90헌바23).

59 국회의 입법권에 대한 설명으로 옳지 않은 것은? (다툼이 있는 경우 판례에 의함) 17년 하반기 비상계획관

① 헌법은 개별사건법률의 입법을 금하는 명문의 규정을 두고 있으며, 개별사건법률금지 원칙의 기본정신은 입법자에 대하여 기본권을 침해 하는 법률은 일반적 성격을 가져야 한다는 형식을 요구함으로써 평등 원칙위반의 위험성을 입법과정에서 미리 제거하려는데 있다.

② 국회의 위원회는 그 소관에 속하는 사항에 관하여 법률안 기타 의안을 제출할 수 있으며, 이 경우에 의안은 위원장이 제출자가 된다.

③ 국회의장이 국회의 위임 없이 법률안을 정리하더라도 그러한 정리가 국회에서 의결된 법률안의 실질적 내용에 변경을 초래하는 것이 아닌 한 헌법이나 국회법 상의 입법절차에 위반된다고 볼 수 없다.

④ 국회의 위원회에서 본회의에 부의할 필요가 없다고 결정된 의안은 본회의에 부의하지 아니하나, 위원회의 결정이 본회의에 보고된 날로부터 폐회 또는 휴회 중의 기간을 제외한 7일 이내에 국회의원 30인 이상의 요구가 있을 때에는 그 의안을 본회의에 부의하여야 한다.

지문분석 **정답 ①**

① 【X】 우리 헌법은 개별사건법률에 대한 정의를 하고 있지 않음은 물론 개별사건법률의 입법을 금하는 명문의 규정도 없다. 개별사건법률금지의 원칙은 "법률은 일반적으로 적용되어야지 어떤 개별사건에만 적용되어서는 아니된다"는 법원칙으로서 헌법상의 평등원칙에 근거하고 있는 것으로 풀이되고, 그 기본정신은 입법자에 대하여 기본권을 침해하는 법률은 일반적 성격을 가져야 한다는 형식을 요구함으로써 평등원칙위반의 위험성을 입법과정에서 미리 제거하려는데 있다 할 것이다(헌재 1996.2.16, 96헌가2).

② 【O】 국회법 제51조

③ 【O】 국회의 위임 의결이 없더라도 국회의장은 국회에서 의결된 법률안의 조문이나 자구 · 숫자, 법률안의 체계나 형식 등의 정비가 필요한 경우 의결된 내용이나 취지를 변경하지 않는 범위 안에서 이를 정리할 수 있다고 봄이 상당하고, 이렇듯 국회의장이 국회의 위임 없이 법률안을 정리하더라도 그러한 정리가 국회에서 의결된 법률안의 실질적 내용에 변경을 초래하는 것이 아닌 한 헌법이나 국회법상의 입법절차에 위반된다고 볼 수 없다(헌재 2009.6.25, 2007헌마451).

④ 【O】 위원회에서 본회의에 부의할 필요가 없다고 결정된 의안은 본회의에 부의하지 아니한다. 그러나 위원회의 결정이 본회의에 보고된 날로부터 폐회 또는 휴회중의 기간을 제외한 7일 이내에 의원 30인 이상의 요구가 있을 때에는 그 의안을 본회의에 부의하여야 한다(국회법 제87조 제1항).

60 법률의 제 · 개정절차에 대한 설명으로 옳지 않은 것은? 23년 국가직 7급

① 국회는 헌법 또는 법률에 특별한 규정이 없는 한 재적의원 과반수의 출석과 출석의원 과반수의 찬성으로 의결하며, 가부동수인 때에는 가결된 것으로 본다.

② 국회에 제출된 법률안은 회기 중에 의결되지 못한 이유로 폐기되지 않지만, 국회의원의 임기가 만료된 때에는 그러하지 아니하다.

③ 법률은 특별한 규정이 없는 한 공포한 날로부터 20일을 경과함으로써 효력을 발생한다.

④ 대통령은 법률안의 일부에 대하여 또는 법률안을 수정하여 재의를 요구할 수 없다.

지문분석 **정답 ①**

① **【X】 헌법 제49조** 국회는 헌법 또는 법률에 특별한 규정이 없는 한 재적의원 과반수의 출석과 출석의원 과반수의 찬성으로 의결한다. 가부동수인 때에는 부결된 것으로 본다.
② **【O】 헌법 제51조** 국회에 제출된 법률안 기타의 의안은 회기 중에 의결되지 못한 이유로 폐기되지 아니한다. 다만, 국회의원의 임기가 만료된 때에는 그러하지 아니하다.
③ **【O】 헌법 제53조** ⑦ 법률은 특별한 규정이 없는 한 공포한 날로부터 20일을 경과함으로써 효력을 발생한다.
④ **【O】 헌법 제51조** ③ 대통령은 법률안의 일부에 대하여 또는 법률안을 수정하여 재의를 요구할 수 없다.

61 국회의 입법권에 대한 설명으로 옳지 않은 것은? 23년 지방직 7급

① 헌법 제40조 "입법권은 국회에 속한다."의 의미는 적어도 국민의 권리와 의무의 형성에 관한 사항을 비롯하여 국가의 통치조직과 작용에 관한 기본적이고 본질적인 사항은 반드시 국회가 정하여야 한다는 것이다.
② 헌법 제52조는 "20명 이상의 국회의원과 정부는 법률안을 제출할 수 있다."고 규정하고 있다.
③ 국회의원이 발의한 법률안 중 국회에서 의결된 제정법률안 또는 전부개정법률안을 공표하거나 홍보하는 경우에는 해당 법률안의 부제를 함께 표기할 수 있다.
④ 의안을 발의하는 국회의원은 그 안을 갖추고 이유를 붙여 찬성자와 연서하여 이를 국회의장에게 제출하여야 한다.

지문분석 **정답 ②**

① **【O】** 우리 헌법 제40조는 "입법권은 국회에 속한다"라고 규정하면서, 아울러 제75조는 "대통령은 법률에서 구체적으로 범위를 정하여 위임받은 사항과 법률을 집행하기 하기 위하여 필요한 사항에 관하여 대통령령을 발할 수 있다", 제95조는 "국무총리 또는 행정각부의 장은 소관사무에 관하여 법률이나 대통령령의 위임 또는 직권으로 총리령 또는 부령을 발할 수 있다"고 각 규정함으로서 행정기관으로의 위임입법을 인정하고 있는데, 우리 헌법 제40조의 의미는 적어도 국민의 권리와 의무의 형성에 관한 사항을 비롯하여 국가의 통치조직과 작용에 관한 기본적이고 본질적인 사항은 반드시 국회가 정하여야 한다는 것이다(헌재 1998. 5. 28. 96헌가1).
② **【X】 헌법 제52조** 국회의원과 정부는 법률안을 제출할 수 있다.
국회법 제79조(의안의 발의 또는 제출) ① 의원은 10명 이상의 찬성으로 의안을 발의할 수 있다.
③ **【O】 국회법 제79조(의안의 발의 또는 제출)** ④ 의원이 발의한 법률안 중 국회에서 의결된 제정법률안 또는 전부개정법률안을 공표하거나 홍보하는 경우에는 해당 법률안의 부제를 함께 표기할 수 있다.
④ **【O】 국회법 제79조(의안의 발의 또는 제출)** ② 의안을 발의하는 의원은 그 안을 갖추고 이유를 붙여 찬성자와 연서하여 이를 의장에게 제출하여야 한다.

62 **「국회법」 제85조에 관한 설명 중 옳은 것(○)과 옳지 않은 것(×)을 올바르게 조합한 것은?** (다툼이 있는 경우 판례에 의함) 17년 변호사

> **「국회법」 제85조(심사기간)** ① 의장은 다음 각 호의 어느 하나에 해당하는 경우에는 위원회에 회부하는 안건 또는 회부된 안건에 대하여 심사기간을 지정할 수 있다. 이 경우 제1호 또는 제2호에 해당하는 때에는 의장이 각 교섭단체대표의원과 협의하여 해당 호와 관련된 안건에 대하여만 심사기간을 지정할 수 있다.
> 1. 천재지변의 경우
> 2. 전시·사변 또는 이에 준하는 국가비상사태의 경우
> 3. 의장이 각 교섭단체대표의원과 합의하는 경우
>
> ② 제1항의 경우 위원회가 이유없이 그 기간 내에 심사를 마치지 아니한 때에는 의장은 중간보고를 들은 후 다른 위원회에 회부하거나 바로 본회의에 부의할 수 있다.

> ㉠ 국회의장의 직권상정권한은 국회의 수장이 국회의 비상적인 헌법적 장애상태를 회복하기 위하여 가지는 권한으로 국회의장의 의사정리권에 속하고, 의안 심사에 관하여 위원회 중심주의를 채택하고 있는 우리 국회에서는 비상적·예외적 의사절차에 해당한다.
> ㉡ 「국회법」 제85조 제1항에 국회 재적의원 과반수가 의안에 대하여 심사기간 지정을 요청하는 경우 국회의장이 그 의안에 대하여 의무적으로 심사기간을 지정하도록 규정하지 아니한 것은 법률의 내용이 불완전·불충분한 '부진정입법부작위'에 해당한다.
> ㉢ 「국회법」 제85조 제1항 각 호의 심사기간 지정사유는 국회의장의 직권상정권한을 제한하는 역할을 할 뿐 국회의원의 국회 본회의에서의 법안에 대한 심의·표결권을 제한하는 내용을 담고 있지는 않다.
> ㉣ 헌법의 명문규정 및 해석상 국회 재적의원 과반수의 요구가 있는 경우 국회의장이 심사기간을 지정하고 본회의에 부의해야 한다는 헌법상 의무가 도출된다.

① ㉠(○), ㉡(○), ㉢(○), ㉣(×)
② ㉠(○), ㉡(×), ㉢(○), ㉣(×)
③ ㉠(×), ㉡(○), ㉢(×), ㉣(○)
④ ㉠(×), ㉡(○), ㉢(○), ㉣(○)
⑤ ㉠(○), ㉡(×), ㉢(×), ㉣(×)

지문분석 **정답 ②**

㉠ **[O]** 국회법 제85조 제1항의 직권상정권한은 국회의 수장이 국회의 비상적인 헌법적 장애상태를 회복하기 위하여 가지는 권한으로 국회의장의 의사정리권에 속하고, 의안 심사에 관하여 위원회 중심주의를 채택하고 있는 우리 국회에서는 비상적·예외적 의사절차에 해당한다(헌재 2016.5.26. 2015헌라1).

㉡ **[X]** 국회법 제85조 제1항에 국회 재적의원 과반수가 의안에 대하여 심사기간 지정을 요청하는 경우 국회의장이 그 의안에 대하여 의무적으로 심사기간을 지정하도록 규정하지 아니한 입법부작위는 입법자가 재적의원 과반수의 요구에 의해 위원회의 심사를 배제할 수 있는 비상입법절차와 관련하여 아무런 입법을 하지 않음으로써 입법의 공백이 발생한 '진정입법부작위'에 해당한다(헌재 2016.5.26. 2015헌라1).

ⓒ【O】 국회법 제85조 제1항 각 호의 심사기간 지정사유는 국회의장의 직권상정권한을 제한하는 역할을 할 뿐 국회의원의 법안에 대한 심의·표결권을 제한하는 내용을 담고 있지는 않다(헌재 2016.5.26. 2015헌라1).
ⓔ【X】 헌법의 명문규정이나 해석상 국회 재적의원 과반수의 요구가 있는 경우 국회의장이 심사기간을 지정하고 본회의에 부의해야 한다는 의무는 도출되지 않으므로, 국회법 제85조 제1항에서 이러한 내용을 규정하지 않은 것이 다수결의 원리, 나아가 의회민주주의에 반한다고도 볼 수 없다(헌재 2016.5.26. 2015헌라1).

63 국회의 재정권에 대한 설명으로 옳지 않은 것은? 15년 지방직 7급

① 정부가 국채를 모집하거나 예산 외에 국가에 부담이 될 계약을 체결한 때에는 지체 없이 국회에 보고하고 그 승인을 얻어야 한다.
② 국회는 정부가 제출한 기금운용계획안의 주요항목 지출금액을 증액하거나 새로운 과목을 설치하고자 하는 때에는 미리 정부의 동의를 얻어야 한다.
③ 정부는 독립기관의 예산을 편성함에 있어 당해 독립기관의 장의 의견을 최대한 존중하여야 하며, 국가재정상황 등에 따라 조정이 필요한 때에는 당해 독립기관의 장과 미리 협의하여야 한다.
④ 정부는 예산안을 국회에 제출한 후 부득이한 사유로 인하여 그 내용의 일부를 수정하고자 하는 때에는 국무회의의 심의를 거쳐 대통령의 승인을 얻은 수정예산안을 국회에 제출할 수 있다.

지문분석 **정답 ①**

① 【X】 국채를 모집하거나 예산외에 국가의 부담이 될 계약을 체결하려 할 때에는 정부는 미리 국회의 의결을 얻어야 한다(헌법 제58조).

64 예산에 대한 설명으로 옳은 것은? 22년 국가직 7급

① 예산결산특별위원회의 위원 수는 50명으로 하고 위원장은 교섭단체 소속 의원 수의 비율과 상임위원회 위원 수의 비율에 따라 각 교섭단체 대표의원의 요청으로 위원을 선임한다.
② 새로운 회계연도가 개시될 때까지 예산안이 의결되지 못한 경우, 이미 예산으로 승인된 사업의 계속을 위한 경비에 대해서는 국회에서 예산안이 의결될 때까지 정부는 아직 의결되지 못한 그 예산안에 따라 집행할 수 있다.
③ 국회는 정부의 동의 없이 정부가 제출한 지출예산 각항의 금액을 증가할 수는 없지만, 새 비목은 설치할 수 있다.
④ 정부는 회계연도마다 예산안을 편성하여 회계연도 개시 90일 전까지 국회에 제출하고, 국회는 회계연도 개시 30일 전까지 이를 의결하여야 한다.

지문분석 **정답 ④**

① **【X】 국회법 제45조(예산결산특별위원회)** ② 예산결산특별위원회의 위원 수는 50명으로 한다. 이 경우 의장은 교섭단체 소속 의원 수의 비율과 상임위원회 위원 수의 비율에 따라 각 교섭단체 대표의원의 요청으로 위원을 선임한다.

② **【X】 헌법 제54조** ③ 새로운 회계연도가 개시될 때까지 예산안이 의결되지 못한 때에는 정부는 국회에서 예산안이 의결될 때까지 다음의 목적을 위한 경비는 전년도 예산에 준하여 집행할 수 있다.
1. 헌법이나 법률에 의하여 설치된 기관 또는 시설의 유지·운영
2. 법률상 지출의무의 이행
3. 이미 예산으로 승인된 사업의 계속

③ **【X】** 국회는 예산안에 대하여 감액 또는 삭제와 같은 소극적 수정은 가능하나, 증액 또는 새 비목을 설치하는 적극적 수정은 할 수 없다.
헌법 제57조 국회는 정부의 동의 없이 정부가 제출한 지출예산 각항의 금액을 증가하거나 새 비목을 설치할 수 없다.

④ **【O】 헌법 제54조** ② 정부는 회계연도마다 예산안을 편성하여 회계연도 개시 90일 전까지 국회에 제출하고, 국회는 회계연도 개시 30일 전까지 이를 의결하여야 한다.

65 예산에 대한 설명으로 옳은 것은? (다툼이 있는 경우 판례에 의함) 22년 지방직 7급

① 예산 역시 일종의 법규범이고 법률과 마찬가지로 국회의 의결을 거쳐 제정되므로 국가기관과 국민을 모두 구속한다.

② 정부는 예산안을 국회에 제출한 후 부득이한 사유로 인하여 그 내용의 일부를 수정하고자 하는 때에는 국무회의의 심의를 거쳐 국무총리의 승인을 얻은 수정예산안을 국회에 제출할 수 있다.

③ 국회는 정부의 동의 없이 정부가 제출한 지출예산 각항의 금액을 증가할 수 있으나 새 비목을 설치할 수는 없다.

④ 세출예산은 예산으로 성립하여 있다고 하더라도 그 경비의 지출을 인정하는 법률이 없는 경우 정부는 지출행위를 할 수 없다.

지문분석 **정답 ④**

① **【X】** 예산도 일종의 법규범이고 법률과 마찬가지로 국회의 의결을 거쳐 제정되지만 예산은 법률과 달리 국가기관만을 구속할 뿐 일반국민을 구속하지 않는다(헌재 2006. 4. 25. 2006헌마409).

② **【X】 국가재정법 제35조(국회제출 중인 예산안의 수정)** 정부는 예산안을 국회에 제출한 후 부득이한 사유로 인하여 그 내용의 일부를 수정하고자 하는 때에는 국무회의의 심의를 거쳐 대통령의 승인을 얻은 수정예산안을 국회에 제출할 수 있다.

③ **【X】 헌법 제57조** 국회는 정부의 동의 없이 정부가 제출한 지출예산 각항의 금액을 증가하거나 새 비목을 설치할 수 없다.

④ **【O】** 현행헌법에서 예산과 법률은 별도의 형식으로 존재하므로 세출예산이 예산으로 성립하여 있다고 하더라도 법률에 예산 집행의 근거가 없는 경우 정부는 그 예산을 집행할 수 없다. 또한 세입예산이 성립하였더라도 세입의 근거가 되는 법률이 없으면 징수할 수 없다.

66 조세법률주의 및 조세평등주의와 관련된 설명으로 옳지 않은 것은?

① 합법성의 원칙을 희생해서라도 납세자의 신뢰를 보호함이 정의에 부합하는 것으로 인정되는 특별한 사정이 있을 경우에 한하여 조세관행존중원칙이 적용된다는 것이 대법원의 판례이다.

② 과세단위가 시간적으로 정해지는 조세에 있어서 과세표준기간인 과세년도 진행 중에 세율인상 등 납세의무를 가중하는 세법의 제정이 있는 경우에는 이미 충족되지 아니한 과세요건을 대상으로 하는, 강학상 이른바 부진정소급효의 경우이므로 그 과세년도 개시시에 소급적용이 허용된다.

③ 실질과세의 원칙은 조세부과에 있어서 형식과 실질이 다른 경우에 형식보다는 실질을 중시하여 조세법률관계를 규율하여야 한다는 원칙으로서, 과세물건의 귀속과 과세표준의 계산에 관하여 적용되는 원칙이므로 납세의무의 성립시기와는 관련이 있다고 보기 어렵다.

④ 재산권에 대한 제약의 의미를 가지는 조세법규의 경우에는, 국민의 기본권을 가장 강하게 제약하는 처벌법규와는 달리, 그 위임의 요건과 범위가 일반적인 급부행정의 경우보다 더 엄격하게 규정될 것을 요구할 필요는 없으며 규율대상이 지극히 다양하거나 수시로 변화하는 성질을 가지므로 위임의 구체성 · 명확성의 요건이 완화되어야 한다.

지문분석 **정답 ④**

① 【O】 신의칙이나 국세기본법 제18조 제3항 소정의 '조세관행존중의 원칙'은 합법성의 원칙을 희생하여서라도 납세자의 신뢰를 보호함이 정의에 부합하는 것으로 인정되는 특별한 사정이 있을 경우에 한하여 적용된다고 할 것이고, 위 조항 소정의 일반적으로 납세자에게 받아들여진 세법의 해석 또는 국세행정의 관행이란 비록 잘못된 해석 또는 관행이라도 특정납세자가 아닌 불특정한 일반납세자에게 정당한 것으로 이의 없이 받아들여져 납세자가 그와 같은 해석 또는 관행을 신뢰하는 것이 무리가 아니라고 인정될 정도에 이른 것을 말하고, 단순히 세법의 해석기준에 관한 공적 견해의 표명이 있었다는 사실만으로 그러한 해석 또는 관행이 있다고 볼 수는 없는 것이며, 그러한 해석 또는 관행의 존재에 대한 입증책임은 그 주장자인 납세자에게 있다(대판 1992.9.8. 91누13670).

② 【O】 (대판 1983.4.26. 81누423)

③ 【O】 실질과세의 원칙은 조세부과에 있어서 형식과 실질이 다른 경우에 형식보다는 실질을 중시하여 조세법률관계를 규율하여야 한다는 원칙으로서, 과세물건의 귀속과 과세표준의 계산에 관하여 적용되는 원칙이므로 납세의무의 성립시기와는 관련이 있다고 보기 어렵다. 따라서 이 사건 법률조항이 회사정리 등의 특수한 경우 법인세나 부가가치세의 납세의무 성립시기를 실질적인 소득활동이나 거래가 이루어진 때로 하는 예외조항을 두지 않고 일률적으로 과세기간 종료시로 정하였다고 하더라도 그것만으로 이 사건 법률조항이 입법재량의 한계를 현저히 벗어난 불합리한 조항이라거나 평등의 원칙에 위반한 조항이라고 볼 수는 없다(헌재 2004.7.15. 2003헌바45).

④ 【X】 조세법률주의의 이념에 비추어 국민의 재산권을 직접적으로 제한하거나 침해하는 내용의 조세법규에 있어서는 일반적인 급부행정법규에서와는 달리, 그 위임의 요건과 범위가 보다 엄격하고 제한적으로 규정되어야 한다(헌재 1994.7.29. 92헌바49 ; 헌재 2006.7.27. 2006헌바54).

67 조세법률주의에 관한 설명 중 옳은 것은? (다툼이 있는 경우에는 판례에 의함)

① 조세법규를 어떠한 내용으로 규정할 것인지는 입법자가 국가재정, 사회경제, 국민소득, 국민생활 등의 실태에 관하여 정확한 자료를 기초로 하여 정책적, 기술적인 판단에 의하여 정하여야 하는 문제이지만, 조세법 분야에 있어서 소득의 성질의 차이를 이유로 하여 그 취급을 달리하는 것은 조세평등주의에 위반된다.

② 상속재산의 피담보채권액이나 감정가액 등이 대통령령에서 정할 평가방법의 기준이 되리라는 것을 객관적으로 충분히 예측할 수 있고 이와 같은 구체적인 기준을 하위법령에 위임하여야 할 필요성과 합리성이 존재하더라도, 저당권이 설정된 재산의 가액평가를 대통령령에 위임하면서 구체적인 기준이나 범위를 제시한 바가 없다면 헌법상의 조세법률주의원칙에 위반된다.

③ 재정조달목적 부담금은 조세에 대한 관계에서 예외적으로만 인정될 필요는 없지만, 일반적 공익사업을 수행하는 데 사용할 목적으로 부담금을 남용하여서는 아니 되므로, 부담금 납부의무자는 일반국민에 비해 '특별히 밀접한 관련성'을 가져야 하며, 부담금이 장기적으로 유지되는 경우에 있어서는 그 징수의 타당성이나 적정성이 입법자에 의해 지속적으로 심사되어야 한다.

④ 담세능력에 따른 과세의 원칙은 절대적인 것이라고는 할 수 없고, 합리적 이유가 있는 경우라면 납세자간의 차별취급도 예외적으로 허용된다.

지문분석 **정답 ④**

① 【X】 조세법규를 어떠한 내용으로 규정할 것인지에 관하여는 입법자가 국가재정, 사회경제, 국민소득, 국민생활 등의 실태에 관하여 정확한 자료를 기초로 하여 정책적, 기술적인 판단에 의하여 정하여야 하는 문제이므로, 이는 입법자의 입법형성적 재량에 기초한 정책적, 기술적 판단에 맡겨져 있다고 할 수 있다. 따라서 조세법 분야에 있어서 소득의 성질의 차이 등을 이유로 하여 그 취급을 달리하는 것은 그 입법목적 등에 비추어 자의적이거나 임의적이 아닌 한 그 합리성을 부정할 수 없고 조세평등주의에 위반하는 것이라고 볼 수 없다(1996.8.29 95헌바41).

② 【X】 이 사건 법률조항이 저당권이 설정된 재산의 가액평가를 대통령령에 위임하면서 구체적인 기준이나 범위를 제시한 바가 없다고 하더라도 상속재산의 피담보채권액이나 감정가액 등이 대통령령에서 정할 평가방법의 기준이 되리라는 것을 객관적으로 충분히 예측할 수 있고 이와 같은 구체적인 기준을 하위법령에 위임하여야 할 필요성과 합리성도 존재하므로 이 사건 법률조항은 헌법상의 조세법률주의 및 포괄위임금지원칙에 위배되지 않는다고 할 것이다(헌재 2004.8.26. 2003헌바26).

③ 【X】 재정조달목적 부담금의 헌법적 정당화에 있어서는 다음과 같은 요청들이 충족되어야 할 것으로 판단된다(가). 첫째, 부담금은 조세에 대한 관계에서 어디까지나 예외적으로만 인정되어야 하며, 어떤 공적 과제에 관한 재정조달을 조세로 할 것인지 아니면 부담금으로 할 것인지에 관하여 입법자의 자유로운 선택권을 허용하여서는 안 된다. 즉, 국가 등의 일반적 재정수입에 포함시켜 일반적 과제를 수행하는 데 사용할 목적이라면 반드시 조세의 형식으로 해야 하지, 거기에 부담금의 형식을 남용해서는 안 되는 것이다(나) 둘째, 부담금 납부의무자는 재정조달 대상인 공적 과제에 대하여 일반국민에 비해 '특별히 밀접한 관련성'을 가져야 한다. 당해 과제에 관하여 납부의무자 집단에게 특별한 재정책임이 인정되고 주로 그 부담금 수입이 납부의무자 집단에게 유용하게 사용될 때 위와 같은 관련성이 있다고 볼 것이다(다) 셋째, 이상과 같은 부담금의 예외적 성격과 특히 부담금이 재정에 대한 국회의 민주적 통제체계로부터 일탈하는 수단으로 남용될 위험성을 감안할 때, 부담금이 장기적으로 유지되는 경우에 있어서는 그 징수의 타당성이나 적정성이 입법자에 의해 지속적으로 심사될 것이 요구된다고 하여야 한다. 다만, 부담금이 재정조달목적뿐 아니라 정책실현목적도 함께 가지는 경우에는 위 요건들 중 일부가 완화된다(헌재 2004.7.15. 2002헌바42)

④ 【O】 1999.11.25. 98헌마55

68 조세법률주의에 대한 설명으로 옳지 않은 것은? (다툼이 있는 경우 헌법재판소의 판례에 의함)

17년 국회직 8급

① 조세는 국가나 지방자치단체 등 공권력의 주체가 과세권을 발동하여 일반국민으로부터 반대급부 없이 강제적으로 부과·징수하는 공과금을 말한다.

② 개발비용으로 계상되는 세액의 범위를 대통령령에 위임한 구 「개발이익환수에 관한 법률」은 헌법에 위반된다.

③ 소급과세금지의 원칙은 그 조세법령의 효력발생 이전에 완성된 과세요건 사실에 대하여 당해 법령을 적용할 수 없음을 말한다.

④ 과세요건을 법률로 규정하였다고 하더라도 그 규정내용이 지나치게 추상적이고 불명확하면 자의적인 해석과 집행을 초래할 염려가 있으므로 규정내용이 명확하고 일의적이어야 한다.

⑤ 특별부담금은 그 특정과제의 수행을 위하여 별도로 지출·관리되어야 하며 국가의 일반적 재정수입에 포함시켜 일반적 국가과제를 수행하는 데 사용할 수 없다.

지문분석 **정답 ②**

① 【O】 조세는 국가 또는 지방자치단체가 재정수요를 충족시키거나 경제적·사회적 특수정책의 실현을 위하여 국민 또는 주민에 대하여 아무런 특별한 반대급부없이 강제적으로 부과징수하는 과징금을 의미하는 것이다(헌재 1990.9.3. 89헌가95).

② 【X】 개발비용으로 계상되는 세액의 범위를 대통령령에 위임한 것은 조세법률주의에 준하는 원칙과 포괄위임입법금지의 원칙에 위반된다고 할 수 없다(헌재 2009.12.29. 2008헌바171).

③ 【O】 조세법령에 있어 소급입법금지원칙인 소급입법 과세금지원칙은 그 조세법령의 효력발생 전에 완성된 과세요건사실에 대하여 당해 법령을 적용할 수 없다는 의미이다(헌재 2008.5.29. 2006헌바99).

④ 【O】 조세법률주의는 과세요건을 법률로 규정하였다고 하더라도 그 규정내용이 지나치게 추상적이고 불명확하면 과세관청의 자의적인 해석과 집행을 초래할 염려가 있으므로 그 규정내용이 명확하고 일의적이어야 한다는 과세요건명확주의를 그 핵심적 내용으로 하고 있다(헌재 1998.12.24. 97헌바33).

⑤ 【O】 조세유사적 성격을 지니고 있는 특별부담금의 부과가 과잉금지의 원칙과 관련하여 방법상 적정한 것으로 인정되기 위해서는, 이러한 부담금의 부과를 통하여 수행하고자 하는 특정한 경제적·사회적 과제에 대하여 특별히 객관적으로 밀접한 관련이 있는 특정집단에 국한하여 부과되어야 하고, 이와 같이 부과·징수된 부담금은 그 특정과제의 수행을 위하여 별도로 지출·관리되어야 하며 국가의 일반적 재정수입에 포함시켜 일반적 국가과제를 수행하는 데 사용하여서는 아니 된다(헌재 1999.10.21. 97헌바84).

69 조세법률주의에 대한 설명으로 옳지 않은 것은? (다툼이 있는 경우 판례에 의함) 17년 국가직 7급

① 미신고 또는 누락된 상속세에 대하여 상속세 부과요건이 성립된 시점인 상속이 개시된 때가 아니라 상속세 부과 당시의 가액을 과세대상인 상속재산의 가액으로 하는 것은 일정한 제재의 의미도 가미되어 있으므로 조세법률주의에 위반되지 않는다.

② 조세법률주의를 견지하면서도 조세평등주의와의 조화를 위하여 경제현실에 응하여 공정한 과세를 할 수 있게 하고 탈법적인 조세회피행위에 대처하기 위해서는, 납세의무의 중요한 사항 내지 본질적인 내용에 관련된 것이라 하더라도 그중 경제 현실의 변화나 전문적 기술의 발달 등에 즉응하여야 하는 세부적인 사항에 관하여는 국회제정의 형식적 법률보다 더 탄력성이 있는 행정입법에 이를 위임할 필요가 있다.

③ 과세요건 명확주의는 과세요건을 법률로 규정하였다고 하더라도 그 규정내용이 지나치게 추상적이고 불명확하면 과세관청의 자의적인 해석과 집행을 초래할 염려가 있으므로 그 규정 내용이 명확하고 일의적이어야 한다는 것이다.

④ 조세법률주의가 지배하는 조세법의 영역에서는 경과규정의 미비라는 명백한 입법의 공백을 방지하고 형평성의 왜곡을 시정하는 것은 원칙적으로 입법자의 권한이고 책임이지 법문의 한계 안에서 법률을 해석·적용하는 법원이나 과세관청의 몫은 아니다.

지문분석 **정답 ①**

① 【X】 상속재산(증여재산)의 가액을 상속세(증여세)부과당시의 가액으로 평가하도록 한 것은, 이미 객관적으로 확정된 과세원인사실의 발생시점 즉 사람의 사망시기나 어떤 재산의 증여시기를 법률로 바꾸겠다는 것과 같은 것이어서 매우 불합리할 뿐만 아니라, 과세관청이 과세처분을 언제 하느냐에 따라 그 상속재산(증여재산)의 가액평가를 달리 할 수 있는 것이어서 과세관청의 의사나 업무처리시기에 따라 과세표준의 평가기준 그 자체가 달라지고, 나아가서는 과세표준과 세율이 달라지며 끝내는 세금액이 달라지게 된다. 그렇다면 과세표준과 세율 등 과세요건이 조세법률주의에 의하여 법률로 결정되는 것이 아니라 과세관청(행정청)의 의사나 행위에 따라 좌우되는 결과가 될 것이고, 이는 과세관청의 자의에 의한 과세를 방지하고 국민의 경제생활에 법적안정성과 예측가능성을 부여하기 위하여 헌법이 선언하고 있는 조세법률주의에 정면으로 위반된다고 할 것이다(헌재 1992.12.24, 90헌바21).

70 다음의 각 부담금 부과 항목 중에서 헌법재판소가 위헌이라고 판단한 것은?

① 먹는샘물 수입판매업자에게 평균판매가액의 100분의 20의 범위 안에서 대통령령이 정하는 바에 따라 부과하는 수질개선부담금

② 국외여행자에게 2만원의 범위 안에서 대통령령이 정하는 금액을 관광진흥개발기금에 납부하도록 한 것

③ 카지노사업자에게 총 매출액의 100분의 10범위 안에서 관광진흥개발기금에 납부하도록 한 것

④ 교통안전기금의 재원의 하나로 자동차운송사업자등이 부담하는 분담금의 분담방법, 분담비율 기타 분담에 관한 사항을 대통령령으로 정하도록 한 것

지문분석 **정답 ④**

① **(합헌)** 헌법 제35조 제1항, 제120조 제1항 · 제2항에 근거하여 국가는 자연자원 보호와 환경보전을 위하여 강력한 규제 · 조정의 권한을 가지므로 지하수 보호라는 환경정책 실현을 위하여 수질개선부담금과 같은 환경부담금을 부과 · 징수하는 방법을 선택할 수 있다 할 것이고, … 이렇듯 소중한 지하수자원을 소모해 가면서 이윤을 획득하는 먹는샘물 제조업에 대하여는 상당한 정도 고율의 부담금을 부과하더라도 헌법상 용인된다 할 것이다(헌재 1998.12.24. 98헌가1).

② **(합헌)** 국외여행자납부금의 재정충당 및 유도적 성격에 비추어 볼 때, '내국인 국외여행자'는 일반인과 구별되는 사회적으로 동질성을 가지는 특정집단으로서 관련된 공익적 과제 등에 관하여 집단적 책임이 있을 뿐만 아니라, 기금의 운용을 통한 관광시설의 개선 등 국내 관광사업의 발전과도 객관적인 관련성이 있다. 한편, 전체 인구 중 20%를 넘지 않는 상대적으로 소수(少數)인 내국인 국외여행자가 관광수지적자에 대한 직접적 원인을 제공하고 있다는 점에 비추어 보면, 입법자가 관광진흥개발기금의 재원확대를 위하여 일반 국민을 대상으로 한 조세의 방법을 선택하지 아니하고, 내국인 국외여행자만을 부과대상으로 한정한 현행 납부금제도를 선택한 것은 나름대로 합리성을 가진다. … 이 사건 납부금이 이른바 '침해의 최소성의 원칙'이나 '법익균형성의 원칙'에 위배된다고 볼 수도 없다. 따라서, 이 사건 법률조항이 과잉금지의 원칙에 위배하여 내국인 국외여행자의 재산권 등의 본질적인 내용을 침해하였다고 볼 수 없다(헌재 2003.1.30. 2002헌바5).

③ **(합헌)** 부족한 관광진흥개발기금의 확충을 통하여 관광사업의 발전에 필요한 재원을 확보하기 위하여 카지노사업자에게 일정금액을 관광진흥개발기금에 납부하게 하여 이 기금을 관광사업의 발전을 위한 특정한 용도에만 사용하도록 하는 것은 관광사업의 발전이라는 입법목적의 달성을 위한 적절한 방법으로 인정되고, 카지노업의 총매출액 개념의 특수성 및 카지노업의 높은 수익성에 비추어 카지노사업자에 대하여 총매출액의 100분의 10의 범위 안에서 납부금을 부과한 것이 과도한 것으로 볼 수도 없으므로, 구 관광진흥법 제10조의4 제1항이 과잉금지의 원칙에 위배하여 카지노사업자의 재산권을 침해하였다고 할 수 없다(헌재 1999.10.21. 97헌바84).

④ **(위헌)** 위 분담금의 분담방법 및 분담비율에 관한 사항을 대통령령으로 정하도록 규정한 교통안전공단법 제17조는 국민의 재산권과 관련된 중요한 사항 내지 본질적인 요소인 분담금의 분담방법 및 분담비율에 관한 기본사항을 구체적이고 명확하게 규정하지 아니한 채 시행령에 포괄적으로 위임함으르써, 분담금 납부의무자로 하여금 분담금 납부의무의 내용이나 범위를 전혀 예측할 수 없게 하고 나아가 행정부의 자의적인 행정입법권 행사에 의하여 국민의 재산권이 침해될 여지를 남김으로써 경제생활의 법적 안정성을 현저히 해친 포괄적인 위임입법으로서 헌법 제75조에 위반된다(1999.1.28. 97헌가8).

71 조세 및 부담금에 대한 설명으로 잘못된 것은?

① 부담금은, 부담금의 부과를 통하여 수행하고자 하는 특정한 사회적・경제적 과제에 대하여 조세외적 부담을 지울 만큼 특별하고 긴밀한 관계가 있는 특정집단에 국한하여 부과되어야 하고, 이와 같이 부과・징수된 부담금은 그 특정과제의 수행을 위하여 별도로 관리・지출되어야 하며 국가의 일반적 재정수입에 포함시켜 일반적 국가과제를 수행하는데 사용되어서는 아니 된다.

② 부담금은 조세에 대한 관계에서 어디까지나 예외적으로만 인정되어야 하지만 어떤 공적 과제에 관한 재정조달을 조세로 할 것인지 아니면 부담금으로 할 것인지에 관하여는 입법자의 자유로운 선택권이 허용된다.

③ 헌법 제59조는 '조세의 종목과 세율을 법률로 정한다'라고 규정하고 있지만, 법률에 의한 규제대상에는 조세의 종목과 세율뿐만 아니라 조세에 관한 그 밖의 사항, 즉 납세의무자・과세물건・과세표준・세율・과세절차까지 포함된다.

④ 조세의 감면에 관한 규정은 조세의 부과・징수의 요건이나 절차와 직접 관련되는 것은 아니지만, 특정인이나 특정계층에 대하여 정당한 이유없이 조세감면의 우대조치를 하는 것은 특정한 납세자군이 조세의 부담을 다른 납세자군의 부담으로 떠맡기는 것에 다름 아니므로 조세감면의 근거 역시 법률로 정하여야만 하는 것이 국민주권주의나 법치주의의 원리에 부응하는 것이다.

지문분석 **정답 ②**

① 【O】 부담금은, 부담금의 부과를 통하여 수행하고자 하는 특정한 사회적・경제적 과제에 대하여 조세외적 부담을 지울 만큼 특별하고 긴밀한 관계가 있는 특정집단에 국한하여 부과되어야 하고, 이와 같이 부과・징수된 부담금은 그 특정과제의 수행을 위하여 별도로 관리・지출되어야 하며 국가의 일반적 재정수입에 포함시켜 일반적 국가과제를 수행하는데 사용되어서는 아니 된다(헌재 1999.5.27. 98헌바70).

② 【X】 부담금은 조세에 대한 관계에서 어디까지나 예외적으로만 인정되어야 하며, 어떤 공적 과제에 관한 재정조달을 조세로 할 것인지 아니면 부담금으로 할 것인지에 관하여 입법자의 자유로운 선택권을 허용하여서는 안된다. 즉, 국가 등의 일반적 재정수입에 포함시켜 일반적 과제를 수행하는 데 사용할 목적이라면 반드시 조세의 형식으로 해야 하지, 거기에 부담금의 형식을 남용해서는 안되는 것이다(헌재 1998.12.24. 98헌가1).

③ 【O】 조세법률주의는 이른바 과세요건 법정주의와 과세요건 명확주의를 그 핵심적 내용으로 삼고 있는 바, 조세는 국민의 재산권 보장을 침해하는 것이 되기 때문에 납세의무를 성립시키는 납세의무자・과세물건・과세표준・과세기간・세율 등의 과세요건과 조세의 부과・징수절차를 모두 국민의 대표기관인 국회가 제정한 법률로 규정하여야 한다는 것이 과세요건 법정주의이다(헌재 1989.7.21. 89헌마38).

④ 【O】 (헌재 1996.6.26. 93헌바2)

72 **조세와 부담금에 대한 헌법재판소 결정으로 옳지 않은 것은?** 16년 국가직 7급

① 의무교육이 아닌 중등교육에 관한 교육재정과 관련하여 재정조달목적의 부담금을 징수할 수 있다고 하더라도, 수분양자들의 구체적 사정을 거의 고려하지 않은 채 수분양자 모두를 일괄적으로 동일한 의무집단에 포함시켜 동일한 학교용지 부담금을 부과하는 것은 합리적 근거가 없는 차별에 해당한다.

② 내국인 국외여행자에게 2만원의 범위 안에서 대통령령이 정하는 금액을 관광진흥개발기금에 납부하도록 한 국외여행자납부금은 내국인 중 국외여행자라는 특정집단에게 부과된 재정 충당 및 유도적 성격을 지닌 특별부담금이다.

③ 먹는 샘물 수입판매업자에게 수질개선부담금을 부과하는 것은 수돗물 우선정책에 반하는 수입 먹는 샘물의 보급 및 소비를 억제하도록 간접적으로 유도하기 위한 합리적인 이유가 있으므로 평등원칙에 위배되지 않는다.

④ 텔레비전 수신료는 아무런 반대급부 없이 국민으로부터 강제적・의무적으로 징수되고 있는 실질적인 조세로서 조세법률주의에 따라 법률의 형식으로 규정되어야 한다.

지문분석 **정답 ④**

① 【O】 학교용지부담금은 특정한 공익사업이 아니라 일반적 공익사업이거나 일반적 공익사업으로서의 성격을 함께 가지고 있는 공익사업을 위한 재정확보수단이다. 그리고 학교용지확보 필요성에 있어서 주택건설촉진법상의 수분양자들의 구체적 사정을 거의 고려하지 않은 채 수분양자 모두를 일괄적으로 동일한 의무자집단에 포함시켜 동일한 학교용지부담금을 부과하는 것은 합리적 근거가 없는 차별에 해당한다(헌재 2005.3.31. 2003헌가20).

② 【O】 국외여행자납부금은 관광사업의 효율적 발전 및 관광외화수입의 증대라는 과제를 위한 관광진흥개발기금의 재원을 마련하는 동시에, 내국인의 국외여행을 간접적으로 규제함으로써 곤광수지 적자를 억제하고 국내 관광사업의 활성화를 유도하기 위하여 내국인 중 국외여행자라는 특정집단으로부터 재정충당 및 유도적 성격을 지닌 특별부담금이다(합헌 ; 헌재 2003.1.30. 2002헌바5).

③ 【O】 먹는샘물제조업자에 대해서만 수질개선부담금을 부과하는 것은 평등원칙에 위배되지 않는다(헌재 1998.12.24. 98헌가1).

④ 【X】 텔레비전방송수신료는 조세가 아닌 특별부담금에 해당하므로 조세법률주의 적용을 받지 않는다(헌재 1999.5.27. 98헌바70).

73 조세입법에 대한 헌법적 통제에 관한 설명 중 옳지 않은 것은? (다툼이 있는 경우 판례에 의함)

① 조세평등주의가 요구하는 담세능력에 따른 과세의 원칙(응능부담의 원칙)은 한편으로 동일한 소득은 원칙적으로 동일하게 과세될 것을 요청하며(수평적 조세정의), 다른 한편으로 소득이 다른 사람들 간의 공평한 조세부담의 배분을 요청한다(수직적 조세정의).

② 담세능력에 따른 과세의 원칙은 담세능력이 큰 자는 담세능력이 작은 자에 비하여 더 많은 세금을 낼 것과, 최저생계를 위하여 필요한 경비는 과세로부터 제외되어야 한다는 최저생계를 위한 공제를 요청할 뿐, 입법자로 하여금 소득세법에 있어서 반드시 누진세율을 도입할 것까지 요구하는 것은 아니다.

③ 지방세법이 사치성재산에 대해 중과세를 하면서 '고급오락장용 건축물'을 과세대상으로 규정한 경우, '오락'의 개념이 추상적이기는 하지만 '고급'이라는 한정적 수식어가 있을 뿐만 아니라 어느 정도의 규모와 설비를 갖춘 오락장이 위 개념에 포섭되는지를 법관의 보충적 해석을 통해 확인할 수 있으므로 과세요건명확주의를 내용으로 하는 조세법률주의에 위배되지 않는다.

④ 28년간의 혼인생활 끝에 협의이혼하면서 재산분할을 청구하여 받은 재산액 중 상속세의 배우자 인적공제액을 초과하는 부분에 대하여 증여세를 부과하는 것은, 증여세제의 본질에 반하여 증여라는 과세원인이 없음에도 불구하고 증여세를 부과하는 것이어서 실질적 조세법률주의에 위배된다.

지문분석 **정답 ③**

① 【O】 조세평등주의가 요구하는 이러한 담세능력에 따른 과세의 원칙(또는 응능부담의 원칙)은 한편으로 동일한 소득은 원칙적으로 동일하게 과세될 것을 요청하며(이른바 '수평적 조세정의'), 다른 한편으로 소득이 다른 사람들간의 공평한 조세부담의 배분을 요청한다(이른바 '수직적 조세정의'). 그러나 이러한 담세능력에 따른 과세의 원칙이라 하여 예외없이 절대적으로 관철되어야 한다고 할 수 없고, 합리적 이유가 있는 경우라면 납세자간의 차별취급도 예외적으로 허용된다 할 것이다. 세법의 내용을 어떻게 정할 것인가에 관하여 입법자에게는 광범위한 형성의 자유가 인정되며, 더욱이 오늘날 조세입법자는 조세의 부과를 통하여 재정수입의 확보라는 목적 이외에도 국민경제적, 재정정책적, 사회정책적 목적달성을 위하여 여러 가지 관점을 고려할 수 있기 때문이다(1999.11. 25. 98헌마55)

② 【O】 담세능력의 원칙은 소득이 많으면 그에 상응하여 많이 과세되어야 한다는 것, 즉 담세능력이 큰 자는 담세능력이 작은 자에 비하여 더 많은 세금을 낼 것과, 최저생계를 위하여 필요한 경비는 과세로부터 제외되어야 한다는 최저생계를 위한 공제를 요청할 뿐 입법자로 하여금 소득세법에 있어서 반드시 누진세율을 도입할 것까지 요구하는 것은 아니다. 소득에 단순비례하여 과세할 것인지 아니면 누진적으로 과세할 것인지는 입법자의 정책적 결정에 맡겨져 있다. 그러므로 이 사건 법률조항이 소득계층에 관계없이 동일한 세율을 적용한다고 하여 담세능력의 원칙에 어긋나는 것이라 할 수 없다(1999.11.25. 98헌마55).

③ 【X】 위 법 제188조 제1항 제2호 (현재 2)목 중 "고급오락장용 건축물" 부분은 "고급오락장"의 개념이 지나치게 추상적이고 불명확하여 고급오락장용 건축물이 무엇인지를 예측하기가 어렵고, 과세관청의 자의적인 해석과 집행을 초래할 염려가 있으므로 헌법 제38조, 제59조에 규정된 조세법률주의에 위배된다(1999.3.25. 98헌가11).

④ 【O】 이혼 시 재산분할을 청구하여 상속세 인적공제액을 초과하는 재산을 취득한 경우 그 초과부분에 대하여 증여세를 부과하는 것은, 증여세제의 본질에 반하여 증여라는 과세원인 없음에도 불구하고 증여세를 부과하는 것이어서 현저히 불합리하고 자의적이며 재산권보장의 헌법이념에 부합하지 않으므로 실질적 조세법률주의에 위배된다(1997.10.30. 96헌바14).

74 조세와 관련된 헌법재판소의 입장과 일치하지 않는 것은?

① 신고세납세방식의 국세에 있어서는 '신고일'을 기준으로, 부과세납세방식의 국세에 있어서는 '납세고지서 발송일'을 기준으로 국세채권을 저당채권 등에 우선하도록 한 국세기본법 제35조 제1항 제3호 가목 및 나목은 담보권자의 재산권을 침해하는 것이 아니다.

② 국세의 납부기한으로부터 1년 전에 저당권 등의 설정을 등기하지 않는 한 국세를 우선하여 징수한다는 위헌규정을 개정한 국세기본법의 부칙에서, 동 개정법률 시행 전에 개정법률 소정의 '법정기일'이 도래한 조세채권에 대하여 위헌결정으로 이미 효력이 상실된 종전 규정을 적용하도록 하는 것은 소급입법에 의하여 재산권을 박탈당하지 아니한다는 헌법 제13조 제2항에 위반된다.

③ 담배소비세의 환급사유를 "제조장 또는 보세구역에서 반출된 제조담배가 포장 또는 품질의 불량 등의 사유로 제조장 또는 수입판매업자의 제조담배의 보관장소로 반입된 경우"로 한정하고 있는 지방세법 제233조의9 제1항 제2호는 과세요건명확주의에 어긋난다.

④ 양도소득에 대한 소득세를 부당하게 감소시키기 위하여 특수관계자에게 자산을 증여한 후 그 자산을 증여받은 자가 그 증여일부터 2년 내에 다시 이를 타인에게 양도한 경우에는 증여자가 그 자산을 직접 양도한 것으로 보는 구 소득세법 제101조 제2항은 '의제된 양도행위'에 따른 과세만을 함으로써도 그 입법목적을 달성할 수 있음에도 불구하고, 세수증대와 과세편의만을 도모한 나머지 '부인된 증여행위에 기초한 과세'와 '의제된 양도행위에 기초한 과세'를 서로 양립하게 함으로써 입법목적의 달성에 필요한 정도를 과도하게 넘은 이중과세를 하는 것이므로 그 내용이 재산권을 과도하게 침해하는 것이므로 헌법에 위반된다.

지문분석 **정답 ③**

① 【O】 헌재 2001.7.19. 2000헌바68

② 【O】 헌재 1993.9.27. 92헌가5

③ 【X】 제조담배의 재반입시 담배소비세의 환급사유를 "제조장 또는 보세구역에서 반출된 제조담배가 포장 또는 품질의 불량등의 사유로 제조장 또는 수입판매업자의 제조담배의 보관장소로 반입된 경우"로 한정하고 있는 지방세법 제233조의9 제1항 제2호는 과세요건명확주의에 어긋나지 아니한다. 그런데 이 사건 법률조항은 재반입 사유 중 포장 또는 품질의 불량의 경우에만 담배소비세의 환급을 허용하고 있는바, 재반입한 자에게 귀책사유가 있는 등의 특별한 사정이 없는 한 재반입사유를 포장 또는 품질이 불량한 경우와 그 밖의 경우로 나누어, 전자의 경우에는 환급을 하여 주고 후자의 경우에는 환급을 하여주지 않는다고 하는 결정적인 차별을 할 만한 본질적인 차이가 둘 사이에 존재한다고 볼 수 없으므로 위와 같은 차별은 합리적인 이우가 없는 것이다. 따라서, 이 사건 법률조항은 합리적 이유 없이 납세자를 차별한 것이 되어 헌법상 조세평등주의에 위배된다(헌재 2001.4.26. 2000헌바59).

④ 【O】 헌재 2003.7.24. 2000헌바28

75 조세에 대한 설명으로 가장 옳지 않은 것은? 16년 서울시 7급

① 조세법률주의는 과세요건 법정주의와 과세요건 명확주의를 그 핵심적 내용으로 한다.
② 이미 성립한 납세의무의 구체적인 내용을 변경하지 않은 채 국세 부과권의 제척기간을 연장하였다는 것만으로는 조세법률주의의 소급과세원칙에 위반되지 않는다.
③ 조세법률주의를 채택하고 있다 하더라도 포괄위임금지원칙 등 위임입법의 한계 내에서 행정입법에 위임할 수 있다.
④ 조세법률주의는 국가기관의 자의적 과세를 방지하여 국민을 보호하려는 의도에서 성립한 것이므로, 조세의 감면에는 법률주의가 적용될 필요가 없다.

지문분석 정답 ④

① 【O】 조세법률주의는 과세요건 법정주의와 과세요건 명확주의를 그 핵심내용으로 하고 있다(헌재 2012.7.26, 2011헌바365).
② 【O】 국세기본법 제26조의2 제1항의 개정규정은 이미 성립한 납세의무의 구체적인 내용을 변경하는 것이 아니라 국세 부과권의 제척기간만을 연장한 것이다. 이 사건 부칙조항은 연장된 제척기간을 개정법 시행 이후 부과제척기간의 기산일이 도래하는 증여세에 적용한다는 것이고, 이미 제척기간이 진행 중에 있거나 제척기간이 경과한 것에는 적용되지 않으므로, 소급과세금지원칙 등에 반하여 재산권을 침해한다고 할 수 없다(헌재 2012.12.27, 2011헌바132).
③ 【O】 조세법률주의를 견지하면서도 경제현실의 변화나 전문적 기술의 발달 등에 즉응하여야 하는 세부적인 사항에 관하여는 국회제정의 형식적 법률보다 더 탄력성이 있는 행정입법에 이를 위임할 필요가 있다 할 것인데, 이 경우에도 법률에 이미 하위법령으로 규정될 내용 및 범위의 기본사항이 구체적으로 규정되어 있어서 누구라도 당해 법률로부터 하위법령에 규정될 내용의 대강을 예측할 수 있어야 하므로, 법률의 위임은 반드시 구체적이고 개별적으로 한정된 사항에 대하여 행하여져야 한다(헌재 2010.12.28, 2009헌바145).
④ 【X】 조세의 감면에 관한 규정은 조세의 부과·징수의 요건이나 절차와 직접 관련되는 것은 아니지만, 조세란 공공경비를 국민에게 강제적으로 배분하는 것으로서 납세의무자) 상호간에는 조세의 전가관계가 있으므로 특정인이나 특정계층에 대하여 정당한 이유없이 조세감면의 우대조치를 하는 것은 특정한 납세자군이 조세의 부담을 다른 납세자군의 부담으로 떠맡기는 것에 다름아니므로 조세감면의 근거 역시 법률로 정하여야만 하는 것이 국민주권주의나 법치주의의 원리에 부응하는 것이다(헌재 1996.6.26, 93헌바2).

76 **조세와 관련된 헌법재판소의 판례와 그 내용이 일치하는 것은?**

① 소득에 대한 과세는 원칙적으로 최저생계비를 초과하는 소득에 대해서만 가능하다. 이는 국민에게 인간다운 생활을 할 최소한의 조건을 마련해 주어야 한다는 사회국가원리의 관점에서 뿐만 아니라 담세능력은 최저생계를 위한 소득을 초과해야 비로소 발생한다는 담세능력에 의한 과세원칙의 관점에서도 요청되는 것이다.

② 증여 후 합의해제에 의해 증여받은 재산을 증여자에게 반환하는 경우에도 재증여의 경우와 동일시하여 증여세를 부과하는 것은 조세법률주의에 위반된다.

③ 법정된 신고기한 내의 신고에 의하여 납세의무가 확정되는 국세에서 납세의무자의 신고일을 기준으로 국세와 피담보채권간의 우선순위를 가리는 것은 위헌이다.

④ '법인의 비업무용 토지'를 취득세의 중과세요건으로 규정한 구 지방세법 제112조 제2항은 비업무용 토지를 취득하는 법인을 자연인보다 불이익하게 차별취급함으로써 조세평등주의에 위배된다.

지문분석 **정답 ①**

① 【O】 담세능력의 원칙은 소득이 많으면 그에 상응하여 많이 과세되어야 한다는 것, 즉 담세능력이 큰 자는 담세능력이 작은 자에 비하여 더 많은 세금을 낼 것과, 최저생계를 위하여 필요한 경비는 과세로부터 제외되어야 한다는 최저생계를 위한 공제를 요청할 뿐 입법자로 하여금 소득세법에 있어서 반드시 누진세율을 도입할 것까지 요구하는 것은 아니다. 소득에 단순비례하여 과세할 것인지 아니면 누진적으로 과세할 것인지는 입법자의 정책적 결정에 맡겨져 있다. 그러므로 이 사건 법률조항이 소득계층에 관계없이 동일한 세율을 적용한다고 하여 담세능력의 원칙에 어긋나는 것이라 할 수 없다(헌재 1999.11.25. 98헌마55).

② 【X】 수증자가 증여받은 재산을 증여자에게 반환하는 경우(통상 "증여의 합의해제"), 증여 받은 때부터 1년이 도과한 경우에는 그 반환에 대하여 다시 증여세를 부과하도록 한 구 상속세법 제29조의2 제5항은 조세법률주의에 위배되지 아니한다(헌재 2002.1.31. 2000헌바35).

③ 【X】 신고납세방식의 국세에서 납세의무자가 이를 신고한 경우 그 조세채권과 담보권과의 우선순위를 '신고일을 기준'으로 하도록 규정한 것은 조세의 우선권과 담보권자의 우선변제청구권을 조화적으로 보장하기 위한 것으로서 담보권자의 재산권을 침해하지 않는다(헌재 1995.7.21. 93헌바46; 헌재 2007.5.31. 2005헌바60).

④ 【X】 비업무용 토지를 취득한 법인에 대하여 통상 취득세율의 7.5배를 중과세하는 것은 조세평등주의에 위반되지 아니한다(헌재 2000.2.24. 98헌바94 · 99헌바38 · 2000헌바2 병합).

77 **조세관련 판례의 내용으로 옳은 것은?**

① 유흥주점영업장 등 고급오락장용 건축물 및 그 부속토지 등 사치성 재산에 대한 재산세의 표준세율을 그 가액의 1,000분의 50으로 중과하고 있는 지방세법의 규율 중 "고급오락장용 건축물" 부분은 그 내용에 대한 충분한 예측을 가능하게 하므로 조세법률주의에 위배된다.

② 유동화전문회사가 자산보유자로부터 유동화자산으로서 부동산을 양수한 경우에만 등록세 및 취득세가 면제되고 선박을 양수할 경우에는 등록세 및 취득세가 면제되지 않도록 규정한 구 조세특례제한법의 관련규정은 조세평등주의에 위반된다.

③ 비록 면세규정의 기본 취지에 비추어 볼 때에는 면세대상이 과소포함되었다 하더라도, 입법자가 자신의 재량 범위 내에서 합리적인 기준에 의하여 면세대상을 선정하고 있는 이상, 이는 정당화된다. 따라서 장학단체가 그 고유업무에 직접 사용하는 부동산 중 임대용 부동산을 재산세・도시계획세 및 공동시설세의 면제대상에서 제외한 것을 두고 헌법에 위반된다고 할 수 없는 것이다.

④ 기본적으로 재산세의 성격을 갖는 자동차세의 과세표준은 과세대상인 자동차의 가액을 기준으로 하거나 이에 비례하여 결정되도록 함이 타당함에도 불구하고, 자동차의 차령을 고려하지 아니하고 일률적으로 배기량을 기준으로 자동차세를 과세하는 것은 고액인 자동차세의 부담으로 말미암아 제작연도가 오래된 자동차를 계속 보유하거나 구입하는 것을 어렵게 함으로써 헌법 제11조 제1항의 평등조항과 제23조 제1항의 재산권보장규정, 제37조 제2항의 과잉금지의 원칙에 위배된다.

지문분석 **정답 ③**

① 【X】 유흥주점영업장용 등 고급오락장용 건축물에 대한 재산세의 표준세율을 그 건축물 가액의 1,000분의 50으로 규정하고 있는 지방세법 제188조 제1항 제2호 (현재 2)목 중 '고급오락장용 건축물'부분과 고급오락장용 토지에 대한 종합토지세의 세율을 그 과세표준액의 1,000분의 50으로 규정하고 있는 법 제234조의16 제3항 제2호 중 '고급오락장용 토지'부분은 조세법률주의 및 포괄위임금지원칙에 위배되거나, 과잉금지의 원칙에 위배되어 재산권을 침해하거나 평등의 원칙에 위배되지 않는다(헌재 2003.12.18. 2002헌바16).

② 【X】 유동화전문회사가 자산보유자로부터 유동화자산으로서 부동산을 양수한 경우에만 등록세 및 취득세가 면제되고 선박을 양수한 경우에는 등록세 및 취득세가 면제되지 않도록 규정한 구 조세특례제한법은 조세평등주의와 조세법률주의에 위배된다고 볼 수 없다(헌재 2004.10.28. 2002헌바70).

③ 【O】 비록 면세규정의 기본 취지에 비추어 볼 때에는 면세대상이 과소포함되었다 하더라도, 입법자가 자신의 재량 범위 내에서 합리적인 기준에 의하여 면세대상을 선정하고 있는 이상, 이는 정당화된다. 부동산 임대업은 장학단체가 수행하는 수익사업 중 큰 비중을 차지하는 것으로서, 그 수익이 반드시 장학단체의 고유업무에만 사용된다고 보장하기 어렵고, 과세관청이 장학단체의 임대용 부동산에 대하여 임대수익이 장학금 충당에 사용되는지 여부를 일일이 심사하여 면세여부를 결정하는 것은 그 수익의 사용처 파악에 많은 부가적 행정인력이 소요되어 과세집행당국에 과도한 부담을 줄 뿐 아니라 그 수익파악의 곤란성 등 법집행에 지장을 초래하고 법집행상의 자의가 개재될 여지가 있는 등의 한계가 있다. 결국 조세평등주의 및 조세법률주의에 위배되지 아니한다(헌재 2005.2.24. 2003헌바72).

④ 【X】 자동차는 순수한 재산적 가치만을 갖는 것이 아니라 그 이용에 가치가 있다는 점과 자동차를 운행하고자 하는 자의 전체재산을 고려하면, 이로 말미암아 납세의무자의 당해 자동차에 관한 이용・수익・처분권이 중대한 제한을 받게 된다고 보기는 어렵다. 따라서 이 사건 법률조항이 차령을 고려하지 아니하고 일률적으로 배기량을 기준으로 자동차세를 과세한다고 하여 조세평등주의에 위반되거나 재산권보장규정을 침해하는 위헌의 법률이라고 평가할 수는 없다(헌재 2002.8.29. 2001헌가24 – 구 지방세법 제196조의5 제1항 제1호 위헌제청).

78 다음 중 헌법재판소의 입장과 일치하지 않는 것은? (견해의 대립이 있으면 헌법재판소의 판례에 의한다)

① 조세의 우대조치는 납세자의 경제활동을 일정한 방향으로 유도하여 일정한 정책목적을 달성하기 위한 것이고, 입법자는 조세법의 분야에서도 정책목적을 달성하기 위하여 어떤 수단을 선택할 것인가에 관하여 광범위한 입법형성의 재량을 가지기 때문에 지방세법 제245조의 2가 일정 단체에게 사업소세를 부과하지 않으면서 노동조합은 비과세 대상에서 제외했다 하더라도 헌법에 위반된다고 볼 수 없다.

② 조세법상의 대원칙인 실질과세의 원칙을 다소 희생시키더라도 법인의 대표자로 하여금 귀속이 불분명한 법인의 사외유출 소득의 귀속자를 밝히도록 하고 이를 밝히지 못하는 경우에는 대표자에게 귀속된 것으로 보아 대표자의 상여로 소득처분하도록 함과 아울러 그 상여로 처분된 금액에 대하여 소득세를 부과하는 구 소득세법 제20조 제1항 제1호 다목은 법인에 의한 세법상의 부당행위를 방지하고 법인의 사외유출된 소득의 귀속자를 빠짐없이 밝혀 소득세를 부과함으로써 조세부담의 공평을 실현하고자 하는 것이므로 실질과세원칙에 위반되어 재산권을 침해하는 것이라고 볼 수 없다.

③ 실질과세의 원칙은, 조세평등주의의 이념을 실현하기 위하여, 법률상의 형식과 경제적 실질이 서로 부합하지 않는 경우에 그 경제적 실질을 추구하여 그에 과세함으로써 조세를 공평하게 부과하여야 한다는 것인데, 때로는 형식상의 외관이나 명목에 치중하여 과세하는 것이 오히려 공평한 과세를 통한 조세정의의 실현에 부합되는 경우도 있기 때문에 조세회피의 방지 또는 조세정의의 실현을 위하여 합리적 이유가 있는 경우에 그 예외를 둘 수 있다.

④ 대통령령이 정하는 최대주주 또는 최대출자자 및 그와 특수관계에 있는 주주 또는 출자자의 주식 및 출자지분에 대하여는 통상의 방법으로 평가한 주식 등의 가액에 그 100분의10을 가산하여 평가하도록 한 구 상속세및증여세법 제63조 제3항은 헌법에 위반되지 않으나, 최대주주의 주식가치 평가시 100분의 20을 가산하되, 발행주식총수의 100분의 50을 초과하여 보유하는 경우에는 100분의 30을 가산하도록 규정한 구 '상속세 및 증여세법' 제63조 제3항 전문 중 '제63조 제1항 제1호 다목이 정한 주식'에 관한 부분은 조세평등주의 원칙에 위배된다.

지문분석 **정답 ④**

① 【O】 조세의 우대조치는 납세자의 경제활동을 일정한 방향으로 유도하여 일정한 정책목적을 달성하기 위한 것이고, 입법자는 조세법의 분야에서도 정책목적을 달성하기 위하여 어떤 수단을 선택할 것인가에 관하여 광범위한 입법형성의 재량을 가지며, 따라서 비과세 대상을 정하는 것은 입법자가 입법목적, 과세공평 등 여러 가지 사정을 고려하여 결정하여야 할 입법정책의 문제라고 할 것이나, 다만 특정 납세자만을 감면하는 것이 현저하게 비합리적이고 불공정한 조치라고 인정될 때에는 조세감면의 우대조치가 조세평등주의에 반한다고 할 것이다. 사업소세의 비과세 대상을 규정하고 있는 이 사건 법률조항은, 공익적 성격을 지닌 사업체에 대하여 세제상의 혜택을 주기 위한 목적으로 제정된 것으로서, 이 사건 법률조항이 비과세대상을 한정하면서 노동조합을 이에 포함시키지 않았다 하더라도 이는 입법자에게 주어진 합리적 재량의 범위 내의 것으로 보이고, 달리 입법자가 그 재량을 행사함에 있어서 헌법재판소가 개입하여야 할 정도로 현저히 불합리하거나 자의적으로 행사함으로써 불완전하거나 불충분한 입법에 이른 것으로 보기는 어렵다 할 것이므로, 이 사건 법률조항이 평등원칙에 위반된다고 보기 어렵다 할 것이다(헌재 2009.2.26. 2007헌바27).

②,③ 【O】 실질과세의 원칙은, 조세평등주의의 이념을 실현하기 위하여, 법률상의 형식과 경제적 실질이 서로 부합하지 않는 경우에 그 경제적 실질을 추구하여 그에 과세함으로써 조세를 공평하게 부과하여야 한다는 것인데(1999.3.25. 98헌바2), 때로는 형식상의 외관이나 명목에 치중하여 과세하는 것이 오히려 공평한 과세를 통한 조세정의의 실현에 부합되는 경우도 있기 때문에(1999.3.25. 98헌바2), 위 원칙에 대하여는 조세회피의 방지 또는 조세정의의 실현을 위하여 합리적 이유가 있는 경우에 그 예외를 둘 수 있다. 과세현실에 있어서 사외유출된 소득의 귀속은 대부분 법인 내부에서 은밀히 이루어지고 사외유출된 소득이 언제, 누구에게 귀속되었는지에 관한 대부분의 증거자료는 법인의 수중에 있기 때문에 이를 기화로 탈세 등 법인의 세법상 부당행위가 이루어지는 사례가 다수 있으므로, 이러한 사례의 발생을 효과적으로 방지하기 위한 대책을 모색할 필요가 있다. 그리하여 조세법상의 대원칙인 실질과세의 원칙을 다소 희생시키더라도 법인의 대표자로 하여금 귀속이 불분명한 법인의 사외유출 소득의 귀속자를 밝히도록 하고 이를 밝히지 못하는 경우에는 대표자에게 귀속된 것으로 보아 대표자의 상여로 소득처분하도록 함과 아울러 그 상여로 처분된 금액에 대하여 이 사건 법률조항에 의하여 소득세를 부과하도록 하고 있는 것이다. 이와 같이 이 사건 법률조항은 법인에 의한 세법상의 부당행위를 방지하고 법인의 사외유출된 소득의 귀속자를 빠짐없이 밝혀 소득세를 부과함으로써 조세부담의 공평을 실현하고자 하는 것으로서, 그 입법목적의 정당성이 인정되고 법익의 균형성도 갖추었다고 볼 것이다. 따라서 이 사건 법률조항이 소득의 귀속을 의제하는 것에는 충분히 합리성이 있다고 할 것이고, 나아가 이 사건 법률조항에 의하여 귀속불명의 익금이 대표자의 근로소득으로 간주된다 하더라도 그것이 과잉금지원칙에 위배하여 대표자인 청구인의 재산권을 침해하는 것이라고 볼 수도 없다(헌재 2009.3.26. 2005헌바107).

④ 【X】 일반적으로 주식 등은 각 단위 주식 등이 나누어 갖는 주식회사 등의 자산가치와 수익가치를 표창하는 것에 불과하지만, 최대주주 등이 보유하는 주식 등은 그 가치에 더하여 당해 회사의 경영권 내지 지배권을 행사할 수 있는 특수한 가치, 이른바 '경영권(지배권) 프레미엄'을 지니고 있으므로 대통령령이 정하는 최대주주 또는 최대출자자 및 그와 특수관계에 있는 주주 또는 출자자의 주식 및 출자지분에 대하여는 통상의 방법으로 평가한 주식 등의 가액에 그 100분의10을 가산하여 평가하도록 한 구 상속세및증여세법 제63조 제3항이 조세평등주의 원칙에 위반되지 않는다(헌재 2003.1.30. 2002헌바65 ; 2007.1.17. 2006헌바22 : 구 상속세및증여세법 제63조 제3항 위헌소원). 한편 최대주주의 주식가치 평가시 100분의 20을 가산하되, 발행주식총수의 100분의 50을 초과하여 보유하는 경우에는 100분의 30을 가산하도록 규정한 구 '상속세 및 증여세법' 제63조 제3항 전문 중 '제63조 제1항 제1호 다목이 정한 주식'에 관한 부분은 헌법에 위반되지 아니한다(헌재 2008.12.26. 2006헌바115. 구 상속세및증여세법 제63조 제3항 위헌소원)

79 예산에 관련된 설명으로 옳지 않은 것은?

① 정부는 회계연도마다 예산안을 편성하여 회계연도 개시 90일 전까지 국회에 제출하고, 국회는 회계연도 개시 30일전까지 이를 의결하여야 한다.

② 예산안의 심의는 ㉠ 정부의 시정연설의 청취 ⇨ ㉡ 소관상임위원회의 예비심사 ⇨ ㉢ 예산결산특별위원회의 종합심사 ⇨ ㉣ 국회본회의에서의 의결・확정이라는 4단계를 거친다.

③ 예산도 일종의 법규범이고 법률과 마찬가지로 국회의 의결을 거쳐 제정되는 것이므로 국회의 예산안 의결도 헌법재판소법 제68조 제1항 소정의 공권력의 행사에 해당하는 것으로서 헌법소원의 대상이 될 수 있다.

④ 세출예산은 예산으로서 성립하여 있다고 하더라도 그 경비의 지출의 근거가 되는 법률이 없으면 지출행위를 할 수 없고, 법률에 의하여 경비의 지출이 인정된다고 하더라도 그 지출의 실행에 요하는 예산이 없으면 정부는 지출을 할 수 없다. 그러나 세입예산의 경우에는 조세법률주의에 따라 법률의 근거가 있는 한 세입예산을 초과하거나 예산에 계상되어 있지 않은 항목의 수납도 가능하다.

지문분석 **정답 ③**

① 【O】 헌법 제54조 제1항
③ 【X】 예산은 일종의 법규범이고 법률과 마찬가지로 국회의 의결을 거쳐 제정되지만 법률과 달리 국가기관만을 구속할 뿐 일반국민을 구속하지 않는다. 국회가 의결한 예산 또는 국회의 예산안 의결은 헌법재판소법 제68조 제1항 소정의 '공권력의 행사'에 해당하지 않고 따라서 헌법소원의 대상이 되지 아니한다(헌재 2006.4.25. 2006헌마409

80 예산에 관한 다음 설명 중 가장 옳지 않은 것은? 17년 법원직 9급

① 국가의 예산안을 편성·제출하는 권한은 정부가 가지고 국회는 예산편성권을 가지지 못한다.
② 국회는 예산안에 대하여 회계연도 개시일까지는 이를 의결하여야 한다.
③ 국회는 정부가 제출한 지출예산 각 항의 금액을 삭제 또는 감액할 수 있으나, 정부의 동의 없이 이를 증가하거나 새 비목(費目)을 설치할 수 없다.
④ 국채를 모집하거나 예산외에 국가의 부담이 될 계약을 체결하려 할 때에는 정부는 미리 국회의 의결을 얻어야 한다.

지문분석 **정답 ②**

① 【O】 정부는 회계연도마다 예산안을 편성하여 회계연도 개시 90일전까지 국회에 제출한다(헌법 제54조 제2항). 헌법 제54조 제1항에 따라 국회는 예산안 심의·확정권을 갖는다.
② 【X】 국회는 회계연도 개시 30일전까지 예산안을 의결하여야 한다(헌법 제54조 제2항).
③ 【O】 국회는 정부의 동의 없이 정부가 제출한 지출예산 각항의 금액을 증가하거나 새 비목을 설치할 수 없다(헌법 제57조).
④ 【O】 국채를 모집하거나 예산외에 국가의 부담이 될 계약을 체결하려 할 때에는 정부는 미리 국회의 의결을 얻어야 한다(헌법 제58조).

81 **국회의 예산심의권에 대한 설명으로 옳은 것은?**

① 예산안 제출권은 정부만 가지고 있으나, 국회는 국회자체 예산의 자율적인 운영을 위하여 예외적으로 정부의 동의를 얻어 예산을 발의 할 수 있는 예산안제안권을 가진다.

② 대통령은 국회에 대하여 예산안거부권을 가지며, 국회는 정부에 대하여 예산안심의 전면거부권을 가진다.

③ 정부는 국회 · 대법원 · 헌법재판소 및 중앙선거관리위원회와 같은 독립기관의 예산을 편성함에 있어 당해 독립기관의 장의 의견을 최대한 존중하여야 하며, 부가 독립기관의 세출예산요구액을 감액하고자 할 때에는 국무회의에서 당해 독립기관의 장의 의견을 구하여야 한다.

④ 국회는 정부가 제출한 예산안을 일부에 대하여 폐지 · 삭제 · 감액 · 증액은 할 수 있지만 신비목설치는 할 수 없다. 국회가 정부제출의 지출예산에 신비목을 설치하려 할 경우에는 정부의 동의를 얻어야 한다.

지문분석 **정답 ③**

① 【X】 예산안의 제출은 정부만이 할 수 있고 국회의원은 예산안을 제출할 수 없다.

② 【X】 법률과는 달리 대통령은 국회에서 통과된 예산안을 국회에 환송하여 재심을 요구하는 등 거부권을 행사할 수 없다. 한편 국회가 예산안을 부결하면 그 다음해의 재정지출이 불가능하기 때문에 예산안에 대해 전면거부를 할 수 없고 일부수정만 할 수 있다

③ 【O】 정부는 국회 · 대법원 · 헌법재판소 및 중앙선거관리위원회와 같은 독립기관의 예산을 편성함에 있어 당해 독립기관의 장의 의견을 최대한 존중하여야 하며, 국가재정상황 등에 따라 조정이 필요한 때에는 당해 독립기관의 장과 미리 협의하여야 한다. 정부가 독립기관의 세출예산요구액을 감액하고자 할 때에는 국무회의에서 당해 독립기관의 장의 의견을 구하여야 하며, 정부가 독립기관의 세출예산요구액을 감액한 때에는 그 규모 및 이유, 감액에 대한 독립기관의 장의 의견을 국회에 제출하여야 한다(국가재정법 제40조).

④ 【X】 국회는 정부가 제출한 예산안을 폐지 · 삭제 · 감액(소극적 수정권)은 할 수 있지만 증액수정 또는 신비목설치(적극적 수정권)는 할 수 없다. 국회가 정부제출의 지출예산 각항의 금액을 증가하거나 신비목을 설치하려 할 경우에는 정부의 동의를 얻어야 한다(제57조).

82 예산과 재정에 대한 설명으로 옳지 않은 것은? 17년 국가직 7급

① 정부는 예측할 수 없는 예산 외 지출 또는 예산초과지출에 충당하기 위하여 일반회계 예산총액의 100분의 1 이내의 금액을 예비비로 계상할 수 있는데, 공무원의 보수 인상을 위한 인건비 충당을 위하여는 예비비 사용목적을 지정할 수 없다.

② 국가재정법에서는 정부가 예산안을 편성하여 회계연도 개시 120일 전까지 국회에 제출하도록 규정하고 있지만, 헌법은 회계연도 개시 90일 전까지 국회에 제출하고, 국회는 회계연도 개시 전까지 이를 의결하도록 규정하고 있다.

③ 정부는 법령에 따라 국가가 지급하여야 하는 지출이 발생하거나 증가하여 이미 확정된 예산에 변경을 가할 필요가 있는 경우에는 추가경정예산안을 편성할 수 있으며, 국회에서 추가경정예산안이 확정되기 전에 이를 미리 배정하거나 집행할 수 없다.

④ 국회의원 또는 정부가 세입예산안에 부수하는 법률안을 발의 또는 제출하는 경우 세입예산안 부수 법률안 여부를 표시하여야 하고, 국회의장은 국회예산정책처의 의견을 들어 세입예산안 부수 법률안으로 지정한다.

지문분석 **정답 ②**

② 【X】 헌법 제54조 제2항은 "정부는 회계연도마다 예산안을 편성하여 회계연도 개시 90일전까지 국회에 제출하고, 국회는 회계연도 개시 30일전까지 이를 의결하여야 한다."라고 규정하고 있다.

83 국회의 재정에 대한 권한으로 옳지 않은 것은? (다툼이 있는 경우 판례에 의함) [20년 국가직 7급]

① 특정인이나 특정계층에 대하여 정당한 이유없이 조세감면의 우대조치를 하는 것은 특정한 납세자군이 조세의 부담을 다른 납세자군의 부담으로 떠맡기는 것에 다름아니므로 조세감면의 근거 역시 법률로 정하여야만 하는 것이 국민주권주의나 법치주의의 원리에 부응하는 것이다.

② 어떤 공과금이 조세인지 아니면 부담금인지는 단순히 법률에서 그것을 무엇으로 성격 규정하고 있느냐를 기준으로 할 것이 아니라, 그 실질적인 내용을 결정적인 기준으로 삼아야 한다.

③ 한 회계연도를 넘어 계속하여 지출할 필요가 있을 때에는 정부는 연한을 정함이 없이 계속비로서 국회의 의결을 얻어 지출할 수 있다.

④ 「의료사고 피해구제 및 의료분쟁 조정 등에 관한 법률」 규정상 보상의 전제가 되는 의료사고에 관한 사항들은 의학의 발전 수준 등에 따라 변할 수 있으므로, 분담금 납부의무자의 범위와 보상재원의 분담비율을 반드시 법률에서 정해야 한다고 보기는 어렵다.

지문분석 **정답 ③**

① 【O】 조세의 감면에 관한 규정은 조세의 부과 · 징수의 요건이나 절차와 직접 관련되는 것은 아니지만, 조세란 공공경비를 국민에게 강제적으로 배분하는 것으로서 납세의무자 상호간에는 조세의 전가관계가 있으므로 특정인이나 특정계층에 대하여 정당한 이유없이 조세감면의 우대조치를 하는 것은 특정한 납세자군이 조세의 부담을 다른 납세자군의 부담으로 떠맡기는 것에 다름아니므로 조세감면의 근거 역시 법률로 정하여야만 하는 것이 국민주권주의나 법치주의의 원리에 부응하는 것이다(헌재 1996. 6. 26. 93헌바2).

② 【O】 부담금관리기본법은 제3조에서 "부담금은 별표에 규정된 법률의 규정에 의하지 아니하고는 이를 설치할 수 없다."라고 규정하고, 별표 제44호에서 "먹는물관리법 제28조의 규정에 의한 수질개선부담금"을 동법에서 말하는 부담금 중 하나로서 열거하고 있다. 그러나 어떤 공과금이 조세인지 아니면 부담금인지는 단순히 법률에서 그것을 무엇으로 성격 규정하고 있느냐를 기준으로 할 것이 아니라, 그 실질적인 내용을 결정적인 기준으로 삼아야 한다(헌재 2004. 7. 15. 2002헌바42).

③ 【X】 **헌법 제55조** ① 한 회계연도를 넘어 계속하여 지출할 필요가 있을 때에는 정부는 연한을 정하여야 한다.

④ 【O】 보상의 전제가 되는 의료사고에 관한 사항들은 의학의 발전 수준이나 의료 환경 등에 따라 계속비로서 국회의 의결을 얻어 변할 수 있으므로, 보상이 필요한 의료사고인지, 보상의 범위를 어느 수준으로 할지, 그 재원을 누가 부담할지 등은 당시의 의료사고 현황이나 관련자들의 비용부담 능력 등을 종합적으로 고려하여 결정해야 할 것이다. 따라서 분담금 납부의무자의 범위와 보상재원의 분담비율을 반드시 법률에서 직접 정해야 한다고 보기는 어렵고, 이를 대통령령에 위임하였다고 하여 그 자체로 법률유보원칙에 위배된다고 할 수는 없다(헌재 2018. 4. 26. 2015헌가13).

84 **국회의 탄핵소추권에 대한 설명으로 옳지 <u>않은</u> 것은?** (다툼이 있는 경우 헌법재판소 판례에 의함)

16년 국회 8급

① 헌법은 탄핵사유를 "헌법이나 법률을 위배한 때"로 규정하고 있는데, '헌법'에는 명문의 헌법규정만이 포함되고 헌법재판소의 결정에 의하여 형성되어 확립된 불문헌법은 포함되지 않는다.

② 헌법 제65조 제1항은 탄핵사유를 "헌법이나 법률을 위배한 때"로 제한하고 있고, 헌법재판소의 탄핵심판절차는 법적인 관점에서 단지 탄핵사유의 존부만을 판단하는 것이므로 정치적 무능력이나 정책결정상의 잘못 등 직책수행의 성실 여부는 그 자체로서 소추사유가 될 수 없다.

③ 헌법 제65조 제1항은 탄핵사유의 요건을 직무집행으로 한정하고 있으므로 대통령의 직위를 보유하고 있는 상태에서 범한 법위반행위만 소추사유가 될 수 있다.

④ 대통령에 대한 국회의 탄핵소추절차는 국회와 대통령이라는 헌법기관 사이의 문제이고, 국회의 탄핵소추의결에 의하여 사인으로서의 대통령의 기본권이 침해되는 것이 아니라 국가기관으로서의 대통령의 권한행사가 정지되는 것이므로, 적법절차의 원칙을 국가기관에 대하여 헌법을 수호하고자 하는 탄핵소추절차에는 직접 적용할 수 없다.

⑤ 탄핵소추의 발의가 있은 때에는 의장은 발의된 후 처음 개의하는 본회의에 보고하고, 본회의는 의결로 법제사법위원회에 회부하여 조사하게 할 수 있다.

지문분석 **정답 ①**

① 【X】 헌법은 탄핵사유를 "헌법이나 법률에 위배한 때"로 규정하고 있는데, '헌법'에는 명문의 헌법규정뿐만 아니라 헌법재판소의 결정에 의하여 형성되어 확립된 불문헌법도 포함된다. '법률'이란 단지 형식적 의미의 법률 및 그와 등등한 효력을 가지는 국제조약, 일반적으로 승인된 국제법규 등을 의미한다(헌재 2004.5.14, 2004헌나1).

② 【O】 헌법 제65조 제1항은 탄핵사유를 '헌법이나 법률에 위배한 때'로 제한하고 있고, 헌법재판소의 탄핵심판절차는 법적인 관점에서 단지 탄핵사유의 존부만을 판단하는 것이므로, 이 사건에서 청구인이 주장하는 바와 같은 정치적 무능력이나 정책결정상의 잘못 등 직책수행의 성실성여부는 그 자체로서 소추사유가 될 수 없어, 탄핵심판절차의 판단대상이 되지 아니한다(헌재 2004.5.14, 2004헌나1).

③ 【O】 헌법 제65조 제1항은 '대통령…이 그 직무집행에 있어서'라고 하여, 탄핵사유의 요건을 '직무' 집행으로 한정하고 있으므로, 위 규정의 해석상 대통령의 직위를 보유하고 있는 상태에서 범한 법위반행위만이 소추사유가 될 수 있다고 보아야 한다. 따라서 당선 후 취임 시까지의 기간에 이루어진 대통령의 행위도 소추사유가 될 수 없다(헌재 2004.5.14, 2004헌나1).

④ 【O】 국회의 탄핵소추절차는 국회와 대통령이라는 헌법기관 사이의 문제이고, 국회의 탄핵소추의결에 의하여 사인으로서의 대통령의 기본권이 침해되는 것이 아니라, 국가기관으로서의 대통령의 권한행사가 정지되는 것이다. 따라서 국가기관이 국민과의 관계에서 공권력을 행사함에 있어서 준수해야 할 법원칙으로서 형성된 적법절차의 원칙을 국가기관에 대하여 헌법을 수호하고자 하는 탄핵소추절차에는 직접 적용할 수 없다(헌재 2004.5.14, 2004헌나1).

⑤ 【O】 탄핵소추의 발의가 있은 때에는 의장은 발의된 후 처음 개의하는 본회의에 보고하고, 본회의는 의결로 법제사법위원회에 회부하여 조사하게 할 수 있다(국회법 제130조 제1항).

85 **다음 중 우리나라의 탄핵제도에 대한 설명으로 타당하지 <u>않은</u> 것은?**

① 대통령의 헌법 등 위배행위가 있을 경우에 국회가 탄핵소추의결을 하여야 할 헌법상의 작위의무가 있다거나 국민이 탄핵소추의결을 청구할 헌법상 기본권이 있다고 할 수 없다.

② 헌법에는 규정이 없으나, 검사와 경찰청장, 방송통신위원장은 기타 법률이 정하는 탄핵대상자에 해당한다.

③ 헌법 및 헌법재판소법에 명문으로 규정되어 있지는 않지만 국회는 헌법재판관을 탄핵소추하는 경우에 3인 이상의 재판관을 동시에 탄핵소추할 수는 없다.

④ 대통령에 대한 탄핵효과의 중대성을 감안할 때 탄핵사유로서 '직무행위'는 법제상 소관 직무의 고유업무 및 통념상 이와 관련된 업무, 즉 순수한 직무행위 그 자체만을 뜻하는 것이고 직무행위의 외형을 갖춘 행위까지도 포함한다고 넓게 해석할 것은 아니다.

지문분석 **정답 ④**

① 【O】 헌법 제65조 제1항에 "…국회는 탄핵의 소추를 의결할 수 있다."고 규정되어 있으므로 탄핵소추여부는 국회의 재량이다. 헌법재판소(헌재 1996.2.29, 93헌마186)도 "국회에게 대통령의 헌법 등 위배행위가 있을 경우에 탄핵소추의결을 하여야 할 헌법상의 작위의무가 있다거나 청구인에게 탄핵소추의결을 청구할 헌법상 기본권이 있다고 할 수 없다"라고 하여 탄핵을 국회의 재량행위로 보고 있다.

② 【O】 우리 헌법은 탄핵대상자로 대통령 · 국무총리 · 국무위원 · 행정각부의 장, 헌법재판소 재판관과 사법부의 법관, 중앙선거관리위원회 위원 · 감사원장 · 감사위원 및 기타 법률이 정한 공무원을 들고 있다(제65조 제1항). 기타 법률이 정한 공무원의 범위는 장차의 입법으로 구체화되겠지만, 대체로 검찰총장을 비롯한 검사 · 각 처

장 · 정부위원 · 각군 참모총장 · 고위외교관 그리고 정무직 또는 별정직 고급공무원이 이에 포함될 것이다. 검사(검찰청법 제37조)와 경찰청장(경찰법 제11조 제6항), 방송통신위원장(방통법 제6조 제5항)은 기타 법률이 정하는 탄핵대상자에 해당한다.

헌법(제65조 제1항)		대통령 · 국무총리 · 국무위원 · 행정각부의 장, 헌법재판소 재판관, 사법부의 법관, 중앙선거관리위원회 위원 · 감사원장 · 감사위원 [08법무사] 및 기타 법률이 정한 공무원 단, 탄핵심판의 심리정족수와의 관계상 **헌법재판소 재판관이 탄핵대상이 되는 경우에는 재판관 3인 이상을 동시에 소추할 수는 없다.**
기타 법률이 정한 공무원의 범위	학설	장차의 입법으로 구체화되겠지만, 대체로 검찰총장을 비롯한 검사 · 각 처장 · 정부위원 · 각군 참모총장 · 고위외교관 그리고 정무직 또는 별정직 고급공무원이 이에 포함될 것이다. [07사시]
	개별법상 대상자	① **검사**[08법무사], **경찰청장, 방송통신위원회위원장** ② 국회의장 · 국회의원 × (탄핵소추기관인 국회의 구성원이므로)

③ 【O】 탄핵심판의 심리정족수와의 관계상 헌법재판소 재판관이 탄핵대상이 되는 경우에는 재판관 3인이상을 동시에 소추할 수는 없다.

④ 【X】 여기서 '직무'라 함은 법제상 소관 직무의 고유업무 및 통념상 이와 관련된 업무를 말한다. 순수한 직무행위 그 자체만을 뜻하는 것은 아니고 직무행위의 외형을 갖춘 행위까지도 포함한다. 따라서 직무상의 행위란, 법령 · 조례 또는 행정관행 · 관례에 의하여 그 지위의 성질상 필요로 하거나 수반되는 모든 행위나 활동을 의미한다. 예컨대 대통령의 직무상 행위는 법령에 근거한 행위뿐만 아니라, '대통령의 지위에서 국정수행과 관련하여 행하는 모든 행위'를 포괄하는 개념으로서, 각종 단체 · 산업현장 등 방문행위, 준공식 · 공식만찬 등 각종 행사에 참석하는 행위, 대통령이 국민의 이해를 구하고 국가정책을 효율적으로 수행하기 위하여 방송에 출연하여 정부의 정책을 설명하는 행위, 기자회견에 응하는 행위 등을 모두 포함한다(헌재 2004.5.14. 2004헌나1).

86 탄핵심판에 관한 설명 중 옳지 않은 것은? (다툼이 있는 경우에는 판례에 의함)

① 탄핵사유로 헌법재판소의 결정에 의하여 형성되어 확립된 불문헌법위반이나 국제조약은 제외된다고 보는 것이 일반적이다.

② 국회의 탄핵소추절차는 국회와 대통령이라는 헌법기관 사이의 문제이고, 국회의 탄핵소추의결에 의하여 사인으로서의 대통령의 기본권이 침해되는 것이 아니라, 국가기관으로서의 대통령의 권한행사가 정지되는 것이므로 국가기관이 국민과의 관계에서 공권력을 행사함에 있어서 준수해야 할 법원칙으로서 형성된 적법절차의 원칙을 국가기관에 대하여 헌법을 수호하고자 하는 탄핵소추절차에는 직접 적용할 수 없다.

③ 대통령의 '성실한 직책수행의무'는 헌법적 의무에 해당하나, '헌법을 수호해야 할 의무'와는 달리, 규범적으로 그 이행이 관철될 수 있는 성격의 의무가 아니므로, 원칙적으로 사법적 판단의 대상이 될 수 없다고 할 것이다.

④ 대통령에 대한 탄핵심판의 경우 대통령의 직을 유지하는 것이 더 이상 헌법수호의 관점에서 용납될 수 없거나 대통령이 국민의 신임을 배신하여 국정을 담당할 자격을 상실한 경우에 한하여, 대통령에 대한 파면결정은 정당화되는 것이다.

지문분석 **정답 ①**

① 【X】 헌법은 탄핵사유를 "헌법이나 법률에 위배한 때"로 규정하고 있는데, '헌법'에는 명문의 헌법규정뿐만 아니라 헌법재판소의 결정에 의하여 형성되어 확립된 불문헌법도 포함된다. '법률'이란 단지 형식적 의미의 법률 및 그와 등등한 효력을 가지는 국제조약, 일반적으로 승인된 국제법규 등을 의미한다(헌재 2004.5.14. 2004헌나1).
②,③,④ 【O】 헌재 2004.5.14. 선고 2004헌나1

87 탄핵제도에 대한 설명으로 옳지 않은 것은? (다툼이 있는 경우 헌법재판소 판례에 의함)

17년 국가직 하반기 7급

① 국회법 제130조 제1항은 탄핵소추의 발의가 있을 때 그 사유 등에 대한 조사 여부를 국회의 재량으로 규정하고 있으므로, 국회가 탄핵소추사유에 대하여 별도의 조사를 하지 않았다거나 국정조사결과나 특별검사의 수사결과를 기다리지 않고 탄핵 소추안을 의결하였다고 하여, 그 의결이 헌법이나 법률을 위반한 것이라고 볼 수 없다.
② 탄핵소추절차는 국회와 대통령이라는 헌법기관 사이의 문제 이지만, 국가기관이 국민에 대하여 공권력을 행사할 때 준수 하여야 하는 법원칙으로 형성된 적법절차의 원칙은, 대통령이 국가기관과 사인의 이중적 성격을 가지고 있기 때문에 대통령에 대한 탄핵소추절차에 직접 적용되어야 한다.
③ 대통령 탄핵심판에 있어서 대통령에 대한 파면의 효과는 대통령에게 부여한 '민주적 정당성'을 임기 중 다시 박탈하는 효과를 가지는 등 중대하기 때문에, 파면결정을 정당화하는 사유도 이에 상응하는 중대성을 가져야 한다.
④ 대통령의 '직책을 성실히 수행할 의무'는 헌법적 의무에 해당 하지만, '헌법을 수호해야 할 의무'와는 달리 규범적으로 그 이행이 관철될 수 있는 성격의 의무가 아니므로, 원칙적으로 사법적 판단의 대상이 되기는 어렵다.

지문분석 **정답 ②**

② 【X】 국회의 탄핵소추절차는 국회와 대통령이라는 헌법기관 사이의 문제이고, 국회의 탄핵소추의결에 의하여 사인으로서의 대통령의 기본권이 침해되는 것이 아니라, 국가기관으로서의 대통령의 권한행사가 정지되는 것이다. 따라서 국가기관이 국민과의 관계에서 공권력을 행사함에 있어서 준수해야 할 법원칙으로서 형성된 적법절차의 원칙을 국가기관에 대하여 헌법을 수호하고자 하는 탄핵소추절차에는 직접 적용할 수 없다(헌재 2004.5.14, 2004헌나1).

88 탄핵제도에 대한 설명으로 가장 옳은 것은? (다툼이 있는 경우 판례에 의함) 17년 서울시 7급

① 「헌법」 제65조 제1항이 정하고 있는 탄핵소추사유는 공무원이 그 직무집행에 있어서 헌법이나 법률을 위배한 사실이고, 여기에서 법률은 형사법에 한정된다.

② 헌법재판소는 원칙적으로 국회의 소추의결서에 기재된 소추사유에 의하여 구속을 받지 아니하고, 소추의결서에 기재되지 아니한 소추사유를 판단의 대상으로 삼을 수 있다.

③ 국회의 의사절차에 헌법이나 법률을 명백히 위반한 흠이 있는 경우가 아니면, 국회가 탄핵소추사유에 대하여 별도의 조사를 하지 않고 탄핵소추안을 의결하였다는 이유만으로는 그 의결이 헌법이나 법률을 위반한 것이라고 볼 수 없다.

④ 적법절차의 원칙은 국가기관에 대하여 헌법을 수호하고자 하는 탄핵소추절차에도 직접 적용될 수 있다.

지문분석 **정답 ③**

① 【X】 '법률'이란 형사법에 한정하지 않는다. 헌법은 탄핵사유를 "헌법이나 법률에 위배한 때"로 규정하고 있는데, '헌법'에는 명문의 헌법규정뿐만 아니라 헌법재판소의 결정에 의하여 형성되어 확립된 불문헌법도 포함된다. '법률'이란 단지 형식적 의미의 법률 및 그와 등등한 효력을 가지는 국제조약, 일반적으로 승인된 국제법규 등을 의미한다(헌재 2004.5.14, 2004헌나1).

② 【X】 헌법재판소는 사법기관으로서 원칙적으로 탄핵소추기관인 국회의 탄핵소추의결서에 기재된 소추사유에 의하여 구속을 받는다. 따라서 헌법재판소는 탄핵소추의결서에 기재되지 아니한 소추사유를 판단의 대상으로 삼을 수 없다(헌재 2004.5.14, 2004헌나1).

③ 【O】 국회의 의사절차에 헌법이나 법률을 명백히 위반한 흠이 있는 경우가 아니면 국회 의사절차의 자율권은 권력분립의 원칙상 존중되어야 하고, 국회법 제130조 제1항은 탄핵소추의 발의가 있을 때 그 사유 등에 대한 조사 여부를 국회의 재량으로 규정하고 있으므로, 국회가 탄핵소추사유에 대하여 별도의 조사를 하지 않았다거나 국정조사결과나 특별검사의 수사결과를 기다리지 않고 탄핵소추안을 의결하였다고 하여 그 의결이 헌법이나 법률을 위반한 것이라고 볼 수 없다(헌재 2017.3.10, 2016헌나1).

④ 【X】 국가기관이 국민과의 관계에서 공권력을 행사함에 있어서 준수해야 할 법원칙으로서 형성된 적법절차의 원칙을 국가기관에 대하여 헌법을 수호하고자 하는 탄핵소추절차에는 직접 적용할 수 없다(헌재 2004.5.14, 2004헌나1).

89 **탄핵제도에 대한 설명으로 옳지 않은 것은?** (다툼이 있는 경우 헌법재판소의 판례에 의함)

17년 국회직 8급

① 미국에서 탄핵소추권은 연방하원이 행사하고 탄핵심판권은 연방상원이 행사한다.
② 탄핵심판절차는 개인을 대상으로 한 것이 아니라 국가기관을 대상으로 한 것이므로 적법절차원리가 적용되지 않는다는 것이 헌법재판소의 견해이다.
③ 탄핵소추의 대상을 규정하고 있는 헌법 제65조 제1항의 '기타법률이 정한 공무원'에는 원자력안전위원회 위원장, 방송통신위원회 위원장이 포함된다.
④ 「사면법」은 탄핵결정으로 파면된 자가 대통령의 사면대상이 되는지 여부에 대하여 규정하고 있지 않다.
⑤ 소추의결서가 송달된 때에는 피소추자의 권한행사는 정지되며, 임명권자는 피소추자의 사직원을 접수하거나 해임할 수 없다.

지문분석 **정답 ②**

① 【O】 미국은 하원에서 탄핵소추를 발의하여 상원에서 2/3이상의 찬성으로 의결될 경우 탄핵된다.
② 【X】 국회의 탄핵소추절차는 국회와 대통령이라는 헌법기관 사이의 문제이고, 국회의 탄핵소추의결에 의하여 사인으로서의 대통령의 기본권이 침해되는 것이 아니라, 국가기관으로서의 대통령의 권한행사가 정지되는 것이다. 따라서 국가기관이 국민과의 관계에서 공권력을 행사함에 있어서 준수해야 할 법원칙으로서 형성된 적법절차의 원칙을 국가기관에 대하여 헌법을 수호하고자 하는 탄핵소추절차에는 직접 적용할 수 없다고 할 것이고, 그 외 달리 탄핵소추절차와 관련하여 피소추인에게 의견진술의 기회를 부여할 것을 요청하는 명문의 규정도 없으므로, 국회의 탄핵소추절차가 적법절차원칙에 위배되었다는 주장은 이유 없다(헌재 2017.3.10, 2016헌나1).
③ 【O】 국회는 원자력안전위원회 위원장이 그 직무를 집행함에 있어 헌법이나 법률을 위반한 때에는 탄핵의 소추를 의결할 수 있다(원자력안전위원회의 설치 및 운영에 관한 법률 제6조 제5항). 국회는 방송통신위원회 위원장이 그 직무집행에 있어서 헌법이나 법률을 위배한 때에는 탄핵의 소추를 의결할 수 있다(방송통신위원회의 설치 및 운영에 관한 법률 제6조 제5항).
④ 【O】 사면법에는 탄핵결정으로 파면된 자가 대통령의 사면대상이 되는지 여부에 대한 명문의 규정이 없다.
⑤ 【O】 소추의결서가 송달된 때에는 피소추자의 권한행사는 정지되며, 임명권자는 피소추자의 사직원을 접수하거나 해임할 수 없다(국회법 제134조 제2항).

90 **탄핵제도에 대한 설명 중 옳은 것을 〈보기〉에서 모두 고른 것은?** 19년 서울시 7급

보기

ㄱ. 탄핵제도라 함은 일반사법절차에 따라 소추하거나 징계절차로써 징계하기가 곤란한 일반직 행정공무원이 직무상 비위를 범한 경우에 파면하는 제도를 말한다.
ㄴ. 현행 헌법에 의하면 탄핵소추의 발의는 국회가 담당하지만, 소추의 의결과 심판은 헌법재판소가 담당한다.
ㄷ. 탄핵심판절차는 국회 법제사법위원회 위원장인 소추위원이 소추의결서 정본을 헌법재판소에 제출하여 탄핵심판이 청구됨으로써 개시된다.
ㄹ. 탄핵결정이 있더라도 민·형사상 책임이 면제되는 것은 아니다.
ㅁ. 탄핵소추는 위헌·위법성을 요건으로 할 뿐 직무 관련성을 필수적 요건으로 하는 것은 아니다.

① ㄱ, ㄴ
② ㄷ, ㄹ
③ ㄱ, ㄷ, ㄹ
④ ㄷ, ㄹ, ㅁ

지문분석 **정답 ②**

ㄱ. **【X】** 탄핵이란 일반적인 사법절차나 징계절차에 따라 소추하거나 징계하기가 곤란한 행정부의 고위직 공무원이나 법관 등과 같이 신분이 보장된 공무원이 직무상 중대한 비위를 범한 경우에 이를 의회가 소추하여 처벌하거나 파면하는 절차로서, 헌법 제65조는 대통령이 그 직무집행에 있어서 헌법이나 법률을 위배한 때에는 국회가 재적의원 과반수의 발의와 재적의원 3분의 2 이상의 찬성으로 탄핵소추의 의결을 할 수 있고 탄핵결정이 있게 되면 공직으로부터 파면되는 것으로 규정하고 있다(헌재 1996. 2. 29. 93헌마186).

ㄴ. **【X】 헌법 제65조** ① 대통령·국무총리·국무위원·행정각부의 장·헌법재판소 재판관·법관·중앙선거관리위원회 위원·감사원장·감사위원 기타 법률이 정한 공무원이 그 직무집행에 있어서 헌법이나 법률을 위배한 때에는 국회는 탄핵의 소추를 의결할 수 있다.
② 제1항의 탄핵소추는 국회재적의원 3분의 1 이상의 발의가 있어야 하며, 그 의결은 국회재적의원 과반수의 찬성이 있어야 한다. 다만, 대통령에 대한 탄핵소추는 국회재적의원 과반수의 발의와 국회재적의원 3분의 2 이상의 찬성이 있어야 한다.
제111조 ① 헌법재판소는 다음 사항을 관장한다.
2. 탄핵의 심판

ㄷ. **【O】 헌법재판소법 제49조(소추위원)** ① 탄핵심판에서는 국회 법제사법위원회의 위원장이 소추위원이 된다.
② 소추위원은 헌법재판소에 소추의결서의 정본을 제출하여 탄핵심판을 청구하며, 심판의 변론에서 피청구인을 신문할 수 있다.

ㄹ. **【O】 헌법 제65조** ④ 탄핵결정은 공직으로부터 파면함에 그친다. 그러나, 이에 의하여 민사상이나 형사상의 책임이 면제되지는 아니한다.

ㅁ. **【X】 헌법 제65조** ① 대통령·국무총리·국무위원·행정각부의 장·헌법재판소 재판관·법관·중앙선거관리위원회 위원·감사원장·감사위원 기타 법률이 정한 공무원이 그 직무집행에 있어서 헌법이나 법률을 위배한 때에는 국회는 탄핵의 소추를 의결할 수 있다.

91 탄핵제도에 대한 설명으로 옳은 것은? (다툼이 있는 경우 판례에 의함) 19년 지방직 7급

① 검사와 각군 참모총장은 헌법규정에 탄핵대상자로 명시되어 있다.
② 탄핵결정은 공직으로부터 파면함에 그치므로 이에 의하여 형사상 책임은 면제된다.
③ 국무총리에 대한 탄핵소추발의와 해임건의발의를 위한 정족수는 동일하다.
④ 국가기관이 국민과의 관계에서 공권력을 행사함에 있어서 준수해야 할 법원칙으로서 형성된 적법절차의 원칙을 국가기관에 대하여 헌법을 수호하고자 하는 탄핵소추절차에 직접 적용할 수 있다.

지문분석 **정답 ③**

① 【X】 **헌법 제65조** ① 대통령·국무총리·국무위원·행정각부의 장·헌법재판소 재판관·법관·중앙선거관리위원회 위원·감사원장·감사위원 기타 법률이 정한 공무원이 그 직무집행에 있어서 헌법이나 법률을 위배한 때에는 국회는 탄핵의 소추를 의결할 수 있다.
검찰청법 제37조(신분보장) 검사는 탄핵이나 금고 이상의 형을 선고받은 경우를 제외하고는 파면되지 아니하며, 징계처분이나 적격심사에 의하지 아니하고는 해임·면직·정직·감봉·견책 또는 퇴직의 처분을 받지 아니한다.
② 【X】 **헌법 제65조** ④ 탄핵결정은 공직으로부터 파면함에 그친다. 그러나, 이에 의하여 민사상이나 형사상의 책임이 면제되지는 아니한다.
③ 【O】 **헌법 제65조** ② 제1항의 탄핵소추는 국회재적의원 3분의 1 이상의 발의가 있어야 하며, 그 의결은 국회재적의원 과반수의 찬성이 있어야 한다. 다만, 대통령에 대한 탄핵소추는 국회재적의원 과반수의 발의와 국회재적의원 3분의 2 이상의 찬성이 있어야 한다.
헌법 제63조 ② 제1항의 해임건의는 국회재적의원 3분의 1 이상의 발의에 의하여 국회재적의원 과반수의 찬성이 있어야 한다.
④ 【X】 국가기관이 국민과의 관계에서 공권력을 행사함에 있어서 준수해야 할 법원칙으로서 형성된 적법절차의 원칙을 국가기관에 대하여 헌법을 수호하고자 하는 탄핵소추절차에는 직접 적용할 수 없다고 할 것이고, 그 외 달리 탄핵소추절차와 관련하여 피소추인에게 의견진술의 기회를 부여할 것을 요청하는 명문의 규정도 없으므로, 국회의 탄핵소추절차가 적법절차원칙에 위배되었다는 주장은 이유 없다(헌재 2004. 5. 14. 2004헌나1).

92 탄핵심판에 대한 설명으로 옳은 것만을 모두 고르면? (다툼이 있는 경우 판례에 의함) 20년 국가직 7급

ㄱ. 헌법재판소는 소추사유의 판단에 있어서 국회의 탄핵소추의결서에서 분류된 소추사유의 체계에 의하여 구속을 받지 않으므로, 소추사유를 어떠한 연관관계에서 법적으로 고려할 것인가의 문제는 전적으로 헌법재판소의 판단에 달려있다.
ㄴ. 피청구인에 대한 탄핵심판 청구와 동일한 사유로 형사소송이 진행되고 있는 경우에는 재판부는 심판절차를 정지할 수 있다.
ㄷ. 피청구인이 결정 선고 전에 해당 공직에서 파면되었을 때에는 헌법재판소는 심판청구를 각하하여야 한다.
ㄹ. 「국회법」 제130조 제1항이 탄핵소추의 발의가 있을 때 그 사유 등에 대한 조사 여부를 국회의 재량으로 규정하고 있더라도, 국회가 탄핵소추사유에 대하여 별도의 조사를 하지 않았다거나 국정조사결과나 특별검사의 수사결과를 기다리지 않고 탄핵소추안을 의결하였다면 헌법이나 법률을 위반한 것이다.

① ㄱ, ㄴ　　② ㄴ, ㄷ
③ ㄱ, ㄴ, ㄹ　　④ ㄱ, ㄷ, ㄹ

지문분석 **정답 ①**

ㄱ. 【O】 헌법재판소는 사법기관으로서 원칙적으로 탄핵소추기관인 국회의 탄핵소추의결서에 기재된 소추사유에 의하여 구속을 받는다. 따라서 헌법재판소는 탄핵소추의결서에 기재되지 아니한 소추사유를 판단의 대상으로 삼을 수 없다. 그러나 탄핵소추의결서에서 그 위반을 주장하는 '법규정의 판단'에 관하여 헌법재판소는 원칙적으로 구속을 받지 않으므로, 청구인이 그 위반을 주장한 법규정 외에 다른 관련 법규정에 근거하여 탄핵의 원인이 된 사실관계를 판단할 수 있다. 또한, 헌법재판소는 소추사유의 판단에 있어서 국회의 탄핵소추의결서에서 분류된 소추사유의 체계에 의하여 구속을 받지 않으므로, 소추사유를 어떠한 연관관계에서 법적으로 고려할 것인가의 문제는 전적으로 헌법재판소의 판단에 달려있다(헌재 2004. 5. 14. 2004헌나1).
ㄴ. 【O】 **헌법재판소법 제51조(심판절차의 정지)** 피청구인에 대한 탄핵심판 청구와 동일한 사유로 형사소송이 진행되고 있는 경우에는 재판부는 심판절차를 정지할 수 있다.
ㄷ. 【X】 **헌법재판소법 제53조(결정의 내용)** ② 피청구인이 결정 선고 전에 해당 공직에서 파면되었을 때에는 헌법재판소는 심판청구를 기각하여야 한다.
ㄹ. 【X】 국회의 의사절차에 헌법이나 법률을 명백히 위반한 흠이 있는 경우가 아니면 국회 의사절차의 자율권은 권력분립의 원칙상 존중되어야 하고, 국회법 제130조 제1항은 탄핵소추의 발의가 있을 때 그 사유 등에 대한 조사 여부를 국회의 재량으로 규정하고 있으므로, 국회가 탄핵소추사유에 대하여 별도의 조사를 하지 않았다거나 국정조사결과나 특별검사의 수사결과를 기다리지 않고 탄핵소추안을 의결하였다고 하여 그 의결이 헌법이나 법률을 위반한 것이라고 볼 수 없다(헌재 2017. 3. 10. 2016헌나1).

93 탄핵심판에 대한 설명으로 옳지 않은 것은? (다툼이 있는 경우 판례에 의함) 20년 지방직 7급

① 탄핵결정에 의하여 파면된 사람은 결정 선고가 있은 날부터 5년이 지나지 아니하면 공무원이 될 수 없다.

② 탄핵사유가 되는 직무집행에서 직무는 법제상 소관 직무에 속하는 고유 업무 및 통념상 이와 관련된 업무를 말한다. 따라서 직무상의 행위란 법령・조례 또는 행정관행・관례에 의하여 그 지위의 성질상 필요로 하거나 수반되는 모든 행위나 활동을 의미한다.

③ 탄핵의 결정을 하기 위해서는 재판관 6인 이상의 찬성이 있어야 하는데, 헌법재판관 1인이 결원이 되어 8인의 재판관으로 재판부가 구성되면 결원 상태인 1인의 재판관은 사실상 탄핵에 찬성하지 않는 의견을 표명한 것과 같은 결과를 가져오므로, 8인의 재판관으로 구성된 재판부는 탄핵심판을 심리하고 결정할 수 없다.

④ 헌법재판소의 탄핵심판절차는 법적 관점에서 단지 탄핵사유의 존부만을 판단하는 것이므로, 피청구인이 직책을 성실히 수행하였는지 여부는 그 자체로 소추사유가 될 수 없어, 탄핵심판절차의 판단대상이 되지 아니한다.

지문분석 **정답 ③**

① 【O】 **헌법재판소법 제54조(결정의 효력)** ② 탄핵결정에 의하여 파면된 사람은 결정 선고가 있은 날부터 5년이 지나지 아니하면 공무원이 될 수 없다.

② 【O】 헌법 제65조에 규정된 탄핵사유를 구체적으로 살펴보면, '직무집행에 있어서'의 '직무'란, 법제상 소관 직무에 속하는 고유 업무 및 통념상 이와 관련된 업무를 말한다. 따라서 직무상의 행위란, 법령・조례 또는 행정관행・관례에 의하여 그 지위의 성질상 필요로 하거나 수반되는 모든 행위나 활동을 의미한다(헌재 2004. 5. 14. 2004헌나1).

③ 【X】 헌법재판관 1인이 결원이 되어 8인의 재판관으로 재판부가 구성되더라도 탄핵심판을 심리하고 결정하는데 헌법과 법률상 아무런 문제가 없다. 또 새로운 헌법재판소장 임명을 기다리며 현재의 헌정위기 상황을 방치할 수 없는 현실적 제약을 감안하면 8인의 재판관으로 구성된 현 재판부가 이 사건 결정을 할 수밖에 없다. 탄핵의 결정을 하기 위해서는 재판관 6인 이상의 찬성이 있어야 하는데 결원 상태인 1인의 재판관은 사실상 탄핵에 찬성하지 않는 의견을 표명한 것과 같은 결과를 가져오므로, 재판관 결원 상태가 오히려 피청구인에게 유리하게 작용할 것이라는 점에서 피청구인의 공정한 재판받을 권리가 침해된다고 보기도 어렵다(헌재 2017. 3. 10. 2016헌나1).

④ 【O】 '헌법을 수호해야 할 의무'와는 달리 대통령의 '직책을 성실히 수행할 의무'는 규범적으로 그 이행이 관철될 수 있는 성격의 의무가 아니므로 원칙적으로 사법적 판단의 대상이 되기는 어렵다. 세월호 참사 당일 피청구인이 직책을 성실히 수행하였는지 여부는 그 자체로 소추사유가 될 수 없어, 탄핵심판절차의 판단대상이 되지 아니한다(헌재 2017. 3. 10. 2016헌나1).

94 탄핵심판에 대한 설명으로 옳지 않은 것은? 23년 국가직 7급

① 헌법 제65조 제1항은 탄핵사유를 '헌법이나 법률을 위배한 때'로 규정하고 있는데, '헌법'에는 명문의 헌법규정만이 포함되고, 헌법재판소의 결정에 의하여 형성되어 확립된 불문헌법은 포함되지 않는다.

② 탄핵심판에서는 국회 법제사법위원회 위원장이 소추위원이 되고, 소추위원은 헌법재판소에 소추의결서 정본을 제출하여 탄핵심판을 청구하며, 심판의 변론에서 피청구인을 신문할 수 있다.

③ 헌법 제65조 제1항은 '직무집행에 있어서'라고 하여, 탄핵사유의 요건을 '직무' 집행으로 한정하고 있으므로, 대통령의 직위를 보유하고 있는 상태에서 범한 법위반행위만 소추사유가 될 수 있다.

④ 국회의 탄핵소추절차는 국회와 대통령이라는 헌법기관 사이의 문제이고, 국회의 탄핵소추의결에 의하여 사인으로서의 대통령의 기본권이 침해되는 것이 아니라, 국가기관으로서의 대통령의 권한행사가 정지되는 것이므로, 국가기관이 국민과의 관계에서 공권력을 행사함에 있어서 준수해야 할 법원칙으로서 형성된 적법절차의 원칙을 국가기관에 대하여 헌법을 수호하고자 하는 탄핵소추절차에는 직접 적용할 수 없다.

지문분석 **정답 ①**

① 【X】 헌법 제65조에 규정된 탄핵사유를 구체적으로 살펴보면, '직무집행에 있어서'의 '직무'란, 법제상 소관 직무에 속하는 고유 업무 및 통념상 이와 관련된 업무를 말한다. 따라서 직무상의 행위란, 법령·조례 또는 행정관행·관례에 의하여 그 지위의 성질상 필요로 하거나 수반되는 모든 행위나 활동을 의미한다. 헌법은 탄핵사유를 "헌법이나 법률에 위배한 때"로 규정하고 있는데, '헌법'에는 명문의 헌법규정뿐만 아니라 헌법재판소의 결정에 의하여 형성되어 확립된 불문헌법도 포함된다(헌재 2004. 5. 14.2004헌나1).

② 【O】 **헌법재판소법 제49조(소추위원)** ① 탄핵심판에서는 국회 법제사법위원회의 위원장이 소추위원이 된다. ② 소추위원은 헌법재판소에 소추의결서의 정본을 제출하여 탄핵심판을 청구하며, 심판의 변론에서 피청구인을 신문할 수 있다.

③ 【O】 헌법 제65조 제1항은 '대통령…이 그 직무집행에 있어서'라고 하여, 탄핵사유의 요건을 '직무' 집행으로 한정하고 있으므로, 위 규정의 해석상 대통령의 직위를 보유하고 있는 상태에서 범한 법위반행위만이 소추사유가 될 수 있다(헌재 2004. 5. 14. 2004헌나1).

④ 【O】 국회의 탄핵소추절차는 국회와 대통령이라는 헌법기관 사이의 문제이고, 국회의 탄핵소추의결에 의하여 사인으로서의 대통령의 기본권이 침해되는 것이 아니라, 국가기관으로서의 대통령의 권한행사가 정지되는 것이다. 따라서 국가기관이 국민과의 관계에서 공권력을 행사함에 있어서 준수해야 할 법원칙으로서 형성된 적법절차의 원칙을 국가기관에 대하여 헌법을 수호하고자 하는 탄핵소추절차에는 직접 적용할 수 없다고 할 것이고, 그 외 달리 탄핵소추절차와 관련하여 피소추인에게 의견진술의 기회를 부여할 것을 요청하는 명문의 규정도 없으므로, 국회의 탄핵소추절차가 적법절차원칙에 위배되었다는 주장은 이유 없다(헌재 2004. 5. 14. 2004헌나1).

95 탄핵제도에 대한 설명으로 옳지 않은 것은? (다툼이 있는 경우 판례에 의함) 25년 국회직 9급

① 국회가 탄핵심판을 청구한 뒤 소추의결서에서 「형법」 위반행위로 구성하였던 사실관계를 헌법 위반으로 포섭하는 것은, 기재하였던 기본적 사실관계는 동일하게 유지하면서 그 위반을 주장하는 법조문을 철회 또는 변경하는 것에 지나지 않으므로 소추사유의 철회 내지 변경에 해당한다고 볼 수 없다.
② 국회가 탄핵소추사유에 대하여 별도의 조사를 하지 않았다거나 국정조사결과나 특별검사의 수사결과를 기다리지 않고 탄핵소추안을 의결하였다고 하여 그 의결이 헌법이나 법률을 위반한 것이라고 볼 수 없다.
③ 국회의 탄핵소추의결에 따라 대통령 개인의 기본권이 침해되므로 적법절차의 원칙은 탄핵소추절차에도 직접 적용된다.
④ 헌법 제65조 제2항 단서가 대통령에 대한 탄핵소추에 국회재적의원 3분의 2 이상의 찬성이라는 가중 의결정족수를 요구한 취지는, 대통령은 국가원수인 동시에 행정부 수반으로서 대통령이 갖는 민주적 정당성의 비중, 헌법상 지위 및 권한의 중요성 등을 고려하여 탄핵소추가 신중하게 행사되도록 하기 위함이다.
⑤ 대통령 권한대행인 국무총리에 대한 탄핵소추의결에는 본래 신분상 지위인 국무총리에 대한 탄핵소추 의결정족수를 적용함이 타당하다.

지문분석 **정답 ③**

① 【O】 청구인이 형법 위반 행위로 구성하였던 사실관계를 헌법 위반으로 포섭하는 것은, 기본적 사실관계는 동일하게 유지하면서 그 위반을 주장하는 법조문을 철회·변경하는 것에 지나지 않으므로, 소추사유의 철회·변경에 해당하지 않는다(헌재 2025. 4. 4. 2024헌나8).
② 【O】 국회의 의사절차에 헌법이나 법률을 명백히 위반한 흠이 있는 경우가 아니면 국회 의사절차의 자율권은 권력분립의 원칙상 존중되어야 하고, 국회법 제130조 제1항은 탄핵소추의 발의가 있을 때 그 사유 등에 대한 조사 여부를 국회의 재량으로 규정하고 있으므로, 국회가 탄핵소추사유에 대하여 별도의 조사를 하지 않았다거나 국정조사결과나 특별검사의 수사결과를 기다리지 않고 탄핵소추안을 의결하였다고 하여 그 의결이 헌법이나 법률을 위반한 것이라고 볼 수 없다(헌재 2017. 3. 10. 2016헌나1).
③ 【X】 국회의 탄핵소추절차는 국회와 대통령이라는 헌법기관 사이의 문제이고, 국회의 탄핵소추의결에 의하여 사인으로서의 대통령의 기본권이 침해되는 것이 아니라, 국가기관으로서의 대통령의 권한행사가 정지되는 것이다. 따라서 국가기관이 국민과의 관계에서 공권력을 행사함에 있어서 준수해야 할 법원칙으로서 형성된 적법절차의 원칙을 국가기관에 대하여 헌법을 수호하고자 하는 탄핵소추절차에는 직접 적용할 수 없다고 할 것이고, 그 외 달리 탄핵소추절차와 관련하여 피소추인에게 의견진술의 기회를 부여할 것을 요청하는 명문의 규정도 없으므로, 국회의 탄핵소추절차가 적법절차원칙에 위배되었다는 주장은 이유 없다(헌재 2004. 5. 14. 2004헌나1).
④ 【O】 헌법 제65조 제2항 단서가 대통령에 대한 탄핵소추에 국회재적의원 3분의 2 이상의 찬성이라는 가중 의결정족수를 요구한 취지는, 대통령은 국가원수인 동시에 행정부 수반으로서(헌법 제66조 제1항 및 제4항) 대통령이 갖는 민주적 정당성의 비중, 헌법상 지위 및 권한의 중요성 등을 고려하여 탄핵소추가 신중하게 행사되도록 하기 위함이다(헌재 2025. 3. 24. 2024헌나9).
⑤ 【O】 국무총리는 헌법 제86조에 따라 그 임명에 국회의 동의를 얻어 대통령이 임명하기는 하지만, 이는 국민으로부터 직접 선출된 대통령의 민주적 정당성과 비교하여 상당히 축소된 간접적인 민주적 정당성만을 보유하고 있으므로, 대통령 권한대행자로서 국무총리는 대통령과는 확연히 구분되는 지위에 있다. 또한 헌법 제71조가 규정하는 대통령 권한대행은 헌법과 법령상으로 대행자에게 미리 예정된 기능과 과업의 수행을 의미하는 것이지, '권한대행' 또는 '권한대행자'라는 공직이나 지위가 새로이 창설되는 것이라 볼 수 없다. 여기에 해당 공직의 박탈을 통하여 헌법을 수호하고자 하는 탄핵심판 제도의 취지를 종합하면, 대통령의 권한을 대행하는 국무총리에 대한 탄핵소추에는 본래의 신분상 지위에 따라 헌법 제65조 제2항 본문에 의한 의결정족수를 적용함이 타당하다(헌재 2025. 3. 24. 2024헌나9).

96 국정감사에 관한 설명으로 잘못된 것은?

① 지방자치단체 중 특별시・광역시・도에 대한 감사는 위원회 선정대상기관이며 그 감사범위는 국가위임사무와 국가가 보조금 등 예산을 지원하는 사업으로 한다.

② 국정감사에서 증인은 형사소송법 제148조 또는 제149조의 규정에 해당하는 경우에 선서・증언 또는 서류제출을 거부할 수 있으며, 감정인은 형사소송법 제148조에 해당하는 경우에 선서 또는 감정을 거부할 수 있다.

③ 국정감사나 조사를 위한 위원회는 증인으로 요구받은 자가 정당한 이유없이 출석하지 않으면 그 의결로 해당 증인에 대하여 지정한 장소까지 동행할 것을 명령할 수 있으며, 증인이 동행명령에 거부할 경우 위원장은 구인장을 발부하여 구인할 수 있고 동행명령 거부행위에 대하여는 국회모욕죄로 처벌된다.

④ 국회는 행정부에 속하는 사항은 조사할 수 있으나, 직접 행정처분을 할 수는 없고, 감사 또는 조사 결과 위법하거나 부당한 사항이 있을 때에는 그 정도에 따라 정부 또는 해당 기관에 변상, 징계조치, 제도개선, 예산조정 등 시정을 요구하고, 정부 또는 해당 기관에서 처리함이 타당하다고 인정되는 사항은 정부 또는 해당 기관에 이송한다.

지문분석 **정답 ③**

① 【O】 국감법 제7조 제2호

② 【O】 국회에서 안건심의 또는 국정감사나 국정조사와 관련하여 보고와 서류제출의 요구를 받거나, 증인・참고인으로서의 출석이나 감정의 요구를 받은 때에는 국회에서의 증언・감정에관한법률에 특별한 규정이 있는 경우를 제외하고는 다른 법률의 규정에 불구하고 누구든지 이에 응하여야 한다(국회에서의 증언・감정 등에 관한 법률 제2조). 그러나 증인은 형사소송법 제148조(근친자의 형사책임과 증언거부) 또는 제149조(업무상비밀과 증언거부)의 규정에 해당하는 경우에 선서・증언 또는 서류제출을 거부할 수 있으며, 감정인은 형사소송법 제148조에 해당하는 경우에 선서 또는 감정을 거부할 수 있다. 이 경우 거부이유는 소명하여야 한다(동법 제3조).

③ 【X】 국정감사나 조사를 위한 위원회는 증인으로 요구받은 자가 정당한 이유없이 출석하지 않으면 그 의결로 해당 증인에 대하여 지정한 장소까지 동행할 것을 명령할 수 있다. 동행명령장은 '위원장'이 발부하며, 동행명령장의 집행은 국회사무처 소속공무원으로 하여금 이를 집행하도록 하며, 그 집행은 동행명령장을 해당 증인에게 제시함으로써 한다(국회에서의 증언・감정 등에 관한 법률 제6조). 동행명령을 거부할 경우 본회의의 의결 또는 위원회의 의결로 고발하여야 한다. 다만 청문회의 경우는 재적 1/3 이상의 연서에 의하여 그 위원회의 이름으로 고발할 수 있다(동법 제15조). 따라서 동행명령을 거부한자에 대해서는 강제구인할 수는 없고 고발에 따라 국회모욕죄로 처벌받는다(동법 제13조).

④ 【O】 국회는 감사 또는 조사 결과 위법하거나 부당한 사항이 있을 때에는 그 정도에 따라 정부 또는 해당 기관에 변상, 징계조치, 제도개선, 예산조정 등 시정을 요구하고, 정부 또는 해당 기관에서 처리함이 타당하다고 인정되는 사항은 정부 또는 해당 기관에 이송한다(국감법 제16조 제2항). 따라서 국회는 행정부에 속하는 사항은 조사할 수 있으나, 직접 행정처분을 할 수는 없다. 정부 또는 해당기관은 위의 시정요구를 받거나 이송받은 사항을 지체없이 처리하고 그 결과를 국회에 보고하여야 하며, 국회는 이와 같은 처리결과보고에 대하여 적절한 조치를 취할 수 있다(국감법 제16조 제3・4항).

97 국회의 국정조사 및 국정감사의 권한에 대한 설명으로 옳지 않은 것은?

① 국정조사권은 영국 의회가 특별위원회를 구성하여 아일랜드전쟁에서의 패전원인을 조사하고 책임소재를 규명한 것이 효시이며, 미국의 경우 명문의 규정은 없지만 의회의 권한행사를 위하여 필요한 '보조적 권한'으로 인식되어 일찍부터 학설과 판례를 통하여 인정되어 오고 있다.

② 국정조사권이 헌법의 차원에서 최초로 규정된 것은 Weimar헌법이며, 우리나라도 건국헌법 이래 국정감사권을 규정하고, 운용해오다가 1972년 헌법이 남용의 폐해를 이유로 국정감사권을 삭제하였으나, 국회법에서 국정조사권만을 인정하다가 1980년 헌법에서는 국정조사권을 헌법에 규정하였고 1987년 헌법에서는 다시 국정감사권이 부활되어 국정조사권과 함께 명문으로 인정하고 있다.

③ 국정감사는 매년 예산안심의에 앞서 일정기간 행하는 일종의 포괄적 통제기능이라면, 국정조사는 수시로 국정의 특정사안에 관해서만 행하는 일종의 제한적 통제기능이라고 볼 수 있으므로, 국정감사가 국정조사로 발전할 수는 있어도 국정조사가 국정감사로 확대될 수는 없다.

④ '국정감사'는 소관상임위원회별로 매년 9월 10일부터 20일간 행하며, 감사기간인 20일은 이를 연장하거나 단축할 수 없으나, 본회의의 의결로써 그 시기를 변경할 수는 있다. '국정조사'는 국회재적의원 1/4 이상의 요구가 있는 때에 특별위원회 또는 상임위원회가 특정의 국정사안에 관하여 행한다.

지문분석 **정답 ④**

② 【O】 국정조사권이 헌법의 차원에서 최초로 규정된 것은 Weimar헌법이다. 우리나라는 건국헌법 이래 국정감사권을 규정하고, 일반감사와 특별감사로 운용해오다가 1972년 헌법이 남용의 폐해를 이유로 국정감사권을 삭제하고 국회법에서 국정조사권만을 인정하다가 1980년 헌법에서는 국정조사권을 헌법에 규정하였고 1987년 헌법에서는 다시 국정감사권이 부활되어 국정조사권과 함께 명문화되었다.

④ 【X】 **국정감사 및 조사에 관한 법률 제2조(국정감사) 제1항** 국회는 국정전반에 관하여 소관 상임위원회별로 매년 정기회 집회일 이전에 국정감사(이하 "감사"라 한다) 시작일부터 30일 이내의 기간을 정하여 감사를 실시한다. 다만, 본회의 의결로 정기회 기간 중에 감사를 실시할 수 있다.

제2항 제1항의 감사는 상임위원장이 국회운영위원회와 협의하여 작성한 감사계획서에 따라 한다. 국회운영위원회는 상임위원회 간에 감사대상기관이나 감사일정의 중복 등 특별한 사정이 있는 때에는 이를 조정할 수 있다.

제3항 제2항에 따른 감사계획서에는 감사반의 편성, 감사일정, 감사요령 등 감사에 필요한 사항을 기재하여야 한다.

제4항 제2항에 따른 감사계획서는 매년 처음 집회되는 임시회에서 작성하고 제7조에 따른 감사대상기관에 이를 통지하여야 한다. 다만, 국회의원 총선거가 실시되는 연도에는 국회의원 총선거 후 새로 구성되는 국회의 임시회 또는 정기회에서 감사계획서를 작성·통지할 수 있다.

제5항 제4항에 따른 감사계획서의 감사대상기관이나 감사일정 등을 변경하는 경우에는 그 내용을 감사실시일 7일 전까지 감사대상기관에 통지하여야 한다.

98 국회의 국정감사 · 조사권에 대한 설명으로 옳지 않은 것은? 18년 지방직 7급

① 국정감사 · 조사는 수사 중인 사건의 소추에 관여할 목적으로 행사되어서는 안 된다.

② 특별시 · 광역시 · 도에 대한 국정감사범위는 국가위임사무와 국가가 보조금 등 예산을 지원하는 사업에 한정된다.

③ 조사위원회의 위원장이 사고가 있거나 그 직무를 수행하기를 거부 또는 기피하여 조사위원회가 활동하기 어려운 때에는 위원장이 소속한 교섭단체 소속의 간사가 위원장의 직무를 대행한다.

④ 국회는 매년 정기회 집회일 이전에 국정감사 시작일부터 30일 이내의 기간을 정하여 국정감사를 실시하나, 본회의 의결이 있으면 정기회 기나 중에 국정감사를 실시할 수 있다.

지문분석 **정답 ③**

① **【O】 국정감사 및 조사에 관한 법률 제8조(감사 또는 조사의 한계)** 감사 또는 조사는 개인의 사생활을 침해하거나 계속 중인 재판 또는 수사 중인 사건의 소추(訴追)에 관여할 목적으로 행사되어서는 아니 된다.

② **【O】 국정감사 및 조사에 관한 법률 제7조(감사의 대상)** 감사의 대상기관은 다음 각 호와 같다.
2. 지방자치단체 중 특별시 · 광역시 · 도. 다만, 그 감사범위는 국가위임사무와 국가가 보조금 등 예산을 지원하는 사업으로 한다.

③ **【X】 국정감사 및 조사에 관한 법률 제4조(조사위원회)** ③ 조사위원회의 위원장이 사고가 있거나 그 직무를 수행하기를 거부 또는 기피하여 조사위원회가 활동하기 어려운 때에는 위원장이 소속하지 아니하는 교섭단체 소속의 간사 중에서 소속 의원 수가 많은 교섭단체 소속인 간사의 순으로 위원장의 직무를 대행한다.

④ **【O】 국정감사 및 조사에 관한 법률 제2조(국정감사)** ① 국회는 국정전반에 관하여 소관 상임위원회별로 매년 정기회 집회일 이전에 국정감사(이하 "감사"라 한다) 시작일부터 30일 이내의 기간을 정하여 감사를 실시한다. 다만, 본회의 의결로 정기회 기간 중에 감사를 실시할 수 있다.

99 국정감사 및 조사에 대한 설명으로 옳지 않은 것은? 19년 국가직 7급

① 국정조사위원회는 조사를 하기 전에 전문위원이나 그 밖의 국회사무처 소속 직원 또는 조사대상 기관의 소속이 아닌 전문가 등으로 하여금 예비조사를 하게 할 수 있다.

② 국회 본회의가 특히 필요하다고 의결한 경우라도 「감사원법」에 따른 감사원의 감사대상기관에 대하여 국정감사를 실시할 수는 없다.

③ 지방자치단체 중 특별시 · 광역시 · 도에 대한 국정감사에 있어서 그 감사범위는 국가위임사무와 국가가 보조금 등 예산을 지원하는 사업으로 한다.

④ 국회는 감사 또는 조사 결과 위법하거나 부당한 사항이 있을 때에는 그 정도에 따라 정부 또는 해당 기관에 변상, 징계조치, 제도개선, 예산조정 등 시정을 요구하고, 정부 또는 해당 기관에서 처리함이 타당하다고 인정되는 사항은 정부 또는 해당 기관에 이송한다.

지문분석 **정답 ②**

① 【O】 **국정감사 및 조사에 관한 법률 제9조의2(예비조사)** 위원회는 조사를 하기 전에 전문위원이나 그 밖의 국회 사무처 소속 직원 또는 조사대상기관의 소속이 아닌 전문가 등으로 하여금 예비조사를 하게 할 수 있다.
② 【X】 ③ 【O】 **국정감사 및 조사에 관한 법률 제7조(감사의 대상)** 감사의 대상기관은 다음 각 호와 같다.
2. 지방자치단체 중 특별시·광역시·도. 다만, 그 감사범위는 국가위임사무와 국가가 보조금 등 예산을 지원하는 사업으로 한다.
4. 제1호부터 제3호까지 외의 지방행정기관, 지방자치단체, 「감사원법」에 따른 감사원의 감사대상기관. 이 경우 본회의가 특히 필요하다고 의결한 경우로 한정한다.
④ 【O】 **국정감사 및 조사에 관한 법률 제16조(감사 또는 조사 결과에 대한 처리)** ② 국회는 감사 또는 조사 결과 위법하거나 부당한 사항이 있을 때에는 그 정도에 따라 정부 또는 해당 기관에 변상, 징계조치, 제도개선, 예산조정 등 시정을 요구하고, 정부 또는 해당 기관에서 처리함이 타당하다고 인정되는 사항은 정부 또는 해당 기관에 이송한다.

100 국정감사 및 국정조사에 대한 설명으로 옳지 않은 것은? (다툼이 있는 경우 판례에 의함) 23년 국회직 9급

① 국회는 국정을 감사하거나 특정한 국정사안에 대하여 조사할 수 있으며, 이에 필요한 서류의 제출 또는 증인의 출석과 증언이나 의견의 진술을 요구할 수 있다.
② 국회는 본회의의 의결로써 조사위원회의 활동기간을 연장할 수 있으나 이를 단축할 수는 없다.
③ 국회는 재적의원 4분의 1 이상의 요구가 있는 때에는 특별위원회 등으로 하여금 국정의 특정사안에 관하여 국정조사를 하게 한다.
④ 국회의장은 조사요구서가 제출되면 지체 없이 본회의에 보고하고 각 교섭단체 대표의원과 협의하여 조사를 할 특별위원회를 구성하거나 해당 상임위원회에 회부하여 조사를 할 위원회를 확정한다.
⑤ 국정감사 및 국정조사는 수사 중인 사건의 소추나 계속 중인 재판에 관여할 목적으로 행사되어서는 안된다.

지문분석 **정답 ②**

① 【O】 **헌법 제61조** ① 국회는 국정을 감사하거나 특정한 국정사안에 대하여 조사할 수 있으며, 이에 필요한 서류의 제출 또는 증인의 출석과 증언이나 의견의 진술을 요구할 수 있다.
② 【X】 **국정감사 및 조사에 관한 법률 제9조(조사위원회의 활동기간)** ① 조사위원회의 활동기간 연장은 본회의의 의결로 할 수 있다.
② 본회의는 조사위원회의 중간보고를 받고 조사를 장기간 계속할 필요가 없다고 인정되는 경우에는 의결로 조사위원회의 활동기간을 단축할 수 있다.
③ 【O】 **국정감사 및 조사에 관한 법률 제3조(국정조사)** ① 국회는 재적의원 4분의 1 이상의 요구가 있는 때에는 특별위원회 또는 상임위원회로 하여금 국정의 특정사안에 관하여 국정조사(이하 "조사"라 한다)를 하게 한다.
④ 【O】 **국정감사 및 조사에 관한 법률 제3조(국정조사)** ③ 의장은 조사요구서가 제출되면 지체 없이 본회의에 보고하고 각 교섭단체 대표의원과 협의하여 조사를 할 특별위원회를 구성하거나 해당 상임위원회(이하 "조사위원회"라 한다)에 회부하여 조사를 할 위원회를 확정한다. 이 경우 국회가 폐회 또는 휴회 중일 때에는 조사요구서에 따라 국회의 집회 또는 재개의 요구가 있는 것으로 본다.
⑤ 【O】 **국정감사 및 조사에 관한 법률 제8조(감사 또는 조사의 한계)** 감사 또는 조사는 개인의 사생활을 침해하거나 계속 중인 재판 또는 수사 중인 사건의 소추(訴追)에 관여할 목적으로 행사되어서는 아니 된다.

101 **국정감사 및 국정조사에 대한 설명으로 옳은 것만을 모두 고르면?** 25년 국가직 7급

보기

㉠ 감사계획서의 감사대상기관이나 감사일정 등을 변경하는 경우에는 그 내용을 감사실시일 7일 전까지 감사대상기관에 통지하여야 한다.

㉡ 교도소 또는 구치소에 수감 중인 증인에 대한 동행명령장의 집행은 국회사무처 소속 공무원의 위임에 따라 교도관리가 한다.

㉢ 국회는 본회의 의결로 감사 결과를 처리하며, 본회의 의결로 감사 결과를 처리하는 경우에는 감사 종료 후 90일 이내에 의결하여야 한다.

㉣ 국정감사나 국정조사를 위한 위원회로부터 증언을 요구받은 경우에는 이에 응하여야 하며, 정당한 이유 없이 출석하지 아니하는 때에는 해당 증인에 대하여 위원장이 동행명령장을 발부함으로써 지정한 장소까지 동행할 것을 명령할 수 있는데, 동행명령을 거부할 때에는 3년 이하의 징역 또는 1천만원 이하의 벌금에 처한다.

① ㄱ, ㄴ
② ㄷ, ㄹ
③ ㄱ, ㄴ, ㄷ
④ ㄴ, ㄷ, ㄹ

지문분석 **정답 ③**

㉠ **[O] 국정감사 및 조사에 관한 법률 제2조(국정감사)** ⑤ 제4항에 따른 감사계획서의 감사대상기관이나 감사일정 등을 변경하는 경우에는 그 내용을 감사실시일 7일 전까지 감사대상기관에 통지하여야 한다.

㉡ **[O] 국회에서의 증언 · 감정 등에 관한 법률 제6조(증인에 대한 동행명령)** ⑤ 동행명령장은 국회사무처 소속 공무원으로 하여금 이를 집행하도록 한다.⑥ 교도소 또는 구치소(군교도소 또는 군구치소를 포함한다)에 수감 중인 증인에 대한 동행명령장의 집행은 국회사무처 소속 공무원의 위임에 따라 교도관리가 한다.

㉢ **[O] 국정감사 및 조사에 관한 법률 제16조(감사 또는 조사 결과에 대한 처리)** ① 국회는 본회의 의결로 감사 또는 조사 결과를 처리한다.

② 국회가 제1항에 따라 감사 결과를 처리하는 경우에는 감사 종료 후 90일 이내에 의결하여야 한다.

㉣ **[X] 국회에서의 증언 · 감정 등에 관한 법률 제2조(증인출석 등의 의무)** 국회에서 안건심의 또는 국정감사나 국정조사와 관련하여 보고와 서류 및 해당 기관이 보유한 사진 · 영상물(이하 "서류등"이라 한다)의 제출 요구를 받거나, 증인 · 참고인으로서 출석이나 감정의 요구를 받은 때에는 이 법에 특별한 규정이 있는 경우를 제외하고는 다른 법률에도 불구하고 누구든지 이에 따라야 한다.

국회에서의 증언 · 감정 등에 관한 법률 제6조(증인에 대한 동행명령) ① 국정감사나 국정조사를 위한 위원회(이하 "위원회"라 한다)는 증인이 정당한 이유 없이 출석하지 아니하는 때에는 그 의결로 해당 증인에 대하여 지정한 장소까지 동행할 것을 명령할 수 있다.

② 제1항의 동행명령을 할 때에는 위원회의 위원장이 동행명령장을 발부한다. 국회에서의 증언 · 감정 등에 관한 법률 제13조(국회모욕의 죄)

② 증인이 동행명령을 거부하거나 고의로 동행명령장의 수령을 회피한 때, 제3자로 하여금 동행명령장의 집행을 방해하도록 한 때에는 5년 이하의 징역에 처한다.

102 국회의원의 지위와 권한에 관한 설명 중 옳은 것은? (다툼이 있는 경우 판례에 의함)

① 국회의원은 국민의 대표자로서 소속 정당의 의사에 기속되지 않고 양심에 따라 자유로이 투표할 수 있으므로 당론을 위반하는 정치활동에 대한 정당 내부의 사실상의 강제도 허용되지 않는다.

② 국회의원의 면책특권이 적용되는 행위에 대하여 공소가 제기된 경우, 형사처벌할 수 없는 행위에 대하여 공소가 제기된 것이므로 무죄를 선고하여야 한다.

③ 국회의원이 사직하고자 하는 경우, 회기 중에는 국회의 의결이 있어야 하고, 폐회 중에는 국회의장의 허가가 있어야 한다.

④ 국회의원은 대통령, 헌법재판소 재판관, 선거관리위원회 위원, 감사위원을 겸직할 수 없지만, 국무총리, 국무위원, 지방자치단체의 장은 겸직할 수 있다.

지문분석 **정답 ③**

① 【X】 국회의원의 국민대표성을 중시하는 입장에서도 특정 정당에 소속된 국회의원이 정당기속 내지는 교섭단체의 결정(소위 '당론')에 위반하는 정치활동을 한 이유로 제재를 받는 경우, 국회의원 신분을 상실하게 할 수는 없으나 "정당내부의 사실상의 강제" 또는 소속 "정당으로부터의 제명"은 가능하다고 보고 있다(헌재 2003.10.30. 2002헌라1).

② 【X】 국회의원의 면책특권에 속하는 행위에 대하여는 공소를 제기할 수 없으며 이에 반하여 공소가 제기된 것은 결국 공소권이 없음에도 공소가 제기된 것이 되어 형사소송법 제327조 제2호의 "공소제기의 절차가 법률의 규정에 위반하여 무효인 때"에 해당되므로 공소를 기각하여야 한다(대판 1992.9.22. 91도3317).

③ 【O】 국회는 그 의결로 의원의 사직을 허가할 수 있다. 다만, 폐회중에는 의장이 이를 허가할 수 있다(국회법 제135조 제1항).

④ 【X】 국회의원은 대통령 · 헌법재판소재판관 · 각급선거관리위원회위원(국회법 제29조 제1항 제2호), 감사위원(감사원법 제9조), 지방자치단체의 장(지방자치법 제96조 제1항 제1호) 등을 겸직할 수 없다.
그러나 국회의원이 국무총리, 국무위원을 겸하는 것은 금지되어 있지 않다.

103 국회에 대한 설명으로 옳은 것은? (다툼이 있는 경우 판례에 의함) 15년 국가직 7급

① 국회 상임위원회 위원장이 조약비준동의안을 심의함에 있어서 야당 소속 상임위원회 위원들의 출입을 봉쇄한 상태에서 상임위원회 전체회의를 개의하여 안건을 상정하고 소위원회로 안건심사를 회부한 행위는 야당 소속 상임위원회 위원들의 조약비준동의안에 대한 심의권을 침해한 것으로 무효이다.

② 헌법 제41조 제1항의 "국회는 국민의 보통 · 평등 · 직접 · 비밀선거에 의하여 선출된 국회의원으로 구성한다."라는 규정은 단순히 국회의원을 국민의 직접선거에 의하여 선출한다는 의미를 넘어 국민의 직접선거에 의하여 무소속을 포함한 국회의 정당 간의 의석분포를 결정하는 권리까지 포함한다.

③ 국회의원이 보유한 직무관련성 있는 주식의 매각 또는 백지신탁을 명하고 있는 구「공직자윤리법」조항은 과잉금지원칙에 위반되어 국회의원의 재산권을 침해하는 것이다.

④ 비례대표국회의원 당선인이 선거범죄로 비례대표국회의원직을 상실하여 비례대표국회의원에 결원이 생긴 경우에 소속 정당의 비례대표국회의원 후보자명부상 차순위자의 의원직 승계를 인정하지 않는「공직선거법」조항은 과잉금지원칙에 위배되어 그 정당의 비례대표국회의원 후보자명부상의 차순위 후보자의 공무담임권을 침해한다.

지문분석 **정답 ④**

① 【X】 국회 상임위원회 위원장이 위원회 전체회의의 개의 직전부터 회의가 종료될 때까지 회의장 출입문을 폐쇄하여 회의의 주체인 소수당 소속 상임위원회 위원들의 출입을 봉쇄한 상태에서 상임위원회 전체회의를 개의하여 안건을 상정한 행위 및 소위원회로 안건심사를 회부한 행위는 회의에 참석하지 못한 소수당 소속 상임위원회 위원들의 조약비준동의안에 대한 심의권을 침해한 것이지만, 위 안건 상정 · 소위원회 회부행위가 무효인 것은 아니다(헌재 2010.12.28. 2008헌라7).

② 【X】 "국회구성권"이란 유권자가 설정한 국회의석분포에 국회의원들을 기속시키고자 하는 것이고, 이러한 내용의 "국회구성권"이라는 것은 오늘날 이해되고 있는 대의제도의 본질에 반하는 것이므로 헌법상 인정될 여지가 없다(헌재 1998.10.29. 96헌마186).

③ 【X】 국회의원의 보유주식과 직무 사이의 이해충돌을 방지하기 위하여 국회의원 및 그 이해관계인이 직무관련성이 인정되는 주식을 보유하고 있는 경우 당해 국회의원으로 하여금 그 보유주식을 매각 또는 독립된 지위에 있는 수탁자에게 백지신탁하도록 강제하는 것은 국회의원의 재산권과 평등권을 침해하지 않고, 연좌제 금지원칙에 위배되는 것도 아니다(헌재 2012.8.23. 2010헌가65).

④ 【O】 비례대표국회의원 당선인이 선거범죄로 비례대표국회의원직을 상실하여 비례대표국회의원에 결원이 생긴 경우에 소속 정당의 비례대표국회의원 후보자명부상 차순위자의 의원직 승계를 인정하지 않은 것은, 비례대표국회의원 후보자명부상의 차순위 후보자의 승계까지 부인함으로써 선거를 통하여 표출된 선거권자들의 정치적 의사표명을 무시 · 왜곡하는 결과를 초래하고, 선거범죄에 관하여 귀책사유도 없는 정당이나 차순위 후보자에게 불이익을 주는 것은 필요 이상의 지나친 제재를 규정한 것이라고 보지 않을 수 없으므로, 과잉금지원칙에 위배하여 청구인들의 공무담임권을 침해한 것이다(헌재 2009.10.29. 2009헌마350).

104 **국회의 통제권한에 대한 설명으로 옳지 않은 것은?** 15년 국가직 7급

① 국회는 국정전반에 관하여 소관 상임위원회별로 매년 정기회 집회일 이전에 감사시작일부터 30일 이내의 기간을 정하여 감사를 실시하지만 본회의 의결로 정기회 기간 중에 감사를 실시할 수 있다.

② 국무총리 또는 국무위원의 해임건의안이 발의된 때에는 본회의어 보고된 때로부터 24시간 이후 72시간 이내에 무기명투표로 표결하며 이 기간 내에 표결하지 아니한 때에는 그 해임건의안은 폐기된 것으로 본다.

③ 국회의 탄핵소추의 대상이 되는 고위직 공무원의 범위에 대한 헌법규정은 예시규정이며 검사는 헌법에 명시되어 있지 않지만 탄핵소추의 대상이 된다.

④ 대통령이 국무총리・대법원장・헌법재판소장・감사원장・국가정보원장・검찰총장 후보자에 대한 인사청문을 요청한 경우 인사청문특별위원회에서 인사청문을 실시한다.

지문분석 **정답 ④**

① 【O】 국회는 국정전반에 관하여 소관 상임위원회별로 매년 정기회 집회일 이전에 감사시작일부터 30일 이내의 기간을 정하여 감사를 실시한다. 다만, 본회의 의결로 정기회 기간 중에 감사를 실시할 수 있다(국정감사 및 조사에 관한 법률 제2조 제1항).

② 【O】 국무총리 또는 국무위원의 해임건의안이 발의된 때에는 의장은 그 해임건의안이 발의된 후 처음 개의하는 본회의에 이를 보고하고, 본회의에 보고된 때로부터 24시간이후 72시간이내에 무기명투표로 표결한다. 이 기간 내에 표결하지 아니한 때에는 그 해임건의안은 폐기된 것으로 본다(국회법 제112조 제7항).

③ 【O】 헌법 제65조 제1항은, 대통령・국무총리・국무위원・행정각부의 장・헌법재판소 재판관・법관・중앙선거관리위원회 위원・감사원장・감사위원 기타 법률이 정한 공무원이 그 직무집행에 있어서 헌법이나 법률을 위배한 때에는 국회는 탄핵의 소추를 의결할 수 있다고 규정하고 있다. 검사는 검찰청법에 의하여 탄핵소추의 대상이 된다.

④ 【X】 국가정보원장・검찰총장 후보자에 대한 인사청문회는 소관상임위원회에서 실시한다(국회법 제65조의2 제2항). 국회는 헌법에 의하여 그 임명에 국회의 동의를 요하는 대법원장・헌법재판소장・국무총리・감사원장 및 대법관과 국회에서 선출하는 헌법재판소 재판관 및 중앙선거관리위원회 위원에 대한 임명동의안 또는 의장이 각 교섭단체대표의원과 협의하여 제출한 선출안등을 심사하기 위하여 인사청문특별위원회를 둔다. 다만, 대통령직인수에관한법률 제5조 제2항의 규정에 의하여 대통령당선인이 국무총리후보자에 대한 인사청문의 실시를 요청하는 경우에 의장은 각 교섭단체대표의원과 협의하여 그 인사청문을 실시하기 위한 인사청문특별위원회를 둔다(국회법 제46조의3 제1항).

105 국회의원에 대한 설명으로 옳지 않은 것은? (다툼이 있는 경우 판례에 의함) 19년 지방직 7급

① 현대의 민주주의가 순수한 대의제 민주주의에서 정당국가적 민주주의의 경향으로 변화하여 사실상 정당에 의하여 국회가 운영되고 있다고 하더라도 국회의원의 전체국민대표성 자체를 부정할 수는 없다.

② 국회의원의 원내활동을 기본적으로 각자에게 맡기는 자유위임은 의회 내에서의 정치의사형성에 정당의 협력을 배척하는 것은 아니지만, 적어도 국회의원이 정당과 교섭단체의 지시에 기속되는 것을 배제하는 근거가 된다.

③ 국회의원은 자신의 사적인 이해관계와 국민에 대한 공적인 이해관계가 충돌할 경우 당연히 후자를 우선하여야 할 이해충돌회피의무 내지 직무전념의무를 지게 되는바, 이를 국회의원 개개인의 양심에만 맡겨둘 것이 아니라 국가가 제도적으로 보장할 필요성 또한 인정된다.

④ 「국회법」에 따라 제명된 사람은 그로 인하여 궐원된 의원의 보궐선거에서 후보자가 될 수 없다.

지문분석 **정답 ②**

① 【O】 현대의 민주주의가 종래의 순수한 대의제 민주주의에서 정당국가적 민주주의의 경향으로 변화하고 있음은 주지하는 바와 같다. 다만, 국회의원의 국민대표성보다는 오늘날 복수정당제하에서 실제적으로 정당에 의하여 국회가 운영되고 있는 점을 강조하려는 견해와, 반대로 대의제 민주주의 원리를 중시하고 정당국가적 현실은 기본적으로 국회의원의 전체국민대표성을 침해하지 않는 범위내에서 인정하려는 입장이 서로 맞서고 있다(헌재 2003. 10. 30. 2002헌라1).

② 【X】 국회의원의 원내활동을 기본적으로 각자에 맡기는 자유위임은 자유로운 토론과 의사형성을 가능하게 함으로써 당내민주주의를 구현하고 정당의 독재화 또는 과두화를 막아주는 순기능을 갖는다. 그러나 자유위임은 의회내에서의 정치의사형성에 정당의 협력을 배척하는 것이 아니며, 의원이 정당과 교섭단체의 지시에 기속되는 것을 배제하는 근거가 되는 것도 아니다(헌재 2003. 10. 30. 2002헌라1).

③ 【O】 국회의원에 대해서는 겸직금지의무(헌법 제43조), 청렴의무(헌법 제46조 제1항), 국가이익 우선의무(헌법 제46조 제2항), 지위남용 금지의무(헌법 제46조 제3항) 조항 등을 통해 이를 더욱 강조하고 있다. 따라서 국회의원은 자신의 사적인 이해관계와 국민에 대한 공적인 이해관계가 충돌할 경우 당연히 후자를 우선하여야 할 이해충돌회피의무 내지 직무전념의무를 지게 되는바, 이를 국회의원 개개인의 양심에만 맡겨둘 것이 아니라 국가가 제도적으로 보장할 필요성 또한 인정된다(헌재 2012. 8. 23. 2010헌가65).

④ 【O】 **국회법 제164조(제명된 사람의 입후보 제한)** 제163조에 따른 징계로 제명된 사람은 그로 인하여 궐원된 의원의 보궐선거에서 후보자가 될 수 없다.

106 국회의원에 대한 설명으로 옳지 않은 것은? (다툼이 있는 경우 판례에 의함) 22년 국가직 7급

① 국회의원을 체포하거나 구금하기 위하여 국회의 동의를 받으려고 할 때에는 관할법원의 판사는 영장을 발부하기 전에 체포동의 요구서를 국회에 제출하여야 한다.

② 국회의원은 국회 내 의안 처리 과정에서 질의권·토론권 및 표결권을 침해받았음을 이유로 헌법재판소법 제68조 제1항의 헌법소원을 청구할 수 없다.

③ 국회의원이 국회 내에서 하는 정부·행정기관에 대한 자료제출의 요구는 그것이 직무상 질문이나 질의를 준비하기 위한 것인 경우에 직무상 발언에 부수하여 행하여진 것으로서 면책특권이 인정되어야 한다.

④ 구 공직자윤리법상 매각 또는 백지신탁의 대상이 되는 주식의 보유한도액을 결정함에 있어 국회의원 본인뿐만 아니라 본인과 일정한 친족관계가 있는 자들의 보유주식 역시 포함하도록 하고 있는 것은 본인과 친족 사이의 실질적·경제적 관련성에 근거한 것이지, 실질적으로 의미 있는 관련성이 없음에도 오로지 친족관계 그 자체만으로 불이익한 처우를 가하는 것이 아니므로 헌법 제13조 제3항에 위배되지 아니한다.

지문분석 **정답 ①**

① **【X】 국회법 제26조(체포동의요청의 절차)** ① 의원을 체포하거나 구금하기 위하여 국회의 동의를 받으려고 할 때에는 관할법원의 판사는 영장을 발부하기 전에 체포동의 요구서를 정부에 제출하여야 하며, 정부는 이를 수리(受理)한 후 지체 없이 그 사본을 첨부하여 국회에 체포동의를 요청하여야 한다.

② **【O】** 입법권은 헌법 제40조에 의하여 국가기관으로서의 국회에 속하는 것이고, 국회의원이 국회 내에서 행사하는 질의권·토론권 및 표결권 등은 입법권 등 공권력을 행사하는 국가기관인 국회의 구성원의 지위에 있는 국회의원에게 부여된 권한으로서 국회의원 개인에게 헌법이 보장하는 권리 즉 기본권으로 인정된 것이라고 할 수는 없다. 그러므로 국회의 구성원인 지위에서 공권력작용의 주체가 되어 오히려 국민의 기본권을 보호 내지 실현할 책임과 의무를 지는 국회의원이 국회의 의안처리과정에서 위와 같은 권한을 침해당하였다고 하더라도 이는 헌법재판소법 제68조 제1항에서 말하는 "기본권의 침해"에는 해당하지 않으므로, 이러한 경우 국회의원은 개인의 권리구제수단인 헌법소원을 청구할 수 없다고 할 것이다(헌재 1995. 2. 23. 90헌마125).

③ **【O】** 국회의원이 국회의 위원회나 국정감사장에서 국무위원·정부위원 등에 대하여 하는 질문이나 질의는 국회의 입법활동에 필요한 정보를 수집하고 국정통제기능을 수행하기 위한 것이므로 면책특권의 대상이 되는 발언에 해당함은 당연하고, 또한 국회의원이 국회 내에서 하는 정부·행정기관에 대한 자료제출의 요구는 국회의원이 입법 및 국정통제 활동을 수행하기 위하여 필요로 하는 것이므로 그것이 직무상 질문이나 질의를 준비하기 위한 것인 경우에는 직무상 발언에 부수하여 행하여진 것으로서 면책특권이 인정되어야 한다(대판 1996. 11. 8. 96도1742).

④ **【O】** 이 사건 법률조항이 매각 또는 백지신탁의 대상이 되는 주식의 보유한도액을 결정함에 있어 국회의원 본인뿐만 아니라 본인과 일정한 친족관계가 있는 자들의 보유주식 역시 포함하도록 하고 있는 것은 본인과 친족 사이의 실질적·경제적 관련성에 근거한 것이지, 실질적으로 의미 있는 관련성이 없음에도 오로지 친족관계 그 자체만으로 불이익한 처우를 가하는 것이 아니므로 헌법 제13조 제3항에 위배되지 아니한다(헌재 2012. 8. 23. 2010헌가65).

107 국회의원의 헌법상 지위와 특권에 대한 설명으로 옳지 않은 것은? (다툼이 있는 경우 판례에 의함)

15년 지방직 7급

① 국회의원의 국민대표성을 중시하는 입장에서도 특정 정당에 소속된 국회의원에 대하여 정당 내부의 사실상의 강제 또는 소속 정당으로부터의 제명은 가능하다.

② 헌법은 국회의원의 제명에 필요한 요건을 헌법과 법률을 위반한 경우로 한정하고 있고, 제명된 국회의원은 그로 인하여 결원된 의원의 보궐선거에 입후보 할 수 없다.

③ 국회의원의 청렴의 의무, 지위남용의 금지는 헌법상 의무이고, 품위유지의 의무와 영리업무종사 금지는 국회법상의 의무이다.

④ 계엄 시행 중 국회의원은 현행범인인 경우를 제외하고는 체포 또는 구금되지 아니한다.

지문분석 **정답 ②**

② 【X】 국회법 제155조에서는 국회의원 징계 요건을 규정하며 제163조에서 징계의 한 종류로서 제명을 규정하고 있다. 제163조의 규정에 의한 징계로 제명된 자는 그로 인하여 궐원된 의원의 보궐선거에 있어서는 후보자가 될 수 없다(국회법 제164조).

108 국회의원의 면책특권과 불체포특권에 대한 설명으로 옳은 것은? (다툼이 있는 경우 판례에 의함)

19년 국가직 7급

① 면책특권의 대상이 되는 행위는 국회의 직무수행에 필수적인 국회의원의 국회 내에서의 직무상 발언과 표결이라는 의사표현행위 자체에만 국한되는 것이므로, 이에 통상적으로 부수하여 행하여지는 행위까지 포함하는 것은 아니다.

② 정부는 체포 또는 구금된 의원이 있을 때에는 지체 없이 의장에게 영장 사본을 첨부하여 이를 통지하여야 하나, 구속기간이 연장되었을 때에는 그러하지 아니한다.

③ 국회의장은 정부로부터 체포동의를 요청받은 후 처음 개의하는 본회의에 이를 보고하고, 본회의에 보고된 때부터 24시간 이후 72시간 이내에 표결하여야 하는데, 체포동의안이 72시간 이내에 표결되지 아니한 경우에는 체포동의안은 폐기된 것으로 본다.

④ 국회의원이 국회 예산결산위원회 회의장에서 법무부장관을 상대로 대정부질의를 하던 중 대통령 측근에 대한 대선자금 제공 의혹과 관련하여 이에 대한 수사를 촉구하는 과정에서 한 발언은 국회의원의 면책특권의 대상이 된다.

지문분석 **정답 ④**

① 【X】 국회의원의 면책특권의 대상이 되는 행위는 직무상의 발언과 표결이라는 의사표현행위 자체에 국한되지 아니하고 이에 통상적으로 부수하여 행하여지는 행위까지 포함하고, 그와 같은 부수행위인지 여부는 결국 구체적인 행위의 목적, 장소, 태양 등을 종합하여 개별적으로 판단할 수밖에 없다(대판 1992. 9. 22. 91도3317).
② 【X】 **국회법 제27조(의원 체포의 통지)** 정부는 체포 또는 구금된 의원이 있을 때에는 지체 없이 의장에게 영장사본을 첨부하여 이를 통지하여야 한다. 구속기간이 연장되었을 때에도 또한 같다.
③ 【X】 **국회법 제26조(체포동의 요청의 절차)** ② 의장은 제1항에 따른 체포동의를 요청받은 후 처음 개의하는 본회의에 이를 보고하고, 본회의에 보고된 때부터 24시간 이후 72시간 이내에 표결한다. 다만, 체포동의안이 72시간 이내에 표결되지 아니하는 경우에는 그 이후에 최초로 개의하는 본회의에 상정하여 표결한다.
④ 【O】 국회의원이 국회 예산결산위원회 회의장에서 법무부장관을 상대로 대정부질의를 하던 중 대통령 측근에 대한 대선자금 제공 의혹과 관련하여 이에 대한 수사를 촉구하는 과정에서 한 발언이 국회의원의 면책특권의 대상이 된다(대판 2007. 1. 12. 2005다57752).

109 국회의원의 특권에 대한 설명으로 옳지 않은 것은? (다툼이 있는 경우 판례에 의함) 16년 지방직 7급

① 국회의원의 면책특권은 자유롭고 원활한 의정활동을 보장하기 위한 것으로서 특별한 사정이 없는 한 임기 중에 그 효력을 발하며 임기가 끝난 후의 민·형사상 책임으로부터 당연히 벗어나는 것은 아니다.
② 면책특권의 대상이 되는 행위는 국회의 직무수행에 필수적인 국회의원의 국회 내에서의 직무상 발언과 표결이라는 의사표현행위 자체에만 국한되지 아니하고 이에 통상적으로 부수하여 행하여지는 행위까지 포함된다.
③ 「국회법」상 정부가 국회에 국회의원의 체포동의를 요청하는 경우 의장은 체포동의를 요청받은 후 처음 개의하는 본회의에 이를 보고하고, 본회의에 보고된 때부터 24시간 이후 72시간 이내에 표결한다.
④ 계엄 시행 중 국회의원은 현행범인인 경우를 제외하고는 체포 또는 구금되지 아니한다.

지문분석 **정답 ①**

① 【X】 헌법 제45조 「국회의원은 국회에서 직무상 행한 발언과 표결에 관하여 국회외에서 책임을 지지 아니한다」는 국회의원의 발언·표결에 관한 면책특권을 규정하고 있다. 여기서, 직무상 행위에는 직무집행 그 자체는 물론이고 직무행위와 관련이 있는 그 선후의 행위와 직무집행에 부수된 행위도 포함되므로, 정책결정행위는 직무상 행위에 해당한다. 그러나, 국회 내에서 행한 행위일지라도 국회의원으로서의 직무와 무관한 사담, 폭력행위, 모욕적인 언사 등은 면책되지 않는다. 특히, 범죄행위는 면책특권에 해당하지 않는 한, 법적 책임을 진다.

110 국회의원의 면책특권과 불체포특권에 관한 설명으로 옳지 않은 것은? (다툼이 있는 경우 판례에 의함)

15년 서울시 7급

① 국회의원의 면책특권의 대상이 되는 행위는 직무상의 발언과 표결이라는 의사표현행위 자체에 국한되지 아니하고 이에 통상적으로 부수하여 행하여지는 행위까지 포함한다.

② 국회가 재적의원 과반수의 출석과 출석의원 과반수의 찬성으로 동의를 하면 회기 중에도 국회의원을 체포 또는 구금할 수 있다.

③ 국회의원이 회기 전에 체포 또는 구금된 때에는 현행범인이 아닌 한 국회의 요구가 있으면 회기 중 석방된다.

④ 현행범인에게는 불체포특권이 인정되지 않으므로 국회의원이 현행범인으로 회의장 안에 있는 경우에 경위 또는 국가경찰공무원은 이를 체포한 후 의장의 지시를 받아야 한다.

지문분석 **정답 ④**

④ 【X】 국회안에 현행범인이 있을 때에는 경위 또는 국가경찰공무원은 이를 체포한 후 의장의 지시를 받아야 한다. 다만, 의원은 회의장안에 있어서는 의장의 명령없이 이를 체포할 수 없다(국회법 제150조).

111 국회의원의 면책특권과 불체포특권에 대한 설명으로 옳지 않은 것만을 모두 고른 것은? (다툼이 있는 경우 판례에 의함) 17년 하반기 비상계획관

ㄱ. 국회의원을 체포 또는 구금하기 위하여 국회의 동의를 얻으려고 할 때에는 관할법원의 판사는 영장을 발부하기 전에 체포동의 요구서를 국회에 제출하여야 한다.
ㄴ. 국회의원이 자신의 발언 내용이 허위라는 점을 인식하지 못한 상태에서 직무수행의 일환으로 그 발언이 이루어졌다고 하더라도, 발언내용에 대한 진위 여부를 확인하기 위한 조사를 제대로 하지 않았다면, 그 발언은 면책특권의 대상이 될 수 없다.
ㄷ. 계엄 시행 중 국회의원은 현행범인인 경우를 제외하고는 체포 또는 구금되지 아니한다.
ㄹ. 국회의원이 체포 또는 구금된 의원의 석방요구를 발의할 때에는 재적의원 4분의 1 이상의 연서로 그 이유를 첨부한 요구서를 의장에게 제출하여야 하며, 이를 의결하기 위해서는 재적의원 과반수의 찬성이 있어야 한다.

① ㄱ, ㄴ ② ㄷ, ㄹ ③ ㄱ, ㄴ, ㄷ ④ ㄱ, ㄴ, ㄹ

지문분석 **정답 ④**

옳지 않은 것은 ㄱ, ㄴ, ㄹ이다.

ㄱ. 【X】 국회의원을 체포하거나 구금하기 위하여 국회의 동의를 얻으려고 할 때에는 관할법원의 판사는 영장을 발부하기 전에 체포동의 요구서를 정부에 제출하여야 하며, 정부는 이를 수리한 후 지체 없이 그 사본을 첨부하여 국회에 체포동의를 요청하여야 한다(국회법 제26조 제1항).

ㄴ. 【X】 발언 내용 자체에 의하더라도 직무와는 아무런 관련이 없음이 분명하거나, 명백히 허위임을 알면서도 허위의 사실을 적시하여 타인의 명예를 훼손하는 경우 등까지 면책특권의 대상이 될 수는 없지만, 발언 내용이 허위라는 점을 인식하지 못하였다면 비록 발언 내용에 다소 근거가 부족하거나 진위 여부를 확인하기 위한 조사를 제대로 하지 않았다고 하더라도, 그것이 직무 수행의 일환으로 이루어진 것인 이상 이는 면책특권의 대상이 된다(대판 2007.1.12, 2005다57752).

ㄷ. 【O】 계엄 시행 중 국회의원은 현행범인인 경우를 제외하고는 체포 또는 구금되지 아니한다(계엄법 제13조).

ㄹ. 【X】 국회의원이 체포 또는 구금된 의원의 석방요구를 발의할 때에는 재적의원 4분의 1 이상의 연서로 그 이유를 첨부한 요구서를 의장에게 제출하여야 하며, 재적의원 과반수의 출석과 출석의원 과반수의 찬성으로 의결한다.

112 국회의원의 특권에 관한 다음 설명 중 가장 옳지 않은 것은? (다툼이 있는 경우 대법원 판례에 의함)

17년 법원직 9급

① 국회의원은 국회에서 직무상 행한 발언과 표결에 관하여 일체의 법적인 책임이 면제되는데 그 취지는 국회의원이 국민의 대표자로서 국회 내에서 자유롭게 발언하고 표결 할 수 있도록 보장함으로써 국회가 입법 및 국정통제 등 헌법에 의하여 부여된 권한을 적정하게 행사하고 그 기능을 원활하게 수행할 수 있도록 보장하는 데에 있다.

② 면책특권의 대상이 되는 행위는 국회의 직무수행에 필수적인 국회의원의 국회 내에서의 직무상 발언과 표결이라는 의사표현행위 자체에만 국한되지 않고 이에 통상적으로 부수하여 행하여지는 행위까지 포함된다.

③ 국회의원은 현행범인 경우를 제외하고는 회기중 국회의 동의 없이 체포 또는 구금되지 아니하며 회기전에 체포 또는 구금 된 때에는 현행범이 아닌 한 국회의 요구가 있으면 회기중 석방된다.

④ 회기중 국회의원 체포안에 대한 동의에는 국회의원 재적의원 과반수의 찬성이 필요하다.

지문분석 **정답 ④**

① 【O】 헌법 제45조에서 규정하는 국회의원의 면책특권은 국회의원이 국민의 대표자로서 국회 내에서 자유롭게 발언하고 표결할 수 있도록 보장함으로써 국회가 입법 및 국정통제 등 헌법에 의하여 부여된 권한을 적정하게 행사하고 그 기능을 원활하게 수행할 수 있도록 보장하는 데 그 취지가 있다(대판 2007.1.12, 2005다57752).

② 【O】 면책특권의 대상이 되는 행위는 국회의 직무수행에 필수적인 국회의원의 국회 내에서의 직무상 발언과 표결이라는 의사표현행위 자체에만 국한되지 않고 이에 통상적으로 부수하여 행하여지는 행위까지 포함된다(대판 1996.11.8, 96도1742).

③ 【O】 국회의원은 현행범인인 경우를 제외하고는 회기중 국회의 동의 없이 체포 또는 구금되지 아니한다(헌법 제44조 제1항). 국회의원이 회기전에 체포 또는 구금된 때에는 현행범인이 아닌 한 국회의 요구가 있으면 회기중 석방된다(헌법 제44조 제2항).

④ 【X】 회기중 국회의원 체포안에 대한 동의에 관한 정족수에 대하여 헌법과 법률에 규정이 없으므로 헌법 제49조에 따라 일반정족수가 적용되어 재적의원 과반수의 출석과 출석의원 과반수의 찬성으로 의결한다.

113 국회의원의 권한 · 의무에 대한 설명으로 옳지 않은 것은? 25년 국가직 7급

① 국회의원은 본인 소유의 토지 · 건물 등의 재산을 활용한 임대업 등 영리업무를 하는 경우로서 의원 직무수행에 지장이 없는 경우를 제외하고는 그 직무 외에 영리를 목적으로 하는 업무에 종사할 수 없다.

② 국회의원이 법률에서 허용하는 다른 공무원의 직을 겸한 때에는 국회의원의 수당과 겸직의 보수 중 적은 것을 지급받는 대신, 입법활동비와 특별활동비는 지급된다.

③ 국회의원은 현행범인인 경우를 제외하고는 회기 중 국회의 동의없이 체포 또는 구금되지 아니한다.

④ 국회의원은 그 지위를 남용하여 국가 · 공공단체 또는 기업체와의 계약이나 그 처분에 의하여 재산상의 권리 · 이익 또는 직위를 취득하거나 타인을 위하여 그 취득을 알선할 수 없다.

지문분석 **정답 ②**

① **【O】 국회법 제29조의2(영리업무 종사 금지) 제1항** 의원은 그 직무 외에 영리를 목적으로 하는 업무에 종사할 수 없다. 다만, 의원 본인 소유의 토지 · 건물 등의 재산을 활용한 임대업 등 영리업무를 하는 경우로서 의원의 직무수행에 지장이 없는 경우에는 그러하지 아니하다.

② **【X】 국회의원의 보좌직원과 수당 등에 관한 법률 제10조(겸직의원의 수당)** 국회의원이 법률에서 허용하는 다른 공무원의 직을 겸한 때에는 국회의원의 수당과 겸직의 보수 중 많은 것을 지급받는다. 이 경우 제11조 및 제12조에도 불구하고 입법활동비와 특별활동비는 지급받지 아니한다.

③ **【O】 헌법 제44조 제1항** 국회의원은 현행범인인 경우를 제외하고는 회기중 국회의 동의없이 체포 또는 구금되지 아니한다.

④ **【O】 헌법 제46조 제3항** 국회의원은 그 지위를 남용하여 국가 · 공공단체 또는 기업체와의 계약이나 그 처분에 의하여 재산상의 권리 · 이익 또는 직위를 취득하거나 타인을 위하여 그 취득을 알선할 수 없다.

114 국회의 자율권 및 국회의원의 신분과 관련된 설명으로 옳지 <u>않은</u> 것은?

① 국회의장은 이미 행해진 투표의 효력 여하, 투표의 종결 여부, 개표절차의 진행 여부 등 의사절차를 어떻게 진행할 것인지에 관한 선택권을 가지고 있으므로 투표가 정상적으로 종료된 것인지에 관하여는 헌재가 독자적으로 판단하는 것은 바람직하지 않다.

② 국회의 자율권도 헌법이나 법률을 위반하지 않는 범위 내에서 허용되어야 하고 따라서 국회의 의사절차나 입법절차에 헌법이나 법률의 규정을 명백히 위반한 흠이 있는 경우에도 국회가 자율권을 가진다고는 할 수 없다.

③ 국회의원의 수를 200인 미만으로 정하는 법률은 헌법에 위반되므로 국회의원의 수를 200인 미만으로 정하기 위해서는 헌법을 개정하여야 한다.

④ 당적이탈 · 변경시 비례대표의원의 의원직을 상실케 하는 공직선거법 규정과, 의원은 국민의 대표로서 소속 정당에 기속되지 아니하고 양심에 따라 투표한다고 한 국회법 규정은 헌법상 국회의원의 국민대표성과 자유위임의 원칙을 구현한 것이다.

지문분석 **정답 ④**

① 【O】 국회의장은 이미 행해진 투표의 효력 여하, 투표의 종결 여부, 개표절차의 진행 여부 등 의사절차를 어떻게 진행할 것인지에 관한 선택권을 가지고 있으므로 투표가 정상적으로 종료된 것인지에 관하여는 헌재가 독자적으로 판단하는 것은 바람직하지 않다(헌재 1998.7.14. 98헌라3).
② 【O】 국회의 자율권도 헌법이나 법률을 위반하지 않는 범위 내에서 허용되어야 하고 따라서 국회의 의사절차나 입법절차에 헌법이나 법률의 규정을 명백히 위반한 흠이 있는 경우에도 국회가 자율권을 가진다고는 할 수 없다(헌재 1997.7.16. 96헌라2).
③ 【O】 헌법은 "국회는 국민의 보통 · 평등 · 직접 · 비밀선거에 의하여 선출된 극회의원으로 구성한다. 국회의원의 수는 법률로 정하되, 200인 이상으로 한다"고 규정하고 있다(제41조 제1항 및 제2항). 따라서 국회의원의 수를 200인 미만으로 정하는 법률은 헌법에 위반된다.
④ 【X】 당적이탈 · 변경시 비례대표의원의 의원직을 상실케 하는 것은 국회의원의 정당의 대표자로서의 지위를 강조한 것으로서 국회의원의 국민대표성 및 자유위임원칙과 조화되지 않는다.

115 국회의원에 관한 다음 설명 중 가장 옳지 않은 것은? 16년 법원 9급

① 국회의원을 체포 또는 구금하기 위하여 국회의 동의를 얻으려고 할 때에는 관할법원의 판사는 영장을 발부하기 전에 체포동의요구서를 정부에 제출하여야 하며, 정부는 이를 수리한 후 지체없이 그 사본을 첨부하여 국회에 체포동의를 요청하여야 한다.
② 정부는 체포 또는 구금된 국회의원이 있을 때에는 지체 없이 국회의장에게 영장의 사본을 첨부하여 이를 통지하여야 한다. 다만 구속기간의 연장이 있을 때에는 그러하지 아니하다.
③ 국회의원이 체포 또는 구금된 의원의 석방요구를 발의할 때에는 재적의원 4분의 1 이상의 연서로 그 이유를 첨부한 요구서를 국회의장에게 제출하여야 한다.
④ 국회의원은 국유의 철도 · 선박과 항공기에 무료로 승용할 수 있다는 국회법 제31조는 논란이 있어 삭제한 바 있다.

지문분석 **정답 ②**

① 【O】 의원을 체포 또는 구금하기 위하여 국회의 동의를 얻으려고 할 때에는 관할법원의 판사는 영장을 발부하기 전에 체포동의요구서를 정부에 제출하여야 하며, 정부는 이를 수리한 후 지처없이 그 사본을 첨부하여 국회에 체포동의를 요청하여야 한다(국회법 제26조 제1항).
② 【X】 정부는 체포 또는 구금된 의원이 있을 때에는 지체없이 의장에게 영장의 사본을 첨부하여 이를 통지하여야 한다. 구속기간의 연장이 있을 때에도 또한 같다(국회법 제27조).
③ 【O】 의원이 체포 또는 구금된 의원의 석방요구를 발의할 때에는 재적의원 4분의 1 이상의 연서로 그 이유를 첨부한 요구서를 의장에게 제출하여야 한다(국회법 제28조).
④ 【O】 2014.3.18. 삭제되었다.

CHAPTER 04

대통령과 행정부

01 행정부에 관한 설명 중 옳은 것은? (다툼이 있는 경우 헌법재판소 판례에 의함)

① 행정각부의 설치 · 조직과 직무범위는 법률로 정하도록 되어 있으므로, 입법권자는 행정을 담당하는 행정기관을 설치함에 있어 그 기관이 관장하는 사무의 성질에 따라 국무총리가 대통령의 명을 받아 통할할 수 있는 기관으로 설치할 수도 있고 또는 대통령이 직접 통할하는 기관으로 설치할 수도 있다.

② 행정각부의 장은 국무위원 중에서 임명하여야 하므로, 대통령이 국무위원으로 임명할 때 국무총리의 제청을 거친 경우에는 행정각부의 장으로 임명할 때 별도로 국무총리의 제청이 필요하지 않다.

③ 국가안전보장회의는 외교정책이나 군사정책의 수립에 관한 대통령의 자문에 응하기 위해 설치하는 필수적 기관이므로, 국가안전보장회의의 의결은 대외적으로 효력이 있는 행위이다.

④ 국가원로자문회의는 헌법상의 기관이나 임의적인 자문기관에 불과하고, 국가과학기술자문회의는 과학기술의 혁신과 정보 및 인력의 개발을 통한 국민경제발전을 위한 대통령자문기구로서의 역할을 담당하는 헌법상 필수기관이다.

지문분석 **정답 ①**

① **【O】** 성질상 정부의 구성단위인 중앙행정기관이라 할지라도, 법률상 그 기관의 장(長)이 국무위원이 아니라든가 또는 국무위원이라 하더라도 그 소관사무에 관하여 부령을 발할 권한이 없는 경우에는, 그 기관은 우리 헌법이 규정하는 실정법적(實定法的) 의미의 행정각부로는 볼 수 없다는 헌법상의 간접적인 개념제한이 있음을 알 수 있다. 따라서 정부의 구성단위로서 그 권한에 속하는 사항을 집행하는 모든 중앙행정기관이 곧 헌법 제86조 제2항 소정의 행정각부는 아니라 할 것이다. 또한 입법권자는 헌법 제96조에 의하여 법률로써 행정을 담당하는 행정기관을 설치함에 있어 그 기관이 관장하는 사무의 성질에 따라 국무총리가 대통령의 명을 받아 통할할 수 있는 기관으로 설치할 수도 있고 또는 대통령이 직접 통할하는 기관으로 설치할 수도 있다 할 것이므로 헌법 제86조 제2항 및 제94조에서 말하는 국무총리의 통할을 받는 행정각부는 입법권자가 헌법 제96조의 위임을 받은 정부조직법 제29조에 의하여 설치하는 행정각부만을 의미한다고 할 것이다 (헌재 1994.4.28. 89헌마221)

② **【X】** 국무위원은 국무총리의 제청으로 대통령이 임명한다(헌법 제87조 제1항). 행정각부의 장은 국무위원 중에서 국무총리의 제청으로 대통령이 임명한다(헌법 제94조)

③ **【X】** 우리 헌법은 「국가안전보장에 관련되는 대외정책 · 군사정책과 국내정책의 수립에 관하여 국무회의의 심의에 앞서 대통령의 자문에 응하기 위하여 국가안전보장회의를 둔다.」(헌법 제91조) 라고 하므로 국가안전보장회의는 필수적인 자문기관이다. 그러나 국가안전보장회의의 의결은 대통령에 대한 권고 내지 의견제시에 불과하다고 본다. 국가안전보장회의는 헌법상 대통령의 자문기관에 불과할 뿐 공권력의 행사, 특히 문제된 국군의 외국에의 파견이라는 국가행위(공권력행사)의 주체가 될 수 없다. 가사 국가안전보장회의가 그와 같은 결정(의결)을 하더라도 이는 국군통수권자인 대통령의 결정으로 볼 수 있음은 별론으로 하고 국가기관 내부의 의사결정, 특히 대통령에 대한 권고 내지 의견제시에 불과할 뿐 법적 구속력이 있거나 대외적 효력이 있는 행위라고 볼 수는 없다. 살피건대 국가안전보장회의는 국가안보와 관련한 대외정책 · 군사정책의 수립에 관하여 헌법상 대통령의 자문기관이고 그 의결에 구속력이 없어 그 자체로는 법적 효력이 없지만, 대통령이 대외 · 군사정책의 수뇌부가 모인 가운데 자문을 거쳐 의결로 파병을 결정하고 공표하였다면 그 결정은 실질적으로 대통령의 파병결정이라고 할 것이다(헌재 2004.4.29. 2003헌마814).

④ 【X】 국가원로자문회의는 헌법상 임의기관이고, 국가과학기술자문회의는 법률상 임의기관에 해당한다.
헌법 제90조 제1항 국정의 중요한 사항에 관한 대통령의 자문에 응하기 위하여 국가원로로 구성되는 국가원로자문회의를 둘 수 있다.
제127조 제1항 국가는 과학기술의 혁신과 정보 및 인력의 개발을 통하여 국민경제의 발전에 노력하여야 한다.
제3항 대통령은 제1항의 목적을 달성하기 위하여 필요한 자문기구를 둘 수 있다.
국가과학기술자문회의법 제2조(기능) 국가과학기술자문회의(이하 "자문회의"라 한다)는 다음 각 호의 사항에 관하여 대통령의 자문에 응한다.
1. 국가과학기술의 혁신과 정보 및 인력의 개발을 위한 과학기술 발전 전략 및 주요 정책방향에 관한 사항
2. 국가과학기술 분야의 제도 개선 및 정책에 관한 사항
3. 그 밖에 과학기술 분야의 발전을 위하여 필요하다고 인정하여 대통령이 자문회의에 부치는 사항

02 대통령의 자문에 응하기 위한 헌법상의 필수적 자문기관에 해당 하는 것은? 17년 5급 공채

① 국가원로자문회의
② 민주평화통일자문회의
③ 국가안전보장회의
④ 국민경제자문회의

지문분석 **정답 ③**

③ 【O】 국가안전보장회의는 헌법 제91조에 규정된 필수적 자문기관이다.
국가원로자문회의(헌법 제90조), 민주평화통일자문회의(헌법 제92조), 국민경제자문회의(헌법 제93조)는 임의적 자문기관이다.

03 행정부에 대한 설명으로 옳지 않은 것은? (다툼이 있는 경우 판례에 의함) 15년 국가직 7급

① 중앙행정기관의 장은 법률에서 위임한 사항이나 법률을 집행하기 위하여 필요한 사항을 규정한 대통령령·총리령·부령·훈령·예규·고시 등이 입법예고·제정·개정 또는 폐지된 때에는 10일 이내에 이를 국회 소관상임위원회에 제출하여야 한다.
② 대통령이 자신에 대한 재신임을 국민투표의 형태로 묻고자 하는 것은 국민투표제도를 자신의 정치적 입지를 강화하기 위한 정치적 도구로 남용해서는 안 된다는 헌법적 의무를 위반한 것이다.
③ 국무총리는 국무위원 및 행정각부의 장 임명제청권, 대통령의 국법상 행위에 관한 문서에의 부서권 등 대통령의 권한행사에 견제적 기능을 지닌 대통령의 보좌기관이다.
④ 대통령이 외국에 국군을 파견하기로 한 결정은 그 성격상 국방 및 외교에 관련된 고도의 정치적 결단을 요하는 문제로서 헌법재판소가 사법적 기준만으로 이를 심판하는 것은 자제되어야 한다.

지문분석 **정답 ①**

① 【X】 중앙행정기관의 장은 법률에서 위임한 사항이나 법률을 집행하기 위하여 필요한 사항을 규정한 대통령령·총리령·부령·훈령·예규·고시등이 제정·개정 또는 폐지된 때에는 10일 이내에 이를 국회 소관상임위원회에 제출하여야 한다. 다만, 대통령령의 경우에는 입법예고를 하는 때(입법예고를 생략하는 경우에는 법제처장에게 심사를 요청하는 때를 말한다)에도 그 입법예고안을 10일 이내에 제출하여야 한다(국회법 제98조의2 제1항).

② 【O】 대통령이 자신에 대한 재신임을 국민투표의 형태로 묻고자 하는 것은 헌법 제72조에 의하여 부여받은 국민투표부의권을 위헌적으로 행사하는 경우에 해당하는 것으로, 국민투표제도를 자신의 정치적 입지를 강화하기 위한 정치적 도구로 남용해서는 안 된다는 헌법적 의무를 위반한 것이다. 물론, 대통령이 위헌적인 재신임 국민투표를 단지 제안만 하였을 뿐 강행하지는 않았으나, 헌법상 허용되지 않는 재신임 국민투표를 국민들에게 제안한 것은 그 자체로서 헌법 제72조에 반하는 것으로 헌법을 실현하고 수호해야 할 대통령의 의무를 위반한 것이다(헌재 2004.5.14, 2004헌나1).

③ 【O】 헌법상 규정들을 종합하면 국무총리의 지위가 대통령의 권한행사에 다소의 견제적 기능을 할 수 있다고 보여지는 것이 있기는 하나, 내각책임제 밑에서의 행정권이 수상에게 귀속되는 것과는 달리 우리나라의 행정권은 헌법상 대통령에게 귀속되고, 국무총리는 단지 대통령의 첫째가는 보좌기관으로서 행정에 관하여 독자적인 권한을 가지지 못하고 대통령의 명을 받아 행정각부를 통할하는 기관으로서의 지위만을 가지며, 행정권 행사에 대한 최후의 결정권자는 대통령이라고 해석하는 것이 타당하다고 할 것이다(헌재 1994.4.28, 89헌마221).

④ 【O】 '대통령이 2003. 10. 18. 국군(일반사병)을 이라크에 파견하기로 한 결정'은 그 성격상 국방 및 외교에 관련된 고도의 정치적 결단을 요하는 문제로서, 헌법과 법률이 정한 절차를 지켜 이루어진 것임이 명백하므로, 대통령과 국회의 판단은 존중되어야 하고 헌법재판소가 사법적 기준만으로 이를 심판하는 것은 자제되어야 한다. 이에 대하여는 설혹 사법적 심사의 회피로 자의적 결정이 방치될 수도 있다는 우려가 있을 수 있으나 그러한 대통령과 국회의 판단은 궁극적으로는 선거를 통해 국민에 의한 평가와 심판을 받게 될 것이다(헌재 2004.4.29, 2003헌마814).

04 행정부에 대한 설명으로 옳지 <u>않은</u> 것은? (다툼이 있는 경우 헌법재판소 판례에 의함)

17년 국가직 하반기 7급

① 대통령이 사고로 직무를 수행할 수 없는 경우에는 국무총리가 그 직무를 대행할 수 있고, 대통령이 해외 순방 중인 경우는 '사고'에 해당되므로, 대통령의 직무상 해외 순방 중 국무 총리가 주재한 국무회의에서 이루어진 정당해산심판청구서 제출안에 대한 의결은 위법하지 아니하다.

② 부령의 제정·개정절차가 대통령령에 비하여 보다 용이한 점을 고려할 때, 대통령령이 법률에서 위임받은 사항을 전혀 규정하지 아니하고 그대로 부령에 재위임하는 것은 허용되지 않는다.

③ 국가안전보장에 관련되는 대외정책·군사정책과 국내정책의 수립에 관해 대통령의 자문에 응하기 위하여 국가안전보장 회의를 둘 수 있으며, 국가안전보장회의는 대통령이 주재한다.

④ 감사원장은 국회의 동의를 얻어 대통령이 임명하고, 그 임기는 4년으로 하며, 1차에 한하여 중임할 수 있다.

지문분석 **정답 ③**

③ 【X】 국가안전보장에 관련되는 대외정책·군사정책과 국내정책의 수립에 관하여 국무회의의 심의에 앞서 대통령의 자문에 응하기 위하여 국가안전보장회의를 둔다. 국가안전보장회의는 대통령이 주재한다(헌법 제91조).

05 행정부에 대한 설명으로 옳지 않은 것은? (다툼이 있는 경우 판례에 의함) 17년 국가직 7급

① 법률상 그 기관의 장이 국무위원이 아니라든가 또는 국무위원이지만 그 소관사무에 관하여 부령을 발할 권한이 없다 하더라도, 그 기관이 성질상 정부의 구성단위인 중앙행정기관인 경우에는 우리 헌법이 규정하는 실정법적 의미의 행정각부에 해당된다.

② 국무회의의 의결은 국가기관의 내부적 의사결정행위에 불과하므로 그 자체로 국민에 대한 직접적인 법률효과를 발생시키지 않는다.

③ 국무회의 의장이 사고로 직무를 수행할 수 없는 경우에는 부의장인 국무총리가 그 직무를 대행하고, 의장과 부의장이 모두 사고로 직무를 수행할 수 없는 경우에는 기획재정부장관이 겸임하는 부총리, 교육부장관이 겸임하는 부총리 및 정부조직법 에 규정된 순서에 따라 국무위원이 그 직무를 대행한다.

④ 국무총리의 통할을 받는 행정각부에는 모든 행정기관이 포함된다고 볼 수 없고, 헌법에서 말하는 국무총리의 통할을 받는 행정각부는 헌법에서 위임받은 정부조직법 에 의하여 설치하는 행정각부만을 의미한다.

지문분석 **정답 ①**

① **【X】** 성질상 정부의 구성단위인 중앙행정기관이라 할지라도, 법률상 그 기관의 장(長)이 국무위원이 아니라든가 또는 국무위원이라 하더라도 그 소관사무에 관하여 부령을 발할 권한이 없는 경우에는, 그 기관은 우리 헌법이 규정하는 실정법적(實定法的) 의미의 행정각부로는 볼 수 없다는 헌법상의 간접적인 개념제한이 있음을 알 수 있다. 따라서 정부의 구성단위로서 그 권한에 속하는 사항을 집행하는 모든 중앙행정기관이 곧 헌법 제86조 제2항 소정의 행정각부는 아니라 할 것이다(헌재 1994.4.28., 89헌마221).

06 행정부에 대한 설명으로 옳은 것은? (다툼이 있는 경우 판례에 의함) 19년 국가직 7급

① 중앙행정기관의 장은 법률에서 위임한 사항이나 법률을 집행하기 위하여 필요한 사항을 규정한 대통령령 · 총리령 · 부령 · 훈령 · 예규 · 고시 등이 제정 · 개정 또는 폐지되었을 때에는 10일 이내에 이를 국회 소관 상임위원회에 제출하여야 한다.

② 각 행정기관에 배치할 공무원의 종류와 정원, 고위공무원단에 속하는 공무원으로 보하는 직위와 고위공무원단에 속하는 공무원의 정원, 공무원배치의 기준 및 절차 그 밖에 필요한 사항은 대통령령으로 정하나, 대통령비서실 및 국가안보실에 배치하는 정무직공무원의 경우에는 법률로 정한다.

③ 입법권자는 헌법 제96조에 의하여 법률로써 행정을 담당하는 행정기관을 설치함에 있어, 국무총리가 대통령의 명을 받아 통할하는 기관 외에는 대통령이 직접 통할하는 기관을 설치할 수 없다.

④ 헌법 제62조에 따르면 국무총리나 국무위원 외에 정부위원도 국회에 출석하여 답변할 수 있으며, 정부위원은 다른 정부위원으로 하여금 출석 · 답변하게 할 수 있다.

지문분석 **정답 ①**

① 【O】 **국회법 제98조의2(대통령령 등의 제출 등)** ① 중앙행정기관의 장은 법률에서 위임한 사항이나 법률을 집행하기 위하여 필요한 사항을 규정한 대통령령·총리령·부령·훈령·예규·고시 등이 제정·개정 또는 폐지되었을 때에는 10일 이내에 이를 국회 소관 상임위원회에 제출하여야 한다. 다만, 대통령령의 경우에는 입법예고를 할 때(입법예고를 생략하는 경우에는 법제처장에게 심사를 요청할 때를 말한다)에도 그 입법예고안을 10일 이내에 제출하여야 한다.

② 【X】 **정부조직법 제8조(공무원의 정원 등)** ① 각 행정기관에 배치할 공무원의 종류와 정원, 고위공무원단에 속하는 공무원으로 보하는 직위와 고위공무원단에 속하는 공무원의 정원, 공무원배치의 기준 및 절차 그 밖에 필요한 사항은 대통령령으로 정한다. 다만, 각 행정기관에 배치하는 정무직공무원(대통령비서실 및 국가안보실에 배치하는 정무직공무원은 제외한다)의 경우에는 법률로 정한다.

③ 【X】 입법권자는 헌법 제96조에 의하여 법률로써 행정을 담당하는 행정기관을 설치함에 있어 그 기관이 관장하는 사무의 성질에 따라 국무총리가 대통령의 명을 받아 통할할 수 있는 기관으로 설치할 수도 있고 또는 대통령이 직접 통할하는 기관으로 설치할 수도 있다 할 것이므로 헌법 제86조 제2항 및 제94조에서 말하는 국무총리의 통할을 받는 행정각부는 입법권자가 헌법 제96조의 위임을 받은 정부조직법 제26조에 의하여 설치하는 행정각부만을 의미한다고 할 것이다(헌재 1994. 4. 28. 89헌마221).

④ 【X】 **헌법 제62조** ① 국무총리·국무위원 또는 정부위원은 국회나 그 위원회에 출석하여 국정처리상황을 보고하거나 의견을 진술하고 질문에 응답할 수 있다.
② 국회나 그 위원회의 요구가 있을 때에는 국무총리·국무위원 또는 정부위원은 출석·답변하여야 하며, 국무총리 또는 국무위원이 출석요구를 받은 때에는 국무위원 또는 정부위원으로 하여금 출석·답변하게 할 수 있다.

07 **대통령과 행정부에 대한 설명으로 옳지 않은 것은?** (다툼이 있는 경우 판례에 의함) 21년 국가직 7급

① 기본권을 제한하는 내용의 입법을 위임할 때에는 법규명령에 위임하는 것이 원칙이고, 고시와 같은 형식으로 입법위임을 할 때에는 법령이 전문적·기술적 사항이나 경미한 사항으로서 업무의 성질상 위임이 불가피한 사항에 한정된다.

② 입주자들이 국가나 사업주체의 관여없이 자치활동의 일환으로 구성한 입주자대표회의는 사법상의 단체로서, 그 구성에 필요한 사항을 대통령령에 위임하도록 한 것은 법률유보원칙에 위반되지 않는다.

③ 대통령은 국무총리와 중앙행정기관의 장의 명령이나 처분이 위법 또는 부당하다고 인정하면 국무회의의 심의를 거쳐 이를 중지 또는 취소하여야 한다.

④ 국무총리는 대통령의 명을 받아 각 중앙행정기관의 장을 지휘·감독한다.

지문분석 **정답 ③**

① 【O】 행정규칙은 법규명령과 같은 엄격한 제정 및 개정절차를 필요로 하지 아니하므로, 기본권을 제한하는 내용의 입법을 위임할 때에는 법규명령에 위임하는 것이 원칙이고, 고시와 같은 형식으로 입법위임을 할 때에는 법령이 전문적·기술적 사항이나 경미한 사항으로서 업무의 성질상 위임이 불가피한 사항에 한정된다(헌재 2014. 7. 24. 2013헌바183 등).

② 【O】 입주자대표회의는 공법상의 단체가 아닌 사법상의 단체로서, 이러한 특정 단체의 구성원이 될 수 있는 자격을 제한하는 것이 국가적 차원에서 형식적 법률로 규율되어야 할 본질적 사항이라고 보기 어렵다. 또한, 입주자대표회의 구성에 있어서 본질적인 부분은 입주자들이 국가나 사업주체의 관여 없이 자치활동의 일환으로 입주

자대표회의를 구성할 수 있다는 것인데, 주택법 제43조 제3항은 입주자가 입주자대표회의를 구성할 수 있다고 규정하고 있어 이미 본질적인 부분이 입법되어 있으므로 입주자대표회의의 구성원인 동별 대표자가 될 수 있는 자격이 반드시 법률로 규율하여야 하는 사항이라고 볼 수 없다. 따라서 심판대상조항은 원칙을 위반하지 아니한다(헌재 2016. 7. 28. 2014헌바158 등).

③ 【X】 **정부조직법 제11조(대통령의 행정감독권)** ② 대통령은 국무총리와 중앙행정기관의 장의 명령이나 처분이 위법 또는 부당하다고 인정하면 이를 중지 또는 취소할 수 있다.

④ 【O】 **정부조직법 제18조 (국무총리의 행정감독권)** ① 국무총리는 대통령의 명을 받아 각 중앙행정기관의 장을 지휘 · 감독한다.

08 대통령과 행정부에 대한 설명으로 옳은 것은? (다툼이 있는 경우 판·례에 의함) 16년 국가직 7급

① 대통령은 국회의 집회가 불가능하고, 국가의 안위에 관계되는 중대한 교전상태가 발생했을 때 계엄을 선포할 수 있다.

② 대통령당선인은 대통령 임기 시작 전에 국회의 인사청문 절차를 거치게 하기 위하여 국무총리 및 국무위원 후보자를 지명할 수 있으며, 이 경우 국무위원 후보자에 대하여는 국무총리 후보자의 추천이 있어야 한다.

③ 사면심사위원회는 위원장인 법무부장관을 포함한 9명의 위원으르 구성되며, 위원은 법무부장관이 임명하거나 위촉하되, 공무원이 아닌 위원 3명 이상을 위촉하여야 한다.

④ 헌법 제86조 제2항 및 제94조에서 말하는 국무총리의 통할을 받는 행정각부는 입법권자가 헌법 제96조의 위임을 받은 「정부조직법」 제26조에 의하여 설치하는 행정각부만을 의미하는 것은 아니다.

지문분석 **정답 ②**

① 【X】 대통령은 전시 · 사변 또는 이에 준하는 국가비상사태에 있어서 병력으로써 군사상의 필요에 응하거나 공공의 안녕질서를 유지할 필요가 있을 때에는 법률이 정하는 바에 의하여 계엄을 선포할 수 있다(헌법 제77조 제1항). 국회의 집회가 불가능하고, 국가의 안위에 관계되는 중대한 교전상태가 발생했을 때에 대통령은 긴급명령을 선포할 수 있다(헌법 제76조 제2항).

② 【O】 대통령당선인은 대통령 임기 시작 전에 국회의 인사청문 절차를 거치게 하기 위하여 국무총리 및 국무위원 후보자를 지명할 수 있다. 이 경우 국무위원 후보자에 대하여는 국무총리 후보자의 추천이 있어야 한다(대통령직 인수에 관한 법률 제5조 제1항).

③ 【X】 사면심사위원회는 위원장인 법무부장관을 포함한 9명의 위원으로 구성되며, 위원은 법무부장관이 임명하거나 위촉하되, 공무원이 아닌 위원 4명 이상을 위촉하여야 한다(사면법 제10조의2 제2 · 3항).

④ 【X】 헌법 제86조 제2항 및 제94조에서 말하는 국무총리의 통할을 받는 행정각부는 입법권자가 헌법 제96조의 위임을 받은 정부조직법 제29조에 의하여 설치하는 행정각부만을 의미한다고 할 것이다(헌재 1994.4.28. 89헌마221).

09 대통령에 대한 설명으로 옳지 않은 것은? 17년 5급 공채

① 대통령의 국법상 행위는 문서로써 하며, 이 문서에는 국무총리와 관계 국무위원이 부서한다. 다만, 군사에 관한 것은 예외로 한다.
② 대통령은 내란 또는 외환의 죄를 범한 경우를 제외하고는 재직 중 형사상의 소추를 받지 아니한다.
③ 대통령은 법률이 정하는 바에 의하여 사면·감형 또는 복권을 명할 수 있으며, 일반사면을 명하려면 국회의 동의를 얻어야 한다.
④ 대통령 선거에 있어서 최고득표자가 2인 이상인 때에는 국회의 재적의원 과반수가 출석한 공개회의에서 다수표를 얻은 자를 당선자로 한다.

지문분석 **정답 ①**

① 【X】 대통령의 국법상 행위는 문서로써 하며, 이 문서에는 국무총리와 관계 국무위원이 부서한다. 군사에 관한 것도 또한 같다(헌법 제82조).
② 【O】 헌법 제84조
③ 【O】 헌법 제79조 제1·2항
④ 【O】 헌법 제67조 제2항

10 대통령에 대한 설명으로 옳지 않은 것은? (다툼이 있는 경우 판례에 의함) 22년 국가직 7급

① 대통령은 소속 정당원으로서 정치적 의견을 표시할 수 있지만, 국가기관의 신분에서 선거관련 발언을 하는 경우에는 선거에서의 정치적 중립의무의 구속을 받는다.
② 대통령은 계엄을 선포한 때에는 지체없이 국회에 통고하여야 하며, 국회가 재적의원 과반수의 찬성으로 계엄의 해제를 요구한 때에는 대통령은 이를 해제하여야 한다.
③ 대통령의 '직책을 성실히 수행할 의무'는 헌법적 의무에 해당하지만, '헌법을 수호해야 할 의무'와는 달리 규범적으로 그 이행이 관철될 수 있는 성격의 의무가 아니므로 원칙적으로 사법적 판단의 대상이 되기 어렵다.
④ 대통령의 개성공단 운영 전면중단 조치는 국가안보와 관련된 대통령의 의사 결정을 포함하고, 그러한 의사 결정은 고도의 정치적 결단을 요하는 문제이므로 사법심사의 대상이 될 수 없다.

지문분석 **정답 ④**

① 【O】 정당활동이 금지되어 있는 다른 공무원과는 달리, 대통령은 정당의 당원이나 간부로서, 정당 내부의 의사결정과정에 관여하고 통상적인 정당 활동을 할 수 있으며, 뿐만 아니라 전당대회에 참석하여 정치적 의견표명을 할 수 있고 자신이 소속된 정당에 대한 지지를 표명할 수 있다. (중략) 대통령은 국가의 원수 및 행정부 수반으로서의 지위에서 직무를 수행하는 때에는 원칙적으로 정당정치적 의견표명을 삼가야 하며, 나아가, 대통령이 정당인이나 정치인으로서가 아니라 국가기관인 대통령의 신분에서 선거관련 발언을 하는 경우에는 선거에서의 정치적 중립의무의 구속을 받는다(헌재 2004. 5. 14. 2004헌나1).
② 【O】 **헌법 제77조** ④ 계엄을 선포한 때에는 대통령은 지체없이 국회에 통고하여야 한다.
⑤ 국회가 재적의원 과반수의 찬성으로 계엄의 해제를 요구한 때에는 대통령은 이를 해제하여야 한다.

③ 【O】 헌법 제69조는 대통령의 취임선서의무를 규정하면서, 대통령으로서 '직책을 성실히 수행할 의무'를 언급하고 있다. 비록 대통령의 '성실한 직책수행의무'는 헌법적 의무에 해당하나, '헌법을 수호해야 할 의무'와는 달리, 규범적으로 그 이행이 관철될 수 있는 성격의 의무가 아니므로, 원칙적으로 사법적 판단의 대상이 될 수 없다고 할 것이다(헌재 2004. 5. 14. 2004헌나1).
④ 【X】 개성공단 전면중단 조치가 고도의 정치적 결단을 요하는 문제이기는 하나, 조치 결과 개성공단 투자기업인 청구인들에게 기본권 제한이 발생하였고, 국민의 기본권 제한과 직접 관련된 공권력의 행사는 고도의 정치적 고려가 필요한 행위라도 헌법과 법률에 따라 결정하고 집행하도록 견제하는 것이 헌법재판소 본연의 임무이므로, 그 한도에서 헌법소원심판의 대상이 될 수 있다(헌재 2022. 1. 27. 2016헌마364).

11 국회와 대통령에 대한 설명으로 옳은 것은? 23년 국가직 7급

① 대통령은 국회 임시회의 집회를 요구할 수 있으며, 집회를 요구할 때 집회기간을 명시하여야 하는 것은 아니다.
② 계엄을 선포한 때에는 대통령은 지체없이 국회에 보고하여 승인을 얻어야 하며, 국회의 승인을 얻지 못한 때에는 계엄은 그때부터 효력을 상실한다.
③ 대통령은 국회에 출석하여 발언하거나 서한으로 의견을 표시할 수 있으나, 국회의 요구가 있을 때 국회에 출석·답변할 헌법상 의무가 있는 것은 아니다.
④ 대통령의 임기연장 또는 중임변경을 위한 헌법개정은 그 헌법개정 제안 당시의 대통령에 대하여 효력이 있다.

지문분석 **정답 ③**

① 【X】 **헌법 제47조** ① 국회의 정기회는 법률이 정하는 바에 의하여 매년 1회 집회되며, 국회의 임시회는 대통령 또는 국회재적의원 4분의 1 이상의 요구에 의하여 집회된다.
③ 대통령이 임시회의 집회를 요구할 때에는 기간과 집회요구의 이유를 명시하여야 한다.
② 【X】 **헌법 제77조** ④ 계엄을 선포한 때에는 대통령은 지체없이 국회에 통고하여야 한다.
헌법 제76조 ③ 대통령은 제1항과 제2항의 처분 또는 명령을 한 때에는 지체없이 국회에 보고하여 그 승인을 얻어야 한다.
④ 제3항의 승인을 얻지 못한 때에는 그 처분 또는 명령은 그때부터 효력을 상실한다. 이 경우 그 명령에 의하여 개정 또는 폐지되었던 법률은 그 명령이 승인을 얻지 못한 때부터 당연히 효력을 회복한다.
③ 【O】 **헌법 제81조** 대통령은 국회에 출석하여 발언하거나 서한으로 의견을 표시할 수 있다.
헌법 제62조 ② 국회나 그 위원회의 요구가 있을 때에는 국무총리·국무위원 또는 정부위원은 출석·답변하여야 하며, 국무총리 또는 국무위원이 출석요구를 받은 때에는 국무위원 또는 정부위원으로 하여금 출석·답변하게 할 수 있다.
④ 【X】 **헌법 제128조** ② 대통령의 임기연장 또는 중임변경을 위한 헌법개정은 그 헌법개정 제안 당시의 대통령에 대하여는 효력이 없다.

12 **대통령의 헌법상의 지위에 관한 설명 중 옳지 않은 것은?** (다툼이 있는 경우 헌법재판소 판례에 의함)

① 대통령을 국가의 원수로 처음 표현한 것은 1960년 헌법이었는데, 이러한 표현은 1962년 헌법 개정으로 삭제되었다가 1972년 헌법 개정에서 부활한 이래 현재에 이르고 있다.

② 헌법 제69조(취임선서)에 의거한 대통령의 '직책을 성실히 수행할 의무'는 헌법적 의무로서 그 이행 여부는 원칙적으로 사법적 심사의 대상이 된다.

③ 대통령은 국무총리 · 국무위원 · 행정각부의 장 기타 법률이 정하는 공사(公私)의 직을 겸할 수 없다.

④ 헌법 제69조에 의거한 대통령의 '헌법을 준수하고 수호해야 할 의무'는 대통령의 직무집행과 관련하여 법치국가원리를 구체화한 헌법적 표현이다.

지문분석 **정답 ②**

① 【O】 건국헌법~제2차개정헌법 제51조 대통령은 행정권의 수반이며 외국에 대하여 국가를 대표한다.
- 1960년 제3차~제4차 개정헌법 제51조 대통령은 국가의 원수이며 국가를 대표한다.
- 1962년 제5차~1969년 6차 개정헌법 제63조 **제1항** 행정권은 대통령을 수반으로 하는 정부에 속한다. **제2항** 대통령은 외국에 대하여 국가를 대표한다.
- 1972년 제7차개정헌법 제43조~현행헌법 제66조 **제1항** 대통령은 국가의 원수이며, 외국에 대하여 국가를 대표한다.

② 【X】 헌법 제69조는 대통령의 취임선서의무를 규정하면서, 대통령으로서 '직책을 성실히 수행할 의무'를 언급하고 있다. 비록 대통령의 '성실한 직책수행의무'는 헌법적 의무에 해당하나, '헌법을 수호해야 할 의무'와는 달리, 규범적으로 그 이행이 관철될 수 있는 성격의 의무가 아니므로, 원칙적으로 사법적 판단의 대상이 될 수 없다고 할 것이다(헌재 2004.5.14. 2004헌나1).

③ 【O】 대통령은 국무총리 · 국무위원 · 행정각부의 장 기타 법률이 정하는 공사의 직을 겸할 수 없다(헌법 제83조).

④ 【O】 헌법 제66조 제2항 및 제69조에 규정된 대통령의 '헌법을 준수하고 수호해야 할 의무'는 헌법상 법치국가원리가 대통령의 직무집행과 관련하여 구체화된 헌법적 표현이다. '헌법을 준수하고 수호해야 할 의무'가 이미 법치국가원리에서 파생되는 지극히 당연한 것임에도, 헌법은 국가의 원수이자 행정부의 수반이라는 대통령의 막중한 지위를 감안하여 제66조 제2항 및 제69조에서 이를 다시 한 번 강조하고 있다. 이러한 헌법의 정신에 의한다면, 대통령은 국민 모두에 대한 '법치와 준법의 상징적 존재'인 것이다(헌재 2004.5.14. 2004헌나1).

13 **대통령에 관한 설명 중 옳지 않은 것은?** (다툼이 있는 경우 헌법재판소 판례에 의함)

① 전임자의 임기가 만료된 후에 실시하는 선거와 궐위로 인한 선거에 의한 대통령의 임기는 당선이 결정된 때부터 개시된다.

② 행정기관 소속 5급 이상 공무원은 소속 장관의 제청으로 행정안전부장관과 협의를 거친 후에 국무총리를 거쳐 대통령이 임용하되, 국세청장은 국회의 인사청문을 거쳐 대통령이 임명한다.

③ 대통령이 내란 또는 외환의 죄에 해당하지 않는 죄를 범한 때에는 재직 중 형사상의 소추를 받지 않지만 국회에 의해 탄핵소추를 받을 수 있다.

④ 대통령의 재직 중 형사상 소추를 할 수 없는 범죄에 대해서는 헌법이나 형사소송법 등 법률이 공소시효 진행 정지에 대한 명문 규정을 두고 있지 않으므로, 그러한 범죄의 공소시효 진행은 당연히 정지된다고 볼 수 없다.

지문분석 **정답 ④**

① 【O】 대통령의 임기는 전임대통령의 임기만료일의 다음날 0시부터 개시된다. 다만, 전임자의 임기가 만료된 후에 실시하는 선거와 궐위로 인한 선거에 의한 대통령의 임기는 당선이 결정된 때부터 개시된다(공직선거법 제14조 제1항).

② 【O】 행정기관 소속 5급 이상 공무원 및 고위공무원단에 속하는 일반직공무원은 소속 장관의 제청으로 행정안전부장관과 협의를 거친 후에 국무총리를 거쳐 대통령이 임용하되, 고위공무원단에 속하는 일반직공무원의 경우 소속 장관은 해당 기관에 소속되지 아니한 공무원에 대하여도 임용제청할 수 있다. 이 경우 국세청장은 국회의 인사청문을 거쳐 대통령이 임명한다(국가공무원법 제32조 제1항).

③ 【O】 대통령은 내란 또는 외환의 죄를 범한 경우를 제외하고는 재직중 형사상의 소추를 받지 아니한다(헌법 제84조). 이렇게 대통령에게 불소추특권이 인정되는 경우에도 민사상의 책임이 면제되는 것은 아니므로 대통령의 범죄행위로 인해 타인에 손해를 가한 경우에는 재직 중에도 민사상 책임을 부담한다. 또한 형사책임과 탄핵소추는 서로 아무런 연관성이 없으므로 대통령이 재직 중 내란 또는 외환의 죄에 해당하지 아니하는 죄를 범한 경우에 기소할 수 없지만, 국회는 탄핵소추할 수 있다. 탄핵소추의 의결이 있으면 대통령의 권한행사는 정지되고 탄핵결정이 있으면 대통령직에서 파면된다.

④ 【X】 헌법 제84조의 규정취지와 함께 공소시효제도나 공소시효정지제도의 본질에 비추어 보면, 비록 헌법 제84조에는 "대통령은 내란 또는 외환의 죄를 범한 경우를 제외하고는 재직중 형사상의 소추를 받지 아니한다"고만 규정되어 있을 뿐 헌법이나 형사소송법 등의 법률에 대통령의 재직중 공소시효의 진행이 정지된다고 명백히 규정되어 있지는 않다고 하더라도, 위 헌법규정은 바로 공소시효진행의 소극적 사유가 되는 국가의 소추권행사의 법률상 장애사유에 해당하므로, 대통령의 재직중에는 공소시효의 진행이 당연히 정지되는 것으로 보아야 한다(헌재 1995.1.20. 94헌마246).

14 **대통령에 대한 설명으로 옳지 <u>않은</u> 것은?** (다툼이 있는 경우 헌법재판소 판례에 의함)

17년 국가직 하반기 7급

① 대통령은 '국민 전체'에 대한 봉사자이므로 특정 정당, 자신이 속한 계급·종교·지역·사회단체, 자신과 친분 있는 세력의 특수한 이익 등으로부터 독립하여 국민 전체를 위하여 공정하고 균형 있게 업무를 수행할 의무가 있다.

② 대통령의 긴급재정경제명령은 비록 고도의 정치적 결단에 의하여 행해지는 국가작용이라고 할지라도, 그것이 국민의 기본권 침해와 직접 관련되는 경우에는 헌법재판소의 심판대상이 될 수 있다.

③ 대통령의 임기는 전임대통령의 임기만료일의 다음날 0시부터 개시된다. 다만, 전임자의 임기가 만료된 후에 실시하는 선거와 궐위로 인한 선거에 의한 대통령의 임기는 당선이 결정된 때부터 개시된다.

④ 헌법은 대통령이 사고로 인하여 직무를 수행할 수 없을 때 대통령 권한대행 개시 및 기간에 관한 결정권을 헌법재판소에 부여하고 있다.

지문분석 **정답 ④**

④ 【X】 헌법은 대통령이 사고로 인하여 직무를 수행할 수 없을 때 대통령 권한대행 개시 및 기간에 관한 결정권에 대하여 미규정하고 있다.

15 대통령에 대한 설명으로 옳지 않은 것만을 모두 고른 것은? 17년 국가직 7급

ㄱ. 국회가 재적의원 과반수의 찬성으로 계엄의 해제를 요구한 때에는 대통령은 이를 해제하여야 하는데, 이때 대통령은 계엄의 해제에 관하여 국무회의의 심의를 거쳐야 한다.
ㄴ. 대통령의 국법상 행위는 문서로써 하여야 하며, 이 문서에는 국무총리와 관계국무위원이 부서한다. 다만 군사에 관한 것은 그러하지 아니하다.
ㄷ. 대통령이 임명하는 헌법재판소 재판관은 모두 국회 인사청문특별위원회의 인사청문을 거쳐야 한다.
ㄹ. 전직대통령이 재직 중 탄핵결정을 받아 퇴임한 경우와 금고 이상의 형이 확정된 경우 및 사퇴한 경우에는 필요한 기간의 경호 및 경비를 제외하고는 전직대통령 예우에 관한 법률에 따른 전직대통령으로서의 예우를 하지 아니한다.

① ㄱ, ㄹ
② ㄴ, ㄷ
③ ㄱ, ㄴ, ㄷ
④ ㄴ, ㄷ, ㄹ

지문분석 **정답 ④**

④ 옳지 않은 것은 ㄴ, ㄷ, ㄹ이다.
ㄱ. 【O】 헌법 제77조 제5항 및 제89조 제5호
ㄴ. 【X】 대통령의 국법상 행위는 문서로써 하며, 이 문서에는 국무총리와 관계 국무위원이 부서한다. 군사에 관한 것도 또한 같다(헌법 제82조).
ㄷ. 【X】 대통령이 임명하는 헌법재판소 재판관 3명과 대법원장이 지명하는 헌법재판소 재판관 3인은 소관 상임위원회의 인사청문회를 거친다.
ㄹ. 【X】 재직 중 탄핵결정을 받아 퇴임한 경우, 금고 이상의 형이 확정된 경우, 형사처분을 회피할 목적으로 외국정부에 도피처 또는 보호를 요청한 경우, 대한민국의 국적을 상실한 경우에는 필요한 기간의 경호 및 경비를 제외하고는 전직대통령 예우에 관한 법률에 따른 전직대통령으로서의 예우를 하지 아니한다(전직대통령 예우에 관한 법률 제7조 제2항).

16 대통령의 권한에 관한 설명 중 옳은 것은? (다툼이 있는 경우 헌법재판소 판례에 의함)

① 대통령의 법률안 제출행위는 국민의 권리와 의무에 중대한 영향을 미치는 법률효과를 발생시키므로 헌법재판소법 제68조 제1항에서 말하는 공권력의 행사에 해당한다.

② 징역형의 집행유예와 벌금형이 병과 된 자에 대하여 대통령이 특별사면을 하는 경우 선고된 형의 전부를 사면할 것인지 또는 일부만을 사면할 것인지를 결정하는 것은 대통령의 전권사항에 속하는 것이다.

③ 대통령은 헌법개정에 대한 발의권을 가지는바, 이러한 대통령의 권한은 제헌헌법 이래 역대 모든 헌법에서 지속적으로 인정되어 오고 있다.

④ 대통령은 국회에서 의결된 법률안을 공포할 권한을 가지나, 국회에서 재의결된 법률안은 재의결시에 법률로서 확정되므로 대통령의 공포권은 인정되지 않는다.

지문분석 **정답 ②**

① 【X】 공권력의 행사에 대하여 헌법소원심판을 청구하기 위하여는, 공권력의 주체에 의한 공권력의 발동으로서 국민의 권리의무에 대하여 직접적인 법률효과를 발생시키는 행위가 있어야 한다. 그런데 대통령의 법률안 제출행위는 국가기관간의 내부적 행위에 불과하고 국민에 대하여 직접적인 법률효과를 발생시키는 행위가 아니므로 헌법재판소법 제68조에서 말하는 공권력의 행사에 해당되지 않는다(헌재 1994.8.31. 92헌마174).

② 【O】 우리 헌법 제79조 제1항은 "대통령은 법률이 정하는 바에 의하여 사면・감형 또는 복권을 명할 수 있다"고 대통령의 사면권을 규정하고 있고, 제3항은 "사면・감형 및 복권에 관한 사항은 법률로 정한다"고 규정하여 사면의 구체적 내용과 방법 등을 법률에 위임하고 있다. 그러므로 사면의 종류, 대상, 범위, 절차, 효과 등은 범죄의 죄질과 보호법익, 일반국민의 가치관 내지 법감정, 국가이익과 국민화합의 필요성, 권력분립의 원칙과의 관계 등 제반사항을 종합하여 입법자가 결정할 사항으로서 입법자에게 광범위한 입법재량 내지 형성의 자유가 부여되어 있다. 따라서 특별사면의 대상을 "형"으로 규정할 것인지, "사람"으로 규정할 것인지는 입법재량사항에 속한다 할 것이다. … 사면에는 일반사면과 특별사면이 있으며(사면법 제2조), 특별사면은 이미 형의 선고를 받은 특정인에 대하여 형의 집행을 면제하거나, 선고의 효력을 상실케 하는 사면이다. 그리고 이 사건 법률조항은 "특별사면은 형의 집행이 면제된다. 단, 특별한 사정이 있을 때에는 이후 형의 언도의 효력을 상실케 할 수 있다"고 규정하고 있고, 제7조도 "형의 집행유예의 언도를 받은 자에 대하여는 형의 언도의 효력을 상실케 하는 특별사면……을 할 수 있다"고 규정하고 있을 뿐, 징역형의 집행유예와 병과된 벌금형에 대하여는 아무런 규정도 두고 있지 않다. 그리고 위와 같은 입법은 위에서 본 사면권의 의의와 성질 등에 비추어 볼 때 입법자의 재량범위를 현저히 일탈한 것이라고 할 수 없다. 따라서 선고된 형 전부를 사면할 것인지 또는 일부만을 사면할 것인지를 결정하는 것은 사면권자의 전권사항에 속하는 것이고, 징역형의 집행유예에 대한 사면이 병과된 벌금형에도 미치는 것으로 볼 것인지 여부는 사면권자의 의사인 사면의 내용에 대한 해석문제에 불과하다 할 것이다(헌재 2000.6.1. 97헌바74).

③ 【X】 현행헌법상 헌법개정은 국회재적의원 과반수 또는 대통령의 발의로 제안된다(헌법 제128조 제1항). 다만, 3공화국 헌법 제119조 제1항은 "헌법개정의 제안은 국회의 재적의원 3분의 1 이상 또는 국회의원선거권자 50만인이상의 찬성으로써 한다."라고 함으로써 대통령이 헌법 개정안 제안자에서 제외되었다.

④ 【X】 헌법 제53조 제1항 및 제6항 참조.

헌법 제53조 제1항 국회에서 의결된 법률안은 정부에 이송되어 15일 이내에 대통령이 공포한다.

제4항 재의의 요구가 있을 때에는 국회는 재의에 붙이고, 재적의원과반수의 출석과 출석의원 3분의 2 이상의 찬성으로 전과 같은 의결을 하면 그 법률안은 법률로서 확정된다.

제6항 대통령은 제4항과 제5항의 규정에 의하여 확정된 법률을 지체없이 공포하여야 한다. 제5항에 의하여 법률이 확정된 후 또는 제4항에 의한 확정법률이 정부에 이송된 후 5일 이내에 대통령이 공포하지 아니할 때에는 국회의장이 이를 공포한다.

17 대통령의 권한에 대한 설명으로 옳지 <u>않은</u> 것은? (다툼이 있는 경우 판례에 의함) 16년 지방직 7급

① 법률안에 대한 대통령의 재의 요구가 있을 때에는 국회는 재의에 붙이고, 재적의원 과반수의 출석과 출석의원 3분의 2 이상의 찬성으로 전과 같은 의결을 하면 그 법률안은 법률로서 확정된다.

② 대통령의 긴급재정・경제명령이 유효하게 성립하였다 하더라도 그 발동의 원인이 된 내우・외환・천재・지변 또는 중대한 재정・경제상의 위기가 사라진 경우에는 곧바로 그 효력이 상실된다.

③ 유죄판결 확정 후에 형 선고의 효력을 상실케 하는 대통령의 특별사면이 있었다고 하더라도, 형 선고의 법률적 효과만 장래를 향하여 소멸될 뿐이고 확정된 유죄판결에서 이루어진 사실인정과 그에 따른 유죄 판단까지 없어지는 것은 아니다.

④ 특정의 국가정책에 대하여 다수의 국민들이 국민투표를 원하고 있음에도 불구하고 대통령이 이러한 희망과는 달리 국민투표에 회부하지 아니한다고 하여도 이를 헌법에 위반된다고 할 수 없고, 국민에게 특정의 국가정책에 관하여 국민투표에 회부할 것을 요구할 권리가 인정된다고 할 수도 없다.

지문분석 **정답 ②**

② 【X】 대통령은 긴급재정・경제명령을 한 때에는 지체없이 국회에 보고하여 그 승인을 얻어야 하며 승인을 얻지 못한 때에는 그 처분 또는 명령은 그때부터 효력을 상실한다(헌법 제76조 제3・4항).

18 대통령의 권한에 대한 설명으로 타당하지 <u>않은</u> 것은?

① 헌법재판소는 대통령의 형사불소추특권과 사면권을 국가원수로서의 권한으로 보고 있다.

② 헌법의 해석상으로 보면 대통령의 내란 또는 외환의 죄는 재직 중이라도 형사소추가 가능하므로 대통령의 재직 중 공소시효가 정지되지 않고 계속 진행되지만, 내란・외환죄 이외의 범죄는 대통령의 재직 중 공소시효가 정지된다는 것이 헌법재판소의 입장이다.

③ 헌법의 해석과 우리나라 현행법의 전체적인 내용을 고려해 보면 대통령이 재직 중에 범한 모든 범죄에 대해서 공소시효가 정지 또는 적용이 배제되므로 대통령이 재직중 범한 모든 범죄는 대통령의 재직기간 중 공소시효가 진행되어 완성되는 경우는 없다.

④ 대통령은 국민의 보통・평등・직접・비밀선거에 의하여 다수득표자를 선출한다. 다만 대통령후보자가 1인일 때에는 그 득표수가 투표자 총수의 3분의 1 이상이 아니면 대통령으로 당선될 수 없다. 대통령선거에서 최고득표자가 2인 이상인 때에는 예외적으로 국회에서 간선하고 국회의 재적의원 과반수가 출석한 공개회의에서 출석과반수 득표를 얻은 자를 당선자로 한다.

지문분석 **정답 ④**

① 【O】 헌법재판소는 "대통령의 불소추특권에 관한 헌법 제84조는 대통령이라는 특수한 신분에 따라 일반국민과는 달리 대통령 개인에게 특권을 부여한 것으로 볼 것이 아니라, 단지 국가의 원수로서 외국에 대하여 국가를 대표하는 지위에 있는 대통령이라는 특수한 직책의 원활한 수행을 보장하고 그 권위를 확보하여 국가의 체면과 권위를 유지하여야 할 실제상의 필요 때문에 대통령으로 재직 중인 동안만 형사상 특권을 부여하고 있음에 지나지 않는 것으로 보아야 할 것이다"라고 하여 불소추특권을 국가원수로서의 권한으로 보고 있으며,(헌재 1995.1.20. 94헌마246) 사면권을 국가원수로서의 권한으로 보고 있다(헌재 2000.6.1. 97헌바74).

② 【O】 (헌재 1995.1.20. 94헌마246)

③ 【O】 헌법의 해석상으로 보면 대통령의 내란 또는 외환의 죄는 재직 중이라도 형사소추가 가능하므로 대통령의 재직 중 공소시효가 정지되지 않고 계속 진행되지만, 내란·외환죄 이외의 범죄는 대통령의 재직 중 공소시효가 정지된다는 것이 헌법재판소의 입장이다(헌재 1995.1.20. 94헌마246). 그런데 1995년 12월 21일에 제정된 "헌정질서파괴범죄의공소시효등에관한특례법"에 따르면 내란죄와 외환죄의 경우에도 대통령의 재직 중에 공소시효에 관한 형사소송법의 적용이 배제된다(동법 제2조 및 제3조 제1호 참조) 따라서 대통령이 내란죄·외환죄를 범한 경우에 검사의 기소가 없더라도 재직중 공소시효가 진행되어 완성되는 경우는 없게 되었다. 결국 대통령이 재직 중에 범한 모든 범죄에 대해서 공소시효가 정지 또는 적용이 배제되므로 대통령이 재직중 범한 모든 범죄는 대통령의 재직기간 중 공소시효가 진행되어 완성되는 경우는 없다.

④ 【X】 헌법 제67조

헌법 제67조 제1항 대통령은 국민의 보통·평등·직접·비밀선거에 의하여 선출한다.

제2항 제1항의 선거에 있어서 최고득표자가 2인 이상인 때에는 국회의 재적의원 과반수가 출석한 공개회의에서 다수표를 얻은 자를 당선자로 한다.

제3항 대통령후보자가 1인일 때에는 그 득표수가 선거권자 총수의 3분의 1 이상이 아니면 대통령으로 당선될 수 없다.

19 다음 대통령의 권한에 대한 설명에서 옳은 것은?

① 대통령은 국회의 집회를 기다릴 여유가 없을 때에 한하여 긴급명령권 및 긴급재정경제처분및명령권을 발할 수 있다.

② 대통령의 국법상 행위는 문서로써 하며, 국무총리와 관계국무위원이 부서한다. 군사에 관한 것도 같다.

③ 대통령은 감사원, 대법원, 헌법재판소, 중앙선거관리위원회의 장들의 임명권등 헌법기관구성권을 가지며, 이 중에서 감사원장, 대법원장, 대법관, 헌법재판소장, 중앙선거관리위원장은 국회의 동의가 필요하다.

④ 국군의 해외파견결정에 대한 국무회의의 의결은 대통령이 국회의 동의를 얻어 파병 결정을 하고, 이에 따라 국방부장관 및 파견 대상 군 참모총장이 구체적, 개별적인 명령을 발함으로써 해당 국민, 즉 파견군인 등에게 직접적인 법률효과를 발생시키는 일련의 과정중 하나로 국민에 대하여 직접적인 법률효과를 발생시키는 공권력의 행사에 해당한다는 것이 헌법재판소의 견해이다.

지문분석 **정답 ②**

① 【X】 헌법 제76조
② 【O】 헌법 제82조
③ 【X】 헌법 제114조
④ 【X】 2003헌마225
국무회의의 이 사건 파병동의안 의결이 이러한 공권력의 행사인지의 점에 관하여 살피건대, 국군을 외국에 파견하려면, 대통령이 국무회의의 심의를 거쳐 국회에 파병동의안 제출, 국회의 동의(헌법 제60조 제2항), 대통령의 파병결정, 국방부장관의 파병 명령, 파견 대상 군 참모총장의 구체적, 개별적 인사명령의 절차를 거쳐야 하는바, 이러한 절차에 비추어 파병은 대통령이 국회의 동의를 얻어 파병 결정을 하고, 이에 따라 국방부장관 및 파견 대상 군 참모총장이 구체적, 개별적인 명령을 발함으로써 비로소 해당 국민, 즉 파견 군인 등에게 직접적인 법률효과를 발생시키는 것이고, 대통령이 국회에 파병동의안을 제출하기 전에 대통령을 보좌하기 위하여 파병 정책을 심의, 의결한 국무회의의 의결은 국가기관의 내부적 의사결정행위에 불과하여 그 자체로 국민에 대하여 직접적인 법률효과를 발생시키는 행위가 아니므로 헌법재판소법 제68조 제1항에서 말하는 공권력의 행사에 해당하지 아니한다.

20 **대통령의 권한에 대한 설명으로 옳지 않은 것은?** (다툼이 있는 경우 판례에 의함) 17년 하반기 비상계획관

① 국가긴급권은 비상적인 위기상황을 극복하고 헌법질서를 수호하기 위해 헌법질서에 대한 예외를 허용하는 것이기 때문에 그 본질상 일시적·잠정적으로만 행사되어야 한다는 시간적 한계가 있다.
② 서훈의 추천은 중앙행정기관의 장·국회의장·대법원장·헌법재판소장 및 중앙선거관리위원회 위원장이 하며, 서훈 대상자는 국무회의의 심의를 거쳐 대통령이 결정한다.
③ 대통령의 법률안 제출행위는 국가기관간의 내부적 행위에 불과하고 국민에 대하여 직접적인 법률효과를 발생시키는 행위가 아니므로 헌법재판소법 제68조에서 말하는 공권력의 행사에 해당되지 않는다.
④ 대통령은 법률이 정하는 바에 의하여 복권을 명할 수 있으나, 형의 집행이 끝나지 아니한 자 또는 집행이 면제되지 아니한 자에 대하여는 복권을 명할 수 없다.

지문분석 **정답 ②**

① 【O】 국가긴급권의 행사는 헌법질서에 대한 중대한 위기상황의 극복을 위한 것이기 때문에, 본질적으로 위기상황의 직접적인 원인을 제거하는데 필수불가결한 최소한도 내에서만 행사되어야 한다는 목적상 한계가 있다. 또한 국가긴급권은 비상적인 위기상황을 극복하고 헌법질서를 수호하기 위해 헌법질서에 대한 예외를 허용하는 것이기 때문에 그 본질상 일시적·잠정적으로만 행사되어야 한다는 시간적 한계가 있다(헌재 2015.3.26, 2014헌가5).
② 【X】 서훈의 추천은 중앙행정기관의 장(대통령 직속기관 및 국무총리 직속기관의 장을 포함한다), 국회사무총장, 법원행정처장, 헌법재판소사무처장 및 중앙선거관리위원회사무총장이 한다(상훈법 제5조 제1항). 서훈 대상자는 국무회의의 심의를 거쳐 대통령이 결정한다(상훈법 제7조).

③ 【O】 대통령의 법률안 제출행위는 국가기관간의 내부적 행위에 불과하고 국민에 대하여 직접적인 법률효과를 발생시키는 행위가 아니므로 헌법재판소법 제68조에서 말하는 공권력의 행사에 해당되지 않는다(헌재 1994.8.31, 92헌마174).
④ 【O】 복권은 형의 집행이 끝나지 아니한 자 또는 집행이 면제되지 아니한 자에 대하여는 하지 아니한다(사면법 제6조).

21 대통령 권한행사의 통제에 대한 설명으로 옳은 것은? 15년 지방직 7급

① 대통령의 국법상 행위는 문서로써 하며 이 문서에는 국무총리와 관계 국무위원이 부서를 하지만, 군사에 관한 것은 부서의 대상이 되지 않는다.
② 현행 헌법상 대통령의 자문에 응하기 위하여 둘 수 있는 임의기관에는 국가원로자문회의, 국가안전보장회의, 민주평화통일자문회의, 국민경제자문회의가 있다.
③ 대통령의 긴급재정경제처분은 처분으로서의 효력을 갖는 데 지나지 않으므로 국회의 승인을 요하지는 않으나 각급 법원에 의한 심사대상이 된다.
④ 법원은 대통령령이 헌법이나 법률에 위반되는지의 여부가 재판의 전제가 된 경우에 이를 심사함으로써 대통령의 권한행사를 통제한다.

지문분석 **정답 ④**

① 【X】 대통령의 국법상 행위는 문서로써 하며, 이 문서에는 국무총리와 관계 국무위원이 부서한다. 군사에 관한 것도 또한 같다(헌법 제82조).
② 【X】 국가안전보장회의는 필수적 자문기구이다.
③ 【X】 대통령은 긴급재정경제처분을 한 때에는 지체없이 국회에 보고하여 그 승인을 얻어야 한다.
④ 【O】 법원은 명령·규칙심사권을 갖는다.

22 대통령의 국가긴급권에 대한 설명으로 옳은 것은? (다툼이 있는 경우 판례에 의함) 19년 국가직 7급

① 대통령의 긴급재정경제명령은 중대한 재정 경제상의 위기에 처하여 국회의 집회를 기다릴 여유가 없을 때에 국가의 안전보장 또는 공공의 안녕질서를 유지하기 위하여 필요한 경우에 발동되는 일종의 국가긴급권으로서 대통령의 고도의 정치적 결단을 요하는 국가작용이므로 헌법재판소의 심판대상이 될 수 없다.

② 긴급재정경제명령은 위기가 발생할 우려가 있다는 이유로 사전적·예방적으로 발할 수 없고, 공공복리의 증진과 같은 적극적 목적을 위하여도 발할 수 없다.

③ 국가긴급권은 비상적인 위기상황을 극복하고 헌법질서를 수호하기 위해 헌법질서에 대한 예외를 허용하는 것이기 때문에 그 본질상 일시적·잠정적으로만 행사되어야 한다는 한계가 적용될 수 없다.

④ 대통령은 내우·외환·천재·지변 또는 중대한 재정·경제상의 위기에 있어서 국가의 안전보장 또는 공공의 안녕질서를 유지하기 위하여 긴급한 조치가 필요하고 국회의 집회를 기다릴 여유가 없을 때에 한하여 최소한으로 필요한 재정·경제상의 처분을 하거나 이에 관하여 법률의 효력을 가지는 명령을 발할 수 있으며, 이 경우 국회가 폐회 중일 때에는 대통령은 지체 없이 국회에 집회를 요구하여야 한다.

지문분석 **정답 ②**

① **[X]** 대통령의 긴급재정경제명령은 국가긴급권의 일종으로서 고도의 정치적 결단에 의하여 발동되는 행위이고 그 결단을 존중하여야 할 필요성이 있는 행위라는 의미에서 이른바 통치행위에 속한다고 할 수 있으나, 통치행위를 포함하여 모든 국가작용은 국민의 기본권적 가치를 실현하기 위한 수단이라는 한계를 반드시 지켜야 하는 것이고, 헌법재판소는 헌법의 수호와 국민의 기본권 보장을 사명으로 하는 국가기관이므로 비록 고도의 정치적 결단에 의하여 행해지는 국가작용이라고 할지라도 그것이 국민의 기본권 침해와 직접 관련되는 경우에는 당연히 헌법재판소의 심판대상이 된다(헌재 1996. 2. 29. 93헌마186).

② **[O]** 긴급재정경제명령은 정상적인 재정운용·경제운용이 불가능한 중대한 재정·경제상의 위기가 현실적으로 발생하여(그러므로 위기가 발생할 우려가 있다는 이유로 사전적·예방적으로 발할 수는 없다) 긴급한 조치가 필요함에도 국회의 폐회 등으로 국회가 현실적으로 집회될 수 없고 국회의 집회를 기다려서는 그 목적을 달성할 수 없는 경우에 이를 사후적으로 수습함으로써 기존질서를 유지·회복하기 위하여(그러므로 공공복리의 증진과 같은 적극적 목적을 위하여는 발할 수 없다) 위기의 직접적 원인의 제거에 필수불가결한 최소의 한도 내에서 헌법이 정한 절차에 따라 행사되어야 한다(헌재 1996. 2. 29. 93헌마186).

③ **[X]** 국가긴급권의 행사는 헌법질서에 대한 중대한 위기상황의 극복을 위한 것이기 때문에, 본질적으로 위기상황의 직접적인 원인을 제거하는데 필수불가결한 최소한도 내에서만 행사되어야 한다는 목적상 한계가 있다. 또한 국가긴급권은 비상적인 위기상황을 극복하고 헌법질서를 수호하기 위해 헌법질서에 대한 예외를 허용하는 것이기 때문에 그 본질상 일시적·잠정적으로만 행사되어야 한다는 시간적 한계가 있다(헌재 2015. 3. 26. 2014헌가5).

④ **[X]** **헌법 제76조** ① 대통령은 내우·외환·천재·지변 또는 중대한 재정·경제상의 위기에 있어서 국가의 안전보장 또는 공공의 안녕질서를 유지하기 위하여 긴급한 조치가 필요하고 국회의 집회를 기다릴 여유가 없을 때에 한하여 최소한으로 필요한 재정·경제상의 처분을 하거나 이에 관하여 법률의 효력을 가지는 명령을 발할 수 있다.

③ 대통령은 제1항과 제2항의 처분 또는 명령을 한 때에는 지체없이 국회에 보고하여 그 승인을 얻어야 한다.

23 대통령에 대한 설명으로 가장 옳지 않은 것은? 19년 서울시 7급

① 헌법이나 법률에 대통령의 재직중 공소시효의 진행이 정지된다고 명백히 규정되어 있지는 않다고 하더라도, 대통령의 재직중에는 공소시효의 진행이 당연히 정지되는 것으로 보아야 한다.

② 대통령은 소속 정당을 위하여 정당활동을 할 수 있는 사인으로서의 지위와 국민 모두에 대한 봉사자로서 공익실현의 의무가 있는 헌법기관으로서의 지위를 등시에 갖는데 최소한 전자의 지위와 관련하여는 기본권 주체성을 갖는다.

③ 대통령이 국회 본회의에서 행한 시정연설에서 정책과 결부하지 않고 단순히 대통령의 신임 여부만을 묻는 국민투표를 실시하고자 한다고 밝힌 것은 대통령의 권한으로 국민투표를 실시하겠다는 명백한 의사결정을 대외적으로 표시한 것으로 헌법소원의 대상이 되는 공권력의 행사에 해당한다.

④ 대통령이 일반사면을 명하려면 국회의 동의를 얻어야 한다.

지문분석 **정답 ③**

① 【O】 헌법 제84조의 규정취지와 함께 공소시효제도나 공소시효정지제도의 본질에 비추어 보면, 비록 헌법 제84조에는 "대통령은 내란 또는 외환의 죄를 범한 경우를 제외하고는 재직중 형사상의 소추를 받지 아니한다"고만 규정되어 있을 뿐 헌법이나 형사소송법 등의 법률에 대통령의 재직중 공소시효의 진행이 정지된다고 명백히 규정되어 있지는 않다고 하더라도, 위 헌법규정은 바로 공소시효진행의 소극적 사유가 되는 국가의 소추권행사의 법률상 장애사유에 해당하므로, 대통령의 재직중에는 공소시효의 진행이 당연히 정지되는 것으로 보아야 한다(헌재 1995. 1. 20. 94헌마246).

② 【O】 대통령도 국민의 한사람으로서 제한적으로나마 기본권의 주체가 될 수 있는바, 대통령은 소속 정당을 위하여 정당활동을 할 수 있는 사인으로서의 지위와 국민 모두에 대한 봉사자로서 공익실현의 의무가 있는 헌법기관으로서의 지위를 동시에 갖는데 최소한 전자의 지위와 관련하여는 기본권 주체성을 갖는다고 할 수 있다(헌재 2008. 1. 17. 2007헌마700).

③ 【X】 비록 피청구인이 대통령으로서 국회 본회의의 시정연설에서 자신에 대한 신임국민투표를 실시하고자 한다고 밝혔다 하더라도, 그것이 공고와 같이 법적인 효력이 있는 행위가 아니라 단순한 정치적 제안의 피력에 불과하다고 인정되는 이상 이를 두고 헌법소원의 대상이 되는 "공권력의 행사"라고 할 수는 없으므로, 이에 대한 취소 또는 위헌확인을 구하는 청구인들의 심판청구는 모두 부적법하다(헌재 2003. 11. 27. 2003헌마694 등).

④ 【O】 **헌법 제79조** ① 대통령은 법률이 정하는 바에 의하여 사면·감형 또는 복권을 명할 수 있다.
② 일반사면을 명하려면 국회의 동의를 얻어야 한다.

24 대통령의 헌법기관 구성 권한에 대한 설명으로 옳은 것은? 19년 지방직 7급

① 대통령은 국회의 동의를 얻어 대법원장을 임명하고, 대법관을 임명할 때에는 국회의 인사청문회를 거치는 것으로 국회 동의 절차를 갈음한다.

② 대통령은 9인의 헌법재판소 재판관 중 3인에 대해서만 임명권을 행사할 수 있고, 3인은 국회에서 선출하며, 3인은 대법원장이 지명한다.

③ 대통령은 국회의 동의 절차 없이 감사원장의 제청으로 감사위원을 임명한다.

④ 대통령은 「인사청문회법」 소정의 기간 이내에 국무위원 후보자에 대한 인사청문경과보고서를 국회가 송부하지 않은 경우 그 후보자를 국무위원으로 임명할 수 없다.

지문분석 **정답 ③**

① 【X】 헌법 제104조 ① 대법원장은 국회의 동의를 얻어 대통령이 임명한다.
② 대법관은 대법원장의 제청으로 국회의 동의를 얻어 대통령이 임명한다.
② 【X】 헌법 제111조 ② 헌법재판소는 법관의 자격을 가진 9인의 재판관으로 구성하며, 재판관은 대통령이 임명한다.
③ 제2항의 재판관중 3인은 국회에서 선출하는 자를, 3인은 대법원장이 지명하는 자를 임명한다.
③ 【O】 헌법 제98조 ③ 감사위원은 원장의 제청으로 대통령이 임명하고, 그 임기는 4년으로 하며, 1차에 한하여 중임할 수 있다.
④ 【X】 인사청문회법 제6조(임명동의안등의 회부등) ② 국회는 임명동의안등이 제출된 날부터 20일 이내에 그 심사 또는 인사청문을 마쳐야 한다.

25 통치행위에 관한 판례의 내용 중 옳지 않은 것은?

① 대통령의 비상계엄의 선포나 확대 행위는 고도의 정치적·군사적 성격을 지니고 있는 행위라 할 것이므로, 그것이 누구에게도 일견하여 헌법이나 법률에 위반되는 것으로서 명백하게 인정될 수 있는 경우라면 몰라도, 그러하지 아니한 이상 그 계엄선포의 요건 구비 여부나 선포의 당·부당을 판단할 권한이 사법부에는 없다고 할 것이나, 비상계엄의 선포나 확대가 국헌문란의 목적을 달성하기 위하여 행하여진 경우에는 법원은 그 자체가 범죄행위에 해당하는지의 여부에 관하여 심사할 수 있다.
② 헌법재판소는 대통령의 긴급재정경제명령은 국가긴급권의 일종으로서 고도의 정치적 결단에 의하여 발동되는 행위이고, 그 결단을 존중하여야 할 필요성이 있는 행위라는 의미에서 이른바 통치행위에 속한다고 판시하였다.
③ 헌법재판소는 고도의 정치적 결단에 의하여 행해지는 국가작용이라고 할지라도 그것이 국민의 기본권 침해와 직접 관련되는 경우에는 헌법재판소의 심판대상이 된다고 판시하였다.
④ 대법원은 남북정상회담의 개최 및 이 과정에서 정부의 승인을 얻지 아니한 채 북한 측에 사업권의 대가 명목으로 송금한 행위 등은 고도의 정치적 성격을 지니고 있는 행위라 할 것이므로 특별한 사정이 없는 한 그 당부를 심판하는 것은 사법권의 내재적·본질적 한계를 넘어서는 것으로서 사법심사의 대상이 될 수 없다고 보았다.

지문분석 **정답 ④**

① 【O】 대통령의 비상계엄의 선포나 확대 행위는 고도의 정치적·군사적 성격을 지니고 있는 행위라 할 것이므로, 그것이 누구에게도 일견하여 헌법이나 법률에 위반되는 것으로서 명백하게 인정될 수 있는 등 특별한 사정이 있는 경우라면 몰라도, 그러하지 아니한 이상 그 계엄선포의 요건 구비 여부나 선포의 당·부당을 판단할 권한이 사법부에는 없다고 할 것이나, 비상계엄의 선포나 확대가 국헌문란의 목적을 달성하기 위하여 행하여진 경우에는 법원은 그 자체가 범죄행위에 해당하는지의 여부에 관하여 심사할 수 있다. 우리나라는 제헌헌법의 제정을 통하여 국민주권주의, 자유민주주의, 국민의 기본권보장, 법치주의 등을 국가의 근본이념 및 기본원리로 하는 헌법질서를 수립한 이래 여러 차례에 걸친 헌법개정이 있었으나, 지금까지 한결같이 위 헌법질서를 그대로 유지하여 오고 있는 터이므로, 피고인들이 공소사실과 같이 이 사건 군사반란과 내란을 통하여 폭력으로 헌법에 의하여 설치된 국가기관의 권능행사를 사실상 불가능하게 하고 정권을 장악한 후 국민투표를 거쳐 헌법을 개정하고

개정된 헌법에 따라 국가를 통치하여 왔다고 하더라도 피고인들이 이 사건 군사반란과 내란을 통하여 새로운 법질서를 수립한 것이라고 할 수는 없다. 우리나라의 헌법질서 아래에서는 헌법에 정한 민주적 절차에 의하지 아니하고 폭력에 의하여 헌법기관의 권능행사를 불가능하게 하거나 정권을 장악하는 행위는 어떠한 경우에도 용인될 수 없는 것이다(대판 1997.4.17. 96도3376(전합)).

②③ 【O】 대통령의 긴급재정경제명령은 국가긴급권의 일종으로서 고도의 정치적 결단에 의하여 발동되는 행위이고 그 결단을 존중하여야 할 필요성이 있는 행위라는 의미에서 이른바 통치행위에 속한다고 할 수 있으나, 통치행위를 포함하여 모든 국가작용은 국민의 기본권적 가치를 실현하기 위한 수단이라는 한계를 반드시 지켜야 하는 것이고, 헌법재판소는 헌법의 수호와 국민의 기본권 보장을 사명으로 하는 국가기관이므로 비록 고도의 정치적 결단에 의하여 행해지는 국가작용이라고 할지라도 그것이 국민의 기본권 침해와 직접 관련되는 경우에는 당연히 헌법재판소의 심판대상이 된다(헌재 1996.2.29. 93헌마186).

④ 【X】 [1] 입헌적 법치주의국가의 기본원칙은 어떠한 국가행위나 국가작용도 헌법과 법률에 근거하여 그 테두리 안에서 합헌적 · 합법적으로 행하여질 것을 요구하며, 이러한 합헌성과 합법성의 판단은 본질적으로 사법의 권능에 속하는 것이고, 다만 국가행위 중에는 고도의 정치성을 띤 것이 있고, 그러한 고도의 정치행위에 대하여 정치적 책임을 지지 않는 법원이 정치의 합목적성이나 정당성을 도외시한 채 합법성의 심사를 감행함으로써 정책결정이 좌우되는 일은 결코 바람직한 일이 아니며, 법원이 정치문제에 개입되어 그 중립성과 독립성을 침해당할 위험성도 부인할 수 없으므로, 고도의 정치성을 띤 국가행위에 대하여는 이른바 통치행위라 하여 법원 스스로 사법심사권의 행사를 억제하여 그 심사대상에서 제외하는 영역이 있으나, 이와 같이 통치행위의 개념을 인정한다고 하더라도 과도한 사법심사의 자제가 기본권을 보장하고 법치주의 이념을 구현하여야 할 법원의 책무를 태만히 하거나 포기하는 것이 되지 않도록 그 인정을 지극히 신중하게 하여야 하며, 그 판단은 오로지 사법부만에 의하여 이루어져야 한다.

[2] 남북정상회담의 개최는 고도의 정치적 성격을 지니고 있는 행위라 할 것이므로 특별한 사정이 없는 한 그 당부를 심판하는 것은 사법권의 내재적 · 본질적 한계를 넘어서는 것이 되어 적절하지 못하지만, 남북정상회담의 개최과정에서 재정경제부장관에게 신고하지 아니하거나 통일부장관의 협력사업 승인을 얻지 아니한 채 북한측에 사업권의 대가 명목으로 송금한 행위 자체는 헌법상 법치국가의 원리와 법 앞에 평등원칙 등에 비추어 볼 때 사법심사의 대상이 된다(대판 2004.3.26. 2003도7878).

26 대통령의 권한 행사에 대한 사법적 통제에 관한 설명 중 옳은 것은? (다툼이 있는 경우 판례에 의함)

① 헌법재판소는 긴급재정경제명령이 헌법 제76조에 규정된 발동 요건을 충족하는 것이라면, 그 긴급재정경제명령으로 인하여 기본권이 제한되는 경우에도 목적의 정당성, 수단의 적정성, 피해의 최소성, 법익의 균형성이라는 비례원칙이 준수된 것으로 판시하였다.

② 대통령은 국민의 선거에 의하여 취임하는 공무원이므로 선거운동을 허용할 수밖에 없다. 따라서 공직선거법 제9조 제1항이 규정하는 “공무원 기타 정치적 중립을 지켜야 하는 자”에 대통령이 포함되지 아니하는 것으로 해석해야 한다.

③ 국가나 국가기관은 공권력 행사의 주체이자 기본권의 ‘수범자’로서 국민의 기본권을 보호하거나 실현해야 할 책임과 의무를 지니고 있으므로, 국가기관인 대통령은 자신의 표현의 자유가 침해되었음을 이유로 헌법소원을 제기할 수 있는 청구인적격이 없다.

④ 국군을 외국에 파견하는 결정은 파견군인인 국민의 생명과 신체의 안전뿐만 아니라 우리나라의 국제평화에의 기여, 국가안보 등 궁극적으로 국민의 기본권과 헌법의 보장에 영향을 미치는 중요한 문제로서 정치적 결단에 맡겨둘 것이 아니라 사법적 기준에 의하여 심사되어야 한다.

지문분석 **정답 ①**

① 【O】 헌법은 긴급재정경제명령의 발동에 따른 기본권침해를 위기상황의 극복을 위하여 필요한 최소한에 그치도록 그 발동요건과 내용, 한계를 엄격히 규정함으로써 그 남용 또는 악용의 소지를 줄임과 동시에 긴급재정경제명령이 헌법에 합치하는 경우라면 이에 따라 기본권을 침해받는 국민으로서도 특별한 사정이 없는 한 이를 수인할 것을 요구하고 있는 것이다. 즉 긴급재정경제명령이 헌법 제76조 소정의 요건과 한계에 부합하는 것이라면 그 자체로 목적의 정당성, 수단의 적정성, 피해의 최소성, 법익의 균형성이라는 기본권제한의 한계로서의 과잉금지원칙을 준수하는 것이 되는 것이다(헌재 1996.2.29. 93헌마186).

② 【X】 선거에 있어서의 정치적 중립성은 행정부와 사법부의 모든 공직자에게 해당하는 공무원의 기본적 의무이다. 더욱이, 대통령은 행정부의 수반으로서 공정한 선거가 실시될 수 있도록 총괄·감독해야 할 의무가 있으므로, 당연히 선거에서의 중립의무를 지는 공직자에 해당하는 것이고, 이로써 공선법 제9조의 '공무원'에 포함된다(헌재 2004.5.14. 2004헌나1).

③ 【X】 원칙적으로 국가나 국가기관 또는 국가조직의 일부나 공법인은 공권력 행사의 주체이자 기본권의 '수범자'로서 기본권의 '소지자'인 국민의 기본권을 보호 내지 실현해야 할 책임과 의무를 지니고 있을 뿐이므로, 헌법소원을 제기할 수 있는 청구인적격이 없다. 그러나 대통령도 국민의 한사람으로서 제한적으로나마 기본권의 주체가 될 수 있는바, 대통령은 소속 정당을 위하여 정당활동을 할 수 있는 사인으로서의 지위와 국민 모두에 대한 봉사자로서 공익실현의 의무가 있는 헌법기관으로서의 지위를 동시에 갖는데 최소한 전자의 지위와 관련하여는 기본권 주체성을 갖는다.…이 사건 조치로 청구인 개인으로서의 표현의 자유가 제한되었을 가능성이 있으므로, 이 사건헌법소원에 있어서 청구인의 기본권 주체성 내지 청구인적격이 인정된다(헌재 2008.1.17. 2007헌마700).

④ 【X】 이 사건 파견결정은 그 성격상 국방 및 외교에 관련된 고도의 정치적 결단을 요하는 문제로서, 헌법과 법률이 정한 절차를 지켜 이루어진 것임이 명백하므로, 대통령과 국회의 판단은 존중되어야 하고 헌법재판소가 사법적 기준만으로 이를 심판하는 것은 자제되어야 한다(헌재 2004.4.29. 2003헌마814).

27 **대통령의 지위 및 권한에 대한 설명으로 가장 옳은 것은?** (다툼이 있는 경우 판례에 의함)

17년 서울시 7급

① 헌법상 허용되지 않는 재신임 국민투표를 제안하는 것은 그 자체로 헌법에 반하는 것으로서 헌법을 실현하고 수호해야 할 대통령의 의무를 위반한 것이다.

② 고도의 정치적 행위로서 사법심사가 적절하지 않은 대통령에 의한 통치행위에 대해서는 사법심사가 자제되어야 하기 때문에 관련 통치행위가 국민의 기본권 침해와 관련된다고 볼 수 있는 경우에도 헌법소원의 대상이 될 수는 없다.

③ 대통령은 국회에 출석하여 발언할 수 있으며, 만일 국회가 출석요구를 하는 경우 대통령은 그에 응할 법적 의무도 있다.

④ 대통령의 궐위는 대통령으로 취임한 후 사망 또는 사임하여 대통령직이 비어 있는 경우, 국회의 탄핵소추의결로 헌법재판소의 탄핵결정이 있을 때까지 권한행사가 정지된 경우 그리고 대통령 취임 후 피선자격의 상실 및 판결 기타 사유로 자격을 상실한 때를 포괄한다.

지문분석 **정답 ②**

① 【O】 헌법상 허용되지 않는 재신임 국민투표를 국민들에게 제안한 것은 그 자체로서 헌법 제72조에 반하는 것으로 헌법을 실현하고 수호해야 할 대통령의 의무를 위반한 것이다(헌재 2004.5.14, 2004헌나1).
② 【X】 통치행위를 포함하여 모든 국가작용은 국민의 기본권적 가치를 실현하기 위한 수단이라는 한계를 반드시 지켜야 하는 것이고, 헌법재판소는 헌법의 수호와 국민의 기본권 보장을 사명으로 하는 국가기관이므로 비록 고도의 정치적 결단에 의하여 행해지는 국가작용이라고 할지라도 그것이 국민의 기본권 침해와 직접 관련되는 경우에는 당연히 헌법재판소의 심판대상이 된다(헌재 1996.2.29, 93헌마186).
③ 【X】 대통령에 대한 국회 출석요구는 인정되지 않는다.
④ 【X】 국회가 탄핵소추를 의결한 경우는 사고에 해당하며, 헌법재판소의 탄핵결정이 있는 경우 궐위에 해당한다.

28 다음 국가긴급권에 대한 설명으로 옳지 못한 것은? (헌법재판소 판례에 의함)

① 국가긴급권의 인정은 권력의 집중과 입헌주의의 일시적 정지로 말미암아 입헌주의 그 자체를 파괴할 위험을 초래할 수 있으므로 헌법에서 국가긴급권의 발동기준과 내용 그리고 그 한계에 관해서 상세히 규정함으로써 그 남용 또는 악용의 소지를 줄이고 심지어는 국가긴급권의 과잉행사 때는 저항권을 인정하는 등 필요한 제동장치도 함께 마련해 두는 것이 현대의 민주적인 헌법국가의 일반적인 태도이다.
② 국가긴급권은 일시적이고 임시적이어야 한다는 잠정성원칙에 의한 한계가 있으므로 대통령이 긴급재정경제명령을 발포한 것이 헌법상 발동요건에 부합하는 합헌적인 것이었다 하더라도 발포일로부터 2년이 훨씬 지나도록 긴급명령 발포상태를 장기화하였다면 위헌이 된다.
③ 우리 헌법재판소는 긴급재정경제명령이 헌법 제76조 소정의 요건과 한계에 부합하는 것이라면 그 자체로서 기본권제한의 한계로서의 과잉금지원칙을 준수한 것으로 본다.
④ 건국헌법 이래 현행헌법에 이르기까지 역대 모든 헌법은 대통령의 계엄선포권을 채택하였으며, 특히 제2공화국 헌법은 대통령에게 계엄선포거부권도 인정하였다.

지문분석 **정답 ②**

① 【O】 (헌재 1994.6.30, 92헌가18)
② 【X】 헌법재판소는 '김영삼 대통령의 금융실명거래에관한긴급재정 · 경제명령에 대한 헌법소원 사건'(1996.2.29, 93헌마186)에서 "다만 긴급권은 본질상 비상사태에 대응하기 위한 잠정적 성격의 권한이므로 긴급권의 발동은 목적을 달성할 수 있는 최단기간 내로 한정되어야 하고 그 원인이 소멸된 때에는 지체없이 해제하여야 할 것인데도, 긴급명령은 발포일로부터 2년이 훨씬 지난 현재까지도 유지되고 있는 바 이와 같은 긴급명령 발포상태의 장기화가 바람직하지는 않지만 그렇다고 그 사유만으로 발포 당시 합헌적이었던 긴급명령이 바로 위헌으로 된다고 할 수는 없다."고 판시한 바 있다.
③ 【O】 헌법재판소(헌재 1996.2.29, 93헌마186)는 "긴급재정경제명령이 아래에서 보는 바와 같은 헌법 제76조 소정의 요건과 한계에 부합하는 것이라면 그 자체로 목적의 정당성, 수단의 적정성, 피해의 최소성, 법익의 균형성이라는 기본권제한의 한계로서의 과잉금지원칙을 준수하는 것이 되는 것이다."라고 판시한 바 있다.
④ 【O】 계엄선포권은 건국헌법이래 줄곧 헌법에 규정되어 왔으며, 현행헌법과 같은 형태의 국가긴급권이 헌법에 규정된 것은 제3공화국(제5차 개정)헌법이다. 제2공화국 헌법은 국무회의 의결로 대통령이 계엄을 선포하였으나, 대통령은 계엄선포거부권도 가지고 있었다.

29 대통령의 국가긴급권에 관한 설명 중 옳은 것은?

① 대통령의 국가긴급권은 헌법재판소의 통제대상이 되지 않는다.
② 비상계엄이 선포된 경우라 하더라도 법률에 의해서 헌법상 보장된 개인의 기본권에 대한 특별한 조치를 하는 것은 불가능하다.
③ 긴급명령은 국회의 집회가 불가능한 때에 한하여 발할 수 있다.
④ 내우・외환・천재・지변 또는 중대한 재정・경제상의 위기와 같은 비상사태의 경우 공공의 복리 증진이라는 적극적인 목적 달성을 위해 긴급재정・경제명령을 발할 수 있다.

지문분석 **정답 ③**

① 【X】 대통령의 긴급재정경제명령은 국가긴급권의 일종으로서 고도의 정치적 결단에 의하여 발동되는 행위이고 그 결단을 존중하여야 할 필요성이 있는 행위라는 의미에서 이른바 통치행위에 속한다고 할 수 있으나, 통치행위를 포함하여 모든 국가작용은 국민의 기본권적 가치를 실현하기 위한 수단이라는 한계를 반드시 지켜야 하는 것이고, 헌법재판소는 헌법의 수호와 국민의 기본권 보장을 사명으로 하는 국가기관이므로 비록 고도의 정치적 결단에 의하여 행해지는 국가작용이라고 할지라도 그것이 국민의 기본권 침해와 직접 관련되는 경우에는 당연히 헌법재판소의 심판대상이 된다(1996.2.29. 93헌마186).
② 【X】 비상계엄이 선포된 때에는 법률이 정하는 바에 의하여 영장제도, 언론・출판・집회・결사의 자유, 정부나 법원의 권한에 관하여 특별한 조치를 할 수 있다(헌법 제77조 제3항).
③ 【O】 헌법 제76조 제2항
④ 【X】 긴급재정경제명령은 '국가의 안전보장이나 공공의 안녕질서'라는 소극적 목적을 위해서만 발동될 수 있고, 공공복리의 증진과 같은 행정목적을 위해 행사할 수 없다.

30 대통령의 국가긴급권에 대한 설명으로 옳은 것은? 17년 5급 공채

① 헌법상 대통령의 계엄선포권은 '국가의 안위에 관계되는 중대한 교전상태'를 발동요건으로 한다.
② 헌법상 대통령이 발한 긴급명령에 대하여 국회의 승인을 얻지 못한 경우 그 명령은 소급하여 효력을 상실한다.
③ 헌법상 대통령의 긴급재정경제처분 및 명령권은 '국회의 집회가 불가능한 때'에 한하여 발할 수 있다.
④ 헌법상 비상계엄이 선포된 때에는 법률이 정하는 바에 의하여 영장제도, 언론・출판・집회・결사의 자유, 정부나 법원의 권한에 관하여 특별한 조치를 할 수 있다.

지문분석 **정답 ④**

① 【X】 대통령은 전시・사변 또는 이에 준하는 국가비상사태에 있어서 병력으로써 군사상의 필요에 응하거나 공공의 안녕질서를 유지할 필요가 있을 때에는 법률이 정하는 바에 의하여 계엄을 선포할 수 있다(헌법 제77조 제1항). 그러므로 헌법상 대통령의 계엄선포권은 '전시・사변 또는 이에 준하는 국가비상사태'를 발동요건으로 한다.
② 【X】 긴급명령이 국회의 승인을 얻지 못한 때에는 그 명령은 그때부터 효력을 상실한다. 이 경우 그 명령에 의하여 개정 또는 폐지되었던 법률은 그 명령이 승인을 얻지 못한 때부터 당연히 효력을 회복한다(헌법 제76조 제4항).

③ 【X】 헌법상 대통령의 긴급재정경제처분 및 명령권은 '국회의 집회를 기다릴 여유가 없을 때'에 발할 수 있다(헌법 제76조 제1항).
④ 【O】 비상계엄이 선포된 때에는 법률이 정하는 바에 의하여 영장제도, 언론 · 출판 · 집회 · 결사의 자유, 정부나 법원의 권한에 관하여 특별한 조치를 할 수 있다(헌법 제77조 제3항).

31 국가긴급권에 대한 설명으로 옳지 않은 것은?

① 유신헌법에 근거한 긴급조치는 국회의 입법권 행사라는 실질을 전혀 가지지 못한 것으로서, 헌법재판소의 위헌심판대상이 되는 '법률'에 해당한다고 할 수 없고 긴급조치의 위헌 여부에 대한 심사권은 최종적으로 대법원에 속한다.
② 유신근거하여 발령된 대통령 긴급조치 제1호는 그 발동 요건을 갖추지 못한 채 목적상 한계를 벗어나 국민의 자유와 권리를 지나치게 제한함으로써 헌법상 보장된 국민의 기본권을 침해한 것이므로, 긴급조치 제1호가 해제 내지 실효되기 이전부터 유신헌법에 위배되어 위헌이고, 나아가 긴급조치 제1호에 의하여 침해된 각 기본권의 보장 규정을 두고 있는 현행 헌법에 비추어 보더라도 위헌이다.
③ 국가긴급권을 헌법에 미리 규정을 해 놓으면 초헌법적 국가긴급권의 문제는 발생하지 않는다.
④ 초헌법적 국가긴급권에 대하여 긍정하는 견해의 논거는 '국가의 존립이나 안전을 유지하기 위해서는 헌법규정에 위반하는 비상적 수단도 그것이 긴급 · 부득이한 것이면 정당화 된다'라고 함으로써, '극한상황에 있어서 초헌법적 국가긴급권은 법리에 의해서가 아니라 그 독자의 논리에 의하여 정당화될 수 있다는 것이다.

지문분석 **정답 ③**

①, ② 【O】 헌법 제107조 제1항, 제111조 제1항 제1호의 규정에 의하면, 헌법재판소에 의한 위헌심사의 대상이 되는 '법률'이란 '국회의 의결을 거친 이른바 형식적 의미의 법률'을 의미하고, 위헌심사의 대상이 되는 규범이 형식적 의미의 법률이 아닌 때에는 그와 동일한 효력을 갖는 데에 국회의 승인이나 동의를 요하는 등 국회의 입법권 행사라고 평가할 수 있는 실질을 갖춘 것이어야 한다. 구 대한민국헌법(1980. 10. 27. 헌법 제9호로 전부 개정되기 전의 것, 이하 '유신헌법'이라 한다) 제53조 제3항은 대통령이 긴급조치를 한 때에는 지체 없이 국회에 통고하여야 한다고 규정하고 있을 뿐, 사전적으로는 물론이거니와 사후적으로도 긴급조치가 그 효력을 발생 또는 유지하는 데 국회의 동의 내지 승인 등을 얻도록 하는 규정을 두고 있지 아니하고, 실제로 국회에서 긴급조치를 승인하는 등의 조치가 취하여진 바도 없다. 따라서 유신헌법에 근거한 긴급조치는 국회의 입법권 행사라는 실질을 전혀 가지지 못한 것으로서, 헌법재판소의 위헌심판대상이 되는 '법률'에 해당한다고 할 수 없고, 긴급조치의 위헌 여부에 대한 심사권은 최종적으로 대법원에 속한다. 구 대한민국헌법(1980. 10. 27. 헌법 제9호로 전부 개정되기 전의 것, 이하 '유신헌법'이라 한다) 제53조에 근거하여 발령된 대통령 긴급조치(이하 '긴급조치'라 한다) 제1호는 그 발동 요건을 갖추지 못한 채 목적상 한계를 벗어나 국민의 자유와 권리를 지나치게 제한함으로써 헌법상 보장된 국민의 기본권을 침해한 것이므로, 긴급조치 제1호가 해제 내지 실효되기 이전부터 유신헌법에 위배되어 위헌이고, 나아가 긴급조치 제1호에 의하여 침해된 각 기본권의 보장 규정을 두고 있는 현행 헌법에 비추어 보더라도 위헌이다. 결국 이 사건 재판의 전제가 된 긴급조치 제1호 제1항, 제3항, 제5항을 포함하여 긴급조치 제1호는 헌법에 위배되어 무효이다. 이와 달리 유신헌법 제53조에 근거를 둔 긴급조치 제1호가 합헌이라는 취지로 판시한 대법원 1975. 1. 28. 선고 74도3492 판결, 대법원 1975. 1. 28. 선고 74도3498 판결, 대법원 1975.

4. 8. 선고 74도3323 판결과 그 밖에 이 판결의 견해와 다른 대법원판결들은 모두 폐기한다(대법원 2010.12.16. 선고 2010도5986 전원합의체 판결).

③ 【X】 초헌법적 국가긴급권이란 국가긴급권이 헌법상 제도화 여부와 관계없이 극도의 국가적 비상사태하에서 헌법상의 제한을 무시하고 독재적 조치를 강구하는 국가긴급권을 말한다. Schmitt가 말한 주권적 독재의 유형이다.

32 대통령의 국가긴급권과 관련된 설명으로 옳지 않은 것은?

① 비록 고도의 정치적 결단에 의하여 행해지는 국가작용이라고 할지라도 그것이 국민의 기본권 침해와 직접 관련되는 경우에는 당연히 헌법재판소의 심판대상이 될 수 있다.

② 우리 대법원은 "대통령의 비상계엄의 선포나 확대 행위는 고도의 정치적·군사적 성격을 지니고 있는 행위라 할 것이므로, 그것이 누구에게도 일견하여 헌법이나 법률에 위반되는 것으로서 명백하게 인정될 수 있는 등 특별한 사정이 있는 경우라면 몰라도, 그러하지 아니한 이상 그 계엄 선포의 요건 구비 여부나 선포의 당·부당을 판단할 권한이 사법부에는 없다고 할 것이나, 비상계엄의 선포나 확대가 국헌문란의 목적을 달성하기 위하여 행하여진 경우에는 법원은 그 자체가 범죄행위에 해당하는지의 여부에 관하여 심사할 수 있다."고 판시하여 한정적 긍정설의 입장을 보이고 있다.

③ 대통령이 긴급재정·경제명령을 발동하려면 국무회의의 심의를 거쳐야 한다.

④ 대통령의 긴급재정경제명령은 국회의 승인을 얻어 법률적 효력을 가지므로 헌법재판소의 위헌심판의 대상이 되지만 긴급재정경제처분은 처분으로서의 효력을 갖는 데 지나지 않으므로, 국회의 승인을 요하지 않고 최종적으로는 대법원의 위헌·위법심사의 대상이 된다.

지문분석 **정답 ④**

① 【O】 (헌재 1996.2.29. 93헌마186)

② 【O】 우리 대법원은 대통령의 계엄선포행위가 사법심사의 대상이 될 수 있는지 여부에 대하여 계엄당국의 개별적 포고령과 개별적·구체적 집행행위는 사법적 심사의 대상이 될 수 있다는 입장이며 최근에는 "대통령의 비상계엄의 선포나 확대 행위는 고도의 정치적·군사적 성격을 지니고 있는 행위라 할 것이므로, 그것이 누구에게도 일견하여 헌법이나 법률에 위반되는 것으로서 명백하게 인정될 수 있는 등 특별한 사정이 있는 경우라면 몰라도, 그러하지 아니한 이상 그 계엄선포의 요건 구비 여부나 선포의 당·부당을 판단할 권한이 사법부에는 없다고 할 것이나, 비상계엄의 선포나 확대가 국헌문란의 목적을 달성하기 위하여 행하여진 경우에는 법원은 그 자체가 범죄행위에 해당하는지의 여부에 관하여 심사할 수 있다."고 판시하여 한정적 긍정설의 입장을 보이고 있다(대판 1997.4.17. 96도3376 全合).

③ 【O】 대통령이 긴급명령을 발동하려면 국무회의의 심의를 거쳐야 한다(제89조 5호).

④ 【X】 긴급재정경제처분도 국회의 승인을 얻어야 한다. 긴급재정·경제처분은 행정처분의 성격을 가지는 것이므로, 법원이 위헌·위법여부를 심사할 수 있고, 긴급재정·경제명령은 긴급명령의 경우와 동일하다.

33 대통령의 긴급권한에 관한 다음 설명 중 가장 옳은 것은? (다툼이 있는 경우 헌법재판소 결정에 의함)

17년 법원직 9급

① 긴급명령의 경우 국회의 집회가 불가능한 때에 한하여 발할 수 있는 반면, 긴급재정경제명령의 경우 국회의 집회가 불가능하지 않더라도 국회의 집회를 기다릴 여유가 없을 때는 발할 수 있다.

② 대통령은 내우·외환·천재·지변 등으로 정상적인 재정 운용이 불가능한 중대한 재정·경제상의 위기가 발생할 염려가 있는 경우에는 사전예방적으로 긴급재정경제명령을 발할 수 있다.

③ 긴급명령, 긴급재정경제명령, 계엄은 본질적으로 국가의 중대한 위기상황에서 긴급하게 행해지는 것이므로 사전에 국회의 승인이나 국무회의의 심의를 거칠 것을 요구할 수 없다.

④ 국회가 재적의원 과반수의 찬성으로 계엄의 해제를 요구한 때에는 대통령은 반드시 이를 해제하여야 하므로 국무 회의의 심의를 별도로 거칠 필요가 없다.

지문분석 **정답 ①**

① 【O】 대통령은 국가의 안위에 관계되는 중대한 교전상태에 있어서 국가를 보위하기 위하여 긴급한 조치가 필요하고 국회의 집회가 불가능한 때에 한하여 법률의 효력을 가지는 명령을 발할 수 있다(헌법 제76조 제2항). 대통령은 내우·외환·천재·지변 또는 중대한 재정·경제상의 위기에 있어서 국가의 안전보장 또는 공공의 안녕질서를 유지하기 위하여 긴급한 조치가 필요하고 국회의 집회를 기다릴 여유가 없을 때에 한하여 최소한으로 필요한 재정·경제상의 처분을 하거나 이에 관하여 법률의 효력을 가지는 명령을 발할 수 있다(헌법 제76조 제1항).

② 【X】 긴급재정경제명령은 정상적인 재정운용·경제운용이 불가능한 중대한 재정·경제상의 위기가 현실적으로 발생하여(그러므로 위기가 발생할 우려가 있다는 이유로 사전적·예방적으로 발할 수는 없다) 긴급한 조치가 필요함에도 국회의 폐회 등으로 국회가 현실적으로 집회될 수 없고 국회의 집회를 기다려서는 그 목적을 달할 수 없는 경우에 이를 사후적으로 수습함으로써 기존질서를 유지·회복하기 위하여(그러므로 공공복리의 증진과 같은 적극적 목적을 위하여는 발할 수 없다) 위기의 직접적 원인의 제거에 필수불가결한 최소의 한도 내에서 헌법이 정한 절차에 따라 행사되어야 한다(헌재 1996.2.29, 93헌마186).

③, ④ 【X】 대통령의 긴급명령·긴급재정경제처분 및 명령 또는 계엄과 그 해제는 국무회의의 심의를 거쳐야 한다(헌법 제89조 제5호).

34 위임입법에 대한 설명으로 옳지 않은 것은?

① 구「사립학교법」 제29조 제2항 중 '교비회계의 세입 · 세출에 관한 사항은 대통령령으로 정하되' 부분은 포괄위임금지원칙에 위반되지 아니한다.

② 시장 · 군수 · 자치구청장이 지방자치단체의 조례로 정하는 바에 따라 일정한 구역을 지정 · 고시하여 가축의 사육을 제한할 수 있도록 한「가축분뇨의 관리 및 이용에 관한 법률」 조항은 포괄위임금지원칙에 위배되지 아니한다.

③ 당구장에 대한 출입규제 내지 봉쇄는 법률 또는 법률이 구체적으로 명확히 범위를 정하여 위임한 경우의 법규명령에 의하여서만 비로소 가능하다고 할 것인바,「체육시설의 설치 · 이용에 관한 법률 시행규칙」 조항은 모법의 위임이 없는 사항을 규정하고 있어 결국 위임의 범위를 일탈한 것이다.

④ 의료인이 의약품 제조자 등으로부터 판매촉진을 목적으로 제공되는 금전 등 경제적 이익을 받는 행위를 처벌하는「의료법」 조항은 예외적 허용 사유의 구체적 범위를 설정하지 않은 채 하위법에 위임한 것으로 포괄위임금지원칙에 위배된다.

⑤ 대한적십자사가 국가 등에 요청할 수 있는 자료의 범위를 대통령령에 위임한「대한적십자사 조직법」 조항은 포괄위임금지원칙에 위반되지 아니한다.

지문분석 **정답 ④**

① 【O】 '교비회계의 세입'과 '교비회계의 세출' 항목은 기술적이고 세부적인 특성을 가지고 있어 그와 관련된 사항을 하위법령에서 정하도록 위임할 필요성이 인정되고, 이 사건 위임조항에서 위임하고 있는 '교비회계의 세입' 항목은 등록금이나 기부금, 학교시설 대여료나 이자수익 등과 같이 학생으로부터 징수하는 각종 금원과 학교시설이나 재산으로부터 발생하는 수익 등이 될 것이고, '교비회계의 세출' 항목은 학교의 운영이나 교육과 관련하여 지출하는 비용 등이 됨을 충분히 예측할 수 있다는 점에서, 이 사건 위임조항은 포괄위임금지원칙에 위반되지 아니한다(헌재 2023. 8. 31. 2021헌바180).

② 【O】 가축사육의 제한은 가축사육에 따라 배출되는 환경오염물질 등이 지역주민에 미치는 영향을 종합적으로 고려하여 이루어질 필요가 있고, 이는 생활환경 및 자연환경에 따라 달라질 수 있으므로 각 지방자치단체가 실정에 맞게 합리적으로 규율하도록 할 필요성이 인정된다. 심판대상조항은 가축사육 제한이 가능한 대상 지역의 한계를 설정하고 있고, 지역주민의 생활환경이나 상수원의 수질이 오염되는 것을 방지하려는 심판대상조항의 목적을 종합적으로 고려하면, 사육대상인 축종이나 사육규모 외에 각 지역의 지형, 상주인구 분포, 인구밀집시설의 존부 등을 고려하여 구체적인 가축사육제한구역이 정해질 수 있다는 점이 충분히 예측 가능하므로, 심판대상조항은 포괄위임금지원칙에 위배되지 아니한다(헌재 2023. 12. 21. 2020헌바374).

③ 【O】 당구장에 대한 출입규제 내지 봉쇄는 법률(또는 법률이 구체적으로 명확히 범위를 정하여 위임한 경우의 법규명령)에 의하여서만 비로소 가능하다고 할 것인바, 이 사건 심판대상규정은 모법의 위임이 없는 사항을 규정하고 있어 결국 위임의 범위를 일탈한 것이라고 하지 않을 수 없다. 청구인을 포함한 모든 당구장 경영자의 직업종사(직업수행)의 자유가 제한되어 헌법상 보장되고 있는 직업선택의 자유가 침해된다(헌재 1993. 5. 13. 92헌마80).

④ 【X】 심판대상조항 본문이 경제적 이익의 수수를 원칙적으로 금지하고, 그 단서에서는 예외적으로 허용되는 사유를 열거하면서 그 구체적 범위만을 보건복지부령으로 정하도록 위임하였고, 그 방법도 '견본품 제공, 학술대회 지원, 임상시험 지원, 제품설명회, 대금결제조건에 따른 할인비용, 시판 후 조사 등의 행위로서 보건복지부령으로 정하는 범위 안의 경제적 이익등인 경우'라고 규정하여 하위법령에서 규정될 내용 및 범위의 기본사항을 구체적으로 규정하고 있으므로 심판대상조항은 포괄위임금지원칙에 위배되지 않는다(헌재 2015. 2. 26. 2013헌바374).

⑤ 【O】 이 사건 위임조항은 "제1항에 따른 필요한 자료의 구체적인 범위는 대통령령으로 정한다."라고 규정하고 있으며, … 이러한 상황에서 '필요한 자료'의 구체적인 범위를 미리 법률에 상세하게 규정하는 것은 입법기술상 어렵고, 각종 자료를 보유·관리하고 있는 주체인 국가가 자료 제공의 목적과 필요한 자료의 범위, 자료 제공의 용이성, 적십자사의 운영 상황 및 회비모금 실무의 변화 등을 고려하여 탄력적으로 정할 필요가 있으므로, 그 구체적인 내용을 하위법령에 위임할 필요성이 인정된다. 따라서 이 사건 위임조항이 적십자사에 제공될 자료의 범위를 더 구체적으로 정하지 아니하였다고 하여 헌법 제75조에 의한 포괄위임금지원칙에 위반되어 청구인들의 개인정보자기결정권을 침해한다고 볼 수 없다(헌재 2023. 2. 23. 2019헌마1404 등).

35 위임입법에 대한 설명으로 옳지 않은 것은? (다툼이 있는 경우 판례에 의함) 15년 지방직 7급

① 법률이 자치적인 사항을 공법적 단체의 정관으로 정하도록 위임한 경우 헌법 제75조, 제95조의 포괄위임입법금지원칙이 적용되지 않는다.

② 위임입법의 한계의 법리는 헌법의 근본원리인 권력분립주의와 의회주의 내지 법치주의에 바탕을 두는 것이기 때문에 행정부에서 제정된 대통령령에서 규정한 내용이 정당한지 여부와는 직접적으로 관계가 없다.

③ 대통령령에서 규정한 내용이 헌법에 위반될 경우 그 대통령령의 규정이 위헌인 것은 물론이지만, 반대로 하위법규인 대통령령의 내용이 합헌적이라고 하여 수권법률의 합헌성까지를 의미하는 것은 아니다.

④ 범죄와 형벌에 관한 사항에 관해서는 위임입법의 근거와 한계에 관한 헌법 제75조가 적용될 수 없다.

지문분석 **정답 ④**

④ 【X】 범죄와 형벌에 관한 사항에 있어서도 위임입법의 근거와 한계에 관하여 정하고 있는 헌법 제75조가 적용되기 때문에, 형벌법규가 구성요건의 일부를 하위법령에 위임하고 있고 이러한 위임형식의 위헌성이 문제되는 경우에는 죄형법정주의뿐만 아니라 위임입법의 한계, 즉 포괄위임입법금지원칙 역시 문제가 된다(헌재 2010.5.27, 2009헌바183).

36 행정입법에 대한 설명으로 옳은 것만을 모두 고르면? (다툼이 있는 경우 판례에 의함) 20년 국가직 7급

ㄱ. 위임입법에서 사용하고 있는 추상적 용어가 하위 법령에 규정될 내용의 범위를 구체적으로 정해주기 위한 역할을 하는지, 아니면 그와는 별도로 독자적인 규율 내용을 정하기 위한 것인지 여부에 따라 별도로 명확성원칙 위반의 문제가 나타날 수도 있고, 그렇지 않을 수도 있게 된다.
ㄴ. 집행명령은 근거법령인 상위법령이 폐지되면 특별한 규정이 없는 이상 실효된다 할 것이나, 상위법령이 개정됨에 그친 경우에는 개정법령과 성질상 모순, 저촉되지 아니하고 개정된 상위법령의 시행에 필요한 사항을 규정하고 있는 이상 그 집행명령은 상위법령의 개정에도 불구하고 당연히 실효되지 아니하고 개정법령의 시행을 위한 집행명령이 제정, 발효될 때까지는 여전히 그 효력을 유지하는 것이라고 할 것이다.
ㄷ. 헌법 제75조는 일반적이고 포괄적인 위임입법이 허용되지 않음을 명백히 밝히고 있으나, 위임조항 자체에서 위임의 구체적 범위를 명확히 규정하고 있지 않더라도 당해 법률의 전반적 체계와 관련규정에 비추어 위임조항의 내재적인 위임의 범위나 한계를 객관적으로 분명히 확정할 수 있다면 이를 일반적이고 포괄적인 백지위임에 해당하는 것으로 볼 수 없다.
ㄹ. 위임입법이 대법원규칙인 경우에도 수권법률에서 헌법 제75조에 근거한 포괄위임금지원칙을 준수하여야 하는 것은 마찬가지이나, 위임의 구체성·명확성의 정도는 다른 규율 영역에 비해 완화될 수 있다.

① ㄱ, ㄴ　　② ㄱ, ㄷ, ㄹ
③ ㄴ, ㄷ, ㄹ　　④ ㄱ, ㄴ, ㄷ, ㄹ

지문분석 **정답 ④**

ㄱ. 【O】 법률에서 사용된 추상적 용어가 하위법령에 규정될 내용과는 별도로 독자적인 규율 내용을 정하기 위한 것이라면 별도로 명확성 원칙이 문제될 수 있으나, 그 추상적 용어가 하위법령에 규정될 내용의 범위를 구체적으로 정해주기 위한 역할을 하는 경우라면 명확성의 문제는 결국 포괄위임입법금지원칙 위반의 문제로 포섭될 것이다(헌재 2015. 7. 30. 2013헌바204).
ㄴ. 【O】 집행명령은 근거법령인 상위법령이 폐지되면 특별한 규정이 없는 이상 실효되는 것이나, 상위법령이 개정됨에 그친 경우에는 개정법령과 성질상 모순, 저촉되지 아니하고 개정된 상위법령의 시행에 필요한 사항을 규정하고 있는 이상 그 집행명령은 상위법령의 개정에도 불구하고 당연히 실효되지 아니하고 개정법령의 시행을 위한 집행명령이 제정, 발효될 때까지는 여전히 그 효력을 유지한다(대판 1989. 9. 12. 88누6962).
ㄷ. 【O】 헌법 제75조는 일반적이고 포괄적인 위임입법이 허용되지 않음을 명백히 밝히고 있으나, 위임조항 자체에서 위임의 구체적 범위를 명확히 규정하고 있지 않더라도 당해 법률의 전반적 체계와 관련규정에 비추어 위임조항의 내재적인 위임의 범위나 한계를 객관적으로 분명히 확정할 수 있다면 이를 일반적이고 포괄적인 백지위임에 해당하는 것으로 볼 수 없다(헌재 1996. 10. 31. 93헌바14).
ㄹ. 【O】 헌법 제75조에 근거한 포괄위임금지원칙은 … 위임입법이 대법원규칙인 경우에도 수권법률에서 이 원칙을 준수하여야 하는 것은 마찬가지이다. 다만, 대법원규칙으로 규율될 내용들은 소송에 관한 절차와 같이 법원의 전문적이고 기술적인 사무에 관한 것이 대부분일 것인바, 법원의 축적된 지식과 실제적 경험의 활용, 규칙의 현실적 적응성과 적시성의 확보라는 측면에서 수권법률에서의 위임의 구체성·명확성의 정도는 다른 규율 영역에 비해 완화될 수 있을 것이다(헌재 2016. 6. 30. 2013헌바370 등).

37 행정입법에 대한 설명으로 옳지 않은 것은? (다툼이 있는 경우 판례에 의함) 16년 지방직 7급

① 대통령령을 입법예고를 하는 때(입법예고를 생략하는 경우에는 법제처장에게 심사를 요청하는 때를 말함)에는 그 입법예고안을 10일 이내에 국회 소관상임위원회에 제출하여야 한다.
② 기본권을 제한하는 내용의 입법을 위임할 때에는 법규명령에 위임하는 것이 원칙이고, 고시와 같은 형식으로 입법위임을 할 때에는 법령이 전문적 · 기술적 사항이나 경미한 사항으로서 업무의 성질상 위임이 불가피한 사항에 한정된다.
③ 운전면허를 받은 사람이 자동차 등을 이용하여 살인 또는 강간 등 행정안전부령이 정하는 범죄행위를 한 때 운전면허를 취소하도록 하는 법률조항은 법률유보의 원칙에 위배되어 위헌이다.
④ 행정명령의 제정 또는 개정의 지체가 위법으로 되어 그에 대한 법적 통제가 가능하기 위해서는 첫째, 행정청에게 시행명령을 제정(개정)할 법적 의무가 있어야 하고 둘째, 상당한 기간이 지났음에도 불구하고 셋째, 명령제정(개정)권이 행사되지 않아야 한다.

지문분석 **정답 ③**

③ 【X】 자동차등을 이용한 범죄행위의 모든 유형이 기본권 제한의 본질적인 사항으로서 입법자가 반드시 법률로써 규율하여야 하는 사항이라고 볼 수 없고, 법률에서 운전면허의 필요적 취소사유인 살인, 강간 등 자동차등을 이용한 범죄행위에 대한 예측가능한 기준을 제시한 이상, 운전면허를 받은 사람이 자동차등을 이용하여 살인 또는 강간 등 행정안전부령이 정하는 범죄행위를 한 때 운전면허를 취소하도록 하는 심판대상조항은 법률유보원칙에 위배되지 아니한다(헌재 2015.5.28, 2013헌가6).

38 행정입법에 대한 설명으로 옳은 것만을 모두 고르면? (다툼이 있는 경우 판례에 의함) 18년 국가직 7급

ㄱ. 법률에서 위임받은 사항을 전혀 규정하지 아니하고 그대로 재위임하는 것은 허용되지 않으며 위임받은 사항에 관하여 대강을 정하면서 특정사항을 범위를 정하여 하위법령에 다시 위임하는 경우에만 재위임이 허용된다.
ㄴ. 법률에서 사용된 추상적 용어가 하위법령에 규정될 내용과는 별도로 독자적인 규율 내용을 정하기 위한 것이라면 별도로 명확성 원칙이 문제될 수 있으나, 그 추상적 용어가 하위법령에 규정될 내용의 범위를 구체적으로 정해주기 위한 역할을 하는 경우라면 명확성의 문제는 결국 포괄위임입법금지원칙 위반의 문제로 포섭될 것이다.
ㄷ. 오늘날 의회의 입법독점주의에서 입법중심주의로 전환하여 일정한 범위 안에서 행정입법을 허용하게 된 동기는 사회적 변화에 대응한 입법수요의 급증과 종래의 형식적 권력분립주의로는 현대사회에 대응할 수 없다는 기능적 권력분립론에 있다.
ㄹ. 대통령령에서 규정한 내용이 헌법에 위반될 경우 그 대통령령의 규정이 위헌일 것은 물론이지만, 반대로 하위법규인 대통령령의 내용이 합헌적이라고 하여 수권법률의 합헌성까지를 의미하는 것은 아니다.

① ㄱ, ㄴ
② ㄱ, ㄷ, ㄹ
③ ㄴ, ㄷ, ㄹ
④ ㄱ, ㄴ, ㄷ, ㄹ

지문분석 **정답 ④**

ㄱ. 【O】 법률에서 위임받은 사항을 전혀 규정하지 않고 모두 재위임하는 것은 '위임받은 권한을 그대로 다시 위임할 수 없다'는 복위임금지의 법리에 반할 뿐 아니라 수권법의 내용변경을 초래하는 것이 되고, 대통령령 이외의 법규명령의 제정·개정 절차가 대통령령에 비하여 보다 용이한 점을 고려할 때 하위의 법규명령에 대한 재위임의 경우에도 대통령령에의 위임에 가하여지는 헌법상의 제한이 마땅히 적용되어야 할 것이다. 따라서 법률에서 위임받은 사항을 전혀 규정하지 아니하고 그대로 하위의 법규명령에 재위임하는 것은 허용되지 않으며 위임받은 사항에 관하여 대강(大綱)을 정하고 그중의 특정사항을 범위를 정하여 하위의 법규명령에 다시 위임하는 경우에만 재위임이 허용된다(헌재 2002. 10. 31. 2001헌라1).

ㄴ. 【O】 일반적으로 법률에서 일부 내용을 하위법령에 위임하는 경우 위임을 둘러싼 법률규정 자체에 대한 명확성의 문제는, 그 위임규정이 하위법령에 위임하고 있는 내용과는 무관하게 법률 자체에서 해당부분을 완결적으로 정하고 있는지 여부에 따라 달라진다. 즉 법률에서 사용된 추상적 용어가 하위법령에 규정될 내용과는 별도로 독자적인 규율 내용을 정하기 위한 것이라면 별도로 명확성 원칙이 문제될 수 있으나, 그 추상적 용어가 하위법령에 규정될 내용의 범위를 구체적으로 정해주기 위한 역할을 하는 경우라면 명확성의 문제는 결국 포괄위임입법금지원칙 위반의 문제로 포섭될 것이다(헌재2011. 12. 29. 2010헌바385).

ㄷ. 【O】 오늘날 의회의 입법독점주의에서 입법중심주의로 전환하여 일정한 범위 내에서 행정입법을 허용하게 된 동기가 사회적 변화에 대응한 입법수요의 급증과 종래의 형식적 권력분립주의로는 현대사회에 대응할 수 없다는 기능적 권력분립론에 있다는 점 등을 감안하여 헌법 제40조와 헌법 제75조, 제95조의 의미를 살펴보면, 국회입법에 의한 수권이 입법기관이 아닌 행정기관에게 법률 등으로 구체적인 범위를 정하여 위임한 사항에 관하여는 당해 행정기관에게 법정립의 권한을 갖게 되고, 입법자가 규율의 형식도 선택할 수도 있다 할 것이므로, 헌법이 인정하고 있는 위임입법의 형식은 예시적인 것으로 보아야 할 것이고, 그것은 법률이 행정규칙에 위임하더라도 그 행정규칙은 위임된 사항만을 규율할 수 있으므로, 국회입법의 원칙과 상치되지도 않는다. 다만, 형식의 선택에 있어서 규율의 밀도와 규율영역의 특성이 개별적으로 고찰되어야 할 것이고, 그에 따라 입법자에게 상세한 규율이 불가능한 것으로 보이는 영역이라면 행정부에게 필요한 보충을 할 책임이 인정되고 극히 전문적인 식견에 좌우되는 영역에서는 행정기관에 의한 구체화의 우위가 불가피하게 있을 수 있다. 그러한 영역에서 행정규칙에 대한 위임입법이 제한적으로 인정될 수 있다(헌재2004.10.28.99헌바91).

ㄹ. 【O】 위임입법의 한계의 법리는 헌법의 근본원리인 권력분립주의와 의회주의 내지 법치주의에 바탕을 두는 것이기 때문에 행정부에서 제정된 대통령령에서 규정한 내용이 정당한지 여부와는 직접적으로 관계가 없다고 하여야 할 것이다. 즉 대통령령에서 규정한 내용이 헌법에 위반될 경우 그 대통령령의 규정이 위헌일 것은 물론이지만, 반대로 하위법규인 대통령령의 내용이 합헌적이라고 하여 수권법률의 합헌성까지를 의미하는 것은 아니다(헌재1995.11.30.선고94헌바14).

39 행정입법에 대한 설명으로 옳은 것은? (다툼이 있는 경우 판례에 의함) 22년 국가직 7급

① 행정입법의 지체가 위법으로 되어 그에 대한 법적 통제가 가능하기 위하여는 우선 행정청에게 시행명령을 제정・개정할 법적 의무가 있어야 하고, 상당한 기간이 지났음에도 불구하고 명령제정・개정권이 행사되지 않아야 한다.

② 행정부에서 제정된 대통령령에서 규정한 내용이 정당한 것인지 여부와 위임의 적법성은 직접적인 관계가 있다.

③ 하위 행정입법의 제정 없이 상위 법령의 규정만으로 집행이 이루어질 수 있는 경우에도 하위 행정입법을 하여야 할 헌법적 작위의무가 인정된다.

④ 헌법 제75조에 근거한 포괄위임금지원칙은 누구라도 당해 법률로부터 하위법규에 규정될 내용의 대강을 예측할 수 있어야 함을 의미하지만, 위임입법이 대법원규칙인 경우에는 수권법률에서 이 원칙을 준수하여야 하는 것은 아니다.

지문분석 **정답 ①**

① 【O】 행정입법의 지체가 위법으로 되어 그에 대한 법적 통제가 가능하기 위하여는 우선 행정청에게 시행명령을 제정・개정할 법적의무가 있어야 하고, 상당한 기간이 지났음에도 불구하고 명령제정・개정권이 행사되지 않아야 한다(헌재 2018. 5. 31. 2016헌마626).

② 【X】 위임입법의 법리는 헌법의 근본원리인 권력분립주의와 의회주의 내지 법치주의에 바탕을 두는 것이기 때문에 행정부에서 제정된 대통령령에서 규정한 내용이 정당한 것인지 여부와 위임의 적법성에는 직접적인 관계가 없다(헌재 1996. 6. 26. 93헌바2).

③ 【X】 삼권분립의 원칙, 법치행정의 원칙을 당연한 전제로 하고 있는 우리 헌법 하에서 행정권의 행정입법 등 법집행의무는 헌법적 의무라고 보아야 할 것이다. 그런데 이는 행정입법의 제정이 법률의 집행에 필수불가결한 경우로서 행정입법을 제정하지 아니하는 것이 곧 행정권에 의한 입법권 침해의 결과를 초래하는 경우를 말하는 것이므로, 만일 하위 행정입법의 제정 없이 상위 법령의 규정만으로도 집행이 이루어질 수 있는 경우라면 하위 행정입법을 하여야 할 헌법적 작위의무는 인정되지 아니한다(헌재 2005. 12. 22. 2004헌마66).

④ 【X】 헌법 제75조에 근거한 포괄위임금지원칙은 법률에 이미 대통령령 등 하위법규에 규정될 내용 및 범위의 기본사항이 구체적으로 규정되어 있어서 누구라도 당해 법률로부터 하위법규에 규정될 내용의 대강을 예측할 수 있어야 함을 의미하므로, 위임입법이 대법원규칙인 경우에도 수권법률에서 이 원칙을 준수하여야 하는 것은 마찬가지이다(헌재 2016. 6. 30. 2013헌바370 등).

40 **위임입법에 대한 설명으로 가장 옳지 않은 것은?** 18년 서울시 7급

① 대통령은 법률에서 구체적으로 범위를 정하여 위임받은 사항과 법률을 집행하기 위하여 필요한 사항에 관하여 대통령령을 발할 수 있다.

② 위임하는 법률 자체로부터 하위규범에 규정될 내용의 대강을 예측할 수 있다면 포괄위임입법금지원칙에 위배되지 않는다.

③ 헌법이 인정하고 있는 위임입법의 형식은 한정적 열거적인 것으로 보아야 하므로, 법률이 입법사항을 고시와 같은 행정규칙의 형식으로 위임하는 것은 법률유보원칙에 위배된다.

④ 포괄위임금지원칙은 법률의 명확성원칙이 위임입법에 관하여 구체화된 특별규정이므로, 수권법률조항의 명확성 원칙 위반 여부는 「헌법」 제75조의 포괄위임금지원칙 위반여부에 대한 심사로써 충족된다.

지문분석 **정답 ③**

① 【O】 **헌법 제75조** 대통령은 법률에서 구체적으로 범위를 정하여 위임받은 사항과 법률을 집행하기 위하여 필요한 사항에 관하여 대통령령을 발할 수 있다.

② 【O】 헌법 제75조에서 "법률에서 구체적으로 범위를 정하여 위임받은 사항에 관하여"라고 함은 법률 그 자체에 이미 대통령령으로 규정될 내용 및 범위의 기본적 사항이 구체적으로 규정되어 있어서 누구라도 당해 법률 그 자체에서 대통령령에 규정될 내용의 대강을 예측할 수 있어야 함을 의미하고, 그렇게 하지 아니한 경우에는 위임입법의 한계를 일탈한 것이라고 아니할 수 없다(헌재 1995. 9. 28. 93헌바50).

③ 【X】 오늘날 의회의 입법독점주의에서 입법중심주의로 전환하여 일정한 범위 내에서 행정입법을 허용하게 된 동기가 사회적 변화에 대응한 입법수요의 급증과 종래의 형식적 권력분립주의로는 현대사회에 대응할 수 없다는 기능적 권력분립론에 있다는 점 등을 감안하여 헌법 제40조와 헌법 제75조, 제95조의 의미를 살펴보면, 국회입법에 의한 수권이 입법기관이 아닌 행정기관에게 법률 등으로 구체적인 범위를 정하여 위임한 사항에 관하여는 당해 행정기관에게 법정립의 권한을 갖게 되고, 입법자가 규율의 형식도 선택할 수도 있다 할 것이므로, 헌법이 인정하고 있는 위임입법의 형식은 예시적인 것으로 보아야 할 것이고, 그것은 법률이 행정규칙에 위임하더라도 그 행정규칙은 위임된 사항만을 규율할 수 있으므로, 국회입법의 원칙과 상치되지도 않는다(헌재 2004. 10. 28. 99헌바91).

④ 【O】 포괄위임금지의 원칙은 행정부에 입법을 위임하는 수권법률의 명확성원칙에 관한 것으로서 법률의 명확성원칙이 위임입법에 관하여 구체화된 특별규정이라고 할 수 있다. 따라서 수권법률조항의 명확성원칙 위배 여부는 헌법 제75조의 포괄위임금지의 원칙의 위반 여부에 대한 심사로써 충족된다(헌재 2011. 2. 24. 2009헌바13 등).

41 위임입법에 대한 설명으로 옳지 않은 것은? 25년 국가직 7급

① 헌법 제75조는 위임입법의 근거를 마련하는 한편, 대통령령으로 입법할 수 있는 사항을 법률에서 구체적으로 범위를 정하여 위임받은 사항으로 한정함으로써 위임입법의 범위와 한계를 제시하고 있다.

② '소득평가액'과 '재산의 소득환산액'을 산정하는 '소득' 및 '재산'의 범위는 대통령령으로 정하고, '소득평가액'과 '재산의 소득환산액'의 구체적인 산정방법은 보건복지부령으로 정하도록 한 「기초연금법」상 소득인정액 조항은 사회보장적 급여의 성격을 가지는 기초연금에 관련된 내용을 형성하는 규정이기는 하지만, 수급대상자의 최저생활의 보장과 밀접한 사항을 형성하는 규정이므로 위임의 구체성·명확성의 요구가 상당 부분 강화된다.

③ 구 「도시 및 주거환경정비법」상 토지등소유자가 도시환경정비사업을 시행하는 경우 사업시행인가 신청시 필요한 토지등소유자의 동의요건을 정하는 것은 국민의 권리와 의무의 형성에 관한 기본적이고 본질적인 사항이므로 국회가 스스로 행하여야 하는 사항에 속하는 것임에도 불구하고, 사업시행인가 신청에 필요한 동의정족수를 토지등소유자가 자치적으로 정하여 운영하는 규약에 정하도록 한 것은 법률유보원칙에 위반된다.

④ 대법원규칙에서 정하는 이율은 최대 「소송촉진 등에 관한 특례법」 소정의 이율인 연 2할의 범위 내에서 책정되리라 예측할 수 있고, 반환하지 않는 금액의 상한은 항고보증금임을 법률로 직접 규정하고 있으므로 부동산 매각허가결정에 대한 즉시항고가 기각된 경우 항고인이 공탁한 항고보증금 중 반환하지 아니하는 금액의 이율을 상한의 제한 없이 대법원규칙에 위임하고 있는 「민사집행법」 조항은 포괄위임금지원칙에 위배되지 않는다.

지문분석 **정답 ②**

① 【O】 헌법 제75조는 위임입법의 근거를 마련하는 한편, 대통령령으로 입법할 수 있는 사항을 법률에서 구체적으로 범위를 정하여 위임받은 사항으로 한정함으로써 위임입법의 범위와 한계를 제시하고 있는 것으로, 이는 법률에서 일정한 사항을 하위법령에 위임하는 경우의 일반원칙으로서 대통령령뿐만 아니라 헌법 제95조에 의하여 총리령 또는 부령에 위임하는 경우에도 동일하게 적용된다(헌재 2016. 2. 25. 2015헌바191).

② 【X】 위임의 구체성·명확성의 요구 정도에 대해서는 그 규율대상의 종류와 성격에 따라 달라질 것인바, 일반적인 급부행정이나 조세감면 혜택을 부여하는 조세법규의 경우에는 위임의 구체성·명확성의 요구가 완화되어 그 위임의 요건과 범위가 덜 엄격하게 규정될 수 있으며, 규율대상이 지극히 다양하거나 수시로 변화하는 성질의 것일 때에도 마찬가지다. 이 사건 소득인정액 조항은 사회보장적 급여의 성격을 가지는 기초연금에 관련된 내용을 형성하는 규정이므로, 위임의 구체성·명확성의 요구가 상당 부분 완화된다. … 이 사건 소득인정액 조항이 포괄위임금지원칙에 위배된다고 보기는 어렵다(헌재 2016. 2. 25. 2015헌바191).

③ 【O】 토지등소유자가 도시환경정비사업을 시행하는 경우 사업시행인가 신청시 필요한 토지등소유자의 동의는, 개발사업의 주체 및 정비구역 내 토지등소유자를 상대로 수용권을 행사하고 각종 행정처분을 발할 수 있는 행정주체로서의 지위를 가지는 사업시행자를 지정하는 문제로서, 그 동의요건을 정하는 것은 국민의 권리와 의무의 형성에 관한 기본적이고 본질적인 사항이므로 국회가 스스로 행하여야 하는 사항에 속하는 것임에도 불구하고, 사업시행인가 신청에 필요한 동의정족수를 토지등소유자가 자치적으로 정하여 운영하는 규약에 정하도록 한 것은 법률유보원칙에 위반된다(헌재 2012. 4. 24. 2010헌바1).

④ 【O】 항고보증금 중 반환하지 않는 금액은 배당재원으로 편입되므로 그 금액은 즉시항고가 제기됨에 따라 배당채권자들이 경매절차 지연으로 입는 손해에 상응하여야 한다. 즉 대법원규칙에서 정하는 이율은 최대 '소송촉진 등에 관한 특례법' 소정의 이율인 연 2할의 범위 내에서 책정되리라 예측할 수 있고, 반환하지 않는 금액의 상한은 항고보증금임을 법률로 직접 규정하고 있다. 따라서 심판대상조항이 이율의 상한을 직접 규정하지 않았다고 하더라도 포괄위임금지원칙에 위배되지 아니한다(헌재 2014. 10. 30. 2013헌바368).

42 대통령의 입법에 관한 권한을 설명한 것으로 옳은 것은?

① 헌법의 명문규정상으로는 정부가 법률안의 제출권을 가진다고 되어 있지만, 대통령은 행정부의 수반으로 법률안을 제출할 수 있으며, 대통령제 국가에서는 본래 집행부에 법률안제출권을 인정하지 않는 것이 원칙이나, 의원내각제적 요소를 가미한 우리 헌법에서는 정부에 대해서도 법률안의 제출을 허용하고 있는 것이다. 정부의 법률안제출권은 제헌헌법 이래 현행 헌법에 이르기까지 정부의 법률안 제출권을 계속하여 인정하여 오고 있다.

② 법률안에 이의가 있을 때에는 대통령은 법률안이 정부에 이송되어 온 날로부터 15일 이내에 이의서를 붙여 국회로 환부하고, 그 재의를 요구할 수 있으나, 국회의 폐회중에는 그러하지 못한다.

③ 대통령이 정부에 이송된 법률은 15일 이내에 공포하지 아니한 때에도 법률안에 대하여 거부권을 행사한 것으로 본다.

④ 법률안거부권은 의회입법에 대한 견제수단으로 미국과 같은 대통령제 국가에서 발생한 것이다. 따라서 프랑스와 같은 이원정부제국가에서는 대통령에게 법률안거부권을 부여하고 있지 않다.

지문분석 **정답 ①**

② 【X】 폐회중에도 환부할 수 있다(헌법 제53조 제2항).

③ 【X】 대통령이 15일 이내에 공포나 재의의 요구를 하지 아니한 때에도 그 법률안은 법률로서 확정된다(헌법 제53조 제5항).

④ 【X】 대통령의 법률안거부권은 미국연방헌법에서 유래한 것으로, 국회의 부당하거나 경솔한 입법을 견제하고 권력 간의 상호통제기능을 하는 장치로서 국회를 통과한 법률안에 대한 형식적 심사권뿐만 아니라 그 내용에 적부에 관한 실질적 심사권까지 포함된다. 이원정부제를 채택하고 있는 프랑스의 대통령은 통치자라기보다 오히려 조정자적 입장이다. 프랑스의 대통령은 법률안거부권 · 의회해산권 · 국민투표부의권 · 의회다수파의 지지를 받을 수 있는 수상의 선택권 등이 있다. 그러나 대통령이 스스로 입법이나 정부에 관여하는 것은 헌법 제16조의 비상대권발동이나 고급공직자임명의 경우에 한정된다.

43 대통령의 법률안 거부권에 대한 설명으로 옳은 것은? 17년 국가직 7급

① 법률안에 대한 대통령의 재의 요구가 있을 때에는 국회는 재의에 붙여야 하며, 이 경우 재적의원 3분의 2 이상의 찬성으로 전과 같은 의결을 해야 그 법률안은 법률로서 확정될 수 있다.

② 헌법은 법률안에 이의가 있을 경우 대통령이 15일 이내에 이의서를 붙여 국회로 환부하여 재의를 요구해야 하지만, 국회가 임기만료로 폐회된 경우에는 그러하지 아니하다고 규정하고 있다.

③ 대통령이 법률안의 일부 조항에 대해 이의가 있어 그 일부에 대해 거부권을 행사한 경우 국회는 그 일부 조항에 대해서만 재의에 붙여야 한다.

④ 국회에서 의결된 법률안이 정부에 이송되어 15일 이내에 대통령이 공포나 재의의 요구를 하지 아니한 때에도 그 법률안은 법률로서 확정된다.

지문분석 **정답 ④**

① 【X】 법률안에 대한 대통령의 재의의 요구가 있을 때에는 국회는 재의에 부치고, 재적의원 과반수의 출석과 출석의원 3분의 2이상의 찬성으로 전과 같은 의결을 하면 그 법률안은 법률로서 확정된다(헌법 제53조 제4항).
② 【X】 법률안에 이의가 있을 때에는 대통령은 15일 이내에 이의서를 붙여 국회로 환부하고, 그 재의를 요구할 수 있다. 국회의 폐회중에도 또한 같다(헌법 제53조 제2항).
③ 【X】 대통령은 법률안의 일부에 대하여 또는 법률안을 수정하여 재의를 요구할 수 없다(헌법 제53조 제3항).
④ 【O】 헌법 제53조 제5항

44 행정입법과 관련된 헌법재판소의 판시내용과 일치하지 않는 것은?

① 법령에 의하여 일반적으로 금지된 행위를 특정한 경우에 해제하여 일정한 행위를 적법하게 할 수 있도록 해 주는 경찰허가의 경우 법령에 허가기준에 관하여 특별한 규정이 없는 경우에는 허가관청의 재량에 속하는 것이고 또한 그 허가는 법률에 의하여 금지된 영업의 자유를 회복하는 것으로서 허가를 받아야만 영업을 할 수 있도록 하여 영업의 자유를 제한하는 것과는 근본적으로 성질을 달리하므로 허가의 기준은 반드시 법률로써 정하여야 하는 사항은 아니다.
② 직업안정법 제10조 제1항에서 유료직업소개업을 하려면 허가를 받도록 하여 영업의 자유를 제한하면서 그 제2항에서는 허가의 종류, 요건 등 허가기준을 대통령령으로 정하여 허가를 허가기준에 따라 기속행위로 하도록 한 것이므로 위 제10조 제2항을 헌법 제75조가 금지하는 포괄위임에 해당한다고 할 수 없다.
③ 조례의 제정권자인 지방의회는 선거를 통해서 그 지역적인 민주적 정당성을 지니고 있는 주민의 대표기관이고 헌법이 지방자치단체에 포괄적인 자치권을 보장하고 있는 취지로 볼 때, 조례에 대한 법률의 위임은 법규명령에 대한 법률의 위임과 같이 반드시 구체적으로 범위를 정하여 할 필요가 없으며 포괄적인 것으로 족하다
④ 행정규칙은 법규명령과 같은 엄격한 제정 및 개정절차를 요하지 아니하므로, 재산권 등과 같은 기본권을 제한하는 작용을 하는 법률이 입법위임을 할 때에는 "대통령령", "총리령", "부령" 등 법규명령에 위임하여야 하고 전문적 · 기술적 사항이나 경미한 사항이라는 이유만으로 행정규칙으로 위임하도록 허용할 수 없는 것이다.

지문분석 **정답 ④**

①,② 【O】 유료직업소개사업의 허가와 같은 이른바 경찰허가는 법령에 의하여 일반적으로 금지된 행위를 특정한 경우에 해제하여 일정한 행위를 적법하게 할 수 있도록 해 주는 행정행위로서 허가의 기준이 법령에 정하여진 경우에는 그 허가 여부는 기속행위에 속하는 것이지만 허가기준이 법령에 정하여지지 않은 경우에는 그 허가는 허가관청이 허가 여부를 합목적적으로 판단하여 행하는 재량행위라고 할 것이다. 따라서 이 사건 유료직업소개업의 허가도 법령에 허가기준에 관하여 특별한 규정이 없는 경우에는 허가관청인 노동부장관의 재량에 속하는 것이고 또한 그 허가는 법률에 의하여 금지된 영업의 자유를 회복하는 것으로서 허가를 받아야만 영업을 할 수 있도록 하여 영업의 자유를 제한하는 것과는 근본적으로 성질을 달리하므로 허가의 기준은 반드시 법률로써 정하여야 하는 사항은 아니라고 할 것이나, 허가에 관한 업무의 통일성, 허가관청의 재량권 남용방지 등을 위하여

허가의 기준을 설정하고 그 기준에 따라 허가업무를 수행하는 것이 바람직하여 직업안정법 제10조 제1항에서 유료직업소개업을 하려면 허가를 받도록 하여 영업의 자유를 제한하면서 그 제2항에서는 허가의 종류, 요건 등 허가기준을 대통령령으로 정하여 허가를 허가기준에 따라 기속행위로 하도록 한 것이므로 위 제10조 제2항을 헌법 제75조가 금지하는 포괄위임에 해당한다고 할 수 없다(헌재 1996.10.31. 93헌바14).

③ 【O】 조례의 제정권자인 지방의회는 선거를 통해서 그 지역적인 민주적 정당성을 지니고 있는 주민의 대표기관이고 헌법이 지방자치단체에 포괄적인 자치권을 보장하고 있는 취지로 볼 때, 조례에 대한 법률의 위임은 법규명령에 대한 법률의 위임과 같이 반드시 구체적으로 범위를 정하여 할 필요가 없으며 포괄적인 것으로 족하다(헌재 2004.9.23. 2002헌바76).

④ 【X】 행정규칙은 법규명령과 같은 엄격한 제정 및 개정절차를 요하지 아니하므로, 재산권 등과 같은 기본권을 제한하는 작용을 하는 법률이 입법위임을 할 때에는 "대통령령", "총리령", "부령" 등 법규명령에 위임함이 바람직하고, 금융감독위원회의 고시와 같은 형식으로 입법위임을 할 때에는 적어도 행정규제기본법 제4조 제2항 단서에서 정한 바와 같이 법령이 전문적·기술적 사항이나 경미한 사항으로서 업무의 성질상 위임이 불가피한 사항에 한정된다 할 것이고, 그러한 사항이라 하더라도 포괄위임금지의 원칙상 법률의 위임은 반드시 구체적·개별적으로 한정된 사항에 대하여 행하여져야 한다(헌재 2004.10.28. 99헌바91).

45 **행정입법에 관한 설명으로 옳지 않은 것은?**

① 행정부에서 제정된 대통령령에서 규정한 내용이 정당한 것인지 여부와 위임의 적법성에는 직접적인 관계가 있으므로 대통령령으로 규정한 내용이 헌법에 위반된다면 그 대통령령의 규정뿐만 아니라 입법권을 위임한 수권법률조항까지도 위헌이 되는 것이다.

② 헌법이 인정하고 있는 위임입법의 형식은 예시적인 것으로 보아야 할 것이고, 그것은 법률이 행정규칙에 위임하더라도 그 행정규칙은 위임된 사항만을 규율할 수 있으므로, 국회입법의 원칙과 상치되지도 않는다.

③ 법률이 입법위임을 할 때에는 "대통령령", "총리령", "부령" 등 법규명령에 위임함이 바람직하고, 고시와 같은 형식으로 입법위임을 할 때에는 적어도 행정규제기본법 제4조 제2항 단서에서 정한 바와 같이 법령이 전문적·기술적 사항이나 경미한 사항으로서 업무의 성질상 위임이 불가피한 사항에 한정된다 할 것이고, 그러한 사항이라 하더라도 포괄위임금지의 원칙상 법률의 위임은 반드시 구체적·개별적으로 한정된 사항에 대하여 행하여져야 한다.

④ 금융산업구조개선에관한법률 제2조 제3호 가목은 부실금융기관을 결정할 때 '부채와 자산의 평가 및 산정'의 기준에 관하여, 위 법률 제10조 제1항·제2항은 적기시정조치의 기준과 내용에 관하여 금융감독위원회의 고시에 위임하고 있는바, 이러한 입법위임된 사항은 전문적·기술적인 것으로 업무의 성질상 금융감독위원회의 고시로 위임함이 불가피한 사항일 뿐만 아니라, 위 각 법률규정 자체에서 금융감독위원회의 고시로 규제될 내용 및 범위의 기본사항이 구체적으로 규정되어 있어 누구라도 위 규정으로부터 금융감독위원회의 고시에 규정될 내용의 대강을 예측할 수 있다 할 것이어서, 포괄위임입법금지를 선언한 헌법 제75조에 위반되지 아니한다.

지문분석 **정답 ①**

① 【X】 행정부에서 제정된 대통령령에서 규정한 내용이 정당한 것인지 여부와 위임의 적법성에는 직접적인 관계가 없다. 따라서 대통령령으로 규정한 내용이 헌법에 위반될 경우라도 그 대통령령의 규정이 위헌으로 되는 것은 별론으로 하고 그로 인하여 정당하고 적법하게 입법권을 위임한 수권법률조항까지도 위헌으로 되는 것은 아니다 (헌재 1996.6.26. 93헌바2).

②,③ 【O】 헌법재판소는 헌법이 인정하고 있는 위임입법의 형식은 예시적인 것으로 보아 예외적으로 행정규칙으로의 위임을 인정하고 있다(헌재 2004.10.28. 99헌바91).

④ 【O】 헌재 2004.10.28. 99헌바91

46 행정입법에 관한 설명 중 옳지 않은 것을 모두 고른 것은? (다툼이 있는 경우 판례에 의함)

17년 변호사

> ㉠ 삼권분립의 원칙, 법치행정의 원칙을 당연한 전제로 하고 있는 우리 헌법 하에서 행정권의 행정입법 등 법집행의무는 헌법적 의무라고 보아야 할 것이므로, 하위 행정입법의 제정 없이 상위 법령의 규정만으로 집행이 이루어질 수 있는 경우라도 하위 행정입법을 하여야 할 헌법적 작위의무는 인정된다.
>
> ㉡ 법령의 직접적인 위임에 따라 수임행정기관이 그 법령을 시행하는데 필요한 구체적 사항을 정한 것이면, 그 제정형식이 고시, 훈령, 예규 등과 같은 행정규칙이더라도 그것이 상위법령의 위임한계를 벗어나지 아니하는 한, 상위법령과 결합하여 대외적인 구속력을 갖는 법규명령으로서 기능하고 있는 것으로 볼 수 있으므로 「헌법재판소법」 제68조 제1항에 의한 헌법소원의 대상이 되는 공권력 행사에 해당한다.
>
> ㉢ 헌법이 인정하고 있는 위임입법의 형식은 예시적인 것으로 보아야 하고, 법률이 일정한 사항을 행정규칙에 위임하더라도 그 행정규칙은 위임된 사항만을 규율할 수 있으므로 국회입법의 원칙과 상치된다고 할 수 없다.
>
> ㉣ 법령에서 행정처분의 요건 중 일부 사항을 부령으로 정할 것을 위임한 데 따라 시행규칙 등 부령에서 이를 정한 경우에 그 부령의 규정은 국민에 대해서도 구속력이 있는 법규명령에 해당한다고 할 것이지만, 법령의 위임이 없음에도 법령에 규정된 처분 요건에 해당하는 사항을 부령에서 변경하여 규정한 경우에는 그 부령의 규정은 행정청 내부의 사무처리 기준 등을 정한 것으로서 행정조직 내에서 적용되는 행정명령의 성격을 지닐 뿐 국민에 대한 대외적 구속력은 없다.

① ㉠　　② ㉠, ㉡
③ ㉡, ㉣　　④ ㉢, ㉣
⑤ ㉠, ㉢, ㉣

지문분석 **정답 ①**

옳지 않은 것은 ㉠이다.

㉠【X】 삼권분립의 원칙, 법치행정의 원칙을 당연한 전제로 하고 있는 우리 헌법 하에서 행정권의 행정입법 등 법 집행의무는 헌법적 의무라고 보아야 할 것이다. 그런데 이는 행정입법의 제정이 법률의 집행에 필수불가결한 경우로서 행정입법을 제정하지 아니하는 것이 곧 행정권에 의한 입법권 침해의 결과를 초래하는 경우를 말하는 것이므로, 만일 하위 행정입법의 제정 없이 상위 법령의 규정만으로도 집행이 이루어질 수 있는 경우라면 하위 행정입법을 하여야 할 헌법적 작위의무는 인정되지 아니한다(헌재 2005.12.22, 2004헌마66).

㉡【O】 법령의 직접적인 위임에 따라 수임행정기관이 그 법령을 시행하는데 필요한 구체적 사항을 정한 것이면, 그 제정형식은 비록 법규명령이 아닌 고시, 훈령, 예규 등과 같은 행정규칙이더라도, 그것이 상위법령의 위임한계를 벗어나지 아니하는 한, 상위법령과 결합하여 대외적인 구속력을 갖는 법규명령으로서 기능하게 된다고 보아야 할 것인바, 청구인이 법령과 예규의 관계규정으로 말미암아 직접 기본권침해를 받았다면 이에 대하여 바로 헌법소원심판을 청구할 수 있다(헌재 1992.6.26, 91헌마25).

㉢【O】 헌법이 인정하고 있는 위임입법의 형식은 예시적인 것으로 보아야 한다. 법률이 일정한 사항을 행정규칙에 위임하더라도 그 행정규칙은 위임된 사항만을 규율할 수 있으므로, 국회입법의 원칙과 상치되지 않는다. 다만 고시와 같은 행정규칙에 위임하는 것은 전문적·기술적 사항이나 경미한 사항으로서 업무의 성질상 위임이 불가피한 사항에 한정된다(헌재 2016.3.31, 2014헌바382).

㉣【O】 법령에서 행정처분의 요건 중 일부 사항을 부령으로 정할 것을 위임한 데 따라 시행규칙 등 부령에서 이를 정한 경우에 그 부령의 규정은 국민에 대해서도 구속력이 있는 법규명령에 해당한다고 할 것이지만, 법령의 위임이 없음에도 법령에 규정된 처분 요건에 해당하는 사항을 부령에서 변경하여 규정한 경우에는 그 부령의 규정은 행정청 내부의 사무처리 기준 등을 정한 것으로서 행정조직 내에서 적용되는 행정명령의 성격을 지닐 뿐 국민에 대한 대외적 구속력은 없다고 보아야 한다. 따라서 어떤 행정처분이 그와 같이 법규성이 없는 시행규칙 등의 규정에 위배된다고 하더라도 그 이유만으로 처분이 위법하게 되는 것은 아니라 할 것이고, 또 그 규칙 등에서 정한 요건에 부합한다고 하여 반드시 그 처분이 적법한 것이라고 할 수도 없다. 이 경우 처분의 적법 여부는 그러한 규칙 등에서 정한 요건에 합치하는지 여부가 아니라 일반 국민에 대하여 구속력을 가지는 법률 등 법규성이 있는 관계 법령의 규정을 기준으로 판단하여야 한다(대판 2013.9.12, 2011두10584).

47 다음 중 헌법재판소에 의하여 포괄적 위임입법금지의 원칙에 반하는 것은?

① 제한상영가 상영등급분류의 구체적 기준을 영상물등급위원회의 규정에 위임하고 있는 영화진흥법 규정

② 노동부장관이 건강진단기관에 대하여 지정을 취소하거나 업무의 정지를 명할 수 있는 사유를 “기타 대통령령이 정하는 사유에 해당하는 때”라고 대통령령에 위임한 구 산업안전보건법 규정

③ 대통령령이 정하는 바에 의하여 감리자를 지정하고, 건설교통부령이 정하는 절차 등에 의하여 공사감리비를 지급하도록 한 구 주택법 규정

④ 소득세 산정의 기준이 되는 “총수입금액과 필요경비의 귀속연도”, “취득가액의 계산”이나 “기타 자산·부채 등의 평가”의 개념과 기준을 대통령령에 위임한 소득세법 규정.

지문분석 **정답 ①**

① 【X】 헌재 2008.07.31. 2007헌가4 결정에서 **헌법불합치**로 판시.

1. 영진법 제21조 제3항 제5호는 '제한상영가' 등급의 영화를 '상영 및 광고 · 선전에 있어서 일정한 제한이 필요한 영화'라고 규정하고 있는데, 이 규정은 제한상영가 등급의 영화가 어떤 영화인지를 말해주기보다는 제한상영가 등급을 받은 영화가 사후에 어떠한 법률적 제한을 받는지를 기술하고 있는바, 이것으로는 제한상영가 영화가 어떤 영화인지를 알 수가 없고, 따라서 영진법 제21조 제3항 제5호는 명확성원칙에 위배된다.
2. 한편, 영진법 제21조 제7항 후문 중 '제3항 제5호' 부분의 위임 규정은 영화상영등급분류의 구체적 기준을 영상물등급위원회의 규정에 위임하고 있는데, 이 사건 위임 규정에서 위임하고 있는 사항은 제한상영가 등급분류의 기준에 대한 것으로 그 내용이 사회현상에 따라 급변하는 내용들도 아니고, 특별히 전문성이 요구되는 것도 아니며, 그렇다고 기술적인 사항도 아닐 뿐만 아니라, 더욱이 표현의 자유의 제한과 관련되어 있다는 점에서 경미한 사항이라고도 할 수 없는데도, 이 사건 위임 규정은 영상물등급위원회 규정에 위임하고 있는바, 이는 그 자체로서 포괄위임금지원칙을 위반하고 있다고 할 것이다. 나아가 이 사건 위임 규정은 등급분류의 기준에 관하여 아무런 언급 없이 영상물등급위원회가 그 규정으로 이를 정하도록 하고 있는바, 이것만으로는 무엇이 제한상영가 등급을 정하는 기준인지에 대해 전혀 알 수 없고, 다른 관련규정들을 살펴보더라도 위임되는 내용이 구체적으로 무엇인지 알 수 없으므로 이는 포괄위임금지원칙에 위반된다 할 것이다.
3. 영진법 제21조 제3항 제5호가 전환된 영비법 제29조 제2항 제5호도 제한상영가 등급의 영화를 종전과 똑 같이 규정하고 있는바, 이 역시 명확성원칙에 위반된다 할 것이다.
   한편, 이 사건 심판대상규정들에 대해 위헌결정을 하여 당장 그 효력을 상실시킬 경우 법적 공백상태가 발생할 것이므로 이를 방지하기 위하여 헌법불합치결정을 선언하는바, 영비법 제29조 제2항 제5호는 입법자가 2009. 12. 31.을 기한으로 새 입법을 마련할 때까지 잠정 적용하여야 하며, 영진법 규정은 당해 사건과 관련하여서는 여전히 효력을 유지하고 있으므로 당해 사건에 관해 그 적용을 중지하고, 영비법이 개정될 때를 기다려 개정된 신법을 적용하여야 할 것이다.

② 【O】 헌재 2009.05.28. 2007헌가18 결정에서 **합헌**으로 판시.
③ 【O】 헌재 2009.06.25. 2007헌바39 결정에서 **합헌**으로 판시.
④ 【O】 헌재 2010.02.25. 2009헌바92 결정에서 **합헌**으로 판시.

48 **다음 중 헌법재판소에 의하여 포괄적 위임입법금지의 원칙에 반하는 것은?**

① "약국을 관리하는 약사 또는 한약사는 보건복지부령으로 정하는 약국관리에 필요한 사항을 준수하여야 한다"는 약사법 제19조 제4항의 규정 위반자를 200만원 이하의 벌금에 처하도록 한 약사법 제77조 제1호 중 '제19조 제4항 부분'
② 구 조세특례제한법(1998. 12. 28. 법률 제5584호로 개정된 것) 제37조 제7항 규정 중, "…제2항의 규정에 의한 부채비율 및 기준부채비율의 산정 기타 필요한 사항은 대통령령으로 정한다."는 부분
③ 종합토지세 분리과세 대상토지를 대통령령에 위임하고 있는 지방세법 제234조의15 제2항 제6호 중 '대통령령으로 정하는 토지의 가액' 부분
④ 수도권지역에서 공장 신설등의 총허용량을 정한 뒤 이를 초과하는 부분의 신설등을 제한하는 공장총량제를 규정한 수도권정비계획법 제18조

지문분석 **정답 ①**

① 【X】 헌재 2000.7.20. 99헌가15 결정에서 **위헌**으로 판시.
이 사건 법률조항은 '약국관리에 필요한 사항'이라는 처벌법규의 구성요건 부분에 관한 기본사항에 관하여 보다 구체적인 기준이나 범위를 정함이 없이 그 내용을 모두 하위법령인 보건복지부령에 포괄적으로 위임함으로써, 약사로 하여금 광범위한 개념인 '약국관리'와 관련하여 준수하여야 할 사항의 내용이나 범위를 구체적으로 예측할 수 없게 하고, 나아가 헌법이 예방하고자 하는 행정부의 자의적인 행정입법을 초래할 여지가 있으므로, 헌법상 포괄위임입법금지 원칙 및 죄형법정주의의 명확성 원칙에 위반된다.

② 【O】 헌재 2001.11.29. 2000헌바95 결정에서 **합헌**으로 판시.
이 사건 심판대상조항 중의 '부채비율'은 일반적인 회계관행상 부채를 자본으로 나눈 비율을 의미함을 인정할 수 있고, 부채 및 자본에 대해서는 기업회계기준에 명확히 규정되어 있으며, 이러한 내용은 기업회계에 있어서 의무지워져 있어 일반적으로 널리 채택되고 있는 사실을 인정할 수 있다. 그렇다면, 부채비율은 사람의 가치관에 따라서 그 내용이 달라지는 이른바 가치개념이라고 하기 보다는 기술적인 도구개념임을 인정할 수 있고, 이의 구체적 내용을 별도로 규정할 필요는 특히 인정된다고 할 수 없을 것이다. 또한, 이 사건 심판대상조항 중의 '기준부채비율'은 면제된 특별부과세의 추징금을 산정하는 도구개념으로 사용된 것으로서, 부동산 등을 양도한 당해회계연도의 대차대조표상의 부채비율을 기준부채비율로 채택하거나 또는 부동산을 양도한 직전회계연도의 대차대조표상의 부채비율을 그 기준부채비율로 채택하게 될 것임을 예상할 수 있고, 이러한 기준부채비율의 산정을 대통령령에 위임하였다고 하여 곧바로 포괄위임에 해당하거나 실질적 조세법률주의에 위배된다고는 볼 수 없다.

③ 【O】 헌재 2006.2.23. 2004헌바79 결정에서 **합헌**으로 판시.
구 지방세법 제234조의15 제2항 단서 제6호 중 '종합토지세를 분리과세하여야 할 상당한 이유가 있는 것으로서 대통령령으로 정하는 토지의 가액' 부분은 다소 추상적 · 포괄적이기는 하나 분리과세의 제도적 성격상 분리과세 표준에는 매우 다양하고 상이한 요소들이 혼재되어 있어 분리과세 대상토지의 종류나 범위를 적절히 분류할 수 있는 공통적 표지를 발견하기가 어렵고, 또 분리과세의 대상으로 삼을 것인지의 문제는 경제상황의 변천, 토지정책의 향방, 관련법규의 변경 등에 대응하여 탄력적 · 유동적으로 규율할 필요가 크므로 국회제정법률로 개별적 · 구체적으로 상세히 규율하는 것이 부적절하며, 종합토지세 및 분리과세제도의 취지에 분리과세 대상토지를 예시하고 있는 제3호 내지 제5호 등 관련 법조항을 종합하여 보면, 대통령령에 위임될 분리과세 대상토지의 대강을 전혀 짐작할 수 없는 것도 아니므로 조세법률주의나 포괄위임입법금지원칙에 위반되지 아니한다.

④ 【O】 헌재 2001.11.29. 2000헌바78 결정에서 **합헌**으로 판시.
수도권정비계획법 제2조 제1호에서의 수도권이란 용어의 통상적인 의미에 의하여 시행령에서 규정할 수도권의 범위를 충분히 예측할 수 있고, 수도권정비계획법 제18조 제2항은 공장에 대한 총량규제에 관하여 대통령령에 위임할 내용을 "공장에 대한 총량규제의 내용과 방법"으로 규정하고 있는바, 총량규제의 대상이 되는 공장의 종류, 총량규제의 내용과 방법 등을 사회적 · 경제적 상황에 따라 탄력적으로 규제할 필요성이 있고, 수도권정비계획법 제18조 제2항의 입법 취지와 제6조 내지 제9조, 제18조 제1항과의 관련성 등 이 사건 법률의 전반적인 체계와 관련 조항에 비추어 수도권에서의 공장의 신설등에 대하여 매년 시 · 도 등 지방자치단체별로 그 총량이 정하여지고 그 범위 내에서 공장의 신설등이 허용될 것이라는 점을 충분히 예측할 수 있으므로, 이 사건 법률조항이 포괄위임입법금지에 관한 헌법 제75조에 위반된다고 볼 수 없다.

49 포괄위임입법금지원칙과 관련된 헌법재판소의 판례와 일치하지 않는 것은?

① 부정당업자에 대하여 정부투자기관이 발주한 입찰공고에 따라 청약할 수 없도록 입찰자격을 제한하고 있는 정부투자기관관리기본법은 직업의 자유를 침해한다거나 평등원칙에 위반되지 않으나, 자격제한기간을 특정하지 않은 채 단지 "일정기간"이라고만 규정하여 입찰참가자격 제한기간의 상한을 정하지 않고 있는바, 이는 자격제한사유에 해당하는 자로 하여금 위 조항의 내용만으로 자격제한의 기간을 전혀 예측할 수 없게 하고 동시에 법집행당국의 자의적인 집행을 가능하게 하는 것이므로 위 법률조항은 명확성의 원칙에 위반되고, "입찰참가자격의 제한기간을 재정경제부령으로 정하도록 한 부분"은 포괄위임입법금지원칙에 위배된다.

② 차입금과다법인이 '대통령령이 정하는 용도에 사용하는 부동산'을 보유할 경우 지급이자를 손금에 산입하지 않는 구 법인세법은 어떠한 부동산에 대한 지급이자를 손금에 산입하지 않을 것인지의 대강의 기준조차 법률에서규정하지 않고 막연히 "대통령령이 정하는 용도"라고 규정하였으므로 포괄위임입법금지원칙에 위배된다.

③ 법인이사의 취임승인 취소사유를 대통령령으로 위임한 공익법인의설립운영에관한법률은 구체적으로 어떠한 행위에 대하여 주무관청이 공익법인의 이사의 취임승인을 취소할 것인지 명확하지 않아서 포괄적으로 취임승인취소사유를 백지위임하는 것으로서 허용될 수 없는 것이다.

④ 개발이익환수에관한법률 제5조 제1항 제10호는 개발부담금의 부과대상인 개발사업의 하나로 '지목변경이 수반되는 사업으로서 대통령령이 정하는 사업'이라고 규정함으로써 대통령령에서 정할 사업의 내용을 '지목변경이 수반되는 사업'이라고 분명히 구체화하여 위임하고 있으므로 포괄위임입법금지원칙에 위반되지 아니한다.

지문분석 **정답 ②**

① **[O]** 입찰참가자격제한제도는 부정당업자에 대하여 정부투자기관이 발주한 입찰공고에 따라 청약을 할 수 있는 법적 지위를 부정당업자 지정 이후로 완전히 박탈하는 것이 아니라 일정기간 동안 제한할 뿐이고, 그 제한도 정부투자기관이 행하는 입찰참가자격에 한정하고 있을 뿐이므로 정부투자기관이 부정당업자에 대하여 입찰참가자격을 제한할 수 있도록 한 제도 자체가 비례의 원칙에 위반되어 직업의 자유를 침해한다거나 평등원칙에 위반된다고 볼 수 없다.

그러나 정부투자기관이 계약을 체결함에 있어서 공정한 경쟁 또는 계약의 적정한 이행을 해칠 것이 명백하다고 판단되는 자에 대하여 일정기간 입찰참가자격을 제한할 수 있도록 한 정부투자기관관리기본법 제20조 제2항은 입찰참가자격제한의 핵심적·본질적 요소라고 할 수 있는 자격제한기간을 특정하지 않은 채 단지 "일정기간"이라고만 규정하여 입찰참가자격 제한기간의 상한을 정하지 않고 있는바, 이는 자격제한사유에 해당하는 자로 하여금 위 조항의 내용만으로 자격제한의 기간을 전혀 예측할 수 없게 하고 동시에 법집행당국의 자의적인 집행을 가능하게 하는 것이므로 위 법률조항은 명확성의 원칙에 위반된다.

한편 정부투자기관관리기본법 제20조 제3항 중 "입찰참가자격의 제한기간을 재정경제부령으로 정하도록 한 부분"은 정부투자기관의 입찰참가자격제한처분권한을 규정한 정부투자기관관리기본법 제20조 제2항에서 자격제한기간의 상한을 정하지 않은 채 "일정기간"이라고 불명확하게 규정함으로 말미암아 하위법령인 재정경제부령에 자격제한기간을 전적으로 모두 위임한 것과 같은 결과를 초래하게 되었으므로 포괄위임금지원칙에 위반된다(헌재 2005.4.28. 2003헌바40. **정부투자기관관리기본법 제20조 제2항 등 위헌소원). 헌법불합치(적용계속)**

② 【X】 차입금과다법인이 특정 자산을 보유할 경우 지급이자를 손금에 산입하지 아니한다는 내용을 규정하고 있는 구 법인세법 제18조의3 제2항 제3호의 입법취지는 재무구조가 취약한 법인의 비생산적인 자산보유를 억제하여 자기자본의 비율을 제고시키고 생산적인 기업자금의 운용을 유도하려는 데에 있으므로, 위 법률조항이 그러한 자산의 범위를 대통령령에 위임하고 있기는 하지만, 이 사건 법률조항이 말하는 "대통령령이 정하는 용도에 사용하는 부동산"은 법 제18조의3 제1항 제1호에 규정된 법인의 비업무용 부동산을 제외한 것으로서 그 객관적인 용도에 비추어 보아 타인자본의 비율이 높은 법인으로 하여금 이를 보유하도록 하는 것 자체가 기업자금의 비효율적 · 비생산적인 운용이라고 인정되는 경우를 말한다고 할 것으로서, 전후의 관련규정을 유기적 · 체계적으로 종합하여, 그 자산의 대상이 부동산으로 제한되고 임야 등이 예시되어 있는 점, 그 위임의 기준이 객관적인 용도에 따르도록 제한되어 있는 점 등을 감안하여 보면, 위 법률조항 중 위임부분인 "대통령령이 정하는 용도에 사용하는 부동산" 부분은 그 위임범위의 대강을 객관적으로 예측할 수 있는 경우에 해당한다(헌재 2002.10.3. 2000헌바14. **구 법인세법 제18조의3 제2항 제3호 위헌소원**).

③ 【O】 이 사건 법률조항은 구체적으로 어떠한 행위에 대하여 주무관청이 공익법인의 이사의 취임승인을 취소할 것인지 명확하지 않다. 공익법인의 이사의 취임승인취소로 인하여 침해당하는 직업수행의 자유가 직업결정의 자유에 비하여 상대적으로 침해의 범위가 작고, 공공복리 등 공익상의 목적에 의하여 비교적 넓은 규제가 가능하다고 하더라도 이 사건 법률조항과 같이 포괄적으로 취임승인취소사유를 백지위임하는 것은 허용될 수 없다(헌재 2004.7.15. 2003헌가2. **공익법인의설립 · 운영에관한법률 제14조 제2항 위헌제청**). **위헌결정**

④ 【O】 헌재 2000.8.31. 99헌바104

50 포괄위임입법금지의 원칙과 관련하여 헌법재판소의 입장과 일치하지 <u>않는</u> 것은?

① 일반건설업 또는 전문건설업의 등록기준이 되는 기술능력 · 자본금 · 시설 및 장비와 기타 필요한 사항을 대통령령으로 정하도록 규정한 구 건설산업기본법 제10조는 포괄위임금지원칙에 위배되지 않는다.

② 자원의절약과재활용촉진에관한법률 제12조 제1항이 폐기물 부담금 부과대상 및 폐기물 부담금의 산출기준을 대통령령으로 위임하고 있다 하더라도, 포괄위임입법금지원칙에 위배되지 않는다.

③ 집행명령은 근거법령인 상위법령이 폐지되면 특별한 규정이 없는 이상 실효되는 것이나, 상위법령이 개정됨에 그친 경우에는 개정법령과 성질상 모순, 저촉되지 아니하고 개정된 상위법령의 시행에 필요한 사항을 규정하고 있는 이상 그 집행명령은 상위법령의 개정에도 불구하고 당연히 실효되지 아니하고 개정법령의 시행을 위한 집행명령이 제정, 발효될 때까지는 여전히 그 효력을 유지한다.

④ 일반적으로 법률의 위임에 의하여 효력을 갖는 법규명령의 경우, 구법에 위임의 근거가 없어 무효였다면 사후에 법개정으로 위임의 근거가 부여된다 하더라도 그 때부터 무효인 법규명령이 유효한 법규명령이 되는 것은 아니며, 구법의 위임에 의한 유효한 법규명령이 법개정으로 위임의 근거가 없어지게 되면 그 때부터 무효인 법규명령이 된다.

지문분석 **정답 ④**

① 【O】 일반건설업 또는 전문건설업의 등록기준이 되는 기술능력 · 자본금 · 시설 및 장비와 기타 필요한 사항을 대통령령으로 정하도록 규정한 구 건설산업기본법 제10조는 처벌법규와 같이 법률전속적 요구가 강한 규율영역에는 해당하지 아니한다는 점, 사회변화 등에 따른 건설업 등록기준의 가변성을 고려할 때 위임의 구체성 · 명확성의 요구는 완화된다. 한편 건설산업기본법의 여러 규정들을 종합하면 건설업의 등록기준으로 건설업자의 사업수행을 위한 자본금의 유지 및 보증에 관한 사항이 규정될 수 있음을 예측할 수 있다고 할 것이므로 포괄위임금지원칙에 위배되지 않는다(헌재 2008.4.24. 2004헌바48).

② 【O】 자원의절약과재활용촉진에관한법률 제12조 제1항이 폐기물 부담금 부고·대상 및 폐기물 부담금의 산출기준을 대통령령으로 위임하고 있다 하더라도, 폐기물부담금이 부과되는 대상은 그 종류가 지극히 다양하고, 재활용기술의 발전에 따라 폐기물부담금의 부과대상 제품 등의 종류가 수시로 변화될 가능성이 있고, 부과대상 선정에 있어서도 폐기물 및 재활용 처리 기술과 비용, 전반적인 폐기물처리체계의 효율성 등에 대한 고도의 전문성이 요구되는 기술적인 분야이므로, 이에 관하여는 보다 탄력적인 행정입법의 위김이 필요하므로 포괄위임입법금지원칙에 위배되지 않는다(헌재 2008.5.29. 2005헌바48).

③ 【O】 집행명령은 근거법령인 상위법령이 폐지되면 특별한 규정이 없는 이상 실효되는 것이나, 상위법령이 개정됨에 그친 경우에는 개정법령과 성질상 모순, 저촉되지 아니하고 개정된 상위법령의 시행에 필요한 사항을 규정하고 있는 이상 그 집행명령은 상위법령의 개정에도 불구하고 당연히 실효되지 아니하고 개정법령의 시행을 위한 집행명령이 제정, 발효될 때까지는 여전히 그 효력을 유지한다(대판 1989.9.12. 88누6962).

④ 【X】 일반적으로 법률의 위임에 의하여 효력을 갖는 법규명령의 경우, 구법에 위임의 근거가 없어 무효였더라도 사후에 법개정으로 위임의 근거가 부여되면 그 때부터는 유효한 법규명령이 되나, 반대로 구법의 위임에 의한 유효한 법규명령이 법개정으로 위임의 근거가 없어지게 되면 그 때부터 무효인 법규명령이 되므로, 어떤 법령의 위임 근거 유무에 따른 유효 여부를 심사하려면 법개정의 전 · 후에 걸쳐 모두 심사하여야만 그 법규명령의 시기에 따른 유효 · 무효를 판단할 수 있다(대판 1995.6.30. 93추83).

51 **다음은 포괄위임입법금지원칙과 관련된 헌법재판소의 판례이다. 일치하지 않는 것은?**

① 퇴역연금수급권자에게 임금 등 소득이 퇴직 후에 새로 생긴 경우 퇴역연금 일부의 지급을 정지하는 것은 지급정지제도의 본질에 비추어 지급정지의 요건 및 내용을 규정함에 있어서는 소득유무뿐만 아니라 소득수준에 대한 고려가 필수적임에도 불구하고 구 군인연금법 제21조 제5항 제2호 중 퇴역연금액의 2분의 1 이내인 부분으로서 국고의 부담금에 상당한 부분을 지급정지하는 규정은 지급정지와 소득수준의 상관관계에 관한 일체의 규율을 대통령령에 일임하고 있으므로 포괄위임금지의 원칙에 위반된다.

② 구 개발이익환수에 관한 법률 제5조 제2항이 "제1항 각호의 개발사업의 범위 및 규모 등에 관하여 필요한 사항은 대통령령으로 정한다"라고 규정하고 있다 하더라도 법 제5조 제1항은 개발부담금의 부과대상사업을 열거하고 이 사건 법률조항은 제1항에서 규정하고 있는 대상사업별로 그 범위를 구체적이고 세부적으로 명시하거나 나열할 것을 위임하고 있어 그 범위가 객관적으로 확정가능하여 명확성의 원칙에 어긋나지 않고, 그 규모에 대해서도 개발부담금의 취지에 비추어 법 제5조 제1항의 대상사업 중 일정한 규모 이상의 개발사업을 그 대상으로 할 것임이 예측가능하다고 할 것이므로, 포괄위임입법금지원칙에 위반되지 아니하여, 이 사건 법률조항은 헌법에 반하지 아니한다.

③ 노동부장관이 건강진단기관에 대하여 지정을 취소하거나 업무의 정지를 명할 수 있는 사유를 "기타 대통령령이 정하는 사유에 해당하는 때"라고 대통령령에 위임한 구 산업안전보건법 제43조 제9항 중 제15조의2 제1항 제4호 부분은 입법상의 필요성도 없고 구체성과 명확성도 갖추지 아니한 채 시행령에 포괄위임함으로써 결국 행정기관이 법률적인 명확한 근거도 없이 자의로 국민의 기본권을 제한할 수 있도록 허용하는 것과 마찬가지라 할 것이므로, 포괄위임입법금지원칙에 반하여 헌법에 위배된다.

④ 보상금의 지급수준 및 그 지급액・지급방법 및 그 밖에 필요한 사항을 대통령령으로 정하도록 위임하고 있는, '국가유공자 등 예우 및 지원에 관한 법률' 제12조 제4항, 제5항은 다양한 종류의 국가유공자의 국가에 대한 희생 및 공헌의 정도를 비율적으로 계량화하여 그 보상금의 산정기준을 법률에 일괄적으로 명시하는 것은 용이하지 않고, 국가유공자와 수급권자의 관계, 국가유공자나 그 유족이 처한 구체적・개별적 상황에 따라서 기본적인 보상금 이외에 추가적인 수당을 어느 정도로 지급할 것인지 일률적으로 정하는 것도 입법기술상 곤란하며, 보상금의 인상률 등도 사회적・경제적 여건을 반영하여 탄력적으로 결정할 필요가 있으므로 헌법 제75조의 포괄위임입법금지원칙에 위반되지 아니한다.

지문분석 **정답 ③**

① 【O】 퇴역연금수급권자에게 임금 등 소득이 퇴직 후에 새로 생긴 경우 이러한 소득과 연계하여 퇴역연금 일부의 지급을 정지하는 지급정지제도의 본질에 비추어 지급정지의 요건 및 내용을 규정함에 있어서는 소득 유무뿐만 아니라 소득수준에 대한 고려가 필수적이다. 그런데 구 군인연금법 제21조 제5항 제2호 중 퇴역연금액의 2분의 1 이내인 부분으로서 국고의 부담금에 상당한 부분을 지급정지하는 규정은 지급정지와 소득수준의 상관관계에 관한 일체의 규율을 대통령령에 일임하고 있으므로 포괄위임금지의 원칙에 위반된다(헌재 2009. 3. 26. 2007헌가5·6·7 병합, 구 군인연금법 제21조 제5항 제2호 위헌제청).

② 【O】 개발부담금 부과의 기준이 되는 개발사업의 규모와 범위가 경제적·사회적 상황에 따라 수시로 변동하여 왔으므로, 이러한 상황의 변동에 따라 탄력적, 유동적으로 대처하여 신속한 입법적 대응을 하기 위해서는 입법기술상 법에서 직접 그 기준이 되는 개발사업의 규모와 범위를 규정하는 것보다는 하위법령에 위임하는 것이 보다 적절하다. 불로소득적인 개발이익이 생긴 경우에 규모와 범위를 불문하고 법이 규정한 모든 개발사업에 관하여 개발이익을 환수하지 않고 급변하는 사회·경제 환경에 맞추어 개발부담금을 납부하여야 할 규모와 범위를 일정한 범위 이상으로 제한한 것은 수혜적 성격을 가지고 있으므로 포괄위임입법금지원칙 판단에서 요구되는 구체성의 정도도 상대적으로 약화된다. 법 제5조 제1항은 개발부담금의 부과대상사업을 열거하고 이 사건 법률조항은 제1항에서 규정하고 있는 대상사업별로 그 범위를 구체적이고 세부적으로 명시하거나 나열할 것을 위임하고 있어 그 범위가 객관적으로 확정가능하여 명확성의 원칙에 어긋나지 않고, 그 규모에 대해서도 개발부담금의 취지에 비추어 법 제5조 제1항의 대상사업 중 일정한 규모 이상의 개발사업을 그 대상으로 할 것임이 예측가능하다고 할 것이므로, 포괄위임입법금지원칙에 위반되지 아니하여, 이 사건 법률조항은 헌법에 반하지 아니한다(헌재 2009.3.26. 2008헌바7).

③ 【X】 특수건강진단기관의 지정취소·업무정지 사유는 작업장에서 위험에 노출되는 근로자를 대상으로 하는 특수건강진단 대상, 검사항목, 주기 및 실시방법에 관한 준수 사항을 규율하는 것으로서 사회적·경제적 여건에 따라 적절히 대처할 필요가 있으며, 국회의 기술적·전문적 능력이나 시간적 적응능력에는 한계가 있기 때문에 세부적인 사항을 법률에서 구체적으로 규정하는데 입법기술상 어려움이 있어 위임의 필요성이 인정된다. 또한 산업안전보건법 제15조의2 제1항의 규정체계를 보면 기타 대통령령에 정해질 사유는 제1호 내지 제3호에 규정된 부정 지정, 지정기준 미달, 지정사항 위반에 준하는 것이라 예측할 수 있고, 특수건강진단기관을 둔 제도의 취지를 고려한다면, 특수건강진단기관으로 지정된 기관이 더 이상 당해 지정 목적을 수행할 수 없게 되었다거나 또는 그 지정 목적에 부합하지 않는 행위 등을 하였을 때 등이 지정취소 내지는 업무정지의 사유로 정하여질 수 있음을 어렵지 않게 예측할 수 있다. 그러므로 이 사건 법률조항은 포괄위임입법금지원칙에 위배되지 아니한다(헌재 2009.5.28. 2007헌가18).

④ 【O】 국가유공자예우법 제12조는 다양한 보상금의 지급근거가 되는 총칙적인 조항으로, 다양한 종류의 국가유공자의 국가에 대한 희생 및 공헌의 정도를 비율적으로 계량화하여 그 보상금의 산정기준을 법률에 일괄적으로 명시하는 것은 용이하지 않고, 국가유공자와 수급권자의 관계, 국가유공자나 그 유족이 처한 구체적·개별적 상황에 따라서 기본적인 보상금 이외에 추가적인 수당을 어느 정도로 지급할 것인지 일률적으로 정하는 것도 입법기술상 곤란하며, 보상금의 인상률 등도 사회적·경제적 여건을 반영하여 탄력적으로 결정할 필요가 있다. 따라서 보상금의 지급과 관련된 구체적인 사항에 관하여는 대통령령 등 행정입법에 위임하는 것이 허용된다. 국가유공자예우법 제12조 제4항은 구체적인 보상금의 산정기준을 결정하기 위한 고려요소로 '통계법 제3조 제2호에 따라 통계청장이 지정하여 고시하는 통계 중 가계조사통계의 전국가구 가계소비지출액'을 규정하고 있는바, 국가유공자예우법의 입법취지 및 전반적 체계, 관련 규정인 통계법 제3조 제2호, 제17조 제1항, 제27조 제1항, 통계법 시행령 제42조 제1항 등에 비추어 이 사건 법률조항들은 순직군경의 유족들을 포함한 국가유공자 및 그 유족에 대한 보상금을 구체적으로 산정하기 위한 기준에 관하여 내재적인 한계를 객관적으로 분명히 예측할 수 있는 대강의 기준을 제시하고 있다고 할 것이므로 헌법 제75조의 포괄위임입법 금지원칙에 위반된다고 할 수 없다(헌재 2009.3.26. 2008헌바105).

52 행정입법에 대한 헌법재판소의 판례와 일치하지 않는 것은?

① 삼권분립의 원칙, 법치행정의 원칙을 당연한 전제로 하고 있는 우리 헌법 하에서 행정권의 행정입법 등 법집행의무는 헌법적 의무라고 보아야 할 것이지만 이는 행정입법의 제정이 법률의 집행에 필수불가결한 경우로서 행정입법을 제정하지 아니하는 것이 곧 행정권에 의한 입법권 침해의 결과를 초래하는 경우를 말하는 것이므로, 만일 하위 행정입법의 제정 없이 상위 법령의 규정만으로도 집행이 이루어질 수 있는 경우라면 하위 행정입법을 하여야 할 헌법적 작위의무는 인정되지 아니한다.

② 사법시험법과 사법시험법시행령은 정원제와 과락제를 모두 기본원칙으로 하면서도 상호간의 우열관계에 관하여는 아무런 규정을 두고 있지 않고, 정원제를 유지하기 위하여 과락제의 적용을 제한하는 조치를 하위명령에 위임하지도 아니하였다면 법무부령으로 '성적의 세부산출방법 그 밖에 합격결정에 필요한 사항'으로서 정원제를 유지하기 위하여 과락제의 적용을 제한하는 조치를 정하는 것은 하위명령에 의한 모법의 내용변경을 의미하여 허용되지 아니한다.

③ 법률에서 구체적인 승인기준이나 내용을 대통령령 등에 위임하지 않으면 애당초 포괄위임입법금지의 원칙이 적용될 여지는 없다.

④ 도시계획시설사업의 대상이 되는 기반시설의 한 종류로서 "체육시설"을 규정하면서 그 구체적인 내용을 대통령령에 위임한 '국토의 계획 및 이용에 관한 법률' 제2조 제6호 라목은 수용조항과 결합한 전반적인 규범체계 속에서 도시계획시설사업의 시행을 위해 수용권이 행사될 수 있는 대상의 범위를 확정하는 역할을 하여 재산권을 제한하기는 하지만 체육시설이란 '신체의 발달을 촉진하여 운동 능력을 높이고 건강한 생활을 영위하기 위한 활동을 할 수 있는 시설'이라는 것을 충분히 예측할 수 있으므로 포괄위임금지원칙에 위배된다고 볼 수 없다.

지문분석 **정답 ④**

①, ② 【O】 (헌재 2005.12.22. 2004헌마66)

③ 【O】 헌법 제75조에서 규정하고 있는 포괄위임입법금지의 원칙이란 법률이 대통령령 등의 하위법규에 입법을 위임할 경우에는 법률로써 그 위임의 범위를 구체적으로 정하여야 하며, 일반적이고 포괄적인 입법위임은 허용되지 아니한다는 것을 뜻하는 것이므로, 통일부장관의 승인권에 관한 기준이나 구체적 내용 등을 대통령령 등에 위임하지 아니하고 있는 이 사건 법률조항에 관하여 포괄위임금지의 원칙이 적용될 여지는 없다(헌재 2000.7.20. 98헌바63).

④ 【X】 이 사건 정의조항은 기반시설의 일종으로 '체육시설'을 규정하면서 그 구체적인 내용을 대통령령에 위임하고 있다. 그런데 어떤 시설이 기반시설의 하나로 규정될 경우 그 시설은 도시계획시설사업의 대상이 된다(국토계획법 제2조 제6호, 제7호, 제10호). 또한 이 사건 정의조항은 이 사건 수용조항과 결합한 전반적인 규범체계 속에서 도시계획시설사업의 시행을 위해 수용권이 행사될 수 있는 대상의 범위를 확정하는 역할도 하는 것이므로, 이처럼 중대한 기본권 제한이 발생하는 영역에서는 설령 위임의 필요성이 인정된다 하더라도 이는 매우 제한적으로 인정되어야 하고, 위임시에도 구체적인 위임의 범위를 법률에 분명하게 규정해 두어야 한다. 이 사건 정의조항은 체육시설의 구체적인 내용을 대통령령에 위임하고 있으므로, 외관상 체육활동을 위한 시설 즉, '신체의 발달을 촉진하여 운동 능력을 높이고 건강한 생활을 영위하기 위한 활동'을 할 수 있는 시설에 해당되기만 한다면, 그 시설의 운영방식, 개방성, 형태, 규모, 공공적 요건 등 도시계획시설사업의 대상이 되는 기반시설로서의 성격에 대한 특별한 고려 없이도 이 사건 정의조항의 체육시설에 포함될 여지가 생긴다. 결국 이 사건 정의조항은 개별 체육시설의 성격과 공익성을 고려하지 않은 채 구체적으로 범위를 한정하지 않고 포괄적으로 대통령령에 입법을 위임하고 있으므로, 이는 헌법상 위임입법의 한계를 일탈한 것으로서 포괄위임금지원칙에 위배된다(헌재 2011.6.30. 2008헌바166 · 2011헌바35 병합). 헌법불합치 결정

53 포괄위임입법금지의 원칙에 대한 설명으로 옳지 않은 것은?

① 위임의 구체성・명확성의 요구 정도는 그 규율대상의 종류와 성격에 따라 달라질 것이지만 특히 처벌법규나 조세법규와 같이 국민의 기본권을 직접적으로 제한하거나 침해할 소지가 있는 법규에서는 구체성・명확성의 요구가 강화되어 그 위임의 요건과 범위가 일반적인 급부행정의 경우보다 더 엄격하게 제한적으로 규정되어야 하는 반면에, 규율대상이 지극히 다양하거나 수시로 변화하는 성질의 것일 때에는 위임의 구체성・명확성의 요건이 완화되어야 할 것이다.

② 의료보험법 제31조(분만급여) 제1항에서 분만급여를 실시할 것을 규정한 이상 그 범위, 상한기준까지 반드시 법률로써 정하여야 하는 사항은 아니며, 의료보험법의 전반적 체계를 종합해 보면 내재적인 위임의 범위나 한계를 예측할 수 있으므로, 분만급여의 범위・상한기준을 보건복지부장관이 정하도록 위임한 의료보험법 제31조 제2항이 분만급여의 범위나 상한기준을 더 구체적으로 정하지 아니하였다고 하여 포괄위임에 해당한다고 할 수는 없다.

③ 의료기기 판매업자에 대한 업무정지처분에 있어서 업무정지기간은 국민의 직업의 자유와 관련한 중요한 사항으로서 업무정지의 사유 못지않게 업무정지처분의 핵심적・본질적 요소라 할 수 있으나, 입법부가 복잡・다기한 행정영역에서 발생하는 상황의 변화에 따른 적절한 대처에 필요한 기술적・전문적 능력에 한계가 있으므로 그 구체적인 기준을 하위법령에 위임할 수밖에 없는 것이다. 따라서 의료기기 판매업자에 대한 업무정지처분의 기간을 보건복지가족부령에위임하고 있는 의료기기법 제32조 제1항 부분은 포괄위임입법금지원칙에 위배되지 않는다.

④ 외국인근로자의 다른 사업 또는 사업장으로의 변경은 원칙적으로 3회를 초과할 수 없도록 하면서 다만, 대통령령으로 정하는 부득이한 사유가 있는 경우에는 예외를 인정하고 있는 구 외국인근로자의 고용 등에 관한 법률 제25조 제4항은 대통령에 규정될 내용은 사업장 변경을 추가적으로 허용할 부득이한 사유의 구체적인 내용 및 추가 변경가능 횟수의 범위임을 알 수 있으므로 이 사건 법률조항 단서는 포괄위임입법금지원칙에 위반되지 아니한다.

지문분석 **정답 ③**

① 【O】 위임의 구체성・명확성의 요구 정도는 그 규율대상의 종류와 성격에 따라 달라질 것이지만 특히 처벌법규나 조세법규와 같이 국민의 기본권을 직접적으로 제한하거나 침해할 소지가 있는 법규에서는 구체성・명확성의 요구가 강화되어 그 위임의 요건과 범위가 일반적인 급부행정의 경우보다 더 엄격하게 제한적으로 규정되어야 하는 반면에, 규율대상이 지극히 다양하거나 수시로 변화하는 성질의 것일 때에는 위임의 구체성・명확성의 요건이 완화되어야 할 것이다(헌재 1994.6.30. 93헌가15).

② 【O】 의료보험법 제31조(분만급여) 제1항에서 분만급여를 실시할 것을 규정한 이상 그 범위, 상한기준까지 반드시 법률로써 정하여야 하는 사항은 아니며, 의료보험법의 전반적 체계를 종합해 보면 내재적인 위임의 범위나 한계를 예측할 수 있으므로, 분만급여의 범위・상한기준을 보건복지부장관이 정하도록 위임한 의료보험법 제31조 제2항이 분만급여의 범위나 상한기준을 더 구체적으로 정하지 아니하였다고 하여 포괄위임에 해당한다고 할 수는 없다(1997.12.24. 95헌마390).

③ 【X】 의료기기 판매업자에 대한 업무정지처분에 있어서 업무정지기간은 국민의 직업의 자유와 관련한 중요한 사항으로서 업무정지의 사유 못지않게 업무정지처분의 핵심적・본질적 요소라 할 것이므로, 비록 입법부가 복잡・다기한 행정영역에서 발생하는 상황의 변화에 따른 적절한 대처에 필요한 기술적・전문적 능력에 한계가 있어서 그 구체적인 기준을 하위법령에 위임할 수밖에 없다 하더라도 최소한 그 상한만은 법률의 형식으로 이를 명확하게 규정하여야 한다.

그런데, 이 사건 법률조항은 업무정지기간의 범위에 관하여 아무런 규정을 두고 있지 아니하고, 나아가 의료기기법의 다른 규정이나 다른 관련 법률을 유기적·체계적으로 종합하여 보더라도 보건복지가족부령에 규정될 업무정지기간의 범위, 특히 상한이 어떠할지를 예측할 수 없다. 따라서 이 사건 법률조항은 헌법 제75조의 포괄위임금지원칙에 위배된다. 다만, 단순위헌결정으로 이 사건 법률조항의 효력을 소멸시킨다면, 의료기기 판매업자의 법령위반사유(의료기기법 시행규칙 별표 7 참조) 모두에 대하여 일체의 영업정지 처분을 할 수 없게 되는 법적 공백상태를 초래하여 법 집행상의 혼란과 형평의 문제가 발생할 수 있으므로, 개선입법이 이루어질 때까지 이 사건 법률조항을 잠정적으로 계속 적용하도록 한다(헌재 2011.9.29. 2010헌가93, 의료기기법 제32조 제1항 제5호 등위헌제청). 헌법불합치 결정

④ 【O】 "외국인근로자의 다른 사업 또는 사업장으로의 변경은 제18조 제1항의 규정에 의한 기간 중 원칙적으로 3회를 초과할 수 없다. 다만, 대통령령으로 정하는 부득이한 사유가 있는 경우에는 그러하지 아니하다."고 규정한 외국인 근로자의 고용 등에 관한 법률 제25조 제4항은 어떠한 사유가 있을 때 사업장 변경가능 횟수를 늘려줄 것인지 여부 등에 대하여 내국인근로자의 고용기회와 중소기업의 인력수급 상황 등 국내 노동시장의 여러 가지 요소를 고려하여 정책적으로 결정되어야 할 사항이므로, 위임의 구체성·명확성의 요건이 완화되어야 할 경우에 해당한다고 할 것이다. 이와 더불어 외국인고용법의 입법목적과 전체적인 취지를 종합적으로 고려하여 보았을 때, 이 사건 법률조항 단서의 위임에 의하여 대통령에 규정될 내용은 사업장 변경을 추가적으로 허용할 부득이한 사유의 구체적인 내용 및 추가 변경가능 횟수의 범위임을 알 수 있으므로 이 사건 법률조항 단서는 포괄위임입법금지원칙에 위반되지 아니한다.

또한 이 사건 법률조항 단서는 "다만, 대통령령으로 정하는 부득이한 사유가 있는 경우에는 그러하지 아니하다." 라고 규정하고 있으나, 사업장의 추가 변경을 무제한으로 허용하지 않는 이상 그 횟수 역시 시행령에 함께 위임하는 것이 당연한 요청인 점, 이 사건 법률조항 단서를 '대통령령으로 정하는 바에 따라 부득이한 사유가 있는 경우에는 그러하지 아니하다'라고 합헌적으로 해석할 수 있는 점에서 이 사건 법률조항은 추가 변경가능 횟수 역시 시행령에 위임한 것으로 봄이 타당하므로, 이 사건 시행령조항은 모법인 이 사건 법률조항의 위임범위내에서 규정된 것으로서 법률유보원칙에 위배되지 아니한다(헌재 2011.9.29. 2007헌마1083, 외국인 근로자의 고용 등에 관한 법률 제25조 제4항 등위헌확인).

54 **다음 중 포괄위임입법금지원칙에 대한 설명으로 옳지 않은 것은?** (다툼이 있는 경우 헌법재판소 판례에 의함) 16년 국회 9급

① 헌법이 인정하고 있는 위임입법의 형식은 예시적인 것으로 보아야 할 것이고, 그것은 법률이 행정규칙에 위임하더라도 그 행정규칙은 위임된 사항만을 규율할 수 있으므로, 국회입법의 원칙과 상치되지 않는다.

② 자산의 양도차익을 계산함에 있어서 그 취득시기 및 양도시기에 관하여 대통령령으로 정하도록 규정한 구 「소득세법」 제98조는 조세법률주의 및 포괄위임입법금지원칙에 위배된다.

③ 오늘날 일정한 범위 내에서 행정입법을 허용하게 된 동기가 사회적 변화에 대응한 입법수요의 급증과 종래의 형식적 권력분립주의로는 현대사회에 대응할 수 없다는 기능적 권력분립론에 있다는 점 등을 감안하더라도 입법의 본질사항은 의회에 유보되어야 한다.

④ 조례제정권에 대한 지나친 제약은 바람직하지 않으므로 조례에 대한 법률의 위임은 법규명령에 대한 법률의 위임과 같이 반드시 구체적으로 범위를 정하여 할 필요는 없으며 포괄적인 것으로 족하다.

⑤ '무시험 추첨배정에 의한 고등학교 입학전형제도'를 포괄적으로 교육감에 위임하고 있는 「초·중등교육법」 제47조 제2항은 의회유보의 원칙에 위반되지 않는다.

지문분석 **정답 ②**

①,③ 【O】 오늘날 의회의 입법독점주의에서 입법중심주의로 전환하여 일정한 범위 내에서 행정입법을 허용하게 된 동기가 사회적 변화에 대응한 입법수요의 급증과 종래의 형식적 권력분립주의로는 현대사회에 대응할 수 없다는 기능적 권력분립론에 있다는 점 등을 감안하여 헌법 제40조와 헌법 제75조, 제95조의 의미를 살펴보면, 국회입법에 의한 수권이 입법기관이 아닌 행정기관에게 법률 등으로 구체적인 범위를 정하여 위임한 사항에 관하여는 당해 행정기관에게 법정립의 권한을 갖게 되고, 입법자가 규율의 형식도 선택할 수도 있다 할 것이므로, 헌법이 인정하고 있는 위임입법의 형식은 예시적인 것으로 보아야 할 것이고, 그것은 법률이 행정규칙에 위임하더라도 그 행정규칙은 위임된 사항만을 규율할 수 있으므로, 국회입법의 원칙과 상치되지도 않는다(헌재 2004.10.28, 99헌바91).

② 【X】 자산의 양도차익을 계산함에 있어서 그 취득시기 및 양도시기를 대통령령으로 정하도록 규정한 구 소득세법 제98조는 조세법률주의 및 포괄위임입법금지 원칙에 위배되지 아니한다(헌재 2015.7.30, 2013헌바204).

④ 【O】 조례의 제정권자인 지방의회는 선거를 통해서 그 지역적인 민주적 정당성을 지니고 있는 주민의 대표기관이고, 헌법이 지방자치단체에 대해 포괄적인 자치권을 보장하고 있는 취지로 볼 때 조례제정권에 대한 지나친 제약은 바람직하지 않으므로 조례에 대한 법률의 위임은 법규명령에 대한 법률의 위임과 같이 반드시 구체적으로 범위를 정하여 할 필요가 없으며 포괄적인 것으로 족하다고 할 것이다(헌재 1995.4.20, 92헌마264).

⑤ 【O】 초·중등교육법 제47조 제2항은 학생의 수요와 고등학교의 공급을 조절할 필요성의 정도, 해당 지역 주민들과 교육청의 의사 등을 고려하여 고교평준화지역의 고등학교의 입학방법 및 절차를 교육과학기술부령으로 정하도록 한 것으로 보아야 하므로, 이 사건 조항의 법적 근거가 되며, 이 사건 조항은 교육감이 학생의 수요와 고등학교의 공급을 조절할 필요성의 정도, 해당 지역 주민들과 교육청의 의사 등을 고려하여 학생의 수요와 고등학교의 공급을 조절하여 교육시설을 효율적으로 활용할 수 있도록 하기 위한 것이라는 점에서 수권법률의 위임 취지에 부합한다(헌재 2009.4.30, 2005헌마514).

55 **헌법재판소가 위임입법의 한계를 일탈한 것으로 본 것은?** 16년 국회 8급

① 사업시행자에 의하여 개발된 토지 등의 처분계획의 내용·처분방법·절차·가격기준 등에 관하여 필요한 사항을 대통령령으로 정할 수 있도록 위임한 「산업입지 및 개발에 관한 법률」 제38조 제2항

② 신문판매업자가 독자에게 1년 동안 제공하는 무가지와 경품류를 합한 가액이 같은 기간 동안에 당해 독자로부터 받은 유료신문대금의 20%를 초과하는 경우, 동 무가지와 경품류의 제공행위가 「공정거래법」 소정의 불공정거래행위에 해당하는 것으로 규정한 '공정거래위원회 신문고시' 제3조 제1항 제2호

③ 의료보험요양기관의 지정취소사유 등을 법률에서 직접 규정하지 아니하고 보건복지부령에 위임하고 있는 구 「공무원 및 사립학교 교직원 의료보험법」 제34조 제1항

④ 취득세의 과세표준이 되는 가액, 가격 또는 연부 금액의 범위와 취득시기에 관하여 대통령령으로 정하도록 한 구 「지방세법」 제11조 제7항

⑤ 등록세 중과세의 대상이 되는 부동산등기의 지역적 범위에 관하여 대통령령으로 정하는 대도시라고 규정한 구 「지방세법」 제138조 제1항

지문분석 **정답 ③**

① 【X】 사업시행자에 의하여 개발된 토지등의 처분계획의 내용·처분방법·절차·가격기준등에 관하여 필요한 사항을 대통령령으로 정할 수 있도록 위임한 산업입지 및 개발에 관한 법률 조항은, 장차 규정될 대통령령의 내용과 범위의 대강을 객관적으로 예측할 수 있다고 보인다. 따라서 이 사건 법률조항은 헌법 제75조에서 정한 위임입법의 한계내에 있다고 보아야 할 것이다(헌재 2002.12.18, 2001헌바52).

② 【X】 신문판매업자가 독자에게 1년 동안 제공하는 무가지와 경품류를 합한 가액이 같은 기간에 당해 독자로부터 받는 유료신문대금의 20%를 초과하는 경우 동 무가지와 경품류의 제공행위가 독점규제및공정거래에관한법률 제23조 소정의 불공정거래행위에 해당하는 것으로 규정한 공정거래위원회 신문고시 제3조 제1항 제2호는 동 수권사항을 위임받은 범위내에서 이를 구체화하고 있을 뿐이어서 위임입법의 헌법적 한계를 초과하지 아니한다(헌재 2002.7.18, 2001헌마605).

③ 【O】 직업수행의 자유를 제한하는 의료보험요양기관의 지정취소 사유등을 법률에서 직접 규정하지 아니하고 보건복지부령에 위임하고 있으므로 이 규정이 기본권 제한규정으로서 헌법에 합치되기 위하여서는 위임의 경우에 요구되는 헌법상 원칙을 지켜야 할 것이나, 이 사건 법률조항은 단지 보험자가 보건복지부령이 정하는 바에 따라 요양기관의 지정을 취소할 수 있다고 규정하고 있을 뿐, 보건복지부령에 정하여질 요양기관지정취소 사유를 짐작하게 하는 어떠한 기준도 제시하고 있지 않으므로 이는 헌법상 위임입법의 한계를 일탈한 것으로서 헌법 제75조 및 제95조에 위반된다(헌재 2002.6.27, 2001헌가30).

④ 【X】 취득세의 과세표준이 되는 가액, 가격 또는 연부 금액의 범위와 취득시기에 관하여 대통령령으로 정하도록 한 구 지방세법 제111조 제7항은 조세법률주의나 포괄위임입법금지원칙에 위배된다고 볼 수 없다(헌재 2002.3.28, 2001헌바32).

⑤ 【X】 등록세 중과세의 대상이 되는 부동산등기의 지역적 범위에 관하여 '대통령령으로 정하는 대도시'라고 규정한 지방세법 제138조 제1항은, 중과세되는 부동산등기의 지역적 범위에 관한 기본사항을 정한 다음 단지 세부적, 기술적 사항만을 대통령령에 위임한 것이라 할 것이므로 조세법률주의나 포괄위임입법금지원칙에 위반되지 아니한다(헌재 2002.3.28, 2001헌바24).

56 **사면 등에 대한 설명으로 옳지 않은 것은?** (다툼이 있는 경우 판례에 의함) 21년 지방직 7급

① 법무부장관은 사면심사위원회의 심사를 거쳐 대통령에게 특별사면을 상신한다.

② 형의 집행유예를 선고받은 자에 대하여는 형 선고의 효력을 상실하게 하는 특별사면 또는 형을 변경하는 감형을 하거나 그 유예기간을 단축할 수 있다.

③ 유죄의 확정판결 후 형 선고의 효력을 상실케 하는 특별사면이 있었다면 이미 재심청구의 대상이 존재하지 아니하므로, 그러한 판결이 여전히 유효하게 존재함을 전제로 하는 재심청구는 부적법하다.

④ 특별사면은 국가원수인 대통령이 형의 집행을 면제하거나 선고의 효력을 상실케 하는 시혜적 조치로서, 형의 전부 또는 일부에 대하여 하거나, 중한 형 또는 가벼운 형에 대하여만 할 수도 있다.

지문분석 **정답 ③**

① **【O】 사면법 제10조(특별사면 등의 상신)** ① 법무부장관은 대통령에게 특별사면, 특정한 자에 대한 감형 및 복권을 상신(上申)한다.
② 법무부장관은 제1항에 따라 특별사면, 특정한 자에 대한 감형 및 복권을 상신할 때에는 제10조의2에 따른 사면심사위원회의 심사를 거쳐야 한다.

② **【O】 사면법 제7조(집행유예를 선고받은 자에 대한 사면 등)** 형의 집행유예를 선고받은 자에 대하여는 형 선고의 효력을 상실하게 하는 특별사면 또는 형을 변경하는 감형을 하거나 그 유예기간을 단축할 수 있다.

③ **【X】** 유죄판결 확정 후에 형 선고의 효력을 상실케 하는 특별사면이 있었다고 하더라도, 형 선고의 법률적 효과만 장래를 향하여 소멸될 뿐이고 확정된 유죄판결에서 이루어진 사실인정과 그에 따른 유죄 판단까지 없어지는 것은 아니므로, 유죄판결은 형 선고의 효력만 상실된 채로 여전히 존재하는 것으로 보아야 하고, 한편 형사소송법 제420조 각 호의 재심사유가 있는 피고인으로서는 재심을 통하여 특별사면에도 불구하고 여전히 남아 있는 불이익, 즉 유죄의 선고는 물론 형 선고가 있었다는 기왕의 경력 자체 등을 제거할 필요가 있다. 그리고 형사소송법 제420조가 유죄의 확정판결에 대하여 선고를 받은 자의 이익을 위하여 재심을 청구할 수 있다고 규정하고 있는 것은 유죄의 확정판결에 중대한 사실인정의 오류가 있는 경우 이를 바르잡아 무고하고 죄 없는 피고인의 인권침해를 구제하기 위한 것인데, 만일 특별사면으로 형 선고의 효력이 상실된 유죄판결이 재심청구의 대상이 될 수 없다고 한다면, 이는 특별사면이 있었다는 사정만으로 재심청구권을 박탈하여 명예를 회복하고 형사보상을 받을 기회 등을 원천적으로 봉쇄하는 것과 다를 바 없어서 재심제도의 취지에 반하게 된다. 따라서 특별사면으로 형 선고의 효력이 상실된 유죄의 확정판결도 형사소송법 제420조의 '유죄의 확정판결'에 해당하여 재심청구의 대상이 될 수 있다(대판 2015. 5. 21. 2011도1932(전합)).

④ **【O】** 형법 제41조, 사면법 제5조 제1항 제2호, 제7조 등의 규정의 내용 및 취지에 비추어 보면, 여러 개의 형이 병과된 사람에 대하여 그 병과형 중 일부의 집행을 면제하거나 그에 대한 형의 선고의 효력을 상실케 하는 특별사면이 있은 경우, 그 특별사면의 효력이 병과된 나머지 형에까지 미치는 것은 아니므로 징역형의 집행유예와 벌금형이 병과된 신청인에 대하여 징역형의 집행유예의 효력을 상실케 하는 내용의 특별사면이 그 벌금형의 선고의 효력까지 상실케 하는 것은 아니다(대판 1997. 10. 13.96모33).

57 **사면에 관한 설명 중 옳지 않은 것은?** (다툼이 있는 경우 판례에 의함)

① 기소유예처분의 대상인 피의사실에 대하여 일반사면이 있은 경우 그 처분의 취소를 구하는 헌법소원의 경우에는 권리보호의 이익이 있다고 볼 수 없으므로 헌법소원심판청구는 적법하지 않다.

② 사립학교교원에 대한 해임처분이 무효인 경우, 해임처분을 받아 복직되지 아니한 기간 동안 법률상 당연퇴직사유인 금고 이상의 형을 선고받았으나 그 후 특별사면에 의하여 형의 선고의 효력이 상실되었다 하더라도 당연퇴직으로 말미암아 상실된 교원의 지위가 다시 회복되는 것은 아니다.

③ 현역 군인에 대하여 징계처분의 효력을 상실시키는 특별사면이 있었다고 하더라도 징계처분의 기초되는 비위사실이 현역복무부적합사유에 해당하는 경우에는 이를 이유로 현역복무부적합조사위원회에 회부하거나 전역심사위원회의 심의를 거쳐 전역명령을 할 수 있다.

④ 여러 개의 형이 병과된 사람에 대하여 그 병과형 중 일부의 집행을 면제하거나 그에 대한 형의 선고의 효력을 상실케 하는 특별사면이 있은 경우, 그 특별사면의 효력이 병과된 나머지 형에까지 미치는 것은 아니므로 징역형의 집행유예와 벌금형이 병과된 사람에 대하여 징역형의 집행유예의 효력을 상실케 하는 내용의 특별사면이 그 벌금형의 선고의 효력까지 상실케 하는 것은 아니다.

지문분석 **정답 ①**

① 【X】 1995. 12. 2. 대통령령 제14818호로 공포·시행된 일반사면령 제1조 제1항 제11호에 의하면 청구인의 이 사건 도로교통법위반 범행은 사면되었는 바, 만약 우리 재판소가 이 사건 심판청구를 받아들여 "기소유예" 처분을 취소하면 피청구인은 "공소권없음"의 결정을 할 것으로 짐작되는데, "기소유예" 처분은 피의사실은 인정되나 정상을 참작하여 단지 그 소추를 유예하는 처분임에 반하여, "공소권없음" 처분은 검사에게 피의사실에 대한 공소권이 없음을 선언하는 형식적 판단으로서 피의자의 범죄 혐의 유무에 관하여 실체적 판단을 하는 것이 아니다. 그렇다면 비록 청구인의 이 사건 음주운전 소위에 대하여 일반사면이 있었다고 하더라도 이 사건 심판청구는 권리보호의 이익이 있다(1996.10.4. 95헌마318).

② 【O】 사립학교교원에 대한 징계해임처분이 무효라면 학교경영자가 해임처분의 유효를 주장하여 교원의 근무를 사실상 거부한다고 하더라도 해임된 교원은 해임처분시부터 여전히 계속하여 교원의 지위를 유지하고 있는 것이라 할 것이고, 그 교원이 복직되지 아니한 기간 동안 금고 이상의 형을 받았다면 사립학교법 제57조, 교육법 제77조 제1호, 국가공무원법 제33조 제1항 제3호, 제4호, 제5호에 의하여 당연퇴직된다 할 것이며, 그 후 특별사면에 의하여 위 금고 이상의 형의 선고의 효력이 상실되었다 할지라도 사면법 제5조 제2항에 의하면 형의 선고에 관한 기성의 효과는 사면으로 인하여 변경되지 않는다고 되어 있고 이는 사면의 효과가 소급하지 아니함을 의미하는 것이므로, 당연퇴직으로 말미암아 상실된 교원의 지위가 다시 회복되는 것은 아니다(대판 1993.6.8. 93다852).

③ 【O】 구 군인사법(현재 2011. 5. 24. 법률 제10703호로 개정되기 전의 것) 제37조, 군인사법 시행령 제49조에 의한 현역복무부적합자 전역제도란 대통령령으로 정하는 일정한 사유로 인하여 현역복무에 적합하지 아니한 자를 전역심사위원회 심의를 거쳐 현역에서 전역시키는 제도로서 징계제도와는 규정 취지와 사유, 위원회 구성 및 주체 등에서 차이가 있으므로, 현역 군인에 대하여 징계처분의 효력을 상실시키는 특별사면이 있었다고 하더라도 징계처분의 기초되는 비위사실이 현역복무부적합사유에 해당하는 경우에는 이를 이유로 현역복무부적합조사위원회에 회부하거나 전역심사위원회의 심의를 거쳐 전역명령을 할 수 있다(대판 2012.1.12. 2011두18649).

④ 【O】 형법 제41조, 사면법 제5조 제1항 제2호, 제7조 등의 규정의 내용 및 취지에 비추어 보면, 여러 개의 형이 병과된 사람에 대하여 그 병과형 중 일부의 집행을 면제하거나 그에 대한 형의 선고의 효력을 상실케 하는 특별사면이 있은 경우, 그 특별사면의 효력이 병과된 나머지 형에까지 미치는 것은 아니므로 징역형의 집행유예와 벌금형이 병과된 신청인에 대하여 징역형의 집행유예의 효력을 상실케 하는 내용의 특별사면이 그 벌금형의 선고의 효력까지 상실케 하는 것은 아니다(1997.10.13. 96모33).

58 대통령의 사면에 관한 권한으로 잘못 설명하고 있는 것은?

① 사면제도는 역사적으로 절대군주인 국왕의 은사권에서 유래하였으며, 대부분의 근대국가에서도 유지되어 왔고, 대통령제국가에서는 미국을 효시로 대통령에게 사면권이 부여되어 있다.

② 일반사면에서 '형의 선고는 효력을 잃는다'는 의미는 단지 형의 선고의 법률적 효과가 없어진다는 것일 뿐 형의 선고가 있었다는 기왕의 사실 자체의 모든 효과까지 소멸한다는 뜻은 아니므로 확정판결의 죄에 대하여 일반사면이 있다 하더라도 일사부재리의 효력 등은 여전히 계속 존속된다.

③ 특별사면은 법무부장관(군사법원에서 형의 선고를 받은 경우에는 국방부장관)의 상신에 의하여 대통령의 명으로써 하며, 법무부장관은 특별사면을 상신할 때에는 사면심사위원회의 심사를 거쳐야 한다.

④ 특별사면에 의하여 유죄의 판결의 선고가 그 효력을 상실하게 되었다 하더라도 이는 재심대상이 될 수 없으므로, 피고인은 재심에서 무죄판결을 받을 수 없다.

지문분석 **정답 ④**

② 【O】 사면법 제5조 제1항 제1호 소정의 '일반사면은 형의 언도의 효력이 상실된다.'는 의미는 형법 제65조 소정의 '형의 선고는 효력을 잃는다.'는 의미와 마찬가지로 단지 형의 선고의 법률적 효과가 없어진다는 것일 뿐 형의 선고가 있었다는 기왕의 사실 자체의 모든 효과까지 소멸한다는 뜻은 아니다. 따라서 확정판결의 죄에 대하여 일반사면이 있다 하더라도 일사부재리의 효력 등은 여전히 계속 존속하는 것이고, 확정판결이 있었던 사실에 의하여 그 전의 죄와 후의 죄 등이 형법 제37조 후단의 경합범관계에 있었다고 하는 효과도 일반사면에 의하여 좌우되는 것은 아니라 할 것이다. 원심이 인정한 확정판결의 죄가 일반사면령에 의하여 사면되었으므로 이 사건 죄가 형법 제37조 후단의 경합범에 해당하지 않음을 전제로 하는 논지는 독자적 견해에 지나지 아니하여 채용할 수 없다(대판 1995.12.22. 95도2446).

③ 【O】 특별사면은 법무부장관(군사법원에서 형의 선고를 받은 경우에는 국방부장관)의 상신에 의하여 대통령의 명으로써 한다. 검찰총장도 직권, 형의 집행을 지휘한 검찰청검찰관의 보고 또는 수형자가 재감하는 형무소장의 보고에 의하여 법무부장관에게 특별사면 또는 특정한 자에 대한 감형의 상신을 할 것을 신청할 수 있다(사면법 제11조). 법무부장관은 특별사면을 상신할 때에는 사면심사위원회의 심사를 거쳐야 한다(사면법 제14조).

④ 【X】 유죄판결 확정 후에 형 선고의 효력을 상실케 하는 특별사면이 있었다고 하더라도, 형 선고의 법률적 효과만 장래를 향하여 소멸될 뿐이고 확정된 유죄판결에서 이루어진 사실인정과 그에 따른 유죄 판단까지 없어지는 것은 아니므로, 유죄판결은 형 선고의 효력만 상실된 채로 여전히 존재하는 것으로 보아야 하고, 한편 형사소송법 제420조 각 호의 재심사유가 있는 피고인으로서는 재심을 통하여 특별사면에도 불구하고 여전히 남아 있는 불이익, 즉 유죄의 선고는 물론 형 선고가 있었다는 기왕의 경력 자체 등을 제거할 필요가 있다.
그리고 형사소송법 제420조가 유죄의 확정판결에 대하여 선고를 받은 자의 이익을 위하여 재심을 청구할 수 있다고 규정하고 있는 것은 유죄의 확정판결에 중대한 사실인정의 오류가 있는 경우 이를 바로잡아 무고하고 죄없는 피고인의 인권침해를 구제하기 위한 것인데, 만일 특별사면으로 형 선고의 효력이 상실된 유죄판결이 재심청구의 대상이 될 수 없다고 한다면, 이는 특별사면이 있었다는 사정만으로 재심청구권을 박탈하여 명예를 회복하고 형사보상을 받을 기회 등을 원천적으로 봉쇄하는 것과 다를 바 없어서 재심제도의 취지에 반하게 된다. 따라서 특별사면으로 형 선고의 효력이 상실된 유죄의 확정판결도 형사소송법 제420조의 '유죄의 확정판결'에 해당하여 재심청구의 대상이 될 수 있다(대판 2015.5.21. 2011도1932(전합)).

59 대통령의 사면권행사에 대한 설명으로 가장 옳지 않은 것은? 16년 서울시 7급

① 사면에는 일반사면과 특별사면이 있으며 모두 국무회의의 심의사항이다.
② 형의 선고에 의한 기성의 효과는 사면·감형과 복권으로 인하여 변경되지 않는다.
③ 일반사면은 죄의 종류를 정하여 그 죄를 범한 자를 대상으로 행해지며 국회의 동의를 요한다.
④ 특별사면은 형의 집행을 면하게 할 수 있을 뿐 형의 선고의 효력을 상실케 할 수는 없다.

지문분석 **정답 ④**

① 【O】 헌법 제89조 제9호
② 【O】 사면법 제5조 제2항
③ 【O】 사면법 제8조, 헌법 제79조 제2항
④ 【X】 특별사면은 형의 집행이 면제된다. 다만, 특별한 사정이 있을 때에는 이후 형 선고의 효력을 상실하게 할 수 있다(사면법 제5조 제2호).

60 **다음 중 대통령의 사면권에 대한 설명으로 옳지 않은 것은?** 16년 국회 9급

① 대통령의 일반사면은 죄를 범한 자에 대하여 국회의 동의를 얻어 법률의 형식으로 한다.
② 특별한 규정이 없는 한 대통령의 일반사면은 형 선고의 효력이 상실되며 형을 선고받지 아니한 자에 대하여는 공소권이 상실된다.
③ 대통령의 특별사면은 법무부장관이 사면심사위원회의 심사를 거쳐 대통령에게 상신하여야 한다.
④ 대통령의 특별사면은 형을 선고받은 자의 형 집행을 면제하는 것을 원칙으로 한다.
⑤ 형의 선고에 따라 이미 완성된 효과는 사면으로 인하여 변경되지 않는다.

지문분석 **정답 ①**

① 【X】 대통령의 일반사면은 죄를 범한 자에 대하여 국회의 동의를 얻어 대통령령으로 한다.
② 【O】 일반사면은 형 선고의 효력이 상실되며, 형을 선고받지 아니한 자에 대하여는 공소권이 상실된다. 다만, 특별한 규정이 있을 때에는 예외로 한다(사면법 제5조 제1항 제1호).
③ 【O】 사면법 제10조
④ 【O】 특별사면은 형을 선고받은 자에 대하여 형의 집행이 면제된다. 다만, 특별한 사정이 있을 때에는 이후 형 선고의 효력을 상실하게 할 수 있다(사면법 제5조 제1항 제2호).
⑤ 【O】 사면법 제5조 제2항

61 **대통령의 사면권에 관한 다음 설명 중 가장 옳지 않은 것은?** (다툼이 있는 경우 대법원 판례 · 헌법재판소 결정에 의함) 16년 법원 9급

① 형의 선고에 따른 기성의 효과는 사면, 감형 및 복권으로 인하여 변경되지 아니한다.
② 일반사면은 대통령령으로 죄의 종류를 정하여 행하여야 하되, 국회의 동의를 거칠 필요는 없다.
③ 확정판결의 죄에 대하여 일반사면이 있었더라도 일사부재리의 효력은 여전히 존속한다.
④ 사면, 감형, 복권은 국무회의의 심의사항이다.

지문분석 **정답 ②**

① 【O】 형의 선고에 따른 기성(旣成)의 효과는 사면, 감형 및 복권으로 인하여 변경되지 아니한다(사면법 제5조 제2항).
② 【X】 일반사면은 대통령령으로 죄의 종류를 정하여 행하여야 하며(사면법 제8조), 국회의 동의를 얻어야 한다(헌법 제79조 제2항).
③ 【O】 확정판결의 죄에 대하여 일반사면이 있다 하더라도 일사부재리의 효력 등은 여전히 계속 존속하는 것이고, 확정판결이 있었던 사실에 의하여 그 전의 죄와 후의 죄 등이 형법 제37조 후단의 경합범관계에 있었다고 하는 효과도 일반사면에 의하여 좌우되는 것은 아니다(대판 1995.12.22, 95도244).
④ 【O】 헌법 제89조 제9호

62 대통령의 사면, 복권, 감형에 관한 다음 설명 중 가장 옳지 않은 것은? 17년 법원직 9급

① 일반사면에 대해서만 국회의 동의가 필요하고 특별사면이나 복권, 감형에 대하여는 국회의 동의가 필요하지 않다.

② 형의 집행유예를 선고받은 자에 대하여는 형 선고의 효력을 상실하게 하는 특별사면 또는 형을 변경하는 감형을 하거나 그 유예기간을 단축할 수 있다.

③ 사면은 죄를 범한 자에 대한 것이므로 행정법규 위반에 대한 범칙 또는 과벌의 면제와 징계법규에 따른 징계 또는 징벌의 면제에 관하여는 사면에 관한 규정을 준용하지 않는다.

④ 복권은 형의 집행이 끝나지 아니한 자 또는 집행이 면제되지 아니한 자에 대하여는 하지 아니한다.

지문분석 **정답 ③**

① 【O】 헌법 제79조 제2항은 일반사면을 명하려면 국회의 동의를 얻어야 한다고 규정하고 있다.

② 【O】 형의 집행유예를 선고받은 자에 대하여는 형 선고의 효력을 상실하게 하는 특별사면 또는 형을 변경하는 감형을 하거나 그 유예기간을 단축할 수 있다(사면법 제7조).

③ 【X】 행정법규 위반에 대한 범칙(犯則) 또는 과벌(科罰)의 면제와 징계법규에 따른 징계 또는 징벌의 면제에 관하여는 이 법의 사면에 관한 규정을 준용한다(사면법 제4조).

④ 【O】 복권은 형의 집행이 끝나지 아니한 자 또는 집행이 면제되지 아니한 자에 대하여는 하지 아니한다(사면법 제6조).

63 대통령직 인수위원회에 대한 설명으로 옳지 않은 것은? 17년 국회직 8급

① 새 정부의 정책기조를 설정하기 위한 준비행위도 업무에 포함된다.

② 대통령직 인수위원회는 대통령 당선인을 보조하여 대통령직 인수와 관련된 업무를 담당한다.

③ 대통령직 인수위원회는 대통령 당선이 결정된 날로부터 대통령 임기 시작일 전날까지 존속한다.

④ 대통령직 인수위원회 위원장은 명예직으로 한다.

⑤ 징계로 해임처분을 받은 때로부터 4년이 지난 자는 대통령직 인수위원회 부위원장이 될 수 있다.

지문분석 **정답 ③**

① 【O】 위원회는 정부의 조직 · 기능 및 예산현황의 파악, 새 정부의 정책기조를 설정하기 위한 준비, 대통령의 취임행사 등 관련 업무의 준비, 대통령당선인의 요청에 따른 국무총리 및 국무위원 후보자에 대한 검증, 그 밖에 대통령직 인수에 필요한 사항의 업무를 수행한다(대통령직 인수에 관한 법률 제7조).

② 【O】 대통령당선인을 보좌하여 대통령직 인수와 관련된 업무를 담당하기 위하여 대통령직인수위원회를 설치한다(대통령직 인수에 관한 법률 제6조 제1항).

※ 최종정답은 '보조'와 '보좌'의 구분 없이 옳은 지문으로 처리하였으나, 둘은 구분되어야 한다.

③ 【X】 대통령직인수위원회는 대통령 임기 시작일 이후 30일의 범위에서 존속한다(대통령직 인수에 관한 법률 제6조 제2항). 대통령직인수위원회는 대통령당선인이 확정된 이후 설치하며, 법 제6조 제2항의 규정에 의한 기한 이내에서 새로 임기가 개시되는 대통령이 정하는 시기까지 존속한다(대통령직인수에관한법률시행령 제3조).

④ 【O】 위원장 · 부위원장 및 위원은 명예직으로 하고, 대통령당선인이 임명한다(대통령직 인수에 관한 법률 제8조 제2항).

⑤ 【O】 대통령직 인수에 관한 법률 제10조에 "「국가공무원법」 제33조 각 호의 어느 하나에 해당하는 사람은 위원회의 위원장 · 부위원장 · 위원 및 직원이 될 수 없다."라고 규정하고 있고 국가공무원법 제33조 제8호에 "징계로 해임처분을 받은 때부터 3년이 지나지 아니한 자는 공무원으로 임용할 수 없다."라고 규정하고 있으므로, 징계로 해임처분을 받을 때로부터 4년이 지난 자는 부위원장이 될 수 있다.

64 국무총리에 대한 설명으로 가장 옳지 않은 것은? 18년 서울시 7급

① 국무총리는 대통령의 첫째 가는 보좌기관에 불과할 뿐 행정에 관하여 독자적인 권한을 갖지 못한다.

② 국무위원은 국회의원의 직을 겸할 수 있는 데 비하여 국무총리는 국회의원의 직을 겸할 수 없다.

③ 국무총리는 군사에 관한 것도 포함하여 대통령의 모든 국법상 행위에 대해 부서할 수 있는 권한을 갖는다.

④ 국무총리는 대통령에 대해 국무위원의 임명에 대한 제청권과 국무위원 해임에 대한 건의권 모두 행사할 수 있다.

지문분석 **정답 ②**

① 【O】 우리나라의 행정권은 헌법상 대통령에게 귀속되고, 국무총리는 단지 대통령의 첫째가는 보좌기관으로서 행정에 관하여 독자적인 권한을 가지지 못하고 대통령의 명을 받아 행정각부를 통할하는 기관으로서의 지위만을 가지며, 행정권 행사에 대한 최후의 결정권자는 대통령이라고 해석하는 것이 타당하다고 할 것이다(헌재 1994. 4. 28. 89헌마221).

② 【X】 **국회법 제29조(겸직 금지) 제1항** 의원은 국무총리 또는 국무위원 직 외의 다른 직을 겸할 수 없다. 어느 하나에 해당하는 경우에는 그러하지 아니하다.

③ 【O】 다만, 다음 각 호의 헌법 제82조 대통령의 국법상 행위는 문서로써 하며, 이 문서에는 국무총리와 관계 국무위원이 부서한다. 군사에 관한 것도 또한 같다.

④ 【O】 **헌법 제87조 제1항** 국무위원은 국무총리의 제청으로 대통령이 임명한다.
제3항 국무총리는 국무위원의 해임을 대통령에게 건의할 수 있다.

65 국무총리의 지위와 권한에 대한 설명으로 옳은 것은? (다툼이 있는 경우 판례에 의함) 15년 지방직 7급

① 헌법재판소는 국무총리의 통할을 받는 행정각부에 모든 행정기관이 포함되는 것은 아니라고 보았다.

② 국무총리는 국무회의를 구성하는 국무위원으로서 국무회의 부의장의 지위를 갖는다.

③ 국무총리는 중앙행정기관의 장의 명령이나 처분이 위법 또는 부당하다고 인정할 때에는 독자적으로 이를 중지할 수 있다.

④ 국무총리는 소관사무에 관하여 법률이나 대통령령의 위임이 없이는 총리령을 발할 수 없다.

지문분석 **정답 ①**

① 【O】 헌재 1994.4.28, 89헌마221

② 【X】 국무총리는 국무회의의 부의장이 된다. 국무총리는 국무위원은 아니나, 국무회의의 구성원이 된다.

③ 【X】 국무총리는 중앙행정기관의 장의 명령이나 처분이 위법 또는 부당하다고 긴정될 경우에는 대통령의 승인을 받아 이를 중지 또는 취소할 수 있다(정부조직법 제18조 제2항).

④ 【X】 국무총리 또는 행정각부의 장은 소관사무에 관하여 법률이나 대통령령의 위임 또는 직권으로 총리령 또는 부령을 발할 수 있다(헌법 제95조).

66 국무총리에 대한 설명으로 옳지 않은 것은? 16년 지방직 7급

① 국회나 그 위원회의 요구가 있을 때에는 국무총리·국무위원 또는 정부위원은 출석·답변하여야 하며, 국무총리 또는 국무위원이 출석요구를 받은 때에는 국무위원 또는 정부위원으로 하여금 출석·답변하게 할 수 있다.

② 헌법재판소에 따르면 국무총리는 단지 대통령의 첫째가는 보좌기관으로서 행정에 관하여 독자적인 권한을 가지지 못하고 대통령의 명을 받아 행정각부를 통할하는 기관으로서의 지위만을 가진다.

③ 국무총리는 중앙행정기관의 장의 명령이나 처분이 위법 또는 부당하다고 인정될 경우에는 대통령의 승인을 받아 이를 중지 또는 취소할 수 있다.

④ 국무총리 소속으로 인사혁신처를 두고, 인사혁신처에는 장관 1명과 차관 1명을 두되, 장관은 국무위원으로 보한다.

지문분석 **정답 ④**

④ 【X】 공무원의 인사·윤리·복무 및 연금에 관한 사무를 관장하기 위하여 국두총리 소속으로 인사혁신처를 둔다. 인사혁신처에 처장 1명과 차장 1명을 두되, 처장은 정무직으로 하고, 차장은 고위공무원단에 속하는 일반직공무원으로 보한다(정부조직법 제22조의3).

※ 국무총리 소속으로 국민안전처를 두고, 국민안전처에 장관 1명과 차관 1명을 두되, 장관은 국무위원으로 보한다(정부조직법 제22조의2).

67 국무총리에 대한 설명으로 옳지 않은 것만을 모두 고른 것은? (다툼이 있는 경우 판례에 의함)

17년 하반기 비상계획관

ㄱ. 정부조직법에서는 국무총리 소속으로 국가보훈처, 인사혁신처, 법제처, 식품의약품안전처, 국민권익위원회를 두도록 규정하고 있다.
ㄴ. 대통령은 주요정책에 대한 최종결정권자의 지위를 가지며 국무총리는 대통령의 보좌기관으로서의 역할을 수행하므로, 국무총리의 소재지는 헌법적으로 중요한 기본적 사항이라 할 수 있다.
ㄷ. 국무총리는 중앙행정기관의 장의 명령이나 처분이 위법 또는 부당하다고 인정할 때에는 대통령의 승인을 얻어 또는 직권으로 이를 중지 또는 취소할 수 있다.
ㄹ. 국무총리는 국회나 그 위원회의 요구가 있으면 출석·답변하여야 하지만 국무위원으로 하여금 대리로 출석·답변하게 할 수 없다.

① ㄴ, ㄷ
② ㄱ, ㄴ, ㄹ
③ ㄱ, ㄷ, ㄹ
④ ㄱ, ㄴ, ㄷ, ㄹ

지문분석 **정답 ④**

모두 옳지 않은 설명이다.
ㄱ. 【X】 국민권익위원회는 부패방지 및 국민권익위원회의 설치와 운영에 관한 법률에 따라 국무총리 소속으로 둔다(부패방지 및 국민권익위원회의 설치와 운영에 관한 법률 제11조).
ㄴ. 【X】 국무총리의 소재지는 헌법적으로 중요한 기본적 사항이라 보기 어렵고 나아가 이러한 규범이 존재한다는 국민적 의식이 형성되었는지 조차 명확하지 않으므로 이러한 관습헌법의 존재를 인정할 수 없다(헌재 2005.11.24, 2005헌마579).
ㄷ. 【X】 대통령은 국무총리와 중앙행정기관의 장의 명령이나 처분이 위법 또는 부당하다고 인정하면 이를 중지 또는 취소할 수 있다(정부조직법 제11조 제2항).
ㄹ. 【X】 국회 본회의 또는 위원회의 요구가 있을 때에는 국무총리·국무위원 또는 정부위원은 출석·답변하여야 하며, 국무총리 또는 국무위원이 출석요구를 받은 때에는 의장 또는 위원장의 승인을 얻어 국무총리는 국무위원으로 하여금, 국무위원은 정부위원으로 하여금 대리하여 출석·답변하게 할 수 있다. 이 경우 의장은 각 교섭단체대표의원과, 위원장은 간사와 협의하여야 한다(국회법 제121조 제3항).

68 국무총리에 대한 설명으로 옳지 않은 것은? (다툼이 있는 경우 판례에 의함) 19년 국가직 7급

① 국가보훈처, 인사혁신처, 법제처, 식품의약품안전처는 국무총리 소속기관이다.

② 국무총리의 권한과 위상은 기본적으로 지리적인 소재지와는 직접적으로 관련이 있다고 할 수 없고, 국무총리의 소재지는 헌법적으로 중요한 기본적 사항이라 보기 어렵고 나아가 이러한 규범이 존재한다는 국민적 의식이 형성되었는지조차 명확하지 않으므로 이러한 관습헌법의 존재를 인정할 수 없다.

③ 국회에서 국무총리의 해임건의안이 발의되었을 때에는 국회의장은 그 해임건의안이 발의된 후 처음 개의하는 본회의에 그 사실을 보고하고, 본회의에 보고된 때부터 24시간 이후 48시간 이내에 기명투표로 표결한다.

④ 국회 본회의는 의결로 국무총리의 출석을 요구할 수 있으며, 이 경우 그 발의는 국회의원 20명 이상이 이유를 구체적으로 밝힌 서면으로 하여야 한다.

지문분석 **정답 ①, ③**

① **【X】 정부조직법 제22조의2(국가보훈처)** 삭제 〈2023. 3. 4.〉, 국가를 위해 헌신하고 희생한 국가유공자 및 그 가족에 대한 예우・지원 등 보훈 기능의 위상을 강화하고 효율적인 보훈 정책을 추진하기 위해 국가보훈처를 국가보훈부로 개편하고, 전 세계에 퍼져 있는 재외동포와의 다양한 교류 및 재외동포 사회에 대한 지원 필요성이 증대됨에 따라 재외동포 정책의 체계적이고 종합적인 수립・시행을 위해 외교부장관 소속으로 재외동포청을 신설함.

제22조의3(인사혁신처) ① 공무원의 인사・윤리・복무 및 연금에 관한 사무를 관장하기 위하여 국무총리 소속으로 인사혁신처를 둔다.

제23조(법제처) ① 국무회의에 상정될 법령안・조약안과 총리령안 및 부령안의 심사와 그 밖에 법제에 관한 사무를 전문적으로 관장하기 위하여 국무총리 소속으로 법제처를 둔다.

제25조(식품의약품안전처) ① 식품 및 의약품의 안전에 관한 사무를 관장하기 위하여 국무총리 소속으로 식품의약품안전처를 둔다.

② **【O】** 이 사건 법률은 행정중심복합도시의 건설과 중앙행정기관의 이전 및 그 절차를 규정한 것으로서 이로 인하여 대통령을 중심으로 국무총리와 국무위원 그리고 각부 장관 등으로 구성되는 행정부의 기본적인 구조에 어떠한 변화가 발생하지 않는다. 또한 국무총리의 권한과 위상은 기본적으로 지리적인 소재지와는 직접적으로 관련이 있다고 할 수 없다. 나아가 청구인들은 대통령과 국무총리가 서울이라는 하나의 도시에 소재하고 있어야 한다는 관습헌법의 존재를 주장하나 이러한 관습헌법의 존재를 인정할 수 없다(헌재 2005. 11. 24. 2005헌마579 등).

③ **【X】 국회법 제112조(표결방법)** ⑦ 국무총리 또는 국무위원의 해임건의안이 발의되었을 때에는 의장은 그 해임건의안이 발의된 후 처음 개의하는 본회의에 그 사실을 보고하고, 본회의에 보고된 때부터 24시간 이후 72시간 이내에 무기명투표로 표결한다. 이 기간 내에 표결하지 아니한 해임건의안은 폐기된 것으로 본다.

④ **【O】 국회법 제121조(국무위원 등의 출석 요구)** ① 본회의는 의결로 국무총리, 국무위원 또는 정부위원의 출석을 요구할 수 있다. 이 경우 그 발의는 의원 20명 이상이 이유를 구체적으로 밝힌 서면으로 하여야 한다.

69 **국무회의 및 국무위원에 대한 설명으로 옳은 것만을 모두 고르면?** 23년 국가직 7급

> ㄱ. 국무회의는 의장인 대통령과 부의장인 국무총리, 그리고 15인 이상 30인 이하의 국무위원으로 구성된다.
> ㄴ. 국무회의는 구성원 과반수의 출석으로 개의하고 출석 구성원 과반수의 찬성으로 의결한다.
> ㄷ. 검찰총장 · 합동참모의장 · 각군참모총장 · 국립대학교총장 · 대사 기타 법률이 정한 공무원과 국영기업체관리자의 임명은 국무회의의 심의를 거쳐야 한다.

① ㄱ　　② ㄴ
③ ㄱ, ㄷ　　④ ㄱ, ㄴ, ㄷ

지문분석 **정답 ③**

ㄱ. **【O】 헌법 제88조** ② 국무회의는 대통령 · 국무총리와 15인 이상 30인 이하의 국무위원으로 구성한다.
③ 대통령은 국무회의의 의장이 되고, 국무총리는 부의장이 된다.
ㄴ. **【X】 국무회의 규정 제6조(의사정족수 및 의결정족수 등)** ① 국무회의는 구성원 과반수의 출석으로 개의(開議)하고, 출석구성원 3분의 2 이상의 찬성으로 의결한다.
ㄷ. **【O】 헌법 제89조** 다음 사항은 국무회의의 심의를 거쳐야 한다.
16. 검찰총장 · 합동참모의장 · 각군참모총장 · 국립대학교총장 · 대사 기타 법률이 정한 공무원과 국영기업체관리자의 임명

70 **국무위원과 국무회의에 관한 설명 중 옳지 않은 것은?**

① 우리나라의 국무회의는 헌법에 규정되어 있으므로 헌법상 필수기관이나, 미국의 각료회의는 헌법에 규정이 없는 편의상 기구이며, 영국의 내각은 헌법적 관례의 산물이다.
② 국무회의는 국무회의 의장이 소집하나, 국무위원도 국무회의의 소집을 요구할 수 있다.
③ 국무회의 의장이 사고로 인하여 직무를 행할 수 없을 때에는 부의장이 그 직무를 대행하고, 의장과 부의장이 모두 사고가 있을 때에는 의장의 지명이 있는 경우에는 그 지명을 받은 국무위원이, 지명이 없는 경우에는 정부조직법 제26조 제1항에 규정된 순서에 따라 국무위원이 그 직무를 대행한다.
④ 대통령이 국회에 국군해외파병동의안을 제출하기 전에 대통령을 보좌하기 위하여 파병 정책을 심의, 의결한 국무회의의 의결은 국가기관의 내부적 의사결정행위에 불과하여 그 자체로 국민에 대하여 직접적인 법률효과를 발생시키는 행위가 아니라는 것이 헌법재판소의 입장이다.

지문분석 **정답 ③**

① 【O】 미국식 대통령제에서 국무회의(각료회의)는 법률상 임의적 자문기관에 지나지 않으나, 우리나라의 국무회의는 헌법상 필수적 심의기관이다. 영국의 내각은 명예혁명의 결과 의회를 대신하여 집행권을 행사하면서도 의회의 통제에 따르는 기관이자 국왕의 자문기관이 필요하게 되어 발생한 관행의 산물이다.

② 【O】 국무회의는 의장인 대통령이 소집한다. 국무위원은 의장에게 의안을 제출하고 국무회의의 소집을 요구할 수 있다(정부조직법 제12조 제1항, 제3항).

③ 【X】 의장이 사고로 직무를 수행할 수 없는 경우에는 부의장인 국무총리가 그 직무를 대행하고, 의장과 부의장이 모두 사고로 직무를 수행할 수 없으면 부총리가 대행하고 이후 제26조 제1항데 규정된 순서에 따라 국무위원이 그 직무를 대행한다(정부조직법 제12조).

④ 【O】 이 사건에서 심판의 대상이 되는 국무회의의 의결이 이러한 공권력의 행사인지의 점에 관하여 살피건대, 파병은 대통령이 국회의 동의를 얻어 파병 결정을 하고, 이에 따라 국방부장관 및 파견 대상 군 참모총장이 구체적, 개별적인 명령을 발함으로써 비로소 해당 국민, 즉 파견 군인 등에게 직접적인 법률효과를 발생시키는 것이고, 대통령이 국회에 파병동의안을 제출하기 전에 대통령을 보좌하기 위하여 파병 정책을 심의, 의결한 국무회의의 의결은 국가기관의 내부적 의사결정행위에 불과하여 그 자체로 국민에 대하여 직접적인 법률효과를 발생시키는 행위가 아니므로 헌법재판소법 제68조 제1항에서 말하는 공권력의 행사에 해당하지 아니한다(헌재 2003.12.18. 2003헌마225).

71 국무위원에 대한 설명으로 옳지 않은 것은? 15년 국가직 7급

① 국무위원은 대통령을 주로 정책적으로 보좌하며, 특별한 경우를 제외하고 행정각부의 장으로서 특정한 행정업무를 담당하는 2중적 지위에 있다.

② 대통령은 행정각부의 장이 아닌 국무위원을 임명할 수 있다.

③ 국무위원은 국회의 요구가 있으면, 국회에 출석·답변하여야 하고, 정부위원으로 하여금 대리하여 출석·답변하게 할 수 있다.

④ 국무위원은 임명권자가 해임할 수 있으며, 국무위원에 대한 해임건의권의 행사는 국회에 전속된다.

지문분석 **정답 ④**

① 【O】 국무위원은 국정에 관하여 대통령을 보좌하며, 국무회의의 구성원으로서 국정을 심의한다(헌법 제87조 제2항). 행정각부의 장관은 국무위원으로 보한다.

② 【O】 현재 행정각부의 장이 아닌 국무위원으로서 국민안전처 장관이 있다(정부조직법 제22조의2 제2항).

③ 【O】 국회나 그 위원회의 요구가 있을 때에는 국무총리·국무위원 또는 정부위원은 출석·답변하여야 하며, 국무총리 또는 국무위원이 출석요구를 받은 때에는 국무위원 또는 정부위원으로 하여금 출석·답변하게 할 수 있다(헌법 제62조 제2항).

④ 【X】 헌법 제87조 제3항에 의하여 국무총리도 국무위원의 해임을 대통령에게 건의할 수 있다.

72 **국무회의에 대한 설명으로 옳지 않은 것은?** 17년 5급 공채

① 국무회의는 정부의 권한에 속하는 중요한 정책을 심의하며, 대통령 · 국무총리와 15인 이상 30인 이하의 국무위원으로 구성된다.

② 헌법재판소는 국무회의의 의결은 국가기관의 내부적 의사 결정행위에 불과하여 그 자체로 국민에 대하여 직접적인 법률효과를 발생시키는 행위가 아니라고 본다.

③ 국정처리상황의 평가 · 분석 및 정부에 제출 또는 회부된 정부의 정책에 관계되는 청원의 심사는 헌법상 국무회의의 필수적 심의사항이다.

④ 국무총리는 대통령을 보좌하는 최상위의 지위에서 국무회의의 의장으로서 이를 주재한다.

지문분석 **정답 ④**

① 【O】 헌법 제88조 제1 · 2항

② 【O】 국무회의의 의결은 국가기관의 내부적 의사결정행위에 불과하여 그 자체로 국민에 대하여 직접적인 법률효과를 발생시키는 행위가 아니므로 헌법재판소법 제68조 제1항에서 말하는 공권력의 행사에 해당하지 아니한다(헌재 2003.12.18. 2003헌마225).

③ 【O】 국정처리상황의 평가 · 분석(헌법 제89조 제12호) 및 정부에 제출 또는 회부된 정부의 정책에 관계되는 청원의 심사(헌법 제89조 제15호)는 헌법상 국무회의의 필수적 심의사항이다.

④ 【X】 대통령은 국무회의의 의장이 되고, 국무총리는 부의장이 된다(헌법 제88조 제3항).

73 **국무회의에 대한 설명으로 옳지 않은 것은?** 25년 국가직 7급

① 국무회의가 행정부 내 최고의 정책 심의기관이기는 하지만 결국에는 행정부 수반으로 최종적인 책임을 지는 대통령의 신중한 정책 결정을 보좌하는 것을 목적으로 한다.

② 헌법 제89조가 정하는 정부의 권한에 속하는 중요한 정책에 대해서는 반드시 국무회의의 심의를 거쳐야 하지만, 국무회의에서 집행부의 중요한 정책에 관하여 심의가 이루어진다 하더라도 대통령은 국무회의의 심의내용에 구속받지 않는다.

③ 헌법은 대통령 · 국무총리와 16인 이상 30인 이하의 국무위원으로 구성하도록 규정하고 있다.

④ 국무회의의 파병동의안 의결은 국가기관의 내부적 의사결정행위에 불과하여 그 자체로 국민에 대하여 직접적인 법률효과를 발생시키는 행위가 아니므로 「헌법재판소법」 제68조 제1항에서 말하는 공권력의 행사에 해당하지 아니한다.

지문분석 **정답 ③**

① 【O】 국무회의가 행정부 내 최고의 정책 심의기관이기는 하지만 결국에는 행정부 수반으로 최종적인 책임을 지는 대통령의 신중한 정책 결정을 보좌하는 것을 목적으로 하고, 대통령의 신중한 의사 결정을 위해 헌법이 마련한 절차가 국무회의 심의만 있는 것도 아니다(헌재 2022. 1. 27. 2016헌마364).

② 【O】 국무회의는 대통령과 국무총리 및 국무위원으로 구성되는 합의체 형태로 집행부의 권한에 속하는 중요한 정책을 사전에 심의함으로써 대통령의 정책결정을 보좌하고, 헌법 제89조가 정하는 정부의 권한에 속하는 중요한 정책에 대해서는 반드시 국무회의의 심의를 거쳐야 하지만, 국무회의에서 집행부의 중요한 정책에 관하여 심의가 이루어진다 하더라도 대통령은 국무회의의 심의내용에 구속받지 않는다(헌재 2025. 3. 24. 2024헌나9).

③ 【X】 **헌법 제88조** ② 국무회의는 대통령·국무총리와 15인 이상 30인 이하의 국무위원으로 구성한다.

④ 【O】 대통령이 국회에 파병동의안을 제출하기 전에 대통령을 보좌하기 위하여 파병 정책을 심의, 의결한 국무회의의 의결은 국가기관의 내부적 의사결정행위에 불과하여 그 자체로 국민에 대하여 직접적인 법률효과를 발생시키는 행위가 아니므로 헌법재판소법 제68조 제1항에서 말하는 공권력의 행사에 해당하지 아니한다(헌재 2003. 12. 18. 2003헌마225).

74 다음 중 가장 옳지 않은 것은?

① 대통령직인수위원회는 대통령 임기 시작일 이후 30일의 범위에서 존속한다.

② 우리 헌법은 감사원의 규칙제정권을 직접 규정하고 있지 않다.

③ 감사원장을 포함한 감사위원의 수는 법률상 9인으로 되어있으나, 법률개정의 방법으로 11인까지 증원될 수 있다.

④ 국무총리 및 부총리가 모두 사고로 직무를 수행할 수 없는 경우에는, 대통령은 정부조직에 규정된 행정각부의 순서에 관계없이 임의로 특정 국무위원을 지명하여 국무총리의 직무를 대행하게 할 수 있다.

지문분석 **정답 ③**

① 【O】 대통령직 인수에 관한 법률 제6조 제2항 참조.
대통령직 인수에 관한 법률 제6조(대통령직인수위원회의 설치 및 존속기한) 제1항 대통령당선인을 보좌하여 대통령직 인수와 관련된 업무를 담당하기 위하여 대통령직인수위원회(이하 "위원회"라 한다)를 설치한다.
제2항 위원회는 대통령 임기 시작일 이후 30일의 범위에서 존속한다.

② 【O】 감사원의 규칙제정권은 감사원법에 규정되어 있다.
감사원법 제52조(감사원규칙) 감사원은 감사에 관한 절차, 감사원의 내부 규율과 감사사무 처리에 관한 규칙을 제정할 수 있다.

③ 【X】 감사원법은 감사원장을 포함한 7명의 감사위원으로 구성된다고 규정하고 있으나, 헌법상 감사위원은 원장을 포함한 5인 이상 11인 이하이므로, 감사원법을 개정하여 11인까지 증원할 수 있다.
헌법 제98조 제1항 감사원은 원장을 포함한 5인 이상 11인 이하의 감사위원으로 구성한다.
감사원법 제3조(구성) 감사원은 감사원장(이하 "원장"이라 한다)을 포함한 7명의 감사위원으로 구성한다.

④ 【O】 정부조직법 제22조 참조.
정부조직법 제22조(국무총리의 직무대행) 국무총리가 사고로 직무를 수행할 수 없는 경우에는 부총리가 그 직무를 대행하고, 국무총리와 부총리가 모두 사고로 직무를 수행할 수 없는 경우에는 대통령의 지명이 있으면 그 지명을 받은 국무위원이, 지명이 없는 경우에는 제26조 제1항에 규정된 순서에 따른 국무위원이 그 직무를 대행한다.

75 감사원의 지위와 권한에 관한 설명 중 가장 옳지 않은 것은? (다툼이 있는 경우 헌법재판소 및 대법원 판례와 통설에 의함)

① 감사원법은 지방자치단체의 위임사무나 자치사무의 구별 없이 합법성 감사뿐만 아니라 합목적성 감사도 허용하고 있는 것으로 보이므로, 감사원의 지방자치단체에 대한 자치행정 관련 각종 비리, 예산운용 실태 전반 등에 관한 감사는 법률상 권한 없이 이루어진 것은 아니다.

② 우리나라의 감사원은 입법부, 사법부, 행정부의 어느 쪽에도 소속시키지 아니하고 독립된 기관으로 감사기구를 설치하는 유형에 속한다.

③ 국회는 그 의결로 감사원에 대하여 감사원법에 의한 감사원의 직무범위에 속하는 사항 중 사안을 특정하여 감사를 요구할 수 있다. 이 경우 감사원은 감사요구를 받은 날부터 3월 이내에 감사결과를 국회에 보고하여야 한다.

④ 원장이 사고로 인하여 직무를 수행할 수 없을 때에는 감사위원으로 최장기간 재직한 감사위원이 그 직무를 대행한다. 다만, 재직기간이 같은 감사위원이 2명 이상인 경우에는 연장자가 그 직무를 대행한다.

지문분석 **정답 ②**

① 【O】 헌법은 국가의 세입·세출의 결산, 국가 및 법률이 정한 단체의 회계검사와 행정기관 및 공무원의 직무에 대한 감찰을 하기 위하여 대통령 소속하에 감사원을 두고(제97조), 감사원의 조직·직무범위·감사위원의 자격·감사대상 공무원의 범위 기타 필요한 사항은 법률로 정한다고 규정하고 있다(제100조). 이에 따라 직무감찰의 범위를 정한 감사원법 제24조 제1항 제2호에 의하면, 지방자치단체의 사무와 그에 소속한 지방공무원의 직무는 감사원의 감찰사항에 포함되며, 여기에는 공무원의 비위사실을 밝히기 위한 비위감찰권뿐만 아니라 공무원의 근무평정·행정관리의 적부심사분석과 그 개선 등에 관한 행정감찰권까지 포함된다고 해석된다. 또한 … 감사결과 법령, 제도상 또는 행정상의 모순이 있거나 기타 개선할 사항이 있다고 인정할 때에는 국무총리, 소속장관, 감독기관의 장 또는 당해 기관의 장에게 법령 등의 제정, 개정 또는 폐지를 위한 조치나 제도상 또는 행정상의 개선을 요구할 수 있고(제34조 제1항) …. 위와 같은 감사원법 규정들의 구체적 내용을 살펴보면 감사원의 직무감찰권의 범위에 인사권자에 대하여 징계 등을 요구할 권한이 포함되고, 위법성뿐 아니라 부당성도 감사의 기준이 되는 것은 명백하며, 지방자치단체의 사무의 성격이나 종류에 따른 어떠한 제한이나 감사기준의 구별도 찾아볼 수 없다. 이러한 점에 비추어 보면, 위임사무나 자치사무의 구별 없이 합법성 감사뿐만 아니라 합목적성 감사도 포함한 이 사건 감사는 감사원법에 근거한 것으로서, 법률상 권한 없이 이루어진 것으로 보이지는 않는다(헌재 2008.5.29. 2005헌라3)

② 【X】 헌법 제97조에 따르면 감사원은 대통령 소속하에 두므로 조직상은 대통령에 소속된 중앙해정기관이나, 직무상 독립된 기구이다. 「국가의 세입·세출의 결산, 국가 및 법률이 정한 단체의 회계검사와 행정기관 및 공무원의 직무에 관한 감찰을 하기 위하여 대통령 소속하에 감사원을 둔다.」(헌법 제97조) 「감사원은 대통령에 소속하되, 직무에 관하여는 독립의 지위를 가진다.」(감사원법 제2조 제1항)

③ 【O】 국회는 그 의결로 감사원에 대하여 감사원법에 의한 감사원의 직무범위에 속하는 사항 중 사안을 특정하여 감사를 요구할 수 있다. 이 경우 감사원은 감사요구를 받은 날부터 3월 이내에 감사결과를 국회에 보고하여야 한다(국회법 제127조의2 제1항).

④ 【O】 원장이 사고(事故)로 인하여 직무를 수행할 수 없을 때에는 감사위원으로 최장기간 재직한 감사위원이 그 직무를 대행한다. 다만, 재직기간이 같은 감사위원이 2명 이상인 경우에는 연장자가 그 직무를 대행한다(감사원법 제4조 제3항).

76 감사원에 대한 설명이다. 옳은 것은?

① 감사위원은 감사원장이 임명하고, 그 임기는 4년으로 하며, 1차에 한하여 중임할 수 있다.

② 감사원은 조직상으로는 대통령에 소속하지만, 직무에 있어서는 독립한 합의제 기관으로서 헌법상 필수적인 헌법기관이다.

③ 감사원장이 사고로 인하여 직무를 수행할 수 없을 때에는, 감사위원 중 최연장자가 그 직무를 대행한다.

④ 헌법은, 감사원은 감사원장을 포함한 5인 이상 11인 이하의 감사위원으로 구성한다고 규정하고 있고, 감사원법은, 감사원은 감사원장과 7인의 감사위원으로 구성한다고 규정하고 있다.

지문분석 **정답 ②**

① 【X】 감사원장의 제청으로 대통령이 임명한다. 헌법 제98조 제2항
② 【O】 헌법 제97조, 감사원법 제2조 제1항
③ 【X】 감사위원으로 최장기간 재직한 위원이 직무를 대행하고, 재직기간이 동일한 감사위원이 2인 이상인 경우, 연장자가 대행한다(감사원법 제4조 제3항).
④ 【X】 감사원은 감사원장을 포함한 7인의 감사위원으로 구성한다(감사원법 제3조).

77 감사원에 대한 설명으로 옳지 <u>않은</u> 것은?

① 국회는 그 의결로 감사원에 대하여 감사원법에 의한 감사원의 직무범위에 속하는 사항중 사안을 특정하여 감사를 요구할 수 있다. 이 경우 감사원은 감사요구를 받은 날부터 3월 이내에 감사결과를 국회에 보고하여야 한다.

② 감사원의 변상판정처분에 대하여서는 행정소송을 제기할 수 없고 재결에 해당하는 재심의 판정에 대하여서만 감사원을 피고로 하여 행정소송을 제기할 수 있다.

③ 감사원은 헌법상 독립기관에 대해서는 감찰할 수 없으므로 국회 · 법원 · 헌법재판소 및 중앙선거관리위원회에 소속한 공무원에 대해서는 감찰할 수 없다.

④ 감사원은 감사결과 위법사항이 발견되면 직접 시정명령은 할 수 없고 시정요구를 할 수 있을 뿐이며 감사결과 범죄혐의를 발견하여도 수사권이 없고 수사기관에 고발할 뿐이다.

지문분석 **정답 ③**

① 【O】 **제127조의2(감사원에 대한 감사요구 등) 제1항** 국회는 그 의결로 감사원에 대하여 감사원법에 의한 감사원의 직무범위에 속하는 사항중 사안을 특정하여 감사를 요구할 수 있다. 이 경우 감사원은 감사요구를 받은 날부터 3월 이내에 감사결과를 국회에 보고하여야 한다.
제2항 감사원은 특별한 사유로 제1항에 규정된 기간 이내에 감사를 마치지 못하였을 때에는 중간보고를 하고 감사기간의 연장을 요청할 수 있다. 이 경우 의장은 2월의 범위 이내에서 감사기간을 연장할 수 있다.
② 【O】 (대법원 1984.4.10. 84누91) 국회법 제127조의2
③ 【X】 국회 · 법원 및 헌법재판소에 소속한 공무원은 제외한다(감사원법 §24③).
④ 【O】 감사원은 감사결과와 관련하여 ① 변상책임유무의 판단권(감사원법 제31조), ② 징계처분 및 문책의 요구권(동법 제32조), ③ 시정 등의 요구권(동법 제33조), ④ 법령 · 제도 · 행정의 개선요구권(동법 제34조), ⑤ 수사기관에 고발권(동법 제35조), ⑥ 재심의권(동법 제36조~제40조) 등을 행한다.

78 감사원에 대한 설명으로 옳지 않은 것은? (다툼이 있는 경우 판례에 의함) 15년 국가직 7급

① 감사원은 헌법기관으로서 대통령 소속 하에 설치되지만 직무상 독립된 지위를 가진다.
② 감사원은 국회·법원·헌법재판소에 소속한 공무원의 직무에 대해서 감찰할 수 있다.
③ 감사원은 원장을 포함한 5인 이상 11인 이상의 감사위원으로 구성되며, 감사위원회의는 재적 감사위원 과반수의 찬성으로 의결한다.
④ 감사원의 직무감찰권의 범위에 인사권자에 대하여 징계 등을 요구할 권한이 포함되고, 위법성뿐 아니라 부당성도 감사의 기준이 된다.

지문분석 **정답 ②**

① 【O】 감사원은 대통령에 소속하되, 직무에 관하여는 독립의 지위를 가진다(감사원법 제2조 제1항).
② 【X】 국회·법원 및 헌법재판소에 소속한 공무원의 직무는 감찰사항에서 제외된다(감사원법 제24조 제3항).
③ 【O】 헌법 제98조 제1항은, 감사원은 원장을 포함한 5인이상 11인이하의 감사위원으로 구성한다고 규정하고, 감사원법 제3조는 감사원은 감사원장을 포함한 7명의 감사위원으로 구성한다고 규정하고 있다. 감사위원회의는 재적 감사위원 과반수의 찬성으로 의결한다(감사원법 제11조 제2항).
④ 【O】 감사원법 규정들의 구체적 내용을 살펴보면 감사원의 직무감찰권의 범위에 인사권자에 대하여 징계 등을 요구할 권한이 포함되고, 위법성뿐 아니라 부당성도 감사의 기준이 되는 것은 명백하다(헌재 2008.5.29, 2005헌라3).

79 감사원에 대한 설명으로 옳지 않은 것은? (다툼이 있는 경우 판례에 의함) 17년 하반기 비상계획관

① 감사원법은 지방자치단체의 위임사무나 자치사무의 구별 없이 합법성 감사뿐만 아니라 합목적성 감사도 허용하고 있는 것으로 보아야 한다.
② 감사원장은 국회 인사청문특별위원회의 인사청문 대상이지만, 감사위원은 국회 인사청문회를 거치지 않고 임명된다.
③ 감사원의 직무감찰의 대상이 되는 공무원에는 국회·법원·헌법재판소 및 선거관리위원회에 소속한 공무원은 제외된다.
④ 국회는 그 의결로 감사원에 대하여 감사원법에 의한 감사원의 직무 범위에 속하는 사항 중 사안을 특정하여 감사를 요구할 수 있으며, 이 경우 감사원은 감사요구를 받은 날부터 3월 이내에 감사결과를 국회에 보고하여야 한다.

지문분석 **정답 ③**

① 【O】 감사원법은 지방자치단체의 위임사무나 자치사무의 구별 없이 합법성 감사뿐만 아니라 합목적성 감사도 허용하고 있는 것으로 보인다(헌재 2008.5.29, 2005헌라3).
② 【O】 국회법 제46조의3 제1항에 의해 감사원장은 인사청문특별위원회의 인사청문대상이나, 감사위원은 원장의 제청으로 대통령이 임명한다.
③ 【X】 감사원의 직무감찰의 대상이 되는 공무원에 국회·법원 및 헌법재판소에 소속한 공무원은 제외한다(감사원법 제24조 제3항). 선거관리위원회 소속 공무원은 감찰대상에 해당된다.
④ 【O】 국회는 그 의결로 감사원에 대하여 감사원법에 의한 감사원의 직무범위에 속하는 사항중 사안을 특정하여 감사를 요구할 수 있다. 이 경우 감사원은 감사요구를 받은 날부터 3월 이내에 감사결과를 국회에 보고하여야 한다(국회법 제127조의2 제1항).

80 감사원에 대한 설명으로 옳지 않은 것은? (다툼이 있는 경우 판례에 의함) 22년 국가직 7급

① 직무감찰의 범위를 정한 감사원법 조항에 의하면, 지방자치단체의 사무와 그에 소속한 지방공무원의 직무는 감사원의 감찰사항에 포함되며, 여기에는 공무원의 비위사실을 밝히기 위한 비위감찰권뿐만 아니라 공무원의 근무평정・행정관리의 적부심사분석과 그 개선 등에 관한 행정감찰권까지 포함된다.

② 감사원은 국무총리로부터 국가기밀에 속한다는 소명이 있는 사항이나 국방부장관으로부터 군기밀이거나 작전상 지장이 있다는 소명이 있는 사항은 감찰할 수 없다.

③ 감사원장이 60개 공공기관에 대하여 공공기관 선진화 계획의 이행실태, 노사관계 선진화 추진실태 등을 점검하고 공공기관 감사책임자회의에서 자율시정하도록 개선방향을 제시한 행위는 그 자체로 일정한 법적 효과의 발생을 목적으로 하는 것이므로 그 법적 성질은 행정지도로서의 한계를 넘어 규제적・구속적 성격을 강하게 갖는다.

④ 감사원은 감사 결과 위법 또는 부당하다고 인정되는 사실이 있을 때에는 소속 장관, 감독기관의 장 또는 해당 기관의 장에게 시정・주의 등을 요구할 수 있다.

지문분석 **정답 ③**

① **[O]** 직무감찰의 범위를 정한 감사원법 제24조 제1항 제2호에 의하면, 지방자치단체의 사무와 그에 소속한 지방공무원의 직무는 감사원의 감찰사항에 포함되며, 여기에는 공무원의 비위사실을 밝히기 위한 비위감찰권뿐만 아니라 공무원의 근무평정・행정관리의 적부심사분석과 그 개선 등에 관한 행정감찰권까지 포함된다고 해석된다(헌재 2008. 5. 29. 2005헌라3).

② **[O] 감사원법 제24조(감찰 사항)** ④ 제1항에 따라 감찰을 하려는 경우 다음 각 호의 어느 하나에 해당하는 사항은 감찰할 수 없다.
1. 국무총리로부터 국가기밀에 속한다는 소명이 있는 사항
2. 국방부장관으로부터 군기밀이거나 작전상 지장이 있다는 소명이 있는 사항

③ **[X]** 이 사건 점검・개선 제시 중, 개선 제시는 점검을 한 60개 공공기관의 감사책임자들에게 공공기관을 구체적으로 거명하지 않은 채 문제점의 유형을 설명하고 자율시정토록 개선방향을 제시하는 한편, 향후 점검결과 자료를 감사자료로 계속 유지, 관리하고 감사시 체크리스트로 사용하겠다는 향후 처리지침을 밝힌 것으로서, 이러한 내용만으로 위 개선 제시를 따르지 않을 경우의 불이익을 명시적으로 예정하고 있다고는 보기 어려우므로, 이 사건 개선 제시가 행정지도로서의 한계를 넘어 규제적・구속적 성격을 강하게 갖는다고 볼 수 없다. 그렇다면, 이 사건 점검・개선 제시는 헌법소원의 대상이 되는 공권력의 행사라고 보기 어렵고, 따라서 이 사건 점검・개선 제시에 대한 심판청구 역시 부적법하다(헌재 2011. 12. 29. 2009헌마330).

④ **[O] 감사원법 제33조(시정 등의 요구)** ① 감사원은 감사 결과 위법 또는 부당하다고 인정되는 사실이 있을 때에는 소속 장관, 감독기관의 장 또는 해당 기관의 장에게 시정・주의 등을 요구할 수 있다.

81 감사원의 권한과 운영에 대한 설명으로 옳지 않은 것은? 22년 지방직 7급

① 원장이 궐위(闕位)되거나 사고(事故)로 인하여 직무를 수행할 수 없을 때에는 감사위원으로 최장기간 재직한 감사위원이 그 권한을 대행하며, 재직기간이 같은 감사위원이 2명 이상인 경우에는 연장자가 그 권한을 대행한다.

② 감사원이 직권으로 재심의한 것에 대하여는 재심의를 청구할 수 없다.

③ 감사원은 필요하다고 인정하거나 국무총리의 요구가 있는 경우에는 국가 또는 지방자치단체가 자본금의 일부를 출자한 자의 회계를 검사할 수 있다.

④ 감사원은 세입·세출의 결산을 매년 검사하여 대통령과 차년도국회에 그 결과를 보고하여야 한다.

지문분석 **정답 ②**

① **【O】 감사원법 제4조(원장)** ① 원장은 국회의 동의를 받아 대통령이 임명한다.
③ 원장이 궐위(闕位)되거나 사고(事故)로 인하여 직무를 수행할 수 없을 때에는 감사위원으로 최장기간 재직한 감사위원이 그 권한을 대행한다. 다만, 재직기간이 같은 감사위원이 2명 이상인 경우에는 연장자가 그 권한을 대행한다.

② **【X】 감사원법 제40조(재심의의 효력)** ① 청구에 따라 재심의한 사건에 대하여는 또다시 재심의를 청구할 수 없다. 다만, 감사원이 직권으로 재심의한 것에 대하여는 재심의를 청구할 수 있다.

③ **【O】 감사원법 제23조(선택적 검사사항)** 감사원은 필요하다고 인정하거나 국무총리의 요구가 있는 경우에는 다음 각 호의 사항을 검사할 수 있다.

1. 국가기관 또는 지방자치단체 외의 자가 국가 또는 지방자치단체를 위하여 취급하는 국가 또는 지방자치단체의 현금·물품 또는 유가증권의 출납
2. 국가 또는 지방자치단체가 직접 또는 간접으로 보조금·장려금·조성금 및 출연금 등을 교부(交付)하거나 대부금 등 재정 원조를 제공한 자의 회계
3. 제2호에 규정된 자가 그 보조금·장려금·조성금 및 출연금 등을 다시 교부한 자의 회계
4. 국가 또는 지방자치단체가 자본금의 일부를 출자한 자의 회계

④ **【O】 헌법 제99조** 감사원은 세입·세출의 결산을 매년 검사하여 대통령과 차년도국회에 그 결과를 보고하여야 한다.

82 감사원에 대한 설명으로 옳지 않은 것은? 25년 국가직 5급

① 감사원은 감사 결과 위법 또는 부당하다고 인정되는 사실이 있을 때에는 소속 장관, 감독기관의 장 또는 해당 기관의 장에게 시정·주의 등을 요구할 수 있다.

② 감사위원이 탄핵소추의 의결을 받았거나 형사재판에 계속되었을 때에는 그 탄핵의 결정 또는 재판이 확정될 때까지 그 권한 행사가 정지된다.

③ 「감사원법」은 지방자치단체의 위임사무에 관해서는 합법성뿐만 아니라 합목적성 감사까지도 허용하나, 자치사무에 관하여는 합법성 감사만 허용하는 것으로 보아야 한다.

④ 감사원은 감사원장을 포함한 7명의 감사위원으로 구성하며, 감사원장은 국회의 동의를 얻어 대통령이 임명한다.

지문분석 **정답 ③**

① **【O】 감사원법 제33조(시정 등의 요구) 제1항** 감사원은 감사 결과 위법 또는 부당하다고 인정되는 사실이 있을 때에는 소속 장관, 감독기관의 장 또는 해당 기관의 장에게 시정·주의 등을 요구할 수 있다.
② **【O】 감사원법 제15조(감사위원의 제척) 제2항** 감사위원이 탄핵소추의 의결을 받았거나 형사재판에 계속(係屬)되었을 때에는 그 탄핵의 결정 또는 재판이 확정될 때까지 그 권한 행사가 정지된다.
③ **【X】** 감사원법은 지방자치단체의 위임사무나 자치사무의 구별 없이 합법성 감사뿐만 아니라 합목적성 감사도 허용하고 있는 것으로 보이므로, 감사원의 지방자치단체에 대한 이 사건 감사는 법률상 권한 없이 이루어진 것은 아니다. 이 사건 관련규정이 지방자치단체의 고유한 권한을 유명무실하게 할 정도로 지나친 제한을 함으로써 지방자치권의 본질적 내용을 침해하였다고는 볼 수 없다(헌재 2008. 5. 29. 2005헌라3).
④ **【O】 감사원법 제3조(구성)** 감사원은 감사원장(이하 "원장"이라 한다)을 포함한 7명의 감사위원으로 구성한다. **제4조(원장) 제1항** 원장은 국회의 동의를 받아 대통령이 임명한다.

83 감사원과 선거관리위원회에 대한 설명으로 옳지 않은 것은? (다툼이 있는 경우 판례에 의함)

16년 국회 8급

① 감사원장이 사고가 있을 때에는 최장기간 재직한 감사위원이, 중앙선거관리위원장이 사고가 있을 때에는 최장기간 재직한 선거관리위원이 그 직무를 대행한다.
② 감사원의 변상판정처분에 대하여서는 행정소송을 제기할 수 없고, 재결에 해당하는 재심의 판정에 대하여서만 감사원을 당사자로 하여 행정소송을 제기할 수 있다.
③ 「공직선거관리규칙」은 중앙선거관리위원회가 헌법 제114조 제6항 소정의 규칙 제정권에 의하여 「공직선거법」에서 위임된 사항과 대통령·국회의원·지방의회의원 및 지방자치단체의 장의 선거의 관리에 필요한 세부사항을 규정함을 목적으로 하여 제정된 법규명령이다.
④ 각급 선거관리위원회가 선거사무를 위하여 인원·장비의 지원 등이 필요한 경우, 지시 또는 협조요구를 받은 행정기관이나 협조요구를 받은 공공단체 및 개표 사무종사원을 위촉받은 「은행법」 제2조의 은행은 우선적으로 그에 응하여야 한다.
⑤ 각급 선거관리위원회는 위원 과반수의 출석으로 개의하고, 출석위원 과반수의 찬성으로 의결하며, 각급 선거관리위원장은 표결권을 가질 뿐만 아니라 가부동수인 때에는 결정권도 가진다.

지문분석 **정답 ①**

① **【X】** 감사원장이 사고로 인하여 직무를 수행할 수 없을 때에는 감사위원으로 최장기간 재직한 감사위원이 그 직무를 대행한다. 다만, 재직기간이 같은 감사위원이 2명 이상인 경우에는 연장자가 그 직무를 대행한다(감사원법 제4조 제3항). 중앙선거관리위원장이 사고가 있을 때에는 상임위원 또는 부위원장이 그 직무를 대행하며 위원장·상임위원·부위원장이 모두 사고가 있을 때에는 위원중에서 임시위원장을 호선하여 위원장의 직무를 대행하게 한다(선거관리위원회법 제5조 제5항).
② **【O】** 감사원의 변상판정처분에 대하여서는 감사원에 재심의를 청구할 수 있다(감사원법 제36조 제1항). 감사원의 재심의 판결에 대하여는 감사원을 당사자로 하여 행정소송을 제기할 수 있다. 다만, 그 효력을 정지하는 가처분결정은 할 수 없다(감사원법 제40조 제2항).

③ 【O】 중앙선거관리위원회는 법령의 범위안에서 선거관리 · 국민투표관리 또는 정당사무에 관한 규칙을 제정할 수 있으며, 법률에 저촉되지 아니하는 범위안에서 내부규율에 관한 규칙을 제정할 수 있다(헌법 제114조 제6항). 이 규칙은 「공직선거법」(이하 "법"이라 한다)에서 위임된 사항과 그 밖에 대통령 · 국회의원 · 지방의회의원 및 지방자치단체의 장의 선거의 관리에 필요한 세부사항을 규정함을 목적으로 한다(공직선거관리규칙 제1조).
④ 【O】 선거관리위원회법 제16조 제3항
⑤ 【O】 선거관리위원회법 제10조

84 **선거관리위원회에 대한 설명으로 옳은 것은?** (다툼이 있는 경우 판례에 의함) 17년 하반기 비상계획관

① 중앙선거관리위원회는 대통령이 임명하는 9명의 위원으로 구성되며, 위원 중 3인은 국회에서 선출하는 자를, 3인은 대법원장이 지명하는 자를 임명한다.
② 공직선거에 관한 사무처리 예규는 선거사무의 처리에 관한 통일적 기준과 지침을 제공함으로써 공정하고 원활한 선거관리를 기함을 목적으로 하는 것이므로, 국민이나 법원을 구속하는 효력이 있는 행정규칙이라고 할 것이어서 헌법재판소법 제68조 제1항에 의한 헌법소원 심판의 대상이 된다.
③ 중앙선거관리위원회는 법령의 범위 안에서 선거관리 · 국민투표관리또는 정당사무에 관한 규칙을 제정할 수 있으며, 법률에 저촉되지 아니하는 범위 안에서 내부규율에 관한 규칙을 제정할 수 있다.
④ 국회의원선거구획정위원회는 중앙선거관리위원회에 두며 국회의장이 위촉하는 9명의 위원으로 구성된다.

지문분석 **정답 ③**

① 【X】 중앙선거관리위원회는 대통령이 임명하는 3인, 국회에서 선출하는 3인과 대법원장이 지명하는 3인의 위원으로 구성한다. 위원장은 위원중에서 호선한다(헌법 제114조 제2항).
② 【X】 공직선거에관한사무처리예규는, 각급선거관리위원회와 그 위원 및 직원이 공직선거에 관한 사무를 표준화 · 정형화하고, 관련법규의 구체적인 운용기준을 마련하는 등 선거사무의 처리에 관한 통일적 기준과 지침을 제공함으로써 공정하고 원활한 선거관리를 기함을 목적으로 하는 것이므로, 개표관리 및 투표용지의 유 · 무효를 가리는 업무에 종사하는 각급 선거관리위원회 직원 등에 대한 업무처리지침 내지 사무처리준칙에 불과할 뿐 국민이나 법원을 구속하는 효력이 없는 행정규칙이라고 할 것이어서 이 예규부분은 헌법소원 심판대상이 되지 아니한다(헌재 2000.6.29, 2000헌마325).
③ 【O】 중앙선거관리위원회는 법령의 범위안에서 선거관리 · 국민투표관리 또는 정당사무에 관한 규칙을 제정할 수 있으며, 법률에 저촉되지 아니하는 범위안에서 내부규율에 관한 규칙을 제정할 수 있다(헌법 제114조 제6항).
④ 【X】 국회의원선거구획정위원회는 중앙선거관리위원회에 두되, 직무에 관하여 독립의 지위를 가진다. 국회의원선거구획정위원회는 중앙선거관리위원회위원장이 위촉하는 9명의 위원으로 구성하되, 위원장은 위원 중에서 호선한다(공직선거법 제24조 제2 · 3항).

85 선거관리위원회에 대한 설명으로 옳지 않은 것은? 17년 5급 공채

① 선거운동은 각급 선거관리위원회의 관리 하에 법률이 정하는 범위 안에서 하며, 선거에 관한 경비는 법률이 정하는 경우를 제외하고는 정당 또는 후보자에게 부담시킬 수 없다.

② 중앙선거관리위원회 위원은 정당에 가입하거나 정치에 관여할 수 없으며, 탄핵 또는 금고이상의 형의 선고에 의하지 아니하고는 파면되지 아니한다.

③ 각급 선거관리위원회는 선거인명부의 작성 등 선거사무와 국민투표사무에 관하여 관계행정기관에 필요한 지시를 할 수 있으며, 이러한 지시를 받은 당해 행정기관은 이에 응하여야 한다.

④ 중앙선거관리위원회는 대통령이 임명하는 3인, 국회에서 선출하는 3인과 대법원장이 지명하는 3인의 위원으로 구성되며, 위원의 임기는 6년이고, 위원장은 위원 중에서 대통령이 지명한다.

지문분석 **정답 ④**

① 【O】 헌법 제116조
② 【O】 헌법 제114조 제4·5항
③ 【O】 헌법 제115조
④ 【X】 중앙선거관리위원회는 대통령이 임명하는 3인, 국회에서 선출하는 3인과· 대법원장이 지명하는 3인의 위원으로 구성한다. 위원장은 위원중에서 호선한다(헌법 제114조 제2항).

86 선거관리위원회에 대한 설명으로 옳지 않은 것은? (다툼이 있는 경우 판례에 의함) 18년 국가직 7급

① 중앙선거관리위원회 위원 중 국회에서 선출하는 3인은 인사청문특별위원회의 인사청문을 거치고, 대통령이 임명하는 3인과 대법원장이 지명하는 3인은 소관 상임위원회의 인사청문을 거친다.

② 각급선거관리위원회의 의결을 거쳐 행하는 사항에 대하여는 원칙적으로 행정절차에 관한 규정이 적용되지 않는바, 이는 권력분립의 원리와 선거관리위원회 의결절차의 합리성을 고려한 것이다.

③ 각급선거관리위원회는 위원 과반수의 출석으로 개의하고, 출석위원 과반수의 찬성으로 의결하며, 위원장은 표결권을 가지고 가부동수인 때에는 결정권을 가진다.

④ 국가보조금의 배분대상이 되는 정당의 중앙당이 그 대표자 선출을 위한 선거사무 중 투표 및 개표에 관한 사무의 관리를 중앙선거관리위원회에 위탁하는 경우 선거공영제의 원칙에 따라 당내경선의 투표 및 개표참관인의 수당에 관한 비용은 국가가 부담한다.

지문분석 **정답 ④**

① 【O】 **국회법 제46조의3(인사청문특별위원회)** ① 국회는 다음 각 호의 임명동의안 또는 의장이 각 교섭단체 대표의원과 협의하여 제출한 선출안 등을 심사하기 위하여 인사청문특별위원호를 둔다. 다만, 「대통령직 인수에 관한 법률」 제5조 제2항에 따라 대통령당선인이 국무총리 후보자에 대한 인사청문의 실시를 요청하는 경우에 의장은 각 교섭단체 대표의원과 협의하여 그 인사청문을 실시하기 위한 인사청문특별위원회를 둔다.
1. 헌법에 따라 그 임명에 국회의 동의가 필요한 대법원장·헌법재판소장·국무총리·감사원장 및 대법관에 대한 임명동의안

2. 헌법에 따라 국회에서 선출하는 헌법재판소 재판관 및 중앙선거관리위원회 위원에 대한 선출안
② 인사청문특별위원회의 구성과 운영에 필요한 사항은 따로 법률로 정한다.

② 【O】 각급 선거관리위원회의 의결을 거쳐 행하는 사항에 대하여는 원칙적으로 행정절차에 관한 규정이 적용되지 않는 바(행정절차법 제3조 제2항 제4호), 이는 권력분립의 원리와 선거관리위원회 의결 절차의 합리성을 고려한 것으로 보인다(헌재 2008.01.17. 2007헌마700).

③ 【O】 **선거관리위원회법 제10조(위원회의 의결정족수)** ① 각급선거관리위원회는 위원과반수의 출석으로 개의하고 출석위원 과반수의 찬성으로 의결한다.
② 위원장은 표결권을 가지며 가부동수인 때에는 결정권을 가진다.

④ 【X】 **공직선거법 제57조의4(당내경선사무의위탁)** ① 「정치자금법」 제27조(보조금의배분)의 규정에 따라 보조금의 배분대상이 되는 정당은 당내 경선사무 중 경선운동, 투표 및 개표에 관한 사무의 관리를 당해 선거의 관할선거구선거관리위원회에 위탁할 수 있다.
② 관할선거구선거관리위원회가 제1항에 따라 당내경선의 투표 및 개표에 관한 사무를 수탁관리하는 경우에는 그 비용은 국가가 부담한다. 다만, 투표 및 개표참관인의 수당은 당해 정당이 부담한다.
③ 제1항의 규정에 따라 정당이 당내경선사무를 위탁하는 경우 그 구체적인 절차 및 필요한 사항은 중앙선거관리위원회규칙으로 정한다.

87 선거관리위원회에 대한 설명으로 옳은 것은? (다툼이 있는 경우 판례에 의함) 19년 국가직 7급

① 선거운동은 각급선거관리위원회의 관리하에 법률이 정하는 범위 안에서 하되, 균등한 기회가 보장되어야 하며, 선거에 관한 경비는 정당에게 부담시킬 수 있으나 후보자에게는 부담시킬 수 없다.

② 「정치자금법」 제27조(보조금의 배분)의 규정에 따라 보조금의 배분대상이 되는 정당이 당내경선사무 중 경선운동, 투표 및 개표에 관한 사무의 관리를 당해 선거의 관할선거구선거관리위원회에 위탁하는 경우 모든 수탁관리비용은 당해 정당이 부담한다.

③ 중앙선거관리위원회 위원은 국회의 탄핵소추 대상이 되나 구·시·군선거관리위원회 위원은 국회의 탄핵소추 대상이 되지 아니한다.

④ 정부는 중앙선거관리위원회의 예산을 편성함에 있어 중앙선거관리위원회 위원장의 의견을 최대한 존중하여야 하며, 국가재정상황 등에 따라 조정이 필요한 때에는 중앙선거관리위원회 위원장과 미리 협의하여야 한다.

지문분석 **정답 ④**

① 【X】 **헌법 제116조** ① 선거운동은 각급 선거관리위원회의 관리하에 법률이 정하는 범위 안에서 하되, 균등한 기회가 보장되어야 한다.
② 선거에 관한 경비는 법률이 정하는 경우를 제외하고는 정당 또는 후보자에게 부담시킬 수 없다.

② 【X】 **공직선거법 제57조의4(당내경선사무의 위탁)** ① 「정치자금법」 제27조(보조금의 배분)의 규정에 따라 보조금의 배분대상이 되는 정당은 당내경선사무 중 경선운동, 투표 및 개표에 관한 사무의 관리를 당해 선거의 관할선거구선거관리위원회에 위탁할 수 있다.
② 관할선거구선거관리위원회가 제1항에 따라 당내경선의 투표 및 개표에 관한 사무를 수탁관리하는 경우에는 그 비용은 국가가 부담한다. 다만, 투표 및 개표참관인의 수당은 당해 정당이 부담한다.

③ 【X】 **헌법 제65조** ① 대통령 · 국무총리 · 국무위원 · 행정각부의 장 · 헌법재판소 재판관 · 법관 · 중앙선거관리위원회 위원 · 감사원장 · 감사위원 기타 법률이 정한 공무원이 그 직무집행에 있어서 헌법이나 법률을 위배한 때에는 국회는 탄핵의 소추를 의결할 수 있다.
선거관리위원회법 제9조(위원의 해임사유) 각급선거관리위원회의 위원은 다음 각호의 1에 해당할 때가 아니면 해임 · 해촉 또는 파면되지 아니한다.
1. 정당에 가입하거나 정치에 관여한 때
2. 탄핵결정으로 파면된 때
3. 금고이상의 형의 선고를 받은 때

④ 【O】 **국가재정법 제40조(독립기관의 예산)** ① 정부는 독립기관의 예산을 편성함에 있어 당해 독립기관의 장의 의견을 최대한 존중하여야 하며, 국가재정상황 등에 따라 조정이 필요한 때에는 당해 독립기관의 장과 미리 협의하여야 한다.

88 선거관리위원회에 대한 설명으로 옳지 않은 것은? (다툼이 있는 경우 판례에 의함) 19년 지방직 7급

① 중앙선거관리위원회는 법령의 범위안에서 선거관리, 국민투표관리 또는 정당사무에 관한 규칙을 제정할 수 있으며, 법률에 저촉되지 아니하는 범위안에서 내부규율에 관한 규칙을 제정할 수 있다.

② 각급선거관리위원회는 위원 과반수의 출석으로 개의하고 출석위원 과반수의 찬성으로 의결하며, 위원장은 가부동수인 경우 결정권을 행사하지 못한다.

③ 「공직선거에 관한 사무처리예규」는 개표관리 및 투표용지의 유 · 무효를 가리는 업무에 종사하는 각급선거관리위원회 직원 등에 대한 업무처리지침 내지 사무처리준칙에 불과할 뿐 국민이나 법원을 구속하는 효력이 없는 행정규칙이므로 헌법소원의 대상이 되지 않는다.

④ 구 · 시 · 군선거관리위원회 위원의 임기는 3년으로 하되, 한 차례만 연임할 수 있다.

지문분석 **정답 ②**

① 【O】 **헌법 제114조** ⑥ 중앙선거관리위원회는 법령의 범위 안에서 선거관리 · 국민투표관리 또는 정당사무에 관한 규칙을 제정할 수 있으며, 법률에 저촉되지 아니하는 범위 안에서 내부규율에 관한 규칙을 제정할 수 있다.

② 【X】 **선거관리위원회법 제10조(위원회의 의결정족수)** ① 각급선거관리위원회는 위원과반수의 출석으로 개의하고 출석위원 과반수의 찬성으로 의결한다.
② 위원장은 표결권을 가지며 가부동수인 때에는 결정권을 가진다.

③ 【O】 공직선거에관한사무처리예규는, 각급선거관리위원회와 그 위원 및 직원이 공직선거에 관한 사무를 표준화 · 정형화하고, 관련법규의 구체적인 운용기준을 마련하는 등 선거사무의 처리에 관한 통일적 기준과 지침을 제공함으로써 공정하고 원활한 선거관리를 기함을 목적으로 하는 것이므로, 개표관리 및 투표용지의 유 · 무효를 가리는 업무에 종사하는 각급 선거관리위원회 직원 등에 대한 업무처리지침 내지 사무처리준칙에 불과할 뿐 국민이나 법원을 구속하는 효력이 없는 행정규칙이라고 할 것이어서 이 예규부분은 헌법소원 심판대상이 되지 아니한다(헌재 2000. 6. 29. 2000헌마32).

④ 【O】 **선거관리위원회법 제8조(위원의 임기)** 각급선거관리위원회위원의 임기는 6년으로 한다. 다만, 구 · 시 · 군선거관리위원회 위원의 임기는 3년으로 하되, 한 차례만 연임할 수 있다.

89 선거관리위원회에 대한 설명으로 옳지 않은 것은? 20년 지방직 7급

① 대통령선거 및 국회의원선거에 있어서 선거의 효력에 관하여 이의가 있는 선거인・후보자를 추천한 정당 또는 후보자가 대법원에 소를 제기할 때의 피고는 당해 선거구선거관리위원회위원장이다.

② 헌법은 탄핵소추의 대상자로서 대통령・국무총리・국무위원・행정각부의 장・헌법재판소 재판관・법관・중앙선거관리위원회 위원장・감사원장・감사위원・기타 법률이 정한 공무원으로 규정하고 있고,「선거관리위원회법」에서 중앙선거관리위원회 및 각급선거관리위원회 위원을 탄핵소추의 대상으로 포함하고 있다.

③ 국회에서 선출하는 중앙선거관리위원회 위원에 대한 선출안의 심사는 국회 인사청문특별위원회에서, 대통령이 임명하는 중앙선거관리위원회 위원 후보자에 대한 인사청문은 소관 상임위원회에서 한다.

④ 각급선거관리위원회의 회의는 당해 위원장이 소집한다. 다만, 위원 3분의 1 이상의 요구가 있을 때에는 위원장은 회의를 소집하여야 하며 위원장이 회의소집을 거부할 때에는 회의소집을 요구한 3분의 1 이상의 위원이 직접 회의를 소집할 수 있다.

지문분석 **정답 ②**

① 【O】 **공직선거법 제222조(선거소송)** ① 대통령선거 및 국회의원선거에 있어서 선거의 효력에 관하여 이의가 있는 선거인・정당(후보자를 추천한 정당에 한한다) 또는 후보자는 선거일부터 30일 이내에 당해 선거구선거관리위원회위원장을 피고로 하여 대법원에 소를 제기할 수 있다.

② 【X】 **헌법 제65조** ① 대통령・국무총리・국무위원・행정각부의 장・헌법재판소 재판관・법관・중앙선거관리위원회 위원・감사원장・감사위원 기타 법률이 정한 공무원이 그 직무집행에 있어서 헌법이나 법률을 위배한 때에는 국회는 탄핵의 소추를 의결할 수 있다.
선거관리위원회법 제9조(위원의 해임사유) 각급선거관리위원회의 위원은 다음 각호의 1에 해당할 때가 아니면 해임・해촉 또는 파면되지 아니한다.
2. 탄핵결정으로 파면된 때

③ 【O】 **국회법 제46조의3(인사청문특별위원회)** ① 국회는 다음 각 호의 임명동의안 또는 의장이 각 교섭단체 대표의원과 협의하여 제출한 선출안 등을 심사하기 위하여 인사청문특별위원회를 둔다. 다만,「대통령직 인수에 관한 법률」제5조 제2항에 따라 대통령당선인이 국무총리 후보자에 대한 인사청문의 실시를 요청하는 경우에 의장은 각 교섭단체 대표의원과 협의하여 그 인사청문을 실시하기 위한 인사청문특별위원회를 둔다.
2. 헌법에 따라 국회에서 선출하는 헌법재판소 재판관 및 중앙선거관리위원회 위원에 대한 선출안
제65조의2(인사청문회) ② 상임위원회는 다른 법률에 따라 다음 각 호의 어느 하나에 해당하는 공직후보자에 대한 인사청문 요청이 있는 경우 인사청문을 실시하기 위하여 각각 인사청문회를 연다.
1. 대통령이 임명하는 헌법재판소 재판관, 중앙선거관리위원회 위원, 국무위원, 방송통신위원회 위원장, 국가정보원장, 공정거래위원회 위원장, 금융위원회 위원장, 국가인권위원회 위원장, 고위공직자범죄수사처장, 국세청장, 검찰총장, 경찰청장, 합동참모의장, 한국은행 총재, 특별감찰관 또는 한국방송공사 사장의 후보자

④ 【O】 **선거관리위원회법 제11조(회의소집)** ① 각급선거관리위원회의 회의는 당해 위원장이 소집한다. 다만, 위원 3분의 1이상의 요구가 있을 때에는 위원장은 회의를 소집하여야 하며 위원장이 회의소집을 거부할 때에는 회의소집을 요구한 3분의 1 이상의 위원이 직접 회의를 소집할 수 있다.

90 **선거관리위원회에 대한 설명으로 옳은 것은?** (다툼이 있는 경우 판례에 의함) 22년 국가직 7급

① 법관과 법원공무원 이외의 공무원은 각급선거관리위원회의 위원이 될 수 없다.

② 중앙선거관리위원회는 대통령이 임명하는 3인, 국회에서 선출하는 3인과 대법원장이 지명하는 3인의 위원으로 구성한다. 위원장은 국회의 동의를 얻어 위원 중에서 대통령이 임명한다.

③ 각급선거관리위원회의 위원장 · 상임위원 · 부위원장이 모두 사고가 있을 때에는 위원 중에서 임시위원장을 호선하여 위원장의 직무를 대행하게 한다.

④ 각급선거관리위원회 위원 · 직원의 선거범죄 조사에 있어서 피조사자에게 자료제출의무를 부과하는 공직선거법 조항은 이 규정에 위반하여 허위의 자료를 제출한 경우 형사처벌을 규정하고 있는바, 이는 형벌에 의한 불이익이라는 심리적, 간접적 강제수단을 통하여 진실한 자료를 제출하도록 하는 강제처분을 수반하는 것으로 영장주의의 적용대상이다.

지문분석 **정답 ③**

① **【X】 선거관리위원회법 제4조(위원의 임명 및 위촉)** ⑥ 법관과 법원공무원 및 교육공무원 이외의 공무원은 각급선거관리위원회의 위원이 될 수 없다.

② **【X】 헌법 제114조** ② 중앙선거관리위원회는 대통령이 임명하는 3인, 국회에서 선출하는 3인과 대법원장이 지명하는 3인의 위원으로 구성한다. 위원장은 위원중에서 호선한다.

③ **【O】 선거관리위원회법 제5조(위원장)** ⑤ 위원장이 사고가 있을 때에는 상임위원 또는 부위원장이 그 직무를 대행하며 위원장 · 상임위원 · 부위원장이 모두 사고가 있을 때에는 위원중에서 임시위원장을 호선하여 위원장의 직무를 대행하게 한다.

④ **【X】** 심판대상조항에 의한 자료제출요구는 그 성질상 대상자의 자발적 협조를 전제로 할 뿐이고 물리적 강제력을 수반하지 아니한다. 심판대상조항은 피조사자로 하여금 자료제출요구에 응할 의무를 부과하고, 허위 자료를 제출한 경우 형사처벌하고 있으나, 이는 형벌에 의한 불이익이라는 심리적, 간접적 강제수단을 통하여 진실한 자료를 제출하도록 함으로써 조사권 행사의 실효성을 확보하기 위한 것이다. 심판대상조항은 행정조사의 성격을 가지는 것으로 수사기관의 수사와 근본적으로 그 성격을 달리하며, 청구인에 대하여 직접적으로 어떠한 물리적 강제력을 행사하는 강제처분을 수반하는 것이 아니므로 영장주의의 적용대상이 아니다(헌재 2019. 9. 26. 2016헌바381).

91 **선거관리위원회에 대한 설명으로 옳지 <u>않은</u> 것은?** 23년 지방직 7급

① 중앙선거관리위원회는 주민투표 · 주민소환관계법률의 제정 · 개정 등이 필요하다고 인정하는 경우에는 국회에 그 의견을 구두 또는 서면으로 제출할 수 있다.

② 각급선거관리위원회는 선거인명부의 작성 등 선거사무와 국민투표사무에 관하여 관계 행정기관에 필요한 지시를 할 수 있으며, 지시를 받은 당해 행정기관은 이에 응하여야 한다.

③ 각급선거관리위원회의 회의는 당해 위원장이 소집한다. 다만, 위원 3분의 1 이상의 요구가 있을 때에는 위원장은 회의를 소집하여야 하며 위원장이 회의소집을 거부할 때에는 회의소집을 요구한 3분의 1 이상의 위원이 직접 회의를 소집할 수 있다.

④ 각급선거관리위원회는 위원 과반수의 출석으로 개의하고 출석위원 과반수의 찬성으로 의결하며, 위원장은 표결권을 가지고 가부동수인 때에는 결정권을 가진다.

지문분석 **정답 ①**

① **【X】 선거관리위원회법 제17조(법령에 관한 의견표시등)** ② 중앙선거관리위원회는 다음 각 호의 어느 하나에 해당하는 법률의 제정·개정 등이 필요하다고 인정하는 경우에는 국회에 그 의견을 서면으로 제출할 수 있다.
1. 선거·국민투표·정당관계법률
2. 주민투표·주민소환관계법률. 이 경우 선거관리위원회의 관리 범위에 한정한다.

② **【O】 헌법 제115조** ① 각급 선거관리위원회는 선거인명부의 작성등 선거사무와 국민투표사무에 관하여 관계 행정기관에 필요한 지시를 할 수 있다.
② 제1항의 지시를 받은 당해 행정기관은 이에 응하여야 한다.

③ **【O】 선거관리위원회법 제11조(회의소집)** ① 각급선거관리위원회의 회의는 당해 위원장이 소집한다. 다만, 위원 3분의 1이상의 요구가 있을 때에는 위원장은 회의를 소집하여야 하며 위원장이 회의소집을 거부할 때에는 회의소집을 요구한 3분의 1이상의 위원이 직접 회의를 소집할 수 있다.

④ **【O】 선거관리위원회법 제10조(위원회의 의결정족수)** ① 각급선거관리위원회는 위원과반수의 출석으로 개의하고 출석위원 과반수의 찬성으로 의결한다.
② 위원장은 표결권을 가지며 가부동수인 때에는 결정권을 가진다.

92 선거관리위원회에 대한 설명으로 옳지 않은 것은? 25년 국가직 7급

① 중앙선거관리위원회의 사무인 선거관리 등은 그 성질상 행정작용 또는 집행작용에 해당하므로 감사원의 직무감찰 대상에 당연히 포함된다.

② 각급선거관리위원회의 의결을 거쳐 행하는 사항에 대하여는 원칙적으로 행정절차에 관한 규정이 적용되지 않는 것은 권력분립의 원리와 선거관리위원회 의결절차의 합리성을 고려한 것으로 보인다.

③ 법관과 법원공무원 및 교육공무원 이외의 공무원은 각급선거관리위원회의 위원이 될 수 없다.

④ 중앙선거관리위원회에게는 헌법과 「선거관리위원회법」에 의하여 행정부 등 외부기관의 부당한 간섭 없이 선거사무는 물론 인사, 조직운영, 내부규율 등에 관한 각종 사무 등을 독립적으로 수행할 권한이 부여되어 있다.

지문분석 **정답 ①**

① **【X】** 선거관리가 그 사무의 성격상 행정작용에 해당한다고 하더라도, 선거관리위원회를 독립된 헌법기관으로 설치함으로써 선거관리에 정부가 영향력을 행사할 수 없도록 하여 선거관리의 독립성과 중립성을 보장하고자 하는 것이 헌법개정권자의 의사인 점을 고려하면, 헌법상 대통령 소속으로 행정부에 속한 피청구인의 직무감찰 대상에 청구인이 당연히 포함된다고 볼 수 없다(헌재 2025. 2. 27. 2023헌라5).

② **【O】** 각급 선거관리위원회의 의결을 거쳐 행하는 사항에 대하여는 원칙적으로 행정절차에 관한 규정이 적용되지 않는바(행정절차법 제3조 제2항 제4호), 이는 권력분립의 원리와 선거관리위원회 의결절차의 합리성을 고려한 것으로 보인다. 청구인에게 위 조치 전에 의견진술의 기회를 부여하지 않은 것이 적법절차원칙에 어긋나서 청구인의 기본권을 침해한다고 볼 수 없다(헌재 2008. 1. 17. 2007헌마700).

③ **【O】 선거관리위원회법 제4조(위원의 임명 및 위촉)** ⑥ 법관과 법원공무원 및 교육공무원 이외의 공무원은 각급 선거관리위원회의 위원이 될 수 없다.

④ **【O】** 청구인의 헌법상 지위와 헌법 및 선거관리위원회법의 관련 규정들을 종합하여 보면, 청구인에게는 헌법과 선거관리위원회법에 의하여 행정부 등 외부기관의 부당한 간섭 없이 선거사무는 물론 인사, 조직운영, 내부규율 등에 관한 각종 사무 등을 독립적으로 수행할 권한이 부여되어 있다고 할 것이다(헌재 2025. 2. 27. 2023헌라5).

93 **다음 중 현행헌법이 명문으로 규칙제정권을 부여하고 있지 않은 국가 기관은?** 16년 국회 9급

① 국회
② 대법원
③ 감사원
④ 중앙선거관리위원회
⑤ 헌법재판소

지문분석 **정답 ③**

① 【O】 국회는 법률에 저촉되지 아니하는 범위안에서 의사와 내부규율에 관한 규칙을 제정할 수 있다(헌법 제64조 제1항).
② 【O】 대법원은 법률에서 저촉되지 아니하는 범위안에서 소송에 관한 절차, 법원의 내부규율과 사무처리에 관한 규칙을 제정할 수 있다(헌법 제108조).
③ 【X】 감사원의 규칙제정권은 감사원법 제52조에 규정되어 있다. 감사원은 감사에 관한 절차, 감사원의 내부 규율과 감사사무 처리에 관한 규칙을 제정할 수 있다(감사원법 제52조).
④ 【O】 중앙선거관리위원회는 법령의 범위안에서 선거관리 · 국민투표관리 또는 정당사무에 관한 규칙을 제정할 수 있으며, 법률에 저촉되지 아니하는 범위안에서 내부규율에 관한 규칙을 제정할 수 있다(헌법 제114조 제6항).
⑤ 【O】 헌법재판소는 법률에 저촉되지 아니하는 범위안에서 심판에 관한 절차, 내부규율과 사무처리에 관한 규칙을 제정할 수 있다(헌법 제113조 제2항).

94 **현행 헌법재판소와 중앙선거관리위원회의 조직에 대하여 설명한 내용 중 맞는 것은?**

① 헌법재판관과 중앙선거관리위원은 법관 등 법원의 공무원직을 겸직할 수 있다.
② 각급 선거관리위원회는 위원과반수의 출석으로 개의하고 출석위원 과반수의 찬성으로 의결하고 헌법재판소의 재판관회의는 재판관 7인 이상의 출석과 출석인원과반수의 찬성으로 의결한하지만 헌법재판소장과는 달리 중앙선거관리위원장은 표결에서 가부등수의 경우 결정권을 가진다.
③ 헌법재판소장과 중앙선거관리위원장은 구성원 중에서 대통령이 지명한다.
④ 각각 상임재판관 · 상임위원과 비상임재판관 · 비상임위원을 둘 수 있도록 하고 있다.

지문분석 **정답 ②**

① 【X】 헌법재판소재판관의 경우 금지규정이 있다. "재판관은 다음 각호의 1에 하당하는 직을 겸하거나 영리를 목적으로 하는 사업을 영위할 수 없다. 1. 국회 또는 지방의회의 의원의 직, 2. 국회 · 정부 또는 법원의 공무원의 직, 3. 법인 · 단체등의 고문 · 임원 또는 직원의 직(헌법재판소법 제14조)
② 【O】 선관위장만 결정권을 가진다. "각급선거관리위원회는 위원과반수의 출석으로 개의하고 출석위원 과반수의 찬성으로 의결한다. 위원장은 표결권을 가지며 가부동수인 때에는 결정권을 가진다(선관위법 제10조 ①②).
③ 【X】 선관위장은 호선한다(헌법 제114조 ②).
④ 【X】 상임위원제도는 선관위에만 있으며(선관위법 제6조 ①②), 헌법재판소 창립 초에 있던 비전임재판관제도는 폐지되어 모두 전임재판관으로 구성된다.

95 선거관리위원회에 관한 설명 중 옳은 것은? (다툼이 있는 경우 헌법재판소 판례에 의함)

① 중앙선거관리위원회는 대통령이 임명하는 9인의 위원으로 구성되며, 위원 중 3인은 국회에서 선출하는 자를, 3인은 대법원장이 추천하는 자를 임명한다.

② 중앙선거관리위원회 위원장은 위원 중에서 국회의 동의를 얻어 대통령이 임명하며, 국회는 그 후보자에 대하여 인사청문특별위원회에서 인사청문을 실시하여야 한다.

③ 대통령선거에 있어서 중앙선거관리위원회는 천재·지변 기타 부득이한 사유로 인하여 개표를 모두 마치지 못하였다 하더라도 개표를 마치지 못한 지역의 투표가 선거의 결과에 영향을 미칠 염려가 없다고 인정되는 때에는 우선 당선인을 결정할 수 있다.

④ 선거관리위원회는 선거에 관한 사무로서 대통령선거, 국회의원선거, 지방선거에 관한 사무만 관장할 뿐이고, 정당의 당내경선과 관련하여 경선운동, 투표 및 개표에 관한 사무는 관리할 수 없다.

지문분석 **정답 ③**

① 【X】 헌법 제114조 제2항 참조.
헌법 제114조 제2항 중앙선거관리위원회는 대통령이 임명하는 3인, 국회에서 선출하는 3인과 대법원장이 지명하는 3인의 위원으로 구성한다. 위원장은 위원중에서 호선한다.

② 【X】 중앙선거관리위원회 위원장은 위원 중에서 국회의 동의를 얻어 대통령이 임명하는 것이 아니라 위원 중에서 호선한다(헌법 제114조 제2항 참조). 그리고 대통령이 지명하는 3인과 대법원장이 지명하는 3인은 소관상임위원회의 인사청문을 거치나(국회법 제65조의2 제2항 참조), 국회에서 선출하는 3인은 인사청문특별위원회의 인사청문을 거쳐야 한다(국회법 제46조의3 제1항 참조)
국회법 46조의3(인사청문특별위원회) 제1항 국회는 헌법에 의하여 그 임명에 국회의 동의를 요하는 대법원장·헌법재판소장·국무총리·감사원장 및 대법관과 국회에서 선출하는 헌법재판소 재판관 및 중앙선거관리위원회 위원에 대한 임명동의안 또는 의장이 각 교섭단체대표의원과 협의하여 제출한 선출안등을 심사하기 위하여 인사청문특별위원회를 둔다. 다만, 대통령직인수에관한법률 제5조 제2항의 규정에 의하여 대통령당선인이 국무총리후보자에 대한 인사청문의 실시를 요청하는 경우에 의장은 각 교섭단체대표의원과 협의하여 그 인사청문을 실시하기 위한 인사청문특별위원회를 둔다.
제65조의2(인사청문회) 제2항 상임위원회는 다른 법률에 따라 다음 각 호의 어느 하나에 해당하는 공직후보자에 대한 인사청문 요청이 있는 경우 인사청문을 실시하기 위하여 각각 인사청문회를 연다.

1. 대통령이 각각 임명하는 헌법재판소 재판관·중앙선거관리위원회 위원·국무위원·방송통신위원회 위원장·국가정보원장·공정거래위원회 위원장·금융위원회 위원장·국가인권위원회 위원장·국세청장·검찰총장·경찰청장·합동참모의장 또는 한국은행 총재의 후보자
3. 대법원장이 각각 지명하는 헌법재판소 재판관 또는 중앙선거관리위원회 위원의 후보자

③ 【O】「천재·지변 기타 부득이한 사유로 인하여 개표를 모두 마치지 못하였다 하더라도 개표를 마치지 못한 지역의 투표가 선거의 결과에 영향을 미칠 염려가 없다고 인정되는 때에는 중앙선거관리위원회는 우선 당선인을 결정할 수 있다.」(공직선거법 제187조 제4항)

④ 【X】 선거관리위원회법 제3조 제1항 및 정당법 제48조의3 참조.
선거관리위원회법 제3조(위원회의 직무) 제1항 선거관리위원회는 법령이 정하는 바에 의하여 다음 각호의 사무를 행한다.

1. 국가 및 지방자치단체의 선거에 관한 사무
2. 국민투표에 관한 사무
3. 정당에 관한 사무
4. 제1호에 규정된 선거 이외에 법령의 규정에 따라 이 법에 의한 선거관리위원회가 관리하는 공공단체의 선거(이하 "위탁선거"라 한다)에 관한 사무

정당법 제48조의2(당대표경선사무의 위탁) 제1항 「정치자금법」 제27조에 따라 보조금의 배분대상이 되는 정당의 중앙당은 그 대표자의 선출을 위한 선거(이하 이 조에서 "당대표경선"이라 한다) 사무 중 투표 및 개표에 관한 사무의 관리를 중앙선거관리위원회에 위탁할 수 있다.
제2항 중앙선거관리위원회가 제1항에 따라 당대표경선의 투표 및 개표에 관한 사무를 수탁관리하는 경우 그 비용은 해당 정당이 부담한다.

96 선거관리위원회에 대한 설명으로 옳은 것은?

① 선거관리위원회의 헌법상의 직무는 선거와 국민투표의 공정한 관리이며 법률에 의하여 추가된 직무는 정당에 관한 사무의 처리이다.
② 중앙선거관리위원회는 법령의 범위 안에서 선거관리·국민투표관리·정당사무 또는 내부규율에 관한 규칙을 제정할 수 있다.
③ 각급 선거관리위원회는 선거 및 국민투표사무와 정당관리사무에 관하여 관계 행정기관에 필요한 지시를 할 수 있고, 그 지시를 받은 당해 행정기관은 이에 응할 의무가 있다.
④ 법률로 정하는 경우에는 선거에 관한 경비라도 정당이나 후보자에게 부담시킬 수 있다.

지문분석 **정답 ④**

① 【X】 선거와 국민투표의 공정한 관리 및 정당에 관한 사무를 처리하기 위하여 선거관리위원회를 둔다(헌법 제114조 제1항).
② 【X】 중앙선거관리위원회는 법령의 범위안에서 선거관리·국민투표관리 또는 정당사무에 관한 규칙을 제정할 수 있으며, 법률에 저촉되지 아니하는 범위안에서 내부규율에 관한 규칙을 제정할 수 있다(헌법 제 114조 제6항).
③ 【X】 각급 선거관리위원회는 선거인명부의 작성 등 선거사무와 국민투표사무에 관하여 관계 행정기관에 필요한 지시를 할 수 있다. 지시를 받은 당해 행정기관은 이에 응하여야 한다(헌법 제115조 제1항, 제2항). 따라서 정당사무에 관하여는 지시권이 없다.
④ 【O】 선거에 관한 경비는 법률이 정하는 경우를 제외하고는 정당 또는 후보자에게 부담시킬 수 없다(헌법 제116조 제2항).

97 국가기관의 의결에 대한 설명으로 옳은 것만을 모두 고르면? 18년 지방직 7급 변형

ㄱ. 감사위원회의는 감사원장을 포함한 감사위원 전원으로 구성하며, 감사위원회의는 재적 감사위원 과반수의 찬성으로 의결한다.
ㄴ. 대법관회의는 대법관 전원의 3분의 2 이상의 출석과 출석인원 과반수 찬성으로 의결한다. 의장은 의결에서 표결권을 가지며, 가부동수일 때에는 결정권을 가진다.
ㄷ. 헌법재판소 재판관회의는 재판관 전원으로 구성하며, 재판관회의는 재판관 7명 이상의 출석과 출석인원 과반수의 찬성으로 의결한다.
ㄹ. 각급선거관리위원회는 위원 과반수의 출석으로 개의하고 출석위원 과반수의 찬성으로 의결한다. 위원장은 표결권을 가지며, 가부동수일 때에는 결정권을 가진다.

① ㄱ, ㄴ ② ㄱ, ㄴ, ㄹ
③ ㄴ, ㄷ, ㄹ ④ ㄱ, ㄴ, ㄷ, ㄹ

지문분석 **정답 ②**

ㄱ. **【O】 감사원법 제11조(의장 및 의결)** ① 감사위원회의는 원장을 포함한 감사위원 전원으로 구성하며, 원장이 의장이 된다.
② 감사위원회의는 재적 감사위원 과반수의 찬성으로 의결한다.
ㄴ. **【O】 법원조직법 제16조(대법관회의의 구성과 의결방법)** ② 대법관회의는 대법관 전원의 3분의 2 이상의 출석과 출석인원 과반수의 찬성으로 의결한다.
③ 의장은 의결에서 표결권을 가지며, 가부동수(可否同數)일 때에는 결정권을 가진다.
ㄷ. **【X】 헌법재판소법 제16조(재판관회의)** ① 재판관회의는 재판관 전원으로 구성하며, 헌법재판소장이 의장이 된다.
② 재판관회의는 재판관 전원의 3분의 2를 초과하는 인원의 출석과 출석인원 과반수의 찬성으로 의결한다.
ㄹ. **【O】 선거관리위원회법 제10조(위원회의 의결정족수)** ① 각급선거관리위원회는 위원과반수의 출석으로 개의하고 출석위원 과반수의 찬성으로 의결한다.
② 위원장은 표결권을 가지며 가부동수인 때에는 결정권을 가진다.

98 헌법상 헌법기관의 구성에 대한 설명으로 옳은 것은? 16년 서울시 7급

① 감사원은 원장을 포함한 7인 이상 11인 이하의 감사위원 으로 구성한다.
② 헌법재판관 9인 중 3인은 국회에서 선출하는 자를, 3인은 대법원장이 지명하는 자를 대통령이 임명한다.
③ 중앙선거관리위원회 위원장은 대통령이 임명한다.
④ 국무회의는 대통령·국무총리와 20인 이상 30인 이하의 국무위원으로 구성한다.

지문분석 **정답 ②**

① **【X】** 감사원은 원장을 포함한 5인 이상 11인 이하의 감사위원으로 구성한다(헌법 제98조 제1항).
② **【O】** 헌법재판소법 제6조 제1항
③ **【X】** 중앙선거관리위원회 위원장은 위원 중에서 호선한다(헌법 제114조 제2항).
④ **【X】** 국무회의는 대통령·국무총리와 15인 이상 30인 이하의 국무위원으로 구성한다(헌법 제88조 제2항).

99 **다음은 헌법 규정을 열거한 것이다. ㉮, ㉯, ㉰, ㉱, ㉲에 들어갈 숫자를 맞게 나열한 것은?**

(1) 국회에서 의결된 법률안은 정부에 이송되어 (㉮)일 이내에 대통령이 공포한다.
(2) 국무회의는 대통령 · 국무총리와 15인 이상 (㉯)인 이하의 국무위원으로 구성한다.
(3) 대통령의 임기가 만료되는 때에는 임기만료 (㉰)일 내지 (㉱)일 전에 후임자를 선거한다.
(4) 제안된 헌법개정안은 대통령이 (㉲)일 이상의 기간 이를 공고하여야 한다.

① 15 − 30 − 70 − 40 − 20
② 20 − 30 − 60 − 30 − 20
③ 15 − 30 − 60 − 40 − 30
④ 15 − 25 − 70 − 40 − 30

지문분석 **정답 ①**

㉮ (15) 국회에서 의결된 법률안은 정부에 이송되어 15일 이내에 대통령이 공프한다(헌법 제53조 제1항).
㉯ (30) 국무회의는 대통령 · 국무총리와 15인 이상 30인 이하의 국무위원으로 구성한다(헌법 제88조 제2항).
㉰ (70), ㉱ (40) 대통령의 임기가 만료되는 때에는 임기만료 70일 내지 40일전에 후임자를 선거한다(헌법 제68조 제1항).
㉲ (20) 제안된 헌법개정안은 대통령이 20일 이상의 기간 이를 공고하여야 한다(헌법 제129조 제1항).

CHAPTER 05

법원

01 다음 중 사법에 관한 기술로 옳지 <u>않은</u> 것은? (다툼이 있을 경우 판례에 의함)

① 현역병으로 입대하기 이전의 범죄에 대하여 군사법원의 재판권을 인정하는 것은 헌법상 재판청구권을 침해하는 것이다.
② 지방자치단체 장의 자치사무에 관한 명령을 주무부장관이 취소한 경우, 이에 대하여 이의가 있으면 그 취소처분을 통보받은 날로부터 15일 이내에 대법원에 소를 제기할 수 있다.
③ 비송사건 절차나 가사소송 절차에서의 재판의 합의는 법원의 결정으로 비공개로 할 수 있다.
④ 국민의 형사재판참여제도에서 배심원의 평결과 양형에 관한 의견은 법원을 기속하지 아니한다.
⑤ 외국에의 국군의 파견결정에 대한 국민의 대의기관의 결정은 사법심사의 대상이 되지 아니한다.

지문분석 **정답 ①**

① 【X】 형사재판에 있어 범죄사실의 확정과 책임은 행위 시를 기준으로 하지만, 재판권 유무는 원칙적으로 재판시점을 기준으로 해야 하며, 형사재판은 유죄인정과 양형이 복합되어 있는데 양형은 일반적으로 재판받을 당시, 즉 선고시점의 피고인의 군인신분을 주요 고려 요소로 해 군의 특수성을 반영할 수 있어야 하므로, 이러한 양형은 군사법원에서 담당하도록 하는 것이 타당하다. 나아가 <u>군사법원의 상고심은 대법원에서 관할하고 군사법원에 관한 내부규율을 정함에 있어서도 대법원이 종국적인 관여를 하고 있으므로 이 사건 법률조항이 군사법원의 재판권과 군인의 재판청구권을 형성함에 있어 그 재량의 헌법적 한계를 벗어났다고 볼 수 없다</u> (헌재 2009.7.30. 2008헌바162)

② 【O】 <u>지방자치법 제188조 제2항</u> 지방자치단체의 장은 제1항에 따른 자치사무에 관한 명령이나 처분의 취소 또는 정지에 대하여 이의가 있으면 그 취소처분 또는 정지처분을 통보받은 날부터 15일 이내에 대법원에 소를 제기할 수 있다.

③ 【O】 심리를 공개해야 하는 것이며, 합의과정은 비공개 할 수 있다.

④ 【O】 국민의 형사재판 참여에 관한 법률 제46조 제5항 제2항부터 제4항까지의 평결과 의견은 법원을 기속하지 아니한다.

⑤ 【O】 <u>외국에의 국군의 파견결정은</u> 파견군인의 생명과 신체의 안전뿐만 아니라 국제사회에서의 우리나라의 지위와 역할, 동맹국과의 관계, 국가안보문제 등 궁극적으로 국민 내지 국익에 영향을 미치는 복잡하고도 중요한 문제로서 국내 및 국제정치관계 등 제반상황을 고려하여 미래를 예측하고 목표를 설정하는 등 <u>고도의 정치적 결단이 요구되는 사안</u>이다. 따라서 그와 같은 결정은 그 문제에 대해 정치적 책임을 질 수 있는 국민의 대의기관이 관계분야의 전문가들과 광범위하고 심도 있는 논의를 거쳐 신중히 결정하는 것이 바람직하며 우리 헌법도 그 권한을 국민으로부터 직접 선출되고 국민에게 직접 책임을 지는 대통령에게 부여하고 그 권한행사에 신중을 기하도록 하기 위해 국회로 하여금 파병에 대한 동의여부를 결정할 수 있도록 하고 있는바, 현행 헌법이 채택하고 있는 대의민주제 통치구조 하에서 대의기관인 대통령과 국회의 그와 같은 고도의 정치적 결단은 가급적 존중되어야 한다(헌재 2004.4.29.2003헌마814).

02 **사법권에 대한 설명으로 옳지 않은 것은?** 17년 5급 공채

① 군사법원의 상고심은 대법원에서 관할한다.
② 법률·명령·규칙이 헌법이나 법률에 위반되는 여부가 재판의 전제가 된 경우에는 대법원은 이를 최종적으로 심사할 권한을 가진다.
③ 국회는 국회의원의 자격심사·징계·제명을 할 수 있으며, 이러한 처분에 대하여는 법원에 제소할 수 없다.
④ 재판의 전심절차로서 행정심판을 할 수 있으며 행정심판의 절차는 법률로 정하되, 사법절차가 준용되어야 한다.

지문분석 **정답 ②**

① 【O】 군사법원의 상고심은 대법원에서 관할한다(헌법 제110조 제2항).
② 【X】 명령·규칙 또는 처분이 헌법이나 법률에 위반되는 여부가 재판의 전제가 된 경우에는 대법원은 이를 최종적으로 심사할 권한을 가진다(헌법 제107조 제2항). 법률의 위헌여부는 헌법재판소에서 심사한다.
③ 【O】 국회는 국회의원의 자격을 심사하며, 의원을 징계·제명할 수 있으며, 이러한 처분에 대하여는 법원에 제소할 수 없다(헌법 제64조).
④ 【O】 재판의 전심절차로서 행정심판을 할 수 있다. 행정심판의 절차는 법률로 정하되, 사법절차가 준용되어야 한다(헌법 제107조 제3항).

03 **사법권에 대한 설명으로 옳지 않은 것은?** (다툼이 있는 경우 판례에 의함) 17년 국회직 8급

① 법원이 양형기준을 벗어난 판결을 하는 경우에는 판결서에 양형의 이유를 적어야 한다.
② 대법원 양형위원회의 양형기준은 법적 구속력을 가지지 아니하며 법관의 양형에 있어서 그 존중이 요구될 뿐이다.
③ 헌법은 '대법원장과 대법관이 아닌 법관의 임기는 10년으로 한다'라고 직접 규정하고 있다.
④ 금고 이상의 형의 선고를 받아 집행을 종료한 후 또는 집행이 면제된 후로부터 5년을 경과하지 아니한 자에 대해서는 집행유예를 하지 못하도록 규정하고 있는 「형법」 제62조 제1항 단서는 정당한 재판을 받을 권리 및 법관의 양심에 따른 재판권을 침해한다.
⑤ 상고심으로부터 사건을 환송받은 법원은 그 사건을 재판함에 있어서 상고법원이 파기이유로 한 사실상 및 법률상의 판단에 대하여 기속된다.

지문분석 **정답 ④**

① 【O】 법원이 양형기준을 벗어난 판결을 하는 경우에는 판결서에 양형의 이유를 적어야 한다. 다만, 약식절차 또는 즉결심판절차에 따라 심판하는 경우에는 그러하지 아니하다(법원조직법 저81조의7 제2항).
② 【O】 법관은 형의 종류를 선택하고 형량을 정할 때 양형기준을 존중하여야 한다. 다만, 양형기준은 법적 구속력을 갖지 아니한다(법원조직법 제81조의7 제1항).
③ 【O】 대법원장과 대법관이 아닌 법관의 임기는 10년으로 하며, 법률이 정하는 바에 의하여 연임할 수 있다(헌법 제105조 제3항).

④ 【X】 금고 이상의 형의 선고를 받아 집행을 종료한 후 또는 집행이 면제된 후로부터 5년을 경과하지 아니한 자에 대해서는 집행유예를 하지 못하도록 규정하고 있는 형법 제62조 제1항 단서가 정당한 재판을 받을 권리를 침해한다거나 나아가 법관의 양심에 따른 재판권을 침해한다고는 볼 수 없다(헌재 2005.6.30, 2003헌바49).
⑤ 【O】 상고심으로부터 사건을 환송받은 법원은 그 사건을 재판함에 있어서 상고법원이 파기이유로 한 사실상 및 법률상의 판단에 대하여 환송 후의 심리과정에서 새로운 증거가 제시되어 기속적 판단의 기초가 된 증거관계에 변동이 생기지 않는 한 이에 기속된다(대판 2009.4.9, 2008도10572).

04 사법권에 대한 설명으로 옳지 않은 것은? 19년 국가직 7급

① 대법원장은 대법관회의의 의장으로서 의결에 있어서 표결권을 가지며 가부동수인 때에는 결정권을 가진다.
② 대법원은 군법무관회의의 의결을 거쳐 군사법원의 내부규율과 사무처리에 관한 군사법원규칙을 정하는데, 군법무관회의는 재적 구성원 3분의 2 이상의 출석과 출석 구성원 과반수의 찬성으로 의결한다.
③ 현행 헌법은 행정심판에 관하여 규정을 두고 있지 않으나, 재판의 전심절차로서 행정심판을 할 수 있으며, 행정심판의 절차에는 사법절차가 준용되어야 한다.
④ 대법원장과 대법관의 임기는 6년, 판사의 임기는 10년으로 하며, 대법원장과 대법관의 정년은 각각 70세, 판사의 정년은 65세로 한다.

지문분석 **정답 ③**

① 【O】 **법원조직법 제16조(대법관회의의 구성과 의결방법) 제1항** 대법관회의는 대법관으로 구성되며, 대법원장이 그 의장이 된다.
제2항 대법관회의는 대법관 전원의 3분의 2 이상의 출석과 출석인원 과반수의 찬성으로 의결한다.
제3항 의장은 의결에서 표결권을 가지며, 가부동수(可否同數)일 때에는 결정권을 가진다.
② 【O】 **군사법원법 제4조(대법원의 규칙제정권) 제1항** 대법원은 군법무관회의의 의결을 거쳐 군사법원의 내부규율과 사무처리에 관한 군사법원규칙을 정한다.
제2항 군법무관회의는 국방부장관을 의장으로 하고, 국방부장관이 지정하는 군법무관 2명과 각 군 참모총장이 지정하는 군법무관 각 2명씩으로 구성한다.
제3항 군법무관회의는 재적 구성원 3분의 2 이상의 출석과 출석 구성원 과반수의 찬성으로 의결한다.
③ 【X】 **헌법 제107조 제3항** 재판의 전심절차로서 행정심판을 할 수 있다. 행정심판의 절차는 법률로 정하되, 사법절차가 준용되어야 한다.
④ 【O】 **헌법 제105조 제1항** 대법원장의 임기는 6년으로 하며, 중임할 수 없다.
제2항 대법관의 임기는 6년으로 하며, 법률이 정하는 바에 의하여 연임할 수 있다.
제3항 대법원장과 대법관이 아닌 법관의 임기는 10년으로 하며, 법률이 정하는 바에 의하여 연임할 수 있다.
법원조직법 제45조(임기 · 연임 · 정년) 제4항 대법원장과 대법관의 정년은 각각 70세, 판사의 정년은 65세로 한다.

05 사법권의 독립에 대한 설명으로 가장 옳은 것은? 19년 서울시 7급

① 사법권의 독립을 위하여 현행 「법원조직법」은 대법관후보추천위원회의 구성에 있어서 행정부 소속 공무원을 배제하고 있다.

② 강도상해죄를 범한 자에 대하여는 법률상 감경사유가 없는 한 집행유예의 선고가 불가능하도록 한 것은 사법권의 독립 및 법관의 양형판단재량권을 침해하여 위헌이다.

③ '법관이 그 품위를 손상하거나 법원의 위신을 실추시킨 경우'를 법관에 대한 징계사유로 규정하고 있는 구 「법관징계법」 제2조 제2호는 명확성원칙에 위배된다.

④ 회사정리절차의 개시와 진행의 여부를 실질적으로 금융기관의 의사에 종속시키는 규정은 사법권을 형해화시키고, 지시로부터의 독립을 그 내용으로 하는 사법권의 독립에 위협의 소지가 있다.

지문분석 **정답 ④**

① 【X】 **법원조직법 제41조의2(대법관후보추천위원회)** ③ 위원은 다음 각 호에 해당하는 사람을 대법원장이 임명하거나 위촉한다.

1. 선임대법관
2. 법원행정처장
3. 법무부장관
4. 대한변호사협회장
5. 사단법인 한국법학교수회 회장
6. 사단법인 법학전문대학원협의회 이사장
7. 대법관이 아닌 법관 1명
8. 학식과 덕망이 있고 각계 전문 분야에서 경험이 풍부한 사람으로서 변호사 자격을 가지지 아니한 사람 3명. 이 경우 1명 이상은 여성이어야 한다.

② 【X】 형법 제337조의 법정형은 현저히 형벌체계상의 정당성과 균형을 잃은 것으로서 헌법상의 평등의 원칙에 반한다거나 인간의 존엄과 가치를 규정한 헌법 제10조와 기본권제한입법의 한계를 규정한 헌법 제37조 제2항에 위반된다거나 또는 사법권의 독립 및 법관의 양형판단권을 침해한 위헌법률조항이라 할 수 없고, 또 형법 제62조 제1항 본문 중 "3년 이하의 징역 또는 금고의 형을 선고할 경우"라는 집행유예의 요건한정부분은 법관의 양형판단권을 근본적으로 제한하거나 사법권의 본질을 침해한 위헌법률조항이라 할 수 없다(헌재 1997. 8. 21. 93헌바60).

③ 【X】 입법취지, 용어의 사전적 의미, 유사 사례에서의 법원의 법률해석 등을 종합하여 보면, 구 법관징계법 제2조 제2호의 '법관이 그 품위를 손상하거나 법원의 위신을 실추시킨 경우'란 '법관이 주권자인 국민으로부터 수임받은 사법권을 행사함에 손색이 없는 인품에 어울리지 않는 행위를 하거나 법원의 위엄을 훼손하는 행위를 함으로써 법원 및 법관에 대한 국민의 신뢰를 떨어뜨릴 우려가 있는 경우'로 해석할 수 있고, 위 법률조항의 수범자인 평균적인 법관은 구체적으로 어떠한 행위가 여기에 해당하는지를 충분히 예측할 수 있으므로, 구 법관징계법 제2조 제2호는 명확성원칙에 위배되지 아니한다(헌재 2012. 2. 23. 2009헌바34).

④ 【O】 회사정리절차의 개시와 진행의 여부를 실질적으로 금융기관의 의사에 종속시키는 위 규정은, 회사의 갱생가능성 및 정리계획의 수행가능성의 판단을 오로지 법관에게 맡기고 있는 회사정리법의 체계에 위반하여 사법권을 형해화시키는 것으로서, 지시로부터의 독립도 역시 그 내용으로 하는 사법권의 독립에 위협의 소지가 있다(헌재 1990. 6. 25. 89헌가98 등).

06 사법권에 대한 설명으로 옳지 않은 것은? (다툼이 있는 경우 판례에 의함) 19년 지방직 7급

① 사법권의 독립은 재판상의 독립, 즉 법관이 재판을 함에 있어서 오직 헌법과 법률에 의하여 그 양심에 따라 할 뿐, 어떠한 외부적인 압력이나 간섭도 받지 않는다는 것뿐만 아니라, 재판의 독립을 위해 법관의 신분보장도 차질 없이 이루어져야 함을 의미한다.

② 사법의 본질은 법 또는 권리에 관한 다툼이 있거나 법이 침해된 경우에 독립적인 법원이 원칙적으로 직접 조사한 증거를 통한 객관적 사실인정을 바탕으로 법을 해석·적용하여 유권적인 판단을 내리는 작용이다.

③ 심리불속행 재판은 상고각하의 형식판단과 상고이유를 심리한 결과 이유 없다고 인정되는 경우에 내려지는 상고기각의 실체판단과의 중간적 지위를 가진 재판이다.

④ 국회의 자격심사나 제명을 제외한 국회의원에 대한 국회의 징계처분에 대해서는 예외적으로 법원에 제소할 수 있다.

지문분석 **정답 ④**

① 【O】 사법권의 독립은 권력분립을 그 중추적 내용의 하나로 하는 자유민주주의 체제의 특징적 지표이고 법치주의의 요소를 이룬다. 사법권의 독립은 재판상의 독립, 즉 법관이 재판을 함에 있어서 오직 헌법과 법률에 의하여 그 양심에 따라 할 뿐, 어떠한 외부적인 압력이나 간섭도 받지 않는다는 것뿐만 아니라, 재판의 독립을 위해 법관의 신분보장도 차질 없이 이루어져야 함을 의미한다(헌재 2016. 9. 29. 2015헌바331).

② 【O】 사법(司法)의 본질은 법 또는 권리에 관한 다툼이 있거나 법이 침해된 경우에 독립적인 법원이 원칙적으로 직접 조사한 증거를 통한 객관적 사실인정을 바탕으로 법을 해석·적용하여 유권적인 판단을 내리는 작용이라 할 것이다(헌재 1996. 1. 25. 95헌가5).

③ 【O】 상고제기의 절차가 적법히 이루어졌는지를 검토하여 부적법한 경우에 선고되는 상고각하의 재판과는 달리, 심리불속행재판은 상고제기의 절차가 적법함을 전제로 하여 상고장에 기재된 상고이유가 법률상의 상고이유를 실질적으로 포함하고 있는가를 판단하는 것이므로 그 범위에서 실체판단의 성격을 가진다고 할 것이다. 결론적으로 심리불속행재판은 상고각하의 형식판단과 상고이유를 심리한 결과 이유없다고 인정되는 경우에 내려지는 상고기각의 실체판단과의 중간적 지위를 가진 재판이라 할 것이다(헌재 1997. 10. 30. 97헌바37 등).

④ 【X】 **헌법 제64조 제2항** 국회는 의원의 자격을 심사하며, 의원을 징계할 수 있다.
제3항 의원을 제명하려면 국회재적의원 3분의 2 이상의 찬성이 있어야 한다.
제4항 제2항과 제3항의 처분에 대하여는 법원에 제소할 수 없다.

07 사법권에 대한 설명으로 옳지 않은 것은? (다툼이 있는 경우 판례에 의함) 22년 국가직 7급

① 안마사 자격인정을 받지 아니한 자는 안마시술소 또는 안마원을 개설할 수 없도록 하고 이를 위반한 자를 처벌하는 구 의료법조항은 벌금형과 징역형을 모두 규정하면서 그 하한에는 제한을 두지 않고 그 상한만 5년 이하의 징역형 또는 2천만원 이하의 벌금형으로 제한하고 있어 법관의 양형재량권을 침해한다고 볼 수 있다.

② 정신적인 장애로 항거불능 또는 항거곤란 상태에 있음을 이용하여 사람을 간음한 사람을 무기징역 또는 7년 이상의 징역에 처하도록 규정한 성폭력범죄의 처벌 등에 관한 특례법조항은 별도의 법률상 감경사유가 없는 한 법관이 작량감경을 하더라도 집행유예를 선고할 수 없게 되어 있지만 범죄의 죄질 및 행위자의 책임에 비하여 지나치게 가혹하다고 할 수 없어 책임과 형벌의 비례원칙에 반하지 않는다.

③ 약식절차에서 피고인이 정식재판을 청구한 경우 약식명령보다 더 중한 형을 선고할 수 없도록 한 형사소송법 조항에 의하여 법관의 양형결정권이 침해된다고 볼 수 없다.

④ 근무성적이 현저히 불량하여 판사로서 정상적인 직무를 수행할 수 없는 경우에 연임발령을 하지 않도록 규정한 구 법원조직법조항은 사법의 독립을 침해한다고 볼 수 없다.

지문분석 **정답 ①**

① 【X】 시각장애인들에 대한 실질적인 보호를 위하여 비안마사들의 안마시술소 개설행위를 실효적으로 규제하는 것이 필요하고, 이 사건 처벌조항은 벌금형과 징역형을 모두 규정하고 있으나, 그 하한에는 제한을 두지 않고 그 상한만 5년 이하의 징역형 또는 2천만원 이하의 벌금형으로 제한하여 법관의 양형재량권을 폭넓게 인정하고 있으며, 죄질에 따라 벌금형이나 선고유예까지 선고할 수 있으므로, 이러한 법정형이 위와 같은 입법목적에 비추어 지나치게 가혹한 형벌이라고 보기 어렵다. 따라서 이 사건 처벌조항이 책임과 형벌 사이의 비례원칙에 위반되어 헌법에 위반된다고 볼 수 없다(헌재 2017. 12. 28. 2017헌가15).

② 【O】 장애인준강간죄의 보호법익의 중요성, 죄질, 행위자 책임의 정도 및 일반예방이라는 형사정책의 측면 등 여러 요소를 고려하여 본다면, 입법자가 형법상 준강간죄나 장애인위계등간음죄(성폭력처벌법 제6조 제5항)의 법정형보다 무거운 '무기 또는 7년 이상의 징역'이라는 비교적 중한 법정형을 정하여, 법관의 작량감경만으로는 집행유예를 선고하지 못하도록 입법적 결단을 내린 것에는 나름대로 수긍할 만한 합리적인 이유가 있는 것이고, 그것이 범죄의 죄질 및 행위자의 책임에 비하여 지나치게 가혹하다고 할 수 없다. 따라서 심판대상조항은 책임과 형벌의 비례원칙에 위배되지 아니한다(헌재 2016. 11. 24. 2015헌바136).

③ 【O】 형사재판에서 법관의 양형결정이 법률에 기속되는 것은 법률에 따라 심판한다는 헌법 제103조에 의한 것으로 법치국가원리의 당연한 귀결이다. (중략) 검사의 약식명령청구사안이 적당하지 않다고 판단될 경우 법원은 직권으로 통상의 재판절차로 사건을 넘겨 재판절차를 진행시킬 수 있고 이 재판절차에서 법관이 자유롭게 형량을 결정할 수 있으므로 이러한 점들을 종합해보면 이 사건 법률조항에 의하여 법관의 양형결정권이 침해된다고 볼 수 없다(헌재 2005. 3. 31. 2004헌가27 등).

④ 【O】 이 사건 연임결격조항은 근무성적이 현저히 불량하여 판사로서 정상적인 직무를 수행할 수 없는 판사를 연임대상에서 제외하도록 하고 있는바, 이는 직무를 제대로 수행하지 못하는 판사를 그 직에서 배제하여 사법부 조직의 효율성을 유지하기 위한 것으로 그 정당성이 인정된다. 결국 이 사건 연임결격조항의 취지, 연임사유로 고려되는 근무성적평정의 대상기간, 평정사항의 제한, 연임심사 과정에서의 절차적 보장 등을 종합적으로 고려하면, 이 사건 연임결격조항이 근무성적이 현저히 불량하여 판사로서의 정상적인 직무를 수행할 수 없는 판사를 연임할 수 없도록 규정하였다는 점만으로 사법의 독립을 침해한다고 볼 수 없다(헌재 2016. 9. 29. 2015헌바331).

08 사법권에 대한 설명으로 옳지 않은 것은? 22년 지방직 7급

① 명령 · 규칙 또는 처분이 헌법이나 법률에 위반되는 여부가 재판의 전제가 된 경우에는 대법원은 이를 최종적으로 심사할 권한을 가진다.

② 헌법 제64조에서 국회의원의 징계와 제명에 대해 법원에 제소할 수 없도록 규정한 것은 사법권의 실정헌법상 한계로서 국회의 자율성 존중이라는 권력분립적 고려에 기초한 것이다.

③ 비상계엄하의 군사재판은 군인 · 군무원의 범죄나 군사에 관한 간첩죄의 경우와 초병 · 초소 · 유독음식물공급 · 포로에 관한 죄 중 법률이 정한 경우에 한하여 군사법원이 단심으로 재판할 수 있으나, 사형을 선고한 경우에는 그러하지 아니하다.

④ 법관은 대통령비서실에 파견되거나 대통령비서실의 직위를 겸임할 수 있다.

지문분석 **정답 ④**

① **【O】 헌법 제107조** ② 명령 · 규칙 또는 처분이 헌법이나 법률에 위반되는 여부가 재판의 전제가 된 경우에는 대법원은 이를 최종적으로 심사할 권한을 가진다.

② **【O】** 국회는 다른 기관의 간섭을 받지 않고 헌법 · 법률과 국회규칙에 따라 국회의 조직과 활동 및 내부사항을 자율적으로 결정할 수 있다. 국회의 자율적 권한은 권력분립의 원리에 따라 국회 내부에 관한 사항을 자율적으로 행할 수 있는 권한이다. 법원의 사법권은 헌법상 다른 기관의 권한으로 규정하거나 법원의 사법심사에서 제외되는 실정법상 한계가 있는데, 헌법 제64조에서 국회의원의 징계와 제명에 대해 법원에 제소할 수 없도록 규정한 것은 사법권의 실정헌법상 한계로서 국회의 자율성 존중이라는 권력분립적 고려에 기초한 것이다.

③ **【O】 헌법 제110조** ④ 비상계엄하의 군사재판은 군인 · 군무원의 범죄나 군사에 관한 간첩죄의 경우와 초병 · 초소 · 유독음식물공급 · 포로에 관한 죄 중 법률이 정한 경우에 한하여 단심으로 할 수 있다. 다만, 사형을 선고한 경우에는 그러하지 아니하다.

④ **【X】 법원조직법 제50조의2(법관의 파견 금지 등)** ① 법관은 대통령비서실에 파견되거나 대통령비서실의 직위를 겸임할 수 없다.
② 법관으로서 퇴직 후 2년이 지나지 아니한 사람은 대통령비서실의 직위에 임용될 수 없다.

09 사법권에 대한 설명으로 옳지 않은 것은? 23년 국가직 7급

① 국회의원의 자격심사, 징계, 제명은 법원에의 제소가 금지된다.

② 비상계엄하의 군인 · 군무원의 범죄에 대한 군사재판은 사형을 선고한 경우에도 단심으로 할 수 있다.

③ 「공유수면 관리 및 매립에 관한 법률」에 따른 매립지가 속할 지방자치단체를 정하는 행정안전부장관의 결정에 대하여 이의가 있는 경우 관계 지방자치단체의 장은 그 결과를 통보받은 날부터 15일 이내에 대법원에 소송을 제기할 수 있다.

④ 상급법원 재판에서의 판단은 해당 사건에 관하여 하급심을 기속한다.

지문분석 **정답 ②**

① **【O】 헌법 제64조** ② 국회는 의원의 자격을 심사하며, 의원을 징계할 수 있다.
③ 의원을 제명하려면 국회재적의원 3분의 2 이상의 찬성이 있어야 한다.
④ 제2항과 제3항의 처분에 대하여는 법원에 제소할 수 없다.
② **【X】 헌법 제110조** ④ 비상계엄하의 군사재판은 군인·군무원의 범죄나 군사에 관한 간첩죄의 경우와 초병·초소·유독음식물공급·포로에 관한 죄 중 법률이 정한 경우에 한하여 단심으로 할 수 있다. 다만, 사형을 선고한 경우에는 그러하지 아니하다.
③ **【O】 지방자치법 제5조(지방자치단체의 명칭과 구역)** ④ 제1항 및 제2항에도 불구하고 다음 각 호의 지역이 속할 지방자치단체는 제5항부터 제8항까지의 규정에 따라 행정안전부장관이 결정한다.
1. 「공유수면 관리 및 매립에 관한 법률」에 따른 매립지
⑨ 관계 지방자치단체의 장은 제4항부터 제7항까지의 규정에 따른 행정안전부장관의 결정에 이의가 있으면 그 결과를 통보받은 날부터 15일 이내에 대법원에 소송을 제기할 수 있다.
④ **【O】 법원조직법 제8조(상급심 재판의 기속력)** 상급법원 재판에서의 판단은 하당 사건에 관하여 하급심(下級審)을 기속(羈束)한다.

10 **법원과 법관 등에 관한 다음 설명 중 가장 옳지 않은 것은?** (다툼이 있는 경우 헌법재판소 결정에 의함)

17년 법원직 9급

① 헌법재판소는 판사임용요건으로서 10년 이상의 법조경력을 요구하는 개정 법원조직법 제42조 제2항에 관한 경과 조치 규정인 부칙 제2조가 법개정 당시 이미 사법연수원에 입소한 사람들에게 적용되는 것은 신뢰보호의 원칙에 반하여 공무담임권을 침해한다고 보아 한정위헌 결정을 하였다.
② 대법원에는 법률이 정하는 바에 의하여 대법관이 아닌 법관을 둘 수 있으나 재판연구관을 언제나 판사로 보하여야 하는 것은 아니다.
③ 대법원장의 정년은 70세, 대법관의 정년은 65세, 판사의 정년은 63세로 한다.
④ 대법원장은 대법관회의의 의장이 되고 의결에 있어서 표결권을 가지며 가부동수인 때에는 결정권을 가진다.

지문분석 **정답 ③**

① **【O】** 헌법재판소는 판사임용요건으로서 10년 이상의 법조경력을 요구하는 개정 법원조직법 제42조 제2항에 관한 경과 조치 규정인 부칙 제2조가 이 사건 법원조직법 개정 시점인 2011. 7. 18. 당시에 이미 사법연수원에 입소하여 사법연수생의 신분을 가지고 있었던 자가 사법연수원을 수료하는 해의 판사 임용에 지원하는 경우에 적용되는 한 신뢰보호원칙에 반하여 청구인들의 공무담임권을 침해한다(헌재 2012. 1.29, 2011헌마786).
② **【O】** 대법원에 대법관을 둔다. 다만, 법률이 정하는 바에 의하여 대법관이 아닌 법관을 둘 수 있다(헌법 제102조 제2항). 재판연구관은 판사로 보하거나 3년 이내의 기간을 정하여 판사가 아닌 사람 중에서 임명할 수 있다(법원조직법 제24조 제3항).
③ **【X】** 대법원장과 대법관의 정년은 각각 70세, 판사의 정년은 65세로 한다(법원조직법 제45조 제4항).
④ **【O】** 대법관회의는 대법관으로 구성되며, 대법원장이 그 의장이 된다. 의장은 의결에서 표결권을 가지며, 가부동수(可否同數)일 때에는 결정권을 가진다(법원조직법 제16조).

11 법관에 대한 설명으로 옳지 않은 것은? (다툼이 있는 경우 판례에 의함) 18년 지방직 7급

① 법관이 중대한 신체상 또는 정신상의 장해로 직무를 수행할 수 없을 때에는, 대법관인 경우에는 대법원장의 제청으로 대통령이 퇴직을 명할 수 있고, 판사인 경우에는 법관인사위원회의 심의를 거쳐 대법원장이 퇴직을 명할 수 있다.

② 법관은 탄핵 또는 금고 이상의 형의 선고에 의하지 아니하고는 파면되지 아니하며, 징계처분에 의하지 아니하고는 정직·감봉 기타 불리한 처분을 받지 아니한다.

③ 법관정년제 자체의 위헌성 판단은 헌법규정에 대한 위헌주장으로 헌법재판소의 위헌판단의 대상이 되지 아니하며, 법관의 정년연령을 규정한 법률의 구체적인 내용도 헌법재판소의 위헌 판단의 대상이 될 수 없다.

④ 공개된 법정의 법관의 면전에서 모든 증거자료가 조사·진술되어야 하는 요청은 공정한 재판을 받을 권리로부터 파생된다.

지문분석 **정답 ③**

① 【O】 **법원조직법 제47조(심신상의 장해로 인한 퇴직)** 법관이 중대한 신체상 또는 정신상의 장해로 직무를 수행할 수 없을 때에는, 대법관인 경우에는 대법원장의 제청으로 대통령이 퇴직을 명할 수 있고, 판사인 경우에는 인사위원회의 심의를 거쳐 대법원장이 퇴직을 명할 수 있다.

② 【O】 **헌법 제106조** ① 법관은 탄핵 또는 금고 이상의 형의 선고에 의하지 아니하고는 파면되지 아니하며, 징계처분에 의하지 아니하고는 정직·감봉 기타 불리한 처분을 받지 아니한다.

③ 【X】 헌법 제105조 제1항 내지 제3항에서는 대법원장·대법관 및 그 이외의 법관의 임기제를 규정하고 있고, 같은 조 제4항에서, "법관의 정년은 법률로 정한다."라고 규정하여 '법관정년제' 자체를 헌법에서 명시적으로 채택하고 있으며, 다만, 구체적인 정년연령을 법률로 정하도록 위임하고 있을 뿐이다. 따라서 '법관정년제' 자체의 위헌성 판단은 헌법규정에 대한 위헌주장으로, 종전 우리 헌법재판소 판례에 의하면, 위헌판단의 대상이 되지 아니한다. 물론 이 경우에도 법관의 정년연령을 규정한 법률의 구체적인 내용에 대하여는 위헌판단의 대상이 될 수 있다(헌재 2002. 10. 31. 2001헌마557).

④ 【O】 공정한 재판을 받을 권리 속에는 신속하고 공개된 법정의 법관의 면전에서 모든 증거자료가 조사·진술되고 이에 대하여 피고인이 공격·방어할 수 있는 기회가 보장되는 재판, 즉 원칙적으로 당사자주의와 구두변론주의가 보장되어 당사자가 공소사실에 대한 답변과 입증 및 반증하는 등 공격·방어권이 충분히 보장되는 재판을 받을 권리가 포함되어 있다(헌재 1996. 12. 26. 94헌바1).

12 **甲은 법관으로 임용된 이래 서울 등 이른바 재경지역 법원에 근무하다가 법원내부의 확립된 인사원칙의 하나인 경향교류원칙에 따라 A광역시 지방법원 판사로 전보발령되어 근무하던 중, 정기인사를 앞두고 그동안 자신이 대법원 양형위원회의 양형기준을 벗어난 판결을 여러 차례 선고한 것에 대한 문책성 인사가 이루어질 것이라는 소문을 들었다. 이에 관한 설명 중 옳은 것을 모두 고른 것은?** (다툼이 있는 경우 판례에 의함) 17년 변호사

> ㉠ 「법원조직법」은 법관의 인적 독립 보장을 위해서 甲의 의사에 반하여 전보발령처분을 할 수 없도록 명시적으로 규정하고 있다.
> ㉡ 사법부 스스로 판사의 근무성적평정에 관한 사항을 정하도록 대법원규칙에 위임할 필요성이 인정되고, 근무성적평정에 관한 사항이 직무능력, 자질 등과 같은 평가사항 등에 관한 사항임을 충분히 예측할 수 있으므로 판사의 근무성적평정에 관한 사항을 대법원규칙으르 정하도록 위임한 구 「법원조직법」 조항은 포괄위임금지원칙에 위배되지 않는다.
> ㉢ 양형기준은 법적 구속력을 가지고 있지만, 그동안 甲이 양형기준에서 정한 범위를 벗어난 판결을 하는 경우라도 판결서에 합리적이고 설득력 있는 방식으로 양형이유를 기재하였기 때문에 문책대상은 아니다.
> ㉣ 甲은 징계처분에 의하지 아니하고는 정직·감봉 또는 불리한 처분을 받지 않는다.

① ㉣
② ㉠, ㉡
③ ㉡, ㉣
④ ㉠, ㉡, ㉢
⑤ ㉠, ㉢, ㉣

지문분석 **정답 ③**

옳은 것은 ㉡㉣이다.

㉠ 【X】 법원조직법에는 법관의 의사에 반하여 전보발령처분을 할 수 없도록 하는 명시적인 규정이 없다.
㉡ 【O】 판사의 근무성적평정에 관한 사항을 대법원규칙으로 정하도록 위임한 구 법원조직법 조항은 포괄위임금지원칙에 위배된다고 볼 수 없다(헌재 2016.9.29. 2015헌바331).
㉢ 【X】 법관은 형의 종류를 선택하고 형량을 정할 때 양형기준을 존중하여야 한다. 다만, 양형기준은 법적 구속력을 갖지 아니한다(법원조직법 제81조의7 제1항).
㉣ 【O】 법관은 탄핵결정이나 금고 이상의 형의 선고에 의하지 아니하고는 파면되지 아니하며, 징계처분에 의하지 아니하고는 정직(停職)·감봉 또는 불리한 처분을 받지 아니한다(법원조직법 제46조 제1항).

13 법원에 대한 설명으로 옳은 것은? 15년 지방직 7급

① 대법관의 수는 대법원장을 포함하여 13명으로 한다.

② 헌법재판소에 따르면, 우리 헌법은 명령이 헌법이나 법률에 위반되는지 여부의 최종심판권을 대법원에 부여하고 있으므로 당해 명령이 집행을 매개로 하지 않고 직접 개인의 기본권을 침해하는 경우에도 헌법소원을 청구할 수는 없다.

③ 대법관회의는 대법관 전원의 3분의 2 이상의 출석과 출석인원 과반수의 찬성으로 의결하며, 의장은 의결에서 표결권을 갖고 가부동수일 때에는 결정권을 가진다.

④ 대법원장은 국회의 동의를 받아 대통령이 임명하며, 대법관은 대법원장의 제청으로 국회의 동의 없이 대통령이 임명한다.

지문분석 **정답 ③**

① 【X】 대법관의 수는 대법원장을 포함하여 14명으로 한다(법원조직법 제4조 제2항).

② 【X】 헌법 제107조 제2항이 규정한 명령·규칙에 대한 대법원의 최종심사권이란 구체적인 소송사건에서 명령·규칙의 위헌여부가 재판의 전제가 되었을 경우 법률의 경우와는 달리 헌법재판소에 제청할 것 없이 대법원이 최종적으로 심사할 수 있다는 의미이며, 명령·규칙 그 자체에 의하여 직접 기본권이 침해되었음을 이유로 하여 헌법소원심판을 청구하는 것은 위 헌법규정과는 아무런 상관이 없는 문제이다. 따라서 입법부·행정부·사법부에서 제정한 규칙이 별도의 집행행위를 기다리지 않고 직접 기본권을 침해하는 것일 때에는 모두 헌법소원심판의 대상이 될 수 있는 것이다(헌재 1990.10.15, 89헌마178).

③ 【O】 법원조직법 제16조

④ 【X】 대법원장은 국회의 동의를 얻어 대통령이 임명한다. 대법관은 대법원장의 제청으로 국회의 동의를 얻어 대통령이 임명한다(헌법 제104조).

14 법원에 대한 설명으로 옳지 <u>않은</u> 것은? (다툼이 있는 경우 판례에 의함) 15년 국가직 7급

① 명령 또는 규칙이 법률에 위반함을 인정하는 경우에는 대법관 전원의 3분의 2이상의 합의체에서 심판하여야 하는데, 여기서 말하는 명령 또는 규칙은 법규로서의 성질을 가지는 명령 또는 규칙을 의미한다.

② 헌법이 대법원을 최고법원으로 규정하였다고 하여 곧바로 대법원이 모든 사건을 상고심으로 관할하여야 하는 것은 아니며, 국회는 법률로 대법원이 어떤 사건을 제1심으로 또는 상고심으로 관할할 것인지 정할 수 있다.

③ 대법원장이 궐위되거나 부득이한 사유로 인하여 직무를 수행할 수 없을 때에는 대법관 중 최연장자가 그 권한을 대행한다.

④ 대법원장은 법원의 조직, 인사, 운영, 재판절차, 등기, 가족관계등록, 그 밖의 법원 업무와 관련된 법률의 제정 또는 개정이 필요하다고 인정하는 경우에는 국회에 서면으로 그 의견을 제출할 수 있다.

지문분석 **정답 ③**

① 【O】 명령 · 규칙심사의 대상이 되는 명령 · 규칙은 법규로서의 성질을 가지는 것을 의미한다.
② 【O】 헌법이 대법원을 최고법원으로 규정하였다고 하여 곧바로 대법원이 모든 사건을 상고심으로서 관할하여야 한다는 결론이 당연히 도출되는 것은 아니다. 헌법 제102조 제3항에 따라 법률로 정할 "대법원과 각급 법원의 조직"에는 그 관할에 관한 사항도 포함되며, 따라서 대법원이 어떤 사건을 제1심으로서 또는 상고심으로서 관할 할 것인지는 법률로 정할 수 있는 것으로 보아야 하기 때문이다(헌재 1995.1.20, 90헌바1).
③ 【X】 대법원장이 궐위되거나 부득이한 사유로 직무를 수행할 수 없을 때에는 선임대법관이 그 권한을 대행한다(법원조직법 제13조 제3항).
④ 【O】 대법원장은 법원의 조직, 인사, 운영, 재판절차, 등기, 가족관계등록, 그 밖의 법원 업무와 관련된 법률의 제정 또는 개정이 필요하다고 인정하는 경우에는 국회에 서면으로 그 의견을 제출할 수 있다(법원조직법 제9조 제3항).

15 **법원에 대한 설명으로 옳지 않은 것은?** (다툼이 있는 경우 판례에 의함) 17년 국가직 7급

① 특정 사안에 있어 법관으로 하여금 증거조사에 의한 사실판단도 하지 말고, 최초의 공판기일에 공소사실과 검사의 의견만을 듣고 형을 선고하라는 것은 권력분립원칙에 어긋나는 것이다.
② 법원조직법 상 법원의 종류에는 대법원, 고등법원, 특허법원, 지방법원, 가정법원, 행정법원, 회생법원이 있다.
③ 법관의 정년을 설정함에 있어서는 헌법상 설정된 법관의 성격과 그 업무의 특수성에 합치되어야 하나, 관료제도를 근간으로 하는 계층구조적인 일반 행정공무원과 달리 보아야 할 이유는 없다.
④ 법관에 대한 징계처분 취소청구소송을 대법원의 단심재판에 의하도록 하는 것은 피징계자인 법관의 재판청구권을 침해하지 않는다.

지문분석 **정답 ③**

③ 【X】 법관의 정년을 설정함에 있어서, 입법자는 위와 같은 헌법상 설정된 법관의 성격과 그 업무의 특수성에 합치되어야 하고, 관료제도를 근간으로 하는 계층구조적인 일반 행정공무원과 달리 보아야 함은 당연하다(헌재 2002.10.31, 2001헌마557).

16 법원에 대한 설명으로 옳은 것은? (다툼이 있는 경우 판례에 의함) 17년 하반기 비상계획관

① 약식절차에서 피고인이 정식재판을 청구한 경우 약식명령보다 더 중한 형을 선고할 수 없도록 하는 것은 피고인의 공정한 재판을 받을 권리를 침해하는 것은 아니지만 법관의 양형결정권을 침해하는 것이다.

② 법관이 중대한 신체상 또는 정신상의 장해로 직무를 수행할 수 없을 때에는, 대법관인 경우에는 대법원장의 제청으로 대통령이 퇴직을 명할 수 있고, 판사인 경우에는 인사위원회의 심의를 거쳐 대법원장이 퇴직을 명할 수 있다.

③ 대법원장은 법관의 의사에 반하여 전보발령처분을 할 수 없고, 다른 국가기관으로부터 법관의 파견근무요청을 받은 경우에도 해당 법관이 파견근무에 동의하는 경우에 그 기간을 정하여 이를 허가할 수 있다.

④ 법원이 약식절차 또는 즉결심판절차에 따라 심판하는 경우에도 양형기준을 벗어난 판결을 하는 경우에는 판결서에 양형의 이유를 적어야 한다.

지문분석 **정답 ②**

① 【X】 약식절차에서 피고인이 정식재판을 청구한 경우 약식명령보다 더 중한 형을 선고할 수 없도록 한 것은 피고인의 공정한 재판을 받을 권리를 침해하지 않으며, 법관의 양형결정권이 침해된다고 볼 수 없다(헌재 2005.3.31, 2004헌가27).

② 【O】 법관이 중대한 신체상 또는 정신상의 장해로 직무를 수행할 수 없을 때에는, 대법관인 경우에는 대법원장의 제청으로 대통령이 퇴직을 명할 수 있고, 판사인 경우에는 인사위원회의 심의를 거쳐 대법원장이 퇴직을 명할 수 있다(법원조직법 제47조).

③ 【X】 대법원장은 다른 국가기관으로부터 법관의 파견근무 요청을 받은 경우에 업무의 성질상 법관을 파견하는 것이 타당하다고 인정되고 해당 법관이 파견근무에 동의하는 경우에는 그 기간을 정하여 이를 허가할 수 있다(법원조직법 제50조). 대법원장이 법관의 의사에 반하여 전보발령처분을 할 수 없다는 명시적 규정은 없다.

④ 【X】 법원이 양형기준을 벗어난 판결을 하는 경우에는 판결서에 양형의 이유를 적어야 한다. 다만, 약식절차 또는 즉결심판절차에 따라 심판하는 경우에는 그러하지 아니하다(법원조직법 제81조의7 제2항).

17 **법원에 대한 설명으로 옳지 않은 것은?** (다툼이 있는 경우 헌법 재판소 판례에 의함)

17년 국가직 하반기 7급

① 민사소송법 제109조 제1항은 헌법 제108조에서 열거하고 있는 사항은 물론, 열거하고 있지 않은 사항에 대해서도 이를 대법원규칙에서 정하도록 위임할 수 있으므로, 소송비용에 관한 사항이 소송절차에 관련된 사항인지와 관계없이 이를 대법원규칙에 위임하였다 하여 헌법 제108조를 위반한다고 볼 수는 없다.

② 심급제도는 한정된 법 발견 자원의 합리적 분배의 문제인 동시에 재판의 적정과 신속이라는 서로 상반되는 두 가지 요청을 어떻게 조화시키는지의 문제이므로, 원칙적으로 입법자의 형성의 자유에 속하는 사항이다.

③ 약식절차에서 피고인이 정식재판을 청구한 경우 약식명령보다 더 중한 형을 선고할 수 없도록 하는 것은 피고인의 공정한 재판을 받을 권리를 침해하는 것은 아니지만 법관의 양형 결정권을 침해하는 것이다.

④ 법원이 양형기준을 벗어난 판결을 하는 경우에는 판결서에 양형의 이유를 기재하여야 하나, 약식절차 또는 즉결심판절차에 의하여 심판하는 경우에는 그러하지 아니하다.

지문분석 **정답 ③**

③ **[X]** 형사법상 법관에게 주어진 양형권한도 입법자가 만든 법률에 규정되어 있는 내용과 방법에 따라 그 한도내에서 재판을 통해 형벌을 구체화하는 것으로 볼 수 있다. 또한 검사의 약식명령청구사안이 적당하지 않다고 판단될 경우 법원은 직권으로 통상의 재판절차로 사건을 넘겨 재판절차를 진행시킬 수 있고 이 재판절차에서 법관이 자유롭게 형량을 결정할 수 있으므로 이러한 점들을 종합해보면 이 사건 법률조항에 의하여 법관의 양형결정권이 침해된다고 볼 수 없다(헌재 2005.3.31. 2004헌가27).

18 **법원에 대한 설명으로 옳은 것은?** (다툼이 있는 경우 판례에 의함) 20년 국가직 7급

① 종전에 대법원에서 판시한 헌법·법률·명령 또는 규칙의 해석 적용에 관한 의견을 변경할 필요가 있음을 인정하는 경우, 대법관 3인 이상으로 구성된 부에서 먼저 사건을 심리하여 의견이 일치한 때에는 그 부에서 재판할 수 있다.

② 헌법 제101조 제2항의 각급법원에는 고등법원, 특허법원, 지방법원, 가정법원, 행정법원, 회생법원 및 군사법원이 포함된다.

③ 법관의 인사에 관한 중요 사항을 심의하기 위하여 대법원에 법관인사위원회를 두며, 법관인사위원회의 위원장은 위원 중에서 대법원장이 임명하거나 위촉한다.

④ 사법의 민주적 정당성과 신뢰를 높이기 위해 국민참여재판 제도를 도입한 취지와 국민참여재판을 받을 권리를 명시하고 있는 「국민의 형사재판 참여에 관한 법률」의 내용에 비추어 볼 때, 국민참여재판을 받을 권리는 헌법상 기본권으로서 보호된다.

지문분석 **정답 ③**

① 【X】 종전에 대법원에서 판시한 헌법·법률·명령 또는 규칙의 해석 적용에 관한 의견을 변경할 필요가 있음을 인정하는 경우, 부에서 재판할 수 없고 대법관 전원의 3분의 2 이상의 합의체에서 재판하여야 한다.
법원조직법 제7조(심판권의 행사) ① 대법원의 심판권은 대법관 전원의 3분의 2 이상의 합의체에서 행사하며, 대법원장이 재판장이 된다. 다만, 대법관 3명 이상으로 구성된 부(部)에서 먼저 사건을 심리(審理)하여 의견이 일치한 경우에 한정하여 다음 각 호의 경우를 제외하고 그 부에서 재판할 수 있다.
1. 명령 또는 규칙이 헌법에 위반된다고 인정하는 경우
2. 명령 또는 규칙이 법률에 위반된다고 인정하는 경우
3. 종전에 대법원에서 판시(判示)한 헌법·법률·명령 또는 규칙의 해석 적용에 관한 의견을 변경할 필요가 있다고 인정하는 경우

② 【X】 각급법원은 항소법원인 고등법원과 사싱살 항소법원인 특허법원, 지방법원, 제1심법원인 행정법원·가정법원·회생법원이 있다. 따라서 헌법상 법원은 일반법원으로서 대법원, 6개 종류의 각급법원과 특별법원으로서 군사법원이 있는 셈이다. 군사법원은 특별법원으로서 각급법원에 포함되지 않는다.
헌법 제101조 ② 법원은 최고법원인 대법원과 각급법원으로 조직된다.
제110조 ① 군사재판을 관할하기 위하여 특별법원으로서 군사법원을 둘 수 있다.

③ 【O】 **법원조직법 제25조의2(법관인사위원회)** ① 법관의 인사에 관한 중요 사항을 심의하기 위하여 대법원에 법관인사위원회(이하 "인사위원회"라 한다)를 둔다.
④ 위원은 다음 각 호에 해당하는 사람을 대법원장이 임명하거나 위촉한다.
1. ~ 5. (생 략)
⑤ 위원장은 위원 중에서 대법원장이 임명하거나 위촉한다.

④ 【X】 헌법과 법률이 정한 법관에 의한 재판을 받을 권리는 직업법관에 의한 재판을 주된 내용으로 하는 것이므로, 국민참여재판을 받을 권리가 헌법 제27조 제1항에서 규정한 재판을 받을 권리의 보호범위에 속한다고 볼 수 없다(헌재 2015. 7. 30. 2014헌바447).

19 법원에 대한 설명으로 옳지 않은 것은? (다툼이 있는 경우 판례에 의함) 20년 지방직 7급

① 임기가 끝난 판사는 인사위원회의 심의를 거치고 대법관회의의 동의를 받아 대법원장의 연임발령으로 연임한다.
② 헌법재판소는 헌법 제110조 제1항에서 "특별법원으로서 군사법원을 둘 수 있다"는 의미를 군사법원을 일반법원과 조직·권한 및 재판관의 자격을 달리하여 특별법원으로 설치할 수 있다는 뜻으로 해석한다.
③ 비상계엄이 선포된 때에는 법률이 정하는 바에 의하여 법원의 권한에 관하여 특별한 조치를 할 수 있으며, 비상계엄하의 군사재판은 군인·군무원의 범죄에 한하여 단심으로 할 수 있다.
④ 근무성적이 현저히 불량하여 판사로서 정상적인 직무를 수행할 수 없는 경우 연임발령을 하지 않도록 규정한 「법원조직법」 조항은 사법의 독립을 침해하지 않는다.

지문분석 **정답 ③**

① 【O】 **법원조직법 제45조의2(판사의 연임)** ① 임기가 끝난 판사는 인사위원회의 심의를 거치고 대법관회의의 동의를 받아 대법원장의 연임발령으로 연임한다.

② 【O】 헌법 제110조 제1항에서 "특별법원으로서 군사법원을 둘 수 있다"는 의미는 군사법원을 일반법원과 조직 권한 및 재판관의 자격을 달리하여 특별법원으로 설치할 수 있다는 뜻으로 해석되므로 법률로 군사법원을 설치함에 있어서 군사재판의 특수성을 고려하여 그 조직 권한 및 재판관의 자격을 일반법원과 달리 정하는 것은 헌법상 허용되고 있다(헌재 1996. 10. 31. 93헌바25).

③ 【X】 비상계엄하의 군사재판은 군인 · 군무원의 범죄뿐만 아니라 일반국민의 경우라도 군사에 관한 간첩죄의 경우와 초병 · 초소 · 유독음식물공급 · 포로에 관한 죄 중 법률이 정한 경우에 한하여 단심으로 할 수 있다.

헌법 제77조 ③ 비상계엄이 선포된 때에는 법률이 정하는 바에 의하여 영장제도, 언론 · 출판 · 집회 · 결사의 자유, 정부나 법원의 권한에 관하여 특별한 조치를 할 수 있다.

제110조 ④ 비상계엄하의 군사재판은 군인 · 군무원의 범죄나 군사에 관한 간첩죄의 경우와 초병 · 초소 · 유독음식물공급 · 포로에 관한 죄 중 법률이 정한 경우에 한하여 단심으로 할 수 있다. 다만, 사형을 선고한 경우에는 그러하지 아니하다.

④ 【O】 이 사건 연임결격조항은 근무성적이 현저히 불량하여 판사로서 정상적인 직무를 수행할 수 없는 판사를 연임대상에서 제외하도록 하고 있는바, 이는 직무를 제대로 수행하지 못하는 판사를 그 직에서 배제하여 사법부 조직의 효율성을 유지하기 위한 것으로 그 정당성이 인정된다. 결국 이 사건 연임결격조항의 취지, 연임사유로 고려되는 근무성적평정의 대상기간, 평정사항의 제한, 연임심사 과정에서의 절차적 보장 등을 종합적으로 고려하면, 이 사건 연임결격조항이 근무성적이 현저히 불량하여 판사로서의 정상적인 직무를 수행할 수 없는 판사를 연임할 수 없도록 규정하였다는 점만으로 사법의 독립을 침해한다고 볼 수 없다(헌재 2016. 9. 29. 2015헌바331).

20 법원에 대한 설명으로 옳은 것은? 21년 국가직 7급

① 법관이 중대한 신체상 또는 정신상의 장해로 직무를 수행할 수 없을 때에는, 대법관인 경우에는 대법원장의 제청으로 대통령이 퇴직을 명할 수 있고, 판사인 경우에는 인사위원회의 심의를 거쳐 대법원장이 퇴직을 명할 수 있다.

② 대법원은 대법원장 1명과 대법관 14명으로 구성한다.

③ 재판의 심리와 판결은 공개한다. 다만, 국가의 안전보장 또는 안녕질서를 방해하거나 선량한 풍속을 해할 염려가 있을 때에는 법원의 결정으로 심리와 판결을 공개하지 아니할 수 있다.

④ 대법원장이 궐위되거나 부득이한 사유로 직무를 수행할 수 없을 때에는 수석대법관, 선임대법관이 그 권한을 대행한다.

지문분석 **정답 ①**

① 【O】 **법원조직법 제47조(심신상의 장해로 인한 퇴직)** 법관이 중대한 신체상 또는 정신상의 장해로 직무를 수행할 수 없을 때에는, 대법관인 경우에는 대법원장의 제청으로 대통령이 퇴직을 명할 수 있고, 판사인 경우에는 인사위원회의 심의를 거쳐 대법원장이 퇴직을 명할 수 있다.

② 【X】 **법원조직법 제4조(대법관)** ② 대법관의 수는 대법원장을 포함하여 14명으로 한다.

③ 【X】 **헌법 제109조** 재판의 심리와 판결은 공개한다. 다만, 심리는 국가의 안전보장 또는 안녕질서를 방해하거나 선량한 풍속을 해할 염려가 있을 때에는 법원의 결정으로 공개하지 아니할 수 있다.

④ 【X】 **법원조직법 제13조(대법원장)** ③ 대법원장이 궐위되거나 부득이한 사유로 직무를 수행할 수 없을 때에는 선임대법관이 그 권한을 대행한다.

21 법원에 대한 설명으로 옳은 것은? 23년 지방직 7급

① 대법원의 심판권은 대법관 전원의 3분의 2 이상의 합의체에서 행사하나, 명령 또는 규칙이 법률에 위반된다고 인정하는 경우에 한해 대법관 3명 이상으로 구성된 부에서 먼저 사건을 심리하여 의견이 일치한 경우에 한정하여 그 부에서 재판할 수 있다.

② 고등법원 · 특허법원 · 지방법원 · 가정법원 · 행정법원 및 군사법원과 대법원규칙으로 정하는 지원에 사법행정에 관한 자문기관으로 판사로 구성된 판사회의를 두며, 판사회의의 조직과 운영에 필요한 사항은 「법원조직법」으로 정한다.

③ 대법원에 두는 양형위원회는 위원장 1명을 포함한 14명의 위원으로 구성하되, 위원장이 아닌 위원 중 1명은 상임위원으로 한다.

④ 대법원장과 대법관이 아닌 법관은 대법관회의의 동의를 얻어 대법원장이 임명한다.

지문분석 **정답 ④**

① **【X】 법원조직법 제7조(심판권의 행사)** ① 대법원의 심판권은 대법관 전원의 3분의 2 이상의 합의체에서 행사하며, 대법원장이 재판장이 된다. 다만, 대법관 3명 이상으로 구성된 부(部)에서 먼저 사건을 심리(審理)하여 의견이 일치한 경우에 한정하여 다음 각 호의 경우를 제외하고 그 부에서 재판할 수 있다.
1. 명령 또는 규칙이 헌법에 위반된다고 인정하는 경우
2. 명령 또는 규칙이 법률에 위반된다고 인정하는 경우
3. 종전에 대법원에서 판시(判示)한 헌법 · 법률 · 명령 또는 규칙의 해석 적용에 관한 의견을 변경할 필요가 있다고 인정하는 경우
4. 부에서 재판하는 것이 적당하지 아니하다고 인정하는 경우

② **【X】 법원조직법 제9조의2(판사회의)** ① 고등법원 · 특허법원 · 지방법원 · 가정법원 · 행정법원 및 회생법원과 대법원규칙으로 정하는 지원에 사법행정에 관한 자문기관으로 판사회의를 둔다.
② 판사회의는 판사로 구성하되, 그 조직과 운영에 필요한 사항은 대법원규칙으로 정한다.

③ **【X】 법원조직법 제81조의2(양형위원회의 설치)** ① 형(刑)을 정할 때 국민의 건전한 상식을 반영하고 국민이 신뢰할 수 있는 공정하고 객관적인 양형(量刑)을 실현하기 위하여 대법원에 양형위원회(이하 "위원회"라 한다)를 둔다.
법원조직법 제81조의3(위원회의 구성) ① 위원회는 위원장 1명을 포함한 13명의 위원으로 구성하되, 위원장이 아닌 위원 중 1명은 상임위원으로 한다.

④ **【O】 헌법 제104조** ③ 대법원장과 대법관이 아닌 법관은 대법관회의의 동의를 얻어 대법원장이 임명한다.

22 사법부에 대한 설명으로 옳지 않은 것은? (다툼이 있는 경우 판례에 의함) 21년 지방직 7급

① 법관에 대한 대법원장의 징계처분 취소청구소송을 대법원에 의한 단심재판에 의하도록 규정하고 있는 구 「법관징계법」조항은 독립적으로 사법권을 행사하는 법관이라는 지위의 특수성과 법관에 대한 징계절차의 특수성을 감안하여 재판의 신속을 도모하기 위한 것으로 그 합리성을 인정할 수 있고, 사실확정도 대법원의 권한에 속하여 법관에 의한 사실확정의 기회가 박탈되었다고 볼 수 없으므로, 헌법 제27조 제1항의 재판청구권을 침해하지 아니한다.

② 약식절차에서 피고인이 정식재판을 청구한 경우 약식명령의 형보다 중한 형을 선고할 수 없도록 한 「형사소송법」 조항은 피고인이 정식재판을 청구하는 경우 법관에게 부여된 형종에 대한 선택권이 검사의 일방적인 약식명령 청구에 의하여 심각하게 제한되므로 법관의 양형결정권을 침해한다.

③ 「법원조직법」 제8조는 '상급법원의 재판에 있어서의 판단은 당해사건에 관하여 하급심을 기속한다.'고 규정하지만 이는 심급제도의 합리적 유지를 위하여 당해사건에 한하여 구속력을 인정한 것이고 그 후의 동종의 사건에 대한 선례로서의 구속력에 관한 것은 아니다.

④ 헌법이 대법원을 최고법원으로 규정하였다고 하여 대법원이 곧바로 모든 사건을 상고심으로서 관할하여야 한다는 결론이 당연히 도출되는 것은 아니다.

지문분석 **정답 ②**

① 【O】 구 법관징계법 제27조는 법관에 대한 대법원장의 징계처분 취소청구소송을 대법원에 의한 단심재판에 의하도록 규정하고 있는바, 이는 독립적으로 사법권을 행사하는 법관이라는 지위의 특수성과 법관에 대한 징계절차의 특수성을 감안하여 재판의 신속을 도모하기 위한 것으로 그 합리성을 인정할 수 있고, 대법원이 법관에 대한 징계처분 취소청구소송을 단심으로 재판하는 경우에는 사실확정도 대법원의 권한에 속하여 법관에 의한 사실확정의 기회가 박탈되었다고 볼 수 없으므로을 침해하지 아니한다(헌재 2012. 2. 23. 2009헌바34).

② 【X】 형사재판에서 법관의 양형결정이 법률에 기속되는 것은 법률에 따라 심판한다는 헌법 제103조에 의한 것으로 법치국가원리의 당연한 귀결이다. 헌법상 어떠한 행위가 범죄에 해당하고 이를 어떻게 처벌할 것인지 여부를 정할 권한은 국회에 부여되어 있고 그에 대하여는 광범위한 입법재량 내지 형성의 자유가 인정되고 있으므로 형벌에 대한 입법자의 입법정책적 결단은 기본적으로 존중되어야 한다. 따라서 형사법상 법관에게 주어진 양형 권한도 입법자가 만든 법률에 규정되어 있는 내용과 방법에 따라 그 한도내에서 재판을 통해 형벌을 구체화하는 것으로 볼 수 있다. 또한 검사의 약식명령청구사안이 적당하지 않다고 판단될 경우 법원은 직권으로 통상의 재판절차로 사건을 넘겨 재판절차를 진행시킬 수 있고, 이 재판절차에서 법관이 자유롭게 형량을 결정할 수 있으므로 이러한 점들을 종합해보면 이 사건 법률조항에 의하여 법관의 양형결정권이 침해된다고 볼 수 없다(헌재 2005. 3. 31. 2004헌가27).

③ 【O】 법원조직법 제8조는 "상급법원의 재판에 있어서의 판단은 당해사건에 관하여 하급심을 기속한다."고 규정하지만 이는 심급제도의 합리적 유지를 위하여 당해사건에 한하여 구속력을 인정한 것이고 그 후의 동종의 사건에 대한 선례로서의 구속력에 관한 것은 아니다(헌재 2002. 6. 27. 2002헌마18).

④ 【O】 헌법이 대법원을 최고법원으로 규정하였다고 하여 대법원이 곧바로 모든 사건을 상고심으로서 관할하여야 한다는 결론이 당연히 도출되는 것은 아니며, '헌법과 법률이 정하는 법관에 의하여 법률에 의한 재판을 받을 권리'가 사건의 경중을 가리지 않고 모든 사건에 대하여 대법원을 구성하는 법관에 의한 균등한 재판을 받을 권리를 의미한다거나 또는 상고심재판을 받을 권리를 의미하는 것이라고 할 수는 없다(헌재 2009. 3. 26. 2006헌마1133).

23 법원에 대한 설명으로 옳지 않은 것만을 모두 고르면? 21년 지방직 7급

ㄱ. 법관의 정년을 연장하기 위하여는 헌법을 개정하여야 한다.
ㄴ. 대법원장의 임기는 6년으로 하며, 법률이 정하는 바에 의하여 연임할 수 있다.
ㄷ. 법관은 재직 중 대법원장의 허가가 없더라도 보수를 받지 않는다면 국가기관 외의 법인·단체에 임원으로 취임할 수 있다.
ㄹ. 금고 이상의 형을 선고받은 사람은 법관으로 임용할 수 없다.

① ㄱ, ㄷ ② ㄴ, ㄹ
③ ㄱ, ㄴ, ㄷ ④ ㄱ, ㄴ, ㄹ

지문분석 **정답 ③**

ㄱ. **【X】 헌법 제105조** ④ 법관의 정년은 법률로 정한다.
ㄴ. **【X】 헌법 제105조** ① 대법원장의 임기는 6년으로 하며, 중임할 수 없다.
ㄷ. **【X】 법원조직법 제49조(금지사항)** 법관은 재직 중 다음 각 호의 행위를 할 수 없다.
6. 대법원장의 허가를 받지 아니하고 보수의 유무에 상관없이 국가기관 외의 법인·단체 등의 고문, 임원, 직원 등의 직위에 취임하는 일
ㄹ. **【O】 법원조직법 제43조(결격사유)** ① 다음 각 호의 어느 하나에 해당하는 사람은 법관으로 임용할 수 없다.
2. 금고 이상의 형을 선고받은 사람

24 다음 중 상고심에 관한 설명으로 가장 옳지 않은 것은? (다툼이 있는 경우 헌법재판소 및 대법원 판례에 의함)

① 상고심리불속행제도는 민사소송, 가사소송, 행정소송에는 적용되나, 형사소송에는 적용되지 아니한다.
② 대법관 3인 이상으로 구성된 부(部)에서, 명령 또는 규칙이 헌법에 위반되지 아니한다는 결정을 할 수 있다.
③ 상고제기일로부터 4개월이 경과한 때에는 심리불속행에 의한 상고 기각을 할 수 없다.
④ 원심판결이 헌법에 위반되거나 헌법을 부당하게 해석하였다는 취지의 주장이 상고이유에 포함되었다고 하더라도 그와 같은 사유가 원심판결에 영향을 미치지 아니하였다고 인정되는 경우에는 심리불속행 상고기각을 할 수 있다.

지문분석 **정답 ③**

① **【O】** 상고심리불속행제도는 민사소송, 가사소송, 행정소송에는 적용되나, 형사소송에는 적용되지 아니한다(상고심절차에 관한 특례법 제2조 참조).
제2조 (적용 범위) 이 법은 민사소송, 가사소송 및 행정소송(「특허법」 제9장과 이를 준용하는 규정에 따른 소송을 포함한다. 이하 같다)의 상고사건(上告事件)에 적용한다.

② 【O】 명령 또는 규칙이 헌법에 위반됨을 인정하는 경우 전원합의체에서 심판하여야 하지만, 명령 또는 규칙이 헌법에 위반되지 아니하는 결정은 대법관 3인 이상으로 구성된 부(部)에서 재판할 수 있다(법원조직법 제7조 제1항 참조).

제7조(심판권의 행사) 제1항 대법원의 심판권은 대법관전원의 3분의 2이상의 합의체에서 이를 행하며 대법원장이 재판장이 된다. 다만, 대법관 3인 이상으로 구성된 부에서 먼저 사건을 심리하여 의견이 일치한 때에 한하여 다음의 경우를 제외하고 그 부에서 재판할 수 있다.
1. 명령 또는 규칙이 헌법에 위반함을 인정하는 경우
2. 명령 또는 규칙이 법률에 위반함을 인정하는 경우
3. 종전에 대법원에서 판시한 헌법·법률·명령 또는 규칙의 해석적용에 관한 의견을 변경할 필요가 있음을 인정하는 경우
5. 부에서 재판함이 적당하지 아니함을 인정하는 경우

③ 【X】 원심법원으로부터 상고기록을 받은 날부터 4개월 이내에 제5조에 따른 판결의 원본이 법원사무관등에게 교부되지 아니한 경우에는 제4조(심리의 불속행) 및 제5조(판결의 특례)를 적용하지 아니한다(상고심절차에 관한 특례법 제6조 제2항).

④ 【O】 상고심절차에 관한 특례법 제4조 제1항, 제3항 참조.

제4조 (심리의 불속행) 제1항 대법원은 상고이유에 관한 주장이 다음 각 호의 어느 하나의 사유를 포함하지 아니한다고 인정하면 더 나아가 심리를 하지 아니하고 판결로 상고를 기각한다.
1. 원심판결이 헌법에 위반되거나, 헌법을 부당하게 해석한 경우

제3항 상고이유에 관한 주장이 제1항 각 호의 사유(가압류 및 가처분에 관한 판결의 경우에는 제1항 제1호부터 제3호까지에 규정된 사유)를 포함하는 경우에도 다음 각 호의 어느 하나에 해당할 때에는 제1항의 예에 따른다.
1. 그 주장 자체로 보아 이유가 없는 때
2. 원심판결과 관계가 없거나 원심판결에 영향을 미치지 아니하는 때

25 대법원에 관한 다음의 설명 중 옳지 않은 것은?

① 대법원의 심판권은 원칙적으로 대법관전원의 3분의 2이상의 합의체에서 이를 행하며 대법원장이 재판장이 된다.

② 대법원장은 법원의 조직, 인사, 운영, 재판절차, 등기, 가족관계등록 기타 법원업무에 관련된 법률의 제정 또는 개정이 필요하다고 인정하는 경우에는 국회에 서면으로 그 의견을 제출할 수 있다.

③ 대법원장은 필요하다고 인정하는 경우에 특정한 부로 하여금 행정·조세·노동·군사·특허 등 사건을 전담하여 심판하게 할 수 있다.

④ 대법관이 중대한 심신상의 장해로 직무를 수행할 수 없을 때에는, 대법원장이 퇴직을 명할 수 있다.

지문분석 **정답 ④**

④ 【X】 법원조직법 제47조에 따라 "법관이 중대한 심신상의 장해로 직무를 수행할 수 없을 때에는, 대법관인 경우에는 대법원장의 제청으로 대통령이, 판사인 경우에는 인사위원회의 심의를 거쳐 대법원장이 퇴직을 명할 수 있다."

26 헌법에 임기가 6년으로 명시되어 있지 않은 국가기관을 〈보기〉에서 모두 고르면?

보기

ㄱ. 감사원장　　ㄴ. 법관　　ㄷ. 대법관
ㄹ. 대법원장　　ㅁ. 헌법재판소 재판관　　ㅂ. 헌법재판소장
ㅅ. 중앙선거관리위원회 위원

① ㄱ, ㄴ, ㄷ　② ㄱ, ㄴ, ㅂ　③ ㄱ, ㄹ, ㅂ　④ ㄴ, ㄹ, ㅅ　⑤ ㅁ, ㅂ, ㅅ

지문분석 **정답 ②**

명시되어 있는 국가기관: ㄷ ㄹ, ㅁ, ㅅ
명시되어 있지 않은 국가기관: ㄱ, ㄴ, ㅂ

ㄱ. **헌법 제98조 제1항** 감사원은 원장을 포함한 5인 이상 11인 이하의 감사위원으로 구성한다. **제2항** 원장은 국회의 동의를 얻어 대통령이 임명하고, 그 임기는 4년으로 하며, 1차에 한하여 중임할 수 있다. **제3항** 감사위원은 원장의 제청으로 대통령이 임명하고, 그 임기는 4년으로 하며, 1차에 한하여 중임할 수 있다.

ㄴㄷㄹ. **헌법 제105조 제1항** 대법원장의 임기는 6년으로 하며, 중임할 수 없다. **제2항** 대법관의 임기는 6년으로 하며, 법률이 정하는 바에 의하여 연임할 수 있다. **제3항** 대법원장과 대법관이 아닌 법관의 임기는 10년으로 하며, 법률이 정하는 바에 의하여 연임할 수 있다. **제4항** 법관의 정년은 법률로 정한다.

ㅁㅂ. **헌법 제112조 제1항** 헌법재판소 재판관의 임기는 6년으로 하며, 법률이 정하는 바에 의하여 연임할 수 있다. 그러나 헌법재판소 재판장에 관하여 헌법상 아무런 규정이 없기 때문에 헌법재판소 재판관 6년에 해당하며 별도의 임기 제한을 두지 않는 것으로 본다.

ㅅ. **헌법 제114조 제1항** 선거와 국민투표의 공정한 관리 및 정당에 관한 사무를 처리하기 위하여 선거관리위원회를 둔다. **제2항** 중앙선거관리위원회는 대통령이 임명하는 3인, 국회에서 선출하는 3인과 대법원장이 지명하는 3인의 위원으로 구성한다. 위원장은 위원중에서 호선한다. **제3항** 위원의 임기는 6년으로 한다.

27 법관에 대한 설명으로 옳은 것은? 17년 5급 공채

① 법관은 징계처분에 의하지 아니하고는 파면되지 아니한다.
② 대법관의 임기는 6년이고, 연임할 수 없다.
③ 대법원장은 대법원장추천회의의 추천을 거쳐 대통령이 임명한다.
④ 대법원장과 대법관이 아닌 법관의 임기는 10년으로 하며, 법률이 정하는 바에 의하여 연임할 수 있다.

지문분석 **정답 ④**

① 【X】 법관은 탄핵 또는 금고 이상의 형의 선고에 의하지 아니하고는 파면되지 아니하며, 징계처분에 의하지 아니하고는 정직·감봉 기타 불리한 처분을 받지 아니한다(헌법 제106조 제1항).
② 【X】 대법관의 임기는 6년으로 하며, 법률이 정하는 바에 의하여 연임할 수 있다(헌법 제105조 제2항).
③ 【X】 대법원장은 국회의 동의를 얻어 대통령이 임명한다(헌법 제104조 제1항).
④ 【O】 대법원장과 대법관이 아닌 법관의 임기는 10년으로 하며, 법률이 정하는 바에 의하여 연임할 수 있다(헌법 제105조 제3항).

28 **대법관 선출에 대한 설명으로 옳지 않은 것은?** 17년 국회직 8급

① 대법원장이 대법관 후보자의 임명을 제청할 때에는 대법관후보추천위원회에서 추천한 후보자를 존중한다.
② 모든 대법관은 대통령이 임명한다.
③ 46세의 21년 경력의 변호사는 대법관 임용자격을 갖춘 사람이다.
④ 임명에 앞서 국회 인사청문특별위원회에서 인사청문을 실시한다.
⑤ 대통령의 대법관 임명은 국무회의의 심의사항으로 헌법상 명시되어 있다.

지문분석 **정답 ⑤**

① 【O】 대법원장은 대법관 후보자를 제청하는 경우에는 추천위원회의 추천 내용을 존중한다(법원조직법 제41조의2 제7항).
② 【O】 헌법 제104조 제2항
③ 【O】 법원조직법 제42조 제1항 제1호
④ 【O】 국회법 제46조의3 제1항
⑤ 【X】 대법관은 대법원장의 제청으로 국회의 동의를 얻어 대통령이 임명하며 국무회의 심의사항이 아니다.

29 **다음 중 그 구성원의 임명절차에서 대법원장이 지명권을 행사하는 국가기관이 아닌 것은?** 17년 법원직 9급

① 중앙선거관리위원회
② 국가인권위원회
③ 국민권익위원회
④ 헌법재판소

지문분석 **정답 ③**

① 【O】 중앙선거관리위원회는 대통령이 임명하는 3인, 국회에서 선출하는 3인과 대법원장이 지명하는 3인의 위원으로 구성한다(헌법 제114조 제2항).
② 【O】 국가인권위원회 위원은 국회가 선출하는 4명, 대통령이 지명하는 4명, 대법원장이 지명하는 3명을 대통령이 임명한다(국가인권위원회법 제5조 제2항).
③ 【X】 국민권익위원회 위원장 및 부위원장은 국무총리의 제청으로 대통령이 임명하고, 상임위원은 위원장의 제청으로 대통령이 임명하며, 상임이 아닌 위원은 대통령이 임명 또는 위촉한다. 이 경우 상임이 아닌 위원 중 3명은 국회가, 3명은 대법원장이 각각 추천하는 자를 임명 또는 위촉한다(부패방지 및 국민권익위원회의 설치와 운영에 관한 법률 제13조 제3항).
④ 【O】 헌법재판소 재판관중 3인은 국회에서 선출하는 자를, 3인은 대법원장이 지명하는 자를 임명한다(헌법 제111조 제3항).

30 **대법원에 대한 서술 중 가장 옳지 않은 것은?** (현행법령을 기준으로 함, 다툼이 있는 경우 헌법재판소 결정례에 의함)

① 대법관의 수는 대법원장을 포함하여 13인으로 한다.
② 명령 또는 규칙이 헌법이나 법률에 위반함을 인정하는 경우, 종전에 대법원에서 판시한 헌법·법률·명령 또는 규칙의 해석적용에 관한 의견을 변경할 필요가 있음을 인정하는 경우에는 반드시 대법관전원의 3분의 2 이상의 합의체에서 심판하여야 한다.
③ 헌법이 대법원을 최고법원으로 규정하였다고 하여 대법원이 곧바로 모든 사건을 상고심으로서 관할하여야 한다는 결론이 당연히 도출되는 것은 아니며, 헌법과 법률이 정한 법관에 의하여 법률에 의한 재판을 받을 권리가 사건의 경중을 가리지 아니하고 모든 사건에 대하여 상고심재판을 받을 권리를 의미하는 것은 아니다.
④ 심급제도 자체는 헌법상 필수적인 것이지만 반드시 모든 재판이 3심제이어야 하는 것은 아니다.
⑤ 대법관은 대법원장의 제청으로 국회의 동의를 얻어 대통령이 임명한다.

지문분석 **정답 ①**

① 【X】 대법관의 수는 대법원장을 포함하여 14인으로 한다(법원조직법 제4조).
② 【O】 **법원조직법 제7조 제1항** 대법원의 심판권은 대법관전원의 3분의 2이상의 합의체에서 이를 행하며 대법원장이 재판장이 된다. 다만, 대법관 3인 이상으로 구성된 부에서 먼저 사건을 심리하여 의견이 일치한 때에 한하여 다음의 경우를 제외하고 그 부에서 재판할 수 있다.
③ 【O】 헌법이 대법원을 최고법원으로 규정하였다고 하여 대법원이 곧바로 모든 사건을 상고심으로서 관할하여야 한다는 결론이 당연히 도출되는 것은 아니며, "헌법과 법률이 정하는 법관에 의하여 법률에 의한 재판을 받을 권리"가 사건의 경중을 가리지 않고 모든 사건에 대하여 대법원을 구성하는 법관에 의한 재판을 받을 권리를 의미한다거나 또는 상고심재판을 받을 권리를 의미하는 것이라고 할 수는 없다(헌재 2012.5.31. 2010헌마625 등).
④ 【O】 위와 같은 헌법정신에 입각하여 법원조직법은 상고 및 재항고사건의 심판권을 대법원이, 항소 및 항고사건의 심판권을 고등법원과 지방법원합의부(지방법원 단독판사가 한 재판에 대하여)가 각 행사토록 하고 1심사건을 지방법원이 행사토록 함으로써 원칙으로 3심제를 채택하였는데 우리 헌법은 대법원을 최종심으로 하는 심급제만을 규정하였을뿐 꼭 3심제라야 한다는 것은 아니므로 법원조직법이 규정한 3심제는 원칙일 따름이고 합리적이고 특별한 사유가 있으면 최종심인 대법원의 재판을 배제하지 아니하는 한 그 예외를 인정할 수 있다(1992.6.26. 90헌바25).
⑤ 【O】 대법관은 대법원장의 제청으로 국회의 동의를 얻어 대통령이 임명한다(헌법 제104조 제2항).

31 **법원(法院)에 대한 설명으로 옳지 않은 것은?** 16년 지방직 7급

① 법관이 중대한 신체상 또는 정신상의 장해로 직무를 수행할 수 없을 때에는, 대법관인 경우에는 대법원장의 제청으로 대통령이 퇴직을 명할 수 있고, 판사인 경우에는 인사위원회의 심의를 거쳐 대법원장이 퇴직을 명할 수 있다.

② 상급법원의 재판에 있어서의 판단은 동종 사건에 관하여 하급심을 기속하는 것이므로, 하급심은 사실판단이나 법률판단에 있어서 상급심의 선례를 존중하여야 한다.

③ 법관이 대법원장의 징계처분에 대하여 불복하려는 경우에는 징계처분이 있음을 안 날부터 14일 이내에 전심 절차를 거치지 아니하고 대법원에 징계처분의 취소를 청구하여야 한다.

④ 군사법원의 경우, 재판관은 군판사와 심판관으로 구성되는데, 군판사는 군법무관 중에서 임명하며, 심판관은 장교 중에서 임명한다.

지문분석 **정답 ②**

② 【X】 상급법원 재판에서의 판단은 동종 사건이 아닌 해당 사건에 관하여 하급심을 기속한다(법원조직법 제8조).

32 **법원에 대한 설명으로 가장 옳지 않은 것은?** 16년 서울시 7급

① 대법원 양형위원회의 양형기준은 그 내용의 타당성에 의하여 일반적인 설득력을 가지는 것으로 예정되어 있으므로 법관의 양형에 있어서 그 존중이 요구되는 것일 뿐 법적 구속력을 가지지 아니한다.

② 대법원장이 행한 법관의 보직에 관한 인사처분에 대해 소청심사나 행정소송을 거치지 아니한 채 제기한 헌법소원심판청구는 부적합하다.

③ 상고심으로부터 사건을 환송받은 법원은 그 사건을 재판함에 있어서 상고법원이 파기이유로 한 사실상 및 법률상의 판단에 대하여 기속되지 아니한다.

④ 특별한 사정이 없는 한 우리나라의 영토 내에서 행하여진 외국의 사법(私法)적인 행위에 대하여는 당해 국가를 피고로 하여 우리나라의 법원이 재판권을 행사할 수 있다.

지문분석 **정답 ③**

① 【O】 법관은 형의 종류를 선택하고 형량을 정할 때 양형기준을 존중하여야 한다. 다만, 양형기준은 법적 구속력을 갖지 아니한다(법원조직법 제81조의7 제1항).

② 【O】 헌재 1993.12.23, 92헌마247

③ 【X】 상고심으로부터 사건을 환송받은 법원은 그 사건을 재판함에 있어서 상고법원이 파기이유로 한 사실상 및 법률상의 판단에 기속되는 것이지만, 환송 뒤 심리과정에서 새로운 증거가 제출되어 기속적 판단의 기초가 된 증거관계에 변동이 생기는 경우에는 그러하지 아니하다(대판 2003.2.26, 2001도1314).

④ 【O】 국제관습법에 의하면 국가의 주권적 행위는 다른 국가의 재판권으로부터 면제되는 것이 원칙이라 할 것이나, 국가의 사법적 행위까지 다른 국가의 재판권으로부터 면제된다는 것이 오늘날의 국제법이나 국제관례라고 할 수 없다. 우리나라의 영토 내에서 행하여진 외국의 사법적 행위가 주권적 활동에 속하는 것이거나 이와 밀접한 관련이 있어서 이에 대한 재판권의 행사가 외국의 주권적 활동에 대한 부당한 간섭이 될 우려가 있다는 등의 특별한 사정이 없는 한, 외국의 사법적 행위에 대하여는 당해 국가를 피고로 하여 우리나라의 법원이 재판권을 행사할 수 있다(대판 1998.12.17. 97다39216).

33 사법권과 법원에 대한 설명으로 옳지 않은 것은? (다툼이 있는 경우 헌법재판소 판례에 따름)

① 사법은 법 또는 권리에 관한 다툼이 있거나 법이 침해된 경우에 독립적인 법원이 원칙적으로 직접 조사한 증거를 통한 객관적 사실인정을 바탕으로 법을 해석·적용하여 유권적인 판단을 내리는 작용이다.

② 대법원장과 대법관이 아닌 법관의 임기는 10년으로 하며, 법률이 정하는 바에 의하여 연임할 수 있다.

③ 법관에 대한 징계처분 취소소송을 대법원의 단심재판에 의하도록 하는 것은 헌법상 재판청구권을 침해하지 않는다.

④ 대의기관인 대통령과 국회의 외국에의 국군의 파견결정은 고도의 정치적 결단을 요하는 문제로서 법원이 사법적 기준만으로 이를 심판하는 것은 자제되어야 한다.

⑤ 군사법원의 경우, 관할관 등이 군판사 및 심판관의 임명권과 재판관의 지정권을 갖고 심판관은 일반장교 중에서 임명하도록 하고 있어 법관에 의한 재판을 받을 권리를 침해한다.

지문분석 **정답 ⑤**

① 【O】 사법(司法)의 본질은 법 또는 권리에 관한 다툼이 있거나 법이 침해된 경우에 독립적인 법원이 원칙적으로 직접 조사한 증거를 통한 객관적 사실인정을 바탕으로 법을 해석·적용하여 유권적인 판단을 내리는 작용이라 할 것이다(헌재 1996.1.25. 95헌가5).

② 【O】 **헌법 제105조 제3항** 대법원장과 대법관이 아닌 법관의 임기는 10년으로 하며, 법률이 정하는 바에 의하여 연임할 수 있다.

③ 【O】 법관에 대한 대법원장의 징계처분 취소청구소송을 대법원에 의한 단심재판에 의하도록 규정하고 있는 것은, 독립적으로 사법권을 행사하는 법관이라는 지위의 특수성과 법관에 대한 징계절차의 특수성을 감안하여 재판의 신속을 도모하기 위한 것으로 그 합리성을 인정할 수 있으므로, 헌법 제27조 제1항의 재판청구권을 침해하지 아니한다(헌재 2012.2.23. 2009헌바34).

④ 【O】 외국에의 국군의 파견결정과 같은 결정에 대해 우리 헌법은 그 권한을 국민으로부터 직접 선출되고 국민에게 직접 책임을 지는 대통령에게 부여하고 그 권한행사에 신중을 기하도록 하기 위해 국회로 하여금 파병에 대한 동의여부를 결정할 수 있도록 하고 있는바, 현행 헌법이 채택하고 있는 대의민주제 통치구조 하에서 대의기관인 대통령과 국회의 그와 같은 고도의 정치적 결단은 가급적 존중되어야 한다(헌재 2004.4.29. 2003헌마814).

⑤ 【X】 군사법원에 관할관을 두고 군검찰관에 대한 임명, 지휘, 감독권을 가지고 있는 관할관이 심판관의 임명권 및 재판관의 지정권을 가지며 심판관은 일반장교 중에서 임명할 수 있도록 규정하였다고 하여 바로 위 조항들 자체가 군사법원의 헌법적 한계를 일탈하여 사법권의 독립과 재판의 독립을 침해하고 죄형법정주의에 반하거나 인간의 존엄과 가치, 행복추구권, 평등권, 신체의 자유, 정당한 재판을 받을 권리 및 정신적 자유를 본질적으로 침해하는 것이라고 할 수 없다(1996.10.31. 93헌바25).

34 다음 중 법관의 양형결정권과 관련된 헌법재판소의 입장과 일치하지 않는 것은?

① 입법자가 다른 법률상의 감경사유가 없는 한 작량감경만으로는 집행유예를 선고할 수 없을 정도로 법정형의 하한을 높이 정하였다는 것만으로 곧 법관의 양형판단에 관한 재량권을 쓸모없게 만들고, 국민의 재판청구권을 보장한 헌법 제27조 제1항의 본질적 내용을 침해한 것으로 단정할 수는 없다. 따라서 군용물절도죄의 법정형 하한을 살인죄의 그것보다 무겁게 규정하여 사형・무기 또는 10년 이상의 징역에 처하도록 규정하였다 하더라도 법관의 양형결정권을 과도하게 제한하는 것이 아니다.

② 특정범죄가중처벌법이 단순매수나 단순판매목적소지의 마약사범에 대하여도 사형・무기 또는 10년 이상의 징역에 처하도록 규정하고 있어, 예컨대 단 한 차례 극히 소량의 마약을 매수하거나 소지하고 있었던 경우 실무상 작량감경을 하더라도 별도의 법률상 감경사유가 없는 한 집행유예를 선고할 수 없도록 법관의 양형선택과 판단권을 극도로 제한하고 있고 또한 범죄자의 귀책사유에 알맞은 형벌을 선고할 수 없도록 법관의 양형결정권을 원천적으로 제한하고 있어 매우 부당하다.

③ 뺑소니운전자의 경우 그 법정형이 최하 10년, 무기징역 및 사형으로 규정하고 있는 특정범죄가중처벌등에관한법률 제5조의3 제2항 제1호는 법관의 양형결정권을 원천적으로 제한하고 있으므로 위헌이다.

④ 뇌물액이 5천만원 이상인 때에는 무기 또는 10년 이상의 징역에 처하도록 한 특정범죄가중처벌법 제2조는 법관의 양형결정권을 과도하게 제한하는 위헌법률이다.

지문분석 **정답 ④**

① 【O】 이 사건 법률조항은 군용물 절도죄 중 총포・탄약 또는 폭발물의 경우에는 사형・무기 또는 10년 이상의 징역에 처하도록 규정하고 있다. 그러나 입법자가 다른 법률상의 감경사유가 없는 한 작량감경만으로는 집행유예를 선고할 수 없을 정도로 법정형의 하한을 높이 정하였다는 것만으로 곧 법관의 양형판단에 관한 재량권을 쓸모없게 만들고, 국민의 재판청구권을 보장한 헌법 제27조 제1항의 본질적 내용을 침해한 것으로 단정할 수는 없다(헌재 1995.10.26. 92헌바45).

② 【O】 위 특가법 조항은 단순매수나 단순판매목적소지의 마약사범에 대하여도 사형・무기 또는 10년 이상의 징역에 처하도록 규정하고 있어, 예컨대 단 한 차례 극히 소량의 마약을 매수하거나 소지하고 있었던 경우 실무상 작량감경을 하더라도 별도의 법률상 감경사유가 없는 한 집행유예를 선고할 수 없도록 법관의 양형선택과 판단권을 극도로 제한하고 있고 또한 범죄자의 귀책사유에 알맞은 형벌을 선고할 수 없도록 법관의 양형결정권을 원천적으로 제한하고 있어 매우 부당하다(헌재 2003.11.27. 2002헌바24).

③ 【O】 상대적 법정형주의 원칙은 사법권 독립을 보장하는 중요한 기능을 하고 있는 것이다. 그러므로 뺑소니운전자의 경우 그 법정형이 최하 10년, 무기징역 및 사형으로 규정하고 있는 특정범죄가중처벌등에관한법률 제5조의3 제2항 제1호는 법관의 양형결정권을 원천적으로 제한하고 있으므로 위헌이다(헌재 1992.4.28. 90헌바24).

④ 【X】 뇌물죄를 수수액에 따른 가중처벌을 규정한 특정범죄가중처벌법 제2조는 수뢰액의 다과를 뇌물죄 경중을 가리는 가장 중요한 기준으로 삼은 것은 합리적 이유가 있는 것이고 … 형벌체계상 균형을 잃었다고 할 정도로 과중하다고는 볼 수 없다. 또한 이 사건 법률조항이 작량감경을 하더라도 별도의 법률상 감경사유가 없는 한 집행유예의 선고를 할 수 없도록 그 법정형의 하한을 높여 놓았다 하여 곧 그것이 법관의 양형결정권을 침해하였다거나 법관독립의 원칙에 위배된다고 할 수 없고 법관에 의한 재판을 받을 권리를 침해하는 것이라고도 할 수 없다(헌재 2006.12.28. 2005헌바35 – 특정범죄가중처벌등에관한법률 제2조 제1항 제1호 위헌소원). …합헌결정

35 법관의 신분보장에 관한 다음 설명 중 가장 옳지 않은 것은? 16년 법원 9급

① 법관의 징계종류는 일반 공무원과 달리 견책·감봉 그리고 정직의 3가지로 제한된다.
② 법관징계위원회의 징계처분에 대하여 불복하는 경우에는 전심절차를 거치지 아니하고 곧바로 대법원에 징계처분의 취소를 구하여야 한다.
③ 대법원장과 대법관의 임기는 각 6년이고, 일반법관의 임기는 10년이며, 대법원장과 대법관, 일반법관은 법률이 정하는 바에 의하여 중임 및 연임할 수 있다.
④ 임기가 끝난 판사는 인사위원회의 심의를 거쳐 대법관회의의 동의를 받아 대법원장의 연임발령으로 연임한다.

지문분석 **정답 ③**

① 【O】 법관에 대한 징계처분은 정직·감봉·견책의 세 종류로 한다(법관징계법 제3조 제1항). 공무원의 징계종류는 파면·해임·강등·정직·감봉·견책이 있다(국가공무원법 제79조).
② 【O】 피청구인이 징계처분에 대하여 불복하려는 경우에는 징계처분이 있음을 안 날부터 14일 이내에 전심 절차를 거치지 아니하고 대법원에 징계처분의 취소를 청구하여야 한다(법관징계법 제27조 제1항).
③ 【X】 대법원장과 대법관의 임기는 각 6년이고, 일반법관의 임기는 10년이며, 대법원장은 중임할 수 없으며, 대법관과 일반법관은 법률이 정하는 바에 의하여 연임할 수 있다(헌법 제105조).
④ 【O】 임기가 끝난 판사는 인사위원회의 심의를 거치고 대법관회의의 동의를 받아 대법원장의 연임발령으로 연임한다(법원조직법 제45조의2 제1항).

36 사법권의 독립에 대한 설명으로 옳은 것은? (다툼이 있는 경우 판례에 의함) 16년 국회 8급

① 법관은 탄핵, 금고 이상의 형의 선고 또는 징계처분에 의하지 아니하고는 파면되지 아니한다.
② 상급법원의 판단은 하급심을 기속하므로 하급심은 사실판단이나 법률판단에 있어서 상급심의 선례를 존중할 법적 의무를 가진다.
③ 별도의 법률상 감경사유가 없는 한 작량감경만으로는 집행유예를 선고할 수 없도록 한 법률규정은 법관의 양형선택권과 판단권을 제한하므로 위헌이다.
④ 법관이 중대한 심신장애로 직무를 수행할 수 없을 때에는 대법관의 경우 대법원장의 제청으로 대통령이, 판사의 경우 인사위원회의 심의를 거쳐 대법원장이 퇴직을 명할 수 있다.
⑤ 상고심으로부터 파기·환송받은 법원은 그 사건을 재판함에 있어서 상급심의 법률상 판단에는 기속되지만, 사실상 판단에는 기속되지 아니한다.

지문분석 **정답 ④**

① 【X】 법관은 탄핵 또는 금고이상의 형의 선고에 의하지 아니하고는 파면되지 아니하며, 징계처분에 의하지 아니하고는 정직·감봉 기타 불리한 처분을 받지 아니한다(헌법 제106조 제1항).

② 【X】 상급법원 재판에서의 판단은 해당 사건에 관하여 하급심을 기속하므로 사실판단이나 법률판단에 있어서 상급심의 선례를 존중할 법적 의무는 없다.

③ 【X】 작량감경을 하더라도 별도의 법률상 감경사유가 없는 한 집행유예의 선고를 할 수 없도록 그 법정형의 하한을 높여 놓았다 하여 곧 그것이 법관의 양형결정권을 침해하였다거나 법관독립의 원칙에 위배된다고 할 수 없고 나아가 법관에 의한 재판을 받을 권리를 침해하는 것이라고도 할 수 없다(헌재 1999.5.27, 96헌바16).

④ 【O】 법관이 중대한 신체상 또는 정신상의 장해로 직무를 수행할 수 없을 때에는, 대법관인 경우에는 대법원장의 제청으로 대통령이 퇴직을 명할 수 있고, 판사인 경우에는 인사위원회의 심의를 거쳐 대법원장이 퇴직을 명할 수 있다(법원조직법 제47조).

⑤ 【X】 상고심으로부터 사건을 환송받은 법원은 그 사건을 재판함에 있어서 상고법원이 파기이유로 한 사실상 및 법률상의 판단에 기속되는 것이지만, 환송 뒤 심리과정에서 새로운 증거가 제출되어 기속적 판단의 기초가 된 증거관계에 변동이 생기는 경우에는 그러하지 아니하다(대판 2003.2.26, 2001도1314).

37 사법권의 독립에 대한 설명으로 옳은 것은? 25년 국가직 7급

① 판사의 근무성적평정의 내용 및 절차에 관하여 기본적인 사항을 정하지 않은 채 하위법규인 대법원규칙에 위임한 구 「법원조직법」 조항은 포괄위임금지원칙에 의반될 뿐만 아니라, 헌법상 재판의 독립과 법관의 신분보장 규정에도 반한다.

② 근무성적이 현저히 불량하여 판사로서 정상적인 직무를 수행할 수 없는 경우에 연임발령을 하지 않도록 규정한 구 「법원조직법」 조항에서의 '근무성적이 현저히 불량한 경우'는 수범자인 판사에게 신분보장과 관련하여 예측가능성을 제공하지 못하거나 법 집행자에게 자의적인 법해석을 허용하고 있으므로 명확성원칙에 위배되어 사법의 독립을 침해한다.

③ 「특정범죄 가중처벌 등에 관한 법률」 제12조 제1호·제2호, 제13즈 중 제12조 관련부분이 작량감경을 하더라도 별도의 법률상 감경사유가 없는 한 집행유예의 선고를 할 수 없도록 그 법정형의 하한을 높여 놓았다 하여 곧 그것이 법관의 양형결정권을 친해하였다거나 법관독립의 원칙에 위배된다고 할 수 없고 나아가 법관에 의한 재판을 받을 권리를 침해하는 것이라고도 할 수 없다.

④ 파산관재인의 선임은 파산재단의 규모·자산상태 등을 감안하여 적격자를 심사·선임하는 결정이므로 당연히 법원의 재판사항에 속하는데, 「공적자금관리 특별법」 조항은 이러한 재판사항에 관하여 일정한 경우에 법원의 판단재량을 배제함으로써 사법권의 본질을 침해하는 것이므로 헌법에 위반된다.

지문분석 **정답 ③**

① 【X】 판사의 근무성적평정에 관한 사항을 하위법규인 대법원규칙에 위임할 필요성을 인정할 수 있다. 또한 관련 조항의 해석과 판사에 대한 연임제 및 근무성적평정제도의 취지 등을 고려할 때, … 직무능력과 자질 등과 같은 평가사항, 평정권자 및 평가방법 등에 관한 사항임을 충분히 예측할 수 있으므로 이 사건 근무평정조항은 포괄위임금지원칙에 위배된다고 볼 수 없다. … 판사의 신분보장과 관련한 예측가능성이나 절차상의 보장이 현저히 미흡하다고 볼 수도 없으므로, 이 사건 연임결격조항은 사법의 독립을 침해한다고 볼 수 없다(헌재 2016.9.29. 2015헌바331).

② 【X】 이 사건 연임결격조항의 입법목적과 관련조항의 해석 및 용어의 사전적 의미 등을 종합하면, 이 사건 연임결격조항에서 말하는 '근무성적이 현저히 불량한 경우'란 판사의 직무수행에 관한 평가 결과가 뚜렷이 드러날 정도로 나쁜 경우로 충분히 해석할 수 있으며, 그 내용이 불명확하여 수범자인 판사에게 예측가능성을 제공하지 못하거나 법 집행자에게 자의적인 법해석이나 법집행을 허용하고 있다고 할 수 없으므로 명확성원칙에 위배되지 아니한다(헌재 2016.9.29. 2015헌바331).

③ 【O】 입법자가 법정형의 책정에 관한 여러 가지 요소의 종합적 고려에 따라 법률 그 자체로 법관에 의한 양형재량의 범위를 좁혀 놓았다고 하더라도 그것이 당해 범죄의 보호법익과 죄질에 비추어 범죄와 형벌간의 비례의 원칙상 수긍할 수 있는 정도의 합리성이 있다면 이러한 법률을 위헌이라고 할 수 없다. 이 사건 법률조항이 작량감경을 하더라도 별도의 법률상 감경사유가 없는 한 집행유예의 선고를 할 수 없도록 그 법정형의 하한을 높여 놓았다 하여 곧 그것이 법관의 양형결정권을 침해하였다거나 법관독립의 원칙에 위배된다고 할 수 없고 나아가 법관에 의한 재판을 받을 권리를 침해하는 것이라고도 할 수 없다(헌재 1999.5.27. 96헌바16).

④ 【X】 이 사건 조항은 현재의 경제상황에서 금융기관의 도산이 갖는 경제적 파급효과의 심각성 및 금융기관에 투입된, 국민의 부담이거나 부담으로 귀결될 수 있는 수많은 공적자금의 신속하고 효율적인 회수의 필요성이 인정되므로 정당한 입법목적을 지니며, 예금보험공사('예보')측을 금융기관에 대한 파산관재인으로 선임하면, 예보가 지닌 금융경제질서의 안정을 위한 공적 기능의 과제와 그 의사결정과 업무수행에 관한 정부의 참여와 감독을 고려할 때, 보다 효율적이고 신속한 공적자금의 회수에 기여할 것이라고 인정될 수 있다. 그러므로 이 사건 조항은 객관적으로 자의적인 것이라거나 비합리적인 것이라 볼 수 없다. 한편 입법자는 입법과정에서 "공적자금의 효율적 회수가 필요한 때"라는 요건을 추가하여 법원의 재량 여지를 두었을 뿐만 아니라 5년간 한시적으로 적용하게 하였다. 또한 이 사건 조항이 예보가 파산관재인이 될 경우 파산법상의 법원의 해임권 등을 배제하고 있으나, 예금자보호법상 예보의 의사결정과정, 파산과리절차에 관한 지휘체계, 예보에 대한 국가기관의 감독장치, 이 사건 조항의 입법목적과 내용 등을 고려할 때, 그러한 감독권 배제가 자의적이거나 불합리하게 법원의 사법권을 제한한 것이라 보기 어렵다(헌재 2001.3.15. 2001헌가1 등).

38 사법(司法)제도에 관한 다음 설명 중 가장 옳지 않은 것은? (다툼이 있는 경우 대법원 판례 · 헌법재판소 결정에 의함) 16년 법원 9급

① 법원의 종류로는 대법원, 고등법원, 특허법원, 지방법원, 가정법원, 행정법원, 회생법원 7가지가 존재한다.

② 법관의 재판에 법령의 규정을 따르지 아니한 잘못이 있다 하더라도 이로써 바로 그 재판상 직무행위가 국가배상법 제2조 제1항에서 말하는 위법한 행위로 되어 국가의 손해배상책임이 발생하는 것은 아니다.

③ 법관에 대한 징계처분 취소청구소송을 대법원의 단심재판에 의하도록 하더라도 이는 입법자의 적법한 재량범위 내의 입법행위로서 재판청구권을 침해하지 않는다.

④ 판사가 중대한 신체상 또는 정신상의 장해로 직무를 수행할 수 없을 때에는, 대법원장의 제청으로 대통령이 퇴직을 명할 수 있다.

PART · 02

지문분석 **정답 ④**

① 【O】 법원조직법 제3조 제1항

② 【O】 법관의 재판에 법령의 규정을 따르지 아니한 잘못이 있다 하더라도 이로써 바로 그 재판상 직무행위가 국가배상법 제2조 제1항에서 말하는 위법한 행위로 되어 국가의 손해배상책임이 발생하는 것은 아니고, 그 국가배상책임이 인정되려면 당해 법관이 위법 또는 부당한 목적을 가지고 재판을 하였다거나 법이 법관의 직무수행상 준수할 것을 요구하고 있는 기준을 현저하게 위반하는 등 법관이 그에게 부여된 권한의 취지에 명백히 어긋나게 이를 행사하였다고 인정할 만한 특별한 사정이 있어야 한다(대판 2003.7.11, 99다24218).

③ 【O】 법관에 대한 대법원장의 징계처분 취소청구소송을 대법원에 의한 단심재판에 의하도록 규정한 것은, 독립적으로 사법권을 행사하는 법관이라는 지위의 특수성과 법관에 대한 징계절차의 특수성을 감안하여 재판의 신속을 도모하기 위한 것으로 그 합리성을 인정할 수 있고, 대법원이 법관에 대한 징계처분 취소청구소송을 단심으로 재판하는 경우에는 사실확정도 대법원의 권한에 속하여 법관에 의한 사실확정의 기회가 박탈되었다고 볼 수 없으므로, 헌법 제27조 제1항의 재판청구권을 침해하지 아니한다(헌재 2012.2.23, 2009헌바34).

④ 【X】 법관이 중대한 신체상 또는 정신상의 장해로 직무를 수행할 수 없을 때에는, 대법관인 경우에는 대법원장의 제청으로 대통령이 퇴직을 명할 수 있고, 판사인 경우에는 인사위원회의 심의를 거쳐 대법원장이 퇴직을 명할 수 있다(법원조직법 제47조).

CHAPTER 06 헌법재판소

01 법원과 헌법재판소에 관한 설명으로 옳은 것은? (다툼이 있는 경우 판례에 의함) 15년 서울시 7급

① 대법관을 임명할 때는 인사청문회를 거쳐야 하지만, 대법원장처럼 국회의 동의까지 요구되지는 않는다.

② 대법원을 비롯한 각급법원은 명령이나 규칙이 헌법에 위반되는 여부에 대해 심사할 권한이 있다.

③ 어떤 법률이 헌법에 위반되는지 여부를 심판해줄 것을 헌법재판소에 일반 국민이 직접 청구하는 것은 허용되지 않는다.

④ 헌법재판소의 권한쟁의심판에 대한 결정에는 재판관 6인 이상의 찬성이 있어야 한다.

지문분석 **정답 ②**

① 【X】 대법관은 대법원장의 제청으로 국회의 동의를 얻어 대통령이 임명한다(헌법 제104조 제2항).
② 【O】 명령・규칙 또는 처분이 헌법이나 법률에 위반되는 여부가 재판의 전제가 된 경우에는 대법원은 이를 최종적으로 심사할 권한을 가진다(헌법 제107조 제2항).
③ 【X】 헌법재판소법 제68조 제2항에 의한 위헌심사형 헌법소원을 제기할 수 있다.
④ 【X】 권한쟁의심판에 대한 결정에는 재판관 7명 이상의 출석과 종국심리에 관여한 재판관 과반수의 찬성이 있어야 한다(헌법재판소법 제23조).

02 헌법재판소에 관한 설명으로 가장 적절하지 않은 것은? (다툼이 있는 경우 판례에 의함) 25년 경정 승진

① 헌법재판소는 법률에 저촉되지 아니하는 범위 안에서 심판에 관한 절차, 내부규율과 사무처리에 관한 규칙을 제정할 수 있는 헌법상의 권한을 부여받고 있다.

② 헌법재판소 재판관은 국회의 인사청문을 거쳐 임명・선출 또는 지명하여야 하고, 이 경우 대통령은 재판관(국회에서 선출하거나 대법원장이 지명하는 사람은 제외한다)을 임명하기 전에, 대법원장은 재판관을 지명하기 전에 인사청문을 요청한다.

③ 현행 헌법재판제도는 전원재판부의 재판관 결원을 보충할 수 있는 제도를 두고 있지 아니하여, 재판관의 결원은 곧 합헌 또는 기각의견이 확정되는 것과 같은 결과를 야기하게 되므로, 당사자가 1명의 재판관만 기피가 가능하도록 규정하고 있는 것은 청구인의 신청에 의하여 그 자체로 기피신청 당사자에게 불리한 재판결과를 초래하는 것을 최소화하기 위한 부득이한 조치이다.

④ 위헌법률의 심판과 헌법소원에 관한 심판은 구두변론에 의하고, 탄핵의 심판, 정당해산의 심판 및 권한쟁의의 심판은 서면심리에 의한다.

지문분석 **정답 ④**

① 【O】 **헌법 제113조** ② 헌법재판소는 법률에 저촉되지 아니하는 범위안에서 심판에 관한 절차, 내부규율과 사무처리에 관한 규칙을 제정할 수 있다.

② 【O】 **헌법재판소법 제6조(재판관의 임명)** ② 재판관은 국회의 인사청문을 거쳐 임명·선출 또는 지명하여야 한다. 이 경우 대통령은 재판관(국회에서 선출하거나 대법원장이 지명하는 사람은 제외한다)을 임명하기 전에, 대법원장은 재판관을 지명하기 전에 인사청문을 요청한다.

③ 【O】 현행 헌법재판제도는 전원재판부의 재판관 결원을 보충할 수 있는 제도를 두고 있지 아니하여, 재판관의 결원은 곧 합헌 또는 기각의견이 확정되는 것과 같은 결과를 야기하게 되므로, 당사자가 1명의 재판관만 기피가 가능하도록 규정하고 있는 것은 청구인의 신청에 의하여 그 자체로 기피신청 당사자에게 불리한 재판결과를 초래하는 것을 최소화하기 위한 부득이한 조치이다. … 따라서 심판대상조항은 과잉금지원칙을 위반하여 청구인의 공정한 헌법재판을 받을 권리를 침해하지 아니한다(헌재 2016.11.24. 2015헌마902).

④ 【X】 **헌법재판소법 제30조(심리의 방식)** ① 탄핵의 심판, 정당해산의 심판 및 권한쟁의의 심판은 구두변론에 의한다. ② 위헌법률의 심판과 헌법소원에 관한 심판은 서면심리에 의한다. 다만, 재판부는 필요하다고 인정하는 경우에는 변론을 열어 당사자, 이해관계인, 그 밖의 참고인의 진술을 들을 수 있다.

03 **헌법재판제도에 관한 다음 설명 중 가장 옳은 것은?** 17년 법원직 9급

① 헌법재판은 예외적이고 특별한 권리구제절차이기는 하나, 그것이 권리구제절차인 이상, 패소자가 심판비용을 부담하는 것이 원칙이다.

② 헌법재판에는 변호사 강제주의가 적용되므로 모든 청구인은 반드시 변호사를 대리인으로 선임하여야 한다.

③ 헌법재판에 대해서는 일사부재리 원칙이 적용되지만 예외적으로 재심이 허용되는 경우가 발생할 수 있다.

④ 헌법소원심판에서는 공권력의 행사 또는 불행사에 의한 기본권 침해가 있었는지를 규명하여야 하므로 증거조사가 필수적이지만, 위헌법률심판은 법률의 특정 조항이 헌법의 규정이나 객관적 헌법질서에 합치되는지를 심사하는 것이므로 서면심리에 의하고 증거조사를 할 수 없다.

지문분석 **정답 ③**

① 【X】 헌법재판소의 심판비용은 국가부담으로 한다. 다만, 당사자의 신청에 의한 증거조사의 비용은 헌법재판소규칙으로 정하는 바에 따라 그 신청인에게 부담시킬 수 있다(헌법재판소법 제37조 제1항).

② 【X】 헌법재판소법 제25조 제3항에 의한 변호사강제주의의 규정은 여러가지 헌법재판의 종류 가운데 사인이 당사자로 되는 심판청구인 탄핵심판청구와 헌법소원심판청구에 있어서 적용된다(헌재 1990.9.3. 89헌마120).

③ 【O】 헌법재판소의 심판절차에 대한 재심절차의 허용 여부에 관하여는 별도의 명문규정을 두고 있지 않다. 그러므로 헌법재판소의 결정에 대하여 재심이 허용될 것인지 여부가 문제되는바, 헌법재판은 그 심판의 종류에 따라 그 절차의 내용과 결정의 효과가 한결같지 아니하기 때문에 재심의 허용여부 내지 허용정도 등은 심판절차의 종류에 따라서 개별적으로 판단될 수밖에 없다고 할 것이다. 그런데 헌법재판소법 제68조 제1항에 의한 헌법소원 중 공권력의 작용을 대상으로 하는 권리구제형 헌법소원절차에 있어서는, 그 결정의 효력이 원칙적으로 당사자에게만 미치기 때문에 법령에 대한 헌법소원과는 달리 일반법원의 재판과 같이 민사소송법의 재심에 관한 규정을 준용하여 재심을 허용함이 상당하다고 할 것이다(헌재 2001. 9.27. 2001헌아3).

④ 【X】 재판부는 사건의 심리를 위하여 필요하다고 인정하는 경우에는 직권 또는 당사자의 신청에 의하여 당사자 또는 증인을 신문(訊問)하는 일, 당사자 또는 관계인이 소지하는 문서 · 장부 · 물건 또는 그 밖의 증거자료의 제출을 요구하고 영치(領置)하는 일, 특별한 학식과 경험을 가진 자에게 감정을 명하는 일, 필요한 물건 · 사람 · 장소 또는 그 밖의 사물의 성상(性狀)이나 상황을 검증하는 일의 증거조사를 할 수 있다(헌법재판소법 제31조).

04 **헌법상 규범통제제도에 관한 헌법재판소의 결정내용으로 가장 옳지 않은 것은?** 18년 서울시 7급

① 법률은 법원의 제청에 의한 위헌법률심판의 대상이 된다.

② 「헌법재판소법」 제68조 제2항에 의한 헌법소원심판의 경우, 법률은 물론이고 명령이나 규칙도 심판의 대상이 된다.

③ 법률과 동일한 효력을 갖는 긴급명령 및 긴급재정경제명령의 위헌여부 심사권한은 헌법재판소에 전속된다.

④ 실질적으로 법률과 같은 효력을 가지는 관습법도 「헌법재판소법」 제68조 제2항에 의한 헌법소원심판의 대상이 된다.

지문분석 **정답 ②**

① 【O】 **헌법 제107조** ① 법률이 헌법에 위반되는 여부가 재판의 전제가 된 경우에는 법원은 헌법재판소에 제청하여 그 심판에 의하여 재판한다.

② 【X】 "명령 · 규칙"은 위헌제청의 대상이 되지 않는다. 명령 · 규칙의 위헌여부는 법원 스스로 이를 판단할 수 있는 것이므로 법원의 명령 · 규칙에 대한 위헌심판제청은 부적법하고, 명령 · 규칙을 대상으로 한 헌법재판소법 제68조 제2항에 따른 헌법소원심판청구도 부적법하다.

③ 【O】 헌법 제107조 제1항, 제2항은 법원의 재판에 적용되는 규범의 위헌 여부를 심사할 때, '법률'의 위헌 여부는 헌법재판소가, 법률의 하위 규범인 '명령 · 규칙 또는 처분' 등의 위헌 또는 위법 여부는 대법원이 그 심사권한을 갖는 것으로 권한을 분배하고 있다. 이 조항에 규정된 '법률'인지 여부는 그 제정 형식이나 명칭이 아니라 규범의 효력을 기준으로 판단하여야 하고, '법률'에는 국회의 의결을 거친 이른바 형식적 의미의 법률은 물론이고 그 밖에 조약 등 '형식적 의미의 법률과 동일한 효력'을 갖는 규범들도 모두 포함된다. 따라서 최소한 법률과 동일한 효력을 가지는 이 사건 긴급조치들의 위헌 여부 심사권한도 헌법재판소에 전속한다(헌재 2013. 3. 21. 2010헌바132 등).

④ 【O】 법률과 동일한 효력을 갖는 조약 등을 위헌법률심판의 대상으로 삼는 것은 헌법을 최고규범으로 하는 법질서의 통일성과 법적 안정성을 확보할 수 있을 뿐만 아니라, 합헌적인 법률에 의한 재판을 가능하게 하여 궁극적으로는 국민의 기본권 보장에 기여할 수 있다. 그런데 이 사건 관습법은 민법 시행 이전에 상속을 규율하는 법률이 없는 상황에서 재산상속에 관하여 적용된 규범으로서 비록 형식적 의미의 법률은 아니지만 실질적으로는 법률과 같은 효력을 갖는 것이므로 위헌법률심판의 대상이 된다(헌재 2013. 2. 28. 2009헌바129).

05 헌법재판에 대한 설명으로 옳은 것만을 모두 고른 것은? (다툼이 있는 경우 판례에 의함)

17년 국가직 7급

ㄱ. 법률의 효력을 갖는 관습법도 위헌법률심판의 대상이 될 수 있다는 것이 헌법재판소의 입장이다.
ㄴ. 법원이 재판의 전제성이 없다는 이유로 위헌법률심판제청의 신청을 각하한 경우 신청인이 「헌법재판소법」 제68조 제2항에 의한 헌법소원을 청구하면 헌법재판소는 재판의 전제성 유무에 대한 법원의 판단을 번복할 수 없다.
ㄷ. 이념적 · 논리적으로는 헌법규범 상호 간의 우열을 인정할 수 있다 하더라도 그러한 규범 상호 간의 우열이 헌법의 어느 특정규정이 다른 규정의 효력을 전면적으로 부인할 수 있을 정도의 개별적 헌법규정 상호 간에 효력 상의 차등을 의미하는 것이라고 볼 수 없으므로, 헌법의 개별규정에 대한 위헌심사는 허용될 수 없다.
ㄹ. 「헌법재판소법」 제68조 제1항에 따른 헌법소원을 인용하는 경우, 헌법재판소는 공권력의 행사 또는 불행사가 위헌인 법률 또는 법률의 조항에 기인한 것이라고 인정될 때에는 인용결정에서 해당 법률 또는 법률의 조항이 위헌임을 선고할 수 있다.

① ㄱ, ㄷ
② ㄴ, ㄹ
③ ㄱ, ㄷ, ㄹ
④ ㄴ, ㄷ, ㄹ

지문분석 **정답 ③**

ㄱ. 【O】 법률과 동일한 효력을 갖는 조약 등을 위헌법률심판의 대상으로 삼는 것은 헌법을 최고규범으로 하는 법질서의 통일성과 법적 안정성을 확보할 수 있을 뿐만 아니라, 합헌적인 법률에 의한 재판을 가능하게 하여 궁극적으로는 국민의 기본권 보장에 기여할 수 있다. 그런데 이 사건 관습법은 민법 시행 이전에 상속을 규율하는 법률이 없는 상황에서 재산상속에 관하여 적용된 규범으로서 비록 형식적 의미의 법률은 아니지만 실질적으로는 법률과 같은 효력을 갖는 것이므로 위헌법률심판의 대상이 된다(헌재 2013. 2. 28. 2009헌바129).

ㄴ. 【X】 위헌법률심판이나 헌법재판소법 제68조 제2항의 규정에 의한 헌법소원심판에 있어서 위헌여부가 문제되는 법률이 재판의 전제성 요건을 갖추고 있는지의 여부는 헌법재판소가 별도로 독자적인 심사를 하기보다는 되도록 법원의 이에 관한 법률적 견해를 존중해야 할 것이며 다만 그 전제성에 관한 법률적 견해가 명백히 유지될 수 없을 때에만 헌법재판소는 이를 직권으로 조사할 수 있다 할 것이다(헌재 1993. 5. 13. 92헌가10).

ㄷ. 【O】 헌법 제111조 제1항 제1호 및 헌법재판소법 제41조 제1항은 위헌법률심판의 대상에 관하여, 헌법 제111조 제1항 제5호 및 헌법재판소법 제68조 제2항, 제41조 제1항은 헌법소원심판의 대상에 관하여 그것이 법률임을 명문으로 규정하고 있으며, 여기서 위헌심사의 대상이 되는 법률이 국회의 의결을 거친 이른바 형식적 의미의 법률을 의미하는 것에 아무런 의문이 있을 수 없으므로, 헌법의 개별규정 자체는 헌법소원에 의한 위헌심사의 대상이 아니다. 헌법은 전문과 각 개별조항이 서로 밀접한 관련을 맺으면서 하나의 통일된 가치 체계를 이루고 있는 것으로서, 헌법의 제규정 가운데는 헌법의 근본가치를 보다 추상적으로 선언한 것도 있고, 이를 보다 구체적으로 표현한 것도 있으므로 이념적 · 논리적으로는 규범상호간의 우열을 인정할 수 있는 것이 사실이다. 그러나, 이때 인정되는 규범상호간의 우열은 추상적 가치규범의 구체화에 따른 것으로 헌법의 통일적 해석에 있어서는 유용할 것이지만, 그것이 헌법의 어느 특정규정이 다른 규정의 효력을 전면적으로 부인할 수 있을 정도의 개별적 헌법규정상호간에 효력상의 차등을 의미하는 것이라고는 볼 수 없다(헌재 1995. 12. 28. 95헌바3).

ㄹ. 【O】 **「헌법재판소법」 제75조(인용결정)** ② 제68조 제1항에 따른 헌법소원을 인용할 때에는 인용결정서의 주문에 침해된 기본권과 침해의 원인이 된 공권력의 행사 또는 불행사를 특정하여야 한다.
⑤ 제2항의 경우에 헌법재판소는 공권력의 행사 또는 불행사가 위헌인 법률 또는 법률의 조항에 기인한 것이라고 인정될 때에는 인용결정에서 해당 법률 또는 법률의 조항이 위헌임을 선고할 수 있다.

06 헌법재판소와 대법원과의 관계에 대한 설명으로 옳은 것은? (다툼이 있는 경우 판례에 의함)

17년 국가직 7급

① 헌법 제107조 제2항은 명령·규칙 또는 처분이 헌법이나 법률에 위반되는지 여부는 대법원이 이를 최종적으로 심사할 권한을 가진다고 규정하고 있으므로, 「행정소송법」은 명령·규칙의 위헌 여부심사는 재판의 전제가 되지 않는 경우에도 법원이 담당한다고 규정하고 있다.

② 「헌법재판소법」 제68조 제1항은 법원의 재판을 헌법소원심판대상에서 제외하고 있으므로, 헌법재판소가 위헌으로 결정하여 그 효력을 전부 또는 일부 상실한 법률을 적용함으로써 국민의 기본권을 침해한 법원의 재판에 대해서도 「헌법재판소법」 제68조 제1항에 의한 헌법소원이 허용되지 않는다.

③ 대법원은 헌법 제108조에 근거하여 사법권의 독립이나 사법권의 자율성을 위하여 규칙제정권을 가지기 때문에, 대법원규칙은 「헌법재판소법」 제68조 제1항에 의한 헌법소원심판의 대상이 될 수 없다.

④ 대법원은 유신헌법에 근거한 긴급조치가 입법권의 행사라는 실질을 갖추지 못하여 '법률'에 해당하지 않으므로, 그 위헌 여부에 대한 심사권은 최종적으로 대법원에 속한다고 보았으나, 헌법재판소는 긴급조치가 법률과 동일한 효력을 갖는 것으로서 그에 대한 위헌심사권은 헌법재판소가 가진다고 판단하였다.

지문분석 **정답 ④**

① **【X】 헌법 제107조** ② 명령·규칙 또는 처분이 헌법이나 법률에 위반되는 여부가 재판의 전제가 된 경우에는 대법원은 이를 최종적으로 심사할 권한을 가진다.

② **【X】** 헌법재판소법 제68조 제1항이 원칙적으로 헌법에 위반되지 아니한다고 하더라도, 법원이 헌법재판소가 위헌으로 결정하여 그 효력을 전부 또는 일부 상실하거나 위헌으로 확인된 법률을 적용함으로써 국민의 기본권을 침해한 경우에도 법원의 재판에 대한 헌법소원이 허용되지 않는 것으로 해석한다면, 위 법률조항은 그러한 한도 내에서 헌법에 위반된다. 위에서 판단한 바와 같이 헌법재판소법 제68조 제1항의 '법원의 재판'에 헌법재판소가 위헌으로 결정하여 그 효력을 상실한 법률을 적용함으로써 국민의 기본권을 침해한 재판을 포함하는 것은 헌법에 위반되므로, 그러한 재판에 대한 헌법소원심판은 허용되는 것이다(헌재 1997. 12. 24. 96헌마172 등).

③ **【X】** 대법원규칙도 그 자체에 의하여 직접 기본권이 침해되었음을 이유로 하는 때에는 헌법소원심판의 대상이 된다. 헌법소원심판의 대상이 되는 법령은 그 법령에 기한 다른 집행행위를 기다리지 않고 직접 기본권을 침해하는 법령이어야 하나, 예외적으로 법령이 일의적이고 명백한 것이어서 집행기관이 심사와 재량의 여지없이 그 법령에 따라 일정한 집행행위를 하여야 하는 때에는 당해 법령을 헌법소원의 직접대상으로 삼을 수 있다(헌재 1995. 2. 23. 90헌마214).

④ **【O】** (1) 구 대한민국헌법(1980. 10. 27. 헌법 제9호로 전부 개정되기 전의 것, 이하 '유신헌법'이라 한다) 제53조 제3항은 대통령이 긴급조치를 한 때에는 지체 없이 국회에 통고하여야 한다고 규정하고 있을 뿐, 사전적으로는 물론이거니와 사후적으로도 긴급조치가 그 효력을 발생 또는 유지하는 데 국회의 동의 내지 승인 등을 얻도록 하는 규정을 두고 있지 아니하고, 실제로 국회에서 긴급조치를 승인하는 등의 조치가 취하여진 바도 없다. 따라서 유신헌법에 근거한 긴급조치는 국회의 입법권 행사라는 실질을 전혀 가지지 못한 것으로서, 헌법재판소의 위헌심판대상이 되는 '법률'에 해당한다고 할 수 없고, 긴급조치의 위헌 여부에 대한 심사권은 최종적으로 대법원에 속한다(대법원 2010. 12. 16. 2010도5986).

(2) 헌법 제107조 제1항, 제2항은 법원의 재판에 적용되는 규범의 위헌 여부를 심사할 때, '법률'의 위헌 여부는 헌법재판소가, 법률의 하위 규범인 '명령·규칙 또는 처분' 등의 위헌 또는 위법 여부는 대법원이 그 심사권한을 갖는 것으로 권한을 분배하고 있다. 이 조항에 규정된 '법률'인지 여부는 그 제정 형식이나 명칭이 아니라 규범의 효력을 기준으로 판단하여야 하고, '법률'에는 국회의 의결을 거친 이른바 형식적 의미의 법률은 물론이고 그 밖에 조약 등 '형식적 의미의 법률과 동일한 효력'을 갖는 규범들도 모두 포함된다. 따라서 최소한 법률과 동일한 효력을 가지는 이 사건 긴급조치들의 위헌 여부 심사권한도 헌법재판소에 전속한다(헌재 2013. 3. 21. 2010헌바132 등).

07 헌법재판에 관한 설명 중 옳은 것은? (다툼이 있는 경우 헌법재판소 판례에 의함)

① 법원의 위헌제청에 의한 위헌법률심판으로 어떠한 사항에 대하여 규율하는 법률이 부존재하는 것을 다툴 수 있음은 물론, 어떠한 사항에 대하여 법률이 존재하기는 하나 불완전·불충분하게 규율되고 있음을 이유로 해당 법률조항 자체를 대상으로 하여 심판청구를 할 수 있다.

② 헌법소원심판은 공권력의 행사 또는 불행사로 인한 기본권 침해 여부를 판단하는 절차이므로 국민주권주의, 법치주의, 적법절차원리 등 헌법의 기본원리는 그 심사기준으로 적용할 수 없다.

③ 헌법재판소는 호주가 사망한 경우 딸에게는 분재청구권을 인정하지 아니하는 내용의 구 관습법에 대하여 실질적으로 법률과 같은 효력을 갖는 것으로서 헌법재판소법 제68조 제2항에 의한 헌법소원심판의 대상이 된다고 판단한 바 있다.

④ 법원이 법률의 위헌여부심판을 헌법재판소에 제청한 때에는 당해 소송사건의 재판은 헌법재판소의 결정이 있을 때까지 정지되지만 법원이 긴급하다고 인정하는 경우에는 종국재판을 포함한 소송절차를 진행할 수 있다.

지문분석 **정답 ③**

① 【X】 헌법재판소법 제68조 제2항에 의한 헌법소원은 '법률'의 위헌성을 적극적으로 다투는 제도이므로 '법률의 부존재' 즉, 입법부작위를 다투는 것은 그 자체로 허용되지 아니한다. 다만 법률이 불완전·불충분하게 규정되었음을 근거로 법률 자체의 위헌성을 다투는 취지로 이해될 경우에는 그 법률이 당해사건의 재판의 전제가 된다는 것을 요건으로 허용될 수 있다(헌재 2004.1.29. 2002헌바36).

② 【X】 헌법재판소법 제68조 제1항에서 말하는 "헌법상 보장된 기본권의 침해"는 헌법 제2장에 규정된 "국민의 자유와 권리"의 침해만을 의미하는 것이 아니고 기본권의 상위개념인 국민주권주의, 법치주의, 적법절차의 원리 등 헌법의 기본원리의 침해도 포함하는 것이다. 청구인들은 국민으로부터 입법권을 부여받은 국회의원들인 바, 피청구인은 청구인들의 입법권(구체적으로 질의권, 토론권, 표결권 등)을 침해하여 이 사건 의안들을 위와 같이 불법으로 변칙처리 함으로써 헌법의 기본원리를 훼손하였고, 그로 인하여 청구인들은 헌법의 기본원리가 보장됨으로써 누릴 수 있는 자신들의 기본권을 현재 직접 침해받은 것이다(1995.2.23. 90헌마125).

③ 【O】 법률과 동일한 효력을 갖는 조약 등을 위헌법률심판의 대상으로 삼는 것은 헌법을 최고규범으로 하는 법질서의 통일성과 법적 안정성을 확보할 수 있을 뿐만 아니라, 합헌적인 법률에 의한 재판을 가능하게 하여 궁극적으로는 국민의 기본권 보장에 기여할 수 있다. 그런데 이 사건 관습법은 민법 시행 이전에 상속을 규율하는 법률이 없는 상황에서 재산상속에 관하여 적용된 규범으로서 비록 형식적 의미의 법률은 아니지만 실질적으로는 법률과 같은 효력을 갖는 것이므로 위헌법률심판의 대상이 된다(헌재 2013.2.28. 2009헌바129).

④ 【X】 법원이 법률의 위헌 여부 심판을 헌법재판소에 제청한 때에는 당해 소송사건의 재판은 헌법재판소의 위헌 여부의 결정이 있을 때까지 정지된다. 다만, 법원이 긴급하다고 인정하는 경우에는 종국재판 외의 소송절차를 진행할 수 있다(헌법재판소법 제42조 제1항).

08 헌법재판소에 관한 다음 설명 중 가장 옳지 않은 것은? (다툼이 있는 경우 헌법재판소 결정에 의함)

17년 법원직 9급

① 법원이 법률의 위헌 여부 심판을 헌법재판소에 제청한 때에는 당해 소송사건의 재판은 헌법재판소의 위헌 여부의 결정이 있을 때까지 정지되나 법원이 긴급하다고 인정하는 경우에는 종국재판 외의 소송절차를 진행할 수 있다.
② 탄핵소추의 의결을 받은 자는 헌법재판소의 심판이 있을 때까지 그 권한행사가 정지된다.
③ 권한쟁의의 심판청구는 그 사유가 있음을 안 날부터 60일 이내에, 그 사유가 있은 날부터 180일 이내에 청구하여야하고 이 기간은 불변기간이다.
④ 헌법재판소법 제68조 제1항 소정의 권리구제형 헌법소원과 같은 조 제2항 소정의 위헌심사형 헌법소원은 별개의 사건부호가 부여되는 등 법적 성격을 달리하므로 하나의 심판청구에 양자를 병합하여 제기하는 것은 허용되지 아니한다.

지문분석 **정답 ④**

① 【O】 법원이 법률의 위헌 여부 심판을 헌법재판소에 제청한 때에는 당해 소송사건의 재판은 헌법재판소의 위헌 여부의 결정이 있을 때까지 정지된다. 다만, 법원이 긴급하다고 인정하는 경우에는 종국재판 외의 소송절차를 진행할 수 있다(헌법재판소법 제42조 제1항).
② 【O】 탄핵소추의 의결을 받은 사람은 헌법재판소의 심판이 있을 때까지 그 권한 행사가 정지된다(헌법재판소법 제50조).
③ 【O】 권한쟁의의 심판은 그 사유가 있음을 안 날부터 60일 이내에, 그 사유가 있은 날부터 180일 이내에 청구하여야 하며, 위 기간은 불변기간으로 한다(헌법재판소법 제63조).
④ 【X】 하나의 심판청구로 헌법재판소법 제68조 제1항에 의한 헌법소원심판청구와 헌법재판소법 제68조 제2항에 의한 헌법소원심판청구를 함께 병합하여 제기할 수 있다(헌재 2010.3.25, 2007헌마933).

09 헌법재판권을 포함한 사법권의 한계와 관련된 설명 중 옳은 것은? (다툼이 있는 경우 판례에 의함)

① 대통령에 의한 국군의 이라크 파병은 고도의 정치적 결단에 의한 국가작용이라 하더라도 국민의 기본권침해와 직접 관련된 경우이므로 이에 대한 헌법소원심판청구는 각하하지 않고 본안판단을 하여야 할 것이다.

② 국회의 자율권은 존중되어야 하기 때문에 국회의 의사절차나 입법절차에 헌법이나 법률의 규정을 명백히 위반한 흠이 있는 경우에도 헌법재판소가 이를 이유로 해당 절차에 대해 위헌결정을 할 수 없다.

③ 국회의원선거구 획정의 위헌 여부는 국민의 기본권과 직접적인 관련이 없기 때문에 헌법재판소의 심판대상이 아니다.

④ 국회는 재적의원 3분의 2 이상의 찬성을 얻어 국회의원 甲을 제명하였고, 甲은 이 제명에 불복하여 법원에 가처분을 신청한 경우, 이 신청에 대해 법원은 각하하여야 한다.

지문분석 **정답 ④**

① 【X】 이 사건 파견결정은 그 성격상 국방 및 외교에 관련된 고도의 정치적 결단을 요하는 문제로서, 헌법과 법률이 정한 절차를 지켜 이루어진 것임이 명백하므로, 대통령과 국회의 판단은 존중되어야 하고 헌법재판소가 사법적 기준만으로 이를 심판하는 것은 자제되어야 한다(헌재 2004.4.29. 2003헌마814).

② 【X】 법치주의의 원리상 모든 국가기관은 헌법과 법률에 의하여 기속을 받는 것이므로 국회의 자율권도 헌법이나 법률을 위반하지 않는 범위내에서 허용되어야 하고 따라서 국회의 의사절차나 입법절차에 헌법이나 법률의 규정을 명백히 위반한 흠이 있는 경우에도 국회가 자율권을 가진다고는 할 수 없다(1997.7.16. 96헌라2).

③ 【X】 선거구획정에 관하여 국회의 광범한 재량이 인정된다고 하여도, 선거구획정이 헌법적 통제로부터 자유로울 수는 없으므로, 그 재량에는 평등선거의 실현이라는 헌법적 요청에 의하여 다음과 같은 일정한 한계가 있을 수밖에 없다. 첫째로, 선거구획정에 있어서 인구비례원칙에 의한 투표가치의 평등은 헌법적 요청으로서 다른 요소에 비하여 기본적이고 일차적인 기준이기 때문에, 합리적 이유 없이 투표가치의 평등을 침해하는 선거구획정은 자의적인 것으로서 헌법에 위반된다고 하지 아니할 수 없는 것이므로, 이러한 점에서 선거구획정에 관한 국회의 재량에는 스스로 그 한계가 있다고 할 것이다 우리 재판소는 이 점에 관하여 "국회가 통상 고려할 수 있는 제반사정, 즉 여러 가지 비인구적 요소를 모두 참작한다고 하더라도 일반적으로 합리성이 있다고는 도저히 볼 수 없을 정도로 투표가치의 불평등이 생긴 경우에는 헌법에 위반된다."고 판시한 바 있다(헌재 2001.10.25. 2000헌마92).

④ 【O】 헌법 제64조 참조.

헌법 제64조 제1항 국회는 법률에 저촉되지 아니하는 범위안에서 의사와 내부규율에 관한 규칙을 제정할 수 있다.

제2항 국회는 의원의 자격을 심사하며, 의원을 징계할 수 있다.

제3항 의원을 제명하려면 국회재적의원 3분의 2 이상의 찬성이 있어야 한다.

제4항 제2항과 제3항의 처분에 대하여는 법원에 제소할 수 없다.

10 위헌법률심판과 「헌법재판소법」 제68조 제2항에 의한 헌법소원심판에 대한 설명으로 가장 옳지 않은 것은? 19년 서울시 7급

① 당해 사건이 재심사건인 경우, 심판대상조항이 '재심청구 자체의 적법 여부에 대한 재판'에 적용되는 법률조항이 아니라 '본안 사건에 대한 재판'에 적용될 법률조항이라면 '재심청구가 적법하고, 재심의 사유가 인정되는 경우'에 한하여 재판의 전제성이 인정될 수 있다.

② 위헌법률심판절차에 있어서 규범의 위헌성은 제청 법원이나 제청신청인이 주장하는 법적 관점에서만이 아니라 심판대상규범의 법적 효과를 고려한 모든 헌법적 관점에서 심사된다.

③ 「헌법재판소법」 제41조 제1항의 위헌법률심판제청신청과 제68조 제2항의 헌법소원의 대상은 '법률'이지 '법률의 해석'이 아니므로 '법률조항을 …으로 해석하는 한 위헌'이라고 청구하는 소위 한정위헌청구는 원칙적으로 부적법하다.

④ 행정처분의 주체인 행정청도 헌법의 최고규범력에 따른 구체적 규범통제를 위하여 근거법률의 위헌 여부에 대한 심판의 제청을 신청할 수 있고, 「헌법재판소법」 제68조 제2항의 헌법소원을 제기할 수 있다.

지문분석 **정답 ③**

① 【O】 당해 사건이 재심사건인 경우, 심판대상조항이 '재심청구 자체의 적법 여부에 대한 재판'에 적용되는 법률조항이 아니라 '본안 사건에 대한 재판'에 적용될 법률조항이라면 '재심청구가 적법하고' '재심의 사유가 인정되는 경우에' 한하여 재판의 전제성이 인정될 수 있다. 심판대상조항이 '본안 사건에 대한 재판'에 적용될 법률조항인 경우 당해 사건의 재심청구가 부적법하거나 재심사유가 인정되지 않으면 본안판단에 나아갈 수가 없고, 이 경우 심판대상조항은 본안재판에 적용될 수 없으므로 그 위헌 여부가 당해 사건 재판의 주문을 달라지게 하거나 재판의 내용이나 효력에 관한 법률적 의미가 달라지게 하는데 아무런 영향을 미치지 못하기 때문이다(헌재 2007. 12. 27. 2006헌바73).

② 【O】 헌법재판소는 위헌법률심판절차에 있어서 규범의 위헌성을 제청법원이나 제청신청인이 주장하는 법적 관점에서만 아니라 심판대상규범의 법적 효과를 고려하여 모든 헌법적 관점에서 심사한다. 법원의 위헌제청을 통하여 제한되는 것은 오로지 심판의 대상인 법률조항이지 위헌심사의 기준이 아니다(헌재 1996. 12. 26. 96헌가18).

③ 【X】 법률의 의미는 결국 개별·구체화된 법률해석에 의해 확인되는 것이므로 법률과 법률의 해석을 구분할 수는 없고, 재판의 전제가 된 법률에 대한 규범통제는 해석에 의해 구체화된 법률의 의미와 내용에 대한 헌법적 통제로서 헌법재판소의 고유권한이며, 헌법합치적 법률해석의 원칙상 법률조항 중 위헌성이 있는 부분에 한정하여 위헌결정을 하는 것은 입법권에 대한 자제와 존중으로서 당연하고 불가피한 결론이므로, 이러한 한정위헌결정을 구하는 한정위헌청구는 원칙적으로 적법하다고 보아야 한다(헌재 2012. 12. 27. 2011헌바117).

④ 【O】 헌법재판소법 제68조 제2항에 의한 헌법소원심판은 구체적 규범통제의 헌법소원으로서 기본권의 침해가 있을 것을 그 요건으로 하고 있지 않을 뿐만 아니라 행정처분에 대한 소송절차에서는 그 근거법률의 헌법적합성까지도 심판대상으로 되는 것이므로, 행정처분의 주체인 행정청도 헌법의 최고규범력에 따른 구체적 규범통제를 위하여 근거법률의 위헌 여부에 대한 심판의 제청을 신청할 수 있고, 헌법재판소법 제68조 제2항의 헌법소원을 제기할 수 있다(헌재 2008. 4. 24. 2004헌바44).

11 헌법재판소와 대법원과의 관계에 대한 설명으로 옳은 것은? (다툼이 있는 경우 헌법재판소 판례에 의함)

17년 국가직 7급

① 대법원은 유신헌법에 근거한 긴급조치가 입법권의 행사라는 실질을 갖추지 못하여 '법률'에 해당하지 않으므로, 그 위헌 여부에 대한 심사권은 최종적으로 대법원에 속한다고 보았으나, 헌법재판소는 긴급조치가 법률과 동일한 효력을 갖는 것으로서 그에 대한 위헌심사권은 헌법재판소가 가진다고 판단하였다.

② 대법원은 헌법 제108조에 근거하여 사법권의 독립이나 사법권의 자율성을 위하여 규칙제정권을 가지기 때문에, 대법원규칙은 헌법재판소법 제68조 제1항에 의한 헌법소원심판의 대상이 될 수 없다.

③ 헌법재판소법 제68조 제1항은 법원의 재판을 헌법소원심판 대상에서 제외하고 있으므로, 헌법재판소가 위헌으로 결정하여 그 효력을 전부 또는 일부 상실한 법률을 적용함으로써 국민의 기본권을 침해한 법원의 재판에 대해서도 헌법재판소법 제68조 제1항에 의한 헌법소원이 허용되지 않는다.

④ 헌법 제107조 제2항은 명령・규칙 또는 처분이 헌법이나 법률에 위반되는지 여부는 대법원이 이를 최종적으로 심사할 권한을 가진다고 규정하고 있으므로, 행정소송법은 명령・규칙의 위헌 여부심사는 재판의 전제가 되지 않는 경우에도 법원이 담당한다그 규정하고 있다.

지문분석 **정답 ①**

① 【O】 헌재 2013.3.21, 2010헌바132, 대판 2010.12.16., 2010도5986

② 【X】 대법원규칙도 그 자체에 의하여 직접 기본권이 침해되었음을 이유로 하는 때에는 헌법소원심판의 대상이 된다(헌재 1995.2.23, 90헌마214).

③ 【X】 헌법재판소법 제68조 제1항이 원칙적으로 헌법에 위반되지 아니한다고 하더라도, 법원이 헌법재판소가 위헌으로 결정하여 그 효력을 전부 또는 일부 상실하거나 위헌으로 확인된 법률을 적용함으로써 국민의 기본권을 침해한 경우에도 법원의 재판에 대한 헌법소원이 허용되지 않는 것으로 해석한다면, 위 법률조항은 그러한 한도내에서 헌법에 위반된다고 보지 아니할 수 없다(헌재 1997.12.24., 96헌마172).

④ 【X】 법원에 의한 명령・규칙의 위헌・위법심사는 그 위헌 또는 위법이 재판의 전제가 된 경우에 가능하다.

12 대법원과 헌법재판소의 관할에 관한 설명 중 옳지 않은 것은? (다툼이 있는 경우 판례에 의함)

① 헌법재판소법 제68조 제1항은 법원의 재판을 헌법소원의 대상에서 제외하고 있으나, 법원이 헌법재판소가 위헌으로 결정하여 그 효력을 전부 또는 일부 상실한 법률을 적용함으로써 국민의 기본권을 침해한 재판의 경우에도 헌법소원이 허용되지 않는 것이라고 동 조항을 해석한다면 그러한 한도 내에서 헌법에 위반된다.

② 헌법재판소는, 헌법 제107조 제2항에 따른 대법원의 명령・규칙에 대한 최종심사권은 구체적인 소송 사건에서 명령・규칙의 위헌 여부가 재판의 전제가 되었을 경우 대법원이 최종적으로 심사할 수 있다는 것을 의미하고, 명령・규칙 그 자체에 의하여 직접 기본권이 침해된 경우에는 헌법재판소법 제68조 제1항에 의한 헌법소원심판을 청구하는 것이 허용된다고 판시하였다.

③ 헌법재판소는, 행정처분의 취소를 구하는 행정소송을 제기하였으나 그 기각의 판결이 확정된 경우 당해 행정처분 자체의 위헌성을 주장하면서 그 취소를 구하는 헌법소원심판청구는 당해 법원의 재판이 예외적으로 헌법소원심판의 대상이 되어 그 재판 자체가 취소되는 경우를 제외하고는 허용되지 아니한다고 판시하였다.

④ 헌법재판소는, 대법원이 사법권의 독립을 위하여 규칙제정권을 가지므로 헌법재판소가 대법원규칙에 대하여 그 위헌 여부를 심사할 수 없다고 판시하였다.

지문분석 **정답 ④**

① 【O】 헌법재판소법 제68조 제1항이 원칙적으로 헌법에 위반되지 아니한다고 하더라도, 법원이 헌법재판소가 위헌으로 결정하여 그 효력을 전부 또는 일부 상실하거나 위헌으로 확인된 법률을 적용함으로써 국민의 기본권을 침해한 경우에도 법원의 재판에 대한 헌법소원이 허용되지 않는 것으로 해석한다면, 위 법률조항은 그러한 한도 내에서 헌법에 위반된다(1997.12.24. 96헌마172).

② 【O】 헌법 제107조 제2항이 규정한 명령・규칙에 대한 대법원의 최종심사권이란 구체적인 소송사건에서 명령・규칙의 위헌여부가 재판의 전제가 되었을 경우 법률의 경우와는 달리 헌법재판소에 제청할 것 없이 대법원이 최종적으로 심사할 수 있다는 의미이며, 헌법 제111조 제1항 제1호에서 법률의 위헌여부심사권을 헌법재판소에 부여한 이상 통일적인 헌법해석과 규범통제를 위하여 공권력에 의한 기본권침해를 이유로 하는 헌법소원심판청구사건에 있어서 법률의 하위법규인 명령・규칙의 위헌여부심사권이 헌법재판소의 관할에 속함은 당연한 것으로서 헌법 제107조 제2항의 규정이 이를 배제한 것이라고는 볼 수 없다. 그러므로 법률의 경우와 마찬가지로 명령・규칙 그 자체에 의하여 직접 기본권이 침해되었음을 이유로 하여 헌법소원심판을 청구하는 것은 위 헌법 규정과는 아무런 상관이 없는 문제이다(1990.10.15. 89헌마178).

③ 【O】 원행정처분에 대한 헌법소원심판청구를 받아들여 이를 취소하는 것은, 원행정처분을 심판의 대상으로 삼았던 법원의 재판이 예외적으로 헌법소원심판의 대상이 되어 그 재판 자체까지 취소되는 경우에 한하여, 국민의 기본권을 신속하고 효율적으로 구제하기 위하여 가능한 것이고, 이와는 달리 법원의 재판이 취소되지 아니하는 경우에는 확정판결의 기판력으로 인하여 원행정처분은 헌법소원심판의 대상이 되지 아니한다고 할 것이다. 원행정처분에 대하여 법원에 행정소송을 제기하여 패소판결을 받고 그 판결이 확정된 경우에는 당사자는 그 판결의 기판력에 의한 기속을 받게 되므로, 별도의 절차에 의하여 위 판결의 기판력이 제거되지 아니하는 한, 행정처분의 위법성을 주장하는 것은 확정판결의 기판력에 어긋나기 때문이다(1998.5.28. 91헌마98).

④ 【X】 헌법재판소법 제68조 제1항이 규정하고 있는 헌법소원심판의 대상으로서의 "공권력"이란 입법・사법・행정 등 모든 공권력을 말하는 것이므로 입법부에서 제정한 법률, 행정부에서 제정한 시행령이나 시행규칙 및 사법부에서 제정한 규칙 등은 그것들이 별도의 집행행위를 기다리지 않고 직접 기본권을 침해하는 것일 때에는 모두 헌법소원심판의 대상이 될 수 있는 것이다(1990.10.15. 89헌마178).

13 **대법원과 헌법재판소 구성에 관한 대통령의 권한에 대한 설명으로 가장 옳은 것은?** 18년 서울시 7급

① 대법원장은 국회의 동의를 얻어 대법관 중에서 대통령이 임명한다.
② 대법관은 대법원장의 제청으로 국회의 동의 없이 대통령이 임명한다.
③ 헌법재판소의 장은 국회의 동의를 얻어 재판관 중에서 대통령이 임명한다.
④ 헌법재판소 재판관은 헌법재판소장의 제청으로 대통령이 임명한다.

지문분석 **정답 ③**

① **【X】 헌법 제104조** ① 대법원장은 국회의 동의를 얻어 대통령이 임명한다.
② **【X】 헌법 제104조** ② 대법관은 대법원장의 제청으로 국회의 동의를 얻어 대통령이 임명한다.
③ **【O】 헌법 제111조** ④ 헌법재판소의 장은 국회의 동의를 얻어 재판관 중에서 대통령이 임명한다.
④ **【X】 헌법 제111조** ② 헌법재판소는 법관의 자격을 가진 9인의 재판관으로 구성하며, 재판관은 대통령이 임명한다. ③ 제2항의 재판관 중 3인은 국회에서 선출하는 자를, 3인은 대법원장이 지명하는 자를 임명한다.

14 **법원과 헌법재판소에 대한 설명으로 옳지 않은 것만을 모두 고르면?** 18년 지방직 7급

ㄱ. 법률이 헌법에 위반되는 여부가 재판의 전제가 된 경우에는 법원은 헌법재판소에 제청하여 그 심판에 의하여 재판한다.
ㄴ. 명령 규칙 또는 처분이 헌법에 위반되는 여부가 법원의 재판의 전제가 된 경우에는 헌법재판소가 이를 최종적으로 심사할 권한을 가진다.
ㄷ. 「헌법재판소법」 제68조 제2항에 헌법소원심판이 청구된 경우 당해 소송사건의 재판은 헌법재판소의 위헌 여부의 결정이 있을 때까지 정지된다.
ㄹ. 위헌법률심판의 제청신청을 한 당사자는 위헌 여부 심판의 제청에 관한 결정에 대하여는 항고할 수 없다.

① ㄱ, ㄴ
② ㄱ, ㄹ
③ ㄴ, ㄷ
④ ㄷ, ㄹ

지문분석 **정답 ③**

ㄱ. **【O】 헌법 제107조** ① 법률이 헌법에 위반되는 여부가 재판의 전제가 된 경우에는 법원은 헌법재판소에 제청하여 그 심판에 의하여 재판한다.
ㄴ. **【X】 헌법 제107조** ② 명령 · 규칙 또는 처분이 헌법이나 법률에 위반되는 여부가 재판의 전제가 된 경우에는 대법원은 이를 최종적으로 심사할 권한을 가진다.
ㄷ. **【X】** 헌법소원이 제기되어 헌법재판소로부터 그 통지를 받았다고 하더라도 재판의 진행을 정지하여야 하는 것은 아니다(대판 2002. 6. 25. 2002도45).
ㄹ. **【O】 헌법재판소법 제41조(위헌 여부 심판의 제청)** ④ 위헌 여부 심판의 제청에 관한 결정에 대하여는 항고할 수 없다.

15 헌법재판소의 판례 변경에 대한 설명으로 옳은 것은? (다툼이 있는 경우 판례에 의함) 19년 국가직 7급

① 장기보존이 가능한 탁주를 제외한 탁주의 공급구역을 주류제조장 소재지의 시·군의 행정구역으로 제한하는 것에 대하여 탁주제조업자나 판매업자의 직업의 자유와 소비자의 자기결정권을 침해하지 않는다고 하였다가 탁주제조업자나 판매업자의 직업의 자유와 소비자의 자기결정권을 침해한다고 하였다.

② 행정심판이나 행정소송 등의 사전구제절차를 거치지 아니하고 청구한 국가인권위원회의 진정에 대한 각하 또는 기각결정의 취소를 구하는 헌법소원심판청구가 보충성 요건을 충족하지 않는다고 하였다가 보충성 요건을 충족한다고 하였다.

③ 자치구·시·군의회의원선거구획정에서 헌법상 허용되는 인구편차의 기준을 상하 50%(인구비례 3 : 1)에서 상하 60%의 기준으로 변경하였다.

④ 월급근로자로서 6개월이 되지 못한 자를 해고예고제도의 적용에서 배제시키는 것은 평등원칙에 위반되지 않는다고 하였다가 평등원칙에 위반된다고 하였다.

지문분석 **정답 ④**

① 【X】 탁주의 공급구역제한제도는 국민보건위생을 보호하고, 탁주제조업체간의 과당경쟁을 방지함으로써 중소기업보호·지역경제육성이라는 헌법상의 경제목표를 실현한다는 정당한 입법목적을 가진 것으로서 그 입법목적을 달성하기에 이상적인 제도라고까지는 할 수 없을지라도 전혀 부적합한 것이라고 단정할 수 없고, 탁주의 공급구역제한제도가 비록 탁주제조업자나 판매업자의 직업의 자유 내지 영업의 자유를 다소 제한한다고 하더라도 그 정도가 지나치게 과도하여 입법형성권의 범위를 현저히 일탈한 것이라고 볼 수는 없다. 탁주의 공급구역제한제도에 의한 탁주제조업자와 다른 상품 제조업자간의 차별은 탁주의 특성 및 중소기업을 보호하고 지역경제를 육성한다는 헌법상의 경제목표를 고려한 합리적 차별로서 평등원칙에 위반되지 아니하고, 탁주의 공급구역제한제도로 인하여 부득이 다소간의 소비자선택권의 제한이 발생한다고 하더라도 이를 두고 행복추구권에서 파생되는 소비자의 자기결정권을 정당한 이유없이 제한하고 있다고 볼 수 없다(헌재 1999. 7. 22. 98헌가5).

② 【X】 헌법재판소는 종전 결정에서 국가인권위원회의 진정 각하 또는 기각결정에 대해 보충성 요건을 충족하였다고 보고 본안판단은 한 바 있으나, 이 결정의 견해와 저촉되는 부분은 변경한다(헌재 2015. 3. 26. 2013헌마214 등).

③ 【X】 인구편차 상하 60%의 기준에서 곧바로 인구편차 상하 33⅓%의 기준을 채택하는 경우 선거구를 조정하는 과정에서 예기치 않은 어려움에 봉착할 가능성이 크므로, 현재의 시점에서 자치구·시·군의원 선거구 획정과 관련하여 헌법이 허용하는 인구편차의 기준을 인구편차 상하 50%(인구비례 3 : 1)로 변경하는 것이 타당하다(헌재 2018. 6. 28. 2014헌마166).

④ 【O】 심판대상조항과 실질적으로 동일한 내용을 규정한 구 근로기준법 제35조 제3호가 헌법에 위반되지 아니한다고 판시하였던 종전의 선례는 이 결정과 저촉되는 범위에서 이를 변경한다(헌재 2015. 12. 23. 2014헌바3).

16 **헌법재판소 판례에 의할 때 행정소송과 헌법소원에 관한 다음 서술 중 옳지 않은 것은?**

① 행정권력의 부작위에 대한 헌법소원은 공권력의 주체에게 헌법에서 유래하는 작위의무가 특별히 구체적으로 규정되어 이에 의거하여 기본권의 주체가 행정행위 내지 공권력의 행사를 청구할 수 있음에도 공권력의 주체가 그 의무를 해태하는 경우에 허용된다.

② 행정처분에 대하여 법원에 행정소송을 제기하여 패소판결을 받고 그 판결이 확정된 경우에는 당해 행정처분 자체의 위헌성을 주장하면서 그 취소를 구하는 헌법소원심판의 청구는 원칙적으로 허용되지 않는다.

③ 甲이 택지초과소유부담금 부과처분에 대한 취소를 구하는 행정소송을 제기하여 패소로 확정되었는데, 그 후 처분의 근거가 되는 「택지소유상한에 관한 법률」이 甲이 제기하지 않은 다른 위헌법률심판사건에서 위헌으로 결정되었다. 이 경우 甲은 재심의 소를 제기하여 구제받을 수 있다.

④ 조례는 지방자치단체가 그 자치입법권에 근거하여 자주적으로 지방의회의 의결을 거쳐 제정한 법규이기 때문에 조례 자체로 인하여 직접 그리고 현재 자기의 기본권을 침해받은 자는 그 권리구제의 수단으로서 조례에 대한 헌법소원을 제기할 수 있다.

지문분석 **정답 ③**

① 【O】 행정권력의 부작위에 대한 헌법소원은 공권력의 주체에게 헌법에서 유래하는 작위의무가 특별히 구체적으로 규정되어 있고, 이에 의거하여 기본권의 주체가 행정행위를 청구할 수 있음에도, 공권력의 주체가 그 의무를 게을리하는 경우에 한하여 허용되고, 이러한 작위의무가 인정되지 않는 경우 그 헌법소원은 부적법한 청구가 되므로, 공권력의 부작위 때문에 피해를 입었다는 단순하고 일반적인 주장만으로 헌법소원심판을 청구하는 것은 부적법하다(헌재 2007.7.26. 2005헌마501).

② 【O】 원행정처분에 대하여 법원에 행정소송을 제기하여 패소판결을 받고 그 판결이 확정된 경우에는 당사자는 그 판결의 기판력에 의한 기속을 받게 되므로, 별도의 절차에 의하여 위 판결의 기판력이 제거되지 아니하는 한, 행정처분의 위법성을 주장하는 것은 확정판결의 기판력에 어긋나므로 원헝정처분은 헌법소원심판의 대상이 되지 아니한다고 할 것이며, 뿐만 아니라 원행정처분에 대한 헌법소원심판청구를 허용하는 것은, "명령 · 규칙 또는 처분이 헌법이나 법률에 위반되는 여부가 재판의 전제가 된 경우에는 대법원은 이를 최종적으로 심사할 권한을 가진다."고 규정한 헌법 제107조 제2항이나, 원칙적으로 헌법소원심판의 대상에서 법원의 재판을 제외하고 있는 헌법재판소법 제68조 제1항의 취지에도 어긋난다(1998.5.28. 91헌마98).

③ 【X】 재심은 확정판결에 대한 특별한 불복방법이고, 확정판결에 대한 법적 안정성의 요청은 미확정판결에 대한 그것보다 훨씬 크다고 할 것이므로 재심을 청구할 권리가 헌법 제27조에서 규정한 재판을 받을 권리에 당연히 포함된다고 할 수 없고, 심판대상법조항에 의한 재심청구의 혜택은 일정한 적법요건하에 헌법재판소법 제68조 제2항에 의한 헌법소원을 청구하여 인용된 자에게는 누구에게나 일반적으로 인정되는 것이고, 헌법소원청구의 기회가 규범적으로 균등하게 보장되어 있기 때문에, 심판대상법조항이 헌법재판소법 제68조 제2항에 의한 헌법소원을 청구하여 인용결정을 받지 않은 사람에게는 재심의 기회를 부여하지 않는다고 하여 청구인의 재판청구권이나 평등권, 재산권과 행복추구권을 침해하였다고는 볼 수없다(헌재 2000.6.29. 99헌바66).

④ 【O】 조례는 지방자치단체가 그 자치입법권에 근거하여 자주적으로 지방의회의 의결을 거쳐 제정한 법규이기 때문에 조례 자체로 인하여 직접 그리고 현재 자기의 기본권을 침해받은 자는 그 권리구제의 수단으로서 조례에 대한 헌법소원을 제기할 수 있다(1995.4.20. 92헌마264).

17 헌법재판소의 조직 및 심판절차에 관한 설명 중 옳지 않은 것은? (다툼이 있는 경우 판례에 의함)

① 헌법재판소 전원재판부는 재판관 7인 이상의 출석으로 사건을 심리하며, 탄핵의 심판, 정당해산의 심판, 권한쟁의의 심판은 구두변론에 의한다.

② 전원재판부는 종국심리에 관여한 재판관 과반수의 찬성으로 사건에 관한 결정을 한다. 다만, 법률의 위헌결정, 탄핵의 결정, 정당해산의 결정, 헌법소원의 인용결정, 권한쟁의심판 청구의 인용결정을 하는 경우에는 재판관 6인 이상의 찬성이 있어야 한다.

③ 헌법소원심판에서 재판관 3인으로 구성되는 지정재판부 재판관 전원의 일치된 의견에 의한 결정으로 심판청구를 각하할 수 있으나, 각하결정을 하지 아니하는 경우에는 결정으로 헌법소원을 재판부의 심판에 회부하여야 한다.

④ 헌법재판소는 권한쟁의심판의 대상이 된 국가기관 또는 지방자치단체의 권한의 유무 또는 범위에 관하여 판단한다. 그 결정은 모든 국가기관과 지방자치단체를 기속한다.

지문분석 **정답 ②**

① 【O】 재판관 7명 이상의 출석으로 사건을 심리한다(헌법재판소법 제23조 제1항). 탄핵의 심판, 정당해산의 심판 및 권한쟁의의 심판은 구두변론에 의한다(헌법재판소법 제30조 제1항).

② 【X】 재판부는 종국심리에 관여한 재판관 과반수의 찬성으로 사건에 관한 결정을 한다. 다만, 법률의 위헌결정, 탄핵의 결정, 정당해산의 결정 또는 헌법소원에 관한 인용결정을 하는 경우와 종전에 헌법재판소가 판시한 헌법 또는 법률의 해석 적용에 관한 의견을 변경하는 경우에는 재판관 6명 이상의 찬성이 있어야 한다(헌법재판소법 제23조 제2항). 권한쟁의심판의 인용결정은 과반수의 찬성만 있으면 된다.

③ 【O】 헌법재판소장은 헌법재판소에 재판관 3명으로 구성되는 지정재판부를 두어 헌법소원심판의 사전심사를 담당하게 할 수 있고, 지정재판부는 헌법소원심판의 청구가 부적법한 경우에는 지정재판부 재판관 전원의 일치된 의견에 의한 결정으로 헌법소원의 심판청구를 각하할 수 있으나, 지정재판부는 전원의 일치된 의견으로 각하결정을 하지 아니하는 경우에는 결정으로 헌법소원을 재판부의 심판에 회부하여야 하는데, 헌법소원심판의 청구 후 30일이 지날 때까지 각하결정이 없는 때에는 심판에 회부하는 결정이 있는 것으로 본다(헌법재판소법 제72조 제1항, 제3항, 제4항).

④ 【O】 헌법재판소는 심판의 대상이 된 국가기관 또는 지방자치단체의 권한의 유무 또는 범위에 관하여 판단한다(헌법재판소법 제66조 제1항). 헌법재판소의 권한쟁의심판의 결정은 모든 국가기관과 지방자치단체를 기속한다(헌법재판소법 제67조 제1항).

18 **헌법재판소의 심판에 관한 다음 설명 중 가장 옳은 것은?** (다툼이 있는 경우 헌법재판소 결정에 의함)

17년 법원직 9급

① 탄핵의 심판, 정당해산의 심판 및 위헌법률의 심판은 구두변론에 의하여야 하고 서면심리에 의할 수 없다.

② 특정 법률조항에 대한 헌법재판관의 의견이 단순위헌의견 1인, 일부위헌의견 1인, 적용중지 헌법불합치의견 2인, 잠정적용 헌법불합치의견 5인인 때에 결정주문은 적용중지 헌법불합치결정이다.

③ 종전에 헌법재판소가 판시한 헌법 또는 법률의 해석 적용에 관한 의견을 변경하는 경우에는 재판관 6명 이상의 찬성이 있어야 한다.

④ 헌법소원제도에는 객관적인 헌법질서를 수호·유지하는 기능도 있으므로 헌법소원심판청구가 취하되었다고 하더라도 헌법적 해명이 긴요한 때에는 종국결정을 선고할 수 있다.

지문분석 **정답 ③**

① 【X】 탄핵의 심판, 정당해산의 심판 및 권한쟁의의 심판은 구두변론에 의한다. 위헌법률의 심판과 헌법소원에 관한 심판은 서면심리에 의한다(헌법재판소법 제30조).

② 【X】 특정 법률조항에 대한 헌법재판관의 의견이 단순위헌의견 1인, 일부위헌의견 1인, 적용중지 헌법불합치의견 2인, 잠정적용 헌법불합치의견 5인인 때에 결정주문은 잠정적용 헌법불합치결정이다.

③ 【O】 법률의 위헌결정·탄핵의 결정·정당해산의 결정 또는 헌법소원에 관한 인용결정을 하는 경우, 종전에 헌법재판소가 판시한 헌법 또는 법률의 해석 적용에 관한 의견을 변경하는 경우에는 재판관 7명 이상이 출석하여 6명 이상의 찬성이 있어야 한다(헌법재판소법 제23조).

④ 【X】 헌법재판소법이나 행정소송법이나 헌법소원심판청구의 취하와 이에 대한 피청구인의 동의나 그 효력에 관하여 특별한 규정이 없으므로, 소의 취하에 관한 민사소송법 제239조는 검사가 한 불기소처분의 취소를 구하는 헌법소원심판절차에 준용된다고 보아야 한다. 따라서 청구인들이 헌법소원심판청구를 취하하면 헌법소원심판절차는 종료되며, 헌법재판소로서는 헌법소원심판청구가 적법한 것인지 여부와 이유가 있는 것인지 여부에 대하여 판단할 수 없게 된다(헌재 1995.12.15, 95헌마221).

19 **헌법재판의 일반심판절차에 대한 설명으로 옳은 것은?** (다툼이 있는 경우 헌법재판소의 판례에 의함)

17년 국회직 8급

① 헌법재판소는 9명의 재판관으로 구성되는 재판부에서 재판관 6명 이상의 출석으로 사건을 심리한다.

② 위헌법률심판·탄핵심판·정당해산심판은 원칙적으로 당사자의 구두변론에 의한다.

③ 권한쟁의심판사건에서 각하의견·기각의견·인용의견이 각 재판관 3명씩으로 나누어진 경우 인용 주문을 낸다.

④ 재판관의 의견이 한정위헌의견 5명, 헌법불합치의견 1명, 단순위헌의견 3명으로 나눠진 경우 헌법불합치결정의 견해에 따라 주문이 결정된다.

⑤ 헌법재판소는 발족 이래 오늘에 이르기까지 예외 없이 주문합의제를 취해 왔다.

지문분석 **정답 ⑤**

① 【X】 재판부는 재판관 7명 이상의 출석으로 사건을 심리한다(헌법재판소법 제23조 제1항).
② 【X】 탄핵의 심판, 정당해산의 심판 및 권한쟁의의 심판은 구두변론에 의한다(헌법재판소법 제30조 제1항).
③ 【X】 권한쟁의심판에서 인용결정을 하기 위해서는 재판관 7인 이상이 출석하여 종국심리에 관여한 재판관의 과반수의 찬성이 필요하다. 지문과 같이 권한쟁의심판사건에서 각하의견 · 기각의견 · 인용의견이 각 재판관 3명씩으로 나누어진 경우 기각 주문을 낸다.
④ 【X】 민사소송법상 결정의 방식을 준용하여 청구인에게 유리한 결정 순서대로 합산하여 6인에 도달하는 한정위헌결정이 된다.
⑤ 【O】 우리 재판소는 발족 이래 오늘에 이르기까지 예외 없이 주문합의제를 취해 왔다(헌재 1994.6.30, 92헌바23).

20 헌법재판소의 심판절차에 관한 설명 중 옳은 것을 모두 고른 것은? 17년 변호사

> ㉠ 법률의 위헌결정, 탄핵의 결정, 정당해산의 결정, 권한쟁의에 관한 인용결정 또는 헌법소원에 관한 인용결정을 하는 경우에는 재판관 6명 이상의 찬성이 있어야 한다.
> ㉡ 당사자는 동일한 사건에 대하여 2명 이상의 재판관을 기피할 수 없다.
> ㉢ 탄핵의 심판, 정당해산의 심판 및 권한쟁의의 심판은 구두변론에 의하고, 위헌법률의 심판과 헌법소원에 관한 심판은 서면심리에 의한다.
> ㉣ 권한쟁의의 심판은 그 사유가 있음을 안 날부터 90일 이내에, 그 사유가 있은 날부터 180일 이내에 청구하여야 한다.
> ㉤ 헌법소원심판을 청구하려는 자가 변호사를 대리인으로 선임할 자력이 없는 경우에는 헌법재판소에 국선대리인을 선임하여 줄 것을 신청할 수 있다. 이 경우 「헌법재판소법」 제69조에 따른 청구기간은 국선대리인이 심판청구서를 제출한 날이 아니라 국선대리인의 선임신청이 있는 날을 기준으로 정한다.

① ㉠, ㉡ ② ㉠, ㉤ ③ ㉡, ㉢, ㉣ ④ ㉡, ㉢, ㉤ ⑤ ㉢, ㉣, ㉤

지문분석 **정답 ④**

옳은 것은 ㉡㉢㉤이다.
㉠ 【X】 법률의 위헌결정, 탄핵의 결정, 정당해산의 결정 또는 헌법소원에 관한 인용결정을 하는 경우와 종전에 헌법재판소가 판시한 헌법 또는 법률의 해석 적용에 관한 의견을 변경하는 경우에는 재판관 6명 이상의 찬성이 있어야 한다. 권한쟁의에 관한 인용결정은 재판관 7명 이상의 출석과 관여재판관 과반수의 찬성을 요한다(헌법재판소법 제23조).
㉡ 【O】 당사자는 동일한 사건에 대하여 2명 이상의 재판관을 기피할 수 없다(헌법재판소법 제24조 제4항).
㉢ 【O】 탄핵의 심판, 정당해산의 심판 및 권한쟁의의 심판은 구두변론에 의한다. 위헌법률의 심판과 헌법소원에 관한 심판은 서면심리에 의한다(헌법재판소법 제30조 제1 · 2항).
㉣ 【X】 권한쟁의의 심판은 그 사유가 있음을 안 날부터 60일 이내에, 그 사유가 있은 날부터 180일 이내에 청구하여야 한다. 위의 기간은 불변기간으로 한다(헌법재판소법 제63조).
㉤ 【O】 헌법소원심판을 청구하려는 자가 변호사를 대리인으로 선임할 자력(資力)이 없는 경우에는 헌법재판소에 국선대리인을 선임하여 줄 것을 신청할 수 있다. 이 경우 제69조에 따른 청구기간은 국선대리인의 선임신청이 있는 날을 기준으로 정한다(헌법재판소법 제70조 제1항).

21 헌법재판소의 심판절차에 대한 설명으로 옳지 않은 것은? 20년 국가직 7급

① 재판관에게 공정한 심판을 기대하기 어려운 사정이 있는 경우 당사자는 기피신청을 할 수 있으나, 변론기일에 출석하여 본안에 관한 진술을 한 때에는 기피신청을 할 수 없다.

② 위헌법률의 심판과 헌법소원에 관한 심판은 서면심리에 의하되, 재판부는 필요하다고 인정하는 경우에는 변론을 열어 당사자, 이해관계인, 그 밖의 참고인의 진술을 들을 수 있다.

③ 지정재판부는 다른 법률에 따른 구제절차가 있는 경우 그 절차를 모두 거치지 아니하거나 또는 법원의 재판에 대하여 헌법소원의 심판이 청구된 경우, 지정재판부 재판관 전원의 일치된 의견에 의한 결정으로 헌법소원의 심판청구를 각하한다.

④ 심판의 변론과 종국결정의 선고는 심판정에서 하되, 헌법재판소장이 필요하다고 인정하는 경우에는 심판정 외의 장소에서 변론을 열 수 있으나 종국결정의 선고를 할 수는 없다.

지문분석 **정답 ④**

① **【O】 헌법재판소법 제24조(제척 · 기피 및 회피)** ③ 재판관에게 공정한 심판을 기대하기 어려운 사정이 있는 경우 당사자는 기피(忌避)신청을 할 수 있다. 다만, 변론기일(辯論期日)에 출석하여 본안(本案)에 관한 진술을 한 때에는 그러하지 아니하다.

② **【O】 헌법재판소법 제30조(심리의 방식)** ① 탄핵의 심판, 정당해산의 심판 및 권한쟁의의 심판은 구두변론에 의한다.
② 위헌법률의 심판과 헌법소원에 관한 심판은 서면심리에 의한다. 다만, 재판부는 필요하다고 인정하는 경우에는 변론을 열어 당사자, 이해관계인, 그 밖의 참고인의 진술을 들을 수 있다.

③ **【O】 헌법재판소법 제72조(사전심사)** ③ 지정재판부는 다음 각 호의 어느 하나에 해당되는 경우에는 지정재판부 재판관 전원의 일치된 의견에 의한 결정으로 헌법소원의 심판청구를 각하한다.
1. 다른 법률에 따른 구제절차가 있는 경우 그 절차를 모두 거치지 아니하거나 또는 법원의 재판에 대하여 헌법소원의 심판이 청구된 경우

④ **【X】 헌법재판소법 제33조(심판의 장소)** 심판의 변론과 종국결정의 선고는 심판정에서 한다. 다만, 헌법재판소장이 필요하다고 인정하는 경우에는 심판정 외의 장소에서 변론 또는 종국결정의 선고를 할 수 있다.

22 헌법재판소의 위헌심사에 대한 설명으로 옳지 않은 것은? 25년 국가직 7급

① 형사재판의 경우 피고인이 아닌 고소인은 형사재판의 당사자라고 볼 수 없으므로, 형사재판의 고소인은 위헌제청신청을 할 수 있는 자에 해당하지 않는다.

② 「민사소송법」 제368조의2에 따라 제청법원 또는 그 재판장이 하고자 하는 인지첩부를 명하는 보정명령은 본안판결의 주문에 직접 관련된 것이 아니므로, 「헌법재판소법」 제41조 제1항에서 말하는 '재판'에 해당되지 아니한다.

③ 정당한 사유 없이 예비군 훈련을 받지 아니한 사람을 처벌하는 「예비군법」 제15조 제9항 제1호 중 '제6조 제1항에 따른 훈련을 정당한 사유 없이 받지 아니한 사람'에 대한 위헌법률심판제청은 재판의 전제성 요건을 충족하지 못하여 부적법하다.

④ 형벌법규 이외의 법률 또는 법률조항에 대한 위헌결정에 대하여 소급효를 인정하지 아니하는 「헌법재판소법」 제47조 제2항 본문의 규정을 통하여 평등의 원칙이 완벽하게 실현되지 않는다고 하더라도 특단의 사정이 없는 한 이로써 헌법이 침해되는 것은 아니라고 할 것이다.

지문분석 **정답 ②**

① 【O】 헌법재판소법 제41조 제1항 및 법 제68조 제2항 전문을 해석하면 위헌심판 제청신청은 당해사건의 당사자만 할 수 있다고 봄이 상당하고, 형사재판의 경우 피고인이 아닌 고소인은 형사재판의 당사자라고 볼 수 없으므로, 위헌제청신청을 할 수 있는 자에 해당하지 않는다(헌재 2010.3.30. 2010헌바102).

② 【X】 헌법재판소법 제41조 제1항에서 말하는 "재판"이라 함은 원칙적으로 그 형식 여하와 본안에 관한 재판이거나 소송절차에 관한 것이거나를 불문하며, 판결과 결정 그리고 명령이 여기에 포함되므로, 민사소송법 제368조의2에 의하여 제청법원 또는 그 재판장이 하고자 하는 인지첩부를 명하는 보정명령은 당해 소송사건의 본안에 관한 판결주문에 직접 관련된 것이 아니라고 하여도 위에서 말한 "재판"에 해당된다(헌재 1994.2.24. 91헌가3).

③ 【O】 대법원은 진정한 양심에 따른 예비군 훈련 거부는 심판대상조항의 '정당한 사유'에 해당한다고 판단하였다. 그렇다면 진지한 양심의 결정에 따라 예비군 훈련을 거부하는 사람에 대한 처벌 문제는 심판대상조항의 위헌 여부가 아니라 법원의 구체적 판단에 달린 문제로 남게 되었다. 제청법원들은 제청신청인들이 진정한 양심에 따른 예비군 훈련 거부자에 해당하는지 여부를 심리하고 이를 바탕으로 정당한 사유의 존부를 가려 유・무죄 판결을 하면 되므로, 이 사건 위헌법률심판제청은 '심판대상조항이 헌법에 위반되는지 여부에 따라 당해 사건을 담당하는 법원이 다른 내용의 재판을 하게 되는 경우'에 해당한다고 볼 수 없다. 따라서 이 사건 위헌법률심판제청은 재판의 전제성 요건을 충족하지 못하여 부적법하다(헌재 2021.2.25. 2013헌가13 등).

④ 【O】 헌법재판소에 의하여 위헌으로 선고된 법률 또는 법률의 조항이 제정 당시로 소급하여 효력을 상실하는가 아니면 장래에 향하여 효력을 상실하는가의 문제는 특단의 사정이 없는 한 헌법적합성의 문제라기보다는 입법자가 법적 안정성과 개인의 권리구제 등 제반이익을 비교형량하여 가면서 결정할 입법정책의 문제로 보인다. 우리의 입법자는 헌법재판소법 제47조 제2항 본문의 규정을 통하여 형벌법규를 제외하고는 법적 안정성을 더 높이 평가하는 방안을 선택하였는바, 이에 의하여 구체적 타당성이나 평등의 원칙이 완벽하게 실현되지 않는다고 하더라도 헌법상 법치주의의 파생인 법적 안정성 내지 신뢰보호의 원칙에 의하여 이러한 선택은 정당화된다 할 것이고, 특단의 사정이 없는 한 이로써 헌법이 침해되는 것은 아니라 할 것이다(헌재 2008.9.25. 2006헌바108).

23 위헌법률심판과 「헌법재판소법」 제68조 제2항에 의한 헌법소원심판에 대한 설명으로 가장 옳은 것은? (다툼이 있는 경우 헌법재판소 판례에 의함) 17년 서울시 7급

① 호주가 사망한 경우 딸에게 분재청구권을 인정하지 아니한 구 관습법은 실질적으로는 법률과 같은 효력을 갖지만 형식적 의미의 법률은 아니기 때문에 위헌법률심판의 대상이 될 수 없다.
② 위헌법률심판 제청법원이나 「헌법재판소법」 제68조 제2항에 의한 헌법소원심판 청구인이 심판대상 법률조항의 특정한 해석이나 적용부분의 위헌성을 주장하는 한정위헌청구는 원칙적으로 적법하다.
③ 「헌법재판소법」 제68조 제2항에 의한 헌법소원심판 청구인이 당해사건인 형사사건에서 무죄의 확정판결을 받은 때에도 헌법재판소는 그 처벌조항의 위헌 여부에 대해 본안판단을 한다.
④ 형사처벌의 근거로 된 법률의 위헌 여부는 확정된 유죄판결에 대한 재심사유의 존부와 재심청구의 당부에 대하여 직접적인 영향을 미치는 것이므로, 당해사건 재심재판에서 재심사유의 존부 및 재심청구의 당부에 대한 재판의 전제가 된다.

지문분석 **정답 ②**

① 【X】 법률과 동일한 효력을 갖는 조약 등을 위헌법률심판의 대상으로 삼는 것은 헌법을 최고규범으로 하는 법질서의 통일성과 법적 안정성을 확보할 수 있을 뿐만 아니라, 합헌적인 법률에 의한 재판을 가능하게 하여 궁극적으로는 국민의 기본권 보장에 기여할 수 있다. 그런데 이 사건 관습법은 민법 시행 이전에 상속을 규율하는 법률이 없는 상황에서 재산상속에 관하여 적용된 규범으로서 비록 형식적 의미의 법률은 아니지만 실질적으로는 법률과 같은 효력을 갖는 것이므로 위헌법률심판의 대상이 된다(헌재 2013. 2. 28. 2009헌바129).

② 【O】 법률의 의미는 결국 개별·구체화된 법률해석에 의해 확인되는 것이므로 법률과 법률의 해석을 구분할 수는 없고, 재판의 전제가 된 법률에 대한 규범통제는 해석에 의해 구체화된 법률의 의미와 내용에 대한 헌법적 통제로서 헌법재판소의 고유권한이며, 헌법합치적 법률해석의 원칙상 법률조항 중 위헌성이 있는 부분에 한정하여 위헌결정을 하는 것은 입법권에 대한 자제와 존중으로서 당연하고 불가피한 결론이므로, 이러한 한정위헌결정을 구하는 한정위헌청구는 원칙적으로 적법하다고 보아야 한다(헌재 2012. 12. 27. 2011헌바117).

③ 【X】 헌법재판소법 제68조 제2항에 의한 헌법소원심판 청구인이 당해 사건인 형사사건에서 무죄의 확정판결을 받은 때에는 처벌조항의 위헌확인을 구하는 헌법소원이 인용되더라도 재심을 청구할 수 없고, 청구인에 대한 무죄판결은 종국적으로 다툴 수 없게 되므로 법률의 위헌 여부에 따라 당해 사건 재판의 주문이 달라지거나 재판의 내용과 효력에 관한 법률적 의미가 달라지는 경우에 해당한다고 볼 수 없으므로 더 이상 재판의 전제성이 인정되지 아니하는 것으로 보아야 할 것이다(헌재 2008. 7. 31. 2004헌바28).

④ 【X】 재심의 청구를 받은 법원은 재심의 심판에 들어가기 전에 먼저 재심의 청구가 이유 있는지 여부를 가려 이를 기각하거나 재심개시의 결정을 하여야 하고, 재심개시의 결정이 확정된 뒤에 비로소 법원은 재심대상인 사건에 대하여 다시 심판을 하게 되는 등 형사소송법은 재심의 절차를 "재심의 청구에 대한 심판"과 "본안사건에 대한 심판"이라는 두 단계 절차로 구별하고 있으므로, 당해 재심사건에서 아직 재심개시결정이 확정된 바 없는 이 사건의 경우 위헌법률심판제청이 적법하기 위해서는 이 사건 법률조항의 위헌 여부가 "본안사건에 대한 심판"에 앞서 "재심의 청구에 대한 심판"의 전제가 되어야 하는데, "재심의 청구에 대한 심판"은 원판결에 형사소송법 제420조, 헌법재판소법 제47조 제3항 등이 정한 재심사유가 있는지 여부만을 우선 결정하는 재판이어서, 원판결에 적용된 법률조항일 뿐 "재심의 청구에 대한 심판"에 적용되는 법률조항이라고 할 수는 이 사건 법률조항에 대해서는 재판의 전제성이 인정되지 아니한다(헌재 2010. 11. 25. 2010헌가22).

24 다음 중 가장 옳지 않은 것은? (다툼이 있는 경우 헌법재판소 및 대법원 판례에 의함)

① 법원이 법률의 위헌 여부의 심판을 헌법재판소에 제청한때에는 당해 소송사건의 재판은 헌법재판소의 위헌 여부의 결정이 있을 때까지 정지된다.
② 탄핵소추의 의결을 받은 자는 헌법재판소의 심판이 있을 때까지 그 권한행사가 정지된다.
③ 헌법소원이 제기되어 헌법재판소로부터 그 통지를 받은 법원은 헌법재판소의 결정이 있을 때까지 재판을 정지하여야 한다.
④ 권한쟁의의 심판청구는 그 사유가 있음을 안 날부터 60일 이내에, 그 사유가 있은 날부터 180일 이내에 청구하여야 하고, 이 기간은 불변기간이다.

지문분석 **정답 ③**

① 【O】 법원이 법률의 위헌 여부 심판을 헌법재판소에 제청한 때에는 당해 소송사건의 재판은 헌법재판소의 위헌 여부의 결정이 있을 때까지 정지된다. 다만, 법원이 긴급하다고 인정하는 경우에는 종국재판 외의 소송절차를 진행할 수 있다(헌법재판소법 제42조 제1항).
② 【O】 탄핵소추의 의결을 받은 자는 탄핵심판이 있을 때까지 그 권한행사가 정지된다(헌법 제65조 제3항).
③ 【X】 헌법소원이 제기되어 헌법재판소로부터 그 통지를 받았다고 하더라도 재판의 진행을 정지하여야 하는 것은 아니다(대판2002.6.25. 2002도45).
④ 【O】 헌법재판소법 제63조 참조.
헌법재판소법 제63조(청구기간) 제1항 권한쟁의의 심판은 그 사유가 있음을 안 날부터 60일 이내에, 그 사유가 있은 날부터 180일 이내에 청구하여야 한다.
제2항 제1항의 기간은 불변기간으로 한다.

25 헌법재판에 관한 다음 설명 중 가장 옳지 않은 것은? (다툼이 있는 경우 헌법재판소 및 대법원 판례와 통설에 의함)

① 헌법 제107조 제1항, 제2항에 따라 헌법재판소가 위헌심사 권한을 갖는 '법률'인지 여부는 그 제정 형식이나 명칭이 아니라 규범의 효력을 기준으로 판단하여야 하고, '법률'에는 국회의 의결을 거친 이른바 형식적 의미의 법률은 물론이고 그 밖에 조약 등 '형식적 의미의 법률과 동일한 효력'을 갖는 규범들도 모두 포함된다.
② 헌법재판소법 제41조 제1항 및 법 제68조 제2항 전문을 해석하면 위헌심판 제청신청은 당해사건의 당사자만 할 수 있다고 봄이 상당하고, 형사재판의 경우 피고인이 아닌 고소인은 형사재판의 당사자라고 볼 수 없으므로, 위헌제청신청을 할 수 있는 자에 해당하지 않는다.
③ 법률의 위헌결정, 탄핵의 결정, 정당해산의 결정 또는 헌법소원에 관한 인용결정을 하는 경우, 그리고 종전에 헌법재판소가 판시한 헌법 또는 법률의 해석 적용에 관한 의견을 변경하는 경우에는 종국심리에 관여한 재판관 6명 이상의 찬성이 있어야 한다.
④ 헌법소원 사건의 결정서 정본을 국선대리인에게만 송달하고 청구인에게는 송달하지 않은 부작위의 위헌확인을 구하는 헌법소원 심판청구는 공권력 불행사에 대한 것으로서 적법하다.

지문분석 **정답 ④**

① 【O】 헌법 제107조 제1항, 제2항은 법원의 재판에 적용되는 규범의 위헌 여부를 심사할 때, '법률'의 위헌 여부는 헌법재판소가, 법률의 하위 규범인 '명령·규칙 또는 처분' 등의 위헌 또는 위법 여부는 대법원이 그 심사권한을 갖는 것으로 권한을 분배하고 있다. 이 조항에 규정된 '법률'인지 여부는 그 제정 형식이나 명칭이 아니라 규범의 효력을 기준으로 판단하여야 하고, '법률'에는 국회의 의결을 거친 이른바 형식적 의미의 법률은 물론이고 그 밖에 조약 등 '형식적 의미의 법률과 동일한 효력'을 갖는 규범들도 모두 포함된다. 따라서 최소한 법률과 동일한 효력을 가지는 이 사건 긴급조치들의 위헌 여부 심사권한도 헌법재판소에 전속한다(헌재 2013.3.21. 2010헌바70).

② 【O】 헌법재판소법 제41조 제1항 및 법 제68조 제2항 전문을 해석하면 위헌심판 제청신청은 당해 사건의 당사자만 할 수 있다고 봄이 상당하고, 형사재판의 경우 피고인이 아닌 고소인은 형사재판의 당사자라고 볼 수 없으므로, 위헌제청신청을 할 수 있는 자에 해당하지 않는다. 따라서 타인의 위증사건에서 단순히 고소인의 지위에 있는 자가 청구한 헌법소원심판청구는 헌법재판소법 제68조 제2항의 요건을 갖추지 못하여 부적법하다(헌재 2010.3.30. 2010헌바102).

③ 【O】 헌법 제113조 제1항 및 헌법재판소법 제23조 제2항 참조.

헌법 제113조 제1항 헌법재판소에서 법률의 위헌결정, 탄핵의 결정, 정당해산의 결정 또는 헌법소원에 관한 인용결정을 할 때에는 재판관 6인 이상의 찬성이 있어야 한다.

헌법재판소법 제23조(심판정족수) 제1항 재판부는 재판관 7명 이상의 출석으로 사건을 심리한다.

제2항 재판부는 종국심리(終局審理)에 관여한 재판관 과반수의 찬성으로 사건에 관한 결정을 한다. 다만, 다음 각 호의 어느 하나에 해당하는 경우에는 재판관 6명 이상의 찬성이 있어야 한다.

1. 법률의 위헌결정, 탄핵의 결정, 정당해산의 결정 또는 헌법소원에 관한 인용결정(認容決定)을 하는 경우
2. 종전에 헌법재판소가 판시한 헌법 또는 법률의 해석 적용에 관한 의견을 변경하는 경우

④ 【X】 헌법재판소법 제25조 제3항이 정하는 변호사강제주의 아래에서는 심판수행을 담당하는 변호사인 대리인에게 심판수행의 일환으로 결정서 정본을 송달하여 수령하도록 하는 것이 그 취지에 부합하고, 국선대리인이라고 하여 결정문 정본의 송달에 있어서 사선대리인과 달리 취급할 이유가 없으며, 헌법소원사건에서도 민사소송과 마찬가지로 변호사인 대리인이 선임되어 있는 경우에는 대리인에게 결정서 정본을 송달함으로써 그 송달의 효과가 당사자에게 미치게 되므로 당사자에게 따로 송달을 하여야 할 작위의무가 있다고 할 수 없으므로, 이 사건 심판청구는 공권력 불행사가 존재하지 않는 경우에 해당하여 부적법하다(헌재 2012.11.29. 2011헌마693).

26 헌법재판에 대한 설명으로 옳지 않은 것은? (다툼이 있는 경우 판례에 의함) 15년 지방직 7급

① 각종 심판절차에서 당사자인 사인(私人)은 자신이 변호사 자격이 있는 경우가 아닌 한, 변호사를 대리인으로 선임하여야 한다.

② 위헌법률심판과 헌법소원심판의 사전심사는 재판관 3인으로 구성되는 지정재판부에서 담당한다.

③ 정당해산심판과 권한쟁의심판은 양자 모두 구두변론에 의하며, 이들 심판에서는 명문규정을 근거로 한 가처분 결정이 가능하다.

④ 헌법재판에 관한 일사부재리의 원칙으로 인하여 재심의 가능성이 부정되는 것은 아니다.

지문분석 **정답 ②**

② 【X】 헌법재판소장은 헌법재판소에 재판관 3명으로 구성되는 지정재판부를 두어 헌법소원심판의 사전심사를 담당하게 할 수 있다(헌법재판소법 제72조 제1항).

27 헌법재판에 대한 설명으로 옳지 않은 것은? (다툼이 있는 경우 판례에 의함) 17년 하반기 비상계획관

① 제청법원이 재심개시결정 없이 형사처벌의 근거조항에 대하여 위헌법률 심판제청을 한 경우, 그 형사처벌 근거조항은 재판의 전제성이 인정되지 않는다.

② 피청구인에 대한 탄핵심판 청구와 동일한 사유로 형사소송이 진행되고 있는 경우라도 두 절차는 성격이 다른 절차이므로 헌법재판소는 탄핵 심판절차를 정지할 수 없다.

③ 교육감을 지방자치단체 그 자체라거나 지방자치단체와 독립한 권리주체로 볼 수 없으므로, 교육감과 지방자치단체 상호간의 권한쟁의심판은 '서로 상이한 권리주체 간'의 권한쟁의심판청구로 볼 수 없다.

④ 지정재판부는 전원의 일치된 의견으로 각하결정을 하지 아니하는 경우에는 결정으로 헌법소원을 재판부의 심판에 회부하여야 하며, 헌법소원 심판의 청구 후 30일이 지날 때까지 각하결정이 없는 때에는 심판에 회부하는 결정이 있는 것으로 본다.

지문분석 **정답 ②**

① 【O】 확정된 유죄판결에서 처벌의 근거가 된 법률조항은 재심의 개시 여부를 결정하는 재판에서는 재판의 전제성이 인정되지 않고, 재심의 개시 결정 이후의 '본안사건에 대한 심판'에 있어서만 재판의 전제성이 인정된다. 이 사건 제청법원은 당해사건인 재심사건에서 재심개시결정을 하지 아니한 채 심판대상조항에 대해 위헌제청을 하였으므로, 이 사건 위헌법률심판제청은 재판의 전제성이 인정되지 아니하여 부적법하다. 다만, 피고인이 재심대상사건의 재판절차에서 그 처벌조항의 위헌성을 다툴 수 없는 규범적 장애가 있는 특수한 상황이었다면 예외적으로 재판의 전제성이 인정되나, 이 사건의 경우에는 그러한 특수한 사정이 인정되지 아니한다(헌재 2016.3.31, 2015헌가36).

② 【X】 피청구인에 대한 탄핵심판 청구와 동일한 사유로 형사소송이 진행되고 있는 경우에는 재판부는 심판절차를 정지할 수 있다(헌법재판소법 제51조).

③ 【O】 '지방교육자치에 관한 법률'은 교육감을 시·도의 교육·학예에 관한 사무의 '집행기관'으로 규정하고 있으므로, 교육감과 해당 지방자치단체 상호간의 권한쟁의심판은 '서로 상이한 권리주체간'의 권한쟁의심판청구로 볼 수 없다(헌재 2016.6.30, 2014헌라1).

④ 【O】 지정재판부는 전원의 일치된 의견으로 각하결정을 하지 아니하는 경우에는 결정으로 헌법소원을 재판부의 심판에 회부하여야 한다. 헌법소원심판의 청구 후 30일이 지날 때까지 각하결정이 없는 때에는 심판에 회부하는 결정이 있는 것으로 본다(헌법재판소법 제72조 제4항).

28 헌법재판소의 일반심판절차에 대한 설명 중 옳지 않은 것은? (다툼이 있는 경우 판례에 의함)

① 청구인이 재판에 대한 헌법소원을 청구하여 그 결정이 있은 후 다시 동일한 사안을 기초로 하여 입법부작위 위헌확인청구(본안사건)를 한 경우, 특정 재판관이 앞 사건의 주심으로 관여하였다는 사유만으로는 기피의 사유에 해당하는 사정이 있다고 볼 수 없다.

② 헌법재판소의 각종 심판절차에서, 정부가 당사자(참가인을 포함)인 때에는 법무부장관이 이를 대표하고, 변호사의 자격이 없는 당사자인 사인은 변호사를 대리인으로 선임하지 아니하면 심판수행은 물론이고 심판청구도 할 수 없다.

③ 헌법소원심판청구서에서 피청구인을 특정하고 있다고 하더라도 피청구인의 표시를 잘못한 경우에는 당해 헌법소원심판청구를 부적법하다고 하여 각하할 사유에 해당한다.

④ 헌법재판의 평의에 있어서 평결방식은 쟁점별 평결방식과 주문별 평결방식이 있다. 전자는 적법요건에 대한 판단과 본안판단을 구별하여 쟁점별·단계별로 표결하여 결론을 이끌어내는 방법이고, 후자는 적법요건에 대한 판단과 본안판단을 구별하지 않고 결론인 주문에 초점을 맞추어 표결하는 방식이다. 후자의 경우는 청구가 적법하다고 본 재판관만 본안에 대한 의견을 낼 수 있다.

지문분석 **정답 ③**

① **【O】** 청구인이 재판에 대한 헌법소원을 청구하여 그 결정이 있은 후 다시 동일한 사안을 기초로 하여 입법부작위 위헌확인심판청구(본안사건()를 한 경우, 앞의 사건을 민사소송법 제37조 제5호에서 말하는 본안사건의 전심재판이라고 할 수 없을 뿐만 아니라, 어느 재판관이 앞 사건의 주심으로 관여하였다는 사유만으로는 그에게 본안사건의 심판에 있어서 헌법재판소법 제24조 제3항 소정의 재판관에게 심판의 공정을 기대하기 어려운 사정이 있다고 볼 수 없다. 헌재 1994. 2. 24. 94헌사10.

② **【O】** 헌법재판소법 제25조 제1항, 제3항.

③ **【X】** 헌법소원심판은 그 청구서와 결정문에 반드시 피청구인을 특정하거나 청구취지를 기재하여야 할 필요가 없다. 그러므로 헌법소원심판청구서에 피청구인을 특정하고 있더라도 피청구인의 잘못된 표시는 헌법소원심판청구를 부적법하다고 각하할 사유가 되는 것이 아니며 소원심판대상은 어디까지나 공권력의 행사 또는 불행사인 처분 자체이기 때문에 심판청구서에서 청구인이 피청구인(처분청)이나 청구취지를 잘못 지정한 경우에도 권리구제절차의 적법요건에 흠결이 있는 것이 아니어서 직권으로 불복한 처분(공권력)에 대하여 정당하게 책임져야 할 처분청(피청구인)을 지정하여 정정할 수도 있고 처분청을 기재하지 아니할 수도 있다. 따라서 헌법재판소는 청구인의 심판청구서에 기재된 피청구인이나 청구취지에 구애됨이 없이 청구인의 주장요지를 종합적으로 판단하여야 하며 청구인이 주장하는 침해된 기본권과 침해의 원인이 되는 공권력을 직권으로 조사하여 피청구인과 심판대상을 확정하여 판단하여야 하는 것이다. 헌재 1993. 5. 13. 91헌마190.

④ **【O】** 따라서 쟁점별 평결방식에 의하면 적법요건에서 각하의견을 낸 재판관도 본안판단에서 본안에 대한 의견을 내어야 한다. 이 점에서 주문별 평결방식과 차이가 있다. 허영, 헌법소송법론, 박영사, 2008. 153~155면 ; 정종섭, 헌법소송법, 박영사, 2006. 133~135면.

29 **헌법재판절차에서의 가처분에 관한 설명 중 옳지 않은 것은?**

① 헌법재판소법은 정당해산심판과 권한쟁의심판에 대해서만 가처분에 관한 규정을 두고 있으나 헌법재판소는 헌법재판소법상 가처분심판 규정을 예시규정으로 본다.

② 헌법재판소는 헌법소원심판에서도 가처분이 허용되는 것으로 보면서 헌법재판소법 제68조 제1항의 헌법소원에서 법령의 효력을 정지시키는 가처분신청을 인용한바 있고, 헌법재판소법 제68조 제2항에 의한 헌법소원심판과 관련하여 그 소원의 전제가 된 민사소송절차의 일시정지를 구하는 가처분신청을 인용한 바 있다

③ 가처분을 인용한 뒤 종국결정에서 청구가 기각되었을 때 발생하게 될 불이익과 가처분을 기각한 뒤 청구가 인용되었을 때 발생하게 될 불이익에 대한 비교형량을 하여 후자의 불이익이 전자의 불이익보다 크다면 가처분을 인용할 수 있다.

④ 가처분은 본안심판이 헌법재판소에 계속 중일 때 신청할 수 있음이 원칙이지만 본안심판이 계속되기 전이라 하더라도 신청할 수 있다.

지문분석 **정답 ②**

① 【O】 헌법재판소법은 정당해산심판(헌법재판소법§57)과 권한쟁의심판(헌법재판소법§65)에 대해서만 가처분에 관한 규정을 두고 있다. 여기서 위 두 심판절차에만 가처분이 허용되는지(열거설), 아니면 다른 심판절차에도 가처분이 허용되는지(예시설)가 문제되는 바, 우리 헌법재판소는 사법시행령사법시험령 제4조 제3항 효력정지 가처분신청사건(헌재 2000.12.8. 2000헌사471)과 군행형법 시행령 제43조 제2항 효력정지 가처분신청사건(헌재 2002.4.25. 2002헌사129)에서 헌법재판소법 제68조 제1항에 의한 헌법소원절차에서도 가처분을 인용하여 예시설의 입장에 서 있다.

② 【X】 헌법재판소는 헌재법 제68조 제1항에 의한 헌법소원에서는 법령의 효력을 정지하는 가처분을 인용한 바 있으나, 헌재법 제68조 제2항에 의한 헌법소원절차에서는 당해 법원의 민사소송절차의 일시정지를 구하는 가처분신청을 이유 없다고 하여 기각한 적이 있다(헌재 1993.12.20. 93사81).

③ 【O】 헌법재판소법 제40조 제1항에 따라 준용되는 행정소송법 제23조 제2항의 집행정지규정과 민사소송법 제714조의 가처분규정에 비추어 볼 때, 이와 같은 가처분결정은 ㉠ 헌법소원심판에서 다투어지는 '공권력 행사 또는 불행사'의 현상을 그대로 유지시킴으로 인하여 생길 회복하기 어려운 손해를 예방할 필요가 있어야 하고 ㉡ 그 효력을 정지시켜야 할 긴급한 필요가 있어야 한다는 것 등이 그 요건이 된다 할 것이므로, ㉢ 본안심판이 부적법하거나 이유없음이 명백하지 않는 한, 위와 같은 가처분의 요건을 갖춘 것으로 인정되고, 이에 덧붙여 ㉣ 가처분을 인용한 뒤 종국결정에서 청구가 기각되었을 때 발생하게 될 불이익과 가처분을 기각한 뒤 청구가 인용되었을 때 발생하게 될 불이익에 대한 비교형량을 하여 후자의 불이익이 전자의 불이익보다 크다면 가처분을 인용할 수 있는 것이다(헌재 1999.3.25. 98헌사98; 헌재 2000.12.8. 2000헌사471).

④ 【O】 가처분을 하기 위해서는 본안사건이 헌법재판소의 관할에 속하여야 한다. 그리고 가처분은 본안심판이 헌법재판소에 계속중일 때 신청할 수 있음이 원칙이지만 본안심판이 계속되기 전이라 하더라도 신청할 수 있다. 만일 본안심판 계속중에만 가처분을 신청할 수 있다고 한다면 가처분제도의 실효성을 감소시킬 우려가 있기 때문이다.

30 **헌법재판소의 가처분에 대한 설명으로 옳지 않은 것은?** 25년 국회직 8급

① 헌법재판소가 권한쟁의 심판청구를 받았을 때에는 직권 또는 청구인의 신청에 의하여 종국결정의 선고 시까지 심판 대상이 된 피청구인의 처분의 효력을 정지하는 결정을 할 수 있다.

② 재판부는 재판관 7명 이상의 출석으로 사건을 심리한다고 규정한 「헌법재판소법」 제23조 제1항에 대한 효력정지 가처분을 인용하더라도 이는 의결정족수가 아니라 심리정족수에 대한 것이므로 법률의 위헌결정이나 탄핵결정을 하기 위하여는 여전히 6명 이상의 찬성이 있어야 한다.

③ 국회가 선출하여 임명된 재판관 중 공석이 발생한 경우, 국회가 상당한 기간 내에 공석이 된 재판관의 후임자를 선출하여야 할 헌법상 작위의무가 존재하고 재판관 직무대행제도와 같은 제도적 보완 장치가 마련되어 있지만, 재판관이 임기만료로 퇴직하여 재판관의 공석 상태가 된 경우에는 「헌법재판소법」 제23조 제1항 중 재판관이 임기 만료로 퇴직하여 재판관의 공석 상태가 된 경우에 적용되는 부분에 한하여 그 효력을 본안 사건의 종국결정 선고 시까지 정지함이 상당하다.

④ 탄핵소추의 의결을 받은 자는 헌법재판소의 탄핵심판이 있을 때까지 그 권한행사가 정지되고, 3명 이상의 재판관이 임기 만료로 퇴직하여 재판관의 공석 상태가 된 경우에도 「헌법재판소법」 제23조 제1항에 따라 사건을 심리조차 할 수 없다면 이는 사실상 재판 외의 사유로 재판절차를 정지시키는 것으로 탄핵심판사건 피청구인의 신속한 재판을 받을 권리에 대한 과도한 제한이 된다.

⑤ 헌법재판소는 본안심판이 부적법하거나 이유 없음이 명백하지 않고, 헌법소원심판에서 문제된 '공권력 행사 또는 불행사'를 그대로 유지할 경우에 발생할 회복하기 어려운 손해를 예방할 필요와 그 효력을 정지시켜야 할 긴급한 필요가 있으며, 가처분을 인용한 뒤 종국결정에서 청구가 기각되었을 때 발생하게 될 불이익과 가처분을 기각한 뒤 청구가 인용되었을 때 발생하게 될 불이익을 형량하여 후자의 불이익이 전자의 불이익보다 클 경우에 가처분을 인용할 수 있다.

지문분석 **정답 ③**

① 【O】 **헌법재판소법 제65조(가처분)** 헌법재판소가 권한쟁의심판의 청구를 받았을 때에는 직권 또는 청구인의 신청에 의하여 종국결정의 선고 시까지 심판 대상이 된 피청구인의 처분의 효력을 정지하는 결정을 할 수 있다.

② 【O】 가처분을 인용하더라도 이는 의결정족수가 아니라 심리정족수에 대한 것에 불과하므로 법률의 위헌결정이나 탄핵결정을 하기 위하여는 여전히 6명 이상의 찬성이 있어야 한다. 만약 재판관 6명의 의견이 팽팽하게 맞서고 있어 나머지 3명의 재판관의 의견에 따라 사건의 향배가 달라질 수 있는 경우에는 현재 공석인 재판관이 임명되기를 기다려 결정을 하면 된다. 다만 보다 신속한 결정을 위하여 후임 재판관이 임명되기 전에 쟁점을 정리하고 증거조사를 하는 등 사건을 성숙시킬 필요가 있다(헌재 2024.10.14. 2024헌사1250).

③ 【X】 헌법재판소법 제23조 제1항에서 재판관 7명 이상이 출석하여야만 사건을 심리할 수 있다고 하면서도 직무대행제도와 같은 제도적 보완 장치는 전무하다. 국회가 선출하여 임명된 재판관 중 공석이 발생한 경우, 국회가 상당한 기간 내에 공석이 된 재판관의 후임자를 선출하여야 할 헌법상 작위의무가 존재하고, 이러한 작위의무의 이행을 지체하였다고 판시한 사가 있음에도 사정은 달라지지 않았다. 따라서 헌법재판소법 제23조 제1항이 위헌이라고 볼 여지가 있다 이 사건에서는 재판관이 임기만료로 퇴직하여 재판관의 공석 상태가 된 경우가 문제되는 것이고 신청인이 실질적으로 다투고자 하는 바도 이와 같으므로 헌법재판소법 제23조 제1항 중 재판관이 임기만료로 퇴직하여 재판관의 공석 상태가 된 경우에 적용되는 부분에 한하여 그 효력을 정지함이 상당하다(헌재 2024.10.14. 2024헌사1250).

④ 【O】 국회의 탄핵소추의 의결을 받은 자는 헌법재판소의 탄핵심판이 있을 때까지 그 권한행사가 정지된다. 따라서 탄핵심판은 신중하면서도 신속하게 진행되어야 한다. 그런데 3명 이상의 재판관이 임기만료로 퇴직하여 재판관의 공석 상태가 된 경우에도 헌법재판소법 제23조 제1항에 따라 사건을 심리조차 할 수 없다고 한다면 이는 사실상 재판 외의 사유로 재판절차를 정지시키는 것이고 탄핵심판사건 피청구인의 신속한 재판을 받을 권리에 대한 과도한 제한이다(헌재 2024.10.14. 2024헌사1250).

⑤ 【O】 헌법재판소는 본안심판이 부적법하거나 이유 없음이 명백하지 않고, 헌법소원심판에서 문제된 '공권력 행사 또는 불행사'를 그대로 유지할 경우 발생할 회복하기 어려운 손해를 예방할 필요와 그 효력을 정지시켜야 할 긴급한 필요가 있으며, 가처분을 인용한 뒤 종국결정에서 청구가 기각되었을 때 발생하게 될 불이익과 가처분을 기각한 뒤 청구가 인용되었을 때 발생하게 될 불이익을 비교형량 하여 후자의 불이익이 전자의 불이익보다 클 경우 가처분을 인용할 수 있다(헌재 2024.10.14. 2024헌사1250).

31 **헌법재판소의 한정위헌 결정에 관한 다음 설명 중 가장 옳지 않은 것은?** 16년 법원 9급

① 2014년 헌법재판소는 일출 전 또는 일몰 후의 야간 시위를 금지한 집회 및 시위에 관한 법률(2007. 5. 11. 법률 제8424호로 개정된 것) 제10조 본문에 관하여 한정위헌 결정을 내린 바 있다.

② 헌법재판소는 형법상 뇌물죄의 주체가 되는 '공무원'에 구 '제주특별자치도 설치 및 국제자유도시 조성을 위한 특별법'상의 제주특별자치도 통합영향평가심의위원회 심의위원 중 위촉위원이 포함되는 것으로 해석하는 한 헌법에 위반된다고 판단하였다.

③ 대법원은 위 제주특별자치도 통합영향평가심의위원회 심의위원 중 위촉위원에 관하여 공무원 의제조항이 없음에도 해석에 의하여 뇌물죄의 주체가 되는 공무원에 해당한다고 보았다.

④ 대법원은 종래 민사나 행정사건에서 헌법재판소의 한정위헌결정에 관하여 일반적인 기속력을 인정하고 있다.

지문분석 **정답 ④**

① 【O】 해가 뜨기 전이나 해가 진 후의 시위를 금지하는 것은이미 보편화된 야간의 일상적인 생활의 범주에 속하는 '해가 진 후부터 같은 날 24시까지의 시위'에 적용하는 한 헌법에 위반된다(헌재 2014.3.27. 2010헌가2).

② 【O】 형법상 뇌물죄의 주체가 되는 '공무원'에 국가공무원법 · 지방공무원법에 따른 공무원이 아니고 공무원으로 간주되는 사람도 아닌 제주자치도 위촉위원이 포함된다고 해석하는 것은 법률해석의 한계를 넘은 것으로서 죄형법정주의에 위배된다(헌재 2012.12.27. 2011헌바117).

③ 【O】 대판 2011.9.29. 2011도6347

④ 【X】 법률 또는 법률조항 자체의 효력을 상실시키는 위헌결정은 기속력이 있지만, 한정위헌결정과 같은 해석기준을 제시하는 형태의 헌법재판소 결정은 기속력을 인정할 근거가 없다(대판 2001.4.27. 95재다14).

32 헌법불합치결정에 대한 설명으로 옳지 않은 것은? (다툼이 있는 경우 판례에 의함)

① 헌법불합치결정도 위헌결정의 일종이므로 그 결정의 효력은 결정이 있는 날로부터 발생하고, 위헌결정의 경우와 같은 범위에서 소급효가 인정된다. 따라서 헌법불합치결정에 따른 개선입법이 소급적용되는 범위도 위헌결정에서 소급효가 인정되는 범위와 같다.

② 헌법재판소가 헌법불합치결정을 하면서 적용계속 명령을 한 경우에 위헌법률이 장래효로 개선됨으로써 위헌제청의 경우 당해 소송사건의 당사자나 헌법소원의 경우 청구인이 개정법률의 혜택을 입지 못한다면 위헌제청의 재판의 전제성이나 헌법소원의 권리보호이익이 없어지는 결과가 되므로 적어도 당해사건 만큼은 위헌선언된 법률조항의 적용이 배제되고 개정된 신법이 적용되어야 한다는 것이 헌법재판소의 입장이다.

③ 자유권을 침해하는 법률이라도 예외적으로 입법형성권이 헌법불합치결정을 정당화 할 수 있다.

④ 헌법재판소가 헌법불합치결정을 하면서 개정된 신법의 적용을 명한 경우 구법조항을 그대로 적용한 법원의 재판이라 하더라도 신구법 사이에 세율이 동일하여 어떤 법조항을 적용하더라도 국민의 기본권침해가 없다면 그 재판은 예외적으로 재판소원의 대상이 되는 재판에 해당하지 아니한다.

지문분석 **정답 ②**

① 【O】 헌법불합치결정은 위헌결정과 달리 입법개선을 기다려 개선된 입법을 소급적으로 적용함으로써 합헌적 상태를 회복할 수 있으나, 헌법불합치결정도 위헌결정의 일종이므로 그 결정의 효력은 결정이 있는 날로부터 발생하고, 위헌결정의 경우와 같은 범위에서 소급효가 인정된다. 따라서 헌법불합치결정에 따른 개선입법이 소급적용되는 범위도 위헌결정에서 소급효가 인정되는 범위와 같으므로, 특별한 사정이 없는 한 헌법불합치결정 당시의 시점까지 소급되는 것이 원칙이라 할 것이다(헌재 2004.1.29. 2002헌가22)

② 【X】 헌법재판소는 "…결국 위 법 조항의 적용을 그대로 유지하는 것이 위헌결정으로 말미암아 발생하는 법적 공백의 합헌적인 상태보다 오히려 여러 가지 충격과 혼란을 방지하는 등 헌법적으로 더욱 바람직하다고 판단되고, 비록 이로 인하여 청구인들이 위헌법률의 적용금지를 통한 권리구제의 목적은 달성할 수 없게 되지만, 헌법소원의 기능은 권리구제라는 주관적 측면 이외에 헌법질서의 유지라는 객관적 측면도 있다는 점에서 이를 반드시 불합리한 결과라고는 할 수 없을 뿐만 아니라, 위 법 조항의 계속 적용을 명한다고 하여 위헌 판단의 의미 및 효력이 없어지게 되는 것은 아니라고 할 것이므로, 결국, 입법자가 위 헌법합치적 개정법률이 시행되기 이전에 적용되는 위 법 조항을 대체할 합헌적 법률을 입법할 때까지 일정 기간 동안 위헌적인 법규정을 존속케 하고 또한 잠정적으로 적용하게 할 필요가 있다."(헌재 2001.6.28. 99헌바54)고 판시하고 있으므로 위헌법률의 잠정적용을 명할 경우에는 당해사건에도 위헌법률이 적용되어야 하는 것을 간접적으로 시사하고 있다

③ 【O】 헌법불합치결정은 헌법재판소법 제47조 제1항에 정한 위헌결정의 일종으로서, 심판대상이 된 법률조항이 실질적으로는 위헌이라 할지라도 그 법률조항에 대하여 단순위헌결정을 선고하지 아니하고 헌법에 합치하지 아니한다는 선언에 그침으로써 헌법재판소법 제47조 제2항 본문의 효력상실을 제한적으로 적용하는 변형위헌결정의 주문형식이다. 법률이 평등원칙에 위반된 경우가 헌법재판소의 불합치결정을 정당화하는 대표적인 사유라고 할 수 있다. 반면에, 자유권을 침해하는 법률이 위헌이라고 생각되면 무효선언을 통하여 자유권에 대한 침해를 제거함으로써 합헌성이 회복될 수 있고, 이 경우에는 평등원칙 위반의 경우와는 달리 헌법재판소가 결정을 내리는 과정에서 고려해야 할 입법자의 형성권은 존재하지 않음이 원칙이다. 그러나 그 경우에도 법률의 합헌부분과 위헌부분의 경계가 불분명하여 헌법재판소의 단순위헌결정으로는 적절하게 구분하여 대처하기가 어렵고, 다른 한편으로는 권력분립의 원칙과 민주주의원칙의 관점에서 입법자에게 위헌적인 상태를 제거할 수 있는 여러 가지의 가능성을 인정할 수 있는 경우에는, 자유권의 침해에도 불구하고 예외적으로 입법자의 형성권이 헌법불합치결정을 정당화하는 근거가 될 수 있다(헌재 2002.5.30. 2000헌마81. 지적법 제41조 위헌확인).

④ 【O】 구 소득세법 제60조에 대한 헌법불합치결정(헌재 1995.11.30. 91헌바1 · 92헌바17 · 95헌바12 등 병합)은 기준시가에 의하여 양도가액이나 취득가액을 산정함에 있어서 원칙적으로 개정 소득세법 제99조를 적용하여야 하나, 다만 개정 소득세법 제99조를 적용하여서는 기준시가에 의하여 양도가액이나 취득가액을 산정할 수 없어 그 양도차익의 산정이 불가능하게 되는 예외적인 사정이 있는 경우에는 구 소득세법 제60조의 위헌적 요소를 제거하는 개정법률이 시행되기 전까지는 위 법률조항의 잠정적인 적용을 허용하는 취지이다. 이 경우 법원이 개정 소득세법 제99조를 적용하여 그 양도차익을 산정할 수 있는 1990.9.1. 이후 양도한 토지에 대한 양도소득세부과처분취소사건에서 구 소득세법 제60조를 적용하여 그 부과처분의 적법 여부를 판단한 것은 위 헌법불합치결정의 취지에 어긋나기는 하나 개정 소득세법에 의할 경우 그 세액이 동일하여 그로 말미암아 기본권의 침해가 있다고 볼 수 없고, 개정 소득세법 제99조를 적용하여서는 그 양도차익을 산정할 수 없는 1990.9.1. 전에 양도한 토지에 대한 양도소득세부과처분취소사건에서 구 소득세법 제60조를 적용하여 그 부과처분의 적법 여부를 판단한 것은 위 헌법불합치결정의 취지에 따른 것이므로, 어느 것이나 예외적으로 헌법소원의 대상이 되는 재판에 해당하지 아니한다. 그리고 위 부과처분이 적법하다고한 법원의 판결이 취소되지 않는 한 위 부과처분도 헌법소원의 대상이 되지 않는다(헌재 1999.10.21. 97헌마301 · 98헌마136 등 병합).

33 규범통제에 대한 설명으로 옳지 않은 것은? (다툼이 있는 경우 헌법재판소 판례에 의함)

17년 국가직 하반기 7급

① 규범통제형 헌법소원심판청구는 법률이 헌법에 위반되는지 여부가 재판의 전제가 된 때에 소송사건의 당사자가 헌법 재판소법 제41조 제1항에 의한 위헌여부심판의 제청신청을 하였음에도 불구하고 법원이 이를 배척한 경우, 법원의 제청에 갈음하여 당사자가 직접 헌법재판소에 헌법소원의 형태로 그 법률의 위헌 여부의 심판을 구하는 것이므로, 그 심판의 대상은 재판의 전제가 되는 법률이지 대통령령이나 규칙은 그 대상이 될 수 없다.

② 위헌으로 결정된 형벌에 관한 법률 또는 법률의 조항은 소급하여 그 효력을 상실한다. 다만, 해당 법률 또는 법률의 조항에 대하여 종전에 합헌으로 결정한 사건이 있는 경우에는 그 결정이 있는 날로 소급하여 효력을 상실한다.

③ 위헌법률심판 또는 규범통제형 헌법소원심판의 대상이 되는 '법률'인지 여부는 그 제정 형식이나 명칭이 아니라 규범의 효력을 기준으로 판단하여야 하고, '법률'에는 국회의 의결을 거친 이른바 형식적 의미의 법률은 물론이고 그 밖에 조약 등 '형식적 의미의 법률과 동일한 효력'을 갖는 규범들도 모두 포함되므로, 최소한 법률과 동일한 효력을 가지는 유신헌법 하의 긴급조치들에 대한 위헌 여부 심사권한도 헌법재판소에 전속한다.

④ 법률조항 중 위헌성이 있는 부분에 한정하여 한정위헌결정을 구하는 한정위헌청구는 원칙적으로 적법하지만, 재판소원을 금지하는 헌법재판소법 제68조 제1항의 취지에 비추어, 개별·구체적 사건에서 단순히 법률조항의 포섭이나 적용의 문제를 다투거나, 의미 있는 헌법문제에 대한 주장 없이 단지 재판결과를 다투는 헌법소원심판청구는 허용되지 않는다.

지문분석 **정답 ②**

② 【X】 위헌으로 결정된 형벌에 관한 법률 또는 법률의 조항은 소급하여 그 효력을 상실한다. 다만, 해당 법률 또는 법률의 조항에 대하여 종전에 합헌으로 결정한 사건이 있는 경우에는 그 결정이 있는 날의 다음 날로 소급하여 효력을 상실한다(헌법재판소법 제47조 제3항).

34 헌법재판소 결정의 효력에 관한 설명 중 옳지 않은 것은? (다툼이 있는 경우 판례에 의함)

15년 서울시 7급

① 권한쟁의심판의 결정은 모든 국가기관과 지방자치단체를 기속한다.

② 「헌법재판소」 제68조 제2항의 규정에 의한 헌법소원이 인용된 경우에 당해 헌법소원과 관련된 소송사건이 이미 확정된 때에는 당사자는 재심을 청구할 수 있다.

③ 위헌결정이 선고된 형벌에 관한 법률에 대하여 종전에 합헌으로 결정한 사건이 있는 경우, 위헌결정된 그 법률은 종전의 합헌결정이 있는 날 이전까지 소급하여 효력을 상실한다.

④ 불처벌의 특례를 규정한 법률조항은 형벌에 관한 것이기는 하지단 위헌결정의 소급효를 인정할 경우 오히려 형사 처벌을 받지 않았던 자들에게 형사상의 불이익이 미치게 되므로 위헌결정의 소급효가 인정되지 않는다.

지문분석 **정답 ③**

③ **[X]** 위헌으로 결정된 형벌에 관한 법률 또는 법률의 조항은 소급하여 그 효력을 상실한다. 다만, 해당 법률 또는 법률의 조항에 대하여 종전에 합헌으로 결정한 사건이 있는 경우에는 그 결정이 있는 날의 다음 날로 소급하여 효력을 상실한다(헌법재판소법 제47조 제3항).

35 헌법재판소의 결정의 효력에 관한 다음 설명 중 옳은 것은? (다툼이 있으면 판례에 의함)

① 헌법재판소는 종전에는 판단유탈이 재심사유에 해당한다고 보았으나 최근에는 직권심리주의를 원칙으로 하는 헌법재판에서는 판단유탈이 재심사유에 해당하지 않는다고 하여 종전의 입장을 변경하였다.

② 헌법재판소는 불기소처분에 대하여 검찰청법에 따라 항고 및 재항고를 경료함으로써 적법하게 사전구제절차를 거쳐 그 취소를 구하는 헌법소원 심판청구를 제기한 사건을 헌법재판관이 잘못 기재된 사실조회 회보에 기하여 심판청구를 적법한 사전구제절차를 경유하지 아니하여 부적법하다는 이유로 각하한 경우는 판단유탈에 해당한다고 보아 재심이 허용된다고 보았다.

③ 헌법재판소법은 일사부재리에 관한 규정이 없지만 판례를 통하여 그 법리를 인정하고 있다.

④ 헌법재판소 결정의 기속력은 모든 국가기관과 모든 국민에게 미치며 국가기관과 국민은 헌법재판소의 결정을 준수해야하는 결정준수의무와 반복금지의무를 부담한다.

지문분석 **정답 ②**

① 【X】 2001. 9. 27. 2001헌아3 : 공권력의 작용에 대한 권리구제형 헌법소원심판절차에 있어서 '헌법재판소의 결정에 영향을 미칠 중대한 사항에 관하여 판단을 유탈한 때'를 재심사유로 허용하는 것이 헌법재판의 성질에 반한다고 볼 수는 없으므로, 민사소송법 제422조 제1항 제9호를 준용하여 "판단유탈"도 재심사유로 허용되어야 한다. 이러한 이유로 종전에 이와 견해를 달리하여 행정작용에 속하는 공권력 작용을 대상으로 한 권리구제형 헌법소원에 있어서 판단유탈은 재심사유가 되지 아니한다는 취지의 판례(헌재 1995. 1. 20. 93헌아1. ; 1998. 3. 26. 98헌아2)를 변경하였다.

② 【O】 헌법재판소는 초기에 헌법재판소의 각하결정에 대한 불복소원에 해당한다고 보아 헌재법 제39조에 의해 헌재정에 대하여는 원칙적으로 불복소원이 허용되지 않는다고 하여 각하하였으나,(헌재 2000.6.29. 99헌아18) 그 후에는 "재심대상사건에서 청구인은 위 불기소처분에 대하여 검찰청법에 따라 항고 및 재항고를 경료함으로써 적법하게 사전구제절차를 거쳐 그 취소를 구하는 헌법소원 심판청구를 제기하였다고 할 것인바, 잘못 기재된 사실조회 회보에 기하여 청구인의 위 심판청구를 적법한 사전구제절차를 경유하지 아니하여 부적법하다는 이유로 각하한 이 사건 재심대상결정은 적법하게 제기된 위 심판청구의 본안에 들어가 판단을 하였어야 했음에도 불구하고 이를 판단하지 아니하였으므로 헌법재판소법 제40조 제1항에 의하여 준용되는 민사소송법 제451조 제1항 제9호의 '판결에 영향을 미칠 중요한 사항에 관하여 판단을 누락한 때'에 준하는 재심사유가 있다고 볼 것이다." (헌재 2003.9.25. 2002헌아42)라고 하여 재심사유로 인정하고 있다.

③ 【X】 일사부재리에 관해서는 헌재법 제39조에 명문의 규정이 있다.

④ 【X】 기속력은 법원, 지방자치단체를 비롯한 모든 국가기관에 미치며, 직접 국민에게는 미치지 않는다.

36 헌법재판소 결정의 효력에 관한 설명 중 옳지 않은 것은? (다툼이 있는 경우 판례에 의함)

① 공권력의 행사 또는 불행사가 위헌인 법률에 기인한 것이라고 인정될 때에는 인용결정에서 해당 법률이 위헌임을 함께 선고할 수 있다.

② 헌법재판소법에 의하면, 위헌법률심판에서의 모든 결정은 법원과 그 밖의 국가기관 및 지방자치단체를 기속한다.

③ 헌법재판소법 제68조 제2항에 따른 헌법소원이 인용된 경우에는 당해사건이 법원에서 이미 확정되었더라도 당사자는 재심을 청구할 수 있다.

④ 형벌에 관한 법률 또는 법률의 조항에 대해 위헌결정이 선고된 경우 이미 유죄의 확정판결을 받았던 자는 재심을 청구할 수 있다.

지문분석 **정답 ②**

① 【O】 제2항의 경우에 헌법재판소는 공권력의 행사 또는 불행사가 위헌인 법률 또는 법률의 조항에 기인한 것이라고 인정될 때에는 인용결정에서 해당 법률 또는 법률의 조항이 위헌임을 선고할 수 있다(헌법재판소법 제75조 제5항).

② 【X】 헌법재판소법에 의하면, 위헌법률심판에서의 기속력을 명시적으로 인정한 것은 모든 결정이 아니라 '위헌결정' 뿐이다. 법률의 위헌결정은 법원과 그 밖의 국가기관 및 지방자치단체를 기속한다(헌법재판소법 제47조 제1항).

③ 【O】 제68조 제2항에 따른 헌법소원이 인용된 경우에 해당 헌법소원과 관련된 소송사건이 이미 확정된 때에는 당사자는 재심을 청구할 수 있다(헌법재판소법 제75조 제7항).

④ 【O】 위헌으로 결정된 법률 또는 법률의 조항은 그 결정이 있는 날부터 효력을 상실한다. 다만, 형벌에 관한 법률 또는 법률의 조항은 소급하여 그 효력을 상실한다(헌법재판소법 제47조 제2항). 제2항 단서의 경우에 위헌으로 결정된 법률 또는 법률의 조항에 근거한 유죄의 확정판결에 대하여는 재심을 청구할 수 있다(헌법재판소법 제47조 제3항).

37 헌법재판소 결정의 효력에 관한 설명 중 옳지 않은 것은? (다툼이 있는 경우 판례에 의함)

① 형벌에 관한 법령이 헌법재판소의 위헌결정으로 인하여 소급하여 그 효력을 상실하였거나 법원에서 위헌·무효로 선언된 경우, 법원은 당해 법령을 적용하여 공소가 제기된 피고사건에 대하여 형사소송법 제325조(무죄의 판결)에 따라 무죄를 선고하여야 한다.

② 헌법재판소법에 의하면, 위헌법률심판에서의 위헌결정은 법원과 그 밖의 국가기관 및 지방자치단체를 기속하고, 권한쟁의심판의 결정과 헌법소원의 인용결정은 모든 국가기관과 지방자치단체를 기속한다.

③ 헌법재판소의 위헌결정에 소급효를 인정할 것인가의 문제는 특별한 사정이 없는 한 헌법적합성의 문제라기보다는 입법정책의 문제이므로, 형벌 법규에 대한 위헌결정의 경우를 제외하고 법적 안정성을 더 높이 평가한 입법자의 판단은 헌법상 법치주의원칙에서 파생된 법적 안정성 내지 신뢰보호의 원칙에 의하여 정당화된다.

④ 위헌법률심판은 법원이 헌법재판소에 제청하는 것이기 때문에 당해 사건의 당사자는 위헌법률심판사건의 당사자라고 할 수 없으나, 위헌법률심판제청신청을 한 사람은 위헌법률심판제청에 따른 헌법재판소 결정의 효력을 받는 자로서 권리구제를 위한 구체적 타당성의 요청이 현저한 경우에 헌법재판소 결정에 대하여 재심을 청구할 수 있다.

지문분석 **정답 ④**

① 【O】 위헌결정으로 인하여 형벌에 관한 법률 또는 법률조항이 소급하여 그 효력을 상실한 경우에는 당해 조항을 적용하여 공소가 제기된 피고사건은 범죄로 되지 아니한 때에 해당한다고 할 것이어서 법원은 그 피고사건에 대하여 형사소송법 제325조 전단에 따라 무죄를 선고하여야 한다(대법원 2011.09.29. 2009도12515).

② 【O】 법률의 위헌결정은 법원과 그 밖의 국가기관 및 지방자치단체를 기속(羈束)한다(헌법재판소법 제47조 제1항). 헌법재판소의 권한쟁의심판의 결정은 모든 국가기관과 지방자치단체를 기속한다(헌법재판소법 제67조 제1항).

③ 【O】 헌법재판소에 의하여 위헌으로 선고된 법률 또는 법률의 조항이 제정 당시로 소급하여 효력을 상실하는가, 아니면 장래에 향하여 효력을 상실하는가의 문제는 특단의 사정이 없는 한 헌법적합성의 문제라기보다는 입법자가 법적 안정성과 개인의 권리구제 등 제반이익을 비교형량하여 가면서 결정할 입법정책의 문제이다. 우리의 입법자는 헌법재판소법 제47조 제2항 본문의 규정을 통하여 형벌법규를 제외하고는 법적 안정성을 더 높이 평가하는 방안을 선택하였는데, 이와 같은 입법은 구체적 타당성이나 평등의 원칙이 완벽하게 실현되지 않는다고 하더라도 헌법상 법치주의 원칙의 파생인 법적 안정성 내지 신뢰보호의 원칙에 의하여 정당화된다. 다만, 헌법재판소는 효력이 다양할 수 밖에 없는 위헌결정의 특수성 때문에 예외적으로 부분적인 소급효를 인정하고 있다(헌재 2000.6.29. 99헌바66).

④ 【X】 위헌법률심판의 제청은 법원이 헌법재판소에 대하여 하는 것이기 때문에 당해사건에서 법원으로 하여금 위헌법률심판을 제청하도록 신청을 한 사람은 위헌법률심판사건의 당사자라고 할 수 없다. 원래 재심은 재판을 받은 당사자에게 이를 인정하는 특별한 불복절차이므로 청구인처럼 위헌법률심판이라는 재판의 당사자가 아닌 사람은 그 재판에 대하여 재심을 청구할 수 있는 지위 내지 적격을 갖지 못한다(헌재 2004.9.23. 2003헌아61).

38 다음 설명 중 옳은 것(○)과 옳지 않은 것(×)을 올바르게 조합한 것은? (다툼이 있는 경우 판례에 의함)

17년 변호사

㉠ 과세처분이 확정된 이후 조세 부과의 근거가 되었던 법률조항이 위헌으로 결정된 경우에도 조세채권의 집행을 위한 체납처분의 근거규정 자체에 대하여는 따로 위헌결정이 내려진 바 없다면, 위와 같은 위헌결정 이후에 조세채권의 집행을 위한 새로운 체납처분에 착수하거나 이를 속행할 수 있고, 이러한 체납처분이 당연무효가 되는 것도 아니다.

㉡ 일반적으로 법률이 헌법에 위배된다는 사정은 헌법재판소의 위헌결정이 있기 전에는 객관적으로 명백한 것이라고 할 수 없어 헌법재판소의 위헌결정 전에 행정처분의 근거가 되는 해당 법률이 헌법에 위배된다는 사유는 특별한 사정이 없는 한 그 행정처분 취소소송의 전제가 될 수 있을 뿐 당연무효 사유는 아니다.

㉢ 행정처분에 대한 소송절차에서는 행정처분의 적법성·정당성뿐만 아니라 그 근거 법률의 헌법적합성까지도 심판대상으로 되는 것이므로, 행정처분에 불복하는 당사자뿐만 아니라 행정처분의 주체인 행정청도 헌법의 최고규범력에 따른 구체적 규범통제를 위하여 근거 법률의 위헌 여부에 대한 심판의 제청을 신청할 수 있고 「헌법재판소법」 제68조 제2항의 헌법소원심판을 청구할 수 있다.

㉣ 법률이 헌법에 위반되는지 여부를 심사할 권한이 없는 공무원으로서는 행위 당시의 법률에 따를 수밖에 없으므로, 행위의 근거가 된 법률조항에 대하여 위헌결정이 선고되더라도 위 법률조항에 따라 행위한 당해 공무원에게는 고의 또는 과실이 있다 할 수 없어 국가배상책임은 성립되지 아니한다.

① ㉠(×), ㉡(×), ㉢(○), ㉣(×)
② ㉠(×), ㉡(○), ㉢(○), ㉣(○)
③ ㉠(×), ㉡(○), ㉢(×), ㉣(○)
④ ㉠(○), ㉡(○), ㉢(×), ㉣(○)
⑤ ㉠(○), ㉡(×), ㉢(○), ㉣(×)

지문분석 **정답 ②**

㉠ 【X】 조세 부과의 근거가 되었던 법률규정이 위헌으로 선언된 경우, 비록 그에 기한 과세처분이 위헌결정 전에 이루어졌고, 과세처분에 대한 제소기간이 이미 경과하여 조세채권이 확정되었으며, 조세채권의 집행을 위한 체납처분의 근거규정 자체에 대하여는 따로 위헌결정이 내려진 바 없다고 하더라도, 위와 같은 위헌결정 이후에 조세채권의 집행을 위한 새로운 체납처분에 착수하거나 이를 속행하는 것은 더 이상 허용되지 않고, 나아가 이러한 위헌결정의 효력에 위배하여 이루어진 체납처분은 그 사유만으로 하자가 중대하고 객관적으로 명백하여 당연무효라고 보아야 한다(대판 2012.2.16, 2010두10907).

㉡ 【O】 행정청이 법률에 근거하여 행정처분을 한 후에 헌법재판소가 그 법률을 위헌으로 결정하였다면 그 행정처분은 결과적으로 법률의 근거가 없이 행하여진 것과 마찬가지가 되어 하자가 있다고 할 것이나, 하자 있는 행정처분이 당연무효가 되기 위하여는 그 하자가 중대할 뿐만 아니라 명백한 것이어야 하는데, 일반적으로 법률이

헌법에 위반된다는 사정은 헌법재판소의 위헌결정이 있기 전에는 객관적으로 명백한 것이라고 할 수 없으므로 특별한 사정이 없는 한 이러한 하자는 위 행정처분의 취소사유에 해당할 뿐 당연무효 사유는 아니라고 보아야 한다(대판 2000.6.9, 2000다16329).

ⓒ 【O】 헌법재판소법 제68조 제2항에 의한 헌법소원심판은 구체적 규범통제의 헌법소원으로서 기본권의 침해가 있을 것을 그 요건으로 하고 있지 않을 뿐만 아니라 행정처분에 대한 소송절차에서는 그 근거법률의 헌법적합성까지도 심판대상으로 되는 것이므로, 행정처분의 주체인 행정청도 헌법의 최고규범력에 따른 구체적 규범통제를 위하여 근거법률의 위헌 여부에 대한 심판의 제청을 신청할 수 있고, 헌법재판소법 제68조 제2항의 헌법소원을 제기할 수 있다(헌재 2008.4.24, 2004헌바44).

ⓔ 【O】 일반적으로 법률이 헌법에 위반된다는 사정은 헌법재판소의 위헌결정이 있기 전에는 객관적으로 명백한 것이라고 할 수 없어, 법률이 헌법에 위반되는지 여부를 심사할 권한이 없는 공무원으로서는 행위 당시의 법률에 따를 수밖에 없으므로, 행위의 근거가 된 법률조항에 대하여 위헌결정이 선고되더라도 위 법률조항에 따라 행위한 당해 공무원에게는 고의 또는 과실이 있다 할 수 없어 국가배상책임은 성립되지 아니한다(헌재 2014.4.24, 2011헌바56).

39 헌법재판에 대한 설명으로 옳은 것은? 22년 지방직 7급

① 재판부는 결정으로 다른 국가기관 또는 공공단체의 기관에 심판에 필요한 사실을 조회하거나, 기록의 송부나 자료의 제출을 요구할 수 있으나, 재판·소추 또는 범죄수사가 진행 중인 사건의 기록에 대하여는 송부를 요구할 수 없다.

② 위헌으로 결정된 형벌에 관한 법률 또는 법률의 조항은 소급하여 그 효력을 상실하나, 해당 법률 또는 법률의 조항에 대하여 종전에 합헌으로 결정한 사건이 있는 경우에는 그 결정이 있는 날로 소급하여 효력을 상실한다.

③ 헌법재판소는 심판사건을 접수한 날부터 180일 이내에 종국결정의 선고를 하여야 하나, 재판관 1인의 궐위로 8명의 출석이 가능한 경우에는 그 궐위된 기간은 심판기간에 산입하지 아니한다.

④ 각종 심판절차에서 당사자인 국가기관 또는 지방자치단체는 변호사의 자격이 있는 소속 직원을 대리인으로 선임하여 심판을 수행하게 할 수 없다.

지문분석 **정답 ①**

① 【O】 **헌법재판소법 제32조(자료제출 요구 등)** 재판부는 결정으로 다른 국가기관 또는 공공단체의 기관에 심판에 필요한 사실을 조회하거나, 기록의 송부나 자료의 제출을 요구할 수 있다. 다만, 재판·소추 또는 범죄수사가 진행 중인 사건의 기록에 대하여는 송부를 요구할 수 없다.

② 【X】 **헌법재판소법 제47조(위헌결정의 효력)** ③ 제2항에도 불구하고 형벌에 관한 법률 또는 법률의 조항은 소급하여 그 효력을 상실한다. 다만, 해당 법률 또는 법률의 조항에 대하여 종전에 합헌으로 결정한 사건이 있는 경우에는 그 결정이 있는 날의 다음 날로 소급하여 효력을 상실한다.

③ 【X】 **헌법재판소법 제38조(심판기간)** 헌법재판소는 심판사건을 접수한 날부터 180일 이내에 종국결정의 선고를 하여야 한다. 다만, 재판관의 궐위로 7명의 출석이 불가능한 경우에는 그 궐위된 기간은 심판기간에 산입하지 아니한다.

④ 【X】 **헌법재판소법 제25조(대표자·대리인)** ② 각종 심판절차에서 당사자인 국가기관 또는 지방자치단체는 변호사 또는 변호사의 자격이 있는 소속 직원을 대리인으로 선임하여 심판을 수행하게 할 수 있다.

40 헌법재판소의 일반심판절차에 대한 설명으로 옳지 않은 것은? 23년 국가직 7급

① 당사자는 동일한 사건에 대하여 2명 이상의 재판관을 기피할 수 없다.

② 위헌법률의 심판과 헌법소원에 관한 심판은 구두변론에 의하고, 탄핵의 심판, 정당해산의 심판 및 권한쟁의의 심판은 서면심리에 의한다.

③ 법률의 위헌결정, 탄핵의 결정, 정당해산의 결정 또는 헌법소원에 관한 인용결정을 하는 경우에는 재판관 6명 이상의 찬성이 있어야 한다.

④ 헌법재판소의 심판절차에 관하여 「헌법재판소법」에 특별한 규정이 있는 경우를 제외하고는 헌법재판의 성질에 반하지 아니하는 한도에서 민사소송에 관한 법령을 준용하며, 탄핵심판의 경우에는 형사소송에 관한 법령을 준용하고, 권한쟁의심판 및 헌법소원심판의 경우에는 「행정소송법」을 함께 준용한다.

지문분석 **정답 ②**

① **【O】 헌법재판소법 제24조(제척 · 기피 및 회피)** ④ 당사자는 동일한 사건에 대하여 2명 이상의 재판관을 기피할 수 없다.

② **【X】 헌법재판소법 제30조(심리의 방식)** ① 탄핵의 심판, 정당해산의 심판 및 권한쟁의의 심판은 구두변론에 의한다.
② 위헌법률의 심판과 헌법소원에 관한 심판은 서면심리에 의한다. 다만, 재판부는 필요하다고 인정하는 경우에는 변론을 열어 당사자, 이해관계인, 그 밖의 참고인의 진술을 들을 수 있다.

③ **【O】 헌법재판소법 제23조(심판정족수)** ② 재판부는 종국심리(終局審理)에 관여한 재판관 과반수의 찬성으로 사건에 관한 결정을 한다. 다만, 다음 각 호의 어느 하나에 해당하는 경우에는 재판관 6명 이상의 찬성이 있어야 한다.
1. 법률의 위헌결정, 탄핵의 결정, 정당해산의 결정 또는 헌법소원에 관한 인용결정(認容決定)을 하는 경우

④ **【O】 헌법재판소법 제40조(준용규정)** ① 헌법재판소의 심판절차에 관하여는 이 법에 특별한 규정이 있는 경우를 제외하고는 헌법재판의 성질에 반하지 아니하는 한도에서 민사소송에 관한 법령을 준용한다. 이 경우 탄핵심판의 경우에는 형사소송에 관한 법령을 준용하고, 권한쟁의심판 및 헌법소원심판의 경우에는 「행정소송법」을 함께 준용한다.

41 헌법재판에 대한 설명으로 옳지 않은 것은? (다툼이 있는 경우 헌법재판소 결정에 의함)

23년 국가직 7급

① 한정위헌결정의 기속력을 부인하여 청구인들의 재심청구를 기각한 법원의 재판은 '법률에 대한 위헌결정의 기속력에 반하는 재판'으로 이에 대한 헌법소원이 허용될 뿐 아니라 헌법상 보장된 재판청구권을 침해하였으므로 「헌법재판소법」 제75조 제3항에 따라 취소되어야 한다.

② 법률에 대한 헌법재판소의 한정위헌결정 이전에 그 법률을 적용하여 확정된 유죄판결은 '헌법재판소가 위헌으로 결정한 법령을 적용하여 국민의 기본권을 침해한 재판'에는 해당하지 않지만, '위헌결정의 기속력에 반하는 재판'이므로 그 판결을 대상으로 한 헌법소원 심판청구는 적법하다.

③ 「헌법재판소법」 제68조 제1항의 헌법소원은 행정처분에 대하여도 청구할 수 있는 것이나, 그것이 법원의 재판을 거쳐 확정된 행정처분인 경우에는 당해 행정처분을 심판의 대상으로 삼았던 법원의 재판이 예외적으로 헌법소원심판의 대상이 되어 그 재판 자체가 취소되는 경우에 한하여 심판이 가능한 것이고, 이와 달리 법원의 재판이 취소될 수 없는 경우에는 당해 행정처분 역시 헌법소원심판청구의 대상이 되지 아니한다.

④ 헌법소원심판청구인이 심판대상 법률조항의 특정한 해석이나 적용 부분의 위헌성을 주장하는 한정위헌청구는 원칙적으로 적법하지만, 한정위헌청구의 형식을 취하고 있으면서도 실제로는 개별적·구체적 사건에서의 법률조항의 단순한 포섭·적용에 관한 문제를 다투거나 의미 있는 헌법문제를 주장하지 않으면서 법원의 법률해석이나 재판결과를 다투는 심판청구는 부적법하다.

지문분석 **정답 ②**

① 【O】 이 사건 한정위헌결정은 형벌 조항의 일부가 헌법에 위반되어 무효라는 내용의 일부위헌결정으로, 법원과 그 밖의 국가기관 및 지방자치단체에 대하여 기속력이 있다. 이 사건 한정위헌결정의 기속력을 부인하여 청구인들의 재심청구를 기각한 법원의 재판은 '법률에 대한 위헌결정의 기속력에 반하는 재판'으로 이에 대한 헌법소원은 허용되고 청구인들의 헌법상 보장된 재판청구권을 침해하였으므로 법 제75조 제3항에 따라 취소되어야 한다(헌재 2022. 6. 30. 2014헌마760 등).

② 【X】 형벌 조항은 위헌결정으로 소급하여 그 효력을 상실하지만, 위헌결정이 있기 이전의 단계에서 그 법률을 판사가 적용하는 것은 제도적으로 정당성이 보장되므로 아직 헌법재판소에 의하여 위헌으로 선언된 바가 없는 법률이 적용된 재판을 그 뒤에 위헌결정이 선고되었다는 이유로 위법한 공권력의 행사라고 하여 헌법소원심판의 대상으로 삼을 수는 없다. 따라서 이 사건 한정위헌결정 이전에 확정된 청구인들에 대한 유죄판결은 법률에 대한 위헌결정의 기속력에 반하는 재판이라고 볼 수 없으므로 이에 대한 심판청구는 부적법하다(헌재 2022. 6. 30. 2014헌마760 등).

③ 【O】 헌법재판소법 제68조 제1항의 헌법소원은 행정처분에 대하여도 청구할 수 있는 것이나 그것이 법원의 재판을 거쳐 확정된 행정처분인 경우에는 당해 행정처분을 심판의 대상으로 삼았던 법원의 재판이 예외적으로 헌법소원의 대상이 되어서 그 재판 자체가 취소되는 경우에 한하여 그 심판청구가 가능한 것이고, 이와 달리 법원의 재판이 취소될 수 없는 경우에는 당해 행정처분에 대한 헌법소원심판청구도 허용되지 아니한다 할 것이다(헌재 1998. 6. 25. 98헌마17).

④ 【O】 구체적 규범통제절차에서 제청법원이나 헌법소원청구인이 심판대상 법률조항의 특정한 해석이나 적용 부분의 위헌성을 주장하는 한정위헌청구 역시 원칙적으로 적법한 것으로 보아야 할 것이다. 다만, 재판소원을 금지하고 있는 헌법재판소법 제68조 제1항의 취지에 비추어, 한정위헌청구의 형식을 취하고 있으면서도 실제로는 당해사건 재판의 기초가 되는 사실관계의 인정이나 평가 또는 개별적·구체적 사건에서의 법률조항의 단순한 포섭·적용에 관한 문제를 다투거나, 의미 있는 헌법문제를 주장하지 않으면서 법원의 법률해석이나 재판결과를 다투는 경우 등은 모두 현행의 규범통제제도에 어긋나는 것으로서 허용될 수 없다(헌재 2017. 9. 5. 2017헌마927).

42 **헌법재판소의 결정의 효력과 재심에 관한 설명 중 옳지 않은 것은?** (다툼이 있는 경우 헌법재판소 판례에 의함)

① 헌법재판소는 헌법재판소법 제68조 제1항에 의한 헌법소원 중 법령에 대한 헌법소원을 제외한 공권력 작용을 대상으로 하는 권리구제형 헌법소원에 있어서는, 재판부의 구성이 위법한 경우 등 절차상 중대하고도 명백한 위법이 있어 재심을 허용하지 아니하면 현저히 정의에 반하는 경우나 헌법재판소의 결정에 영향을 미칠 중대한 사항에 관하여 판단을 유탈한 때를 재심 사유로 인정할 수 있다고 판단한 바 있다.

② 헌법재판소법 제68조 제1항에 의한 헌법소원심판청구와 헌법재판소법 제68조 제2항에 의한 헌법소원심판청구는 일사부재리 원칙에 저촉되는 동일한 사건에 해당하지 않는다.

③ 헌법재판소법 제68조 제2항의 헌법소원심판이 거듭 청구된 경우에 당해사건이 다르더라도 당사자와 심판대상 및 쟁점이 동일하다면 일사부재리 원칙에 저촉된다.

④ 헌법소원심판에서 청구가 부적법하여 각하결정이 된 후 각하결정에서 판시한 요건의 흠결을 보완하지 않고 다시 청구하는 것은 일사부재리 원칙에 저촉된다.

지문분석 **정답 ③**

① 【O】 헌법재판은 심판의 종류에 따라 그 절차의 내용과 결정의 효과가 한결같지 않기 때문에 재심의 허용 여부나 허용정도 등은 심판절차의 종류에 따라서 개별적으로 판단될 수밖에 없다. 이와 관련하여 헌법재판소는 헌법재판소법 제68조 제1항에 의한 헌법소원 중 공권력 작용을 대상으로 하는 권리구제형 헌법소원에 있어서, 재판부의 구성이 위법한 경우 등 절차상 중대하고도 명백한 위법이 있어 재심을 허용하지 아니하면 현저히 정의에 반하는 경우나, 헌법재판소의 결정에 영향을 미칠 중대한 사항에 관하여 판단을 유탈한 때를 재심 사유로 인정한 사실이 있다(헌재 2007.6.28. 2006헌마1482).

② 【O】 헌법재판소법 제68조 제1항 소정의 권리구제형 헌법소원과 같은 조 제2항 소정의 위헌심사형 헌법소원은 그 요건과 대상이 다르고 별개의 사건부호가 부여되는 등 법적 성격을 달리하므로 일사부재리 원칙에 저촉되는 동일한 사건에 해당하지 않는다.

참조판례 ㉠ 헌법재판소법 제68조 제1항에 의한 헌법소원과 헌법재판소법 제68조 제2항에 의한 헌법소원은 비록 그 요건과 대상은 다르다고 하더라도 헌법재판소라는 동일한 기관에서 재판을 받고, 개인에 의한 심판청구라는 헌법소원의 측면에서는 그 성질이 동일한 점, ㉡ 헌법재판소 판례 중에는 헌법재판소법 제68조 제2항의 헌법소원 절차에서 청구변경의 방법으로 예비적 청구를 헌법재판소법 제68조 제2항에 의한 청구에서 위 법 제68조 제1항에 의한 청구로 변경하는 것을 허용한 예, 법원에 위헌법률심판제청신청을 한 적이 없는 청구인의 헌법소원심판청구를 헌법재판소법 제68조 제1항에 의한 헌법소원심판청구로 본 예, 헌법재판소법 제68조 제1항에 의한 헌법소원심판청구와 위 법 제68조 제2항에 의한 헌법소원심판청구를 병합하여 심판한 예가 있는 점, ㉢ 헌법재판소가 헌법재판소 사건의 접수에 관한 규칙에 의하여 헌법재판소법 제68조 제1항의 헌법소원사건의 사건부호를 '헌마'로, 헌법재판소법 제68조 제2항의 헌법소원사건의 사건부호를 '헌바'로 달리 부여하고 있지만 이는 편의적인 것에 불과한 점, ㉣ 만약 이를 허용하지 않을 경우 당사자는 관련청구소송을 하나는 헌법재판소법 제68조 제1항에 의한 헌법소원으로, 다른 하나는 헌법재판소법 제68조 제2항에 의한 헌법소원으로 제기하여야 하는데 이는 소송경제에 반하는 점 등을 살펴볼 때, 하나의 헌법소원으로 헌법재판소법 제68조 제1항에 의한 청구와 헌법재판소법 제68조 제2항에 의한 청구를 함께 병합하여 제기함이 가능하다고 할 것이다(헌재 2010.3.25. 2007헌마933).

③ 【X】 헌법재판소법 제68조 제2항에 의한 헌법소원에 있어서 당사자와 심판대상이 동일하더라도 당해 사건이 다른 경우에는 동일한 사건이 아니므로 일사부재리의 원칙이 적용되지 아니한다(헌재 2006.5.25. 2003헌바115).

④ 【O】 헌법소원심판청구가 부적법하다고 하여 각하된 경우, 그 결정에서 판시한 요건의 흠결을 보정할 수 있는 때에 한하여 이를 보정한 후 다시 심판청구를 하는 것은 모르되, 이를 보완하지 아니한 채 동일한 내용의 심판청구를 되풀이하는 것은 허용되지 아니한다(헌재 2013.8.20. 2013헌마505).

43 **헌법재판소 결정의 재심에 대한 설명으로 옳지 않은 것은?** 23년 국가직 7급

① 공권력의 작용에 대한 권리구제형 헌법소원심판절차에 있어서 '헌법재판소의 결정에 영향을 미칠 중대한 사항에 관하여 판단을 유탈한 때'를 재심사유로 허용하는 것이 헌법재판의 성질에 반한다고 볼 수 없으므로 「민사소송법」 규정을 준용하여 '판단유탈'도 재심사유로 허용되어야 한다.

② 헌법재판은 그 심판의 종류에 따라 그 절차의 내용과 결정의 효과가 한결같지 아니하기 때문에 재심의 허용 여부 내지 허용 정도 등은 심판절차의 종류에 따라서 개별적으로 판단될 수밖에 없다.

③ 정당해산심판절차에서는 재심을 허용하지 아니함으로써 얻을 수 있는 법적 안정성의 이익이 재심을 허용함으로써 얻을 수 있는 구체적 타당성의 이익보다 더 크므로 재심을 허용하여서는 아니 된다.

④ 위헌법률심판을 구하는 헌법소원에 대한 헌법재판소의 결정에 대하여는 재심을 허용하지 아니함으로써 얻을 수 있는 법적 안정성의 이익이 재심을 허용함으로써 얻을 수 있는 구체적 타당성의 이익보다 훨씬 높을 것으로 예상할 수 있으므로 헌법재판소의 이러한 결정에는 재심에 의한 불복방법이 그 성질상 허용될 수 없다.

지문분석 **정답 ③**

① **【O】** 공권력의 작용에 대한 권리구제형 헌법소원심판절차에 있어서 '헌법재판소의 결정에 영향을 미칠 중대한 사항에 관하여 판단을 유탈한 때'를 재심사유로 허용하는 것이 헌법재판의 성질에 반한다고 볼 수는 없으므로, 민사소송법 제422조 제1항 제9호를 준용하여 "재심사유로 허용되어야 한다(헌재 2001. 9. 27. 2001헌아3).

② **【O】** 헌법재판소법은 헌법재판소의 결정에 대한 재심절차의 허용 여부에 관하여 별도의 명문규정을 두고 있지 않다. 따라서 민사소송법상의 재심에 관한 규정을 준용하여 헌법재판소의 결정에 대한 재심을 허용할 수 있을 것인지 여부에 관하여 논의가 있을 수 있으나, 헌법재판은 그 심판의 종류에 따라 그 절차의 내용과 결정의 효과가 한결같지 아니하기 때문에 재심의 허용여부 내지 허용정도 등은 심판절차의 종류에 따라서 개별적으로 판단될 수밖에 없다(헌재 2015. 3. 3. 2015헌아22).

③ **【X】** 정당해산심판은 원칙적으로 해당 정당에게만 그 효력이 미치며, 정당해산결정은 대체정당이나 유사정당의 설립까지 금지하는 효력을 가지므로 오류가 드러난 결정을 바로잡지 못한다면 장래 세대의 정치적 의사결정에까지 부당한 제약을 초래할 수 있다. 따라서 정당해산심판절차에서는 재심을 허용하지 아니함으로써 얻을 수 있는 법적 안정성의 이익보다 재심을 허용함으로써 얻을 수 있는 구체적 타당성의 이익이 더 크므로 재심을 허용하여야 한다. 한편, 이 재심절차에서는 원칙적으로 민사소송법의 재심에 관한 규정이 준용된다(헌재 2016. 5. 26. 2015헌아20).

④ **【O】** 위헌법률심판을 구하는 헌법소원에 대한 헌법재판소의 결정에 대하여는 재심을 허용하지 아니함으로써 얻을 수 있는 법적 안정성의 이익이 재심을 허용함으로써 얻을 수 있는 구체적 타당성의 이익보다 훨씬 높을 것으로 쉽사리 예상할 수 있으므로, 헌법재판소의 이러한 결정에는 재심에 의한 불복방법이 그 성질상 허용될 수 없다고 보는 것이 상당하다고 할 것이다(헌재 2015. 3. 3. 2015헌아22).

44 다음 사안에 관한 설명 중 옳지 않은 것은? (다툼이 있는 경우 헌법재판소 판례에 의함)

> 사립대 교수인 甲은 지방자치단체 통합영향평가위원회 분과심의위원으로 위촉되어 여러 가지 개발 사업을 심의하는 과정에서 직무와 관련하여 금품을 수수하여 형법 제129조 제1항(공무원 또는 중재인이 그 직무에 관하여 뇌물을 수수, 요구 또는 약속한 때에는 5년 이하의 징역 또는 10년 이하의 자격정지에 처한다)을 위반하였다는 이유로 징역 2년을 선고받았다. 甲은 법원이 사립대 교원인 자신을 지방자치단체 산하 위원회의 심의위원이라는 이유로 형법 제129조 제1항의 '공무원'에 포함시켜 해석하는 것은 헌법에 위반된다는 취지의 위헌법률심판 제청신청을 하였으나, 법원이 이를 기각하자 헌법재판소법 제68조 제2항에 의한 헌법소원심판을 청구하였다.

① 甲이 당해사건 재판의 근거가 되는 법률조항 그 자체나 그 전체의 위헌성을 주장하지 않고 당해 법률조항의 특정한 해석 가능성이나 적용 가능성에 대하여만 제한적·한정적으로 위헌을 주장한다면 헌법재판소로서는 甲이 주장하는 범위 내에서 위헌여부를 심판하는 것이 원칙이다.

② 법원의 재판결과를 다투는 것이 아니라 개별적·구체적 사건에서 법률조항의 단순한 포섭·적용에 관한 문제를 다투는 것은 적법한 헌법소원심판청구이다.

③ 법률 또는 법률조항에 대한 해석과 적용권한은 사법권의 본질적 내용으로서 원칙적으로 대법원을 최고법원으로 하는 법원의 권한에 속하지만, 법률의 위헌여부를 심판하는 구체적 규범통제절차에 있어서 법률조항에 대한 해석과 적용권한은 헌법재판소의 고유권한이다.

④ 한정위헌결정은 당해 법률조항 중 위헌적인 해석이나 적용부분만을 제거하고 그 이외의 (합헌인) 부분은 최대한 존속시킬 수 있는 것이어서 입법권에 대한 자제와 존중의 결과가 되는 것이다.

지문분석 **정답 ②**

☞ 본 문제는 **한정위헌청구의 적법성에 관한 종래의 선례를 변경하여 원칙적으로 한정위헌청구가 적법하다고 결정한 "구 특정범죄 가중처벌 등에 관한 법률 제2조 제1항 위헌소원 등"에 관한 "헌재 2012.12.27. 2011헌바117"결정**을 기초로 한 문제이다.

① **[O]** 제청법원이나 헌법소원청구인이 당해 사건 재판의 근거가 되는 법률조항 그 자체나 그 전체의 위헌성을 주장하지 않고 당해 법률조항의 특정한 해석 가능성이나 적용 가능성에 대하여만 제한적·한정적으로 위헌을 주장한다면 헌법재판소로서는 제청법원 등이 주장하는 범위 내에서 위헌여부를 심판하는 것이 원칙이며, 그 이외의 부분까지 위헌여부를 심판하게 된다면 그것은 헌법재판에서 요구되는 직권주의를 감안하더라도, 헌법재판소법상의 신청주의나 적법요건으로서의 재판의 전제성에 위반될 수 있는 것이다. 그러므로 제청법원 등이 하는 한정위헌청구는 자칫 헌법재판소가 소홀히 할 수 있는 당해 법률조항에 대한 한정위헌결정 여부를 헌법재판소로 하여금 주의깊게 심사하도록 촉구하여 위헌의 범위와 그에 따른 기속력의 범위를 제한적으로 정확하게 한정할 수 있게 할 것이고, 그 결과 규범통제절차에 있어서 위헌여부심판권의 심사지평을 넓힐 수 있게 될 것이어서, 금지되어서는 안 될 뿐만 아니라 오히려 장려되어야 할 것이다.

② **[X]** 다만 구체적 규범통제절차에서 법률조항에 대한 특정적 해석이나 적용부분의 위헌성을 다투는 한정위헌청구가 원칙적으로 적법하다고 하더라도, 재판소원을 금지하고 있는 '법' 제68조 제1항의 취지에 비추어 한정위헌청구의 형식을 취하고 있으면서도 실제로는 당해 사건 재판의 기초가 되는 사실관계의 인정이나 평가 또는 개별적·구체적 사건에서의 법률조항의 단순한 포섭·적용에 관한 문제를 다투거나 의미있는 헌법문제를 주장하지 않으면서 법원의 법률해석이나 재판결과를 다투는 경우 등은 모두 현행의 규범통제제도에 어긋나는 것으로서 허용될 수 없는 것이다.

③ 【O】 일반적으로 민사·형사·행정재판 등 구체적 법적 분쟁사건을 재판함에 있어 재판의 전제가 되는 법률 또는 법률조항에 대한 해석과 적용권한은 사법권의 본질적 내용으로서 대법원을 최고법원으로 하는 법원의 권한에 속하는 것이다. 그러나 다른 한편 헌법과 헌법재판소법은 구체적 규범통제로서의 위헌법률심판권과 '법' 제68조 제2항의 헌법소원심판권을 헌법재판소에 전속적으로 부여하고 있다. 그리고 헌법재판소가 이러한 전속적 권한인 위헌법률심판권 등을 행사하기 위해서는 당해 사건에서 재판의 전제가 되는 법률조항이 헌법에 위반되는지의 여부를 심판하여야 하는 것이고, 이때에는 필수적으로 통제규범인 헌법에 대한 해석·적용과 아울러 심사대상인 법률조항에 대한 해석·적용을 심사하지 않을 수 없는 것이다. 그러므로 일반적인 재판절차에서와는 달리, 구체적 규범통제절차에서의 법률조항에 대한 해석과 적용권한은 (대)법원이 아니라 헌법재판소의 고유권한인 것이다.

④ 【O】 한정위헌청구는 입법권에 대한 자제와 존중의 표현이다. 즉 헌법재판소를 포함한 모든 국가기관과 국민은 헌법상의 권력분립원리에서 파생된 입법권에 의한 입법을 존중하여야 하는 것인바, 한정위헌청구에 따른 한정위헌결정은 당해 법률조항 중 위헌적인 해석이나 적용부분만을 제거하고 그 이외의 (합헌인) 부분은 최대한 존속시킬 수 있는 것이어서 입법권에 대한 자제와 존중의 결과가 되는 것이고 따라서 헌법질서에도 더욱 부합하게 되는 것이다.

PART · 02

45 위헌법률심판에 대한 헌법재판소 결정으로 옳지 않은 것은? 15년 국가직 7급

① 분재청구권에 관한 관습법은 민법 시행 이전에 상속을 규율하는 법률이 없는 상황에서 재산상속에 관하여 적용된 규범으로서 비록 형식적 의미의 법률은 아니지만 실질적으로는 법률과 같은 효력을 가지므로 위헌법률심판의 대상이 된다.

② 헌법재판소가 행하는 구체적 규범통제의 심사기준은 헌법재판을 할 당시에 규범적 효력을 가지는 헌법이므로 유신헌법하의 긴급조치에 대한 위헌 여부의 심사기준 역시 유신헌법이 아니라 현행헌법이다.

③ 구 「성폭력범죄의 처벌 등에 관한 특례법」상 성폭력범죄자의 신상정보 등록의 근거규정에 의하면 일정한 성폭력범죄로 유죄판결이 확정된 자는 신상정보 등록대상자가 되는바, 유죄판결이 확정되기 전 단계인 당해 형사 사건에서는 위 신상정보등록 근거규정의 재판의 전제성은 인정되지 않는다.

④ 헌법불합치결정에서 정한 잠정적용기간 동안 헌법불합치결정을 받은 법률조항에 따라 퇴직연금 환수처분이 이루어졌고 환수처분의 후행처분으로 압류처분이 내려진 경우, 압류처분의 무효확인을 구하는 당해 소송에서 헌법불합치결정에 따라 개정된 법률조항은 당해 소송의 재판의 전제가 된다.

지문분석 **정답 ④**

① 【O】 민법 시행 이전의 분재청구권에 관한 구 관습법은 형식적 의미의 법률은 아니지만 실질적으로는 법률과 같은 효력을 갖는 것이므로 위헌심사형 헌법소원의 대상은 되나, 분재청구권의 소멸시효가 이미 완성된 이상 다른 내용의 재판을 하게 되는 경우에 해당하지 아니하므로 심판청구는 각하한다(헌재 2013.2.28, 2009헌바129).

② 【O】 유신헌법 일부 조항과 긴급조치 등이 기본권을 지나치게 침해하고 자유민주적 기본질서를 훼손하였다는 반성에 따른 헌법 개정사, 국민의 기본권의 강화·확대라는 헌법의 역사성, 헌법재판소의 헌법해석은 헌법이 내포하고 있는 특정한 가치를 탐색·확인하고 이를 규범적으로 관철하는 작업인 점에 비추어, 헌법재판소가 행하

는 구체적 규범통제의 심사기준은 원칙적으로 헌법재판을 할 당시에 규범적 효력을 가지는 현행헌법이다(헌재 2013.3.21. 2010헌바132).

③ 【O】 신상정보 등록의 근거규정에 의하면, 일정한 성폭력범죄로 유죄판결이 확정된 자는 신상정보 등록대상자가 되는바, 유죄판결이 확정되기 전 단계인 당해 형사사건 재판에서 신상정보 등록 근거규정이 적용된다고 볼 수 없으므로 이에 관한 청구는 재판의 전제성이 인정되지 아니한다(헌재 2013.9.26. 2012헌바109).

④ 【X】 구 공무원연금법 제64조 제1항 제1호에 대하여 헌법재판소가 헌법불합치결정(2005헌바33)을 하면서, 2008. 12. 31.까지 잠정적용을 명하였는데, 청구인에 대한 공무원 퇴직연금 환수처분은 위 조항에 근거하여 잠정적용기간 내인 2008. 9. 12.에 이루어졌으므로 법률상 근거가 있는 처분이다. 그리고 청구인에 대한 압류처분은 위와 같이 유효한 환수처분을 선행처분으로 한 것이므로, 압류처분의 무효확인을 구하는 당해 소송에서는 개정된 공무원연금법(2009. 12. 31. 법률 제9905호로 개정된 것) 제64조 제1항 제1호가 적용될 여지가 없다. 따라서 개정된 공무원연금법 제64조 제1항 제1호는 당해 사건의 재판에 적용되지 아니하므로, 재판의 전제성이 인정되지 아니한다(헌재 2013.8.29. 2010헌바241).

46 **다음 중 위헌법률심판에 대한 설명으로 옳지 <u>않은</u> 것은?** (다툼이 있는 경우 헌법재판소 판례에 의함)

16년 국회 9급

① 위헌법률심판에서 재판의 전제성이 인정되기 위해서는 구체적인 사건이 법원에 계속 중이어야 하고, 위헌 여부가 문제되는 법률이 당해 소송의 재판에 적용되어야 하며, 적용법률의 위헌 여부에 따라 당해 사건을 담당하는 법원이 다른 내용의 재판을 하는 경우에 해당하여야 한다.

② 법원이 헌법재판소에 위헌법률심판을 제청한 때에는 당해 소송 사건의 재판은 헌법재판소의 결정이 있을 때까지 정지된다.

③ 법률의 효력을 갖는 관습법은 위헌법률심판의 대상에 해당된다.

④ 위헌법률심판에서 재판관 5인이 단순위헌의견, 2인이 헌법불합치 의견, 그리고 2인이 합헌의견을 낸 경우에는 헌법불합치결정의 주문을 채택한다.

⑤ 형벌에 관한 법률 조항에 대한 위헌결정은 소급효를 가지지만 해당 법률 또는 법률 조항에 대하여 종전에 합헌결정이 있는 경우에는 그 결정이 있는 날로부터 효력을 상실한다.

지문분석 **정답 ⑤**

① 【O】 재판의 전제성이란, 첫째 구체적인 사건이 법원에 계속되어 있었거나 계속 중이어야 하고, 둘째 위헌여부가 문제되는 법률이 당해소송사건의 재판에 적용되는 것이어야 하며, 셋째 그 법률이 헌법에 위반되는지의 여부에 따라 당해 소송사건을 담당한 법원이 다른 내용의 재판을 하게 되는 경우를 말한다(헌재 2000.6.29, 99헌바66).
② 【O】 법원이 법률의 위헌 여부 심판을 헌법재판소에 제청한 때에는 당해 소송사건의 재판은 헌법재판소의 위헌 여부의 결정이 있을 때까지 정지된다. 다만, 법원이 긴급하다고 인정하는 경우에는 종국재판 외의 소송절차를 진행할 수 있다(헌법재판소법 제42조 제1항).
③ 【O】 법률과 동일한 효력을 갖는 조약 등을 위헌법률심판의 대상으로 삼는 것은 헌법을 최고규범으로 하는 법질서의 통일성과 법적 안정성을 확보할 수 있을 뿐만 아니라, 합헌적인 법률에 의한 재판을 가능하게 하여 궁극적으로는 국민의 기본권 보장에 기여할 수 있다. 그런데 호주가 사망한 경우 딸에게 분재청구권을 인정하지 아니한 이 사건 관습법은 민법 시행 이전에 상속을 규율하는 법률이 없는 상황에서 재산상속에 관하여 적용된 규범으로서 비록 형식적 의미의 법률은 아니지만 실질적으로는 법률과 같은 효력을 갖는 것이므로 위헌법률심판의 대상이 된다(헌재 2013.2.28, 2009헌바129).
④ 【O】 위헌법률심판에서 재판관 5인이 단순위헌의견, 2인이 헌법불합치 의견, 그리고 2인이 합헌의견을 낸 경우에는 헌법불합치결정의 주문을 채택한다.
⑤ 【X】 위헌으로 결정된 형벌에 관한 법률 또는 법률의 조항은 소급하여 그 효력을 상실한다. 다만, 해당 법률 또는 법률의 조항에 대하여 종전에 합헌으로 결정한 사건이 있는 경우에는 그 결정이 있는 날의 다음 날로 소급하여 효력을 상실한다(헌법재판소법 제47조 제3항).

47 **법원의 위헌법률심판제청에 대한 설명으로 옳은 것은?** (다툼이 있는 경우 헌법재판소 판례에 의함)

16년 국회 8급

① 하급심법원이 위헌법률심판을 할 때에는 반드시 대법원을 경유하여야 하며, 대법원은 반드시 위헌 여부에 관한 판단을 헌법재판소에 제시하여야 한다.
② 심판제청의 대상은 형식적 의미의 법률에 한하므로 조약과 긴급명령은 포함되지 아니한다.
③ 폐지된 법률은 위헌심사의 대상이 되지 아니한다.
④ 군사법원도 위헌법률심판제청권을 가진다.
⑤ 법원이 헌법재판소에 위헌법률심판제청을 하면 당해 소송에 관한 일체의 절차가 정지된다.

지문분석 **정답 ④**

① 【X】 대법원 외의 법원이 위헌법률심판 제청을 할 때에는 대법원을 거쳐야 한다. 제청된 법률의 위헌 여부에 관한 판단은 헌법재판소가 한다.
② 【X】 법률과 동일한 효력을 가지는 조약과 긴급명령도 포함된다.
③ 【X】 심판의 대상이 되는 법규는 심판 당시 유효한 것이어야 함이 원칙이지만 위헌제청신청기각결정에 따른 헌법소원심판은 실질상 헌법소원심판이라기보다는 위헌법률심판이라 할 것이므로 폐지된 법률이라고 할지라도 그 위헌 여부가 재판의 전제가 된다면 심판청구의 이익이 인정된다(헌재 1996.4.25, 92헌바47).
④ 【O】 헌법재판소법 제41조 제1항에 따라 군사법원도 위헌법률심판제청이 가능하다.
⑤ 【X】 법원이 법률의 위헌 여부 심판을 헌법재판소에 제청한 때에는 당해 소송사건의 재판은 헌법재판소의 위헌 여부의 결정이 있을 때까지 정지된다. 다만, 법원이 긴급하다고 인정하는 경우에는 종국재판 외의 소송절차를 진행할 수 있다(헌법재판소법 제42조 제1항).

48 위헌법률심판에 대한 설명으로 옳지 않은 것은? (다툼이 있는 경우 헌법재판소의 판례에 의함)

17년 국회직 8급

① 헌법재판소는 이미 합헌으로 선언된 법률조항에 대한 위헌법률심판제청을 적법한 것으로 받아들임으로써 합헌결정에 대한 기속력을 인정하지 않는다.
② 헌법재판소는 위헌법률심판의 제청이 있은 때에는 법무부장관 및 당해 소송사건의 당사자에게 그 제청서의 등본을 송달한다.
③ 군사재판을 관할하는 군사법원은 헌법에 근거를 둔 특별법원으로 당연히 위헌법률심판제청권이 있다.
④ 당해사건의 보조참가인은 피참가인의 소송행위와 저촉되지 아니하는 한 일체의 소송행위를 할 수 있지만, 위헌법률심판제청을 신청할 수 있는 '당사자'에는 해당하지 않는다.
⑤ 제청법원이 법률에 대한 위헌법률심판을 구하면서 동시에 토지수용의 경우에 가압류가 소멸함에도 그에 대한 보상의 방법과 절차를 전혀 규정하지 않아 가압류 채권자의 재산권을 침해하고 있다는 이른바 입법부작위로 인한 위헌법률심판제청은 부적법하다.

지문분석 **정답 ④**

① 【O】 일례로 형법 제241조 간통죄 조항은 4번의 합헌 결정 이후 헌재 2015.2.26, 2009헌바17 결정에서 위헌으로 결정되었다.
② 【O】 위헌법률심판의 제청이 있으면 법무부장관 및 당해 소송사건의 당사자에게 그 제청서의 등본을 송달한다(헌법재판소법 제27조 제2항).
③ 【O】 법률이 헌법에 위반되는지 여부가 재판의 전제가 된 경우에는 당해 사건을 담당하는 법원(군사법원을 포함한다. 이하 같다)은 직권 또는 당사자의 신청에 의한 결정으로 헌법재판소에 위헌 여부 심판을 제청한다(헌법재판소법 제41조 제1항).
④ 【X】 헌법재판소법 제40조에 의하여 준용되는 민사소송법에 의하면 보조참가인은 피참가인의 소송행위와 저촉되지 아니하는 한 소송에 관하여 공격·방어·이의·상소, 기타 일체의 소송행위를 할 수 있는 자(민사소송법 제76조 제1항 본문)이므로 헌법재판소법 소정의 위헌심판제청신청의 '당사자'에 해당한다고 할 것이고, 이와 같이 해석하는 것이 구체적 규범통제형 위헌심사제의 입법취지 및 기능에도 부합한다고 할 것이다. 민사소송의 보조참가인은 헌법재판소법 제68조 제2항의 헌법소원의 당사자 적격이 있다(헌재 2003.5.15, 2001헌바98).
⑤ 【O】 제청법원은 토지수용의 경우에 가압류가 소멸함에도 그에 대한 보상 방법과 절차를 전혀 규정하지 않아 가압류 채권자의 재산권을 침해하고 있다는 이른바 입법부작위를 위헌의 이유로 덧붙이고 있으나, 헌법재판소법 제41조에 의한 법원의 위헌제청은 법률이나 법률조항이 헌법에 위반되는지 여부를 적극적으로 다투는 제도이므로 법률의 부존재, 즉 입법부작위를 그 심판의 대상으로 하는 것은 그 자체로서 허용될 수 없다(헌재 2007.12.27, 2005헌가9).

49 **위헌법률심판에 관한 다음 설명 중 가장 옳지 않은 것은?** (다툼이 있는 경우 헌법재판소 결정에 의함)

17년 법원직 9급

① 위헌법률심판의 대상이 되는 법률에는 국회의 의결을 거친 이른바 형식적 의미의 법률은 물론이고 그 밖에 조약등 형식적 의미의 법률과 동일한 효력을 갖는 규범들도 모두 포함된다.

② 당해 사건이 고등법원의 재정신청기각결정에 대한 재항고사건인 경우 재정신청이 이유 있으면 공소제기 결정을 하도록 규정한 형사소송법 조항에 관하여 재판의 전제성이 인정된다.

③ 당해 사건 계속 중 공소가 취소되어 공소기각 결정이 확정된 경우 그 공소의 근거 법률에 관하여 재판의 전제성이 인정되지 않는다.

④ 행정처분에 대한 제소기간이 도과한 후 그 처분에 대한 무효확인 및 후행처분의 취소를 구하는 소를 제기한 때에는 당해 행정처분의 근거 법률에 관하여 재판의 전제성이 인정되지 않는다.

지문분석 **정답 ②**

① 【O】 헌법 제107조 제1항, 제2항은 법원의 재판에 적용되는 규범의 위헌 여부를 심사할 때, '법률'의 위헌 여부는 헌법재판소가, 법률의 하위 규범인 '명령·규칙 또는 처분' 등의 위헌 또는 위법 여부는 대법원이 그 심사권한을 갖는 것으로 권한을 분배하고 있다. 이 조항에 규정된 '법률'인지 여부는 그 제정 형식이나 명칭이 아니라 규범의 효력을 기준으로 판단하여야 하고, '법률'에는 국회의 의결을 거친 이른바 형식적 의미의 법률은 물론이고 그 밖에 조약 등 '형식적 의미의 법률과 동일한 효력'을 갖는 규범들도 모두 포함된다(헌재 2013.3.21, 2010헌바132).

② 【X】 당해사건은 고등법원의 재정신청기각결정에 대한 재항고사건이므로 당해사건이 고등법원의 재정신청기각결정에 대한 재항고사건인 경우, 재정신청이 이유 있으면 공소제기결정을 하도록 규정한 심판대상조항은 당해사건에 직접 적용될 법률이 아니다. 또한, 심판대상조항이 위헌으로 결정되어 재정신청이 이유 있는 경우 공소제기명령을 하는 대신 불기소처분을 취소하는 것으로 제도가 변경된다고 하여 불기소처분의 적법성과 타당성을 심사하는 법관의 재량적 판단이 달라질 것이라고 보기는 어렵다. 법원은 필요한 대에는 증거를 조사할 수 있으므로(형사소송법 제262조 제2항), 증거자료가 부족하여 공소제기명령을 할 수 없지만 수사를 더 하라는 취지로 불기소처분을 취소할 수 있는 경우를 상정하기도 어렵다. 더구나 청구인들의 주장과 같이 심판대상조항이 개정되고 그 효력이 소급된다고 하더라도, 당해사건에서 대법원이 고등법원의 재정신청기각결정이 헌법이나 법률에 위반된다고 판단할 것이라고 추단할 수 없다. 따라서 심판대상조항은 당해사건에서 재판의 전제성이 인정되지 않는다(헌재 2015.1.29, 2012헌바434).

③ 【O】 당해 사건 계속 중 의료법 제56조 제2항 제11호 위반의 점에 관한 공소가 취소됨에 따라 공소기각 결정이 내려지고 그 결정이 확정되었으므로, 의료법 제89조 중 제56조 제2항 제11호 부분은 재판의 전제성이 인정되지 아니한다(헌재 2014.9.25, 2013헌바28). 본 사건은 소송계속 중 공소가 취소되어 공소기각 결정이 확정된 경우 그 공소의 근거 법률에 관한 재판의 전제성이 부인된 사례

④ 【O】 행정처분의 근거법률이 헌법에 위반된다는 사정은 헌법재판소의 위헌결정이 있기 전에는 객관적으로 명백한 것이라고 할 수는 없으므로, 특별한 사정이 없는 한 그러한 하자는 행정처분의 취소사유에 해당할 뿐 당연무효사유는 아니다. 제소기간이 경과한 뒤에는 행정처분의 근거 법률이 위헌임을 이유로 무효확인소송 등을 제기하더라도 행정처분의 효력에는 영향이 없으며, 그 하자가 당연무효사유가 아닌 한 후행처분에 승계되는 것이 아니다. 따라서 처분의 근거가 된 법률조항의 위헌 여부에 따라 당해 사건 재판의 주문이 달라지거나 재판의 내용과 효력에 관한 법률적 의미가 달라지는 경우로 볼 수 없으므로 재판의 전제성이 인정되지 아니한다(헌재 2014.3.27, 2011헌바232).

50 위헌법률심판의 적법성에 관한 설명 중 옳은 것은? (다툼이 있는 경우 판례에 의함)

① 위헌법률심판의 적법요건으로서의 재판의 전제성에서 '재판'이라 함은 판결・결정・명령 등 그 형식 여하와 본안에 관한 재판이거나 소송절차에 관한 재판이거나를 불문하지만, 중간재판은 이에 포함되지 않는다.

② 법원의 위헌법률심판제청에 있어 위헌 여부가 문제되는 법률 또는 법률조항이 재판의 전제성 요건을 갖추고 있는지 여부는 되도록 제청법원의 이에 관한 법률적 견해를 존중해야 하는 것이 원칙이고, 다만 그 전제성에 관한 법률적 견해가 명백히 유지될 수 없을 경우에 헌법재판소가 이를 부정할 수 있다.

③ 행정처분의 근거가 된 법률이 헌법재판소에서 위헌으로 결정된 경우에는 그 전에 이미 집행이 종료된 행정처분이라 하더라도 당연무효가 되는 것으로 보아야 한다.

④ 재판의 전제성은 법원에 의한 법률의 위헌심판제청 당시에만 있으면 되고, 헌법재판소의 위헌법률심판의 시점에도 충족되어야 하는 것은 아니다.

지문분석 **정답 ②**

① 【X】 헌법재판소법 제68조 제2항에 의한 헌법소원심판은 심판대상이 된 법률조항이 헌법에 위반되는 여부가 관련사건에서 재판의 전제가 된 경우에 한하여 청구될 수 있는데, 여기서 "재판"이라 함은 판결・결정・명령 등 그 형식 여하와 본안에 관한 재판이거나 소송절차에 관한 재판이거나를 불문하며, 심급을 종국적으로 종결시키는 종국재판뿐만 아니라 중간재판도 이에 포함된다. 법원이 행하는 증거채부결정은 당해 소송사건을 종국적으로 종결시키는 재판은 아니라고 하더라도, 그 자체가 법원의 의사결정으로서 헌법 제107조 제1항과 헌법재판소법 제41조 제1항 및 제68조 제2항에 규정된 재판에 해당된다(1996.12.26. 94헌바1).

② 【O】 헌법재판소는 "법원의 위헌법률심판제청에 있어서 위헌 여부가 문제되는 법률 또는 법률조항이 재판의 전제성 요건을 갖추고 있는지의 여부는 되도록 제청법원의 이에 관한 법률적 견해를 존중"해야 하는 것을 원칙으로 삼고 있다. 그러나 헌법재판소는 재판의 전제성에 관한 제청법원의 법률적 견해가 명백히 유지될 수 없을 때에는 이를 직권으로 조사할 수 있으며, 그 결과 전제성이 없다고 판단되면 그 제청을 부적법하다 하여 각하할 수 있다(헌재 2011.8.30. 2009헌가10).

③ 【X】 행정처분의 집행이 이미 종료되었고 그것이 번복될 경우 법적 안정성을 크게 해치게 되는 경우에는 후에 행정처분의 근거가 된 법규가 헌법재판소에서 위헌으로 선고된다고 하더라도 그 행정처분이 당연무효가 되지는 않음이 원칙이라고 할 것이나, 행정처분 자체의 효력이 쟁송기간 경과 후에도 존속 중인 경우, 특히 그 처분이 위헌법률에 근거하여 내려진 것이고 그 행정처분의 목적달성을 위하여서는 후행 행정처분이 필요한데 후행 행정처분은 아직 이루어지지 않은 경우와 같이 그 행정처분을 무효로 하더라도 법적 안정성을 크게 해치지 않는 반면에 그 하자가 중대하여 그 구제가 필요한 경우에 대하여서는 그 예외를 인정하여 이를 당연무효사유로 보아서 쟁송기간 경과 후에라도 무효확인을 구할 수 있는 것이라고 봐야 할 것이다(1994.6.30. 92헌바23). 국회에서 헌법과 법률이 정한 절차에 의하여 제정・공포된 법률이 헌법에 위반된다는 사정은 헌법재판소의 위헌결정이 있기 전에는 객관적으로 명백한 것이라고 할 수 없으므로 행정처분의 근거법률이 위헌으로 선고된다고 하더라도 이는 이미 집행이 종료된 행정처분의 취소사유에 해당할 뿐 당연무효사유는 아니다(헌재 2010.12.28. 2009헌바429).

④ 【X】 재판의 전제가 된다는 것은 그 법률이 당해 사건에 적용될 법률이어야 하며, 그 위헌 여부에 따라 재판의 주문이 달라지거나 재판의 내용과 효력에 관한 법률적 의미가 달라지는 것을 말하고, 이러한 재판의 전제성은 위헌제청신청 당시뿐만 아니라 심판이 종료될 때까지 갖추어져야 함이 원칙이다(헌재 2010.2.25. 2007헌바34).

51 **재판의 전제성에 대한 설명으로 옳은 것은?** (다툼이 있는 경우 판례에 의함) 22년 국가직 7급

① 법원에서 당해 소송사건에 적용되는 재판규범 중 위헌제청신청대상이 아닌 관련 법률에서 규정한 소송요건을 구비하지 못하였기 때문에 부적법하다는 이유로 소각하판결을 선고하고 그 판결이 확정되거나, 소각하판결이 확정되지 않았더라도 당해 소송사건이 부적법하여 각하될 수밖에 없는 경우, 당해 소송사건이 각하될 것이 불분명한 경우에는 당해 소송사건에 관한 '재판의 전제성' 요건이 흠결된 것으로 본다.

② 법원이 심판대상조항을 적용함이 없이 다른 법리를 통하여 재판을 한 경우 심판대상조항의 위헌 여부는 당해사건법원의 재판에 직접 적용되거나 관련되는 것이 아니어서 재판의 전제성이 인정되지 않는다.

③ 형사사건에 있어서 원칙적으로 공소가 제기되지 아니한 법률조항의 위헌 여부는 당해 형사사건의 재판의 전제가 될 수 없으나 공소장에 적용법조로 기재되었다면 재판의 전제성을 인정할 수 있다.

④ 항소심에서 당해 사건의 당사자들 간에 임의조정이 성립되어 소송이 종결된 경우 1심 판결에 적용된 법률조항에 대해서는 재판의 전제성이 인정될 수 있다.

지문분석 **정답 ②**

① 【X】 법원에서 당해 소송사건에 적용되는 재판규범 중 위헌제청신청대상이 아닌 관련 법률에서 규정한 소송요건을 구비하지 못하였기 때문에 부적법하다는 이유로 소각하 판결을 선고하고 그 판결이 확정되거나, 소각하 판결이 확정되지 않았더라도 당해 소송사건이 부적법하여 각하될 수밖에 없는 경우에는 당해 소송사건에 관한 '재판의 전제성' 요건이 흠결되어 헌법재판소법 제68조 제2항의 헌법소원심판청구가 부적법하다 할 것이나, 이와는 달리 당해 소송사건이 각하될 것이 불분명한 경우에는 '재판의 전제성'이 흠결되었다고 단정할 수 없는 것이다(헌재 2013. 11. 28. 2011헌바136 등).

② 【O】 구 국세징수법 제47조 제2항은 부동산등에 대한 압류는 압류의 등기 또는 등록을 한 후에 발생한 체납액에 대하여도 효력이 미친다는 내용임에 반하여, 당해사건의 법원은 압류등기 후에 압류부동산을 양수한 소유자에게 압류처분의 취소를 구할 당사자적격이 있는지에 관한 법리 및 압류해제, 결손처분에 관한 법리를 통하여 당해사건을 판단하였고, 그러한 당해사건법원의 판단은 그대로 대법원에 의하여 최종적으로 확정되었는 바, 그렇다면 위 법률조항의 위헌여부는 당해사건법원의 재판에 직접 적용되거나 관련되는 것이 아니어서 그 재판의 전제성이 없다(헌재 2001. 11. 29. 2000헌바49).

③ 【X】 형사사건에 있어서는, 원칙적으로 공소가 제기되지 아니한 법률조항의 우헌 여부는 당해 형사사건의 재판의 전제가 될 수 없으나, 공소장에 적용법조로 기재되었다는 이유만으로 재판의 전제성을 인정할 수도 없다(헌재 2002. 4. 25. 2001헌가27).

④ 【X】 당해사건의 당사자들에 의해 그 소송이 종결되었다면 구체적인 사건이 법원에 계속 중인 경우라 할 수 없을 뿐 아니라, 조정의 성립에 이 사건 법률조항이 적용된 바도 없으므로 위 법률조항에 대하여 위헌 결정이 있다 하더라도 청구인으로서는 당해사건에 대하여 재심을 청구할 수 없어 종국적으로 당해사건의 결과에 대하여 이를 다툴 수 없게 되었다 할 것이므로, 이 사건 법률조항이 헌법에 위반되는지 여부는 당해사건과의 관계에서 재판의 전제가 되지 못한다 할 것이다(헌재 2010. 2. 25. 2007헌바34).

52 위헌법률심판에 대한 설명으로 옳은 것은? 16년 지방직 7급

① 위헌법률심판제청을 신청한 당사자는 당해 법원이 제청신청을 기각한 결정에 대하여 항고할 수 없다.

② 헌법재판소는 관습법도 위헌법률심판의 대상이 된다고 보고 있으며, 대법원도 관습법이 헌법재판소의 위헌법률심판 대상이 된다고 인정하고 있다.

③ 법원이 법률의 위헌 여부 심판을 헌법재판소에 제청할 때에는 제청서에 제청법원의 표시, 사건 및 당사자의 표시 및 피청구인을 적어야 한다.

④ 헌법재판소는 위헌법률심판에서 결정유형으로 각하결정, 기각결정, 합헌결정, 변형결정, 위헌결정을 사용하고 있다.

지문분석 **정답 ①**

① 【O】 위헌 여부 심판의 제청에 관한 결정에 대하여는 항고할 수 없다(헌법재판소법 제41조 제4항).

② 【X】 대법원은 관습법이 헌법재판소의 위헌법률심판 대상이 되지 않는다고 보았다.
헌법 제111조 제1항 제1호 및 헌법재판소법 제41조 제1항에서 규정하는 위헌심사의 대상이 되는 법률은 국회의 의결을 거친 이른바 형식적 의미의 법률을 의미하고, 또한 민사에 관한 관습법은 법원에 의하여 발견되고 성문의 법률에 반하지 아니하는 경우에 한하여 보충적인 법원이 되는 것에 불과하여 관습법이 헌법에 위반되는 경우 법원이 그 관습법의 효력을 부인할 수 있으므로, 결국 관습법은 헌법재판소의 위헌법률심판의 대상이 아니라 할 것이다(대판 2009.5.28., 2007카기134).

③ 【X】 법원이 법률의 위헌 여부 심판을 헌법재판소에 제청할 때에는 제청서에 제청법원의 표시, 사건 및 당사자의 표시, 위헌이라고 해석되는 법률 또는 법률의 조항, 위헌이라고 해석되는 이유, 그 밖에 필요한 사항을 적어야 한다(헌법재판소법 제43조).

④ 【X】 각하결정과 기각결정은 헌법소원심판에서 사용한다.

53 **위헌법률심판과 「헌법재판소법」 제68조 제2항에 의한 헌법소원심판에 대한 설명으로 가장 옳은 것은?** (다툼이 있는 경우 헌법재판소 판례에 의함) 17년 서울시 7급

① 호주가 사망한 경우 딸에게 분재청구권을 인정하지 아니한 구 관습법은 실질적으로는 법률과 같은 효력을 갖지만 형식적 의미의 법률은 아니기 때문에 위헌법률심판의 대상이 될 수 없다.

② 위헌법률심판 제청법원이나 「헌법재판소법」 제68조 제2항에 의한 헌법소원심판 청구인이 심판대상 법률조항의 특정한 해석이나 적용부분의 위헌성을 주장하는 한정위헌청구는 원칙적으로 적법하다.

③ 「헌법재판소법」 제68조 제2항에 의한 헌법소원심판 청구인이 당해사건인 형사사건에서 무죄의 확정판결을 받은 때에도 헌법재판소는 그 처벌조항의 위헌 여부에 대해 본안 판단을 한다.

④ 형사처벌의 근거로 된 법률의 위헌 여부는 확정된 유죄 판결에 대한 재심사유의 존부와 재심청구의 당부에 대하여 직접적인 영향을 미치는 것이므로, 당해사건 재심재판에서 재심사유의 존부 및 재심청구의 당부에 대한 재판의 전제가 된다.

지문분석 **정답 ②**

① 【X】 법률과 동일한 효력을 갖는 조약 등을 위헌법률심판의 대상으로 삼는 것은 헌법을 최고규범으로 하는 법질서의 통일성과 법적 안정성을 확보할 수 있을 뿐만 아니라, 합헌적인 법률에 의한 재판을 가능하게 하여 궁극적으로는 국민의 기본권 보장에 기여할 수 있다. 그런데 이 사건 관습법은 민법 시행 이전에 상속을 규율하는 법률이 없는 상황에서 재산상속에 관하여 적용된 규범으로서 비록 형식적 의미의 법률은 아니지만 실질적으로는 법률과 같은 효력을 갖는 것이므로 위헌법률심판의 대상이 된다(헌재 2013.2.28. 2009헌바129).

② 【O】 법률의 의미는 결국 개별·구체화된 법률해석에 의해 확인되는 것이므로 법률과 법률의 해석을 구분할 수는 없고, 재판의 전제가 된 법률에 대한 규범통제는 해석에 의해 구체화된 법률의 의미와 내용에 대한 헌법적 통제로서 헌법재판소의 고유권한이며, 헌법합치적 법률해석의 원칙상 법률조항 중 위헌성이 있는 부분에 한정하여 위헌결정을 하는 것은 입법권에 대한 자제와 존중으로서 당연하고 불가피한 결론이므로, 이러한 한정위헌결정을 구하는 한정위헌청구는 원칙적으로 적법하다고 보아야 한다. 다만, 재판소원을 금지하는 헌법재판소법 제68조 제1항의 취지에 비추어, 개별·구체적 사건에서 단순히 법률조항의 포섭이나 적용의 문제를 다투거나, 의미있는 헌법문제에 대한 주장없이 단지 재판결과를 다투는 헌법소원 심판청구는 여전히 허용되지 않는다(헌재 2012.12.27. 2011헌바117).

③ 【X】 헌법재판소법 제68조 제2항에 의한 헌법소원심판 청구인이 당해사건인 형사사건에서 무죄의 확정판결을 받은 때에는 처벌조항의 위헌확인을 구하는 헌법소원이 인용되더라도 재심을 청구할 수 없고, 청구인에 대한 무죄판결은 종국적으로 다툴 수 없게 되므로 법률의 위헌 여부에 따라 당해 사건 재판의 주문이 달라지거나 재판의 내용과 효력에 관한 법률적 의미가 달라지는 경우에 해당한다고 볼 수 없으므로 더 이상 재판의 전제성이 인정되지 아니하는 것으로 보아야 한다(헌재 2009.5.28. 2006헌바109).

④ 【X】 '재심의 청구에 대한 심판'은 원판결에 형사소송법 제420조 각 호, 헌법재판소법 제47조 제3항 소정의 재심사유가 있는지 여부만을 우선 심리하여 재판할 뿐이어서, 원판결에 적용된 법률조항일 뿐 '재심의 청구에 대한 심판'에 적용되는 법률조항이라고 할 수 없는 이 사건 법률조항에 대해서는 재판의 전제성이 인정되지 않는다(헌재 2011.2.24. 2010헌바98).

54 **위헌법률심판 및 헌법재판소법 제68조 제2항에 의한 헌법소원심판에서 재판의 전제성에 관한 다음 설명 중 가장 옳은 것은?** (다툼이 있는 경우 헌법재판소 결정에 의함) 17년 법원직 9급

① 아직 법원에 의하여 그 해석이 확립된 바 없어 제청대상 법률조항이 당해 사건 재판에 적용 여부가 불확실하다면 법원이 적용가능성을 전제로 위헌제청을 하였더라도 재판의 전제성이 부정된다.

② 심판의 대상이 되는 법률은 반드시 당해 사건 재판에 직접 적용되는 법률이어야 한다.

③ 헌법재판소법 제68조 제2항에 의한 위헌심사형 헌법소원에서 헌법재판소의 종국결정 이전에 당해 사건 재판이 확정되어 종료되었다면 재판의 전제성은 부정된다.

④ 당해 소송사건에 적용되는 재판규범 중 위헌제청신청대상이 아닌 관련 법률에서 규정한 소송요건을 구비하지 못하여 부적법 각하될 수밖에 없는 때에는 소각하 판결이 확정되지 않았다고 하더라도 헌법재판소법 제68조 제2항에 의한 헌법소원심판청구는 재판의 전제성 요건이 흠결되어 부적법하다.

지문분석 **정답 ④**

① 【X】 아직 법원에 의하여 그 해석이 확립된 바 없어 당해 형사사건에의 적용 여부가 불명인 상태에서 검사가 그 적용을 주장하며 공소장에 적용법조로 적시하였고, 법원도 적용가능성을 전제로 재판의 전제성을 긍정하여 죄형법정주의 위반 등의 문제점을 지적하면서 위헌법률심판제청을 하여 온 이상, 헌법재판소로서는 그 법령을 해석하여 이에 대한 판단을 하여야 하고 법원은 그 판단을 전제로 당해사건을 재판하게 되는 것이므로, 위 각 규정은 그 해석에 의하여 당해 형사사건에의 적용 여부가 결정된다는 측면에서 재판의 전제성을 인정하여야 한다(헌재 2002.4.25. 2001헌가27).

② 【X】 어떤 법률규정이 위헌의 의심이 있다고 하더라도 그것이 당해사건에 적용될 것이 아니라면 재판의 전제성 요건은 충족되지 않으므로, 공소가 제기되지 아니한 법률조항의 위헌여부는 당해 형사사건의 재판의 전제가 될 수 없다. 그러나 제청 또는 청구된 법률조항이 법원의 당해사건의 재판에 직접 적용되지는 않더라도 그 위헌여부에 따라 당해사건의 재판에 직접 적용되는 법률조항의 위헌여부가 결정되거나, 당해재판의 결과가 좌우되는 경우 등과 같이 양 규범 사이에 내적 관련이 있는 경우에는 간접 적용되는 법률규정에 대하여도 재판의 전제성을 인정할 수 있다(헌재 2001.10.25. 2000헌바5).

③ 【X】 헌법재판소법 제68조 제2항에 따른 헌법소원의 경우에는 당해 소송사건이 헌법소원의 제기로 정지되지 않기 때문에 헌법소원심판의 종국결정 이전에 당해 소송사건이 확정되어 종료되는 경우가 있을 수 있으나, 위 법 제68조 제2항에 의한 헌법소원이 인용된 경우에는 당해 헌법소원과 관련된 소송사건이 이미 확정된 때라도 당사자는 재심을 청구할 수 있으므로(헌법재판소법 제75조 제7항), 판결이 확정되었더라도 재판의 전제성이 소멸된다고 볼 수는 없다(헌재 2008.5.29. 2006헌바99).

④ 【O】 법원에서 당해 소송사건에 적용되는 재판규범 중 위헌제청신청대상이 아닌 관련 법률에서 규정한 소송요건을 구비하지 못하였기 때문에 부적법하다는 이유로 소각하 판결을 선고하고 그 판결이 확정되거나, 소각하판결이 확정되지 않았더라도 당해 소송사건이 부적법하여 각하될 수밖에 없는 경우에는 당해 소송사건에 관한 재판의 전제성 요건이 흠결되어 부적법하다(헌재 2005.3.31. 2003헌바113).

55 **위헌법률심판에서 재판의 전제성 요건에 대한 설명으로 옳지 않은 것은?** 25년 국회직 8급

① 헌법재판소는 법원의 위헌법률심판제청에 있어서 위헌 여부가 문제되는 법률 또는 법률 조항이 재판의 전제성 요건을 갖추고 있는지의 여부에 대해 되도록 제청법원의 법률적 견해를 존중함을 원칙으로 하고 있다.

② 확정된 유죄판결에서 처벌의 근거가 된 법률 조항은 재심의 개시 여부를 결정하는 재판에서는 재판의 전제성이 인정되지 않고, 재심의 개시 결정 이후의 '본안사건에 대한 심판'에 있어서만 재판의 전제성이 인정된다.

③ 당해 사건을 담당하는 법원이 당해 법률의 위헌 여부와 관계없이 각하를 하여야 할 사건이라면 당해 법률이 헌법에 위반되는지의 여부에 따라 당해 사건을 담당하는 법원이 다른 내용의 재판을 하게 되는 경우라고 할 수 없으므로 재판의 전제성이 인정될 수 없다.

④ 위헌법률심판에서 문제된 법률의 위헌 여부가 당해 사건 재판의 전제가 된다는 것은 그 법률이 당해 사건에 적용되는 것이어야 하고 그 법률의 위헌 여부에 따라 재판의 주문이 달라지거나 재판의 내용과 효력에 관한 법률적 의미가 달라지는 경우를 말한다.

⑤ 행정처분에 대한 무효확인소송이나 그 효력 유무를 선결문제로 하는 민사소송에서 행정처분의 근거 법률이 위헌이 될 경우, 그 행정처분이 무효가 될 가능성이 상존하므로, 그 처분에 대한 취소소송의 제소기간이 지났는지 여부와는 상관없이 행정처분의 근거 법률의 위헌 여부는 재판의 전제가 된다.

지문분석 **정답 ⑤**

① 【O】 헌법재판소는 "법원의 위헌법률심판제청에 있어서 위헌 여부가 문제되는 법률 또는 법률조항이 재판의 전제성 요건을 갖추고 있는지의 여부는 되도록 제청법원의 이에 관한 법률적 견해를 존중"해야 하는 것을 원칙으로 삼고 있다. 그러나 헌법재판소는 재판의 전제성에 관한 제청법원의 법률적 견해가 명백히 유지될 수 없을 때에는 이를 직권으로 조사할 수 있으며, 그 결과 전제성이 없다고 판단되면 그 제청을 부적법하다 하여 각하할 수 있다(헌재 2010.2.25. 2008헌가23).

② 【O】 형사소송법은 재심의 절차를 '재심의 청구에 대한 심판'과 '본안사건에 대한 심판'이라는 두 단계 절차로 구별하고 있다. 따라서 확정된 유죄판결에서 처벌의 근거가 된 법률조항은 원칙적으로 '재심의 청구에 대한 심판', 즉 재심의 개시 여부를 결정하는 재판에서는 재판의 전제성이 인정되지 않고, 재심의 개시 결정 이후의 '본안사건에 대한 심판'에 있어서만 재판의 전제성이 인정된다(헌재 2013.3.21. 2010헌바132 등).

③ 【O】 법률에 대한 위헌제청이 적법하기는 법원에 계속중인 구체적인 사건에 적용할 법률이 헌법에 위반되는 여부가 재판의 전제로 되어야 한다. 당해사건을 담당하는 법원이 당해 법률의 위헌 여부와 관계없이 각하를 하여야 할 사건이라면 당해 법률이 헌법에 위반되는지의 여부에 따라 당해 사건을 담당하는 법원이 다른 내용의 재판을 하게 되는 경우라고 할 수 없으므로 재판의 전제성이 인정될 수 없다(헌재 2003.10.30. 2002헌가24).

④ 【O】 헌법재판소법 제68조 제2항의 헌법소원심판청구가 적법하려면 당해사건에 적용될 법률이 헌법에 위반되는지 여부가 재판의 전제가 되어야 하고, 여기에서 법률의 위헌 여부가 재판의 전제가 된다는 것은 그 법률이 당해사건에 적용되고, 그 위헌 여부에 따라 재판의 주문이 달라지거나 재판의 내용과 효력에 관한 법률적 의미가 달라지는 것을 말한다(헌재 2014.1.28. 2010헌바251).

⑤ 【X】 행정처분의 근거법률이 헌법에 위반된다는 사정은 헌법재판소의 위헌결정이 있기 전에는 객관적으로 명백한 것이라고 할 수는 없으므로 특별한 사정이 없는 한 그러한 하자는 행정처분의 취소사유에 해당할 뿐 당연무효사유는 아니어서, 제소기간이 경과한 뒤에는 행정처분의 근거 법률이 위헌임을 이유로 무효확인소송 등을 제기하더라도 행정처분의 효력에는 영향이 없음이 원칙이다. 따라서 행정처분의 근거가 된 법률조항의 위헌 여부에 따라 당해 행정처분의 무효확인을 구하는 당해 사건 재판의 주문이 달라지거나 재판의 내용과 효력에 관한 법률적 의미가 달라지는 것은 아니므로 재판의 전제성이 인정되지 아니한다(헌재 2014.1.28. 2010헌바251).

56 위헌법률심판에 대한 설명으로 옳은 것은? (다툼이 있는 경우 판례에 의함) 19년 지방직 7급

① 위헌법률심판 제청이 적법하기 위해서는 법원에 계속 중인 구체적인 사건에 적용할 법률이 헌법에 위반되는 여부가 재판의 전제로 되어야 하는데 여기서 '재판'에는 법원의 증거채부결정과 같은 중간재판도 포함된다.

② 위헌으로 결정된 형벌에 관한 법률 또는 법률조항에 대하여 종전에 합헌으로 결정한 사건이 있는 경우에는 그 결정이 있은 날로 소급하여 효력을 상실한다.

③ 제청법원이 법률조항 자체의 위헌판단을 구하는 것이 아니라 심판대상 법률조항의 특정한 해석이나 적용부분의 위헌성을 주장하는 한정위헌청구를 하는 경우에는 원칙적으로 부적법하다고 보아야 한다.

④ 법원이 위헌법률심판을 제청하는 경우에는 제청서에 위헌이라고 해석되는 법률 또는 법률의 조항 및 위헌이라고 해석되는 이유를 기재해야 하는바, 헌법재판소는 제청서에 기재된 심판의 대상과 위헌심사의 기준에 구속된다.

지문분석 **정답 ①**

① 【O】 법률에 대한 위헌제청이 적법하기 위하여는 법원에 계속중인 구체적인 사건에 적용할 법률이 헌법에 위반되는 여부가 재판의 전제로 되어야 한다. 여기서 '재판'이라고 함은 원칙적으로 그 형식 여하와 본안에 관한 재판이거나 소송절차에 관한 것이거나를 불문하며, 심급을 종국적으로 종결시키는 종국재판뿐만 아니라 중간재판도 이에 포함된다. 형사소송법 제295조에 의하여 법원이 행하는 증거채부결정은 당해 소송사건을 종국적으로 종결시키는 재판은 아니라고 하더라도, 그 자체가 법원의 의사결정으로서 헌법 제107조 제1항과 헌법재판소법 제41조 제1항에 규정된 재판에 해당한다(헌재 2010. 12. 28. 2009헌가30).

② 【X】 **헌법재판소법 제47조(위헌결정의 효력)** ③ 제2항에도 불구하고 형벌에 관한 법률 또는 법률의 조항은 소급하여 그 효력을 상실한다. 다만, 해당 법률 또는 법률의 조항에 대하여 종전에 합헌으로 결정한 사건이 있는 경우에는 그 결정이 있는 날의 다음 날로 소급하여 효력을 상실한다.

③ 【X】 구체적 규범통제절차에서 제청법원이나 헌법소원청구인이 심판대상 법률조항의 특정한 해석이나 적용부분의 위헌성을 주장하는 한정위헌청구 역시 원칙적으로 적법한 것으로 보아야 할 것이다(헌재 2012. 12. 27. 2011헌바117).

④ 【X】 헌법재판소는 위헌법률심판절차에 있어서 규범의 위헌성을 제청법원이나 제청신청인이 주장하는 법적 관점에서만 아니라 심판대상규범의 법적 효과를 고려하여 모든 헌법적 관점에서 심사한다. 법원의 위헌제청을 통하여 제한되는 것은 오로지 심판의 대상인 법률조항이지 위헌심사의 기준이 아니다(헌재 1996. 12. 26. 96헌가18).

57 **헌법재판소의 위헌결정의 효력에 대한 설명으로 옳지 않은 것은?** (다툼이 있는 경우 판례에 의함)

20년 지방직 7급

① 법률의 위헌결정은 법원과 그 밖의 국가기관 및 지방자치단체를 기속한다.

② 행정작용을 포함한 공권력 작용을 대상으로 한 권리구제형 헌법소원에 있어서 판단유탈은 재심사유가 되지 아니한다.

③ 형벌에 관한 법률 또는 법률의 조항에 대한 위헌결정과 관련하여 해당 법률 또는 법률의 조항에 대하여 종전에 합헌으로 결정한 사건이 있는 경우에는 그 결정이 있는 날의 다음 날로 소급하여 효력을 상실한다.

④ 헌법재판소 결정문의 결정이유에 대하여 재판관 5인만이 찬성한 경우에는 위헌결정이유의 기속력을 인정할 여지가 없다.

지문분석 **정답 ②**

① 【O】 **헌법재판소법 제47조(위헌결정의 효력)** ① 법률의 위헌결정은 법원과 그 밖의 국가기관 및 지방자치단체를 기속(羈束)한다.

② 【X】 공권력의 작용에 대한 권리구제형 헌법소원심판절차에 있어서 '헌법재판소의 결정에 영향을 미칠 중대한 사항에 관하여 판단을 유탈한 때'를 재심사유로 허용하는 것이 헌법재판의 성질에 반한다고 볼 수는 없으므로, 「민사소송법」 제422조 제1항 제9호를 준용하여 "판단유탈"도 재심사유로 허용되어야 한다. 따라서 종전에 이와 견해를 달리하여 행정작용에 속하는 공권력 작용을 대상으로 한 권리구제형 헌법소원에 있어서 판단유탈은 재심사유가 되지 아니한다는 취지의 의견은 이를 변경하기로 한다(헌재 2001. 9. 27. 2001헌아3).

③ 【O】 **헌법재판소법 제47조(위헌결정의 효력)** ③ 제2항에도 불구하고 형벌에 관한 법률 또는 법률의 조항은 소급하여 그 효력을 상실한다. 다만, 해당 법률 또는 법률의 조항에 대하여 종전에 합헌으로 결정한 사건이 있는 경우에는 그 결정이 있는 날의 다음 날로 소급하여 효력을 상실한다.

④ 【O】 이 사건의 경우 위헌결정 이유 중 비맹제외기준이 과잉금지원칙에 위반한다는 점에 대하여 기속력을 인정할 수 있으려면, 결정주문을 뒷받침하는 결정이유에 대하여 적어도 위헌결정의 정족수인 재판관 6인 이상의 찬성이 있어야 할 것이고, 이에 미달할 경우에는 결정이유에 대하여 기속력을 인정할 여지가 없다고 할 것인바, 앞서 본 바와 같이 2003헌마715등 사건의 경우 재판관 7인의 의견으로 주문에서 비맹제외기준이 헌법에 위반된다는 결정을 선고하였으나, 그 이유를 보면 비맹제외기준이 법률유보원칙에 위반한다는 의견과 과잉금지원칙에 위반한다는 의견으로 나뉘면서 비맹제외기준이 과잉금지원칙에 위반한다는 점과 관련하여서는 재판관 5인만이 찬성하였을 뿐이므로 위 과잉금지원칙 위반의 점에 대하여 기속력이 인정될 여지가 없다고 할 것이다(헌재 2008. 10. 30. 2006헌마1098 등).

58 「헌법재판소법」 제68조 제2항에 의한 헌법소원심판에 관한 설명 중 옳은 것(○)과 옳지 않은 것(×)을 올바르게 조합한 것은? (다툼이 있는 경우 헌법재판소 판례에 의함) 17년 변호사

> ㉠ 관습법은 형식적 의미의 법률과 동일한 효력이 없으므로, 「민법」 시행 이전의 구 관습법 중 "여호주가 사망하거나 출가하여 호주상속인 없이 절가된 경우, 유산은 그 절가된 가(家)의 가족이 승계하고 가족이 없을 때는 출가녀(出家女)가 승계한다."라는 부분은 「헌법재판소법」 제68조 제2항에 따른 헌법소원심판의 대상이 될 수 없다.
> ㉡ 구체적 규범통제절차에서 법률조항에 대한 특정한 해석이나 적용부분의 위헌성을 다투는 한정위헌청구는 원칙적으로 적법하지만, 재판소원을 금지하는 「헌법재판소법」 제68조 제1항의 취지에 비추어, 당해 사건 재판의 기초가 되는 사실관계의 인정이나 평가 또는 개별적·구체적 사건에서 단순히 법률조항의 포섭이나 적용의 문제를 다투거나, 의미 있는 헌법문제에 대한 주장 없이 단지 재판결과를 다투는 헌법소원 심판청구는 허용되지 않는다.
> ㉢ 「헌법재판소법」 제68조 제2항에 의한 헌법소원은 '법률'의 위헌성을 적극적으로 다투는 제도이므로 '법률의 부존재' 즉 입법부작위를 다투는 것은 그 자체로 허용되지 아니하고, 다만 법률이 불완전·불충분하게 규정되었음을 근거로 법률 자체의 위헌성을 다투는 취지로 이해될 경우에는 그 법률이 당해 사건의 재판의 전제가 된다는 것을 요건으로 허용될 수 있다.
> ㉣ 법률의 위헌여부심판의 제청신청이 기각된 때에는 당사자는 당해 사건의 소송절차에서 동일한 사유를 이유로 다시 위헌여부심판의 제청을 신청할 수 없는데, 이 때 당해 사건의 소송절차란 동일한 심급만을 의미하는 것이고, 당해 사건의 상소심 소송절차를 포함하는 것은 아니다.

① ㉠(×), ㉡(×), ㉢(○), ㉣(○)
② ㉠(○), ㉡(×), ㉢(○), ㉣(×)
③ ㉠(×), ㉡(○), ㉢(○), ㉣(×)
④ ㉠(×), ㉡(○), ㉢(○), ㉣(○)
⑤ ㉠(○), ㉡(○), ㉢(×), ㉣(○)

지문분석 **정답 ③**

㉠ 【X】 민법(1958. 2. 22. 법률 제471호로 제정된 것) 시행 이전의 "여호주가 사망하거나 출가하여 호주상속이 없이 절가된 경우, 유산은 그 절가된 가(家)의 가족이 승계하고 가족이 없을 때는 출가녀(出家女)가 승계한다."는 구 관습법은 민법 시행 이전에 상속 등을 규율하는 법률이 없는 상황에서 절가된 가(家)의 재산분배에 관하여 적용된 규범으로서, 비록 형식적 의미의 법률은 아니지만 실질적으로는 법률과 같은 효력을 갖는다. 그렇다면 법률과 같은 효력을 가지는 이 사건 관습법도 헌법소원심판의 대상이 되고, 단지 형식적 의미의 법률이 아니라는 이유로 그 예외가 될 수는 없다(헌재 2016.4.28. 2013헌바396).

㉡ 【O】 법률의 의미는 결국 개별·구체화된 법률해석에 의해 확인되는 것이므로 법률과 법률의 해석을 구분할 수는 없고, 재판의 전제가 된 법률에 대한 규범통제는 해석에 의해 구체화된 법률의 의미와 내용에 대한 헌법적 통제로서 헌법재판소의 고유권한이며, 헌법합치적 법률해석의 원칙상 법률조항 중 위헌성이 있는 부분에 한정하여 위헌결정을 하는 것은 입법권에 대한 자제와 존중으로서 당연하고 불가피한 결론이므로, 이러한 한정위헌결정을 구하는 한정위헌청구는 원칙적으로 적법하다고 보아야 한다. 다만, 재판소원을 금지하는 헌법재판소법 제68조 제1항의 취지에 비추어, 개별·구체적 사건에서 단순히 법률조항의 포섭이나 적용의 문제를 다투거나, 의미있는 헌법문제에 대한 주장없이 단지 재판결과를 다투는 헌법소원 심판청구는 여전히 허용되지 않는다(헌재 2012.12.27. 2011헌바117).

㉢ 【O】 헌법재판소법 제68조 제2항에 의한 헌법소원은 '법률'의 위헌성을 적극적으로 다투는 제도이므로 '법률의 부존재' 즉, 진정입법부작위를 다투는 것은 그 자체로 허용되지 아니하고, 다만 법률이 불완전·불충분하게 규정되었음을 근거로 법률 자체의 위헌성을 다투는 취지 즉, 부진정입법부작위를 다투는 것으로 이해될 경우에는 그 법률이 당해 사건의 재판의 전제가 된다는 것을 요건으로 허용될 수 있다(헌재 2010.2.25, 2008헌바67).

㉣ 【X】 헌법재판소법 제68조 제2항은 법률의 위헌여부심판의 제청신청이 기각된 때에는 그 신청을 한 당사자는 헌법재판소에 헌법소원심판을 청구할 수 있으나, 다만 이 경우 그 당사자는 당해 사건의 소송절차에서 동일한 사유를 이유로 다시 위헌여부심판의 제청을 신청할 수 없다고 규정하고 있는바, 이 때 당해 사건의 소송절차란 당해 사건의 상소심 소송절차를 포함한다 할 것이다(헌재 2007.7.26, 2006헌바40).

59 헌법재판소의 위헌결정의 기속력에 대한 설명으로 타당치 않은 것은?

① 헌법재판소가 한정위헌 또는 한정합헌선언을 한 경우에 위헌적인 것으로 배제된 해석가능성 또는 축소된 적용범위의 판단은 단지 법률해석의 지침을 제시하는 데 그치는 것이 아니라 본질적으로 부분적 위헌선언의 효과를 가지는 것이며, 헌법재판소법 제47조에 정한 기속력을 명백히 하기 위하여는 어떠한 부분이 위헌인지 여부가 그 결정의 주문에 포함되어야 하므로, 이러한 내용을 결정의 이유에 설시하는 것만으로는 부족하고 결정의 주문에까지 등장시켜야 한다.

② 헌법재판소가 검사의 불기소처분에 대하여 취소결정을 하는 때에는 재조사하는 검사로서는 헌법재판소가 그 결정의 주문 및 이유에서 밝힌 취지에 맞도록 성실히 수사하여 결정을 하여야 할 것이다. 우리재판소의 이전 취소결정의 취지도 다시 성실히 수사할 것을 명하였을 뿐이지 그러한 수사의 결과에 의한 결론(기소 또는 불기소)을 그 어느 쪽으로 내도록 지시하거나 유도한 바 없다.

③ 헌법재판소가 7인 이상의 찬성으로 위헌결정을 하면서 그 중 과반수 이상의 재판관인 5인이 과잉금지원칙과 법률유보원칙의 위반을 이유로 위헌의견을 표시했다면 그 이유는 입법부와 다른 국가기관에 대하여 기속력이 발생하므로 입법권자가 헌재의 다수의견이 과잉금지원칙에 위배된다고 지적한 내용과 동일한 내용의 입법을 다시 하면 기속력에 위배되어 그 법률은 무효라는 것이 헌법재판소의 입장이다.

④ 신행정수도 후속대책을 위한 연기·공주지역 행정중심복합도시 건설을 위한 특별법에 의하여 건설되는 행정중심복합도시는 수도로서의 지위를 획득한다고 볼 수 없으므로, 이 법률조항이 과거에 위헌으로 선언된 신행정수도사건 결정의 기판력 또는 기속력에 반하는 것으로 볼 수는 없다.

지문분석 **정답 ③**

① 【O】 (헌재 1994.4.28, 92헌가3)

① 【O】 (헌재 1997.7.16, 95헌마290)

③ 【X】 입법자인 국회에게 기속력이 미치는지 여부, 나아가 결정주문뿐 아니라 결정이유에까지 기속력을 인정할지 여부 등이 문제될 수 있는데, 이에 대하여는 헌법재판소의 헌법재판권 내지 사법권의 범위와 한계, 국회의 입법권의 범위와 한계 등을 고려하여 신중하게 접근할 필요가 있을 것이다. 즉 결정이유에까지 기속력을 인정할지 여부 등에 대하여는 신중하게 접근할 필요가 있을 것이나 설령 결정이유에까지 기속력을 인정한다고 하더라도, 이 사건의 경우 위헌결정 이유 중 비맹제외기준이 과잉금지원칙에 위반한다는 점에 대하여 기속력을 인정할 수

있으려면, 결정주문을 뒷받침하는 결정이유에 대하여 적어도 위헌결정의 정족수인 재판관 6인 이상의 찬성이 있어야 할 것이고(헌법 제113조 제1항 및 헌법재판소법 제23조 제2항 참조), 이에 미달할 경우에는 결정이유에 대하여 기속력을 인정할 여지가 없다고 할 것인바, 앞서 본 바와 같이 2003헌마715등 사건의 경우 재판관 7인의 의견으로 주문에서 비맹제외기준이 헌법에 위반된다는 결정을 선고하였으나, 그 이유를 보면 비맹제외기준이 법률유보원칙에 위반한다는 의견과 과잉금지원칙에 위반한다는 의견으로 나뉘면서 비맹제외기준이 과잉금지원칙에 위반한다는 점과 관련하여서는 재판관 5인만이 찬성하였을 뿐이므로 위 과잉금지원칙 위반의 점에 대하여 기속력이 인정될 여지가 없다고 할 것이다. 그렇다면, 국회에서 2003헌마715등 사건의 위헌결정 이후 비맹제외기준을 거의 그대로 유지하는 이 사건 법률조항을 개정하였다고 하더라도, 위와 같이 비맹제외기준이 과잉금지원칙에 위반한다는 점과 관련하여 기속력을 인정할 여지가 없는 이상 입법자인 국회에게 기속력이 미치는지 여부 및 결정주문뿐 아니라 결정이유에까지 기속력을 인정할지 여부 등에 대하여 나아가 살펴 볼 필요 없이 이 사건 법률조항이 위 위헌결정의 기속력에 저촉된다고 볼 수는 없을 것이다(헌재 2008. 10. 30. 2006헌마1098 · 1116 · 1117, 병합).

④ 【O】 헌재 2009. 2. 26. 2007헌바41

60 헌법재판소법 제68조 제2항에 의한 헌법소원에 관한 설명 중 옳은 것은? (다툼이 있는 경우 판례에 의함)

① 위헌법률심판의 제청신청이 기각된 때에 그 신청을 한 당사자는 당해 사건의 같은 심급뿐만 아니라 상소심의 소송절차에서도 동일한 사유로 다시 위헌법률심판의 제청신청을 할 수 없다.

② 헌법재판소법 제68조 제2항에 의한 헌법소원심판은 위헌법률심판의 제청신청을 기각하는 결정을 통지받은 날부터 14일 이내에 청구하여야 하고, 제소기간은 불변기간이므로 헌법재판소는 직권으로 그 경과 여부를 조사하여야 한다.

③ 헌법재판소법 제68조 제2항에 의한 헌법소원심판이 청구된 경우 당해 소송사건의 재판은 헌법재판소의 위헌 여부의 결정이 있을 때까지 정지된다. 다만, 법원이 긴급하다고 인정하는 경우에는 종국재판 외의 소송절차를 진행할 수 있다.

④ 헌법재판소법 제68조 제2항에 의한 헌법소원심판은 현재 시행되고 있는 유효한 법률만을 심판대상으로 할 수 있으므로, 시행 후 폐지된 법률과 공포되었으나 시행되지 않고 이미 폐지된 법률은 심판의 대상이 될 수 없다.

지문분석 **정답 ①**

① 【O】 헌법재판소법 제68조 제2항은 법률의 위헌여부 심판의 제청신청이 기각된 때에는 그 신청을 한 당사자는 헌법재판소에 헌법소원심판을 청구할 수 있으나, 다만 이 경우 그 당사자는 당해 사건의 소송절차에서 동일한 사유를 이유로 다시 위헌여부심판의 제청을 신청할 수 없다고 규정하고 있는데, 이 때 당해 사건의 소송절차란 당해 사건의 상소심 소송절차를 포함한다 할 것이다(헌재 2012.9.4. 2012헌바29).

② 【X】 제68조 제2항에 의한 헌법소원심판청구는 법률에 대한 위헌여부심판의 제청신청을 기각하는 결정을 통지받은 날로부터 30일 이내에 제기하여야 한다(헌법재판소법 제69조 제2항 참조). 그리고 이 기간은 불변기간이 아니어서 헌법재판소는 청구인이 책임질 수 없는 사유로 청구기간을 도과한 경우에 소송행위의 추완은 인정되지 않는다고 판시하고 있다. 헌법재판소법 제40조 제1항에 의하여 준용되는 민사소송법 제159조 및 제160조에 의하면, 법이 불변기간이라고 규정한 경우에만 이른바 소송행위의 추완이 가능하다고 할 것인바, 헌법재판소법 제69조 제2항에 대하여는 이를 불변기간이라고 규정하는 법규정이 없어서 그 기간의 준수에 대하여 추완이 허용되지 않는다(헌재 2001.4.26. 99헌바96)

③ 【X】 법원이 법률의 위헌여부의 심판을 헌법재판소에 제청한 때(헌법재판소법 제68조 제1항)에는 당해 소송사건의 재판은 헌법재판소의 위헌여부의 결정이 있을 때까지 정지된다. 다만, 법원이 긴급하다고 인정하는 경우에는 종국재판 외의 소송절차를 진행할 수 있다(헌법재판소법 제42조 제1항). 따라서 헌법재판소법 제68조 제2항에 의한 헌법소원심판에는 재판이 정지되지 않는다.

④ 【X】 폐지된 법률조항에 대한 헌법소원도 그 위헌 여부에 관하여 아직 그 해명이 이루어진 바 없고, 헌법질서의 유지·수호를 위하여 긴요한 사항으로서 헌법적으로 그 해명이 중대한 의미를 지니는 경우 본안판단이 가능하므로, 이러한 경우에 해당하는 이 사건 긴급조치들에 대하여 위헌심사의 필요성이 인정된다(헌재 2013.3.21. 2010헌바132). 우리 헌법이 채택하고 있는 구체적 규범통제인 위헌법률심판은 최고규범인 헌법의 해석을 통하여 헌법에 위반되는 법률의 효력을 상실시키는 것이므로 이와같은 위헌법률심판 제도의 기능의 속성상 법률의 위헌여부심판의 제청대상 법률은 특별한 사정이 없는 한 현재 시행중이거나 과거에 시행되었던 것이어야 하기 때문에 제청당시에 공포는 되었으나 시행되지 않았고 이 결정당시에는 이미 폐지되어 효력이 상실된 법률은 위헌여부심판의 대상법률에서 제외되는 것으로 해석함이 상당하다(헌재 1997.9.25. 97헌가4).

PART · 02

61 **헌법재판소법 제68조 제2항에 대한 설명으로 타당하지 않은 것은?** (견해의 대립이 있으면 판례에 의함)

① 공법인도 헌재법 제68조 제2항에 의한 헌법소원을 청구할 수 있으므로 시의회가 재의결한 조례에 대하여 시장이 대법원에 소송을 제기한 경우 소송당사자인 시의회는 재판의 전제가 되는 법률에 대하여 위헌제청신청을 한 후 법원이 기각하면 제68조 제2항에 의한 헌법소원을 제기할 수 있다.

② 민사소송의 보조참가인은 헌법재판소법 제68조 제2항의 헌법소원의 당사자 적격이 있다.

③ 대한예수교장로회는 장로회총회의 내부기구에 불과하므로 폐쇄명령처분취소소송의 당사자가 될 수 없으므로 헌재법 제68조 제2항에 의한 헌법소원의 당사자능력을 갖추었다고 볼 수 없다.

④ 헌재법 제68조 제2항에 의한 헌법소원에서 법원에 소송중인 당사자는 당해사건의 소송절차에서 동일한 사유를 이유로 다시 위헌여부심판의 제청을 신청할 수 없으므로 동일심급은 물론이고 그 이후 상소심 절차에서도 위헌제청신청을 할 수 없다.

지문분석 **정답 ③**

① 【O】 헌법재판소법은 제68조 제1항에 의한 헌법소원심판은 주관적 권리구제의 헌법소원으로서, 공권력의 행사 또는 불행사로 인하여 헌법상 보장된 기본권을 침해받은 자가 청구할 수 있고 이 경우에는 제75조 제2항 및 제5항의 부수적 위헌심판청구도 할 수 있음에 대하여 제68조 제2항에 의한 헌법소원심판은 구체적 규범통제의 헌법소원으로서 제41조 제1항의 규정에 의한 법률의 위헌여부심판의 제청신청이 법원에 의하여 기각된 때에는 그 신청을 한 당사자는 헌법재판소에 제청신청이 기각된 법률의 위헌 여부를 가리기 위한 헌법소원심판을 청구할 수 있는 것이다. 그러므로 제68조 제1항과 같은 조 제2항에 규정된 각 헌법소원심판청구들은 그 심판청구의 요건과 그 대상이 서로 다르다고 할 것이다. 청구인(인천광역시의회)의 이 심판청구는 제68조 제2항의 구체적 규범통제에 의한 헌법소원심판청구이므로 기본권의 침해가 전제되어야 한다는 인천광역시장의 주장은 이유 없다(헌재 1998.4.30. 96헌바62).

② 【O】 헌법재판소법 제40조에 의하여 준용되는 민사소송법에 의하면 보조참가인은 피참가인의 소송행위와 저촉되지 아니하는 한 소송에 관하여 공격·방어·이의·상소, 기타 일체의 소송행위를 할 수 있는 자(민사소송법 제76조 제1항 본문)이므로 헌법재판소법 소정의 위헌심판제청신청의 '당사자' 에 해당한다고 할 것이고, 이와 같이 해석하는 것이 구체적 규범통제형 위헌심사제의 입법취지 및 기능에도 부합한다고 할 것이다. 민사소송의 보조참가인은 헌법재판소법 제68조 제2항의 헌법소원의 당사자 적격이 있다(헌재 2003.5.15. 2001헌바98).

③ 【X】 청구인의 당사자능력은 당해사건 이전에 있었던 폐쇄명령처분취소소송의 상고심(대판 1998.7.24. 96누14937)에서 청구인은 장로회총회의 단순한 내부기구가 아니라 그와는 별개의 비법인 재단에 해당된다고 하여 이를 인정한 바 있고, 이 사건 위헌제청신청사건(98아344)에서도 이를 따르고 있으므로 헌법소원에 있어서도 달리 볼만한 사정이 없어 헌법소원심판상의 당사자능력을 갖추었다고 볼 것이다(헌재 2000.3.30. 99헌바14).

④ 【O】 대법원은 당해 사건의 소송절차란 상소심(다른 심급)에서의 소송절차를 포함하는 것이라고 하여 이를 허용하지 않는다(대판 2000.6.23. 2000카기44; 대판 2000.4.11. 98카기137 등)는 입장이며, 헌법재판소도 당해 사건의 소송절차란 당해 사건의 상소심 소송절차를 포함한다는 입장이다(헌재 2007.7.26. 2006헌바40)

62 **甲의 관할 세무서장은 부부의 자산소득을 합산과세하도록 한 구 소득세법 제61조 제1항에 근거하여 甲과 그 배우자 乙의 자산소득을 합산하여 甲에게 종합소득세를 부과하였다. 이에 甲은 위 소득세법 조항이 헌법에 위반된다고 주장하면서 과세처분을 받은 날로부터 1년이 지난 시점에서 과세처분의 무효확인을 구하는 소송을 행정법원에 제기하였다. 그 후 헌법재판소는 위 소득세법 조항에 대하여 위헌이라고 결정하였다. 이 사안과 관련된 다음 설명 중 옳지 않은 것은?** (다툼이 있는 경우 판례에 의함)

① 행정처분의 근거가 되는 당해 법률이 헌법에 위반된다는 사정은 헌법재판소의 위헌결정이 있기 전에는 특별한 사정이 없는 한 그 행정처분의 취소사유에 해당할 뿐이고 당연무효사유는 아니기 때문에 甲의 청구는 기각되어야 한다.

② 위헌인 법률에 근거한 행정처분이 당연무효인지의 여부는 위헌결정의 소급효와는 별개의 문제로서, 위헌결정의 소급효가 인정된다고 하여 위헌인 법률에 근거한 행정처분이 당연무효가 된다고는 할 수 없기 때문에 甲에 대한 과세처분이 무효라고 할 수 없다.

③ 위 소득세법 조항에 대하여 헌법재판소가 위헌으로 결정한 후에 과세관청이 위 조항을 여전히 적용하여 丙에게 소득세를 부과한 사실이 있다고 가정하면, 그 과세처분은 무효이다.

④ 위헌인 법률에 근거한 조세부과처분은 원칙상 취소할 수 있는 행위에 불과하므로 불복기간이 지난 경우에는 더 이상 다툴 수 없고, 조세부과처분과 체납처분 간에는 하자의 승계가 인정되지 않으므로 위 소득세법 조항에 위헌결정이 선고된 후에 甲에 대하여 공매 등의 체납처분을 하는 것은 위헌결정의 기속력에 반하지 않는다.

지문분석 **정답 ④**

① 【O】 대법원은 "일반적으로 법률이 헌법에 위반된다는 사정은 헌법재판소의 위헌결정이 있기 전에는 객관적으로 명백한 것이라고 할 수는 없으므로 헌법재판소의 위헌결정 전에 행정처분의 근거되는 당해 법률이 헌법에 위반된다는 사유는 특별한 사정이 없는 한 그 행정처분의 취소소송의 전제가 될 수 있을 뿐 당연무효사유는 아니라고 …(대판 2002.11.8. 2001두3181)" 판단하므로 甲의 청구는 기각된다.

② 【O】 가. 법률에 근거하여 행정처분이 발하여진 후에 헌법재판소가 그 행정처분의 근거가 된 법률을 위헌으로 결정하였다면 결과적으로 행정처분은 법률의 근거가 없이 행하여진 것과 마찬가지가 되어 하자가 있는 것이 되나, 하자 있는 행정처분이 당연무효가 되기 위하여는 그 하자가 중대할 뿐만 아니라 명백한 것이어야 하는데, 일반적으로 법률이 헌법에 위반된다는 사정이 헌법재판소의 위헌결정이 있기 전에는 객관적으로 명백한 것이라고 할 수는 없으므로 헌법재판소의 위헌결정 전에 행정처분의 근거되는 당해 법률이 헌법에 위반된다는 사유는 특별한 사정이 없는 한 그 행정처분의 취소소송의 전제가 될 수 있을 뿐 당연무효사유는 아니라고 봄이 상당하다.
나. 위헌인 법률에 근거한 행정처분이 당연무효인지의 여부는 위헌결정의 소급효와는 별개의 문제로서, 위헌결정의 소급효가 인정된다고 하여 위헌인 법률에 근거한 행정처분이 당연무효가 된다고는 할 수 없고, 오히려 이미 취소소송의 제기기간을 경과하여 확정력이 발생한 행정처분에는 위헌결정의 소급효가 미치지 않는다고 보아야 한다(대판 1994.10.28. 92누9463).

③ 【O】 위헌결정의 효력은 행정기관에 기속력이 미치기 때문에 행정기관이 위헌으로 선고된 법률을 적용하여 처분 등을 하면 그 행위는 처음부터 법적 효과를 발생하지 못하여 무효가 된다. 따라서 과세관청이 헌법재판소가 위헌으로 결정한 소득세법 조항에 근거하여 丙에게 소득세를 부과한 경우, 이러한 과세처분은 무효이다.

④ 【X】 구 헌법재판소법 제47조 제1항은 "법률의 위헌결정은 법원 기타 국가기관 및 지방자치단체를 기속한다."고 규정하고 있는데, 이러한 위헌결정의 기속력과 헌법을 최고규범으로 하는 법질서의 체계적 요청에 비추어 국가기관 및 지방자치단체는 위헌으로 선언된 법률규정에 근거하여 새로운 행정처분을 할 수 없음은 물론이고, 위헌결정 전에 이미 형성된 법률관계에 기한 후속처분이라도 그것이 새로운 위헌적 법률관계를 생성·확대하는 경우라면 이를 허용할 수 없다. 따라서 조세 부과의 근거가 되었던 법률규정이 위헌으로 선언된 경우, 비록 그에 기한 과세처분이 위헌결정 전에 이루어졌고, 과세처분에 대한 제소기간이 이미 경과하여 조세채권이 확정되었으며, 조세채권의 집행을 위한 체납처분의 근거규정 자체에 대하여는 따로 위헌결정이 내려진 바 없다고 하더라도, 위와 같은 위헌결정 이후에 조세채권의 집행을 위한 새로운 체납처분에 착수하거나 이를 속행하는 것은 더 이상 허용되지 않고, 나아가 이러한 위헌결정의 효력에 위배하여 이루어진 체납처분은 그 사유만으로 하자가 중대하고 객관적으로 명백하여 당연무효라고 보아야 한다(대판 2012.2.16. 2010두10907(전합).)

63 다음 사례에 대한 설명으로 옳지 않은 것은? 23년 국가직 7급

「공직선거법」 조항이 한국철도공사와 같이 정부가 100분의 50 이상의 지분을 가지고 있는 기관의 상근직원은 선거운동을 할 수 없도록 규정하고 있음에도 불구하고, 甲은 한국철도공사 상근직원으로서, 특정 정당과 그 정당의 후보자에 대한 지지를 호소하는 내용의 메일을 한국철도공사 경기지부 소속 노조원에게 발송하였다는 이유로 기소되었다. 甲은 소송 계속 중 자신의 선거운동을 금지하고 있는 「공직선거법」 조항에 대하여 위헌법률심판제청신청을 하였으나 기각되자, 「헌법재판소법」 제68조 제2항의 헌법소원심판을 청구하였다.

① 선거운동의 자유는 선거권 행사의 전제 내지 선거권의 중요한 내용을 이룬다고 할 수 있으므로, 甲에 대한 선거운동의 제한은 선거권의 제한으로도 파악될 수 있다.
② 위 「공직선거법」 조항은 한국철도공사 상근직원의 직급이나 직무의 성격에 대한 검토 없이 일률적으로 모든 상근직원의 선거운동을 전면적으로 금지하는 것으로 선거운동의 자유를 침해한다.
③ 선거운동의 자유는 선거의 공정성이라는 또 다른 가치를 위하여 무제한 허용될 수는 없는 것이고, 선거운동이 허용되거나 금지되는 사람의 인적 범위는 입법자가 재량의 범위 내에서 직무의 성질과 내용 등 제반 사정을 종합적으로 검토하여 정할 사항이므로 제한입법의 위헌여부에 대하여는 다소 완화된 심사기준이 적용되어야 한다.
④ 선거운동의 자유는 널리 선거과정에서 자유로이 의사를 표현할 자유의 일환이므로 표현의 자유의 한 태양이기도 한데, 이러한 정치적 표현의 자유는 선거과정에서의 선거운동을 통하여 국민이 정치적 의견을 자유로이 발표, 교환함으로써 비로소 그 기능을 다하게 된다 할 것이므로 선거운동의 자유는 헌법이 정한 언론·출판·집회·결사의 자유 및 보장규정에 의한 보호를 받는다.

지문분석 **정답 ③**

① 【O】 우리 헌법은 참정권의 내용으로서 모든 국민에게 법률이 정하는 바에 따라 선거권을 부여하고 있는데, 선거권이 제대로 행사되기 위하여는 후보자에 대한 정보의 자유교환이 필연적으로 요청된다 할 것이므로, 선거운동의 자유는 선거권 행사의 전제 내지 선거권의 중요한 내용을 이룬다고 할 수 있고, 따라서 선거운동의 제한은 선거권의 제한으로도 파악될 수 있을 것이다(헌재 2018.2. 22. 2015헌바124).

② 【O】 한국철도공사 상근직원의 지위와 권한에 비추어볼 때, 특정 개인이나 정당을 위한 선거운동을 한다고 하여 그로 인한 부작용과 폐해가 일반 사기업 직원의 경우보다 크다고 보기 어려우므로, 직급이나 직무의 성격에 대한 검토 없이 일률적으로 모든 상근직원에게 선거운동을 전면적으로 금지하고 이에 위반한 경우 처벌하는 것은 선거운동의 자유를 지나치게 제한하는 것이다. 더욱이 그 직을 유지한 채 공직선거에 입후보할 수 없는 상근임원과 달리, 한국철도공사의 상근직원은 그 직을 유지한 채 공직선거에 입후보하여 자신을 위한 선거운동을 할 수 있음에도 타인을 위한 선거운동을 전면적으로 금지하는 것은 과도한 제한이다. 따라서 심판대상조항은 선거운동의 자유를 침해한다(헌재 2018. 2. 22. 2015헌바124).

③ 【X】 선거운동의 자유도 무제한일 수는 없는 것이고, 선거의 공정성이라는 또 다른 가치를 위하여 어느 정도 선거운동의 주체, 기간, 방법 등에 대한 규제가 행하여지지 않을 수 없다. 다만 선거운동은 국민주권행사의 일환일 뿐 아니라 정치적 표현의 자유의 한 형태로서 민주사회를 구성하고 움직이게 하는 요소이므로 그 제한입법의 위헌여부에 대하여는 엄격한 심사기준이 적용되어야 할 것이다(헌재 2018. 2. 22. 2015헌바124).

④ 【O】 선거운동의 자유는 널리 선거과정에서 자유로이 의사를 표현할 자유의 일환이므로 표현의 자유의 한 태양이기도 한데, 이러한 정치적 표현의 자유는 선거과정에서의 선거운동을 통하여 국민이 정치적 의견을 자유로이 발표, 교환함으로써 비로소 그 기능을 다하게 된다 할 것이므로 선거운동의 자유는 헌법이 정한 언론·출판·집회·결사의 자유 및 보장규정에 의한 보호를 받는다(헌재 2018.2. 22. 2015헌바124).

64 **○○노동청장 乙은 甲에 대하여 부정한 방법으로 직업능력개발 훈련비용을 지급받았다는 이유로, 지원금의 지급을 제한하는 처분을 하면서 기지급된 지원금을 회수하는 처분을 하였다. 이에 甲은 당해 처분의 취소를 구하는 소를 제기하는 한편 위 소송 계속 중 당해 처분의 근거법률인 구 「고용보험법」 제35조 제1항에 대하여 위헌법률심판제청신청을 하였으나 2011. 11. 14.(월) 위 제청신청이 기각되고 2011. 11. 17.(목) 그 기각결정을 통지받은 후 2011. 12. 15.(목) 「헌법재판소법」 제68조 제2항에 의한 헌법소원심판을 청구하였다. 이에 관한 설명 중 옳지 않은 것을 모두 고른 것은?** (다툼이 있는 경우 판례에 의함) 17년 변호사

> ※ 구 「고용보험법」(2007. 5. 11. 법률 제8429호로 개정되고, 2008. 12. 31. 법률 제9315호로 개정되기 전의 것)
>
> **제35조(부정행위에 따른 지원의 제한 등)** ① 노동부장관은 거짓이나 그 밖의 부정한 방법으로 이 장의 규정에 따른 고용안정 · 직업능력개발 사업의 지원을 받은 자 또는 받으려는 자에게 대통령령으로 정하는 바에 따라 그 지원을 제한하거나 이미 지원된 것을 반환하도록 명할 수 있다.
>
> 〈이하 생략〉

> ㉠ 甲은 법원의 위헌법률심판제청신청 기각결정이 있은 날부터 30일을 도과하여 헌법소원심판을 청구하였으므로 청구기간 요건을 충족하지 못하였다.
>
> ㉡ 구 「고용보험법」상의 각종 지원은 사회적 · 경제적 상황, 기업 및 노동시장이 처한 현실, 고용보험의 재정 상황 등에 따라 그 지원의 내용 및 범위가 수시로 변화될 가능성이 있으므로 지원금의 반환범위나 지급 제한의 구체적 내용 및 범위를 대통령령에 위임할 필요성이 인정된다.
>
> ㉢ 구 「고용보험법」 제35조 제1항은 지원금의 지급을 제한하거나 이미 지급된 지원금은 사후에 반환하도록 하는 원상회복 및 행정적 제재를 규정한 것으로서 甲의 재산권을 직접 제한하는 법률이므로 그 내용의 일부를 하위법령에 위임하는 경우에는 위임의 구체성 · 명확성의 요구가 강화된다.
>
> ㉣ 구 「고용보험법」 제35조 제1항은 지원금의 부당수령자에 대한 제재의 목적으로 '이미 지원된 것의 반환'과는 별도로 '지원을 제한'하도록 하고 있는데, 이러한 지원 제한에 대하여 제한의 범위나 기간 등에 관하여 기본적 사항도 법률에 규정하지 아니한 채 대통령령에 포괄적으로 위임하고 있으므로 포괄위임금지원칙에 위반된다.

① ㉠ ② ㉠, ㉢
③ ㉠, ㉣ ④ ㉡, ㉣
⑤ ㉡, ㉢, ㉣

지문분석 **정답 ①**

옳지 않은 것은 ㉠이다.

㉠ 【X】 제68조 제2항에 따른 헌법소원심판은 위헌 여부 심판의 제청신청을 기각하는 결정을 통지받은 날부터 30일 이내에 청구하여야 한다(헌법재판소법 제69조 제2항).

㉡ 【O】 구 「고용보험법」상의 각종 지원은 사회적·경제적 상황, 기업 및 노동시장이 처한 현실, 고용보험의 재정상황 등에 따라 그 지원의 내용 및 범위가 수시로 변화될 가능성이 있으므로 지원금의 반환 범위나 지급 제한의 구체적 내용 및 범위를 대통령령에 위임할 필요성이 인정된다(헌재 2013.8.29, 2011헌바390).

㉢ 【O】 이 사건 법률조항은 거짓이나 그 밖의 부정한 방법으로 고용안정·직업능력개발사업의 지원금을 받거나 받으려는 자에 대하여 지원금의 지급을 제한하거나 이미 지급된 지원금은 사후에 반환하도록 하는 원상회복 및 행정적 제재를 규정한 것으로서 청구인의 재산권을 직접 제한하는 법률이다. 그러므로 그 내용의 일부를 하위법령에 위임하는 경우에는 위임의 구체성·명확성의 요구가 강화되고, 따라서 행정적 제재의 대상·사유 및 내용뿐만 아니라 제재기간이나 금액 등과 같은 행정적 제재의 범위까지도 기본적인 사항을 법률에 규정하여야 한다(헌재 2013.8.29, 2011헌바390).

㉣ 【O】 구 「고용보험법」 제35조 제1항은 지원금의 부당수령자에 대한 제재의 목적으로 '이미 지원된 것의 반환'과는 별도로 '지원을 제한'하도록 하고 있는데, 이러한 지원 제한에 대하여 제한의 범위나 기간 등에 관하여 기본적 사항도 법률에 규정하지 아니한 채 대통령령에 포괄적으로 위임하고 있으므로 포괄위임금지원칙에 위반된다(헌재 2013.8.29, 2011헌바390).

65 **권리구제형 헌법소원심판에 대한 설명으로 옳지 <u>않은</u> 것은?** (다툼이 있는 경우 헌법재판소 판례에 의함)

17년 국가직 하반기 7급

① 이미 종료된 권력적 사실행위에 대한 헌법소원심판청구의 경우에, 침해행위가 앞으로도 반복될 위험이 있거나 당해 분쟁의 해결이 헌법질서의 수호·유지를 위하여 긴요한 사항 이어서 헌법적으로 그 해명이 중대한 의미를 지니는 경우에는 심판청구의 이익을 인정할 수 있다.

② 지방자치단체가 조례로 관할 구역 안의 일정한 장소를 금연 구역으로 지정할 수 있게 하는 법률규정에 대한 권리구제형 헌법소원심판청구는, 지방자치단체의 조례에 따른 금연구역 지정을 통하여 비로소 기본권 침해의 효과가 발생하는 것이므로, 기본권 침해의 직접성 요건을 갖추지 못하여 부적법하다.

③ 평화적 생존권은 침략전쟁에 강제되지 않고 평화적 생존을 할 수 있도록 국가에 요청할 수 있는 권리로서, 헌법 제10조와 제37조 제1항에 근거를 두고 있기 때문에 평화적 생존권 침해를 주장하는 권리구제형 헌법소원심판청구는 적법하다.

④ 자연인을 수범자로 하는 법률조항에 대한 민법상 비영리 사단법인의 권리구제형 헌법소원심판청구는 기본권 침해의 자기관련성 요건을 갖추지 못하여 부적법하다.

지문분석 **정답 ③**

③ 【X】 평화적 생존권이란 이름으로 주장하고 있는 평화란 헌법의 이념 내지 목적으로서 추상적인 개념에 지나지 아니하고, 평화적 생존권은 이를 헌법에 열거되지 아니한 기본권으로서 특별히 새롭게 인정할 필요성이 있다거나 그 권리내용이 비교적 명확하여 구체적 권리로서의 실질에 부합한다고 보기 어려워 헌법상 보장된 기본권이라고 할 수 없다(헌재 2009.5.28, 2007헌마369).

66 헌법소원의 적법요건에 대한 다음의 설명 중 옳은 것만으로 묶인 것은? (다툼이 있는 경우 판례에 의함)

17년 서울시 7급

ㄱ. 사단법인 한국기자협회는 「부정청탁 및 금품등 수수의 금지에 관한 법률」에 의하여 기본권을 직접 침해당할 가능성이 상당하기 때문에 그 구성원인 기자를 대신하여 헌법소원을 청구할 수 있다고 보아야 한다.
ㄴ. 2012년도 대학교육역량강화사업 기본계획의 수범자는 국공립대학이나, 당해 계획은 근본적으로 대학에 소속된 교수나 교수회를 비롯한 각 대학 구성원들이 자유롭게 총장후보자 선출방식을 정하고 그에 따라 총장을 선출할 수 있는 권리를 제한하고 있으므로, 당해 기본계획에 대한 헌법소원을 청구하는 데에 있어 대학에 소속된 교수나 교수회의 자기관련성을 인정할 수 있다.
ㄷ. 부진정 입법부작위를 다투는 형태의 헌법소원심판 청구의 경우에도 해당 법률 또는 법령 조항 자체를 심판의 대상으로 삼는 것이므로 원칙적으로 법령소원에 있어서 요구되는 기본권침해의 직접성 요건을 갖추어야 한다.
ㄹ. 지목변경신청반려행위가 항고소송의 대상이 되는 처분행위에 해당한다는 변경된 대법원 판례에 따르면, 지목변경 신청반려행위에 대하여 행정소송을 거치지 않고 제기된 헌법소원심판청구는 보충성의 요건을 흠결한 것이다.

① ㄱ, ㄴ　　② ㄱ, ㄷ
③ ㄴ, ㄷ　　④ ㄷ, ㄹ

지문분석 **정답 ④**

옳은 것은 ㉢㉣이다.

㉠ 【X】 청구인 사단법인 한국기자협회는 전국의 신문·방송·통신사 소속 현직 기자들을 회원으로 두고 있는 민법상 비영리 사단법인으로서, '언론중재 및 피해구제에 관한 법률' 제2조 제12호에 따른 언론사에는 해당한다. 그런데 심판대상조항은 언론인 등 자연인을 수범자로 하고 있을 뿐이어서 청구인 사단법인 한국기자협회는 심판대상조항으로 인하여 자신의 기본권을 직접 침해당할 가능성이 없다. 또 사단법인 한국기자협회가 그 구성원인 기자들을 대신하여 헌법소원을 청구할 수도 없으므로, 위 청구인의 심판청구는 기본권 침해의 자기관련성을 인정할 수 없어 부적법하다(헌재 2016.7.28, 2015헌마236).

㉡ 【X】 반대의견 내용이다. 계획 자체만으로는 대학의 구성원인 청구인들의 법적 지위나 권리의무에 어떠한 영향도 미친다고 보기 어렵다(헌재 2016.10.27, 2013헌마576).

㉢ 【O】 부진정 입법부작위를 다투는 형태의 헌법소원심판 청구의 경우에도 해당 법률 또는 법령 조항 자체를 심판의 대상으로 삼는 것이므로 원칙적으로 법령소원에 있어서 요구되는 기본권침해의 직접성 요건을 갖추어야 한다(헌재 2010.7.29, 2009헌마51).

㉣ 【O】 지목변경신청반려행위가 항고소송의 대상이 되는 처분행위에 해당한다는 변경된 대법원 판례에 따르면, 지목변경신청반려행위에 대하여 행정소송을 거치지 않고 제기된 헌법소원심판청구는 보충성의 요건을 흠결하여 각하되어야 한다(헌재 2004.6.24, 2003헌마723).

67 다음 중 헌법소원의 청구인적격에 대한 설명으로 옳은 것은? (다툼이 있는 경우 헌법재판소 판례에 의함) 16년 국회 9급

① 대통령은 중앙선거관리위원회의 선거운동에 관한 정치적 의사표현의 자유제한에 대하여 헌법소원을 청구할 수 없다.

② 국회의원은 법률안 의결과 관련하여 국회의장에 대하여 법률안 심의·표결권 침해를 이유로 헌법소원을 청구할 수 있다.

③ 단체는 원칙적으로 단체 자신의 기본권을 직접 침해당한 경우에만 그의 이름으로 헌법소원을 청구할 수 있는 것이 아니라, 구성원을 위하여 또는 구성원을 대신하여서도 헌법소원을 청구할 수 있다.

④ 한국신문편집인협회가 침해받았다고 주장하는 언론·출판의 자유는 그 성질상 법인이나 권리능력 없는 사단도 누릴 수 있는 권리이므로 동 협회가 언론·출판의 자유를 직접 구체적으로 침해받은 경우에는 헌법소원을 청구할 수 있다.

⑤ MBC 문화방송은 공법상의 재단법인인 방송문화진흥회가 최다출자자인 방송사업자로서 「방송법」 등에 의하여 공법상의 의무를 부담하고 있으므로 헌법소원을 청구할 수 없다.

지문분석 **정답 ④**

① 【X】 청구인인 대통령은 중앙선거관리위원회 위원장(피청구인)이 청구인에게 한 2007. 6. 7.자의 '대통령의 선거중립의무 준수요청 조치'와 2007. 6. 18.자의 '대통령의 선거중립의무 준수 재촉구 조치'로 인하여 대통령으로서의 정치적 표현의 자유가 아닌 개인으로서의 정치적 표현의 자유가 침해되었다고 주장하고 있는바, 이 사건 조치로 청구인 개인으로서의 표현의 자유가 제한되었을 가능성이 있으므로, 이 사건헌법소원에 있어서 청구인의 기본권 주체성 내지 청구인적격이 인정된다고 할 것이다(헌재 2008.1.17, 2007헌마700).

② 【X】 국회의원은 국회의장에 대하여 법률안 심의·표결권 침해를 이유로 헌법재판소에 권한쟁의심판을 청구할 수 있다.

③ 【X】 단체는 원칙적으로 단체자신의 기본권을 직접 침해당한 경우에만 그의 이름으로 헌법소원심판을 청구할 수 있을 뿐이고 그 구성원을 위하여 또는 구성원을 대신하여 헌법소원심판을 청구할 수 없다(헌재 1991.6.3, 90헌마56).

④ 【O】 한국신문편집인협회가 침해받았다고 주장하는 언론·출판의 자유는 그 성질상 법인이나 권리능력 없는 사단도 누릴 수 있는 권리이므로 청구인협회가 언론·출판의 자유를 직접 구체적으로 침해받은 경우에는 헌법소원심판을 청구할 수 있다고 볼 것이다(헌재 1995.7.21, 92헌마177).

⑤ 【X】 청구인 문화방송은 공법상 재단법인인 방송문화진흥회가 최다출자자인 방송사업자로서 방송법 등 관련 규정에 의하여 공법상의 의무를 부담하고 있지만, 그 설립목적이 언론의 자유의 핵심 영역인 방송 사업이므로 이러한 업무 수행과 관련해서는 기본권 주체가 될 수 있고, 그 운영을 광고수익에 전적으로 의존하고 있는 만큼 이를 위해 사경제 주체로서 활동하는 경우에도 기본권 주체가 될 수 있다. 이 사건 심판청구는 청구인이 그 운영을 위한 영업활동의 일환으로 방송광고를 판매하는 지위에서 그 제한과 관련하여 이루어진 것이므로 그 기본권 주체성이 인정된다(헌재 2013.9.26, 2012헌마271).

68 헌법소원심판에서 권리보호이익 또는 심판의 이익이 인정되는 경우를 모두 고른 것은? (다툼이 있는 경우 헌법재판소 판례에 의함)

> ㄱ. 사법시험 제2차 시험에서 해당 문제번호의 답안지에 답안을 작성하지 아니하여 그 과목이 영점 처리된 자가 그 근거규정인 「사법시험법 시행규칙」 조항에 대하여 헌법소원심판을 청구한 경우
> ㄴ. 불법체류를 이유로 강제퇴거명령이 집행된 외국인 근로자들이 그 집행행위로 인한 기본권 침해를 이유로 헌법소원심판을 청구한 경우
> ㄷ. 피의자가 검사의 기소유예처분에 불복하여 헌법소원심판을 청구한 사건에서 그 피의사실에 대한 공소시효가 심판청구 이전에 이미 완성된 경우

① ㄱ, ㄴ, ㄷ　　② ㄱ, ㄴ
③ ㄴ, ㄹ　　④ ㄱ, ㄷ

지문분석 **정답 ①**

(ㄱ) **【O】** 동종의 침해행위가 앞으로도 반복될 위험이 있거나 헌법질서의 수호 · 유지를 위하여 긴요한 사항이어서 그 해명이 중대한 의미를 지니고 있는 때에는 예외적으로 권리보호의 이익이 인정되는 것인바, 사법시험은 매년 반복하여 시행되어 이 사건 규칙에 의한 기본권 침해가 반복될 가능성이 있으므로, 이 사건 심판청구에는 권리보호이익이 인정된다(헌재 2008.10.30. 2007헌마1281).

(ㄴ) **【O】** 이 사건 보호 및 강제퇴거는 이미 종료한 권력적 사실행위로서 행정소송을 통해 구제될 가능성이 거의 없고 헌법소원심판 이외에 달리 효과적인 구제방법을 찾기 어려우므로 이 사건 심판청구가 보충성 원칙에 위반된다고 할 수 없다. 또한 이 사건 보호 및 강제퇴거는 이미 집행이 모두 종료하였으므로 이 사건 심판청구가 인용되더라도 청구인들의 주관적 권리구제에는 도움이 되지 못하지만, 불법체류 외국인에 대한 보호 및 강제퇴거는 앞으로도 반복될 것이 예상되어 이에 대한 헌법적 해명이 필요하므르, 권리보호이익이 인정된다(헌재 2012.8.23. 2008헌마430).

(ㄷ) **【O】** 기소유예처분은 공소제기를 하지 않고 수사절차를 종결한다는 점에서는 피의자에게 불이익한 처분이라고 보기는 어렵다. 그러나 피의자가 범죄혐의를 다투고 있고 공소를 제기하기에 충분한 범죄혐의가 없거나, 소송조건(공소시효 완료 등)이 구비되어 있지 아니하여 협의의 불기소처분(혐의없음, 죄가 안됨, 공소권없음 등)으로 수사절차를 종결해야 하는 사안임에도 검사가 자의적으로 기소유예처분을 한 경우에는 예외적으로 피의자에게 불이익한 처분이 될 수 있음은 물론, 피의자로서는 실체적 진실의 발견이나 명예회복, 체포 · 구속된 경우 형사보상권의 행사 등을 위하여 기소유예처분에 불복할 법률상 이익이 있다고 볼 수는 있다(헌재 2013.9.26. 2012헌마562).

69 헌법소원의 대상으로서의 공권력의 행사 · 불행사에 관한 다음 설명 중 가장 옳지 않은 것은? (다툼이 있는 경우 헌법재판소 결정에 의함) 16년 법원 9급

① 헌법소원의 대상이 되는 공권력의 행사는 국민의 권리 · 의무에 대해 직접적인 법률효과를 발생시키는 행위를 말한다.

② 교도소장이 수용자에 대하여 지속적이고 조직적으로 실시한 생활지도 명목의 이발 지도행위는, 우월한 지위에 있는 교도소장이 일방적으로 수용자에게 두발 등을 단정하게 유지하도록 강제하는 것으로서 헌법소원심판의 대상인 공권력의 행사에 해당한다.

③ 강제력이 개입되지 아니한 임의수사는 헌법소원의 대상이 되는 공권력의 행사에 해당하지 아니한다.

④ 법학전문대학원은 교육기관으로서의 성격과 함께 법조인 양성이라는 국가의 책무를 일부 위임받은 직업교육기관으로서의 성격을 가지고 있기는 하나, 이화여자대학교는 사립대학으로서 국가기관이나 공법인, 국립대학교와 같은 공법상의 영조물에 해당하지 아니하고, 일반적으로 사립대학과 그 학생과의 관계는 사법상의 계약관계이므로 학교법인 이화학당을 공권력의 주체라거나 그 모집요강을 공권력의 행사라고 볼 수 없다. 따라서 사립대학인 학교법인 이화학당의 법학전문대학원 모집요강은 헌법소원심판의 대상이 되는 공권력의 행사라고 볼 수 없다.

지문분석 **정답 ②**

① 【O】 헌법재판소법 제68조 제1항은 '공권력의 행사 또는 불행사로 인하여 기본권을 침해받은 자'가 헌법소원을 제기할 수 있다고 규정하고 있는바, 여기에서 '공권력'이란 입법권 · 행정권 · 사법권을 행사하는 모든 국가기관 · 공공단체 등의 고권적 작용을 말하고, 그 행사 또는 불행사로 국민의 권리와 의무에 대하여 직접적인 법률효과를 발생시켜 청구인의 법률관계 내지 법적 지위를 불리하게 변화시키는 것이어야 한다(헌재 2008.1.17. 2007헌마700).

② 【X】 이발지도행위는 피청구인이 두발 등을 단정하게 유지할 것을 지도 · 교육한 것에 불과하고 피청구인의 우월적 지위에서 일방적으로 청구인에게 이발을 강제한 것이 아니므로, 헌법소원심판의 대상인 공권력의 행사라고 보기 어렵다(헌재 2012.4.24. 2010헌마751).

③ 【O】 강제력이 개입되지 아니한 임의수사는 헌법재판소법 제68조 제1항에 의한 헌법소원의 대상이 되는 공권력의 행사에 해당하지 아니한다(헌재 2012.8.23. 2010헌마439).

④ 【O】 법학전문대학원은 교육기관으로서의 성격과 함께 법조인 양성이라는 국가의 책무를 일부 위임받은 직업교육기관으로서의 성격을 가지고 있기는 하나, 이화여자대학교는 사립대학으로서 국가기관이나 공법인, 국립대학교와 같은 공법상의 영조물에 해당하지 아니하고, 일반적으로 사립대학과 그 학생과의 관계는 사법상의 계약관계이므로 학교법인 이화학당을 공권력의 주체라거나 그 모집요강을 공권력의 행사라고 볼 수 없다. 따라서 이 사건 모집요강은 헌법소원심판의 대상이 되는 공권력의 행사라고 볼 수 없다(헌재 2013.5.30. 2009헌마514).

70 **헌법소원심판의 대상이 되는 공권력의 행사에 해당하는 것은?** (다툼이 있는 경우 판례에 의함)

21년 지방직 7급

① 정부의 법률안 제출
② 한국증권거래소의 상장법인인 회사에 대한 상장폐지확정결정
③ 한국방송공사의 예비사원 채용공고
④ 법학전문대학원협의회의 법학적성시험 시행계획 공고

지문분석 **정답 ④**

① 【X】 공권력의 행사에 대하여 헌법소원심판을 청구하기 위하여는, 공권력의 주체에 의한 공권력의 발동으로서 국민의 권리의무에 대하여 직접적인 법률효과를 발생시키는 행위가 있어야 한다. 그런데 대통령의 법률안 제출행위는 국가기관 간의 내부적 행위에 불과하고 국민에 대하여 직접적인 법률효과를 발생시키는 행위가 아니므로 헌법재판소법 제68조에서 말하는 공권력의 행사에 해당되지 않는다(헌재 1994. 8. 31. 92헌마174).

② 【X】 한국증권거래소는 증권회사를 회원으로 하여 설립된 법인이고(증권거래법 제76조의2), 원칙적으로 한국증권거래소의 회원이 아닌 자는 유가증권시장에서의 매매거래를 하지 못하며(동법 제85조 제1항), 유가증권시장에 유가증권을 상장하려는 법인은 한국증권거래소와의 사이에 한국증권거래소가 제정한 유가증권상장규정 등을 준수하겠다는 상장계약을 체결하는 것이다. 따라서 유가증권의 상장은 한국증권거래소와 상장신청법인 사이의 "상장계약"이라는 사법상의 계약에 의하여 이루어지는 것이고, 상장폐지결정 및 상장폐지확정결정 또한 그러한 사법상의 계약관계를 해소하려는 피청구인의 일방적인 의사표시라고 봄이 상당하다고 할 것이다. 따라서, 한국증권거래소의 청구인회사에 대한 이 사건 상장폐지확정결정은 헌법소원의 대상이 되는 공권력의 행사에 해당하지 아니하므로 이를 대상으로 한 심판청구는 부적법하다(헌재 2005. 2. 24. 2004헌마442).

③ 【X】 공법인의 행위는 일반적으로 헌법소원의 대상이 될 수 있으나, 그중 대외적 구속력을 갖지 않는 단순한 내부적 행위나 사법적(私法的)인 성질을 지니는 것은 헌법소원의 대상이 되는 공권력의 행사에 해당하지 않는다. 방송법은 "한국방송공사 직원은 정관이 정하는 바에 따라 사장이 임면한다."고 규정하는 외에는(제52조) 직원의 채용관계에 관하여 달리 특별한 규정을 두고 있지 않으므로, 한국방송공사의 이 사건 공고 내지 직원 채용은 피청구인의 정관과 내부 인사규정 및 그 시행세칙에 근거하여 이루어질 수밖에 없다. 그렇다면 한국방송공사의 직원 채용관계는 특별한 공법적 규제 없이 한국방송공사의 자율에 맡겨진 셈이 되므로 이는 사법적인 관계에 해당한다고 봄이 상당하다. 또한 직원 채용관계가 사법적인 것이라면, 그러한 채용에 필수적으로 따르는 사전절차로서 채용시험의 응시자격을 정한 이 사건 공고 또한 사법적인 성격을 지닌다고 할 것이다. 이 사건 공고는 헌법소원으로 다툴 수 있는 공권력의 행사에 해당하지 않는다(헌재 2006. 11. 30. 2005헌마855).

④ 【O】 법학전문대학원협의회는 교육과학기술부장관으로부터 적성시험의 주관 및 시행업무를 위임받아 매년 1회 이상의 적성시험을 실시하므로, 최소한 적성시험의 주관 및 시행에 관해서는 교육과학기술부장관의 지정 및 권한의 위탁에 의해 관련 업무를 수행하는 공권력 행사의 주체라고 할 것이며, 2010학년도 적성시험의 구체적인 시험 일시는 위 공고에 따라 비로소 확정되는 것으로 위 공고는 헌법소원의 대상이 되는 공권력의 행사에 해당한다(헌재 2010. 4. 29. 2009헌마399).

71 **헌법소원심판의 대상이 되는 공권력 행사에 대한 설명으로 옳은 것은?** 25년 국가직 7급

① 보건소장이 화장품판매 법인의 광고가 「약사법」을 위반한다고 보고, 해당 법인에게 광고의 일부 표현을 수정하거나 삭제할 것을 요구한 행위는 법인의 광고가 「약사법」에 위반된다는 법적상황에 대한 행정청의 의견을 표명한 권력적 사실행위로서 헌법소원의 대상이 되는 공권력 행사에 해당한다.

② 국가인권위원회의 진정각하결정은 권고적인 효력만 있을 뿐 어떠한 법적 효력도 없으며, 직·간접적으로 이를 강제할 수단도 부여되어 있지 않아 그 자체로 청구인의 법률상의 지위에 아무런 변동을 가져오지 아니하므로 헌법소원심판의 대상이 되는 공권력 행사에 해당하지 않는다.

③ 방송통신위원회가 정보통신서비스제공자 및 방송통신심의위원회에 방송통신심의위원회가 기존에 접속차단 시정요구를 한 웹사이트 및 향후 접속차단 시정요구를 하는 웹사이트에 대하여 기존의 인터넷 주소(Uniform Resource Locator, 'URL') 차단 방식뿐만 아니라 서버 이름 표시(Server Name Indication, 'SNI') 차단 방식도 함께 적용하여 차단하도록 협조하여 달라고 요청한 행위는 행정목적 달성을 위해 행하는 권력적 사실행위이므로 헌법소원심판의 대상이 되는 공권력 행사에 해당한다.

④ 법무부장관의 변호사시험 합격기준 공표는 앞으로 실시될 변호사시험의 합격자 결정에 대하여 최소한의 합격자수 기준이라는 행정관청의 내부의 지침을 대외적으로 공표하는 것에 불과하고, 그 자체로 인하여 청구인들의 법적 지위에 영향을 미친다고 보기 어려우므로, 헌법소원심판의 대상이 되는 공권력 행사에 해당하지 않는다.

지문분석 **정답 ④**

① 【X】 이 사건 시정요구는 청구인의 광고가 약사법에 위반된다는 현재의 법적상황에 대한 행정청의 의견을 표명하면서, 약사법 등 관련 규정의 내용과 그 위반시의 불이익에 대한 일반적인 안내를 한 것에 불과하다. 따라서 이 사건 시정요구가 헌법소원의 대상이 되는 공권력 행사에 해당한다고 볼 수 없다(헌재 2023.9.26. 2020헌마1235).

② 【X】 국가인권위원회는 법률상의 독립된 국가기관이고, 피해자인 진정인에게는 국가인권위원회법이 정하고 있는 구제조치를 신청할 법률상 신청권이 있는데 국가인권위원회가 진정을 각하 및 기각결정을 할 경우 피해자인 진정인으로서는 자신의 인격권 등을 침해하는 인권침해 또는 차별행위 등이 시정되고 그에 따른 구제조치를 받을 권리를 박탈당하게 되므로, 진정에 대한 국가인권위원회의 각하 및 기각결정은 피해자인 진정인의 권리행사에 중대한 지장을 초래하는 것으로서 항고소송의 대상이 되는 행정처분에 해당하므로, 그에 대한 다툼은 우선 행정심판이나 행정소송에 의하여야 할 것이다. 따라서 이 사건 심판청구는 행정심판이나 행정소송 등의 사전 구제절차를 모두 거친 후 청구된 것이 아니므로 보충성 요건을 충족하지 못하였다(헌재 2015.3.26. 2013헌마214 등).

③ 【X】 이 사건 협조요청은 자발적인 협조를 요청하고 있을 뿐, 강제하는 취지나 불이행 시에 발생할 수 있는 제재조치나 불이익 등에 관해서는 전혀 언급하고 있지 않고, 미리 협의체를 구성하여 협의된 사항을 전제로 하는 것이므로, 임의적 의사에 따른 협력을 기대하고 행정목적 달성을 위해 행하는 비권력적 사실행위로서 행정지도에 해당한다. 따라서 이 사건 협조요청은 헌법소원심판의 대상이 되는 공권력 행사에 해당하지 않는다(헌재 2023.10.26. 2019헌마164).

④ 【O】 합격기준 공표는 앞으로 실시될 제3회 변호사시험의 합격자 결정에 대하여 최소한의 합격자수 기준이라는 행정관청 내부의 지침을 대외적으로 공표하는 것에 불과하고, 그 자체로 인하여 청구인들의 법적 지위에 영향을 미친다고 보기 어려우므로, 헌법소원심판의 대상이 되는 공권력의 행사에 해당하지 않는다(헌재 2014.3.27. 2013헌마523).

72 헌법소원에 대한 설명으로 옳지 않은 것은? (다툼이 있는 경우 판례에 의함) 25년 국회직 9급

① 일부 고소권자가 사망한 피해자의 지위를 승계하여 고소를 하고 검사의 불기소처분에 대하여 항고와 재정신청 등의 구제절차가 진행 중이라 하더라도 고소하지 아니한 나머지 고소권자는 검사의 불기소처분에 대해 헌법소원심판을 청구할 수 있다.

② 행정청의 사실행위 가운데 행정청이 우월한 지위에서 일방적으로 강제하는 권력적 사실행위만 헌법소원의 대상인 공권력의 행사에 해당한다.

③ 국민의 신청에 대한 행정청의 거부행위가 헌법소원의 대상인 공권력의 행사가 되기 위해서는 국민이 행정청에 대하여 신청에 따른 행위를 해 줄 것을 요구할 수 있는 권리가 있어야 한다.

④ 구「부패방지법」상 국민감사청구에 대한 감사원장의 기각결정은 헌법소원의 대상인 공권력의 행사에 해당한다.

⑤ 감사원장이 공공기관 선진화계획의 이행실태, 노사관계 선진화 추진실태 등을 점검하고 자율시정하도록 개선방향을 제시한 행위는 헌법소원의 대상인 공권력의 행사에 해당하지 않는다.

지문분석 **정답 ①**

① 【X】 일부 고소권자가 사망한 피해자의 지위를 승계하여 고소를 하고 검사의 불기소처분에 대하여 항고와 재정신청 등의 구제절차가 진행 중이라면 이는 고소하지 아니한 나머지 고소권자에 대하여 구제절차가 진행 중인 것으로 볼 수 있으므로, 청구인의 외조모, 외삼촌, 어머니가 사망한 피해자의 지위를 승계하여 고소권자로서 피의자들을 고소하고, 검사의 불기소처분에 대하여 재정신청을 하여 그 절차가 진행 중인 상황에서 미성년자인 청구인의 어머니가 법정대리인으로서 이 사건 헌법소원심판을 청구한 경우, 청구인으로서는 위 불기소처분에 대한 구제절차를 아직 거치지 않은 상황에 있다고 봄이 상당하므로, 이 사건 심판청구는 보충성 요건을 흠결하였다(헌재 2020.2.27. 2019헌마987).

② 【O】 행정청의 사실행위는 경고·권고·시사와 같은 정보제공 행위나 단순한 행정지도와 같이 대외적 구속력이 없는 '비권력적 사실행위'와 행정청이 우월적 지위에서 일방적으로 강제하는 '권력적 사실행위'로 나눌 수 있고, 이 중에서 권력적 사실행위만 헌법소원의 대상이 되는 공권력의 행사에 해당하고 비권력적 사실행위는 공권력의 행사에 해당하지 아니한다(헌재 2012.11.6. 2012헌마828).

③ 【O】 국민의 신청에 대한 행정청의 거부행위가 헌법소원심판의 대상인 공권력의 행사가 되기 위해서는 국민이 행정청에 대하여 신청에 따른 행위를 해 줄 것을 요구할 수 있는 권리가 있어야 한다(헌재 2004.10.28. 2003헌마898, 근로기회제공불이행 위헌확인).

④ 【O】「부패방지법」상의 국민감사청구제도는 일정한 요건을 갖춘 국민들이 감사청구를 한 경우에 감사원장으로 하여금 감사청구된 사항에 대하여 감사실시 여부를 결정하고 그 결과를 감사청구인에게 통보하도록 의무를 지운 것이므로, 이러한 국민감사청구에 대한 기각결정은 공권력주체의 고권적 처분이라는 점에서 헌법소원의 대상이 될 수 있는 공권력행사라고 보아야 할 것이다(헌재 2006.2.23. 2004헌마414).

⑤ 【O】 이 사건 점검·개선 제시 중, 개선 제시는 점검을 한 60개 공공기관의 감사책임자들에게 공공기관을 구체적으로 거명하지 않은 채 문제점의 유형을 설명하고 자율시정토록 개선방향을 제시하는 한편, 향후 점검결과 자료를 감사자료로 계속 유지, 관리하고 감사시 체크리스트로 사용하겠다는 향후 처리지침을 밝힌 것으로서, 이러한 내용만으로 위 개선 제시를 따르지 않을 경우의 불이익을 명시적으로 예정하고 있다고는 보기 어려우므로, 이 사건 개선 제시가 행정지도로서의 한계를 넘어 규제적·구속적 성격을 강하게 갖는다고 볼 수 없다. 그렇다면, 이 사건 점검·개선 제시는 헌법소원의 대상이 되는 공권력의 행사라고 보기 어렵고, 따라서 이 사건 점검·개선 제시에 대한 심판청구 역시 부적법하다(헌재 2011.12.29. 2009헌마330).

73 헌법재판소법 제68조 제1항의 '공권력의 행사 또는 불행사'에 관한 다음 설명 중 가장 옳지 않은 것은? 25년 법무사

① 헌법재판소법 제68조 제1항에서의 '공권력'은 입법권・행정권・사법권을 행사하는 모든 국가기관・공공단체 등의 고권적 작용을 말하고, 그 행사 또는 불행사로 국민의 권리와 의무에 대하여 직접적인 법률효과를 발생시켜 청구인의 법률관계 내지 법적 지위를 불리하게 변화시키는 것이어야 한다.

② 일반적으로 어떤 행위가 헌법소원의 대상이 되는 권력적 사실행위에 해당하는지 여부는 당해 행정주체와 상대방의 관계, 그 사실행위에 대한 상대방의 의사・관여정도와 태도, 사실행위의 목적・경위, 법령에 의한 명령・강제수단 발동 가부 등 그 행위가 행하여질 당시의 구체적 사정을 종합적으로 고려하여 개별적으로 판단하여야 한다.

③ 행정권력의 부작위가 헌법소원의 대상이 되는 공권력의 불행사에 해당하려면, 공권력의 주체에게 헌법에서 유래하는 작위의무가 특별히 구체적으로 규정되어 이에 의거하여 기본권의 주체가 행정행위나 공권력의 행사를 청구할 수 있음에도 공권력의 주체가 그 의무를 해태하는 경우이어야 한다.

④ 대통령과 통일부장관에 의한 개성공단 전면중단 조치는 개성공단 투자기업들에 대해 일방적으로 행해진 권력적 사실행위로서 공권력의 행사에 해당한다.

⑤ 검찰수사관이 피의자신문에 참여한 변호인에게 변호인 참여신청서의 작성을 요구한 행위는 검찰수사관이 자신의 우월한 지위를 이용하여 변호인에게 일방적으로 강제한 것으로서 권력적 사실행위에 해당하여 헌법소원의 대상이 될 수 있다.

지문분석 **정답 ⑤**

① 【O】 여기에서 '공권력'이란 입법권・행정권・사법권을 행사하는 모든 국가기관・공공단체 등의 고권적 작용을 말하고, 그 행사 또는 불행사로 국민의 권리와 의무에 대하여 직접적인 법률효과를 발생시켜 청구인의 법률관계 내지 법적 지위를 불리하게 변화시키는 것이어야 한다(헌재 2008.1.17. 2007헌마700).

② 【O】 일반적으로 어떤 행위가 헌법소원의 대상이 되는 권력적 사실행위에 해당하는지 여부는 당해 행정주체와 상대방의 관계, 그 사실행위에 대한 상대방의 의사・관여정도 및 태도, 사실행위의 목적・경위, 법령에 의한 명령・강제수단 발동 가부 등 그 행위가 행하여질 당시의 구체적 사정을 종합적으로 고려하여 개별적으로 판단하여야 한다(헌재 2025.3.18. 2025헌마184).

③ 【O】 행정권력의 부작위에 대한 헌법소원은 공권력의 주체에게 헌법에서 유래하는 작위의무가 특별히 구체적으로 규정되어 이에 의거하여 기본권의 주체가 행정행위 내지 공권력의 행사를 청구할 수 있음에도 공권력의 주체가 그 의무를 해태하는 경우에 한하여 허용된다(헌재 2018.2.6. 2017헌마1353).

④ 【O】 이 사건 중단조치는 투자기업인 청구인들로 하여금 공권력에 순응케 하여 개성공단의 운영을 중단시키는 결과를 실현한 일련의 행위로 구성되며, 그로 인해 위 청구인들의 개성공단에서의 사업 활동이 중단되고, 개성공단 내 공장, 영업시설이나 자재 등에 접근, 이용이 차단되는 등 법적 지위에 직접적, 구체적 영향을 받게 되었으므로, 이 사건 중단조치는 피청구인들이 투자기업인 청구인들에 대한 우월적 지위에서 일방적으로 행한 권력적 사실행위로서 공권력의 행사에 해당한다고 봄이 타당하다(헌재 2022.1.27. 2016헌마364).

⑤ 【X】 청구인은 이 사건 참여신청서요구행위에 따라 수사관이 출력해 준 신청서에 인적사항을 기재하여 제출하였는데, 이는 청구인이 피의자의 변호인임을 밝혀 피의자신문에 참여할 수 있도록 하기 위한 검찰 내부 절차를 수행하는 과정에서 이루어진 비권력적 사실행위에 불과하므로, 헌법소원의 대상이 되는 공권력의 행사에 해당하지 않는다(헌재 2017.11.30. 2016헌마503).

74 헌법소원에 대한 설명으로 옳지 않은 것은? (다툼이 있는 경우 판례에 의함) 21년 지방직 7급

① 법률조항 자체가 「헌법재판소법」 제68조 제1항의 헌법소원의 대상이 될 수 있으려면 그 법률조항에 의하여 구체적인 집행행위를 기다리지 아니하고 직접 자기의 기본권을 침해받아야 하며 집행행위에는 입법행위도 포함되므로, 법률규정이 그 규정의 구체화를 위하여 하위규범의 시행을 예정하고 있는 경우에는 원칙적으로 당해 법률의 직접성은 부인된다.

② 법령에 근거한 구체적인 집행행위가 재량행위인 경우에 법령은 집행기관에게 기본권 침해의 가능성만 부여할 뿐, 법령 스스로가 기본권의 침해행위를 규정하고 행정청이 이에 따르도록 구속하는 것이 아니고, 이때의 기본권의 침해는 집행기관의 의사에 따른 집행행위, 즉 재량권의 행사에 의하여 비로소 이루어지고 현실화되므로 이러한 경우에는 법령에 의한 기본권 침해의 직접성이 인정되지 않는다.

③ 국방부장관 등의 '군내 불온서적 차단대책 강구 지시'는 그 지시를 받은 하급 부대장이 일반 장병을 대상으로 하여 그에 따른 구체적인 집행행위를 하지 않더라도 곧바로 일반 장병의 기본권을 제한하는 직접적인 공권력 행사에 해당하므로 기본권 침해의 직접성이 인정된다.

④ 법령이 집행행위를 예정하고 있더라도, 법령이 일의적이고 명백한 것이어서 집행기관이 심사와 재량의 여지없이 그 법령에 따라 일정한 집행행위를 하여야 하는 경우와 당해 집행행위를 대상으로 하는 구제절차가 없거나, 구제절차가 있다고 하더라도 권리구제의 기대가능성이 없고 기본권 침해를 당한 청구인에게 불필요한 우회절차를 강요하는 것밖에 되지 않는 경우에는 예외적으로 당해 법령의 직접성을 인정할 수 있다.

지문분석 **정답 ③**

① 【O】 법령이 헌법재판소법 제68조 제1항에 따른 헌법소원의 대상이 되려면 구체적인 집행행위 없이 직접 기본권을 침해하여야 하고, 여기의 집행행위에는 입법행위도 포함되므로 법령이 그 규정의 구체화를 위하여 하위규범의 시행을 예정하고 있는 경우에는 당해 법령의 직접성은 원칙적으로 부인된다(헌재 2013. 6. 27. 2011헌마475).

② 【O】 법령에 근거한 구체적인 집행행위가 재량행위인 경우에는 법령은 집형기관에게 기본권 침해의 가능성만 부여할 뿐, 법령 스스로가 기본권의 침해행위를 규정하고 행정청이 이에 따르도록 구속하는 것이 아니고, 이때의 기본권의 침해는 집행기관의 의사에 따른 집행행위, 즉 재량권의 행사에 의하여 비로소 이루어지고 현실화되므로 이러한 경우에는 법령에 의한 기본권 침해의 직접성이 인정될 여지가 없다(헌재 2009. 3. 26. 2007헌마988등).

③ 【X】 국방부장관 등의 '군내 불온서적 차단대책 강구 지시'는 그 지시를 받은 하급 부대장이 일반 장병을 대상으로 하여 그에 따른 구체적인 집행행위를 함으로써 비로소 청구인들을 비롯한 일반 장병의 기본권 제한의 효과가 발생한다 할 것이므로 직접적인 공권력 행사라고 볼 수 없다. 따라서 위 법률조항 및 지시는 기본권침해의 직접성이 인정되지 아니한다(헌재 2010. 10. 28. 2008헌마638).

④ 【O】 법률 또는 법률조항 자체가 헌법소원의 대상이 될 수 있으려면 그 법률 또는 법률조항에 의하여 구체적인 집행행위를 기다리지 아니하고 직접, 현재, 자기의 기본권을 침해받아야 하는 것을 요건으로 하고, 여기서 말하는 기본권 침해의 직접성이란 집행행위에 의하지 아니하고 법률 그 자체에 의하여 자유의 제한, 의무의 부과, 권리 또는 법적 지위의 박탈이 생긴 경우를 뜻하므로, 구체적인 집행행위를 통하여 비로소 당해 법률 또는 법률조항에 의한 기본권 침해의 법률 효과가 발생하는 경우에는 직접성의 요건이 결여된다(헌재 1992. 11. 12. 91헌마192 참조). 다만 법령에 대한 법규범이 집행행위를 예정하고 있더라도, 첫째, 법령이 일의적이고 명백한 것이어서 집행기관이 심사와 재량의 여지없이 그 법령에 따라 일정한 집행행위를 하여야 하는 경우(헌재 1995. 2. 23. 90헌마214 참조)와 둘째, 당해 집행행위를 대상으로 하는 구제절차가 없거나, 구제절차가 있다고 하더라도 권리구제의 기대가능성이 없고 다만 기본권 침해를 당한 청구인에게 불필요한 우회절차를 강요하는 것밖에 되지 않는 경우(헌재 1992. 4. 14. 90헌마82 참조)에는 예외적으로 당해 법령의 직접성을 인정할 수 있다(헌재 2016. 11. 24. 2013헌마403).

75 헌법재판소의 조직 및 심판절차에 대한 설명으로 옳은 것은? 22년 국가직 7급

① 헌법재판소법은 정당해산심판과 헌법소원심판에 대해서만 명문으로 가처분 규정을 두고 있다.
② 변론기일에 출석하여 본안에 관한 진술을 한 때에도 재판관에게 공정한 심판을 기대하기 어려운 사정이 있는 경우라면 당사자는 기피신청을 할 수 있다.
③ 위헌법률의 심판과 권한쟁의에 관한 심판은 서면심리에 의한다. 다만, 재판부는 필요하다고 인정하는 경우에는 변론을 열어 당사자, 이해관계인, 그 밖의 참고인의 진술을 들을 수 있다.
④ 헌법소원심판에서 헌법재판소가 국선대리인을 선정하지 아니한다는 결정을 한 때에는 지체 없이 그 사실을 신청인에게 통지하여야 한다. 이 경우 신청인이 선임신청을 한 날부터 그 통지를 받은 날까지의 기간은 헌법재판소법 제69조의 청구기간에 산입하지 아니한다.

지문분석 **정답 ④**

① **【X】 헌법재판소법 제57조(가처분)** 헌법재판소는 정당해산심판의 청구를 받은 때에는 직권 또는 청구인의 신청에 의하여 종국결정의 선고 시까지 피청구인의 활동을 정지하는 결정을 할 수 있다.
제65조(가처분) 헌법재판소가 권한쟁의심판의 청구를 받았을 때에는 직권 또는 청구인의 신청에 의하여 종국결정의 선고 시까지 심판 대상이 된 피청구인의 처분의 효력을 정지하는 결정을 할 수 있다.
② **【X】 헌법재판소법 제24조(제척 · 기피 및 회피)** 제3항 재판관에게 공정한 심판을 기대하기 어려운 사정이 있는 경우 당사자는 기피(忌避)신청을 할 수 있다. 다만, 변론기일(辯論期日)에 출석하여 본안(本案)에 관한 진술을 한 때에는 그러하지 아니하다.
③ **【X】 헌법재판소법 제30조(심리의 방식)** 제1항 탄핵의 심판, 정당해산의 심판 및 권한쟁의의 심판은 구두변론에 의한다.
제2항 위헌법률의 심판과 헌법소원에 관한 심판은 서면심리에 의한다. 다만, 재판부는 필요하다고 인정하는 경우에는 변론을 열어 당사자, 이해관계인, 그 밖의 참고인의 진술을 들을 수 있다.
④ **【O】 헌법재판소법 제70조(국선대리인)** 제4항 헌법재판소가 국선대리인을 선정하지 아니한다는 결정을 한 때에는 지체 없이 그 사실을 신청인에게 통지하여야 한다. 이 경우 신청인이 선임신청을 한 날부터 그 통지를 받은 날까지의 기간은 제69조의 청구기간에 산입하지 아니한다.

76 **헌법재판소의 조직 및 심판절차에 대한 설명으로 옳지 않은 것은?** 23년 지방직 7급

① 헌법재판소 전원재판부는 재판관 7명 이상의 출석으로 사건을 심리하며, 탄핵의 심판, 정당해산의 심판, 권한쟁의의 심판은 구두변론에 의한다.

② 헌법재판소 전원재판부는 종국심리에 관여한 재판관 과반수의 찬성으로 사건에 관한 결정을 한다. 다만, 법률의 위헌결정, 탄핵의 결정, 정당해산의 결정 또는 헌법소원의 인용결정을 하는 경우와 종전에 헌법재판소가 판시한 헌법 또는 법률의 해석 적용에 관한 의견을 변경하는 경우에는 재판관 6명 이상의 찬성이 있어야 한다.

③ 헌법소원심판에서 대리인의 선임 없이 청구된 경우에 지정재판부는 재판관 전원의 일치된 의견에 의한 결정으로 심판청구를 각하할 수 있으며, 헌법소원심판의 청구 후 30일이 지날 때까지 각하결정이 없는 때에는 청구된 헌법소원은 재판부의 심판에 회부되지 않은 것으로 본다.

④ 헌법재판소의 권한쟁의심판의 결정은 모든 국가기관과 지방자치단체를 기속하며, 국가기관 또는 지방자치단체의 처분을 취소하는 결정은 그 처분의 상대방에 대하여 이미 생긴 효력에 영향을 미치지 아니한다.

지문분석 **정답 ③**

① 【O】 **헌법재판소법 제23조(심판정족수)** ① 재판부는 재판관 7명 이상의 출석으로 사건을 심리한다.
헌법재판소법 제30조(심리의 방식) ① 탄핵의 심판, 정당해산의 심판 및 권한쟁의의 심판은 구두변론에 의한다.

② 【O】 **헌법재판소법 제23조(심판정족수)** ② 재판부는 종국심리(終局審理)에 관여한 재판관 과반수의 찬성으로 사건에 관한 결정을 한다. 다만, 다음 각 호의 어느 하나에 해당하는 경우에는 재판관 6명 이상의 찬성이 있어야 한다.
1. 법률의 위헌결정, 탄핵의 결정, 정당해산의 결정 또는 헌법소원에 관한 인용결정(認容決定)을 하는 경우
2. 종전에 헌법재판소가 판시한 헌법 또는 법률의 해석 적용에 관한 의견을 변경하는 경우

③ 【X】 **헌법재판소법 제72조(사전심사)** ③ 지정재판부는 다음 각 호의 어느 하나에 해당되는 경우에는 지정재판부 재판관 전원의 일치된 의견에 의한 결정으로 헌법소원의 심판청구를 각하한다.
1. 다른 법률에 따른 구제절차가 있는 경우 그 절차를 모두 거치지 아니하거나 또는 법원의 재판에 대하여 헌법소원의 심판이 청구된 경우
2. 제69조의 청구기간이 지난 후 헌법소원심판이 청구된 경우
3. 제25조에 따른 대리인의 선임 없이 청구된 경우
4. 그 밖에 헌법소원심판의 청구가 부적법하고 그 흠결을 보정할 수 없는 경우
④ 지정재판부는 전원의 일치된 의견으로 제3항의 각하결정을 하지 아니하는 경우에는 결정으로 헌법소원을 재판부의 심판에 회부하여야 한다. 헌법소원심판의 청구 후 30일이 지날 때까지 각하결정이 없는 때에는 심판에 회부하는 결정(이하 "심판회부결정"이라 한다)이 있는 것으로 본다.

④ 【O】 **헌법재판소법 제67조(결정의 효력)** ① 헌법재판소의 권한쟁의심판의 결정은 모든 국가기관과 지방자치단체를 기속한다.
② 국가기관 또는 지방자치단체의 처분을 취소하는 결정은 그 처분의 상대방에 대하여 이미 생긴 효력에 영향을 미치지 아니한다.

77 헌법재판소의 심판절차에 대한 설명으로 옳은 것은? 25년 지방직 7급

① 각종 심판절차에서 당사자인 국가기관 또는 지방자치단체는 변호사 또는 변호사의 자격이 있는 소속 직원을 대리인으로 선임하여 심판을 수행하게 할 수 있으며, 당사자인 사인(私人)은 그가 변호사의 자격이 있는 경우라 하더라도 변호사를 대리인으로 선임하지 아니하면 심판청구를 하거나 심판 수행을 하지 못한다.

② 지정재판부는 다른 법률에 따른 구제절차가 있는 경우 그 절차를 모두 거치지 아니하거나 또는 법원의 재판에 대하여 헌법소원의 심판이 청구된 경우, 지정재판부 재판관 과반수에 의한 결정으로 헌법소원의 심판청구를 각하한다.

③ 헌법소원심판절차에서 피청구인의 본안에 관한 답변서가 제출되지 않은 경우, 청구인은 소의 취하에 관한 「민사소송법」 제266조에 따라 상대방 당사자의 동의 내지 동의간주 없이는 청구를 취하할 수 없다.

④ 지정재판부가 헌법소원심판청구에 대해 각하결정을 하지 아니하는 경우에는 결정으로 헌법소원을 재판부의 심판에 회부하여야 하며, 헌법소원심판의 청구 후 30일이 지날 때까지 각하결정이 없는 때에는 심판에 회부하는 결정이 있는 것으로 본다.

지문분석 **정답 ④**

① **【X】 헌법재판소법 제25조(대표자 · 대리인)** ③ 각종 심판절차에서 당사자인 사인(私人)은 변호사를 대리인으로 선임하지 아니하면 심판청구를 하거나 심판 수행을 하지 못한다. 다만, 그가 변호사의 자격이 있는 경우에는 그러하지 아니하다.

② **【X】 헌법재판소법 제72조(사전심사)** ③ 지정재판부는 다음 각 호의 어느 하나에 해당되는 경우에는 지정재판부 재판관 전원의 일치된 의견에 의한 결정으로 헌법소원의 심판청구를 각하한다.

1. 다른 법률에 따른 구제절차가 있는 경우 그 절차를 모두 거치지 아니하거나 또는 법원의 재판에 대하여 헌법소원의 심판이 청구된 경우

③ **【X】** 헌법재판소법 제40조 제1항 전단에 따라 소의 취하에 관한 민사소송법 제266조는 헌법소원심판절차에 준용된다. 헌법소원심판절차에서 피청구인의 본안에 관한 답변서가 제출되지 않았으므로, 민사소송법 제266조에 따라 청구인은 상대방 당사자의 동의 내지 동의간주 없이 청구를 취하할 수 있다(헌재 2024.5.7. 2024헌마352).

④ **【O】 헌법재판소법 제72조(사전심사)** ④ 지정재판부는 전원의 일치된 의견으로 제3항의 각하결정을 하지 아니하는 경우에는 결정으로 헌법소원을 재판부의 심판에 회부하여야 한다. 헌법소원심판의 청구 후 30일이 지날 때까지 각하결정이 없는 때에는 심판에 회부하는 결정(이하 "심판회부결정"이라 한다)이 있는 것으로 본다.

78 헌법재판의 가처분에 대한 설명으로 옳지 않은 것은? (다툼이 있는 경우 판례에 의함) 22년 지방직 7급

① 국회에서 탄핵소추의 대상으로 발의된 자는 그때부터 헌법재판소의 심판이 있을 때까지 그 권한 행사가 정지된다.

② 헌법재판소가 권한쟁의심판의 청구를 받았을 때에는 직권 또는 청구인의 신청에 의하여 종국결정의 선고 시까지 심판 대상이 된 피청구인의 처분의 효력을 정지하는 결정을 할 수 있다.

③ 「헌법재판소법」 제68조 제1항에 의한 헌법소원심판절차에 있어서도 가처분의 필요성은 있을 수 있고, 달리 가처분을 허용하지 아니할 상당한 이유를 찾아볼 수 없으므로 헌법소원심판청구사건에서도 가처분은 허용된다.

④ 가처분의 요건을 갖춘 것으로 인정되고, 이에 덧붙여 가처분을 인용한 뒤 종국결정에서 청구가 기각되었을 때 발생하게 될 불이익과 가처분을 기각한 뒤 청구가 인용되었을 때 발생하게 될 불이익에 대한 비교형량을 하여 후자의 불이익이 전자의 불이익보다 크다면 가처분을 인용할 수 있다.

지문분석 **정답 ①**

① 【X】 **헌법재판소법 제50조(권한 행사의 정지)** 탄핵소추의 의결을 받은 사람은 헌법재판소의 심판이 있을 때까지 그 권한 행사가 정지된다.

② 【O】 **헌법재판소법 제65조(가처분)** 헌법재판소가 권한쟁의심판의 청구를 받았을 때에는 직권 또는 청구인의 신청에 의하여 종국결정의 선고 시까지 심판 대상이 된 피청구인의 처분의 효력을 정지하는 결정을 할 수 있다.

③ 【O】 헌법재판소법은 정당해산심판과 권한쟁의심판에 관해서만 가처분에 관한 규정을 두고 있지만(제57조, 제65조) 헌법재판소법 제68조 제1항에 의한 헌법소원심판절차에 있어서도 가처분의 필요성은 있을 수 있고, 달리 가처분을 허용하지 아니할 상당한 이유를 찾아볼 수 없으므로 헌법소원심판청구사건에서도 가처분은 허용된다(헌재 2006. 2. 23. 2005헌사754).

④ 【O】 헌법소원심판에서 가처분결정은 다투어지는 '공권력 행사 또는 불행사'의 현상을 그대로 유지시킴으로 인하여 생길 회복하기 어려운 손해를 예방할 필요가 있어야 하고 그 효력을 정지시켜야 할 긴급한 필요가 있어야 한다는 것 등이 그 요건이 된다 할 것이므로, 본안심판이 부적법하거나 이유 없음이 명백하지 않는 한, 위와 같은 가처분의 요건가처분을 인용한 뒤 종국결정에서 청구가 기각되었을 때 발생하게 될 불이익을 갖춘 것으로 인정되고, 이에 덧붙여 가처분을 기각한 뒤 청구가 인용되었을 때 발생하게 될 불이익에 대한 비교형량을 하여 후자의 불이익이 전자의 불이익보다 크다면 가처분을 인용할 수 있다(헌재 2006. 2. 23. 2005헌사754).

79 헌법소원심판에 대한 설명으로 옳은 것은? (다툼이 있는 경우 판례에 의함) 22년 국가직 7급

① 대한변호사협회가 변호사 등록사무의 수행과 관련하여 정립한 규범은 단순한 내부 기준이라 볼 수 있으므로 변호사 등록을 하려는 자와의 관계에서 대외적 구속력을 가지는 공권력 행사에 해당한다고 할 수 없다.

② 헌법소원의 대상이 되는 공권력에는 입법작용도 포함되므로 입법기관의 소관사항인 법률의 개정 및 폐지를 요구하는 것은 헌법소원심판의 대상이 된다.

③ 법률 또는 법률조항 자체가 헌법소원의 대상이 될 수 있으려면 구체적인 집행행위를 기다리지 아니하고 그 법률 또는 법률조항에 의하여 직접, 현재, 자기의 기본권을 침해받아야 하는바, 위에서 말하는 집행행위에 입법행위는 포함되지 않으므로 법률규정이 그 규정의 구체화를 위하여 하위규범의 시행을 예정하고 있는 경우에는 당해 법률규정의 직접성은 인정된다.

④ 헌법재판소는 헌법재판소법 제68조 제1항에 따른 헌법소원을 인용할 때에는 인용결정서의 주문에 침해된 기본권과 침해의 원인이 된 공권력의 행사 또는 불행사를 특정하여야 하며, 그 경우에 공권력의 행사 또는 불행사가 위헌인 법률 또는 법률의 조항에 기인한 것이라고 인정될 때에는 인용결정에서 해당 법률 또는 법률의 조항이 위헌임을 선고할 수 있다.

지문분석 **정답 ④**

① 【X】 변호사법의 관련 규정, 변호사 등록의 법적 성질, 변호사 등록을 하려는 자와 변협 사이의 법적 관계 등을 고려했을 때 변호사 등록에 관한 한 공법인 성격을 가지는 변협이 등록사무의 수행과 관련하여 정립한 규범을 단순히 내부 기준이라거나 사법적인 성질을 지니는 것이라 볼 수는 없고, 변호사 등록을 하려는 자와의 관계에서 대외적 구속력을 가지는 공권력 행사에 해당한다고 할 것이다(헌재 2019. 11. 28. 2017헌마759).

② 【X】 법률의 개폐는 입법기관의 소관사항이므로 헌법소원심판청구의 대상이 될 수 없다. 청구인이 주장하는 헌법상의 청원권이나 청원법 제4조 제3호에 의한 법률개폐의 청원도 동법 제7조에 규정한바, 그 청원사항을 주관하는 관서, 즉 입법부에 제출하는 것이지 입법기관이 아닌 헌법재판소에 헌법소원의 방법으로 청원할 수 있는 것도 아니다. 따라서 위 법률조문들을 개폐하는 심판을 구하는 헌법소원심판청구는 헌법소원심판청구의 대상이 될 수 없는 사항에 대한 헌법소원심판청구이어서 이 또한 부적법하다(헌재 1992. 6. 26. 89헌마132).

③ 【X】 법률 또는 법률조항 자체가 헌법소원의 대상이 될 수 있으려면 구체적인 집행행위를 기다리지 아니하고 그 법률 또는 법률조항에 의하여 직접, 현재, 자기의 기본권을 침해받아야 하는 바, 위에서 말하는 집행행위에는 입법행위도 포함되므로 법률 규정이 그 규정의 구체화를 위하여 하위규범의 시행을 예정하고 있는 경우에는 당해 법률 규정의 직접성은 부인된다(헌재 1996. 2. 29. 94헌마213).

④ 【O】 **헌법재판소법 제75조(인용결정)** ② 제68조 제1항에 따른 헌법소원을 인용할 때에는 인용결정서의 주문에 침해된 기본권과 침해의 원인이 된 공권력의 행사 또는 불행사를 특정하여야 한다.
⑤ 제2항의 경우에 헌법재판소는 공권력의 행사 또는 불행사가 위헌인 법률 또는 법률의 조항에 기인한 것이라고 인정될 때에는 인용결정에서 해당 법률 또는 법률의 조항이 위헌임을 선고할 수 있다.

80 입법부작위에 대한 헌법재판소 결정으로 옳지 않은 것은? 16년 국가직 7급

① 국회의원 선거구에 관한 법률을 제정하지 아니한 입법부작위의 위헌확인을 구하는 심판청구에 대하여 심판청구 이후 국회가 국회의원 선거구를 획정함으로써 청구인들의 주관적 목적이 달성되었다 할지라도 헌법적 해명의 필요성이 있어 권리보호이익이 존재한다.

② 지방자치단체장을 위한 별도의 퇴직급여제도를 마련하지 않은 것은 진정입법부작위에 해당하지만, 헌법해석상 입법적 의무가 도출되지 않아 헌법소원의 대상이 될 수 없다.

③ 「초・중등교육법」 제23조 제3항의 위임에 따른 동법 시행령 제43조가 의무교육인 초・중등학교의 교육과목을 규정함에 있어 헌법 과목을 의무교육과정의 필수 과목으로 지정하도록 하지 아니한 입법부작위에 대한 헌법소원심판청구는 부적법하다.

④ 구「태평양전쟁 전후 국외 강제동원희생자 등 지원에 관한 법률」 제2조 제1호 나목에 대한 심판청구는 평등원칙의 관점에서 입법자가 동법률의 위로금 적용대상에 '국내' 강제동원자도 '국외' 강제동원자와 같이 포함시켰어야 한다는 주장에 터잡은 것이므로, 이는 위로금 지급대상인 일제하 강제동원자의 범위를 불완전하게 규율하고 있는 부진정입법부작위를 다투는 헌법소원으로 보아야 한다.

지문분석 **정답 ①**

① 【X】 헌법은 명시적으로 선거구를 입법할 의무를 국회에게 부여하였고, 국회는 이러한 입법의무를 상당한 기간을 넘어 정당한 사유 없이 이행하지 아니함으로써 헌법상 입법의무의 이행을 지체하였으나, 이후 국회가 선거구를 획정함으로써 획정된 선거구에서 국회의원후보자로 출마하거나 선거권자로서 투표하고자 하였던 청구인들의 주관적 목적이 달성되었으므로, 헌법불합치결정에서 정한 입법개선시한이 경과한 후에도 선거구를 획정하지 아니한 입법부작위의 위헌확인을 구하는 심판청구는 권리보호의 이익이 없어 부적법하다(헌재 2016.4.28, 2015헌마1177).

② 【O】 지방자치단체장을 위한 별도의 퇴직급여제도를 마련하지 않은 것은 진정입법부작위에 해당하는데, 헌법상 지방자치단체장을 위한 퇴직급여제도에 관한 사항을 법률로 정하도록 위임하고 있는 조항은 존재하지 않는다. 나아가 지방자치단체장은 특정 정당을 정치적 기반으로 하여 선거에 입후보할 수 있고 선거에 의하여 선출되는 공무원이라는 점에서 헌법 제7조 제2항에 따라 신분보장이 필요하고 정치적 중립성이 요구되는 공무원에 해당한다고 보기 어려우므로 헌법 제7조의 해석상 지방자치단체장을 위한 퇴직급여제도를 마련하여야 할 입법적 의무가 도출된다고 볼 수 없고, 그 외에 헌법 제34조나 공무담임권 보장에 관한 헌법 제25조로부터 위와 같은 입법의무가 도출되지 않는다. 따라서 이 사건 입법부작위는 헌법소원의 대상이 될 수 없는 입법부작위를 그 심판대상으로 한 것으로 부적법하다(헌재 2014.6.26, 2012헌마459).

③ 【O】 초・중등교육법 제23조 제3항의 위임에 따라 동 교육법 시행령 제43조가 의무교육인 초・중등학교의 교육과목을 규정함에 있어 헌법과목을 필수과목으로 규정하고 있지 않다 하더라도, 이는 입법행위에 결함이 있는 '부진정 입법부작위'에 해당하여 구체적인 입법을 대상으로 헌법소원 심판청구를 해야 할 것이므로, 이 부분 입법부작위 위헌확인 심판청구는 허용되지 않는 것을 대상으로 한 것으로서 부적법하다(헌재 2011.9.29, 2010헌바66).

④ 【O】 구「태평양전쟁 전후 국외 강제동원희생자 등 지원에 관한 법률」 제2조 제1호 나목에 대한 심판청구는 평등원칙의 관점에서 입법자가 구 국외강제동원자지원법의 위로금 적용대상에 '국내' 강제동원자도 '국외' 강제동원자와 같이 포함시켰어야 한다는 주장에 터잡은 것이므로, 이는 헌법적 입법의무에 근거한 진정입법부작위에 관한 헌법소원이 아니라 위로금 지급대상인 일제하 강제동원자의 범위를 불완전하게 규율하고 있는 부진정입법부작위를 다투는 헌법소원으로 볼 것이다(헌재 2012.7.26, 2011헌바352).

81 **입법부작위에 관한 다음 설명 중 가장 옳지 않은 것은?** 25년 법무사

① 헌법재판소법 제68조 제2항에 의한 헌법소원은 법률의 위헌성을 적극적으로 다투는 제도이므로, 법률의 부존재, 즉 진정입법부작위를 다투는 것은 허용되지 아니하고, 다만 법률이 불완전・불충분하게 규정되었음을 주장하며 법률 자체의 위헌성을 다투는 취지라면 이는 그 법률이 당해 사건의 재판의 전제가 된다는 것을 요건으로 허용될 수 있다.

② 행정절차에서의 위법하거나 부당한 구금의 피해자에 대하여 형사보상 및 명예회복에 관한 법률에 보상 규정을 두지 않은 입법부작위는 진정입법부작위에 해당한다.

③ 국가로 하여금 무죄판결이 확정된 피고인에 대하여 그 재판에 소요된 비용을 보상하도록 규정한 형사소송법 제194조의2 제1항에서 기소유예처분을 받았다가 헌법재판소의 취소결정을 받고 혐의없음의 불기소처분을 받은 피의자에 대한 경우를 비용보상의 대상으로 규정하지 아니한 것은 비용보상의 요건을 불완전・불충분하게 규정한 것에 해당한다.

④ 70세 이상인 불구속 피의자에 대하여 국선변호인을 선정하는 제도를 두지 않은 입법부작위는 헌법소원의 대상이 될 수 없는 입법부작위에 해당한다.

⑤ 6・25전쟁 중(1950. 6. 25.부터 1953. 7. 27. 군사정전에 관한 협정 체결 전까지를 말한다) 본인의 의사에 반하여 북한에 의하여 강제로 납북된 자 및 그 가족에 대한 보상입법을 마련하지 아니한 입법부작위는 헌법소원의 대상이 될 수 없다.

지문분석 **정답 ③**

① 【O】 헌법재판소법 제68조 제2항에 의한 헌법소원은 '법률'의 위헌성을 적극적으로 다투는 제도이므로 '법률의 부존재' 즉, 입법부작위를 다투는 것은 그 자체로 허용되지 아니하고, 다만 법률이 불완전・불충분하게 규정되었음을 근거로 법률 자체의 위헌성을 다투는 취지로 이해될 경우에는 그 법률이 당해 사건의 재판의 전제가 된다는 것을 요건으로 허용될 수 있다(헌재 2008.10.30. 2006헌바80).

② 【O】 형사보상법은 형사사법작용에 의하여 신체의 자유가 침해된 자에 대한 보호를 목적으로 마련된 것으로서 행정작용에 의하여 신체의 자유가 침해된 자에게 그대로 적용될 수 없다. 결국 행정절차상 구금에 의하여 신체의 자유가 침해된 자에 대한 보상에 대해서는 입법자가 처음부터 아무런 입법을 하지 않았다고 보는 것이 입법자의 의사에 부합하는 해석이고, 이는 행정절차상 구금의 특성을 고려한 별도의 법률에 의한 보호가 필요한 영역이다. 따라서 이 부분 심판청구는 성질상 형사보상법이 적용되지 않는 행정작용에 의하여 신체의 자유가 침해된 자에 대하여 형사보상법과 동일한 정도의 보상을 내용으로 하는 새로운 입법을 하여 달라는 것이므로, 실질적으로 진정입법부작위를 다투는 것에 해당한다. 청구인들이 주장하는 입법부작위는 진정입법부작위에 해당하고, 헌법재판소법 제68조 제2항에 의한 헌법소원에서 진정입법부작위를 다투는 것은 그 자체로 허용되지 않으므로, 청구인들의 이 부분 심판청구는 모두 부적법하다(헌재 2024.1.25. 2020헌바475 등).

③ 【X】 심판대상조항은 공소가 제기되어 법원의 무죄판결이 확정된 피고인에 대한 비용보상 제도를 입법사항으로 규율한다 할 것이고, 피의자에 대한 비용보상 제도까지 규율하고 있다고 볼 수 없다. 그러므로 심판대상조항에서 기소유예처분을 받았다가 헌법재판소의 취소결정을 받고 혐의없음의 불기소처분을 받은 피의자에 대한 경우를 비용보상의 대상으로 규정하지 아니한 것은 비용보상의 요건을 불완전・불충분하게 규정한 것이 아니라, 입법자가 처음부터 아무런 입법을 하지 않았다고 보는 것이 입법취지에 부합한다. 그에 대한 보상은 공소제기가 되어 무죄판결이 확정된 피고인에 대한 비용보상 제도와 별개의 법률에서 별도의 입법을 통한 보호가 필요한 영역이라 할 것이다(헌재 2024.8.29. 2023헌바365).

④ 【O】 헌법은 70세 이상인 불구속 피의자가 피의자신문을 받을 때 국선변호인을 선정하는 법률을 제정할 것을 명시적으로 위임하고 있지 않다. 헌법 제12조 제4항 본문과 단서의 논리적 관계를 고려할 때 '국선변호인의 조력을 받을 권리'는 피의자가 아닌 피고인에게만 보장되는 기본권이다. 따라서 헌법 제12조 제4항이 70세 이상인 불구속 피의자에 대하여 국선변호인의 조력을 받을 권리가 있음을 천명한 것이라고 볼 수 없으며, 그 밖에 헌법상의 다른 규정을 살펴보아도 위와 같은 권리나 이를 보장하기 위한 입법의무를 명시적으로나 해석상으로 인정할 근거가 없다. 따라서 이 사건 입법부작위에 대한 심판청구는 헌법소원의 대상이 될 수 없는 입법부작위를 대상으로 한 것으로서 부적법하다(헌재 2023.2.23. 2020헌마1030).

⑤ 【O】 헌법은 전시납북자와 그 가족에 대한 보상에 관한 법률을 제정할 것을 명시적으로 위임하고 있지 아니하므로 헌법 규정으로부터 직접 도출되는 입법의무는 없다. 헌법 제30조의 해석만으로는 전시납북자와 그 가족에 대한 보상입법의무가 곧바로 도출된다고 볼 수 없고, 그 밖에 헌법 전문이나 제10조 등을 해석하여 보더라도 그와 같은 입법의무가 직접적으로 도출된다고 보기 어렵다. 따라서 이 사건 심판청구는 헌법소원의 대상이 될 수 없는 진정입법부작위를 대상으로 한 것으로서 부적법하다(헌재 2022.8.31. 2019헌마1331).

82 **헌법소원심판의 적법요건 가운데 기본권침해의 자기관련성에 관한 설명 중 헌법재판소 판례의 입장과 다른 것은?**

① 예술·체육 분야 특기자들에게 병역 혜택을 부여하는 조항에 대하여 행정지원업무를 행하는 공익근무요원으로 소집되어 병역의무를 수행 중인 자가 단순히 위 병역 혜택의 부당성만을 주장하며 평등권 침해를 이유로 헌법소원심판을 청구한 경우 자기관련성이 인정되지 않는다.

② 공무원에 대하여 국가 또는 지방자치단체의 정책에 대한 반대·방해 행위를 금지한 구 「국가공무원 복무규정」 및 구 「지방공무원 복무규정」에 대한 공무원노동조합총연맹의 헌법소원심판청구는 자기관련성이 없어 부적법하다.

③ 사업상 독립적으로 재화 또는 용역을 공급하는 자로부터 재화 또는 용역을 공급받는 소비자는, 재정학상 사실상의 담세자로서의 지위를 가지고 있을 뿐만 아니라 부가가치세의 전가로 인해 경제적 부담이 증가하므로, 직전 연도의 공급대가가 일정한 범위 내인 간이과세자에게 부가가치세를 부과·징수하는 내용의 부가가치세법 조항에 대하여 자기관련성을 인정할 수 있다.

④ 국가의 국립대학에 대한 재정지원행위에 대하여 사립대학의 경영주체인 학교법인이 헌법소원심판을 청구한 경우 자기관련성을 인정할 수 있다.

지문분석 **정답 ③**

① 【O】 청구인은 예술·체육 분야 특기자들에게 이 사건 법령조항에 따른 병역 혜택을 주어서는 안된다는 주장을 하고 있을 뿐, 청구인 자신이 그 전공 분야에서 이 사건 법령조항에 준하는 특기를 가진 사람으로서 예술·체육 분야 특기자들과 동일한 병역 혜택을 받아야 함에도 평등원칙에 반하여 수혜대상에서 제외되었다는 주장을 하고 있지 아니하다. 또한 예술·체육 분야 특기자들과 전공 분야가 다른 청구인이 직업선택이나 그 수행과 관련하여 서로 경쟁관계에 있어 예술·체육 분야 특기자들에 대한 병역 혜택의 부여가 동시에 청구인에게 불이익을 의미하는 관계에 있다고 인정하기 어려울 뿐만 아니라, 이 사건 법령조항에 따른 병역 혜택을 받은 자가 전체 병역대상자 중 극히 일부에 불과한 점에 비추어 보면, 이 사건 법령조항이 위헌이라고 선고되어 예술·체육 분야 특기자들에 대한 병역 혜택이 제거되더라도, 현재 공익근무요원으로 소집되어 병역의무를 수행 중인 청구인의 직업선택이나 그 수행 또는 병역의무의 기간이나 정도 등에 영향을 미침으로써 청구인의 법적 지위가 상대적으로 향상된다고 보기도 어려우므로 기본권침해의 자기관련성이 인정되지 아니한다(헌재 2010.4.29. 2009헌마340).

② 【O】 이 사건 심판대상조항들의 직접적인 수범자는 개별 공무원이고 청구인 공무원노동조합총연맹과 같은 공무원단체는 아니고, 가사 위 규정들로 인하여 위 공무원노동조합총연맹의 기본권이 제한되는 경우가 있다 하더라도 이는 공무원 개인의 기본권이 제한됨으로써 파생되는 간접적이고 부수적인 결과일 뿐이므로, 청구인 공무원노동조합총연맹의 심판청구는 자기관련성이 없어 부적법하다(헌재 2012.5.31. 2009헌마705).

③ 【X】 부가가치세법상 부가가치세 납부의무자는 사업상 독립적으로 재화 또는 용역을 공급하는 자이므로, 청구인과 같이 재화 또는 용역을 공급받는 소비자는 재정학상 사실상의 담세자로서의 지위를 가지고 있을 뿐 조세법상의 납세의무자로서의 지위에 있지 않아 이 사건 법률조항들의 직접적인 수규자가 아닌 제3자에 불과한바, 이 사건 법률조항들은 직전 연도의 공급대가가 일정한 범위 내인 간이과세자에 대한 부가가치세를 부과·징수함을 규율하는 것으로서 소비자인 청구인의 자기관련성을 인정할 만한 특별한 사정이 있다고 할 수 없고, 가사 청구인이 부가가치세의 전가로 경제적 부담이 증가된다고 하더라도 이는 간접적, 사실적 또는 경제적인 이해관계에 불과할 뿐 법적인 불이익이라고 할 수 없으므로 기본권 침해의 자기관련성이 인정되지 아니하여 이 사건 심판청구는 부적법하다(헌재 2012.5.31. 2010헌마631).

④ 【O】 국가의 국립대학에 대한 재정지원행위는 당해 국립대학을 수급자로 하여 행해지는 것이지 사립대학에 대한 것이 아니지만, 이와 같이 혜택을 주는 법규정 또는 공권력행사의 경우에는 수혜범위에서 제외된 청구인이 국가가 다른 집단에게 부여한 혜택으로부터 자신이 속한 집단을 평등원칙에 위배되게 배제하였다는 주장을 하여 헌법재판소가 심판대상의 평등권위반을 확인한다면 그 결과로 혜택규정에 의하여 배제되었던 혜택에 참여할 가능성이 있는 경우에는 청구인의 자기관련성을 인정할 수 있다(헌재 2003.6.26. 2002헌마312).

83 **헌법재판소가 기본권 침해의 자기관련성을 인정하는 것은?** (다툼이 있는 경우 헌법재판소의 판례에 의함) 17년 국회직 8급

① 자신의 형사재판의 증인으로 채택된 수감자를 매일 소환한 검사의 행위에 대한 피고인
② 학교법인 이사의 학교법인 재산의 횡령행위에 있어 대학교수나 교수협의회
③ 담배 판매와 제조를 허용하고 있는 구 「담배사업법」 조항에 대하여 간접흡연자
④ 정부의 이라크 전쟁 파병결정에 대한 시민단체 대표
⑤ 의료사고 피해자의 아버지나 남편(피해자가 사망하지 않은 경우)

지문분석 **정답 ①**

① 【O】 검사인 피청구인이 이○학을 수시로 소환하여 청구인 자신의 재판에 증인으로 채택된 자에 대한 증거조사의 공정성, 신속성을 해침으로써 청구인 자신의 기본권인 공정한 재판을 받을 권리 및 신속한 재판을 받을 권리 등을 침해하였다는 것이므로, 청구인은 피청구인의 이○학에 대한 위 공권력작용에 대하여 자기관련성을 가지고 있음을 부정할 수 없다(헌재 2001.8.30. 99헌마496).

② 【X】 피의자가 저질렀다고 하는 횡령행위로 인한 피해자는 학교법인(○○학원)이고, 그 횡령행위로 인하여 위 학교법인이 설립·운영하는 (청주)대학교의 운영에 어려움이 생김으로써 동 대학교의 교수인 청구인이나 그가 대표로 있는 동 대학교 교수협의회에게 어떠한 불이익이 발생하였다고 하더라도 그것은 간접적인 사실상의 불이익에 불과할 뿐 그 사실만으로 청구인이나 위 교수협의회가 위 횡령행위로 인한 "형사피해자"에 해당한다고 할 수 없다(헌재 1997.2.20. 95헌마295).

③ 【X】 간접흡연으로 인한 폐해는 담배의 제조 및 판매와는 간접적이고 사실적인 이해관계를 형성할 뿐, 직접적 혹은 법적인 이해관계를 형성하지는 못하므로 기본권침해의 자기관련성을 인정할 수 없다(헌재 2015.4.30. 2012헌마38).

④ 【X】 청구인인 시민단체나 정당의 간부 및 일반 국민들이 주장하는 피해는 국민의, 또는 인류의 일원으로서 입는 사실상의, 또는 간접적인 성격을 지닌 것이거나 하나의 가설을 들고 있는 것이어서 이 사건 파병으로 인하여 청구인들의 기본권이 현재, 직접 침해되었다고 볼 근거가 될 수 없다. 따라서 청구인들은 이 사건 파견결정에 대해 적법하게 헌법소원을 제기할 수 있는 자기관련성이 있다고 할 수 없어 이 사건 헌법소원 심판청구는 모두 부적법하다(헌재 2003.12.18, 2003헌마255).

⑤ 【X】 이 사건 심판청구인 중 청구인 갑(甲)은 이 사건 의료사고의 피해자인 을(乙)의 아버지일 뿐 의료사고의 직접적인 법률상의 피해자가 아니므로 결국 청구인 갑(甲)은 이 사건 불기소처분으로 인하여 자기의 헌법상 보장된 기본권을 직접 침해받은 자가 아니며 이 사건 불기소처분에 대하여 자기관련성이 없는 자라 할 것이고 따라서 청구인 갑(甲)의 심판청구 부분은 심판청구를 할 적격 없는 자의 청구로서 부적법하다(헌재 1993.11.25, 93헌마81).

84 기본권 침해의 현재성에 대한 설명으로 옳지 않은 것은? (다툼이 있는 경우 헌법재판소 판례에 의함)

16년 국회 8급

① 장래의 선거에서 부재자투표 여부가 확정되는 선거인명부작성 기간이 아직 도래하지 않아 부재자투표를 할 것인지 여부가 확정되지 않았다 하더라도 주기적으로 반복되는 선거의 특성과 기본권 구제의 실효성 측면을 고려할 때, 부재자투표소 투표의 기간을 제한하고 있는 법률조항은 기본권침해의 현재성을 갖추었다.

② 심판청구 당시 청구인은 7급 국가공무원 공채시험에 응시하기 위하여 준비 중에 있었기 때문에 「국가유공자 등 예우 및 지원에 관한 법률」 등의 관련 규정으로 인한 기본권침해를 현실적으로 받았던 것은 아니지만, 청구인이 국가공무원 공채시험에 응시할 경우 장차 그 합격 여부를 가리는 데 있어 국가유공자 가산점제도가 적용될 것임은 심판청구 당시에 이미 확실히 예측되는 것이었으므로 기본권침해의 현재성의 요건은 갖춘 것이다.

③ 혼인을 앞둔 예비신랑은 「가정의례에 관한 법률」의 관련 규정으로 인하여 현재 기본권을 침해받고 있지는 않으나, 결혼식 때에는 하객들에게 주류 및 음식물을 접대할 수 없는 불이익을 받게 되는 것이 현재 시점에서 충분히 예측될 수 있으므로 예외적으로 침해의 현재성을 인정할 수 있다.

④ 법령이 헌법소원의 대상이 되려면 현재 시행 중인 유효한 법령이어야 함이 원칙이지만, 법령이 일반적 효력을 발생하기 전이라도 공포되어 있고 그로 인하여 사실상의 위험성이 이미 발생한 경우에는 예외적으로 침해의 현재성을 인정할 수 있다.

⑤ 중앙인사위원회, 소청심사위원회 등 각종 위원회 위원 자격에서 판사·검사·변호사와 달리 군법무관을 원천적으로 배제하고 있는 구 「국가공무원법」 등의 관련 규정에 대한 헌법소원의 청구인인 군법무관들은, 장차 언젠가는 특정 법률의 규정으로 인하여 권리침해를 받을 우려가 있다 하더라도, 단순히 장래 잠재적으로 나타날 수도 있는 것에 불과하여 권리침해의 현재성을 구비하였다고 할 수 없으므로 구 「국가공무원법」 등의 관련 규정어 대한 기본권 침해의 현재성이 인정되지 않는다.

지문분석 **정답 ⑤**

① 【O】 청구인은 지난 제17대 대통령선거 부재자투표를 하였고, 제18대 국회의원선거에서는 부재자투표를 하고자 하였으나 사전투표의 불이익을 피하려고 부득이 선거일에 주민등록지의 투표소에 직접 가 투표하였다는 것이므로 앞으로 다가올 선거에서도 부재자투표를 할 가능성은 충분히 있으며, 부재자투표 여부가 확정되는 선거인명부 작성기간은 선거일에 매우 근접해 있어, 선거인명부 작성기간 중에 부재자신고를 한 경우에만 부재자투표 절차에 관해 헌법소원심판을 청구할 수 있다고 한다면, 그 헌법소원에 대해 헌법재판소가 결정을 하기 이전에 부재자투표 절차가 모두 종료될 것이 확실시된다. 그러므로 청구인이 비록 장래의 선거에 관해 아직 부재자투표 여부가 확정되지 않았다 하더라도 주기적으로 반복되는 선거의 특성과 기본권 구제의 실효성 측면을 고려할 때, 기본권 침해의 현재성을 갖춘 것으로 보아야 할 것이다(헌재 2010.4.29, 2008헌마438).

② 【O】 심판청구 당시 청구인은 7급 국가공무원 공채시험에 응시하기 위하여 준비 중에 있었기 때문에 이 사건 법률조항으로 인한 기본권침해를 현실적으로 받았던 것은 아니다. 그러나 청구인이 국가공무원 공채시험에 응시할 경우 장차 그 합격 여부를 가리는 데 있어 이 사건 가산점제도가 적용될 것임은 심판청구 당시에 이미 확실히 예측되는 것이었으므로, 기본권침해의 현재성의 요건도 갖춘 것으로 보아야 한다(헌재 2001.2.22, 2000헌마25).

③ 【O】 청구인은 예비신랑으로서 비록 현재 기본권을 침해받고 있지는 않으나, 가정의례에관한법률 제4조 제1항 제7호의 규정으로 인하여 1998. 10. 17. 결혼식 때에는 하객들에게 주류 및 음식물을 접대할 수 없는 불이익을 받게 되는 것이 현재 시점에서 충분히 예측할 수 있으므로 이 사건 심판청구는 현재성의 예외인 경우로서 적법하다(헌재 1998.10.15, 98헌마168).

④ 【O】 법률이 헌법소원의 대상이 되려면, 현재 시행 중인 유효한 법률이어야 함이 원칙이나 법률이 일반적 효력을 발생하기 전이라도 이미 공포되어 있고, 그로 인하여 사실상의 위험성이 이미 발생한 경우에는 예외적으로 침해의 현재성을 인정하여 이에 대하여 곧 헌법소원을 제기할 수 있다고 보아야 할 것이다(헌재 2003.9.25, 2001헌마93).

⑤ 【X】 이 사건 법률은 중앙인사위원회, 소청심사위원회 등 각종 위원회 위원 자격에서 판사 · 검사 · 변호사와 달리 군법무관을 배제하고 있는데, 군법무관들도 각종 위원회의 위원직을 수행할 수 있는 법률적 소양과 나름대로의 경험을 지니고 있는 점, 군법무관도 판사 · 검사 · 변호사와 동일한 시험을 통해 선발되었고 그 업무도 유사한 점, 대부분의 위원직이 해당 기관의 선정에 의하여 결정되고 여하한 신청권도 인정되지 않는 점, 청구인들에게 입법청원 외에 다른 법적 구제수단도 없는 점, 군법무관으로 근무한 기간과 판사 · 검사 · 변호사로 근무한 기간의 합산 문제가 개입될 수 있는 점 등을 고려할 때, 이 사건에서는 장래 청구인들의 권리 침해가능성이 현재로서 확실히 예상된다고 보아 청구인들에게 '현재성'을 인정함이 상당하다(헌재 2007.5.31, 2003헌마422).

85 **「헌법재판소법」 제68조 제1항의 헌법소원심판에 관한 설명으로 가장 적절하지 않은 것은?** (다툼이 있는 경우 판례에 의함) 25년 경정 승진

① 검사가 발부한 형집행장에 의하여 검거된 벌금미납자의 신병에 관한 업무와 관련하여 경찰공무원은 공법상의 권한을 행사하는 공권력행사의 주체일 뿐이지, 기본권의 주체가 된다고 할 수 없으므로 헌법소원심판을 제기할 청구인 적격은 인정되지 않는다.

② 지방자치단체장이 「주민소환에 관한 법률」의 관련 조항으로 인해 공직의 상실이라는 개인적인 불이익과 연관된 공무담임권이 침해되었다는 이유로 헌법소원심판을 제기한 경우, 지방자치단체장은 기본권의 주체가 될 수 있다.

③ 헌법소원심판의 대상이 되는 공권력의 행사 또는 불행사는 헌법소원의 본질상 대한민국 국가기관의 공권력 작용을 의미하고 외국이나 국제기관의 공권력 작용은 이에 포함되지 아니한다.

④ 법률 또는 법률조항 자체를 대상으로 한 헌법소원에서 당해 법률에 근거한 구체적인 집행행위를 통하여 비로소 기본권침해의 법률효과가 발생하는 경우 직접성의 요건이 인정된다.

지문분석 **정답 ④**

① 【O】 일반적으로 청구인과 같은 경찰공무원은 기본권의 주체가 아니라 국민 모두에 대한 봉사자로서 공공의 안전 및 질서유지라는 공익을 실현할 의무가 인정되는 기본권의 수범자라 할 것인바, 검사가 발부한 형집행장에 의하여 검거된 벌금미납자의 신병에 관한 업무는 국가 조직영역 내에서 수행되는 공적 과제 내지 직무영역에 대한 것으로 이와 관련해서 청구인은 국가기관의 일부 또는 그 구성원으로서 공법상의 권한을 행사하는 공권력 행사의 주체일 뿐, 기본권의 주체라 할 수 없으므로 이 사건에서 청구인에게 헌법소원을 제기할 청구인적격을 인정할 수 없다(헌재 2009.3.24. 2009헌마118).

② 【O】 공직자가 국가기관의 지위에서 순수한 직무상의 권한행사와 관련하여 기본권 침해를 주장하는 경우에는 기본권의 주체성을 인정하기 어렵다 할 것이나, 그 외의 사적인 영역에 있어서는 기본권의 주체가 될 수 있는 것이다. 청구인은 선출직 공무원인 하남시장으로서 이 사건 법률 조항으로 인하여 공무담임권 등이 침해된다고 주장하여, 순수하게 직무상의 권한행사와 관련된 것이라기보다는 공직의 상실이라는 개인적인 불이익과 연관된 공무담임권을 다투고 있으므로, 이 사건에서 청구인에게는 기본권의 주체성이 인정된다 할 것이다(헌재 2009.3.26. 2007헌마843).

③ 【O】 헌법소원심판의 대상이 되는 공권력의 행사 또는 불행사는 헌법소원의 본질상 대한민국 국가기관의 공권력 작용을 의미하고 외국이나 국제기관의 공권력 작용은 이에 포함되지 아니한다 할 것이다(헌재 1997.9.25. 96헌마159).

④ 【X】 법률 또는 법률조항 자체가 헌법소원의 대상이 될 수 있으려면 그 법률 또는 법률조항에 의하여 구체적인 집행행위를 기다리지 아니하고 직접 · 현재 · 자기의 기본권을 침해받아야 한다. 여기서 말하는 기본권침해의 직접성이란 집행행위에 의하지 아니하고 법률 그 자체에 의하여 자유의 제한, 의무의 부과, 권리 또는 법적 지위의 박탈이 생긴 경우를 말하므로, 당해 법률에 근거한 구체적인 집행행위를 통하여 비로소 기본권침해의 법률효과가 발생하는 경우에는 직접성이 없다(헌재 2018.7.26. 2016헌마1029).

86 **「헌법재판소법」 제68조 제1항에 따른 헌법소원심판에 대한 설명으로 옳지 않은 것은?** 25년 국회직 8급

① 선행 공권력의 행사와 실질적으로 동일한 내용으로서 그에 대한 확인적 의미만을 갖고 있을 뿐, 선행 공권력의 행사에 아무런 변경을 가져오지 않는 공권력의 행사는 「헌법재판소법」 제68조 제1항 소정의 공권력의 행사에 해당되지 않는다.

② 법원이 선정한 국선변호인의 변호 활동은 국가기관이나 공공단체 등의 지위에서 이루어지는 고권적 작용이라고 볼 수 있으므로 「헌법재판소법」 제68조 제1항에 따른 헌법소원의 대상이 된다.

③ 예산은 법률과 달리 국가기관만을 구속할 뿐 일반 국민을 구속하지 않으므로 국회가 의결한 예산 또는 국회의 예산안 의결은 「헌법재판소법」 제68조 제1항에 따른 헌법소원의 대상이 되지 않는다.

④ 조약과는 달리 법적 효력 내지 구속력이 없는 합의도 이를 이행하지 않는 국가에 대해 항의나 비판의 근거가 될 수는 있으나 비구속적 합의로 인하여 국민의 법적 지위가 영향을 받지 않으므로 이를 대상으로 한 헌법소원 심판청구는 허용되지 않는다.

⑤ 비구속적 행정계획안이나 행정지침이라도 국민의 기본권에 직접적으로 영향을 끼치고, 앞으로 법령의 뒷받침에 의하여 그대로 실시될 것이 틀림없을 것으로 예상될 수 있을 때에는 예외적으로 헌법소원의 대상이 된다.

지문분석 **정답 ②**

① 【O】 공권력의 행사가 헌법소원의 대상이 되려면 당해 공권력의 행사가 기본권을 새로이 침해하여야 한다. 따라서 만약 당해 공권력의 행사에 앞서 기본권을 침해하는 내용의 다른 공권력의 행사가 이미 존재하고 있고, 당해 공권력의 행사는 선행 공권력의 행사와 실질적으로 동일한 내용으로서 그에 대한 확인적 의미만을 갖고 있을 뿐, 선행 공권력의 행사에 아무런 변경을 가져오지 않는 경우라면, 당해 공권력의 행사는 기본권을 새로이 침해하는 헌법재판소법 제68조 제1항 소정의 공권력의 행사에 해당하지 않는다(헌재 1997.12.19. 97헌마317).

② 【X】 헌법재판소법 제68조 제1항에 의한 헌법소원은 공권력의 행사 또는 불행사로 인하여 기본권을 침해받은 사람이 그 공권력의 취소 등을 청구하는 제도로서, 헌법소원의 대상을 공권력작용에 한정하고 있으며, 공권력작용이란 국가기관, 공공단체 등의 고권적 작용을 의미한다. 국선변호인의 변호 활동은 의뢰인으로부터의 위임에 따른 사인으로서의 행위로 볼 수 있을 뿐이고, 국가기관이나 공공단체 등의 지위에서 이루어지는 고권적 작용이라고 볼 수는 없으므로, 이 사건 심판청구는 부적법하다(헌재 2020.5.26. 2020헌마706).

③ 【O】 예산은 일종의 법규범이고 법률과 마찬가지로 국회의 의결을 거쳐 제정되지만 법률과 달리 국가기관만을 구속할 뿐 일반국민을 구속하지 않는다. 국회가 의결한 예산 또는 국회의 예산안 의결은 헌법재판소법 제68조 제1항 소정의 '공권력의 행사'에 해당하지 않고 따라서 헌법소원의 대상이 되지 아니한다(헌재 2006.4.25. 2006헌마409).

④ 【O】 국가는 경우에 따라 조약과는 달리 법적 효력 내지 구속력이 없는 합의도 하는데, 이러한 합의는 많은 경우 일정한 공동 목표의 확인이나 원칙의 선언과 같이 구속력을 부여하기에는 너무 추상적이거나 구체성이 없는 내용을 담고 있으며, 대체로 조약체결의 형식적 절차를 거치지 않는다. 이러한 합의도 합의 내용이 상호 준수되리라는 기대 하에 체결되므로 합의를 이행하지 않는 국가에 대해 항의나 비판의 근거가 될 수는 있으나, 이는 법적 구속력과는 구분된다. … 이에 따라 비구속적 합의로 인정되는 때에는 그로 인하여 국민의 법적 지위가 영향을 받지 않는다고 할 것이므로, 이를 대상으로 한 헌법소원 심판청구는 허용되지 않는다(헌재 2019.12.27. 2016헌마253).

⑤ 【O】 비구속적 행정계획안이나 행정지침이라도 국민의 기본권에 직접적으로 영향을 끼치고, 앞으로 법령의 뒷받침에 의하여 그대로 실시될 것이 틀림없을 것으로 예상될 수 있을 때에는, 공권력행위로서 예외적으로 헌법소원의 대상이 될 수 있다(헌재 2000.6.1. 99헌마538 등).

87 헌법소원심판에 대한 설명으로 옳지 않은 것은? (다툼이 있는 경우 판례에 의함) 15년 국가직 7급

① 법률조항 중 위헌성이 있는 부분에 한정하여 위헌결정을 구하는 한정위헌청구는 원칙적으로 적법하다.

② 의료인 면허의 필요적 취소사유와 면허취소 후 재교부금지기간을 규정하고 있는 「의료법」 조항에 따르면 면허취소 또는 면허재교부 거부라는 구체적인 집행행위가 있을 때 기본권 침해가 발생하게 되므로, 이 조항 자체만으로는 기본권이 직접 침해된다고 볼 수 없다.

③ 검찰청으로부터 갑작스럽게 출석요구를 받고 충분한 시간을 확보하지 못한 채 피의자신문을 받아 피의자로서의 방어권을 제대로 행사하지 못한 경우, 형사입건 사실을 그 피의자에게 사전에 통지하지 않은 수사기관의 부작위는 헌법소원의 대상이 된다.

④ 어떤 국가기관이나 기구의 기본조직 및 직무범위 등을 규정한 조직규범은 원칙으로 그 조직의 구성원이나 구성원이 되려는 자 등 외에 일반국민을 수범자로 하지 아니하고, 일반국민은 그러한 조직규범의 공포로써 자기의 헌법상 보장된 기본권이 직접적으로 침해되었다고 할 수 없다.

지문분석 **정답 ③**

① 【O】 헌법합치적 법률해석의 원칙상 법률조항 중 위헌성이 있는 부분에 한정하여 위헌결정을 하는 것은 입법권에 대한 자제와 존중으로서 당연하고 불가피한 결론이므로, 이러한 한정위헌결정을 구하는 한정위헌청구는 원칙적으로 적법하다고 보아야 한다. 다만, 재판소원을 금지하는 헌법재판소법 제68조 제1항의 취지에 비추어, 개별·구체적 사건에서 단순히 법률조항의 포섭이나 적용의 문제를 다투거나, 의미있는 헌법문제에 대한 주장없이 단지 재판결과를 다투는 헌법소원 심판청구는 여전히 허용되지 않는다(헌재 2012.12.27, 2011헌바117).

② 【O】 의료인 면허의 필요적 취소사유와 면허취소 후 재교부 금지기간을 규정하고 있는 의료법 조항에 의한 기본권 침해는 심판대상조항에 의하여 직접 발생하는 것이 아니라 심판대상조항에 따른 면허취소 또는 면허재교부거부라는 구체적인 집행행위가 있을 때 비로소 현실적으로 나타난다. 청구인이 면허취소처분이나 면허재교부거부처분을 받은 경우 행정심판이나 행정소송 등을 통하여 권리구제를 받을 수 있으며, 그 절차에서 집행행위의 근거가 된 심판대상조항의 위헌 여부에 대한 심판제청을 신청할 수 있고, 그러한 절차를 밟도록 하는 것이 청구인에게 불필요한 우회절차를 강요하는 것이라고 볼 수도 없다. 따라서 심판대상조항을 직접 대상으로 하는 이 사건 헌법소원심판은 직접성 요건을 갖추지 못하여 부적법하다(헌재 2013.7.25, 2012헌마934).

③ 【X】 우리 헌법에서 '입건'에 대하여 명시적으로 규정하고 있지 아니하므로 헌법상 형사입건 사실을 통지하여야 할 수사기관의 작위의무는 인정되지 아니한다. 그리고 형사입건은 수사기관이 사건을 범죄사건부에 등재하는 내부적 행위로서, 피의자의 지위는 입건 여부와 상관 없이 수사기관이 범죄혐의를 인정하여 수사에 해당하는 행위를 개시한 때에 인정되는 것이며, 입건 그 자체로 직접적으로 국민의 권리의무에 영향을 미치거나 법률상 지위에 변동을 일으키지 아니하므로, 헌법의 해석상으로도 수사기관에 특별히 입건사실을 통지하여야 할 작위의무가 부여되어 있다고 보기 어렵다. 따라서 이 사건 헌법소원심판청구는 작위의무가 인정되지 않는 공권력의 불행사에 대한 심판청구로서 부적법하다(헌재 2014.10.14, 2014헌마701).

④ 【O】 어떤 국가기관이나 기구의 기본조직 및 직무범위 등을 규정한 조직규범은 원칙으로 그 조직의 구성원이나 구성원이 되려는 자 등 외에 일반국민을 수범자로 하지 아니하므로 일반국민은 그러한 조직규범에 의하여 기본권이 직접적으로 침해된다고 할 수 없다(헌재 2013.11.28, 2007헌마1189).

88 **아래 사례에서 헌법소원심판청구의 적법요건에 관한 설명 중 옳지 않은 것은?** (다툼이 있는 경우 판례에 의함)

> 대전광역시 교육감은 2002. 1. 1. 2002학년도 대전광역시 공립중등학교 교사임용후보자 선정경쟁시험을 시행하기 위한 '시행요강'을 공고하였다. 그 공고에 따르면 대전·충남 지역 소재 사범계대학 졸업자에게 시험 총점의 5%의 가산점을 부여하도록 되어 있다. 위 시험에 응시한 청구인들은 위와 같은 가산점 부여는 사범계대학 출신자와 비사범계대학 출신자를 차별하는 것이라고 하여 위 공고에 대한 헌법소원심판을 청구하였다.

① 이 사건 가산점 항목의 공고가 법령에 규정되어 있는 가산점의 내용을 단순히 알리는 데 불과한 것이 아니라 그 세부적 내용을 구체적으로 확정하는 효과가 있는 것이라면, 이는 국민의 기본권 상황에 변동을 초래하는 공권력의 행사로 볼 수 있다.

② 이 사건 가산점 항목은 공고되었고, 장차 합격자를 선정함에 있어 이 사건 가산점 항목이 적용될 것임이 위 심판청구 당시에 이미 확실히 예측되고 있었다면, 기본권 침해의 현재성은 인정된다.

③ 이 사건 가산점 항목의 공고에 대하여는 행정소송 등 다른 구제절차가 허용되는지 여부가 객관적으로 불확실하여 청구인에게 사전에 다른 권리구제절차를 거칠 것을 기대하기가 곤란하므로 보충성 원칙의 예외가 인정된다.

④ 이 사건 시행요강이 공고되기 이전인 2000. 11. 18. 대전광역시 교육감에 의해 이 사건 가산점 항목과 동일한 내용을 규정한 시험공고가 행해졌다면, 적어도 이 2000년 공고에 따른 시험에 응시하였다가 불합격한 청구인들에 대하여는 그 청구기간이 도과하였다.

지문분석 **정답 ④**

☞ 본 문제는 **"2002학년도 대전광역시 공립중등학교 교사임용후보자 선정경쟁시험 시행요강 취소사건"에 관한 "헌재 2004.3.25. 2001헌마882"결정**을 기초로 한 문제이다.

① 【O】 교육공무원 임용후보자선정 경쟁시험규칙 제8조 제3항은 가산점의 부여 여부와 그 대상자 및 배점에 관한 세부적 내용을 시험실시기관으로 하여금 정하도록 하고 있기 때문에 이 사건 가산점 항목의 공고는 법령에 이미 확정적으로 규정되어 있는 것을 단순히 알리는 데 불과한 것이 아니라 위와 같은 세부적 내용을 구체적으로 확정하는 효과가 있다. 그러므로 이는 국민의 기본권 상황에 변동을 초래하는 공권력의 행사로 볼 수 있다.

② 【O】 이 사건 헌법소원은 이 사건 가산점 항목이 공고되고 청구인이 그 제1차 시험까지 친 후에 제기되었을 뿐 아니라, 장차 합격자를 선정함에 있어 이 사건 가산점 항목이 적용될 것임이 위 심판청구 당시에 이미 확실히 예측되고 있었다. 이러한 점들에 비추어 볼 때, 이 사건 심판청구 당시 아직 제1차 시험 합격자 발표가 나지 않았다 하더라도 기본권 침해의 현재성은 인정된다고 할 것이다.

③ 【O】 이 사건 가산점 항목의 공고에 대하여는 행정소송 등 다른 구제절차가 허용되는지 여부가 객관적으로 불확실하여 청구인에게 사전에 다른 권리구제절차를 거칠 것을 기대하기가 곤란하다. 그러므로 이 사건 가산점 항목에 관하여는 보충성 원칙의 예외를 인정하여, 청구인으로 하여금 사전에 다른 권리구제절차를 거칠 필요 없이 바로 헌법소원을 할 수 있게 함이 상당하다.』

④ 【X】 이 사건 가산점 항목과 같은 내용의 공고들이 해마다 전국의 시·도교육청에서 반복적으로 행해지고 있다 하더라도 그것들은 각각 당해연도에 당해 시·도교육청이 실시하는 시험에 대해서만 효력을 가지는 것이고, 이 사건 가산점 항목의 공고는 그와 별개의 것이다. 그러므로 이 사건 가산점 항목이 공고되기 이전인 2000. 11. 18. 경기도 교육감에 의해 이 사건 가산점 항목과 유사한 내용의 시험공고가 행해지고 같은 해 12. 17. 청구인이 그 시험에 응시하였다가 불합격한 사실이 있다고 하더라도, 그 무렵을 청구기간의 기산점으로 할 수 없는바, 이 사건 헌법소원이 청구기간을 도과한 것이라고 하는 주장은 이유 없다.

89 헌법소원심판에 대한 설명으로 옳지 않은 것은? (다툼이 있는 경우 판례에 의함) 16년 지방직 7급

① 대통령의 법률안 제출행위는 국가기관간의 내부적 행위에 불과하고 국민에 대하여 직접적인 법률효과를 발생시키는 행위가 아니므로 「헌법재판소법」 제68조 제1항에서 말하는 공권력의 행사에 해당되지 않는다.

② 「헌법재판소법」 제68조 제1항에 의한 헌법소원에서는 지정재판부가 사전심사를 하나, 「헌법재판소법」 제68조 제2항에 의한 헌법소원에서는 지정재판부가 사전심사를 하지 아니한다.

③ 선거범죄로 인하여 100만 원 이상의 벌금형이 선고되면 임원의 결격사유가 됨에도, 선거범죄와 다른 죄가 병합되어 경합범으로 재판하게 되는 경우 선거범죄를 분리 심리하여 따로 선고하는 규정을 두지 않은 것을 다투는 것은 부진정 입법부작위에 대한 「헌법재판소법」 제68조 제1항에 의한 헌법소원심판에 해당한다.

④ 체포에 대하여는 헌법과 「형사소송법」이 정한 체포적부심사라는 구제절차가 존재하므로, 체포적부심사절차를 거치지 않고 제기한 「헌법재판소법」 제68조 제1항에 의한 헌법소원심판청구는 보충성의 원칙에 반하여 부적법하다.

지문분석 **정답 ②**

② 헌법재판소법 제68조 제1항과 제68조 제2항에 의한 헌법소원은 지정재판부에서 사전심사를 담당할 수 있다.

90 헌법소원심판에 대한 설명으로 가장 옳지 않은 것은? 16년 서울시 7급

① 행정기관인 방송통신심의위원회의 시정요구는 단순한 행정 지도에 불과하여 헌법소원 또는 항고소송의 대상이 되는 공권력의 행사라고 볼 수 없다.

② 헌법재판소법 제68조 제2항에 의한 헌법소원은 법률의 위헌성을 적극적으로 다투는 제도이므로 법률의 부존재 즉, 입법부작위를 다투는 것은 그 자체로 허용되지 아니한다.

③ 헌법소원사건의 결정서 정본을 국선대리인에게만 송달하고 청구인에게 송달하지 않은 부작위의 위헌확인을 구하는 헌법소원심판청구는 공권력 불행사가 존재하지 않는 경우에 해당하여 부적법하다.

④ 중학교나 고등학교는 교육을 위한 시설에 불과하여 민법상 권리능력이나 민사소송법상 당사자 능력이 없으므로 학교 법인 외에 별도로 헌법소원심판의 청구인이 될 수 없다.

지문분석 **정답 ①**

① 【X】 행정기관인방송통신심의위원회의시정요구는정보통신서비스제공자 등에게 조치결과 통지의무를 부과하고 있고, 정보통신서비스제공자 등이 이에 따르지 않는 경우 방송통신위원회의 해당 정보의 취급거부 · 정지 또는 제한명령이라는 법적 조치가 예정되어 있으며, 행정기관인 방송통신심의위원회가 표현의 자유를 제한하게 되는 결과의 발생을 의도하거나 또는 적어도 예상하였다 할 것이므로, 이는 단순한 행정지도로서의 한계를 넘어 규제적 · 구속적 성격을 갖는 것으로서 헌법소원 또는 항고소송의 대상이 되는 공권력의 행사라고 봄이 상당하다(헌재 2012.2.23, 2011헌가13).

② 【O】 헌법재판소법 제41조에 의한 법원의 위헌제청에 의한 위헌법률심판이나 헌법재판소법 제68조 제2항에 따른 헌법소원은 법률이나 법률조항이 헌법에 위반되는지 여부를 적극적으로 다투는 제도이므로 법률의 부존재, 즉 입법부작위를 그 심판의 대상으로 하는 것은 그 자체로서 허용될 수 없다(헌재 2007.12.27, 2005헌가9).

③ 【O】 헌법재판소법 제25조 제3항이 정하는 변호사강제주의 아래에서는 심판수행을 담당하는 변호사인 대리인에게 심판수행의 일환으로 결정서 정본을 송달하여 수령하도록 하는 것이 그 취지에 부합하고, 국선대리인이라고 하여 결정문 정본의 송달에 있어서 사선대리인과 달리 취급할 이유가 없으며, 헌법소원사건에서도 민사소송과 마찬가지로 변호사인 대리인이 선임되어 있는 경우에는 대리인에게 결정서 정본을 송달함으로써 그 송달의 효과가 당사자에게 미치게 되므로 당사자에게 따로 송달을 하여야 할 작위의무가 있다고 할 수 없으므로, 이 사건 심판청구는 공권력 불행사가 존재하지 않는 경우에 해당하여 부적법하다(헌재 2012.11.29, 2011헌마693).

④ 【O】 청구인 ○○중 · 상업고등학교는 교육을 위한 시설에 불과하여 우리 민법상 권리능력이나 민사소송법상 당사자능력이 없다고 할 것인바(대법원 1975.12.9. 선고, 75다1048 판결 참조), 위 시설에 관한 권리의무의 주체로서 당사자능력이 있는 청구인 ○○학원이 헌법소원을 제기하여 권리구제를 받는 절차를 밟음으로써 족하다고 할 것이고, 위 학교에 대하여 별도로 헌법소원의 당사자능력을 인정하여야 할 필요는 없다고 할 것이므로 동 학교의 이 사건 헌법소원심판청구는 부적법하다(헌재 1993.7.29, 89헌마123).

91 **헌법소원심판에 의한 행정작용의 통제에 대한 설명으로 가장 옳지 않은 것은?** 16년 서울시 7급

① 헌법재판소에 따르면 행정소송으로 행정처분의 취소를 구한 청구인의 청구를 받아들이지 아니한 법원의 판결에 대해 헌법소원의 청구가 예외적으로 허용되어 그 재판이 취소되는 경우에는 원래의 행정처분에 대한 헌법소원 심판의 청구도 이를 인용하는 것이 상당하다.

② 고소인이 법률에 따라 재정신청을 할 수 있음에도 이를 거치지 않은 채 검사 불기소처분의 취소를 구하는 헌법 소원심판청구는 적법한 것이다.

③ 행정계획이 국민의 기본권에 직접적으로 영향을 끼치고, 앞으로 법령의 뒷받침에 의하여 그대로 실시될 것이 틀림없을 것으로 예상될 수 있을 때에는, 공권력 행사로서 헌법 소원의 대상이 될 수 있다.

④ 행정권력의 부작위에 대한 헌법소원은 공권력의 주체에게 헌법에서 유래하는 작위의무가 특별히 구체적으로 규정 되어 이에 의거하여 기본권의 주체가 행정행위를 청구할 수 있음에도 공권력의 주체가 그 의무를 해태하는 경우에 허용된다.

지문분석 **정답 ②**

① 【O】 행정소송으로 행정처분의 취소를 구한 청구인의 청구를 받아들이지 아니한 법원의 판결에 대한 헌법소원심판의 청구가 예외적으로 허용되어 그 재판이 헌법재판소법 제75조 제3항에 따라 취소되는 경우에는 원래의 행정처분에 대한 헌법소원심판의 청구도 이를 인용하는 것이 상당하다(헌재 1997.12.24, 96헌마172).

② 【X】 청구인으로서는 불기소처분에 대하여 관할 고등법원에 재정신청을 하여 그 당부를 다툴 수 있다 할 것인데 청구인은 그와 같은 구제절차를 모두 거치지 아니한 채 검사 불기소처분의 취소를 구하는 헌법소원심판을 청구한 것이어서 부적법하다(헌재 2008.7.8, 2008헌마479).

③ 【O】 비구속적 행정계획안이나 행정지침이라도 국민의 기본권에 직접적으로 영향을 끼치고, 앞으로 법령의 뒷받침에 의하여 그대로 실시될 것이 틀림없을 것으로 예상될 수 있을 때에는, 공권력행위로서 예외적으로 헌법소원의 대상이 될 수 있다(헌재 2000.6.1, 99헌마538).

④ 【O】 행정권력의 부작위에 대한 헌법소원은 공권력의 주체에게 헌법에서 유래하는 작위의무가 특별히 구체적으로 규정되어 이에 의거하여 기본권의 주체가 행정행위를 청구할 수 있음에도 공권력의 주체가 그 의무를 해태하는 경우에 허용된다(헌재 1996.6.13, 94헌마118).

92 **헌법소원에 대한 설명으로 타당하지 않은 것은?**

① 개발제한구역제도개선방안 확정발표는 해당 지역 주민들의 개발제한구역해제에 대한 개선방안을 확정하여 발표한 것이므로 국민의 재산권행사에 영향을 미치는 공권력행사로서 헌법소원의 대상이 된다.

② 국무총리의 새만금간척사업에 대한 정부조치계획・지시사항시달・농림부장관의 그 후속 세부실천계획 및 새만금간척사업 공사재개행위는 위 각 행위 자체로 독립하여 새로이 직접 청구인들의 기본권을 침해하고 있는 것이 아니므로, 피청구인들의 위 각 행위는 헌법소원심판의 대상이 되는 공권력행사에 해당되지 아니한다.

③ 행정 각 부의 장관이 국가 예산을 재원으로 사회복지사업을 시행함에 있어 예산 확보 방법과 그 집행 대상 등에 관하여 정책결정을 내리고 이를 미리 일선 공무원들에게 지침 등의 형태로 고지하는 일련의 행위는 장래의 예산 확보 및 집행에 대비한 일종의 준비행위로서 헌법소원의 대상이 될 수 없지만, 위와 같은 정책결정을 구체화시킨 지침의 내용이 국민의 기본권에 직접적으로 영향을 끼치고, 앞으로 법령의 뒷받침에 의하여 그대로 실시될 것이 틀림없을 것으로 예상될 수 있을 때에는 예외적으로 헌법소원의 대상이 될 수도 있다.

④ 보건복지부장관이 장애인차량 엘피지 보조금 지원사업과 관련하여 4~6급 장애인에 대한 지원을 중단하기로 하는 정책결정을 내리고 이에 따라 일선 공무원들에 대한 지침을 변경한 것이 헌법소원의 대상인 공권력행사에 해당하지 아니한다.

지문분석 **정답 ①**

① 【X】 이 사건 개선방안은 개발제한구역의 해제지역이 구체적으로 확정되어 있지 않아서, 해당지역 주민들은 개발제한구역을 해제하는 구체적인 도시계획결정이 내려진 이후에야 비로소 법적인 영향을 받게 되므로, 이 사건 개선방안이 청구인들의 기본권에 직접적으로 영향을 끼칠 가능성이 없고, 예고된 내용이 그대로 틀림없이 실시될 것으로 예상할 수는 없다. 따라서 이 사건 개선방안의 발표는 예외적으로 헌법소원의 대상이 되는 공권력의 행사에 해당되지 아니한다(헌재 2000.6.1. 99헌마538등 병합).

② 【O】 헌재 2003.1.30. 2001헌마579

③ 【O】 헌재 2007.10.25. 2006헌마1236 장애인차량 엘피지 지원 폐지 위헌확인

④ 【O】 보건복지부장관은 장애인차량 엘피지 보조금 지원사업과 관련하여 2007. 1. 1.부터 4~6급 장애인에 대한 지원을 중단하기로 하는 등의 정책결정을 내리고 이에 따라 일선 공무원들에 대한 지침을 변경하였으나, 위 정책결정은 최종적인 것이 아니며 정부 부처 내 협의를 통한 장애인복지 예산안 편성 과정, 국회의 예산 심의・확정 과정에서 변경될 수 있다. 그렇다면 이 사건 지침변경은 대외적 효력이 없는 것으로서 행정기관 내부의 업무처리지침 내지 업무편람 변경에 불과하여, 직접적・확정적으로 청구인의 법적 지위를 변동시킨다고 할 수 없을 뿐만 아니라, 장차 법령의 뒷받침을 통하여 그대로 실시될 것이 틀림없다고 예상되는 경우도 아니다. 따라서 이 사건 지침변경은 헌법소원의 대상이 될 수 없으므로 이에 대한 헌법소원심판청구는 부적법하다(헌재 2007.10.25. 2006헌마1236, **장애인차량 엘피지 지원폐지 위헌확인**).

93 헌법재판소법 제68조 제1항에 의한 헌법소원에 대한 설명 중 옳지 않은 것은? (다툼이 있는 경우 판례에 의함)

① 국회의원총선거에 참여하여 의석을 얻지 못하고 유효투표총수의 100분의 2 이상을 득표하지 못한 때 등록을 취소한다는 정당법 등록취소규정은 그 자체에 의하여 곧바로 정당이 소멸되는 것이 아니라, 중앙선거관리위원회의 심사 및 그에 이은 등록취소라는 집행행위에 의하여 비로소 정당이 소멸하게 되므로 이 법규정은 기본권침해의 직접성이 없다.

② 교도소장의 수형자에 대한 출정제한행위는 권력적 사실행위로서 행정소송의 대상이 된다고 단정하기 어렵고, 가사 행정소송의 대상이 된다고 하더라도 이미 종료된 행위로서 소의 이익이 부정되어 각하될 가능성이 높으므로, 수형자에게 그에 의한 권리구제절차를 밟을 것을 기대하기는 곤란하므로 이에 대한 헌법소원은 보충성원칙의 예외에 해당한다.

③ 법령에 대한 헌법소원심판은 법령이 시행된 후에 비로소 그 법령에 해당하는 사유가 발생하여 기본권의 침해를 받게 된 경우에는 그 사유가 발생하였음을 안 날부터 90일 이내에, 그 사유가 발생한 날부터 1년 이내에 청구하여야 한다.

④ 개정된 법령이 종전에 허용하던 영업을 금지하는 규정을 신설하면서 부칙에 유예기간을 둔 경우 그 법령 시행 전부터 영업을 해오던 사람은 유예기간 이후가 되어야 비로소 그 영업을 할 수 없으므로, 그 법령 시행일에 기본권의 침해를 받은 것으로 볼 것이 아니라 부칙에 의한 유예기간 이후가 되어야 비로소 기본권의 침해를 받은 것으로 보아야 한다.

지문분석 **정답 ④**

① 【O】 이 사건 등록취소규정에 의하여 청구외 사회당이 소멸하여 그 결과 청구인 주장의 기본권이 침해되는 것이 아니라 위 규정 소정의 등록취소사유에 해당되는지 여부에 대한 중앙선거관리위원회의 심사 및 그에 이은 등록취소라는 집행행위에 의하여 비로소 정당이 소멸 하게 된다. 그리고 중앙선거관리위원회의 이 사건 사회당에 대한 등록취소처분이 행정소송의 대상이 됨은 명백하다고 할 것이고 그 정당 등록취소처분의 취소소송절차에서의 위 규정에 의한 등록취소사유(예컨대 소정의 득표율에 미달되었는지 여부)에 대한 사실관계 확정과 더불어 얼마든지 위 규정에 대한 위헌 여부의 제청을 구할 수 있는 것이며 그 외 달리 그러한 절차경유가 곤란하거나 부당하다고 볼 사정 또는 그러한 절차의 경유가 실효성이 없다고 볼 사정은 찾아보기 어렵다. 따라서 이 사건 등록취소규정은 기본권 침해의 직접성이 없다(헌재 2006.4.27. 2004헌마562).

② 【O】 헌법소원은 다른 법률에 구제절차가 있는 경우에는 그 절차를 모두 거친 후에 심판청구를 하여야 하는바(헌법재판소법 제68조 제1항 단서), 이 사건 각 출정제한행위는 권력적 사실행위로서 행정소송의 대상이 된다고 단정하기 어렵고, 가사 행정소송의 대상이 된다고 하더라도 이미 종료된 행위로서 소의 이익이 부정되어 각하될 가능성이 많으므로, 청구인에게 그에 의한 권리구제절차를 밟을 것을 기대하기는 곤란하다. 따라서 이에 대한 헌법소원은 보충성 원칙의 예외로서 적법하다고 할 것이다(헌재 2012.3.29. 2010헌마475).

③ 【O】 법령에 대한 헌법소원은 법령의 시행과 동시에 기본권의 침해를 받게 되는 경우에는 그 법령이 시행된 사실을 안 날로부터 90일 이내에, 법령이 시행된 날로부터 1년 이내에 청구하여야 하고, 법령이 시행된 뒤에 비로소 그 법령에 해당되는 사유가 발생하여 기본권의 침해를 받게 되는 경우에는 그 사유가 발생하였음을 안 날로부터 90일 이내에, 그 사유가 발생한 날로부터 1년 이내에 청구하여야 한다(헌재 2006.7.27. 2004헌마655).

④ 【X】 개정된 법령이 종전에 허용하던 영업을 금지하는 규정을 신설하면서 부칙에서 유예기간을 둔 경우에, 그 법령 시행전부터 영업을 하여 오던 사람은 그 법령 시행일에 이미 유예기간 이후부터는 영업을 할 수 없도록 기간을 제한받은 것이므로 그 법령 시행일에 부칙에 의한 유예기간과 관계없이 기본권의 침해를 받은 것으로 보아야 할 것이다(1999.7.22. 98헌마480).

94 헌법재판소법 제68조 제1항에 의한 헌법소원에 관한 설명 중 옳은 것은? (다툼이 있으면 판례에 의함)

① 국가인권위원회의 진정에 대한 각하 및 기각결정은 「국가 인권우원회법」에 따른 법률상 신청권이 있는 진정인의 권리행사에 중대한 지장을 초래하는 것이 아니므로 항고소송의 대상이 되는 행정처분에 해당하지 아니한다.

② 헌법재판소장은 헌법재판소에 재판관 3명으로 구성되는 지정재판부를 두어 헌법소원심판의 사전심사를 담당하게 할 수 있고, 지정재판부는 헌법소원심판청구가 명백히 부적법하거나 이유 없는 경우에는 전원의 일치된 의견으로 각하한다.

③ 관할경찰서장이 옥외집회신고서를 법률상 근거 없이 반려한 행위는 기본권침해 가능성이 없어 헌법소원의 대상이 되는 공권력의 행사에 해당되지 않는다.

④ 죽음에 임박한 환자로서 무의미한 연명치료에서 벗어나 자연스럽게 죽음을 맞이할 연명치료의 중단 등에 관한 법률을 제정하지 아니한 국회의 입법부작위의 위헌성을 다투는 헌법소원에서, 환자의 자녀들은 정신적 고통을 감수하고 경제적 부담을 진다는 점에서 이해관계를 가지고 있으나, 이러한 이해관계는 간접적, 사실적 이해관계에 불과하여 위 입법부작위를 다툴 자기관련성이 인정되지 아니한다.

지문분석 **정답 ④**

① 【X】 국가인권위원회가 한 진정에 대한 각하 또는 기각결정은 항고소송의 대상이 되는 행정처분이므로, 헌법소원심판을 청구하기 전에 먼저 행정심판이나 행정소송을 통해 다투어야 하크로, 그러한 사전 구제절차 없이 청구된 헌법소원심판은 보충성 요건을 충족하지 못하여 부적법하다(헌재 2015.3.26. 2013헌마214).

② 【X】 이러한 사전심사는 심판청구의 본안에 대한 판단이 아니라 단지 청구요건의 구비여부만을 심사하는 것이다. 헌법재판소법 제72조 제1항 및 제3항 참조.

제72조 (사전심사) 제1항 헌법재판소장은 헌법재판소에 재판관 3명으로 구성되는 지정재판부를 두어 헌법소원심판의 사전심사를 담당하게 할 수 있다.

제3항 지정재판부는 다음 각 호의 어느 하나에 해당되는 경우에는 지정재판부 재판관 전원의 일치된 의견에 의한 결정으로 헌법소원의 심판청구를 각하한다.[개정 2011.4.5.]

1. 다른 법률에 따른 구제절차가 있는 경우 그 절차를 모두 거치지 아니하거나 또는 법원의 재판에 대하여 헌법소원의 심판이 청구된 경우
2. 제69조의 청구기간이 지난 후 헌법소원심판이 청구된 경우
3. 제25조에 따른 대리인의 선임 없이 청구된 경우
4. 그 밖에 헌법소원심판의 청구가 부적법하고 그 흠결을 보정할 수 없는 경우

③ 【X】 피청구인 서울남대문경찰서장은 옥외집회의 관리 책임을 맡고 있는 행정기관으로서 이미 접수된 청구인들의 옥외집회신고서에 대하여 법률상 근거 없이 이를 반려하였는바, 청구인들의 입장에서는 이 반려행위를 옥외집회신고에 대한 접수거부 또는 집회의 금지통고로 보지 않을 수 없었고, 그 결과 형사적 처벌이나 집회의 해산을 받지 않기 위하여 집회의 개최를 포기할 수밖에 없었다고 할 것이므로 피청구인의 이 사건 반려행위는 주무(主務) 행정기관에 의한 행위로서 기본권침해 가능성이 있는 공권력의 행사에 해당한다(헌재 2008.5.29. 2007헌마712).

④ 【O】 이 사건 심판대상인 '공권력의 불행사'라는 것은 '연명치료 중단 등에 관한 법률의 입법부작위'인바, 위 입법부작위(또는 입법의무의 이행에 따른 입법행위)의 직접적인 상대방은 연명치료 중단으로 사망에 이르는 환자이고, 그 자녀들은 위 입법부작위로 말미암아 '환자가 무의미한 연명치료로 자연스런 죽음을 뒤로한 채 병상에 누어있는 모습'을 지켜보아야 하는 정신적 고통을 감수하고, 환자의 부양의무자로서 연명치료에 소요되는 의료비 등 경제적 부담을 안을 수 있다는 점에 이해관계를 갖지만, 이와 같은 정신적 고통이나 경제적 부담은 간접적, 사실적 이해관계에 그친다고 보는 것이 타당하므로, 연명치료중인 환자의 자녀들이 제기한 이 사건 입법부작위에 관한 헌법소원은 자신 고유의 기본권의 침해에 관련되지 아니하여 부적법하다(헌재 2009.11.26. 2008헌마385).

95 **「헌법재판소법」 제68조 제1항의 헌법소원심판에서 기본권 침해의 법적 관련성에 대한 설명으로 옳지 않은 것은?** (다툼이 있는 경우 판례에 의함) 19년 지방직 7급

① 법규범이 집행행위를 예정하고 있더라도 법규범의 내용이 집행행위 이전에 이미 국민의 권리관계를 직접 변동시키거나 국민의 법적 지위를 결정적으로 정하는 것이어서 국민의 권리관계가 집행행위의 유무나 내용에 의하여 좌우될 수 없을 정도로 확정된 상태라면 그 법규범의 권리침해의 직접성이 인정된다.

② 공권력 작용의 직접적인 상대방은 자유의 제한, 의무의 부과, 권리 또는 법적 지위의 제약이 가해지면 자기관련성이 인정되며, 제3자의 경우 사실적・경제적 이해관계나 영향이 존재한다면 자기관련성이 인정된다.

③ 직접성이 요구되는 법규범에는 형식적 의미의 법률뿐만 아니라 조약, 명령・규칙, 헌법소원의 대상성이 인정되는 행정규칙, 조례 등이 포함된다.

④ 국민에게 일정한 행위의무 또는 행위금지의무를 부과하는 법규정을 정한 후 이를 위반할 경우 제재수단으로서 형벌 또는 행정벌 등을 부과할 것을 정한 경우에, 그 형벌이나 행정벌의 부과를 직접성에서 말하는 집행행위라고는 할 수 없다.

지문분석 **정답 ②**

① 【O】 법규범이 집행행위를 예정하고 있더라도 법규범의 내용이 집행행위 이전에 이미 국민의 권리관계를 직접 변동시키거나 국민의 법적 지위를 결정적으로 정하는 것이어서 국민의 권리관계가 집행행위의 유무나 내용에 의하여 좌우될 수 없을 정도로 확정된 상태라면 그 법규범의 권리침해의 직접성이 인정된다(헌재 1997. 7. 16. 97헌마38).

② 【X】 헌법재판소법 제68조 제1항에 규정된 "공권력의 행사 또는 불행사로 인하여 기본권의 침해를 받은 자"라는 것은 공권력의 행사 또는 불행사로 인하여 자기의 기본권이 현재 그리고 직접적으로 침해받은 경우를 의미하므로 원칙적으로 공권력의 행사 또는 불행사의 직접적인 상대방만이 이에 해당한다고 할 것이고, 공권력의 작용에 단지 간접적, 사실적 또는 경제적인 이해관계가 있을 뿐인 제3자인 경우에는 자기관련성은 인정되지 않는다고 할 것이다(헌재 1993. 7. 29. 89헌마123).

③ 【O】 헌법소원심판청구와 관련하여 직접성이 요구되는 법령에는 형식적인 의미의 법률뿐만 아니라 조약, 명령・규칙, 헌법소원의 대상성이 인정되는 행정규칙, 조례 등이 모두 포함된다.

④ 【O】 법률 또는 법률조항이 구체적인 집행행위를 예정하고 있는 경우에는 직접성의 요건이 결여된다. 그러나 국민에게 행위의무 또는 금지의무를 부과한 후 그 위반행위에 대한 제재로서 형벌, 행정벌 등을 부과할 것을 정한 경우에 그 형벌이나 행정벌의 부과를 위 직접성에서 말하는 집행행위라고는 할 수 없다.국민은 별도의 집행행위를 기다릴 필요 없이 제재의 근거가 되는 법률의 시행 자체로 행위의무 또는 금지의무를 직접 부담하는 것이기 때문이다(헌재 1996. 2. 29. 94헌마213).

96 **「헌법재판소법」 제68조 제1항의 헌법소원에 대한 설명으로 옳은 것은?** (다툼이 있는 경우 판례에 의함)

21년 국가직 7급

① 공권력의 작용의 직접적인 상대방이 아닌 제3자는 공권력의 작용이 그 제3자의 기본권을 직접적이고 법적으로 침해하는 경우라 하더라도 그 제3자에게 자기관련성이 인정되지 않는다.

② 청구인은 공권력 작용과 현재 관련이 있어야 하며, 장래 어느 때인가 관련될 수 있을 것이라는 것만으로는 헌법소원을 제기하기에 족하지 않으므로, 기본권침해가 장래에 발생하고 그 침해가 틀림없을 것으로 현재 확실히 예측되더라도 침해의 현재성을 인정할 수는 없다.

③ 「헌법재판소법」 제68조 제1항 단서에서 말하는 다른 권리구제절차에는 사후적・보충적 구제수단인 손해배상청구나 손실보상청구도 포함된다.

④ 공권력의 불행사로 인한 기본권침해는 그 불행사가 계속되는 한 기본권침해의 부작위가 계속된다고 할 것이므로 공권력의 불행사에 대한 헌법소원은 그 불행사가 계속되는 한 기간의 제약없이 적법하게 청구할 수 있다.

지문분석 **정답 ④**

① 【X】 공권력 작용의 직접적인 상대방이 아닌 제3자라고 하더라도 공권력 작용이 그 제3자의 기본권을 직접적이고 법적으로 침해하고 있는 경우에는 예외적으로 그 제3자에게 자기관련성이 있다고 할 것인바, 이러한 기본권 침해의 자기관련성 판단은 입법의 목적, 실질적인 규율대상, 법 규정에서의 제한이나 금지가 제3자에게 미친 효과나 진지성의 정도 및 규범의 직접적인 수규자에 의한 헌법소원제기의 기대가능성 등을 종합적으로 고려하여 판단하여야 할 것이다(헌재 2011. 10. 25. 2010헌마661).

② 【X】 원칙적으로 헌법소원심판의 청구인은 공권력의 작용과 현재 관련이 있어야 하며, 장래 어느 때인가 관련될 수 있을 것이라는 것만으로는 헌법소원을 제기하기에 족하지 않다. 다만, 기본권의 침해가 장래에 발생하더라도 그 침해가 틀림없을 것으로 현재 확실히 예측된다면, 기본권구제의 실효성을 위하여 침해의 현재성을 인정할 수 있다(헌재 2017. 1. 24. 2017헌마27).

③ 【X】 헌법재판소법 제68조 제1항 단서에 의하면 헌법소원은 다른 권리구제절차를 거친 뒤 비로소 제기할 수 있는 것이기는 하지만, 여기서 말하는 권리구제절차는 공권력의 행사 또는 불행사를 직접대상으로 하여 그 효력을 다툴 수 있는 권리구제절차를 의미하는 것이지, 사후적・보충적 구제수단인 손해배상청구나 손실보상청구를 의미하는 것이 아님은 헌법소원제도를 규정한 헌법의 정신에 비추어 명백하다(헌재 1989. 4. 17. 88헌마3).

④ 【O】 헌법재판소법 제69조에서는 헌법소원 전반에 관한 청구기간을 규정하고 있기 때문에 공권력의 불행사에 대한 헌법소원도 청구기간의 제한이 있는 것이 아닌가 하는 의문이 있으나 공권력의 행사는 그 행사가 있는 때 기본권 침해행위는 종료하고 그 위법상태가 계속될 수 있음에 비하여 공권력의 불행사는 그 불행사가 계속되는 한 기본권침해의 부작위가 계속된다 할 것이므로, 공권력의 불행사에 대한 헌법소원심판은 그 불행사가 계속되는 한 기간의 제약이 없이 적법하게 청구할 수 있다(헌재 1994.12. 29. 89헌마2).

97 헌법소원에 대한 설명으로 가장 옳지 않은 것은? 16년 서울시 7급

① 형사피의자에 대해서 국선변호인제도를 규정하지 않고 있는 입법부작위는 헌법소원심판의 대상이 될 수 없다.

② 정부가 국회에 법률안을 제출하는 행위는 헌법소원심판의 대상이 되는 공권력의 행사에 해당되지 않는다.

③ 한국증권거래소의 상장폐지확정결정은 헌법소원의 대상이 되는 공권력의 행사에 해당한다.

④ 국가인권위원회의 진정에 대한 각하 및 기각결정은 「국가 인권위원회법」에 따른 법률상 신청권이 있는 진정인의 권리행사에 중대한 지장을 초래하는 것으로 항고소송의 대상이 되는 행정처분에 해당하므로 헌법소원의 보충성 요건을 충족하지 못한다.

지문분석 **정답 ③**

① 【O】 헌법 제12조 제4항은 형사피의자의 국선변호인에 관하여는 아무런 입법위임을 하지 않았고, 헌법의 다른 조항들을 살펴보아도 형사피의자를 위한 국선변호인에 관하여 헌법이 명시적인 입법위임을 하지 않았음은 명백하다. 나아가 다른 헌법조항 전부를 해석해 보아도 국가가 형사피의자를 위한 국선변호인제도를 입법하여야 할 헌법적 의무가 있다고 볼 수는 없다. 따라서 형사피의자에 대해서 국선변호인제도를 규정하지 않고 있는 입법부작위는 헌법소원심판의 대상이 될 수 없다(헌재 2008.7.1, 2008헌마428).

② 【O】 대통령의 법률안 제출행위는 국가기관간의 내부적 행위에 불과하고 국민에 대하여 직접적인 법률효과를 발생시키는 행위가 아니므로 헌법재판소법 제68조에서 말하는 공권력의 행사에 해당되지 않는다(헌재 1994.8.31, 92헌마174).

③ 【X】 유가증권의 상장은 피청구인(한국증권거래소)과 상장신청법인 사이의 "상장계약"이라는 사법상의 계약에 의하여 이루어지는 것이고, 상장폐지결정 및 상장폐지확정결정 또한 그러한 사법상의 계약관계를 해소하려는 피청구인의 일방적인 의사표시라고 봄이 상당하다고 할 것이다. 따라서, 피청구인의 청구인회사에 대한 이 사건 상장폐지확정결정은 헌법소원의 대상이 되는 공권력의 행사에 해당하지 아니하므로 이를 대상으로 한 심판청구는 부적법하다(헌재 2005.2.24, 2004헌마442).

④ 【O】 국가인권위원회가 한 진정에 대한 각하 또는 기각결정은 항고소송의 대상이 되는 행정처분이므로, 헌법소원심판을 청구하기 전에 먼저 행정심판이나 행정소송을 통해 다투어야 하므로, 그러한 사전 구제절차 없이 청구된 헌법소원심판은 보충성 요건을 충족하지 못하여 부적법하다(헌재 2015.3.26, 2013헌마214).

98 헌법재판소법 제68조 제1항에 의한 헌법소원심판청구의 요건에 관한 다음 설명 중 가장 옳지 않은 것은? (다툼이 있는 경우 헌법재판소 결정에 의함) 17년 법원직 9급

① 무면허 의료행위를 금지하고 처벌하는 의료법 조항의 직접적인 수범자는 무면허 의료행위자이므로 제3자에 불과한 의료소비자는 자기관련성이 인정되지 아니한다.

② 일반적으로 수혜적 법령의 경우에는 수혜범위에서 제외된 자가 자신이 평등원칙에 반하여 수혜대상에서 제외되었다는 주장을 하는 경우 그 법령의 직접적인 적용을 받는 자가 아니라고 할지라도 자기관련성을 인정할 수 있다.

③ 서울특별시 및 경기도의 초등교사 임용시험에서 지역가산점을 부여하는 공권력 행사에 대하여 간접적·사실적 및 경제적 이해관계를 갖는 데 불과한 부산교육대학교는 자기관련성이 인정되지 않는다.

④ 법령에 대한 헌법소원심판에서 민사소송법 제83조 제1항과 같은 공동심판참가신청은 허용되지 않는다.

지문분석 정답 ④

① 【O】 심판대상조항은 무면허의료행위를 금지하고 처벌하는 것이므로 그 직접적인 수범자는 무면허 의료행위자이다. 의료소비자는 무면허 의료행위의 금지·처벌과 직접적인 법률관계를 갖지 않아 심판대상조항의 직접적인 수범자가 아닌 제3자에 불과하므로, 심판대상조항에 대하여 자기관련성이 인정되지 아니한다(헌재 2014.8.28. 2013헌마359).

② 【O】 일반적으로 수혜적 법령의 경우에는 수혜범위에서 제외된 자가 자신이 평등원칙에 반하여 수혜대상에서 제외되었다는 주장을 하거나, 비교집단에게 혜택을 부여하는 법령이 위헌이라고 선고되어 그러한 혜택이 제거된다면 비교집단과의 관계에서 자신의 법적 지위가 상대적으로 향상된다고 볼 여지가 있는 때에는 그 법령의 직접적인 적용을 받는 자가 아니라고 할지라도 자기관련성을 인정할 수 있다(헌재 2013.12.26. 2010헌마789).

③ 【O】 이 사건 임용시험에서 청구인 부산교육대학교 학생들이 지역가산점의 불이익을 받아 임용시험 합격률이 낮아지더라도, 그로 인하여 청구인 부산교육대학교가 받는 불이익은 간접적이고 사실적이며 경제적인 이해관계에 불과하므로, 청구인 부산교육대학교는 이 사건 지역가산점 규정과 관련하여 자기관련성이 인정되지 않는다(헌재 2014.4.24. 2010헌마747).

④ 【X】 법령에 대한 헌법소원심판에서 그 목적이 청구인과 제3자에게 합일적으로 확정되어야 할 경우, 그 제3자는 공동 청구인으로서 심판에 참가할 수 있다 할 것이다(헌법재판소법 제40조 제1항, 민사소송법 제83조 제1항). 다만 공동심판참가인은 별도의 헌법소원을 제기하는 대신에 계속중인 심판에 공동 청구인으로서 참가하는 것이므로 그 참가신청은 헌법소원 청구기간 내에 이루어져야 한다(헌재 2008.2.28. 2005헌마872).

99 헌법소원심판에 대한 설명으로 옳지 않은 것은? 25년 국가직 5급

① 「헌법재판소법」은 공권력의 행사 또는 불행사로 인하여 헌법상 보장된 기본권을 침해받은 자는 법원의 재판을 제외하고는 헌법재판소에 헌법소원심판을 청구할 수 있지만, 다른 법률에 구제절차가 있는 경우에는 그 절차를 모두 거친 후에 청구할 수 있다고 하여 보충성의 요건을 명시하고 있다.

② 동일한 피의사실에 대하여 2회 고소하고 그에 대한 검사의 각 불기소처분에 대하여 항고, 재항고를 하여, 한 사건에 대하여는 대검찰청의 재항고기각이 있었고 다른 한 사건을 대검찰청에 계류 중인 상태에서 대검찰청에 계류 중인 사건에 대한 헌법소원심판청구가 있은 경우, 헌법재판계류 중에 대검찰청의 재항고기각결정이 있으면 동 심판청구는 전치요건흠결의 하자가 치료되어 적법하다.

③ 헌법소원에 있어서는 원칙적으로 공권력의 행사 또는 불행사의 직접적인 상대방이 자기관련성이 인정될 뿐만 아니라, 공권력의 작용에 단지 간접적이거나 사실적 또는 경제적인 이해관계가 있을 뿐인 제3자의 경우에도 자기관련성이 인정된다.

④ 「헌법재판소법」 제41조 제1항에 따른 법률의 위헌 여부 심판의 제청신청이 기각된 때에는 그 신청을 한 당사자는 헌법재판소에 헌법소원심판을 청구할 수 있다. 이 경우 그 당사자는 당해 사건의 소송절차에서 동일한 사유를 이유로 다시 위헌 여부 심판의 제청을 신청할 수 없다.

지문분석 **정답 ③**

① 【O】 헌법재판소법 제68조 제1항은 "공권력의 행사 또는 불행사로 인하여 헌법상 보장된 기본권을 침해받은 자는 법원의 재판을 제외하고는 헌법재판소에 헌법소원심판을 청구할 수 있다. 다만, 다른 법률에 구제절차가 있는 경우에는 그 절차를 모두 거친 후가 아니면 청구할 수 없다."고 규정하여 헌법소원의 대상이 되는 공권력의 행사라 하더라도 다른 법률이 정한 구제절차를 모두 거친 후에야 비로소 헌법소원심판을 청구할 수 있도록 하고 있다(헌재 2008.4.22. 2008헌마326).

② 【O】 청구인은 동일한 내용의 위증피의사실에 대하여 위 피의자 등을 2회에 걸쳐 고소하였고, 그중 1개의 사건에 대하여 재항고기각결정이 있게 되자, 대검찰청에 재항고계류중인 동일 내용의 다른 사건에 대하여 이 사건 헌법소원심판청구를 한 것으로서 이는 헌법재판소법 제68조 제1항 소정의 다른 법률에 의한 구제절차를 모두 거치지 아니한 경우에 해당하는 것이다. 그러므로 이 사건 헌법소원심판청구는 그 청구 접수 당시에는 헌법재판소법이 정한 헌법소원심판청구의 전심절차를 다 경유하지 않은 위법이 있다 할 것이다. 그러나 이 사건 헌법소원심판청구를 한 후 이 사건에 대한 헌법재판계속 중인 사건에 대하여서도 대검찰청에서 재항고기각결정이 내려졌다. 전심절차를 완전히 밟지 아니한 채 이 사건 헌법소원심판청구를 한 것은 제소 당시로 보면 전치요건불비의 위법이 있다고 할 것이지만 이 사건 계속 중에 대검찰청에서 재항고기각결정을 받았다면 위와 같은 전치요건흠결의 하자는 치유되었다고 볼 것이며, 따라서 이 사건 소원심판청구는 이 점에 있어서는 적법하다 할 것이다(헌재 1991.4.1. 90헌마194).

③ 【X】 헌법재판소법 제68조 제1항에 따르면 헌법소원심판은 공권력의 행사 또는 불행사로 인하여 헌법상 보장된 기본권을 침해받은 자가 청구하여야 한다. 여기에서 기본권을 침해받은 자라 함은 공권력의 행사 또는 불행사로 인하여 자기의 기본권을 현재 그리고 직접적으로 침해받은 자를 의미하며 단순히 간접적, 사실적 또는 경제적인 이해관계가 있을 뿐인 제3자는 이에 해당하지 않는다(헌재 2016.11.1. 2016헌마857).

④ 【O】 **헌법재판소법 제68조(청구 사유)** ② 제41조 제1항에 따른 법률의 위헌 여부 심판의 제청신청이 기각된 때에는 그 신청을 한 당사자는 헌법재판소에 헌법소원심판을 청구할 수 있다. 이 경우 그 당사자는 당해 사건의 소송절차에서 동일한 사유를 이유로 다시 위헌 여부 심판의 제청을 신청할 수 없다.

100 **「헌법재판소법」 제68조 제1항의 헌법소원심판에 관한 설명 중 옳은 것(○)과 옳지 않은 것(×)을 올바르게 조합한 것은?** (다툼이 있는 경우 판례에 의함) 17년 변호사

> ㉠ 유치장 수용자에 대한 신체수색은 유치장의 관리주체인 경찰이 우월적 지위에서 피의자 등에게 일방적으로 강제하는 성격을 가진다고 보기 어려우므로 「헌법재판소법」 제68조 제1항의 공권력의 행사에 포함되지 아니한다.
> ㉡ 미국산 쇠고기를 수입하는 자에게 적용할 수입위생조건을 정하고 있는 농림수산식품부 고시인 「미국산 쇠고기 수입위생조건」의 경우 쇠고기 소비자는 직접적인 수범자가 아니고, 위 고시로 인해 소비자들이 자신도 모르게 미국산 쇠고기를 섭취하게 될 가능성이 있다고 할지라도 이는 단순히 사실적이고 추상적인 이해관계에 불과한 것이므로, 쇠고기 소비자들은 위 고시와 관련하여 기본권침해의 자기관련성이 인정되지 아니한다.
> ㉢ 법률안이 거부권 행사에 의하여 최종적으로 폐기되었다면 모르되, 그렇지 아니하고 공포되었다면 법률안은 그 동일성을 유지하여 법률로 확정되는 것이라고 보아야 하므로 청구 당시의 공포 여부를 문제삼아 헌법소원의 대상성을 부인할 수는 없다.
> ㉣ 언론인이 직무관련 여부 및 기부·후원·증여 등 그 명목에 관계없이 동일인으로부터 일정 금액을 초과하는 금품 등을 받거나 요구 또는 약속하는 것을 금지하는 「부정청탁 및 금품등 수수의 금지에 관한 법률」 조항은 자연인을 수범자로 하고 있을 뿐이어서, 사단법인 한국기자협회가 위 조항으로 인하여 자기의 기본권을 직접 침해당할 가능성은 없다고 할 것이나, 법인은 그 구성원을 위하여 또는 구성원을 대신하여 헌법소원심판을 청구할 수 있으므로, 사단법인 한국기자협회는 위 조항과 관련하여 기본권침해의 자기관련성이 인정된다.

① ㉠(×), ㉡(○), ㉢(×), ㉣(×)
② ㉠(×), ㉡(○), ㉢(○), ㉣(○)
③ ㉠(○), ㉡(○), ㉢(○), ㉣(×)
④ ㉠(○), ㉡(×), ㉢(○), ㉣(×)
⑤ ㉠(×), ㉡(×), ㉢(○), ㉣(×)

지문분석 **정답 ⑤**

㉠ 【X】 유치장 수용자에 대한 신체수색은 유치장의 관리주체인 경찰이 피의자 등을 유치함에 있어 피의자 등의 생명·신체에 대한 위해를 방지하고, 유치장 내의 안전과 질서유지를 위하여 실시하는 것으로서 그 우월적 지위에서 피의자 등에게 일방적으로 강제하는 성격을 가진 것이므로 권력적 사실행위라 할 것이며, 이는 헌법소원심판청구의 대상의 되는 헌법재판소법 제68조 제1항의 공권력의 행사에 포함된다(헌재 2002.7.18, 2000헌마327).

㉡ 【X】 이 사건 고시는 소비자의 생명·신체의 안전을 보호하기 위한 조치의 일환으로 행하여진 것이어서 실질적인 규율 목적 및 대상이 쇠고기 소비자와 관련을 맺고 있으므로 쇠고기 소비자는 이에 대한 구체적인 이해관계를 가진다 할 것인바, 일반소비자인 청구인들에 대해서는 이 사건 고시가 생명·신체의 안전에 대한 보호의무를 위반함으로 인하여 초래되는 기본권 침해와의 자기관련성을 인정할 수 있고, 또한 이 사건 고시의 위생조건에 따라 수입검역을 통과한 미국산 쇠고기는 별다른 행정조치 없이 유통·소비될 것이 예상되므로, 청구인들에게 이 사건 고시가 생명·신체의 안전에 대한 보호의무에 위반함으로 인하여 초래되는 기본권 침해와의 현재관련성 및 직접관련성도 인정할 수 있다(헌재 2008.12.26, 2008헌마419).

㉢ 【O】 법률안이 거부권 행사에 의하여 최종적으로 폐기되었다면 모르되, 그렇지 아니하고 공포되었다면 법률안은 그 동일성을 유지하여 법률로 확정되는 것이라고 보아야 한다. 심판청구 후에 유효하게 공포·시행되었고 그 법률로 인하여 평등권 등 기본권을 침해받게 되었다고 주장하는 이상 청구 당시의 공포 여부를 문제삼아 헌법소원의 대상성을 부인할 수는 없다(헌재 2001.11.29, 99헌마494).

㉣ 【X】 언론인이 직무관련 여부 및 기부·후원·증여 등 그 명목에 관계없이 동일인으로부터 일정 금액을 초과하는 금품 등을 받거나 요구 또는 약속하는 것을 금지하는 「부정청탁 및 금품등 수수의 금지에 관한 법률」 심판대상조항은 언론인 등 자연인을 수범자로 하고 있을 뿐이어서 청구인 사단법인 한국기자협회는 심판대상조항으로 인하여 자신의 기본권을 직접 침해당할 가능성이 없다. 또 사단법인 한국기자협회가 그 구성원인 기자들을 대신하여 헌법소원을 청구할 수도 없으므로, 위 청구인의 심판청구는 기본권 침해의 자기관련성을 인정할 수 없어 부적법하다(헌재 2016.7.28. 2015헌마236).

101 甲은 절도죄를 범하여 유죄의 확정판결을 받고 현재 교도소에 수용 중인 자이다. 甲은 교도소 내의 처우와 관련하여 헌법소원심판을 청구하고자 변호사 乙과의 접견을 신청하였으나, 교도소장 丙은 접견을 불허하였다. 이에 甲은 변호사 乙에게 편지를 발송하고자 하였는데, 교도소장 丙은 수용자가 밖으로 내보내는 모든 서신을 봉함하지 않은 상태로 제출하게 하고 제출된 甲의 서신 내용을 검열한 다음 서신 발송을 거부하였다. 이 사안에 관한 설명 중 옳지 않은 것은? (다툼이 있는 경우 판례에 의함)

① 서신검열행위는 이른바 권력적 사실행위로서 행정심판이나 행정소송의 대상이 되는 행정처분으로 볼 수 있으나, 위 검열행위가 이미 완료되어 행정심판이나 행정소송을 제기하더라도 소의 이익이 부정될 수박에 없으므로 헌법소원심판을 청구하는 외에 다른 효과적인 구제방법이 있다고 보기 어렵기 때문에 보충성 원칙의 예외에 해당한다.

② 교도소장 丙은 구 「형의 집행 및 수용자의 처우에 관한 법률 시행령」 제65조 제1항("수용자는 보내려는 서신을 봉함하지 않은 상태로 교정시설에 제출하여야 한다.")에 따라 甲의 서신을 봉함하지 않은 상태로 제출하게 하였는바, 위 시행령 조항은 수용자의 도주를 예방하고 교도소 내의 규율과 질서를 유지하기 위한 불가피한 것으로서 비례의 원칙에 위반되지 아니하여 수용자의 통신비밀의 자유를 침해하지 아니한다.

③ 헌법재판소의 판례에 따르면, 교도소장 丙의 서신발송거부행위는 행정심판 및 행정소송의 대상이 되므로, 이러한 사전구제절차를 거치지 아니하고 서신발송거부행위에 대하여 헌법소원심판을 청구하는 것은 보충성 원칙에 위배되어 부적법하다.

④ 형사절차가 종료되어 교정시설에 수용 중인 수형자가 형사사건의 변호인이 아닌 민사재판, 행정재판, 헌법재판 등에서 변호사와 접견할 경우에는 원칙적으로 헌법 제12조 제4항의 변호인의 조력을 받을 권리의 주체가 될 수 없으므로, 교도소장 丙의 접견불허처분에 의하여 甲의 헌법상 변호인의 조력을 받을 권리가 제한된다고 볼 수 없다.

지문분석 **정답 ②**

① 【O】 법 제6조의 청원제도는 서신검열행위를 대상으로 그 효력을 다툴 수 있는 권리구제절차가 아니므로 헌법재판소법 제68조 제1항 단서의 "다른 법률에 구제절차가 있는 경우"에 해당한다고 볼 수 없다. 그리고 위 서신검열행위는 이른바 권력적 사실행위로서 행정심판이나 행정소송의 대상이 되는 행정처분으로 볼 수 있으나, 위 검열행위가 이미 완료되어 행정심판이나 행정소송을 제기하더라도 소의 이익이 부정될 수밖에 없으므로 헌법소원심판을 청구하는 외에 다른 효과적인 구제방법이 있다고 보기 어렵기 때문에 보충성의 원칙에 대한 예외에 해당한다고 보는 것이 상당하다(1998.8.27. 96헌마398).

② 【X】 이 사건 시행령조항은 교정시설의 안전과 질서유지, 수용자의 교화 및 사회복귀를 원활하게 하기 위해 수용자가 밖으로 내보내는 서신을 봉함하지 않은 상태로 제출하도록 한 것이나, 이와 같은 목적은 교도관이 수용자의 면전에서 서신에 금지물품이 들어 있는지를 확인하고 수용자로 하여금 서신을 봉함하게 하는 방법, 봉함된 상태로 제출된 서신을 X-ray 검색기 등으로 확인한 후 의심이 있는 경우에만 개봉하여 확인하는 방법, 서신에 대한 검열이 허용되는 경우에만 무봉함 상태로 제출하도록 하는 방법 등으로도 얼마든지 달성할 수 있다고 할 것인바, 위 시행령 조항이 수용자가 보내려는 모든 서신에 대해 무봉함 상태의 제출을 강제함으로써 수용자의 발송 서신 모두를 사실상 검열 가능한 상태에 놓이도록 하는 것은 기본권 제한의 최소 침해성 요건을 위반하여 수용자인 청구인의 통신비밀의 자유를 침해하는 것이다(헌재 2012.2.23. 2009헌마333).

③ 【O】 이 사건 서신 발송거부행위를 대상으로 한 심판청구부분에 관하여 살펴본다. 헌법소원심판은 다른 법률에 구제절차가 있는 경우에는 그 절차를 모두 거친 후가 아니면 청구할 수 없게 되어 있다. 피청구인의 서신발송거부행위에 대하여는 행정심판법 및 행정소송법에 의한 심판이나 소송이 가능할 것이므로 이 절차를 거치지 아니한 채 제기된 이 심판청구부분은 부적법하다(1998.8.27. 96헌마398).

④ 【O】 변호인의 조력을 받을 권리에 대한 헌법과 법률의 규정 및 취지에 비추어 보면, '형사사건에서 변호인의 조력을 받을 권리'를 의미한다고 보아야 할 것이므로 형사절차가 종료되어 교정시설에 수용 중인 수형자나 미결수용자가 형사사건의 변호인이 아닌 민사재판, 행정재판, 헌법재판 등에서 변호사와 접견할 경우에는 원칙적으로 헌법상 변호인의 조력을 받을 권리의 주체가 될 수 없다(헌재 2013.8.29. 2011헌마122)

102 헌법재판소가 권한쟁의심판을 청구할 요건을 갖추지 못한 것은?

① 건설교통부장관이 고속철도역의 명칭을 '천안아산역'으로 정한 것에 대하여 해당 지방자치단체가 '천안아산역' 대신 '아산역'으로 이름을 바꾸어 줄 것을 주장하면서 지방자치단체의 영토고권의 침해를 주장하는 경우

② 국회의원이 국회의장의 상임위원 사·보임행위가 국회의원의 심의·표결권을 침해하였다고 주장하는 경우

③ 국회의장으로부터 사회권을 지정받은 국회부의장이 법률안에 대한 이의의 유무를 물은 후 일부 의원들의 이의제기를 무시하고 이의가 없다고 인정하여 위 법률안이 가결되었음을 선포한 행위가 자기의 법률안 심의·표결권을 침해하였다고 국회의원이 주장한 경우

④ 성남시가, 그 고유사무에 관하여 경기도지사가 재결청의 지위에서 행정심판법에 따라 행한 직접처분이 인용재결의 범위를 벗어난 것이어서 자기의 권한을 침해하였다고 주장한 경우

지문분석 **정답 ①**

① 【X】 지방자치제도의 보장은 지방자치단체에 의한 자치행정을 일반적으로 보장한다는 것뿐이고, 마치 국가가 영토고권을 가지는 것과 마찬가지로 지방자치단체에게 자신의 관할구역 내에 속하는 영토·영해·영공을 자유로이 관리하고 관할구역 내의 사람과 물건을 독점적·배타적으로 지배할 수 있는 권리가 부여되어 있다고 할 수는 없다. 청구인이 주장하는 지방자치단체의 영토고권은 우리나라 헌법과 법률상 인정되지 아니한다. 따라서 이 사건 결정이 청구인의 영토고권을 침해한다는 주장은 가지고 있지도 않은 권한을 침해받았다는 것에 불과하여 본안에 들어가 따져볼 필요가 없다(헌재 2006.3.30. 2003헌라2. **아산시와 건설교통부장관간의 권한쟁의**).

② 【O】 헌재 2003.10.30. 2002헌라1

③ 【O】 (헌재 2000.2.24. 99헌라1. 국회의원과 국회의장간의 권한쟁의심판

④ 【O】 (헌재 1999.7.22. 98헌라4. **지방자치단체 기관위임사무에 대한 권한쟁의심판 및 성남시의 고유사무에 관한 권한쟁의심판) 일부각하(기관위임사무) 및 일부인용(고유사무)결정**

103 권한쟁의심판에 관한 설명 중 옳지 않은 것은? (다툼이 있는 경우 헌법재판소 판례에 의함)

① 국회 외교통상통일위원회 위원장이 한미FTA 비준동의안을 심사하는 권한은 국회의장으로부터 위임된 권한이므로 국회의장이 아닌 외교통상통일위원회 위원장을 상대로 한 외교통상통일위원회 위원들의 권한쟁의심판청구는 피청구인적격이 없는 자를 상대로 한 것으로서 부적법하다.

② 국가사무로서의 성격을 가지고 있는 기관위임사무의 집행권한의 존부 및 범위에 관하여 지방자치단체가 청구한 권한쟁의심판청구는 지방자치단체의 권한에 속하지 아니하는 사무에 관한 심판청구로서 부적법하다.

③ 권한쟁의심판은 피청구인의 처분 또는 부작위가 존재하지 아니하는 경우에는 이를 허용하지 않는 것이 원칙이라고 할 것이나, 피청구인의 권한이 침해될 위험성이 있어서 청구인의 권한을 사전에 보호해 주어야 할 필요성이 매우 큰 예외적인 경우에는 피청구인의 장래처분에 대해서도 권한쟁의심판을 청구할 수 있다.

④ 피청구인의 부작위에 의하여 청구인의 권한이 침해당하였다고 주장하는 권한쟁의심판은 피청구인에게 헌법상 또는 법률상 유래하는 작위의무가 있음에도 불구하고 피청구인이 그러한 의무를 다하지 아니한 경우에 허용된다.

지문분석 **정답 ①**

① 【X】 국회 상임위원회가 그 소관에 속하는 의안, 청원 등을 심사하는 권한은 법률상 부여된 위원회의 고유한 권한이므로, 국회 상임위원회 위원장이 위원회를 대표해서 의안을 심사하는 권한이 국회의장으로부터 위임된 것임을 전제로 한 국회의장에 대한 이 사건 심판청구는 피청구인적격이 없는 자를 상대로 한 청구로서 부적법하다. 피청구인의 부작위에 의하여 청구인의 권한이 침해당하였다고 주장하는 권한쟁의심판은 피청구인에게 헌법상 또는 법률상 유래하는 작위의무가 있음에도 불구하고 피청구인이 그러한 의무를 다하지 아니한 경우에 허용된다. 이 사건 당일 국회의장에게 국회 외교통상통일위원회(이하 '외통위'라 한다) 전체회의가 원만히 이루어지도록 질서유지조치를 취할 구체적 작위의무가 있었다고 보기 어려우므로, 이를 전제로 한 국회의장에 대한 이 사건 심판청구는 피청구인 적격이 인정되지 아니하여 부적법하다(헌재 2010.12.28. 2008헌라7).

② 【O】 지방자치단체가 권한쟁의심판을 청구하기 위해서는 헌법 또는 법률에 의하여 부여받은 권한, 즉 지방자치단체의 사무에 관한 권한이 침해되거나 침해될 우려가 있어야 한다. 그런데 지방자치단체의 사무 중 국가가 지방자치단체의 장 등에게 위임한 기관위임사무는 그 처리의 효과가 국가에 귀속되는 국가의 사무로서 지방자치단체의 사무라 할 수 없고, 지방자치단체의 장은 기관위임사무의 집행권한과 관련된 범위에서는 그 사무를 위임한 국가기관의 지위에 서게 될 뿐 지방자치단체의 기관이 아니므로, 지방자치단체는 기관위임사무의 집행에 관한 권한의 존부 및 범위에 관한 권한분쟁을 이유로 기관위임사무를 집행하는 국가기관 또는 다른 지방자치단체의 장을 상대로 권한쟁의심판을 청구할 수 없다 할 것이다. 결국 국가사무로서의 성격을 가지고 있는 기관위임사무의 집행권한의 존부 및 범위에 관하여 지방자치단체가 청구한 권한쟁의심판 청구는 지방자치단체의 권한에 속하지 아니하는 사무에 관한 심판청구로서 그 청구가 부적법하다고 할 것이다(헌재 2011.9.29. 2009헌라3).

③ 【O】 피청구인의 장래처분에 의해서 청구인의 권한침해가 예상되는 경우에 청구인은 원칙적으로 이러한 장래처분이 행사되기를 기다린 이후에 이에 대한 권한쟁의심판청구를 통해서 침해된 권한의 구제를 받을 수 있으므로, 피청구인의 장래처분을 대상으로 하는 심판청구는 원칙적으로 허용되지 아니한다. 그러나 피청구인의 장래처분이 확실하게 예정되어 있고, 피청구인의 장래처분에 의해서 청구인의 권한이 침해될 위험성이 있어서 청구인의 권한을 사전에 보호해 주어야 할 필요성이 매우 큰 예외적인 경우에는 피청구인의 장래처분에 대해서도 헌법재판소법 제61조 제2항에 의거하여 권한쟁의심판을 청구할 수 있다(헌재 2004.9.23. 2000헌라2).

④ 【O】 피청구인의 부작위에 의하여 청구인의 권한이 침해당하였다고 주장하는 권한쟁의심판은 피청구인에게 헌법상 또는 법률상 유래하는 작위의무가 있음에도 불구하고 피청구인이 그러한 의무를 다하지 아니한 경우에 허용된다(1998.7.14. 98헌라3).

104 권한쟁의심판에 대한 설명으로 옳은 것은? (다툼이 있는 경우 판례에 의함) 16년 지방직 7급

① 권한쟁의심판은 그 사유가 있음을 안 날부터 90일 이내에, 그 사유가 있은 날부터 1년 이내에 청구하여야 한다.

② 헌법상 국가에게 부여된 임무 또는 의무를 수행하고 그 독립성이 보장된 국가기관이라면 오로지 법률에 근거하여 설치되었더라도 권한쟁의심판 청구의 당사자능력이 인정된다.

③ 제3자 소송담당을 명시적으로 허용하는 법률의 규정이 없는 현행법 체계 하에서는 국회의 구성원인 국회의원은 국회의 조약에 대한 체결비준 동의권의 침해를 주장하는 권한쟁의심판을 청구할 수 없다.

④ 지방의회 의원과 그 지방의회의 대표자인 지방의회 의장 간의 권한쟁의심판은 헌법 및 「헌법재판소법」에 의하여 헌법재판소가 관장하는 지방자치단체 상호간의 권한쟁의심판의 범위에 속한다.

지문분석 **정답 ③**

① 【X】 권한쟁의의 심판은 그 사유가 있음을 안 날부터 60일 이내에, 그 사유가 있은 날부터 180일 이내에 청구하여야 한다(헌법재판소법 제63조 제1항).

② 【X】 권한쟁의심판의 당사자능력은 헌법에 의하여 설치된 국가기관에 한정하여 인정하는 것이 타당하므로, 법률에 의하여 설치된 국가인권위원회에게는 권한쟁의심판의 당사자능력이 인정되지 아니한다(헌재 2010.10.28. 2009헌라6).

③ 【O】 권한쟁의심판에 있어 제3자 소송담당을 허용하는 법률의 규정이 없는 현행법 체계 하에서 국회의 구성원인 청구인들은 국회의 조약 체결·비준에 대한 동의권의 침해를 주장하는 권한쟁의심판을 청구할 수 없다고 보아야 한다(헌재 2011.8.30. 2011헌라2).

④ 【X】 지방자치단체의 의결기관인 지방의회를 구성하는 지방의회 의원과 그 지방의회의 대표자인 지방의회 의장 간의 권한쟁의심판은 헌법 및 헌법재판소법에 의하여 헌법재판소가 관장하는 지방자치단체 상호간의 권한쟁의 심판의 범위에 속한다고 볼 수 없으므로 부적법하다(헌재 2010.4.29. 2009헌라11).

105 권한쟁의심판에 대한 설명으로 옳은 것은? (다툼이 있는 경우 판례에 의함) 19년 국가직 7급

① 지방자치단체의 의결기관인 지방의회와 지방자치단체의 집행기관인 지방자치단체장 간의 내부적 분쟁은 지방자치단체 상호 간의 권한쟁의심판의 범위에 속한다.

② 국무총리 소속 기관인 사회보장위원회가 '지방자치단체 유사·중복 사회보장사업 정비 추진방안'을 의결한 행위에 대한 기초지방자치단체의 권한쟁의심판청구는 적법하다.

③ 국회의원인 청구인이 행정자치부장관(현 행정안전부장관)을 상대로 하여 국회의원의 법률안 심의·표결권을 침해하였다는 이유로 권한쟁의심판을 청구하여 절차가 계속 중 국회의원직을 상실하더라도 권한쟁의심판청구는 청구인의 국회의원직 상실과 동시에 당연히 그 심판절차가 종료되는 것은 아니다.

④ 헌법재판소장은 시·군 또는 지방자치단체인 구를 당사자로 하는 권한쟁의심판이 청구된 경우에는 그 지방자치단체가 소속된 특별시·광역시 또는 도에게 그 사실을 바로 통지하여야 한다.

지문분석 **정답 ④**

① 【X】 지방자치단체의 의결기관인 지방의회와 지방자치단체의 집행기관인 지방자치단체장 간의 내부적 분쟁은 지방자치단체 상호 간의 권한쟁의심판의 범위에 속하지 아니하고, 달리 국가기관 상호 간의 권한쟁의심판이나 국가기관과 지방자치단체 상호 간의 권한쟁의심판에 해당한다고 볼 수도 없다(헌재 2018. 7. 26. 2018헌라1).

② 【X】 이 사건 의결행위는 보건복지부장관이 광역지방자치단체의 장에게 통보한 '지방자치단체 유사·중복 사회보장사업 정비지침'의 근거가 되는 '지방자치단체 유사·중복 사회보장사업 정비 추진방안'을 사회보장위원회가 내부적으로 의결한 행위에 불과하므로, 이 사건 의결행위가 청구인들의 법적 지위에 직접 영향을 미친다고 보기 어렵다. 따라서 이 사건 의결행위는 권한쟁의심판의 대상이 되는 '처분'이라고 볼 수 없으므로, 이 부분 심판청구는 부적법하다(헌재 2018. 7. 26. 2015헌라4).

③ 【X】 위 청구인은 입법권의 주체인 국회의 구성원으로서, 또한 법률안 심의·표결권의 주체인 국회의원 자격으로서 이 사건 권한쟁의심판을 청구한 것인바, 국회의원의 국회에 대한 소송수행권(이는 아래에서 보는 바와 같이 인정되지 아니한다) 및 국회의원의 법률안 심의·표결권은 성질상 일신전속적인 것으로서 국회의원직을 상실한 경우 승계되거나 상속될 수 있는 것이 아니다. 따라서 그에 관련된 이 사건 권한쟁의심판절차 또한 수계될 수 있는 성질의 것이 아니므로, 위 청구인의 이 사건 심판청구는 위 청구인의 국회의원직 상실과 동시에 당연히 그 심판절차가 종료되었다고 할 것이다(헌재 2016. 4. 28. 2015헌라5).

④ 【O】 **헌법재판소 심판 규칙 제67조(권한쟁의심판청구의 통지)** 헌법재판소장은 권한쟁의심판이 청구된 경우에는 다음 각 호의 국가기관 또는 지방자치단체에게 그 사실을 바로 통지하여야 한다.

1. 법무부장관
2. 지방자치단체를 당사자로 하는 권한쟁의심판인 경우에는 행정자치부장관. 다만, 법 제62조 제2항에 의한 교육·학예에 관한 지방자치단체의 사무에 관한 것일 때에는 행정자치부장관 및 교육부장관
3. 시·군 또는 지방자치단체인 구를 당사자로 하는 권한쟁의심판인 경우에는 그 지방자치단체가 소속된 특별시·광역시 또는 도
4. 그 밖에 권한쟁의심판에 이해관계가 있다고 인정되는 국가기관 또는 지방자치단체

106 권한쟁의심판에 대한 설명으로 옳지 않은 것은? (다툼이 있는 경우 판례에 의함) 21년 국가직 7급

① 정당은 국민의 자발적 조직으로, 그 법적 성격은 일반적으로 사적·정치적 결사 내지는 법인격 없는 사단으로서 공권력의 행사 주체로서 국가기관의 지위를 갖는다고 볼 수 없으므로, 정당이 국회 내에서 교섭단체를 구성하고 있다고 하더라도 권한쟁의심판의 당사자능력이 인정되지 않는다.

② 법률안 수리행위에 대한 권한쟁의심판청구가 법률안에 대한 위원회 회부나 안건 상정, 본회의 부의 등과는 별도로 오로지 전자정보시스템으로 제출된 법률안을 접수하는 수리행위만을 대상으로 하고 있지만 사법개혁특별위원회 및 정치개혁특별위원회 위원인 청구인들의 법률안 심의·표결권이 침해될 가능성이나 위험성이 있으므로 권한쟁의심판청구는 적법하다.

③ 피청구인의 부작위에 의하여 청구인의 권한이 침해당하였다고 주장하는 권한쟁의심판은 피청구인에게 헌법상 또는 법률상 유래하는 작위의무가 있음에도 불구하고 피청구인이 그러한 의무를 다하지 아니한 경우에 허용된다.

④ 청구인이 법률안 심의·표결권의 주체인 국가기관으로서의 국회의원 자격으로 권한쟁의심판을 청구하였다가 심판절차 계속 중 사망한 경우, 권한쟁의심판청구는 청구인의 사망과 동시에 당연히 그 심판절차가 종료된다.

지문분석 **정답 ②**

① 【O】 정당은 국민의 자발적 조직으로, 그 법적 성격은 일반적으로 사적·정치적 결사 내지는 법인격 없는 사단으로 파악된다. 비록 헌법이 특별히 정당설립의 자유와 복수정당제를 보장하고, 정당의 해산을 엄격한 요건하에서 인정하는 등 정당을 특별히 보호하고 있으나, 이는 정당이 공권력의 행사 주체로서 국가기관의 지위를 갖는다는 의미가 아니고 사인에 의해서 자유로이 설립될 수 있다는 것을 의미한다. 따라서 정당은 특별한 사정이 없는 한 권한쟁의심판절차의 당사자가 될 수는 없다(헌재 2020. 5. 27. 2019헌라6 등).

② 【X】 이 사건 법률안 수리행위에 대한 권한쟁의심판청구가 법률안에 대한 위원회 회부나 안건 상정, 본회의 부의 등과는 별도로 오로지 전자정보시스템으로 제출된 법률안을 접수하는 수리행위만을 대상으로 하는 한, 그러한 법률안 수리행위만으로는 사개특위 및 정개특위 위원인 청구인들의 법률안 심의·표결권이 침해될 가능성이나 위험성이 없다. 이 부분 심판 청구는 모두 부적법하다(헌재 2020. 5. 27. 2019헌라3 등).

③ 【O】 피청구인의 부작위에 의하여 청구인의 권한이 침해당하였다고 주장하는 권한쟁의심판은 피청구인에게 헌법상 또는 법률상 유래하는 작위의무가 있음에도 불구하고 피청구인이 그러한 의무를 다하지 아니한 경우에 허용된다(헌재 1998. 7. 14. 98헌라3).

④ 【O】 청구인이 법률안 심의·표결권의 주체인 국가기관으로서의 국회의원 자격으로 권한쟁의심판을 청구하였다가 심판절차 계속 중 사망한 경우, 국회의원의 법률안 심의·표결권은 성질상 일신전속적인 것으로 당사자가 사망한 경우 승계되거나 상속될 수 없어 그에 관련된 권한쟁의심판절차 또한 수계될 수 없으므로, 권한쟁의심판청구는 청구인의 사망과 동시에 당연히 그 심판절차가 종료된다(헌재 2010. 11. 25. 2009헌라12).

107 권한쟁의심판에 대한 설명으로 옳은 것만을 모두 고르면? (다툼이 있는 경우 판례에 의함)

22년 지방직 7급

ㄱ. 법률에 의하여 설치된 국가인권위원회는 권한쟁의심판의 당사자능력이 인정되지 아니한다.
ㄴ. 지방자치단체 상호간의 권한쟁의심판을 규정하고 있는 「헌법재판소법」 제62조 제1항 제3호의 경우에는 이를 예시적으로 해석하여야 한다.
ㄷ. 국회 상임위원회 위원장이 위원회를 대표해서 의안을 심사하는 권한이 국회의장으로부터 위임된 것임을 전제로 하는 국회의장에 대한 권한쟁의 심판청구는 피청구인 적격이 없는 자를 상대로 한 청구로서 부적법하다.
ㄹ. 정부가 법률안을 제출하는 행위는 권한쟁의심판의 독자적 대상이 되기 위한 법적 중요성을 지닌 행위로 볼 수 있다.

① ㄱ, ㄴ　② ㄱ, ㄷ　③ ㄴ, ㄹ　④ ㄷ, ㄹ

지문분석 **정답 ②**

ㄱ. 【O】 헌법상 국가에게 부여된 임무 또는 의무를 수행하고 그 독립성이 보장된 국가기관이라고 하더라도 오로지 법률에 설치근거를 둔 국가기관이라면 국회의 입법행위에 의하여 존폐 및 권한범위가 결정될 수 있으므로 이러한 국가기관은 '헌법에 의하여 설치되고 헌법과 법률에 의하여 독자적인 권한을 부여받은 국가기관'이라고 할 수 없다. … 결국, 권한쟁의심판의 당사자능력은 헌법에 의하여 설치된 국가기관에 한정하여 인정하는 것이 타당하므로, 법률에 의하여 설치된 청구인(국가인권위원회)에게는 권한쟁의심판의 당사자능력이 인정되지 아니한다(헌재 2010. 10. 28. 2009헌라6).

ㄴ. 【X】 헌법은 '국가기관'과는 달리 '지방자치단체'의 경우에는 그 종류를 법률로 정하도록 규정하고 있으며(헌법 제117조 제2항), 지방자치법은 지방자치단체의 종류를 특별시, 광역시, 특별자치시, 도, 특별자치도와 시, 군, 구로 정하고 있고(지방자치법 제2조 제1항), 헌법재판소법은 이를 감안하여 권한쟁의심판의 종류를 정하고 있다. 즉, 지방자치법은 헌법의 위임을 받아 지방자치단체의 종류를 규정하고 있으므로, 지방자치단체 상호간의 권한쟁의심판을 규정하는 헌법재판소법 제62조 제1항 제3호를 예시적으로 해석할 필요성 및 법적 근거가 없다(헌재 2016. 6. 30. 2014헌라1).

ㄷ. 【O】 상임위원회는 그 소관에 속하는 의안, 청원 등을 심사하므로, 국회의장이 안건을 위원회에 회부함으로써 상임위원회에 심사권이 부여되는 것이 아니고, 심사권 자체는 법률상 부여된 위원회의 고유한 권한으로 볼 수 있다. 따라서 국회 상임위원회 위원장이 위원회를 대표해서 의안을 심사하는 권한이 국회의장으로부터 위임된 것임을 전제로 한 국회의장에 대한 이 사건 심판청구는 피청구인적격이 없는 자를 상대로 한 청구로서 부적법하다(헌재 2010. 12. 28. 2008헌라7 등).

ㄹ. 【X】 정부가 법률안을 제출하였다 하더라도 그것이 법률로 성립되기 위해서는 국회의 많은 절차를 거쳐야 하고, 법률안을 받아들일지 여부는 전적으로 헌법상 입법권을 독점하고 있는 의회의 권한이다. 따라서 정부가 법률안을 제출하는 행위는 입법을 위한 하나의 사전 준비행위에 불과하고, 권한쟁의심판의 독자적 대상이 되기 위한 법적 중요성을 지닌 행위로 볼 수 없다(헌재 2005. 12. 22. 2004헌라3).

108 권한쟁의심판에 대한 설명으로 옳지 않은 것은? 23년 국가직 7급

① 국회가 제정한 「국가경찰과 자치경찰의 조직 및 운영에 관한 법률」에 의하여 설립된 국가경찰위원회는 국가기관 상호간의 권한쟁의심판의 당사자능력이 있다.

② 권한쟁의의 심판은 그 사유가 있음을 안 날부터 60일 이내에, 그 사유가 있은 날부터 180일 이내에 청구하여야 한다.

③ 헌법재판소의 권한쟁의심판의 결정은 모든 국가기관과 지방자치단체를 기속한다.

④ 헌법재판소가 권한쟁의심판의 청구를 받았을 때에는 직권 또는 청구인의 신청에 의하여 종국결정의 선고 시까지 심판 대상이 된 피청구인의 처분의 효력을 정지하는 결정을 할 수 있다.

지문분석 **정답 ①**

① 【X】 국회가 제정한 경찰법에 의하여 비로소 설립된 청구인은 국회의 경찰법 개정행위에 의하여 존폐 및 권한범위 등이 좌우되므로, 헌법 제111조 제1항 제4호 소정의 헌법에 의하여 설치된 국가기관에 해당한다고 할 수 없다. 따라서 권한쟁의심판의 당사자능력은 헌법에 의하여 설치된 국가기관에 한정하여 인정하는 것이 타당하므로, 법률에 의하여 설치된 청구인에게는 권한쟁의심판의 당사자능력이 인정되지 아니한다(헌재 2022. 12. 22. 2022헌라5).

② 【O】 **헌법재판소법 제63조(청구기간)** ① 권한쟁의의 심판은 그 사유가 있음을 안 날부터 60일 이내에, 그 사유가 있은 날부터 180일 이내에 청구하여야 한다.

③ 【O】 **헌법재판소법 제67조(결정의 효력)** ① 헌법재판소의 권한쟁의심판의 결정은 모든 국가기관과 지방자치단체를 기속한다.

④ 【O】 **헌법재판소법 제65조(가처분)** 헌법재판소가 권한쟁의심판의 청구를 받았을 때에는 직권 또는 청구인의 신청에 의하여 종국결정의 선고 시까지 심판 대상이 된 피청구인의 처분의 효력을 정지하는 결정을 할 수 있다.

109 **권한쟁의심판의 적법요건과 관련된 다음 설명 중 헌법재판소의 입장과 일치하지 않는 것은?**

① 지방자치단체는 기관위임사무의 집행에 관한 권한의 존부 및 범위에 관한 권한분쟁을 이유로 기관위임사무를 집행하는 국가기관 또는 다른 지방자치단체의 장을 상대로 권한쟁의심판청구를 할 수 없다고 할 것이다. 결국 국가사무로서의 성격을 가지고 있는 기관위임사무의 집행권한의 존부 및 범위에 관하여 지방자치단체가 청구한 권한쟁의심판청구는 지방자치단체의 권한에 속하지 아니하는 사무에 관한 심판청구로서 그 청구가 부적법하다고 할 것이다.

② 골재채취허가사무는 기관위임사무에 속하므로, 이를 관장하는 소관청인 시장·군수는 그 권한과 관련하여서는 국가기관으로서의 지위를 갖는다고 할 것이므로 지방자치단체인 옹진군이 국가사무인 골재채취허가사무에 관한 권한의 존부 및 범위에 관하여 다투면서 태안군수를 상대로 한 심판청구는 지방자치단체인 옹진군의 권한에 속하지 아니하는 사무에 관한 권한쟁의심판청구라고 할 것이고, 따라서 옹진군이 헌법 또는 법률에 의하여 부여받은 권한을 침해받은 경우라고 할 수 없으므로 부적법하다.

③ 국회법률안 통과절차의 하자로 인하여 국회의원들이 법률안에 대한 심의·표결권침해를 이유로 제기한 권한쟁의 심판에서 국회의장의 직무를 대리하는 국회부의장은 국회의장의 위임에 따라 그 직무를 대리하여 법률안 가결선포행위를 할 수 있는 등 법률안 가결선포행위에 따른 법적 책임을 지는 주체가 될 수 있으므로 권한쟁의심판청구의 피청구인 적격이 인정된다.

④ 국회의원의 법률안 심의·표결권은 국민에 의하여 선출된 국가기관으로서 국회의원이 그 본질적인 임무인 입법에 관한 직무를 수행하기 위하여 보유하는 권한으로서의 성격을 갖고 있으므로 국회의원의 개별적인 의사에 따라 이를 포기할 수 있는 것은 아니다.

지문분석 **정답 ③**

①,② 【O】 헌재 2009.7.30. 2005헌라2 옹진군과 태안군 등 간의 권한정의 인용(권한확인) 및 각하결정

③ 【X】 피청구인 국회의장은 헌법 제48조에 따라 국회에서 선출되는 헌법상의 국가기관으로서 헌법과 법률에 의하여 국회를 대표하고 의사를 정리하며, 질서를 유지하고 사무를 감독할 지위에 있고, 이러한 지위에서 의안의 상정, 의안의 가결선포 등의 권한(국회법 제10조, 제110조, 제113조 등 참조)을 갖는 주체이므로 피청구인 적격이 인정된다. 이와 달리, 피청구인 국회부의장은 국회의장의 위임에 따라 그 직무를 대리하여 법률안 가결선포행위를 할 수 있을 뿐(국회법 제12조 제1항 참조), 법률안 가결선포행위에 따른 법적 책임을 지는 주체가 될 수 없으므로 권한쟁의심판청구의 피청구인 적격이 인정되지 아니한다. 따라서 피청구인 국회부의장에 대한 이 사건 심판청구는 피청구인 적격이 인정되지 아니하는 자를 상대로 제기된 것으로 부적법하다(헌재 2009.10.29. 2009헌라8·9·10 병합, **국회의원과 국회의장 등 간의 권한쟁의**).인용(권한침해) 및 기각, 각하결정

④ 【O】 피청구인들 및 그 보조참가인들은, 청구인들이 법률안의 심의·표결권을 행사하지 않은 정도에서 더 나아가 피청구인 국회의장의 직무를 대리한 국회부의장의 의사진행을 방해하고 다른 국회의원들의 투표를 방해하는 등 이 사건 각 법률안에 대한 심의·표결권을 포기하였으므로 그 권한의 침해가능성 조차 없어 이 사건 심판청구는 부적법하다는 취지로 주장한다. 살피건대, 위 주장의 전제는 국회의원의 심의·표결권이 포기의 대상이 될 수 있다는 취지인바, 국회의원의 법률안 심의·표결권은 국민에 의하여 선출된 국가기관으로서 국회의원이 그 본질적인 임무인 입법에 관한 직무를 수행하기 위하여 보유하는 권한으로서의 성격을 갖고 있으므로 국회의원의 개별적인 의사에 따라 이를 포기할 수 있는 것은 아니다. 따라서 이와 다른 전제 위에 선 피청구인들 및 그 보조참가인들의 위 주장은 이유 없다(헌재 2009.10.29. 2009헌라8·9·10 병합, **국회의원과 국회의장 등 간의 권한쟁의**).인용(권한침해) 및 기각, 각하결정

110 다음 중 권한쟁의심판에 관한 설명으로 옳지 않은 것은? (다툼이 있는 경우 헌법재판소의 판례에 의함)

① 국회 상임위원회가 그 소관에 속하는 의안, 청원 등을 심사하는 권한은 법률상 부여된 위원회의 고유한 권한이므로, 국회 상임위원회 위원장이 위원회를 대표해서 의안을 심사하는 권한이 국회의장으로부터 위임된 것임을 전제로 국회의장을 상대로 권한쟁의심판을 청구하는 것은 피청구인적격이 없는 자를 상대로 한 청구로서 부적법하다.

② 헌법재판소법 제62조 제1항 제2호는 국가기관과 지방자치단체 간의 권한쟁의심판에 관하여 권한쟁의의 당사자인 국가기관으로서 '정부'만을 규정하고 있으나, 이는 예시적인 것으로서 정부의 부분기관이나 국회·법원 등 여타 국가기관도 당사자가 될 수 있으므로 해양수산부장관은 권한쟁의심판에 있어서 당사자능력이 인정된다.

③ 권한쟁의심판에서는 처분 또는 부작위를 야기한 기관으로서 법적 책임을 지는 기관만이 피청구인적격을 가지므로, 국회의장의 직무를 대리하여 법률안을 가결 선포할 수 있을 뿐 법률안 가결선포행위에 따른 법적책임을 지는 주체가 아닌 국회부의장은 권한쟁의심판청구의 피청구인 적격이 인정되지 아니한다.

④ 비록 법률에 의해 설치된 국가기관이라고 할지라도 그 권한 및 존립의 근거가 헌법에서 유래하여 헌법적 위상을 가진다고 볼 수 있는 독립적 국가기관으로서 달리 권한침해를 다툴 방법이 없는 경우에는 헌법재판소에 의한 권한쟁의심판이 허용된다고 보아야 할 것이므로, 국가인권위원회도 권한쟁의심판청구의 당사자 능력이 인정된다.

지문분석 **정답 ④**

① 【O】 국회 상임위원회가 그 소관에 속하는 의안, 청원 등을 심사하는 권한은 법률상 부여된 위원회의 고유한 권한이므로, 국회 상임위원회 위원장이 위원회를 대표해서 의안을 심사하는 권한이 국회의장으로부터 위임된 것임을 전제로 한 국회의장에 대한 이 사건 심판청구는 피청구인적격이 없는 자를 상대로 한 청구로서 부적법하다. 피청구인의 부작위에 의하여 청구인의 권한이 침해당하였다고 주장하는 권한쟁의심판은 피청구인에게 헌법상 또는 법률상 유래하는 작위의무가 있음에도 불구하고 피청구인이 그러한 의무를 다하지 아니한 경우에 허용된다. 이 사건 당일 국회의장에게 국회 외교통상통일위원회 전체회의가 원만히 이루어지도록 질서유지조치를 취할 구체적 작위의무가 있었다고 보기 어려우므로, 이를 전제로 한 국회의장에 대한 이 사건 심판청구는 피청구인 적격이 인정되지 아니하여 부적법하다(헌재 2010.12.28. 2008헌라7).

② 【O】 권한쟁의의 당사자인 국가기관으로서 '정부'만을 규정하고 있으나, 이는 예시적인 것으로서 정부의 부분기관이나 국회·법원 등 여타 국가기관도 당사자가 될 수 있다. 다만 이에 해당하는지 여부를 판별함에 있어서는 그 국가기관이 헌법에 의하여 설치되고 헌법과 법률에 의하여 독자적인 권한을 부여받고 있는지 여부, 헌법에 의하여 설치된 국가기관 상호간의 권한쟁의를 해결할 수 있는 적당한 기관이나 방법이 있는지 여부 등을 종합적으로 고려하여 판단하여야 한다. … 해양수산부장관은 헌법과 정부조직법에 의하여 행정 각 부를 구성하는 국가기관으로서 독자적인 권한을 부여받고 있으므로 권한쟁의심판의 당사자능력이 인정되고, … 이 사건 명칭결정 권한에 관하여 적절한 관련성을 가지고 있으므로 이 사건 권한쟁의심판의 당사자적격도 인정된다고 할 것이다(헌재 2008.3.27. 2006헌라1).

③ 【O】 권한쟁의심판에서는 처분 또는 부작위를 야기한 기관으로서 법적 책임을 지는 기관만이 피청구인적격을 가지므로, 이 사건 심판은 의안의 상정·가결선포 등의 권한을 갖는 국회의장을 상대로 제기되어야 한다. 국회부의장은 국회의장의 직무를 대리하여 법률안을 가결선포할 수 있을 뿐(국회법 제12조 제1항), 법률안 가결선포행위에 따른 법적 책임을 지는 주체가 될 수 없으므로, 국회부의장에 대한 이 사건 심판청구는 피청구인 적격이 인정되지 아니한 자를 상대로 제기되어 부적법하다(헌재 2009.10.29. 2009헌라8).

④ 【X】 권한쟁의심판은 국회의 입법행위 등을 포함하여 권한쟁의 상대방의 처분 또는 부작위가 헌법 또는 법률에 의하여 부여받은 청구인의 권한을 침해하였거나 침해할 현저한 위험이 있는 때 제기할 수 있는 것인데, 헌법상 국가에게 부여된 임무 또는 의무를 수행하고 그 독립성이 보장된 국가기관이라고 하더라도 오로지 법률에 설치근거를 둔 국가기관이라면 국회의 입법행위에 의하여 존폐 및 권한범위가 결정될 수 있으므로 이러한 국가기관은 '헌법에 의하여 설치되고 헌법과 법률에 의하여 독자적인 권한을 부여받은 국가기관'이라고 할 수 없다. 즉, 청구인이 수행하는 업무의 헌법적 중요성, 기관의 독립성 등을 고려한다고 하더라도, 국회가 제정한 국가인권위원회법에 의하여 비로소 설립된 청구인은 국회의 위 법률 개정행위에 의하여 존폐 및 권한범위 등이 좌우되므로 헌법 제111조 제1항 제4호 소정의 헌법에 의하여 설치된 국가기관에 해당한다고 할 수 없다. 결국, 권한쟁의심판의 당사자능력은 헌법에 의하여 설치된 국가기관에 한정하여 인정하는 것이 타당하므로, 법률에 의하여 설치된 청구인에게는 권한쟁의심판의 당사자능력이 인정되지 아니한다(헌재 2010.10.28. 2009헌라6).

111 권한쟁의심판에 관한 설명 중 옳지 않은 것은? (다툼이 있는 경우에는 판례에 의함)

① 국가인권위원회는 헌법에 의하여 설치되고 헌법과 법률에 의하여 독자적인 권한을 부여받은 국가기관이 아니라 오로지 법률에 설치근거를 둔 국가기관이므로 권한쟁의심판의 당사자능력이 인정되지 아니한다.

② 지방의회 의원과 그 지방의회 의장 간의 권한쟁의는 헌법 및 헌법재판소법에 의하여 헌법재판소가 관장하는 지방자치단체 상호간의 권한쟁의심판에 해당한다고 볼 수 없으므로 부적법하다.

③ 국회의원의 법률안에 대한 심의·표결권의 침해 여부를 다투는 권한쟁의심판은 국회의원의 객관적 권한을 보호함으로써 헌법적 가치질서를 수호·유지하기 위한 공익적 성격이 강하므로, 그러한 심판청구의 취하는 허용되지 아니한다.

④ 국가기관 상호간의 권한쟁의심판에 관하여 규정하고 있는 헌법재판소법 제62조 제1항 제1호의 "국회, 정부, 법원 및 중앙선거관리위원회 상호간의 권한쟁의심판"은 예시적인 조항으로 해석되므로, 국회의원이 국회의장을 상대로 제기한 권한쟁의심판은 적법하다.

지문분석 **정답 ③**

① 【O】 청구인이 수행하는 업무의 헌법적 중요성, 기관의 독립성 등을 고려한다고 하더라도, 국회가 제정한 국가인권위원회법에 의하여 비로소 설립된 청구인은 국회의 위 법률 개정행의에 의하여 존폐 및 권한범위 등이 좌우되므로 헌법 제111조 제1항 제4호 소정의 헌법에 의하여 설치된 국가기관에 해당한다고 할 수 없다. 결국, 권한쟁의심판의 당사자능력은 헌법에 의하여 설치된 국가기관에 한정하여 인정하는 것이 타당하므로, 법률에 의하여 설치된 청구인에게는 권한쟁의심판의 당사자능력이 인정되지 아니한다(헌재 2010.10.28. 2009헌라6).

② 【O】 헌법 제111조 제1항 제4호는 지방자치단체 상호간의 권한쟁의에 관한 심판을 헌법재판소가 관장하도록 규정하고 있고, 헌법재판소법 제62조 제1항 제3호는 이를 구체화하여 헌법재판소가 관장하는 지방자치단체 상호간의 권한쟁의심판의 종류를 ① 특별시·광역시 또는 도 상호간의 권한쟁의심판, ② 시·군 또는 자치구 상호간의 권한쟁의심판, ③ 특별시·광역시 또는 도와 시·군 또는 자치구간의 권한쟁의심판 등으로 규정하고 있는바, 지방자치단체의 의결기관인 지방의회를 구성하는 지방의회 의원과 그 지방의회의 대표자인 지방의회 의장 간의 권한쟁의심판은 헌법 및 헌법재판소법에 의하여 헌법재판소가 관장하는 지방자치단체 상호간의 권한쟁의심판의 범위에 속한다고 볼 수 없으므로 부적법하다(헌재 2010.4.29. 2009헌라11).

③ 【X】 권한쟁의심판의 공익적 성격만을 이유로 심판청구의 취하를 배제할 수는 없다. [1] 헌법재판소법 제40조 제1항은 "헌법재판소의 심판절차에 관하여는 이 법에 특별한 규정이 있는 경우를 제외하고는 민사소송에 관한 법령의 규정을 준용한다. 이 경우 탄핵심판의 경우에는 형사소송에 관한 법령을, 권한쟁의심판 및 헌법소원심판의 경우에는 행정소송법을 함께 준용한다"고 규정하고, 같은 조 제2항은 "제1항 후단의 경우에 형사소송에 관한 법령 또는 행정소송법이 민사소송에 관한 법령과 저촉될 때에는 민사소송에 관한 법령은 준용하지 아니한다"고 규정하고 있다. 그런데 헌법재판소법이나 행정소송법에 권한쟁의심판청구의 취하와 이에 대한 피청구인의 동의나 그 효력에 관하여 특별한 규정이 없으므로, 소의 취하에 관한 민사소송법 제239조는 이 사건과 같은 권한쟁의 심판절차에 준용된다고 보아야 한다.

[2] 비록 권한쟁의심판이 개인의 주관적 권리구제를 목적으로 삼는 것이 아니라 헌법적 가치질서를 보호하는 객관적 기능을 수행하는 것이고, 특히 국회의원의 법률안에 대한 심의·표결권의 침해 여부가 다투어진 이 사건 권한쟁의심판의 경우에는 국회의원의 객관적 권한을 보호함으로써 헌법적 가치질서를 수호·유지하기 위한 쟁송으로서 공익적 성격이 강하다고는 할 것이다. 그러나 법률안에 대한 심의·표결권의 행사 여부가 국회의원 스스로의 판단에 맡겨져 있는 사항일 뿐만 아니라, 그러한 심의·표결권이 침해당한 경우에 권한쟁의심판을 청구할 것인지 여부도 국회의원의 판단에 맡겨져 있어서 심판청구의 자유가 인정되고 있는 만큼, 권한쟁의심판의 공익적 성격만을 이유로 이미 제기한 심판청구를 스스로의 의사에 기하여 자유롭게 철회할 수 있는 심판청구의 취하를 배제하는 것은 타당하지 않다(헌재 2001.5.8. 2000헌라1).

④ 【O】 헌법재판소는 종전에 "헌법 제111조 제1항 제4호 및 헌법재판소법 제62조 제1항 제1호가 헌법재판소가 관장하는 국가기관 상호간의 권한쟁의심판을 국회, 정부, 법원 및 중앙선거관리위원회 상호간의 권한쟁의심판으로 한정하고 있으므로, 그에 열거되지 아니한 기관이나 또는 열거된 국가기관 내의 각급기관은 비록 그들이 공권적 처분을 할 수 있는 지위에 있을지라도 권한쟁의심판의 당사자가 될 수 없으며 또 위에 열거된 국가기관 내부의 권한에 관한 다툼은 권한쟁의심판의 대상이 되지 않는다고 볼 수밖에 없다(헌재 1995.5.23. 90헌라1)."라고 하여 한정설(열거규정설)의 입장을 취하였으나, 아래 인용된 판례와 같이 비한정설(예시규정설)로 견해를 변경하였다.

[1] 헌법재판소법 제62조 제1항 제1호가 국가기관 상호간의 권한쟁의심판을 "국회, 정부, 법원 및 중앙선거관리위원회 상호간의 권한쟁의심판"이라고 규정하고 있더라도 이는 한정적, 열거적인 조항이 아니라 예시적인 조항이라고 해석하는 것이 헌법에 합치되므로 이들 기관 외에는 권한쟁의심판의 당사자가 될 수 없다고 단정할 수 없다.

[2] 헌법 제111조 제1항 제4호 소정의 "국가기관"에 해당하는지 여부는 그 국가기관이 헌법에 의하여 설치되고 헌법과 법률에 의하여 독자적인 권한을 부여받고 있는지, 헌법에 의하여 설치된 국가기관 상호간의 권한쟁의를 해결할 수 있는 적당한 기관이나 방법이 있는지 등을 종합적으로 고려하여야 할 것인바, 이러한 의미에서 국회의원과 국회의장은 위 헌법조항 소정의 "국가기관"에 해당하므로 권한쟁의심판의 당사자가 될 수 있다.

[3] 우리 재판소가 종전에 이와 견해를 달리하여 국회의원은 권한쟁의심판의 청구인이 될 수 없다고 한 의견은 이를 변경한다(1997.7.16. 96헌라2)

112 권한쟁의심판에 대한 설명으로 옳지 않은 것은? (다툼이 있는 경우 헌법재판소 판례에 의함)

17년 국가직 하반기 7급

① 교육감과 해당 지방자치단체 사이의 내부적 분쟁과 관련한 권한쟁의심판청구는 '서로 상이한 권리주체간'의 권한쟁의심판 청구로서 헌법재판소가 관장하는 권한쟁의심판에 해당한다.

② 피청구인의 장래처분이 확실하게 예정되어 있고, 피청구인의 장래처분에 의해서 청구인의 권한이 침해될 위험성이 있어서 청구인의 권한을 사전에 보호해 주어야 할 필요성이 매우 큰 예외적인 경우에는, 피청구인의 장래처분에 대해서도 권한 쟁의심판을 청구할 수 있다.

③ 대통령이 국회의 동의 없이 조약을 체결·비준하였다 하더라도, 국회의원의 심의·표결권이 침해될 가능성은 없다.

④ 국회의원이 교원들의 교원단체 가입현황을 자신의 인터넷 홈페이지에 게시하여 공개하려 하였으나, 법원이 그 공개로 인한 기본권침해를 주장하는 교원들의 신청을 받아들여 그 공개의 금지를 명하는 가처분 및 그 가처분에 따른 의무이행을 위한 간접강제 결정을 한 것에 대해, 국회의원이 법원을 상대로 제기한 권한쟁의심판청구는 청구인의 권한을 침해할 가능성이 없어 부적법하다.

지문분석 **정답 ①**

① 【X】 교육감과 해당 지방자치단체 상호간의 권한쟁의심판은 '서로 상이한 권리주체간'의 권한쟁의심판청구로 볼 수 없으므로 헌법재판소가 관장하는 권한쟁의심판에 속하지 아니한다(헌재 2016.6.30. 2014헌라1).

113 권한쟁의심판에 관한 설명 중 옳지 않은 것은? (다툼이 있는 경우 판례에 의함) 17년 변호사

① 지방자치단체는 기관위임사무의 집행에 관한 권한의 존부 및 범위에 관한 권한분쟁을 이유로 기관위임사무를 집행하는 국가기관 또는 다른 지방자치단체의 장을 상대로 권한쟁의심판청구를 할 수 없다.

② 피청구인의 부작위에 의하여 청구인의 권한이 침해당하였다고 주장하는 권한쟁의심판은 피청구인에게 헌법상 또는 법률상 유래하는 작위의무가 있음에도 불구하고 피청구인이 그러한 의무를 다하지 아니한 경우에 허용된다.

③ 피청구인의 장래처분을 대상으로 하는 심판청구는 원칙적으로 허용되지 아니하나, 피청구인의 장래처분이 확실하게 예정되어 있고, 피청구인의 장래처분에 의해서 청구인의 권한이 침해될 위험성이 있어서 청구인의 권한을 사전에 보호해 주어야 할 필요성이 매우 큰 예외적인 경우에는 피청구인의 장래처분에 대해서도 권한쟁의심판을 청구할 수 있다.

④ 국회의원의 법률안 심의·표결권은 국회의 동의권을 구성하는 것으로 성질상 일신전속적인 것이라고 볼 수 없으므로 이에 관련된 권한쟁의심판절차는 수계될 수 있다. 따라서 국회의원이 입법권의 주체인 국회의 구성원으로서, 또한 법률안 심의·표결권의 주체인 국회의원 자격으로서 권한쟁의심판을 청구하였다가 그 심판계속 중 국회의원직을 상실하였다고 할지라도 당연히 그 심판절차가 종료되는 것은 아니다.

⑤ 시·도의 교육·학예에 관한 집행기관인 교육감과 해당 지방자치단체 사이의 내부적 분쟁과 관련된 심판청구는 헌법재판소가 관장하는 권한쟁의심판에 속하지 아니한다.

지문분석 **정답 ④**

① 【O】 지방자치단체의 사무 중 국가가 지방자치단체의 장 등에게 위임한 기관위임사무는 그 처리의 효과가 국가에 귀속되는 국가의 사무로서 지방자치단체의 사무라 할 수 없고, 지방자치단체의 장은 기관위임사무의 집행권한과 관련된 범위에서는 그 사무를 위임한 국가기관의 지위에 서게 될 뿐 지방자치단체의 기관이 아니므로, 지방자치단체는 기관위임사무의 집행에 관한 권한의 존부 및 범위에 관한 권한분쟁을 이유로 기관위임사무를 집행하는 국가기관 또는 다른 지방자치단체의 장을 상대로 권한쟁의심판을 청구할 수 없다 할 것이다(헌재 2011.9.29, 2009헌라3).

② 【O】 피청구인의 부작위에 의하여 청구인의 권한이 침해당하였다고 주장하는 권한쟁의심판은 피청구인에게 헌법상 또는 법률상 유래하는 작위의무가 있음에도 불구하고 피청구인이 그러한 의무를 다하지 아니한 경우에 허용된다(헌재 1998.7.14, 98헌라3).

③ 【O】 피청구인의 장래처분에 의해서 청구인의 권한침해가 예상되는 경우에 청구인은 원칙적으로 이러한 장래처분이 행사되기를 기다린 이후에 이에 대한 권한쟁의심판청구를 통해서 침해된 권한의 구제를 받을 수 있으므로, 피청구인의 장래처분을 대상으로 하는 심판청구는 원칙적으로 허용되지 아니한다. 그러나 피청구인의 장래처분이 확실하게 예정되어 있고, 피청구인의 장래처분에 의해서 청구인의 권한이 침해될 위험성이 있어서 청구인의 권한을 사전에 보호해 주어야 할 필요성이 매우 큰 예외적인 경우에는 피청구인의 장래처분에 대해서도 헌법재판소법 제61조 제2항에 의거하여 권한쟁의심판을 청구할 수 있다(헌재 2009.7.30, 2005헌라2).

④ 【X】 청구인 박○은은 권한쟁의심판절차가 계속 중이던 2015. 12. 24. 국회의원직을 상실하였는바, 국회의원의 법률안 심의·표결권 등은 성질상 일신전속적인 것으로서 승계되거나 상속될 수 있는 것이 아니므로 이 사건 심판청구는 위 청구인의 국회의원직 상실과 동시에 당연히 그 심판절차가 종료되었다(헌재 2016.4.28, 2015헌라5).

⑤ 【O】 교육감과 해당 지방자치단체 상호간의 권한쟁의심판은 '서로 상이한 권리주체간'의 권한쟁의심판청구로 볼 수 없다. 따라서 시·도의 교육·학예에 관한 집행기관인 교육감과 해당 지방자치단체 사이의 내부적 분쟁과 관련된 심판청구는 헌법재판소가 관장하는 권한쟁의심판에 속하지 아니한다(헌재 2016.6.30, 2014헌라1).

114 국회의원의 권한쟁의에 관한 설명 중 옳지 않은 것은? (다툼이 있는 경우 판례에 의함)

① 국회부의장은 국회의장의 위임에 따라 그 직무를 대리하여 법률안 가결선포행위를 할 수 있을 뿐이므로 그 가결선포행위를 다투는 국회의원의 권한쟁의심판의 피청구인적격이 인정되지 않는다.

② 국회의원이 법률안의 심의·표결권을 행사하지 않는 정도를 넘어 의사진행을 방해하고 다른 국회의원들의 투표를 방해하는 행위로까지 나아갔다면, 해당 국회의원에게는 더 이상 권한쟁의심판을 통하여 자신의 심의·표결권의 침해를 다툴 청구인적격이 인정될 수 없다.

③ 국가기관의 부분기관이 자신의 이름으로 소속기관의 권한을 주장할 수 있는 '제3자 소송담당'을 명시적으로 허용하는 법률의 규정이 없는 현행법 체계 하에서는, 국회의 구성원인 국회의원이 조약에 대한 국회의 체결·비준 동의권의 침해를 주장하는 권한쟁의심판을 청구할 수 없다.

④ 국회의원의 심의·표결권은 국회의 대내적인 관계에서 행사되고 침해될 수 있을 뿐 다른 국가기관과의 대외적인 관계에서는 침해될 수 없는 것이므로, 대통령이 국회의 동의 없이 조약을 체결·비준하였다 하더라도 국회의원의 심의·표결권이 침해될 가능성은 없다.

지문분석 **정답 ②**

① 【O】 국회부의장은 국회의장의 위임에 따라 그 직무를 대리하여 법률안 가결선포행위를 할 수 있을 뿐, 법률안 가결선포행위에 따른 법적 책임을 지는 주체가 될 수 없으므로 권한쟁의심판청구의 피청구인 적격이 인정되지 아니한다(헌재 2009.10.29. 2009헌라8).

② 【X】 이 사건 권한쟁의심판의 경우는 헌법상의 권한질서 및 국회의 의사결정체제와 기능을 수호·유지하기 위한 공익적 쟁송으로서의 성격이 강하므로, 청구인들 중 일부가 자신들의 정치적 의사를 관철하려는 과정에서 피청구인의 의사진행을 방해하거나 다른 국회의원들의 투표를 방해하였다 하더라도, 그러한 사정만으로 이 사건 심판청구 자체가 소권의 남용에 해당하여 부적법하다고 볼 수는 없다(헌재 2009.10.29. 2009헌라8).

③ 【O】 국회의 의사가 다수결에 의하여 결정되었음에도 다수결의 결과에 반대하는 소수의 국회의원에게 권한쟁의심판을 청구할 수 있게 하는 것은 다수결의 원리와 의회주의의 본질에 어긋날 뿐만 아니라, 국가기관이 기관 내부에서 민주적인 방법으로 토론과 대화에 의하여 기관의 의사를 결정하려는 노력 대신 모든 문제를 사법적 수단에 의해 해결하려는 방향으로 남용될 우려도 있으므로, 국가기관의 부분 기관이 자신의 이름으로 소속기관의 권한을 주장할 수 있는 '제3자 소송담당'을 명시적으로 허용하는 법률의 규정이 없는 현행법 체계하에서는 국회의 구성원인 국회의원이 국회의 조약에 대한 체결·비준 동의권의 침해를 주장하는 권한쟁의심판을 청구할 수 없다(헌재 2007.7.26. 2005헌라8).

④ 【O】 국회의원의 심의·표결권은 국회의 대내적인 관계에서 행사되고 침해될 수 있을 뿐 다른 국가기관과의 대외적인 관계에서는 침해될 수 없는 것이므로, 국회의원들 상호간 또는 국회의원과 국회의장 사이와 같이 국회 내부적으로만 직접적인 법적 연관성을 발생시킬 수 있을 뿐이고 대통령 등 국회 이외의 국가기관과 사이에서는 권한침해의 직접적인 법적 효과를 발생시키지 아니한다. 따라서 피청구인인 대통령이 국회의 동의 없이 조약을 체결·비준하였다 하더라도 국회의원인 청구인들의 심의·표결권이 침해될 가능성은 없다(헌재 2007.7.26. 2005헌라8).

115 권한쟁의심판의 적법성에 관한 설명 중 옳지 않은 것은? (다툼이 있는 경우 판례에 의함)

① 권한쟁의심판은 피청구인의 처분 또는 부작위가 헌법 또는 법률에 의하여 부여받은 청구인의 권한을 침해하였거나 침해할 현저한 위험이 있는 경우에만 청구할 수 있다.

② 권한쟁의심판을 청구하려면 피청구인의 처분 또는 부작위가 존재하여야 하고, 여기서 '처분'이란 법적 중요성을 지닌 것에 한하므로, 청구인의 법적 지위에 구체적으로 영향을 미칠 가능성이 없는 행위는 '처분'이라 할 수 없어 이를 대상으로 하는 권한쟁의심판청구는 허용되지 않는다.

③ 대통령이 국회의 동의 없이 조약을 체결·비준한 경우 국회의 체결·비준 동의권이 침해될 수는 있어도 국회의원의 심의·표결권이 침해될 가능성은 없어서 국회의원이 그 심의·표결권의 침해를 주장하는 권한쟁의심판을 청구할 수 없지만, 국회의원이 국회 구성원의 지위에서 국회가 가지는 조약에 대한 체결·비준 동의권의 침해를 주장하는 권한쟁의심판을 청구할 수는 있다.

④ 권한쟁의심판은 그 사유가 있음을 안 날부터 60일 이내에, 그 사유가 있은 날부터 180일 이내에 청구하여야 한다. 그러나 장래처분에 의한 권한침해 위험성이 있음을 이유로 예외적으로 허용되는 장래처분에 대한 권한쟁의심판청구는 아직 장래처분이 내려지지 않은 상태이므로 위와 같은 청구기간의 제한이 적용되지 않는다.

지문분석 **정답 ③**

① 【O】 제1항의 심판청구는 피청구인의 처분 또는 부작위(불작위)가 헌법 또는 법률에 의하여 부여받은 청구인의 권한을 침해하였거나 침해할 현저한 위험이 있는 경우에만 할 수 있다(헌법재판소법 제61조 제2항).

② 【O】 헌법재판소법 제61조 제2항에 따라 권한쟁의심판을 청구하려면 피청구인의 처분 또는 부작위가 존재하여야 하고, 여기서 "처분"이란 법적 중요성을 지닌 것에 한하므로, 청구인의 법적 지위에 구체적으로 영향을 미칠 가능성이 없는 행위는 "처분"이라 할 수 없어 이를 대상으로 하는 권한쟁의심판청구는 허용되지 않는다. 정부가 법률안을 제출하였다 하더라도 그것이 법률로 성립되기 위해서는 국회의 많은 절차를 거쳐야 하고, 법률안을 받아들일지 여부는 전적으로 헌법상 입법권을 독점하고 있는 의회의 권한이다. 따라서 정부가 법률안을 제출하는 행위는 입법을 위한 하나의 사전 준비행위에 불과하고, 권한쟁의심판의 독자적 대상이 되기 위한 법적 중요성을 지닌 행위로 볼 수 없다(헌재 2005.12.22. 2004헌라3).

③ 【X】 국가기관의 부분 기관이 자신의 이름으로 소속기관의 권한을 주장할 수 있는 '제3자 소송담당'을 명시적으로 허용하는 법률의 규정이 없는 현행법 체계 하에서는 국회의 구성원인 국회의원이 국회의 조약에 대한 체결·비준 동의권의 침해를 주장하는 권한쟁의심판을 청구할 수 없다. 또한 국회의원의 심의·표결권은 국회의 대내적인 관계에서 행사되고 침해될 수 있을 뿐 다른 국가기관과의 대외적인 관계에서는 침해될 수 없는 것이므로, 국회의원들 상호간 또는 국회의원과 국회의장 사이와 같이 국회 내부적으로만 직접적인 법적 연관성을 발생시킬 수 있을 뿐이고 대통령 등 국회 이외의 국가기관과 사이에서는 권한침해의 직접적인 법적 효과를 발생시키지 아니한다. 따라서 피청구인인 대통령이 국회의 동의 없이 조약을 체결·비준하였다 하더라도 국회의원인 청구인들의 심의·표결권이 침해될 가능성은 없다(헌재 2007.7.26. 2005헌라8).

④ 【O】 권한쟁의심판의 청구요건으로 피청구인의 처분 또는 부작위가 존재하지 아니하는 경우에는 이를 허용하지 않는 것이 원칙이라 할 것이나, 피청구인의 장래 처분이 확실하게 예정되어 있고, 피청구인의 장래 처분에 의해서 청구인의 권한이 침해될 위험성이 있어서 청구인의 권한을 사전에 보호해 주어야 할 필요성이 큰 예외적인 경우에는 피청구인의 장래 처분에 대해서도 권한쟁의심판을 청구할 수 있다 할 것이다. 위와 같이 장래 처분에 의한 권한침해의 위험성이 발생하는 경우에는 장래 처분이 내려지지 않은 상태로서 청구기간의 제한이 없다고 보아야 한다(헌재 2008.12.26. 2005헌라11).

116 권한쟁의심판에 대한 설명으로 옳지 않은 것은? (다툼이 있는 경우 판례에 의함) 15년 국가직 7급

① 지방자치단체는 기관위임사무의 집행에 관한 권한의 존부 및 범위에 관한 권한분쟁을 이유로 기관위임사무를 집행하는 국가기관 또는 다른 지방자치단체의 장을 상대로 권한쟁의심판을 청구할 수 없다.

② 지방세 과세권의 귀속 여부 등에 대하여 관계 지방자치단체의 장의 의견이 서로 다른 경우 행정자치부장관이 행한 과세권 귀속 결정에 법적 구속력이 없다면 지방자치단체의 자치재정권 등 자치권한이 침해될 가능성이 없다.

③ 고등학교의 설치, 운영 및 지도에 관한 사무는 자치사무로 보아야 할 것이고, 대학의 설립 및 대학생정원 증원 등 운영에 관한 사무는 국가적 이익에 관한 것으로서 국가사무로 보아야 할 것이다.

④ 중앙선거관리위원회 외에 각급 구 · 시 · 군 선거관리위원회는 헌법에 의하여 설치된 기관이 아니므로 권한쟁의심판의 당사자능력이 없다.

지문분석 정답 ④

① 【O】 지방자치단체는 헌법 또는 법률에 의하여 부여받은 그의 권한, 즉 지방자치단체의 사무에 관한 권한이 침해되거나 침해될 우려가 있는 때에 한하여 권한쟁의심판을 청구할 수 있다고 할 것인데, 도시계획사업실시계획인가사무는 건설교통부장관으로부터 시 · 도지사에게 위임되었고, 다시 시장 · 군수에게 재위임된 기관위임사무로서 국가사무라고 할 것이므로, 청구인의 이 사건 심판청구 중 도시계획사업실시계획인가처분에 대한 부분은 지방자치단체의 권한에 속하지 아니하는 사무에 관한 것으로서 부적법하다고 할 것이다(헌재 1999.7.22, 98헌라4).

② 【O】 이 사건 과세권 귀속 결정은 지방세 과세권의 귀속 여부 등에 대하여 관계 지방자치단체의 장의 의견이 서로 다른 경우 피청구인의 행정적 관여 내지 공적인 견해 표명에 불과할 뿐, 그 결정에 법적 구속력이 있다고 보기 어렵다. 따라서 피청구인 행정안전부장관의 이 사건 과세권 귀속 결정으로 말미암아 청구인 서울특별시의 자치재정권 등 자치권한이 침해될 가능성이 없으므로 이 사건 권한쟁의심판청구는 부적법하다(헌재 2014.3.27, 2012헌라4).

③ 【O】 청구인 경기도의 학교 설치, 운영 및 지도에 관한 사무는 지역적 특성에 따라 달리 다루어야 할 필요성이 있는 사무로서 유아원부터 고등학교 및 이에 준하는 학교에 관한 사무에 한하여 이를 자치사무로 보아야 할 것이고, 대학의 설립 및 대학생정원 증원 등 운영에 관한 사무는 국가적 이익에 관한 것으로서 전국적인 통일을 기할 필요성이 있는 국가사무로 보아야 할 것이다(헌재 2012.7.26, 2010헌라3).

④ 【X】 중앙선거관리위원회 외에 각급 구 · 시 · 군 선거관리위원회도 헌법에 의하여 설치된 기관으로서 헌법과 법률에 의하여 독자적인 권한을 부여받은 기관에 해당하고, 따라서 피청구인 강남구선거관리위원회도 당사자 능력이 인정된다(헌재 2008.6.26, 2005헌라7).

117 권한쟁의심판에 대한 설명으로 옳은 것은? (다툼이 있는 경우 헌법재판소 판례에 의함) 16년 국회 8급

① 대학의 설립 및 대학생 정원 증원 등 운영에 관한 사무는 자치사무로 보아야 하므로 수도권 소재 사립대학의 학생 정원 증원을 제한하는 교육과학기술부장관의 학생 정원 조정계획은 지방자치단체의 권한을 침해할 현저한 위험이 있다.

② 권한쟁의심판에서 말하는 권한이란 헌법 또는 법률이 특정한 국가기관에 대하여 부여한 독자적인 권능을 의미하므로 특정 정보를 인터넷 홈페이지에 게시하거나 언론에 알리는 것도 국회의원의 독자적인 권능이라 할 수 있다.

③ 권한쟁의심판을 청구할 수 있는 국가기관인지를 판별함에 있어서 오로지 법률에 설치근거를 둔 국가기관이라고 하더라도 헌법상 국가에게 부여된 임무 또는 의무를 수행하고 그 독립성이 보장된 국가기관이라면 권한쟁의심판의 당사자능력이 인정되는 국가기관이라고 할 수 있다.

④ 국가기관의 부분기관이 자신의 이름으로 소속기관의 권한을 주장할 수 있는 '제3자 소송담당'을 명시적으로 허용하는 법률의 규정이 없는 현행법 체계하에서는 국회의 구성원인 국회의원이 국회의 조약에 대한 체결·비준동의권의 침해를 주장하는 권한쟁의심판을 청구할 수 없다.

⑤ 국회의원의 심의·표결권은 국회의원들 상호간 또는 국회의원과 국회의장 사이와 같이 국회 내부적으로 직접적인 법적 연관성을 발생시킬 수 있을 뿐만 아니라 대통령 등 국회 이외의 국가기관 사이에서도 권한침해의 직접적인 법적 효과를 발생시킨다.

지문분석 **정답 ④**

① 【X】 대학의 설립 및 대학생정원 증원 등 운영에 관한 사무는 국가적 이익에 관한 것으로서 전국적인 통일을 기할 필요성이 있는 국가사무로 보아야 할 것이다. 따라서 국가사무인 사립대학의 신설이나 학생정원 증원에 관한 이 사건 수도권 사립대학 정원규제는 청구인의 권한을 침해하거나 침해할 현저한 위험이 있다고 할 수 없다(헌재 2012.7.26, 2010헌라3).

② 【X】 국가기관의 모든 행위가 권한쟁의심판에서 의미하는 권한의 행사가 될 수는 없으며, 국가기관의 행위라 할지라도 헌법과 법률에 의해 그 국가기관에게 부여된 독자적인 권능을 행사하는 경우가 아닌 때에는 비록 그 행위가 제한을 받더라도 권한쟁의심판에서 말하는 권한이 침해될 가능성은 없는바, 특정 정보를 인터넷 홈페이지에 게시하거나 언론에 알리는 것과 같은 행위는 헌법과 법률이 특별히 국회의원에게 부여한 국회의원의 독자적인 권능이라고 할 수 없고 국회의원 이외의 다른 국가기관은 물론 일반 개인들도 누구든지 할 수 있는 행위로서, 그러한 행위가 제한된다고 해서 국회의원의 권한이 침해될 가능성은 없다(헌재 2010.7.29, 2010헌라1).

③ 【X】 헌법상 국가에게 부여된 임무 또는 의무를 수행하고 그 독립성이 보장된 국가기관이라고 하더라도 오로지 법률에 설치근거를 둔 국가기관이라면 국회의 입법행위에 의하여 존폐 및 권한범위가 결정될 수 있으므로 이러한 국가기관은 '헌법에 의하여 설치되고 헌법과 법률에 의하여 독자적인 권한을 부여받은 국가기관'이라고 할 수 없다. 결국, 권한쟁의심판의 당사자능력은 헌법에 의하여 설치된 국가기관에 한정하여 인정하는 것이 타당하므로, 법률에 의하여 설치된 국가인권위원회에게는 권한쟁의심판의 당사자능력이 인정되지 아니한다(헌재 2010.10.28, 2009헌라6).

④ 【O】 국가기관의 부분 기관이 자신의 이름으로 소속기관의 권한을 주장할 수 있는 '제3자 소송담당'을 명시적으로 허용하는 법률의 규정이 없는 현행법 체계하에서는 국회의 구성원인 국회의원이 국회의 조약에 대한 체결·비준 동의권의 침해를 주장하는 권한쟁의심판을 청구할 수 없다(헌재 2007.7.26, 2005헌라8).

⑤ 【X】 국회의원의 심의·표결권은 국회의 대내적인 관계에서 행사되고 침해될 수 있을 뿐 다른 국가기관과의 대외적인 관계에서는 침해될 수 없는 것이므로, 국회의원들 상호간 또는 국회의원과 국회의장 사이와 같이 국회 내부적으로만 직접적인 법적 연관성을 발생시킬 수 있을 뿐이고 대통령 등 국회 이외의 국가기관과 사이에서는 권한침해의 직접적인 법적 효과를 발생시키지 아니한다(헌재 2007.7.26, 2005헌라8).

118 다음 중 권한쟁의심판에 대한 설명으로 옳지 않은 것은? (다툼이 있는 경우 헌법재판소 판례에 의함)

16년 국회 9급

① 국회의원과 국회의장은 헌법 제111조 제1항 제4호의 "국가기관"에 해당하므로 권한쟁의심판의 당사자가 될 수 있다.

② 「헌법재판소법」이 국가기관 상호간의 권한쟁의심판을 "국회, 정부, 법원 및 중앙선거관리위원회 상호간의 권한쟁의심판"이라고 규정하고 있더라도 이는 한정적, 열거적인 조항이 아니라 예시적인 조항이라고 해석하는 것이 헌법에 합치된다.

③ 지방자치단체의 장이 국가위임 사무에 대해 국가기관의 지위에서 처분을 행한 경우에는 권한쟁의심판 청구의 당사자가 될 수 있다.

④ 국회의 구성원인 국회의원들은 국회의 "예산 외에 국가의 부담이 될 계약"의 체결에 있어 대통령에 대하여 동의권의 침해를 주장하는 권한쟁의심판을 청구할 수 있다.

⑤ 권한쟁의심판의 대상으로서의 처분은 입법행위와 같은 법률의 제정 또는 개정과 관련된 권한의 존부 및 행사상의 다툼, 행정처분은 물론 행정입법과 같은 모든 행정작용 그리고 법원의 재판 및 사법행정작용 등을 포함하는 넓은 의미의 공권력처분을 의미하는 것으로 보아야 한다.

지문분석 **정답 ④**

① 【O】 헌법 제111조 제1항 제4호 소정의 "국가기관"에 해당하는지 여부는 그 국가기관이 헌법에 의하여 설치되고 헌법과 법률에 의하여 독자적인 권한을 부여받고 있는지, 헌법에 의하여 설치된 국가기관 상호 간의 권한쟁의를 해결할 수 있는 적당한 기관이나 방법이 있는지 등을 종합적으로 고려하여야 할 것인바, 이러한 의미에서 국회의원과 국회의장은 위 헌법조항 소정의 "국가기관"에 해당하므로 권한쟁의심판의 당사자가 될 수 있다(헌재 1997.7.16, 96헌라2).

② 【O】 헌법재판소법 제62조 제1항 제1호가 국가기관 상호간의 권한쟁의심판을 "국회, 정부, 법원 및 중앙선거관리위원회 상호간의 권한쟁의심판"이라고 규정하고 있더라도 이는 한정적, 열거적인 조항이 아니라 예시적인 조항이라고 해석하는 것이 헌법에 합치되므로 이들 기관외에는 권한쟁의심판의 당사자가 될 수 없다고 단정할 수 없다(헌재 1997.7.16, 96헌라2).

③ 【O】 권한쟁의 심판청구는 헌법과 법률에 의하여 권한을 부여받은 자가 그 권한의 침해를 다투는 헌법소송으로서 이러한 권한쟁의심판을 청구할 수 있는 자에 대하여는 헌법 제111조 제1항 제4호와 헌법재판소법 제62조 제1항 제3호가 정하고 있는바, 이에 의하면 지방자치단체의 장은 원칙적으로 권한쟁의 심판청구의 당사자가 될 수 없다. 다만 지방자치단체의 장이 국가위임 사무에 대해 국가기관의 지위에서 처분을 행한 경우에는 권한쟁의 심판청구의 당사자가 될 수 있다(헌재 2006.8.31, 2003헌라1).

④ 【X】 권한쟁의심판의 청구인은 청구인의 권한침해만을 주장할 수 있도록 하고 있을 뿐, 국가기관의 부분기관이 자신의 이름으로 소속기관의 권한을 주장할 수 있는 '제3자 소송담당'의 가능성을 명시적으로 규정하고 있지 않은 현행법 체계에서 국회의 구성원인 청구인들은 국회의 '예산 외에 국가의 부담이 될 계약'의 체결에 있어 동의권의 침해를 주장하는 권한쟁의심판을 청구할 수 없다(헌재 2008.1.17, 2005헌라10).

⑤ 【O】 권한쟁의심판의 대상으로서의 처분은 권한입법행위와 같은 법률의 제정 또는 개정과 관련된 권한의 존부 및 행사상의 다툼, 행정처분은 물론 행정입법과 같은 모든 행정작용 그리고 법원의 재판 및 사법행정작용 등을 포함하는 넓은 의미의 공권력처분을 의미하는 것으로 보아야 한다(헌재 2008.6.26, 2005헌라7).

정인영

주요 약력

현) 박문각 공무원 헌법 강사
전) 에듀윌 공무원학원 행정법·헌법 전임
메가 공무원학원 행정법·헌법 전임
공단기 공무원학원 행정법·헌법 전임
윈플스 공무원학원 행정법·헌법 전임
윌비스 공무원학원 행정법·헌법 전임
베리타스 공무원학원 행정법·헌법 전임

주요 저서

박문각 공무원 쎄르파 헌법 (경찰·7급 Ⅰ) 기본서
박문각 공무원 쎄르파 헌법 (경찰·7급 Ⅰ) 단원별 기출문제
박문각 공무원 쎄르파 헌법 7급 Ⅱ(통치구조)
쎄르파 행정법 총론 Ⅰ·Ⅱ
쎄르파 행정법 총론 기출 및 예상문제
쎄르파 행정법 총론 오엑스
쎄르파 행정법 각론
쎄르파 행정법 각론 기출 및 예상문제
쎄르파 헌법
쎄르파 헌법 기출 및 예상문제
쎄르파 헌법 오엑스
쎄르파 헌법 조문집

정인영 쎄르파 헌법 ☆☆☆☆☆ 7급 Ⅱ (통치구조)

초판 인쇄 2026. 3. 5. | **초판 발행** 2026. 3. 10. | **편저자** 정인영
발행인 박 용 | **발행처** (주)박문각출판 | **등록** 2015년 4월 29일 제2019-000137호
주소 06654 서울시 서초구 효령로 283 서경 B/D 4층 | **팩스** (02)584-2927
전화 교재 문의 (02)6466-7202

저자와의 협의하에 인지생략

정가 32,000원
ISBN 979-11-7519-424-3